W0467454

Der letzte Samurai

C. W. Nicol

Der letzte Samurai

Roman

Scherz

Erste Auflage 1988
Titel des Originals: «Harpoon»
Einzig berechtigte Übersetzung aus dem Englischen von Edith Walter
Copyright © 1987 by C. W. Nicol
Gesamtdeutsche Rechte beim Scherz Verlag, Bern, München, Wien.
Alle Rechte der Verbreitung, auch durch Funk, Fernsehen,
fotomechanische Wiedergabe, Tonträger jeder Art und
auszugsweisen Nachdruck, sind vorbehalten.
Schutzumschlag von Graupner & Partner

Dem Kapitän
und Harpunier
Shoji Mineo
gewidmet

I

Der Junge saß auf den Klippen von Taiji und blickte auf den Pazifik hinaus. Es war die Zeit, in der das Pampasgras die silbernen Büschel in den Wind neigte, die Zeit der späten Schwalben und des kalten Regens, unter dem die Hügel und dichten Wälder erschauerten, die sich in diesem südlichsten Teil der Halbinsel Kii bis an die Küste drängten. Die Wogen eines Sturms, der zwei Tage lang gewütet hatte, warfen sich mit letzter Kraft gegen die Felsen, die Klippen, die zerklüfteten kleinen Inseln.

Saburo, der elf Jahre zählte, wandte den Blick von den dunklen Umrissen der Walfangboote ab und richtete ihn auf den Horizont. Dort draußen, wo sich die Farbe des Ozeans mit der mächtigen Strömung änderte, war die Straße der Wale. «Isana» – tapferer Fisch – nannten die Walfänger diese Riesen der Meere.

Die Morgendämmerung war die beste Zeit, sie zu erspähen, wenn die ersten Sonnenstrahlen die ausgestoßenen Atemwolken erhaschten und darin Tropfen öliger Feuchtigkeit aufblitzen ließen, so daß die Beobachtungsposten auf ihrem Ausguck die großen Tiere schon von weitem ausmachen konnten.

Saburo suchte das Meer von West nach Ost ab, aus dem Dunkeln ins Licht. Er sah noch nichts und warf dem alten Mann an seiner Seite einen ungeduldigen Blick zu. Toumi schien heute recht vergnügt zu sein. Die Signalflaggen und Wimpel lagen bereit, der Wind nahm ab, und aus der Dunkelheit vor Tagesanbruch entfaltete sich der Morgen, der Wärme versprach. Der alte Mann hielt keine Sekunde still, kontrollierte immer wieder alles Gerät und redete manchmal mit sich selbst und manchmal mit Saburo.

Die Leute im Dorf waren vor dem Alten auf der Hut und sagten, er werde immer unleidlicher, doch sie wußten nicht, daß er das Kostbarste verlor, das er besaß – daß seine Sehkraft schwand und der Junge ihm die Augen ersetzen mußte.

Es gab natürlich auch noch andere Späher, doch keiner konnte einen Wal so früh erkennen und seine Bewegungen so genau voraussagen wie der alte Toumi. So war auch sein Name eigentlich kein Name, sondern ein Titel und bedeutete «Weitseher».

«Hör mal, Saburo», sagte der Alte. «Du suchst den Horizont noch immer zu hastig ab. Du mußt langsam schauen, mußt ihnen Zeit lassen, aufzutauchen und zu blasen. Versuch nicht, sie von hier oben zur Eile anzutreiben, sie haben es eilig genug, sobald dein Vater sie die Stoßlanze fühlen läßt. Ah, aber heute werden wir einen fetten sichten, ich spüre es. Also aufgepaßt, ich möchte nicht, daß die Kerle auf dem Ausguck von Kandori ihn früher ausmachen als wir.»

Blinzelnd und voller Zuneigung richtete er den Blick auf den rasierten Kopf des mageren kleinen Jungen. «Atme langsam, Saburo, langsam und leicht. Versuch wie ein Wal zu atmen, denk wie ein Wal.»

«*Hai*», sagte Saburo, ohne die Augen vom Meer abzuwenden.

Hinter ihnen stand ein kleiner Shinto-Schrein, vor dem sie jeden Morgen beteten, nachdem sie am Seil gezogen hatten, um durch das Scheppern der zylindrischen Glocke die Gottheit zu wecken. In Taiji, dem Walfängerdorf, sagte man, ein Wal am Strand bedeutete Wohlstand für sieben Dörfer. Das bezweifelte Saburo allerdings, denn obwohl er erst elf war, hatte man, so lange er sich erinnern konnte, immer Wale an den Strand gezogen, aber sehr reich waren sein Vater und seine Onkel noch nicht. Sie waren auch nicht arm, und ihr Haus war fest gebaut und sauber, wenn auch klein. Doch abgesehen von den zusätzlichen Gaben und Belohnungen, die sie von den Taiji- und Wada-Familien – den Netzherren – bekamen, erhielten die Walfänger lediglich ein *sho* unpolierten Reis pro Tag, und davon konnte niemand reich werden.

Saburo wagte natürlich nicht, so etwas laut zu sagen, doch er fand, daß sein Vater mehr bekommen sollte als die anderen, mehr als sonst jemand, sogar mehr als der Fürst von Shingu, zu dessen Lehen das Dorf gehörte. Doch niemand hätte einen solchen Gedanken aussprechen dürfen, und außerdem schien Saburos Vater zufrieden zu sein.

Während die Sonne sich über den Rand der Welt schob, wartete die Flotte, fünfundzwanzig in einem weiten Bogen aufgereihte Schiffe, in ihrer Mitte das Leitboot mit seinem Phönixemblem und den blauen, weißen und roten Streifen. Saburos scharfe Augen konnten gerade noch die winzige Gestalt seines Vaters ausmachen, der unmittelbar hinter dem langen, schwarzen geschwungenen Bug stand. Der große

Ball stieg höher, färbte sich golden, und der Junge unterschied nun deutlicher die verschiedenen Farben und Motive, an denen man die einzelnen Boote erkannte.

«Großvater», sagte Saburo, höflich den Ehrentitel benutzend, «wie hieß der erste Wada, der daran dachte, Netze zu benutzen, um einen Wal zu fangen?»

«Es war Wada Yoriharu», antwortete der alte Mann. «Eines Tages sah er eine Zikade, die sich in einem Spinnennetz verfangen hatte, und überlegte sich, daß man gewiß auch Wale in Netzen aus starken Tauen fangen konnte, wenn es möglich war, daß ein so hauchfeines Gebilde eine fette Zikade festhielt. Du darfst nie vergessen, daß diese Idee Taiji zu dem gemacht hat, was es heute ist, und den Walfang von Grund auf veränderte. In ganz Japan hat man uns nachgeahmt und von uns gelernt.»

«Das mit dem Spinnennetz und alles andere hatte ich nicht vergessen», sagte Saburo, «aber ich kann mir keine Namen merken. Hat uns die Spinne auch auf den Gedanken gebracht, die Boote mit bunten Farben und Mustern zu schmücken?»

Saburo riskierte einen halben Blick auf einen Strauch neben sich, wo in der Mitte ihres Netzes eine Spinne lauerte, behielt das Meer jedoch weiterhin im Auge so gut er konnte. Der Alte folgte dem ausgestreckten Zeigefinger des Jungen. Die Spinne gehörte zu einer Art, die in dieser Gegend sehr häufig vorkam, so häufig, daß sie einem gar nicht mehr auffiel, und doch war sie von bemerkenswerter, wenn auch düsterer Schönheit. Man nannte sie «Hurenspinne», doch warum das so war, wußte der alte Mann nicht, und dem Jungen würde er es bestimmt nicht erzählen, sonst konnte er sich vor Fragen nicht mehr retten.

«Wer weiß? Vielleicht solltest du Onkel Takigawa fragen.» Die Takigawas waren seit Generationen die Bootsmaler des Dorfes. «Aber wir sollten jetzt nicht an Spinnen denken, nicht wahr?» Der alte Mann lächelte dem Jungen zu, weil er daran dachte, daß ja er selbst ihn dazu angehalten hatte, auf seine Augen zu achten und sich darin zu üben, weit zu sehen, Sterne zu zählen, aus dem Dunkeln ins Helle zu blicken, ganz langsam, damit der Verstand Zeit hatte zu erfassen, was die Augen sahen. Für einen ungeschulten Beobachter war sogar der fetteste Wal in der nie zur Ruhe kommenden endlosen Weite des Ozeans nur ein Pünktchen. Saburo erwiderte Toumis Lächeln mit einem flüchtigen Grinsen und schaute dann wieder aufs Meer hinaus.

Und so saßen sie, der alte Mann und der kleine Junge, hielten Ausschau und waren fröhlich.

Der Wanderer näherte sich ihnen so leise, daß weder Saburo noch Toumi etwas von seiner Anwesenheit ahnten, bis eine tiefe, vornehm klingende Stimme hinter ihnen sagte: «Wären wir Japaner alle so wachsam, brauchten wir uns nicht vor den Feinden zu fürchten, die übers Meer kommen.»

Erschrocken fuhren Saburo und der Alte herum. Vor ihnen stand ein Fremder, das Gesicht unter einem breiten, spitz zulaufenden Hut aus Korbgeflecht verborgen. Auf seiner Jacke entdeckten sie das unverwechselbare Wappen mit den drei Asarumblättern in einem Kreis, und in der Schärpe, die er um die Taille geschlungen hatte, steckten zwei Schwerter. Zwar waren die Griffe dieser Schwerter mit schützenden Tüchern umwunden und verschnürt, damit sie nicht gezogen werden konnten, aber Saburo und Toumi fielen trotzdem vor Angst auf die Knie, und der Alte entschuldigte sich stotternd, weil sie – ihm den Rücken zukehrend – nicht gemerkt hatten, daß der Fremde sich ihnen näherte.

Der Fremde nahm den breiten Hut ab, verneigte sich lächelnd und sagte, sie brauchten sich nicht zu entschuldigen. Er bediente sich jetzt einer Sprache, die ihnen – obzwar nicht ihr einheimischer Dialekt und auch nicht die Sprache der Fischer – viel vertrauter war als sein kultivierter Akzent. «Bitte behaltet das Meer im Auge, das ist eure Pflicht», fügte er hinzu. Bei dem Wort «Pflicht» atmete der Alte laut aus und berührte wieder mit der Stirn den Boden.

Der Fremde ignorierte ihn, raffte die Falten seines zweigeteilten Rockes zusammen und setzte sich auf einen Felsen. Er zog das große Schwert aus der Schärpe und legte es neben sich. Seine Kleidung war zwar staubig und abgetragen, aber von ausgezeichneter Qualität. Der alte Toumi war noch immer völlig verängstigt, denn ihm war klar, daß er einen Mann von hohem Rang vor sich hatte. Warum tauchte ein solcher Mann plötzlich hier auf? Ohne Diener, ohne Gefolge und nicht zu Pferd, sondern zu Fuß? Doch der Samurai schien zufrieden, still dazusitzen und aufs Meer hinauszuschauen.

Draußen auf See, viel zu weit, um von der Küste aus gesehen zu werden, stand Kapitän Bartholomew Riggs der amerikanischen Dreimastbark *Midas* auf seiner sauberen Brücke und blickte auf die schmutzigen, öligen Decks hinunter, wo ein riesiges Stück Pottwalblubber, an einem quietschenden Ladebaum hängend, zu den Männern hinuntergelassen wurde, die ihm mit Stecheisen, Blubberschälmessern und Flensmessern zu Leibe rückten.

«Haltet die verdammten Feuer in Gang», brüllte der Kapitän hinunter, «oder ich schicke euch alle dahin, wo die Hitze groß genug ist, um den Blubber von euren faulen Hintern wegzuschmelzen!»

Kapitän Riggs blickte zur Seite und fluchte erneut. Ein zweiter Sturm hängte sich an die Ausläufer des ersten, der ihn, bis auf ein paar, alle Spieren gekostet hatte. Auch die Fangboote waren schwer mitgenommen, eins fast ein Wrack, von einem tobenden Grauwal zerschmettert. Der Zimmermann, diese Landratte, jammerte ständig nach Holz, als könnten sie ganz einfach zum nächsten Holzhändler marschieren und ihm seine beste Ware abkaufen. Verdammt! Er konnte die Jagd jetzt nicht abbrechen und nach Hawaii zurücksegeln. Die Wale bliesen jeden Tag, und er hatte noch leere Fässer im Laderaum.

Am westlichen Horizont erhob sich eine steile Bergkette mit hochaufragenden, in Wolken gehüllten Gipfeln. Mit dem Fernrohr suchte der Kapitän die Halbinsel oder große Insel ab – oder was es auch sein mochte. Es existierten keine Karten von dieser Gegend, überhaupt keine. Und alles, was er sah, waren Hügel auf Hügel, die sich im Dunst verloren. Bestimmt gab es dort Meeresarme, Buchten und stille Häfen ... Wenn er doch hineinsegeln, Anker werfen, Spieren kaufen, klares, frisches Bergwasser, Gemüse, ein paar Hühner und Ziegen an Bord nehmen und vielleicht sogar ein paar Mitbringsel für seine Tochter in San Francisco erstehen könnte. Doch es war sinnlos, auch nur daran zu denken. Die Geschichten über die Eingeborenen, die an dieser Küste lebten, mahnten auch den kühnsten Kapitän zur Vorsicht.

Das Schiff trieb mit der Strömung, entfernte sich vom Land. Wenn sie Glück hatten, blieb es lange genug windstill, bis sie die drei erlegten Pottwale längsseits geholt, geflenst und gekocht hatten. Mit einem letzten Blick über die Decks nickte er seinem zweiten Offizier zu und stapfte hinunter in seine blitzsaubere kleine Kabine.

Auf See hatte der Kapitän einen Ruf als fluchender alter Tyrann und verdammt guter Walfänger. Sein ganzer Stolz galt jedoch seiner Bildung. In seinem Logbuch gab es weder Schreib- noch Grammatikfehler.

Er zog seine Jacke aus und setzte sich, um den Fang von heute einzutragen. Man schrieb den 23. Oktober Anno Domini 1846. Sorgfältig löschte der Kapitän die feuchte Tinte im Logbuch und holte dann einen Bogen Pergament heraus. Er wollte seinem Freund und ehemaligen Schulkameraden, dem Kongreßabgeordneten Pratt in New York, noch einmal schreiben.

«Mein lieber Pratt», begann er mit seiner energischen Schrift, «ich ersuche Dich noch einmal, die Aufmerksamkeit auf die unerträgliche Lage zu lenken, unter der die im Augenblick von den Vereinigten

Staaten am weitesten entfernte Flotte leidet, die Wale jagt, um Öl für die Lampen der zivilisierten Welt und der Christenheit zu gewinnen...»

Saburo streckte den Zeigefinger aus. «Seht doch! Rauch! Weit draußen am Horizont!»

Was konnte das sein? Dort draußen lag keine Insel. Der alte Mann nahm das kostbare Fernrohr und hielt es sich vor die Augen, obwohl seine Sehkraft nicht ausreichte und er nur einen schwachen, verwischten schwarzen Fleck sah.

«Darf ich?» Der Samurai stand auf, trat zu ihm und schob das Schwert in die Schärpe zurück. Der alte Toumi verneigte sich und reichte ihm das Fernrohr mit beiden Händen. Nach einem langen Blick sagte der Samurai plötzlich heftig: «Es ist ein Barbarenschiff, und es brennt.»

«Mit Respekt, Herr, aber ich glaube nicht, daß es brennt.» Auf sein Wissen konnte der alte Mann vertrauen, wenn auch die Augen ihn im Stich ließen. «Es ist bestimmt ein Walfänger. Man sagt, daß die Barbaren den Blubber der von ihnen getöteten Wale schon auf dem Deck ihrer schwarzen Schiffe in großen Kesseln über offenen Feuern zu Öl verkochen. Und riesige Schiffe müssen es sein, wie Städte so groß, denn sie leben an Bord und kommen aus fernen Ländern, um Wale zu jagen.»

«Woher willst du das wissen?» fragte der Samurai schroff. Es gab ein strenges Gesetz, demzufolge sich kein Japaner außer Sichtweite des Festlands entfernen oder Kontakt mit Ausländern aufnehmen durfte.

«Verzeihung, Herr, das sind nur Geschichten, die uns zu Ohren kommen...» Der alte Mann verneigte sich.

«Geschichten?»

«Man erzählt sich, daß die Männer von Tosa ein paar der haarigen Teufel gerettet haben, als ihr Schiff während eines Taifuns an den Felsen zerschellte. Man hört Gerüchte, und da wir auch Walfänger sind, vergessen wir solche Dinge nicht. Fremde Männer, Barbaren! Gibt es an ihren eigenen Küsten keine Wale?»

Der Samurai schien tief in Gedanken. Er hatte von schiffbrüchigen Barbaren gehört, doch daß sie das Walöl auf ihren Schiffen kochten, hatte er nicht gewußt.

Ihn hatten die Berichte über Kanonen und Drehgeschütze mehr interessiert, mit denen sogar diese zivilen Schiffe bestückt waren; Waffen, wirksam genug, um jedes japanische Schiff zu versenken, wenn nicht gar eine kleine Küstenstadt zu beschießen.

«Sind solche Schiffe schon näher an Land gekommen?»

«Nein, Herr. Nicht bei uns. Für jemanden, der nicht hier geboren ist, ist es zu gefährlich, in diesen Gewässern zu navigieren.»

Das ist wahr, dachte der Samurai, und in dieser Wahrheit liegt unsere große Stärke. Die Barbaren dürfen diese Gewässer niemals kennenlernen.

Und wieder einmal stellte er sich vor, daß er mit einigen, nein, einem Dutzend dieser haarigen Halbmenschen am Strand kämpfte. Seine Hand stahl sich zum Griff des Langschwerts. Dann ärgerte er sich, weil er sich solchen Phantasien hingab, verdrängte die Gedanken an Blut und blickte wieder dorthin, wo die Bucht sich zu einem geschützt hinter einer Insel liegenden kleinen Hafen verengte. Um den Hafen herum sah er ein Gewirr teils mit Ziegeln, teils mit Stroh gedeckter Dächer, die sich bis zu den flacheren Hängen der dichtbewaldeten Hügel zogen. Wie die meisten Dörfer an der Küste war auch Taiji eng ineinander verschachtelt. Die Häuser standen Wand an Wand, drängten sich bis an die Hochwassermarkierungen, und die Gassen dazwischen waren schmal...

Ein Schrei des Jungen brach in seine Gedanken ein.

«Ein Blas!»

«In welcher Richtung?» fragte der alte Mann.

«Geradeaus. Ich glaube, es ist ein Glattwal.»

«Warum?» fragte der alte Mann.

«Weil der Blas senkrecht in die Höhe steigt und sich dann teilt», sagte Saburo. «Und es ist auch ein dickerer Blas als der des Buckelwals und nicht so hoch wie der eines Finnwals oder Blauwals... Oh, jetzt bläst er wieder!» Die Kinderstimme schraubte sich vor Aufregung immer höher.

«Schnell, Saburo, hoch mit den Wimpeln! Nimm zwei schwarze mit weißer Mitte. Beeil dich, bevor die Späher in Kandori den Wal sichten.» Toumi setzte ein Muschelhorn an die Lippen, holte tief Atem und blies einen langen, traurig triumphalen Ton. Sein Echo war noch nicht ganz verklungen, als Saburo auch schon die schwarz-weißen Wimpel gehoben hatte, die wie gestreifte Zungen am Wind leckten. Von Kandori, einem zweiten Ausguck im Südwesten, hallten jetzt ebenfalls Töne herüber, und schließlich antwortete auch das Leitboot. Saburo kümmerte sich nicht um das Winken der Signalstäbe auf den Booten und beobachtete weiterhin das Meer.

«Südwärts schwimmt er, und es ist ganz bestimmt ein Glattwal.»

«Hat er ein Kalb?» fragte der alte Mann.

«Nein, ich glaube nicht, es ist nur ein einzelner Glattwal, und ein sehr großer», antwortete der Junge. Der alte Mann nahm einen Signalstab auf, ein Ding, das einer langstieligen Chrysantheme mit großen weißen Papierblüten ähnelte. Er winkte mit weit ausholenden Bewegungen und ausgestrecktem Arm.

«Sag mir, ob von Mukaijima Antwort kommt, Saburo.»

Saburo nahm das Fernrohr und richtete es landeinwärts auf das Wachhaus auf dem höchsten Punkt der dem Hafen vorgelagerten Insel. Dann schwenkte er es über das Flachwasser, das bald zu einem tieferen Kanal wurde, und suchte den Strand vor dem Asuka-Schrein ab.

«Ah! Kakuemon-sama kommt den Strand entlang, und er hat unser Signal gesehen.» Er behielt die Gestalt im Auge und wartete ungeduldig auf ihre Reaktion. «Ja! Das Signal ist gesetzt. Jagd!»

Der alte Toumi blies wieder auf seinem Muschelhorn, doch inzwischen rasten schon die Netzboote in Position, und dann schossen die Fangboote vorwärts, wunderschöne Boote, jedes mit seinem eigenen Motiv – dem Phönix, dem Paulowniabaum, der Chrysantheme, der Pflaumenblüte und dem Bambus – und dadurch schon von ferne deutlich zu unterscheiden. Die Flotte war eine koordinierte Einheit, in der jedes Boot seinen Status und seine Position hatte und jeder Mann seinen Platz kannte. Denn wo ein Mann stand und welche Aufgaben er hatte, wurde fast ausschließlich durch Geburt und Tradition bestimmt.

Der Samurai beobachtete die Boote voller Bewunderung, als sie ausschwärmten, einem disziplinierten Kavallerietrupp ähnlich. Am Heck flatterten an hohen Bambusstangen rote Wimpel.

Der Samurai hörte ein scharrendes Geräusch und fuhr herum.

Außer Atem von der Anstrengung, von den tieferliegenden Felsen auf die Klippen zu steigen, kam Toumis jüngster Sohn Kakichi den schmalen Pfad entlang. In einer Hand trug er eine Angelrute, in der anderen drei Felsenbrassen und einen schwarzgestreiften Papageifisch. Als Kakichi den Fremden sah, seine Kleidung, seine Haltung, die Schwerter, blieb er stehen und warf sich auf die Knie. Von seinem kahlgeschorenen Kopf tropfte der Schweiß.

«Herr, das ist nur mein unnützer Sohn», sagte der alte Toumi, obwohl er es gewesen war, der Kakichi aufgetragen hatte, Fische für das Mittagessen zu fangen. Er hatte ihm sogar gesagt, von welchem Felsen aus er fischen und welchen Köder er benutzen sollte.

«Wir fangen hier also große und kleine, ja?» Mit einem gutmütigen Lachen betrachtete der Samurai die nie verlöschende Glut des Signalfeuers. «Und ich dachte, damit solle Rauch erzeugt werden, doch anscheinend dient es zum Fischebraten. Gute Idee. Gute Idee.»

Kakichi errötete vor Verlegenheit, aber der Samurai hob eine Hand.

«Du brauchst dich nicht zu entschuldigen.» Er lachte wieder. «Die Augen deines kleinen Bruders sind so gut, daß sie für zwei sehen.»

«Die beiden sind keine Brüder, Herr», sagte Toumi. «Dieser Junge ist der dritte Sohn des Harpunierers auf dem Leitboot. Er und mein unnützer Sohn sind Vettern zweiten Grades. Das Bürschchen ist zu jung, um mit der Flotte hinauszufahren, aber es kommt gern mit mir hierher.»

«Ein Blas! Ein Blas!» rief Saburo wieder, der weiter Ausschau hielt. Der Wal war, nachdem er lange unter Wasser geblieben war, endlich aufgetaucht. «Er schwimmt von der Küste weg!»

Der alte Mann vergaß alle guten Manieren und kehrte dem Samurai wieder den Rücken, um mit den Signalstäben zu winken. Diesmal hielt er in jeder Hand einen. Seine Signale wurden von den Fangbooten erwidert, und eine Gruppe beschleunigte das Tempo, um dem fliehenden Wal den Weg abzuschneiden. Sie überholten ihn, wendeten und begannen ihn zu treiben. Sogar hoch oben auf den Klippen hörte man den dumpfen Klang der Hämmer, der die Gesänge der Männer rhythmisch begleitete. Bum! Bum! Bum! Holz schlug auf Holz, und da die Bootsrümpfe wie ein Klangkörper wirkten, war der Widerhall im Wasser noch lauter als in der Luft. Inzwischen schlossen sich die großen Netze zu einem Halbkreis, und die Fangboote versuchten den Wal hineinzutreiben.

«Er schwimmt auf die Netze zu! Auf die Netze zu!» kreischte Saburo. «Ah, er wendet, läuft über die Wasseroberfläche wie ein Delphin!»

Der alte Mann winkte wie verrückt, und zwei Fangboote rasten vorwärts, um dem Wal wieder den Weg abzuschneiden.

Über dem Meer anschwellend und von den Klippen zurückgeworfen, erhoben sich die kräftigen Stimmen von mehr als dreihundert Männern, begleitet von Hammer- und Trommelschlägen, vom Ächzen der Ruder und dem Stampfen bloßer Füße. Der Lärm war sogar für die Männer auf den Klippen ohrenbetäubend.

«Eine tapfere Musik!» rief der Samurai. Die Töne erinnerten ihn an den Widerhall großer Schlachtentrommeln, Trommeln, die das Innerste erzittern ließen, Trommeln, die schon viel zu lange schwiegen. Er war ein *bushi*, ein Krieger, ein Samurai, und stand daher hoch über den Männern, die er jetzt beobachtete und dennoch bewundern mußte, die er sogar ein wenig beneidete, weil sie sich der Gefahr, ihrer Beute, ihrem Gegner stellen durften. Er hatte sich sein ganzes Leben lang darauf vorbereitet, der Gefahr, vielleicht sogar dem Tod ins Gesicht zu sehen, doch seine Feinde waren unerreichbar, und er handhabte

Schwert, Hellebarde und Speer nur zur Übung, ohne praktischen Nutzen, nicht zu einem bestimmten Zweck wie diese Walfänger.

Am Bug des führenden Fangbootes stand Saburos Vater Tatsudaiyu gelassen da, eine Harpune unter dem linken Arm und eine zweite in der Halterung vor ihm. Die erste halbkreisförmige Netzreihe war fertig, und die Netzboote schwärmten aus, um dahinter blitzschnell eine zweite auszulegen. Es war ein großer Wal, und er konnte die ersten Netze durchbrechen, auch wenn er sich in den Maschen verhedderte und dadurch in seinen Bewegungen gehemmt war.

Zu Tode erschreckt durch den Höllenlärm, den die Männer machten, irrte der Wal kopflos hin und her. Sein riesiger Schwanz wirbelte das Wasser auf, und dahinter legten die Männer sich in die Riemen, der Schweiß strömte ihnen über Brust und Rücken und färbte die Falten ihrer roten Lendentücher dunkel.

Jetzt hob Tatsudaiyu den rechten Arm, um dem Wal einen Gruß zu entbieten und ihn anzurufen. Seine Männer schrien und ließen ihr Boot förmlich vorwärts schnellen. Tatsudaiyu nahm die erste Harpune in die rechte Hand. Es war eine leichte Waffe, an der ein dünnes Tau festgespleißt war. Das glatte Ende des Schaftes lag auf seinem rechten Handteller. Die linke Hand legte er leicht um den Schaft, während er den rechten Arm straff ausgestreckt nach hinten hielt und die linke Hand an die rechte Brust preßte. Die Augen richtete er auf den Wal, immer nur auf den Wal.

Der schwarze Rücken durchbrach die Wasseroberfläche, Atem zischte, der Blas wehte zu ihnen zurück, und genau in diesem Moment spannte Tatsudaiyu schnell und machtvoll die Muskeln und schleuderte die Harpune himmelwärts. Einen Halbbogen beschreibend, flog sie immer höher, das am Schaft befestigte Tau hinter sich herziehend wie ein Papierdrache seinen Schwanz. Als sie den Zenit erreichte, stürzte sie fast senkrecht nach unten und bohrte sich dem Wal tief in den Rücken.

Der Wal fühlte den Stich und tauchte, aber das zuckende Tau tanzte auf dem Wasser und zeigte an, in welche Richtung er unter Wasser flüchtete. Tatsudaiyu machte eine scharfe Bewegung nach rechts und hob dann die zweite Harpune aus ihrer Halterung. Sie war schwerer als die erste, und an ihr festgespleißt waren eine starke Leine und ein Suchanker. Tatsudaiyus Helfer stand bereit und hielt die Leinen klar, damit sie sich nicht verwirrten, wenn der Anker über Bord ging. Er und Tatsudaiyu verstanden sich ohne Worte. Sie fuhren seit zehn Jahren zusammen, und in zwei oder drei Jahren konnte der Helfer vielleicht ein eigenes Boot übernehmen.

Tatsudaiyu blickte nach rechts und nach links und sah, daß das erste und zweite Fangboot ihre Positionen eingenommen hatten. Ihre Harpunierer würden seinen nächsten Wurf abwarten, bevor auch sie angriffen.

«Hahhhh! Er kommt!» rief Tatsudaiyu und holte selbst Atem, während der Atem seines Opfers zum Himmel stieg, wohin ihm bald Tatsudaiyus zweite Harpune folgen würde. Kurz bevor das rasende Tier wieder tauchte, sah Tatsudaiyu, wie sich die Harpune tief in die Schwanzwurzel des Wales grub, und der Geruch von Walblut stieg ihm in die Nase. Sein Helfer warf den Anker über Bord. Das Phönix-Boot blieb zurück, und vom lauten Geschrei der Männer angefeuert, schoß das zweite Boot vorwärts. Sein Harpunierer hob das tödliche Gerät.

Auf dem Phönix-Boot winkte Tatsudaiyu einen Jungen zurück, der ihm eine dritte Harpune bringen wollte. An diesen Wal wollte er keine Harpune mehr verschwenden. Statt dessen holte sein Helfer, Yosuke, dic lange, zweischneidige Lanze mit der breiten Spitze aus ihrer hölzernen Scheide, verneigte sich leicht und reichte sie seinem Vorgesetzten. Tatsudaiyu legte sie in die Halterung.

Andere Fangboote rückten vor, und ihre Harpunierer schleuderten die Eisen. Der große Schwanzfächer des Wals richtete sich steil auf und peitschte das Wasser so heftig, daß das Boot, das ihm am nächsten war, hinter einer Gischtwolke verschwand.

Jetzt prallte der Wal gegen die ersten Netze, zerriß die Seile und schleppte an beiden Seiten Stangen, Netzstücke und Baljen mit. Zugleich kam die nächste Harpune angeflogen und biß sich tief in ihn hinein. Der Wal versuchte zu tauchen, konnte jedoch nicht, und sein dicht mit Parasiten besiedelter Kopf hob sich hoch aus dem Wasser.

Iwadaiyu, der Harpunier des zweiten Bootes, trieb seine Männer wieder an, schaute dann über die Schulter zurück und nickte seinem Helfer zu. Das war ein hochgewachsener junger Mann mit kräftigen Muskeln, tiefliegenden Augen und einer Adlernase. Die Männer an den Riemen unterstützten ihn mit aufmunternden Rufen, während er seine Nerven beruhigte und sich auf die gefährliche und schwierige Aufgabe konzentrierte, die ihn erwartete. Für die Walfänger aus Taiji brachte das, was er tun mußte, die Entscheidung, von ihm hing es ab, ob der Wal ihnen gehören würde oder nicht. Der junge Mann rückte die hölzerne Scheide des langen Messers zurecht, das in seinem Lendentuch steckte. Er war entschlossen, seine Aufgabe zu erfüllen oder bei dem Versuch zu sterben.

Der um sich schlagende, verzweifelt ringende Wal kämpfte gegen Seile und Netze, wobei sich eine seiner Flossen so darin verfing, daß er fast das Gleichgewicht verlor. Iwadaiyus Chrysanthemen-Boot kam näher heran, hielt jedoch respektvollen Abstand, um nicht von der rasend um sich schlagenden Schwanzflosse getroffen zu werden.

«Jetzt!» rief der Harpunierer, und der Jüngling tauchte ins Wasser. Er schwamm auf den Wal zu und griff dann in das Gewirr aus Seilen, Stangen und Baljen auf dem Rücken des Wals. Mit ungeheurer Anstrengung schaffte es das Tier zu tauchen, aber der junge Mann klammerte sich trotz des furchtbaren Drucks in seinen Ohren an ihm fest. Seine Lungen barsten fast, doch er klebte an dem Wal wie eine Laus in einem Pelz, und er schwor sich, daß er auch dann nicht loslassen werde, wenn der Wal ihn bis auf den Grund des Ozeans schleppte.

Aber der Wal stieg wieder nach oben, durchbrach die Wasseroberfläche und atmete heftig aus. Das Blut, das aus seinen Wunden strömte, glich scharlachroten Bändern. Hand über Hand schob sich der Jüngling näher an das Blasloch heran. Als er schon dicht davor war, stieß der Wal noch einmal Atemluft aus, und das Geräusch machte den jungen Mann fast taub. Sich mit einer Hand festhaltend, streckte er sich, so weit er konnte, und zog mit der anderen das Messer aus der Scheide. Der Wal rollte sich zur Seite und wollte, die scharlachroten Bänder hinter sich herziehend, wieder in das kalte grüne Wasser tauchen. Er schlug mit der Schwanzflosse und wirbelte wieder Gischtwolken auf, so weiß wie die unregelmäßigen Flecke auf seinem Bauch. Die Leinen, Netzteile, Stangen und Schäfte, die sich an dem riesigen Leib verfangen hatten, stießen aneinander, verhedderten sich immer mehr und drohten auch den Menschen, der sich an den Walrücken klammerte, nicht mehr loszulassen. Immer wieder fanden Männer bei dieser Arbeit den Tod, und deshalb war sie so ehrenvoll.

Die Wasseroberfläche! Dankbar saugte der junge Mann Luft in seine Lungen. Inzwischen hatte er sich bis zum Blasloch vorgearbeitet, aus dem dicht neben seinem Gesicht ein feuchter, heißer Strahl aufstieg. Und wieder tauchte der Wal, aber nicht mehr so tief, denn er war erschöpft. Eine Netzbalje prallte dem jungen Mann gegen das Bein, doch er ignorierte den Schmerz, und während er sich mit der linken Hand am Netz festklammerte, schnitt er mit der rechten durch die starken Ringmuskel des Blaslochs ein Loch in die Nasenscheidewand des Wals.

Der Wal schlug um sich und versuchte wieder zu tauchen, aber der Schnitt war gemacht. Der junge Mann stieß sich ab und achtete darauf, nicht in die Nähe der mächtigen Schwanzflosse zu geraten. Dann tauchte er auf, das Messer triumphierend über den Kopf erhoben. Die anderen Walfänger empfingen ihn mit Hurrageschrei, und eifrige Hände zogen ihn ins Boot.

Jinsuke, Tatsudaiyus ältester Sohn, hatte seinen ersten Wal geschnitten und war dabei sehr tapfer gewesen.

Mit einem Tau um die Taille sprang ein zweiter junger Mann ins Wasser. Er schwamm auf den Wal zu, kletterte ihm auf den Rücken und zog das Tau durch den dreieckigen Schnitt.

Jinsuke sah, daß sein Bein aufgeschürft war und blutete, er fühlte sich steif und wie zerschlagen, seine Muskeln brannten, aber der herzhafte Schulterschlag seines Bootsführers und das lachende Lob seiner Kameraden machten alle Schmerzen wett.

«Du bist wahrhaftig deines Vaters Sohn, Jinsuke, und wir machen schon noch einen Walfänger aus dir.»

Schweigend, aber aufmerksam blickte Tatsudaiyu zum Boot seines besten Freundes hinüber und sah seinen Sohn. Stolz schwellte ihm die Brust, und er packte die tödliche Lanze fester, die dieser Sohn eines Tages führen würde. Ohne zu seiner Mannschaft zurückzuschauen, hieb er mit der freien Hand durch die Luft. Das Boot schoß genau in dem Moment vorwärts, in dem der Wal gegen die zweite Netzreihe prallte und von ihr fast gestoppt wurde. Mit einem lauten Schrei schleuderte Tatsudaiyu die breite Lanze dem Wal zwischen die Rippen.

Iwadaiyus Boot kam von der anderen Seite heran, und Stahl blitzte auf. Den Wal mit ihren Booten flankierend, stießen die Harpunierer Tatsudaiyu und Iwadaiyu von neuem zu, zogen die Lanzen an den Leinen aus den bebenden Flanken des Tieres und stießen zu, wieder und immer wieder.

Das grüne Meer färbte sich dunkelrot, und das Rot wurde zu schäumendem Rosa, während der Wal gegen die Fangarme der Leinen, Taue und Netze kämpfte.

Jetzt begann er seitlich um sich zu schlagen, und die Fangboote zogen sich zurück. Das Ende war nahe. Zwei breitere, schwerere Schleppboote mit roten und schwarzen Streifen gingen vorsichtig in Position. Jedes dieser Boote hatte fünfzehn Mann Besatzung und acht Ruder, doch als sie sich dem Wal von der Seite her näherten, wurden die vier Ruder auf den Innenseiten der Boote eingelegt. Die äußeren Ruder hielten die Boote in Position, den immer schwächer werdenden Wal zwischen sich. Die Männer, die nicht ruderten, nahmen Taue, tauchten unter dem Wal durch und brachten die Taue jeweils zum anderen Boot. Dann legte man zwei schwere Stämme über den Rücken des Wals, so daß die Boote zu Pontons wurden.

Die Männer auf den Schleppern bereiteten sich darauf vor, über Bord zu springen, falls das sterbende Tier noch so viel Kraft besaß, die Boote zum Kentern zu bringen. Aber zitternd, im Todeskampf, streckte sich der mächtige Leib, und dann kam ein tiefer, dumpfer Ton, als der Wal seinen Todesschrei ausstieß.

Schweigen breitete sich über der Flotte aus. Boote und Männer verharrten wie erstarrt an ihren Plätzen. Isana, der tapfere Fisch, war tot. Glück und Frieden seiner Seele! Aus den dreihundert Kehlen der Männer von Taiji stieg ein Segens- und Dankeslied so tief und sanft wie der Wind.

Auf dem Klippenausguck von Tomyosaki seufzte der alte Toumi und verneigte sich vor dem Meer. Dann drehte er sich um und signalisierte nach Mukaijima, daß der Wal tot war, was auf dem zum Meer abfallenden Sandstrand vor dem Asuka-Schrein fieberhafte Geschäftigkeit auslöste.

Kakichi faltete unterdessen die Flaggen zusammen, legte die Signalstöcke, das Fernrohr und das Muschelhorn darauf und trug alles in das kleine Wächterhaus.

«Wir haben es geschafft, Herr, heute haben wir einen Wal erlegt», sagte Saburo zu dem Samurai, der, mit einer Hand den verschnürten Griff seines Schwerts umklammernd, schweigend dagestanden hatte.

Der Alte ging zum Shinto-Schrein, zog am Glockenstrang, klatschte in die Hände, verneigte sich und sagte Dank. Die Gottheit schwieg zwar, wachte jedoch ohne Zweifel über den Männern, den Booten und auch über der Seele des Wals, und der alte Mann fühlte große Ehrfurcht in seinem Herzen.

Saburo hatte mit gesammelten Zweigen ein Feuer angemacht, und Kakichi spießte die Fische auf Stöcke und briet sie über der Glut. Es würde noch lange dauern, bis der Wal an Land gebracht war, und sie hatten Hunger und Durst. Der alte Mann verneigte sich wieder vor der offenen Tür des Schreins, huschte dann um das Holzgebäude herum und holte darunter einen großen, braunen irdenen Krug hervor. Er füllte daraus eine Schale, stellte sie an den Schrein für die Gottheit und brachte den Krug dann ans Feuer.

«Kakichi! Hol Trinkschalen! Schnell!» Der alte Mann verneigte sich vor dem Samurai.

«Herr, wir sind arme Teufel und haben dem Gast nicht viel zu bieten, doch vielleicht wollt Ihr, wenn es Euch nicht beleidigt, von diesem minderwertigen Zeug kosten. Kein edler Sake, aber ...»

Der Samurai verbiß sich ein Lachen. Bauern und Fischern war es nicht erlaubt, Reiswein zu brauen, doch er war nicht überrascht, daß die Walfänger es taten. Kakichi brachte ihm eine Teeschale. Der Samurai nahm sie, und Toumi goß ein dickliches weißes Gebräu hinein. Irgendwie mußte er gespürt haben, daß der Fremde ungewöhnlich tolerant war, sonst hätte er nie gewagt, auch für sich eine Schale zu nehmen, um aus demselben Krug zu trinken. Die Gesetze der Regierung in Edo waren sehr streng, und die Unterschiede zwischen den Klassen, welche Kleidung sie tragen und was sie tun durften, waren genau festgelegt.

«Ich bewahre diesen Krug für die Gottheit auf», sagte der alte Mann und wartete auf das Nicken, das ihm erlaubte, auch seine Schale zu füllen. «Aber wenn wir einen großen Wal erlegen, einen Glattwal, dann denke ich, daß die Gottheit es vorzieht, nicht allein zu trinken.»

Der Samurai hob seine Schale. «Dann trinke ich auf den Wal und die Walfänger und auf die Männer von Taiji.»

Er schlürfte das milchige, taugekühlte Getränk, das ebenso nahrhaft wie stark war. «Ah, alter Mann, es ist lange her, daß ich so guten *doburoku* gekostet habe.» Er trank noch einmal und seufzte genußvoll. Das war nicht der klare Wein der Städte und auch nicht der exquisite, den man im Schloß seines Gebieters trank, sondern das selbstgebraute weißliche Getränk aus gegorenem Reis, das in irdenen Gefäßen unter der Erde verborgen wurde. Das Getränk der kleinen Leute. Aber wie gut es hier schmeckte, unter dem weiten Himmel, mit dem Vogelgeschrei und der Brandung, die tief unter ihm an die Klippen schlug.

Er war lange und weit gewandert.

Sein Weg hatte ihn durch Zedern-, Kiefern- und Eichenwälder geführt und jeder Windstoß einen Schauer goldener Nadeln auf ihn herunterregnen lassen und Erinnerungen mitgebracht, Erinnerungen... Er war durch einen steilen Bambushain bergauf gestiegen, hatte gehört, wie die gefiederten Wipfel sich wiegten und tanzten. Und immer weiter war er gegangen.

So lang und ermüdend die Wanderung auch gewesen sein mochte, sie brachte ihm inneren Frieden, und als ihn heute bei Tagesanbruch der Pfad auf diese Klippe mit dem Ausblick auf einen rotgoldenen Himmel und den funkelnden Ozean führte, hatte er, der *bushi*, Herr über Schwert und Speer, Mann aus Stahl und Eis, beinahe geweint. Nicht über Verlorenes und aus Schmerz und auch nicht im geheimen, wie schon so oft, sondern aus reiner, unverhohlener Freude über die Schönheit seines Heimatlandes.

«Wollt Ihr noch mehr, Herr?» fragte der alte Mann, mit dem Krug in der Hand vor ihm kniend. Der Samurai streckte ihm seine Schale entgegen.

«Was geschieht jetzt mit dem Wal?» fragte er, den Blick auf das Meer gerichtet.

«Diese kleineren Boote sind Netz- und Faßboote, die das verstreute Gerät einsammeln. Es ist alles naß und verheddert, eine lange und mühsame Arbeit, besonders wenn ein Wal so gekämpft hat wie dieser. Den Wal bringen die Schleppboote herein, und die drei Fangboote helfen dabei. Manchmal, wenn Wind und Gezeiten gegen uns sind, brauchen wir mehr Boote, aber heute stehen sie günstig, und so wird der Wal am Spätnachmittag wohl an Land sein.»

«Großvater, das Essen ist fertig», unterbrach Saburo, und dem Krieger knurrte der Magen, so würzig duftete der über dem offenen Feuer gebratene Fisch. Der Samurai stand auf und streckte sich.

«Das Schiff der Barbaren ist fort», sagte er.

«Sie lassen sich mit dem Schwarzen Strom treiben», sagte der alte Mann, «und folgen den Walen, ob sie nach Norden oder nach Süden ziehen – eh –, so stellen wir unwissenden Walfänger es uns zumindest vor, Herr.»

Und dabei segeln sie unsere ganze Küste ab, dachte der Samurai grimmig.

Die Gesänge auf dem Meer wurden jetzt lebhafter. Man hörte Trommeln und sogar Flöten und auch die tiefen Töne der Muschelhörner, die miteinander verschmolzen und die Stimmen der Vorsänger mit musikalischen Arabesken umrahmten. Die Harpunierer standen am Bug ihrer Boote, die Beine gespreizt, Körper und Arme wiegten sich im Tanz – dem Tanz der Walfänger. Mit den weißbebüschelten Signalstöcken vollführten sie in der Luft bestimmte Bewegungen im Takt des Liedes, Bewegungen, die Wellen, Wale und den Flug einer gut geschleuderten Harpune symbolisierten. Die Männer an den Riemen sangen laut mit. Der Samurai verstand zwar kein Wort, doch der Triumph, der sich in den Gesängen ausdrückte, war deutlich genug.

«Der Wal wurde fachmännisch getötet», sagte er und nahm, noch immer stehend, einen Schluck aus der Schale.

«Ah, ich danke Euch, das wurde er wirklich, Herr», antwortete der alte Mann. «Und es stecken nicht einmal besonders viele Eisen in ihm. Manchmal braucht man für einen Wal fünfzig oder sechzig Harpunen.»

«Dann ist sein Name gut gewählt. Tapferer Fisch. Ein Mann müßte wahrhaft heroisch sein, um so viele Wunden von Pfeil, Speer oder Schwert zu ertragen. Aber sag mir, warum so viele Harpunen? Können die Männer nicht auf lebenswichtige Organe zielen?»

«Ah, das tun sie, Herr. Aber wenn man einen Wal jagt, sieht man nur den Rücken. Der oberste Harpunierer versucht einen Punkt zu treffen, den wir *zebi* nennen. Er liegt in der Nähe des Schwanzes. Ein guter Wurf läßt den Wal unsicher taumeln, so daß er leichter zu harpunieren ist. Wird das *zebi* ein zweitesmal getroffen, wird der Wal wach und schießt wie ein Pfeil davon. Tatsudaiyu-san trifft das *zebi* oft beim erstenmal so hart, daß der Wal ohne Netze festgehalten und getötet werden kann.»

In Gedanken zog der Samurai Vergleiche mit der Kunst des *yawara*, in der er ein Meister war. Ein guttrainierter Mann konnte den Feind mit der Faust, der Handkante oder den Spitzen zweier steifer Finger so hart treffen, daß er in einen Schockzustand geriet, aus dem er mit einem zweiten sorgfältig plazierten Schlag herausgeholt werden konnte.

«Hat der Wal noch andere ähnlich empfindliche Stellen?»

«Es gibt eine in seiner Wange. Wird sie getroffen, ist er vorübergehend gelähmt, und ein Schnitt in der großen Arterie an der Schwanzwurzel läßt ihn verbluten. Aber meist muß man den Wal zwischen den Rippen in die Lunge treffen. Die Fettschicht ist dick, die Rippen kräftig, und dazwischen ist viel Fleisch, so daß es nicht leicht ist, ihn zu töten.»

«Großvater, wenn wir die Fische nicht bald essen, verbrennen sie», rief Saburo dazwischen.

Der alte Mann wandte sich wieder an den Samurai. «Es ist eine sehr bescheidene Mahlzeit, Herr, aber frisch gefangen, und es ist schon später Vormittag. Ihr müßt hungrig sein. Wollt Ihr nicht ein Stückchen Fisch zu Euch nehmen?»

Der Samurai hätte beinahe abgelehnt, worauf die Sitte gebot, daß sie ihn noch einmal fragten, und er abermals ablehnte, und das so lange, bis sie versuchen würden, ihn zu nötigen. Doch plötzlich stieg Trotz in ihm auf. Warum? Weil der Himmel über ihm so unendlich, die Burg mit ihren Konventionen und strengen Regeln so weit weg war? Der Wind von See her so kräftig blies? Oder lag es an den braunen, ehrlichen, offenen Gesichtern des alten Mannes und der beiden Jungen? Lächelnd neigte er den Kopf.

Saburo legte den größten Fisch auf ein breites Blatt des Bambusgrases. Kakichi hatte Zweige entrindet und zu Eßstäbchen zurechtgeschnitzt, die er dem Samurai jetzt scheu und mit demütig gesenktem Kopf reichte. Der Samurai lächelte den beiden zu, und sie traten ein paar Schritte zurück, damit er in Ruhe essen konnte.

Der Fisch schmeckte hervorragend! Viel besser als alles, was er während der letzten Monate zu sich genommen hatte, und besser auch als die Delikatessen, die ihm in der Burg Wakayama vorgesetzt worden waren. Fisch und Wein weckten in ihm einen Appetit, den er für immer verloren geglaubt hatte.

Wieder kam der kleinere Junge schüchtern näher, in der Hand ein anderes gefaltetes Blatt. «Entschuldigt, Herr, wollt ihr auch davon etwas haben?»

«Was ist es?»

Zu scheu, um zu antworten, streckte der Junge ihm das Blatt entgegen. Der Samurai schlug es auseinander. Es enthielt Stücke der süßen Yamswurzel und ein wenig mit Salz gekochten Reis. Einfaches gutes Essen. Er blickte zu dem Jungen auf und sah in Augen, die wie in der Brandung feucht gewordene Kiesel glänzten. Und plötzlich dachte er: Hätte ich nur einen Sohn!

«*Itadakimasu*», sagte er rauh und steckte ein Stück in den Mund. «Mmmm, köstlich.» Er reichte das Blatt zurück. «Iß nur du, Junge, es wird dir Kraft geben. Deine Mutter ist eine gute Köchin.» Auf einmal fühlte er warme Zuneigung zu diesem höflichen kleinen Jungen in der einfachen Kleidung aus fadenscheiniger Baumwolle, den schmutzigen, bloßen Füßen und den zerkratzten Beinen. «Bitte gib mir noch ein Stück», sagte er, und Saburo errötete vor Freude. «So gutes Essen bekommen wir in der Stadt nicht.»

Der Junge verneigte sich und wollte sich entfernen.

«Hör zu, Junge, warum wirft dein Vater die Harpune in die Luft? Warum schleudert er sie nicht direkt auf den Wal? Weißt du das?»

«Die Spitze dringt tiefer ein, wenn die Harpune von oben kommt. Wenn sie direkt geworfen wird, hat sie viel weniger Durchschlagskraft. Wenn Ihr meinen Vater fragt, zeigt er es Euch vielleicht.»

Der alte Mann sah von seinem Fisch auf und sagte scharf: «Saburo! Sei nicht so dreist! Was können wir Dummköpfe vom Land einem gebildeten Herrn schon zeigen?»

Der Samurai lachte. «Viele Dinge. Von euch kann ich alles über Wale lernen, wie man Fische brät oder *doburoku* braut.»

Aber noch während er lachte, dachte sein militärisch geschulter Verstand über das nach, was der Junge gesagt und er selbst gesehen hatte. In der Burg hatte er eine alte Bildrolle, die gemalt worden war, ehe das Tokugawa-Regime Japan von der übrigen Welt abgeschnitten hatte. Auf der Bildrolle waren in allen Einzelheiten die Taktiken der Bogenschützen aus der Frühzeit des barbarischen Königreichs auf der anderen Seite der Welt dargestellt. Es war eine überaus seltene Bildrolle, die er niemand zeigte. Darauf abgebildet waren in Reihen angetretene Männer, die angreifenden berittenen und gepanzerten

Kriegern gegenüberstanden. Die Bogenschützen schossen alle gleichzeitig, zuerst eine Reihe, dann die nächste. Sie schossen die Pfeile in die Luft, und wenn die Darstellung zutraf, dann fielen die Pfeile wie Regen herab und durchbohrten Rüstungen und Fleisch auf eine Entfernung von hundert Schritt.

Er besaß auch noch andere Bildrollen, aus Nagasaki mitgebracht, auf denen der Gebrauch von Mörsern holländischer Herkunft und ähnlicher Waffen erklärt wurde. Diese Waffen, mit schwarzem Pulver abgefeuert, schleuderten schwere Geschosse hoch in die Luft, die Tod und Zerstörung hinter die hohen Mauern der feindlichen Festungen trugen.

Es gibt nichts, überlegte er, von dem wir Japaner noch nichts gehört oder das wir noch nicht entdeckt haben. Aber wenden wir es an, ändern wir es zum eigenen Gebrauch ab? Und hätten, überlegte er weiter, die Walfänger den Status von *bushi* oder Kriegern – wenn auch nur solcher von niedrigem Rang – könnte man mit ihnen eine schlagkräftige, in Küstennähe operierende Flotte aufbauen. Diese Männer waren es gewohnt, den großen Gefahren entgegenzutreten, die auf See lauerten, und sie verstanden es, streng diszipliniert zusammenzuarbeiten. Schon begann er im Geist, einen Schlachtplan zu entwerfen.

Wenn die Boote alle schwarz wären, anstatt wie jetzt auffallend bunt bemalt, und die Männer statt der roten Lendentücher dunkle Kleidung trügen, könnten sie gewiß vor Tagesanbruch im Schutz der Dunkelheit sehr rasch dicht an ein feindliches Schiff herankommen. Auch waren die Boote sehr, sehr schnell und schwierig zu treffen. Und auf jedem Boot waren fünfzehn Mann ...

«Ich danke euch für das ausgezeichnete Mahl.» Er stand auf und verneigte sich. Der alte Mann und die beiden Jungen verneigten sich ebenfalls, aber tiefer als er.

«Herr», sagte der alte Mann, «wir kommen immer mit dem Boot hierher. Es ist klein und beschämend schmutzig, aber man erreicht Taiji damit schneller als zu Fuß. Erlaubt Ihr, daß wir Euch hinüberrudern?»

«Wenn es keine allzugroße Mühe für euch ist», erwiderte der Samurai.

Die beiden Jungen räumten die Reste der Mahlzeit weg und löschten das Feuer.

«Folgt mir, Herr!» rief der alte Mann und begann den steil abfallenden Klippenpfad hinunterzusteigen.

Am Strand neben dem Asuka-Schrein scherzte Taiji Kakuemon mit dem Verwalter des Lagerhauses. Schon drängten sich Frauen, Kinder und alte Leute hinter dem Bambuszaun, der den Teil des Strandes abgrenzte, auf dem der Wal geflenst und verarbeitet wurde. Auf dem mit Matten ausgelegten Fußboden des Wächterhauses saßen schwatzend und laut ihren Tee schlürfend drei uniformierte Männer, während zwei andere, mit einem langen Stab in der Hand, die Leute kontrollierten, die den Zaun passieren durften.

«Wieviel Fleisch werden diese Gauner wohl heute beiseite bringen wollen?» sagte Kakuemon, das lebhafte Gedränge beobachtend. Er allein trug die Verantwortung für den gesamten Arbeitsablauf, für diese Industrie von Taiji, bei der während der Hauptfangzeit mehr als siebenhundert Männer beschäftigt waren und die das ganze Land mit Walfleisch, Öl, Mehl, Sehnen und Fischbein belieferte.

«Als wir das letztemal einen Glattwal hereinbrachten, hat man die Frau des alten Hikohei erwischt, als sie sich mit einem Stück vom besten Schwanzfleisch davonmachen wollte. Sie hatte es sich in die Scheide geschoben.»

Der Verwalter lachte pfeifend. «Das habe ich gehört. Als der Wächter es entdeckte, wollte sie ihm weismachen, sie habe ihre Regel – mit sechzig oder noch mehr Jahren auf dem Buckel.»

Beide brachen in lautes Gelächter aus.

Kakuemon hatte die Wachleute insgeheim angewiesen, ein Auge zuzudrücken, wenn die Männer ab und zu ein kleines Stück Fleisch stahlen, aber streng mit allen zu sein, die versuchten, sich die besten Stücke anzueignen. Die waren für die Fürsten von Kii und die Paläste des Shogun und des Kaisers und selbstverständlich auch noch für andere einflußreiche Leute bestimmt. Er schüttelte sich bei dem Gedanken, daß man seinen Kopf auf einem Brett ausstellen würde, wenn die Obrigkeiten wüßten, wo man das Fleisch manchmal herausholen mußte.

Wada Kinemon, Kakuemons Vetter, eilte auf sie zu. Er hatte von seinem Haus den Pfad um die Bucht herum genommen und war außer Atem. Er, ein schmächtiger Mann in den Fünfzigern mit einem hageren Gesicht, war es gewesen, der das *han*, die Lehensherrschaft, überredet hatte, ihm und seinem Vetter die Leitung der Walindustrie von Taiji zu übertragen, ohne daß die Burg in Shingu die Oberaufsicht behielt. Wale und Wetter waren ihnen jedoch nicht wohlgesinnt gewesen, und er lebte ständig in der Furcht, daß man ihm die Schuld anlasten würde.

Wie Kakuemon gehörte auch Wada Kinemon der Kaste der *bushi* an und war berechtigt, zwei Schwerter zu tragen. Ihre Jacke war mit dem Familienwappen geschmückt und auch der auf besondere Art gebundene Haarknoten, der wie ein kurzer Zopf über den halbrasierten Kopf von hinten nach vorn gelegt wurde, war ein Merkmal ihres Standes.

«Wir bekommen Besuch», sagte er. «Beeilt euch, macht hier sauber und holt ein paar Kissen! Was bildet ihr euch eigentlich ein, ihr Männer? Sitzt hier herum und trinkt Tee. Geht hinaus und behaltet den Zaun im Auge. Ist im Lagerhaus alles in Ordnung? Wurden Boote beschädigt?»

Der Verwalter verneigte sich. «Es ist alles in Ordnung, Wada-sama.»

Wada sah sich nervös um und wünschte, man hätte ihn vorgewarnt. «Ein Beamter von der Burg Wakayama ist unterwegs zu uns. Jemand aus dem Dorf hat mich verständigt, daß er kommt. In Ota war er gestern, hat sich im Hafen umgesehen und viele Fragen gestellt. Er müßte schon hier sein. Ich hoffe sehr, daß ihm nichts zugestoßen ist. Ich habe ihm vier Männer mit einer Sänfte entgegengeschickt.»

«Ein Beamter? Aus Wakayama? Aber wir unterstehen doch Shingu.»

Das Gebiet an der Mündung des Flusses Kumano, auf dem wertvolles Nutzholz geflößt wurde, gehörte zur Burg des Herrn von Shingu. Er war für den Walfang in Taiji direkt verantwortlich. Der Edle Mizuno hingegen war ein Vasall des Tokugawa-Shogun und diente dem Banner der mächtigen Burg des Fürsten von Wakayama. Es war sehr seltsam und beunruhigend, daß ein Besucher nicht über Shingu, sondern direkt aus Wakayama kam. Die beiden Verantwortlichen begaben sich aus der Hörweite der anderen.

«Weißt du, wer es ist?» fragte Kakuemon. «Wie viele Männer zählt sein Gefolge? Warum ist er nicht per Schiff gekommen?»

«Du wirst es nicht glauben, aber er ist allein und fast den ganzen Weg von Wakayama zu Fuß gegangen.»

«Allein? Ein Wakayama-*bushi*? Und er ist zu Fuß unterwegs, sagst du?» Kakuemon konnte es nicht glauben. Kein Beamter reiste je allein. Dieser Mann mußte ein umherziehender *ronin*, ein heruntergekommener Samurai ohne Herr, sein, der sich an den Grenzposten vorbeigeschlichen hatte. Nun, man würde kurzen Prozeß mit ihm machen, wenn er versuchte in Taiji Unruhe zu stiften.

«Er ist ein ganz ungewöhnlicher Mann, wie es scheint, mit einem sehr guten Ruf als Schwertkämpfer. Angeblich ist er ein Günstling des *daimyo* und irgendwie mit dem *daimyo* von Hikone verwandt. Er hat in Wakayama im Ministerium für innere Verwaltung gearbeitet, aber was er jetzt tut, weiß niemand. Er ist jung, fünf- oder sechsundzwanzig, und man hält viel von ihm. Es heißt, er besuche jedes Dorf an der Küste und mache sich Aufzeichnungen. Außerdem heißt es, daß er nicht gerade knapp bei Kasse ist.»

«Hmmm, also ist er kein *ronin*. Dann ein Spion? Aber warum sollte er spionieren?»

«Ich ahne es nicht, doch wir brauchen uns keine Sorgen zu machen, nicht wahr?» sagte Kinemon, aber sein Gesicht verriet seine wahren Gefühle. «Unsere Steuern und Abgaben sind bezahlt, die Bücher in Ordnung, alle Boote eingetragen.»

Die singende, trommelnde Flotte kam in Sicht und war am Strand bereits deutlich zu hören. Männer, nackt bis auf die Lendentücher, standen neben drei großen Winden bereit. Vor den Fangbooten und Schleppern fuhr jedoch ein anderes, kleineres Boot her, und eine Gestalt in diesem Boot zog schon jetzt die allgemeine Aufmerksamkeit auf sich.

Am Heck stand Kakichi und ruderte. Mit den letzten Schlägen schob sich der Bug auf den Sand. Der alte Toumi und Saburo sprangen heraus und zogen das Boot noch ein kleines Stück weiter an Land. Matsudaira Sadayori, Samurai, Verwaltungsbeamter des *daimyo* von Wakayama, stand auf und sprang leichtfüßig hinaus. Wartend blieb er am Wasser stehen, während Taiji Kakuemon und Wada Kinemon sich ihm näherten, um ihn zu begrüßen. Er sah Furcht in ihren Augen und unterdrückte ein Lächeln. Diese Männer hatten nichts zu befürchten, nicht von ihm, denn Matsudaira Sadayori hatte mit Steuern und Abgaben und der Bestrafung Säumiger nichts mehr zu tun. Seine Sorge galt nur noch der Integrität der ganzen heiligen japanischen Nation.

2

Sadayori saß auf einem schnell herbeigeholten Kissen auf den ziemlich schmutzigen Matten des Wächterhauses, von dem aus man den Strand überblickte. Neben ihm standen eine Schale mit grünem Tee und ein kleiner Teller mit Kuchen aus dem Teig süßer Bohnen. Sadayori hatte den Wunsch geäußert, zuzusehen, wenn der Wal verarbeitet wurde. Drei kräftige Männer stemmten sich zur Unterstützung der Winden mit gespreizten Beinen in den Sand, und zusammen mit den Maschinen zogen sie den an dicken Tauen hängenden Schwanz des Wals an Land. Sadayori betrachtete die Männer und dachte, daß wahrscheinlich jeder von ihnen ein guter Ringer wäre.

Mit dem Schwanz voran schob sich der Wal langsam, ganz langsam an den Strand, bis der riesige Leib halb aus dem Wasser ragte. Doch ganz an Land ziehen konnten die Männer ihn nicht, er war zu schwer.

Sadayori war so neugierig und gefesselt, daß er fast seinen Platz verlassen und sich unter die Arbeiter gemischt hätte. Kakuemon kam und setzte sich neben den Samurai.

«Es ist ungewöhnlich, daß wir so früh in der Saison schon einen Glattwal erlegen konnten. Es ist unser erster. Ihr habt uns Glück gebracht. Das Fleisch dieses Wals gehört zum allerbesten, und ich hoffe, Ihr könnt mein bescheidenes Haus heute abend durch Eure Anwesenheit ehren. Es gibt *sashimi* und andere Delikatessen von diesem Tier, so daß Ihr selbst urteilen könnt.»

Sadayori neigte den Kopf. «Ich möchte nicht stören, weil ich unangemeldet gekommen bin. Deshalb dachte ich mir, ich nehme mir ein Zimmer im Dorfgasthaus.»

Kakuemon sah ihn entsetzt an. «O nein, auf keinen Fall, bitte auf keinen Fall! Mein Haus ist armselig und unser Tisch bescheiden gedeckt, aber Gäste sind uns immer willkommen, man hat Gelegenheit zu einem guten Gespräch und erfährt Neuigkeiten. Bitte bleibt! Zumindest kann ich Euch versprechen, daß Ihr noch nie besseres Walfleisch gekostet habt.»

Sadayori lächelte. «Dann nehme ich mit Vergnügen an, aber bitte verzeiht, wenn ich mit leeren Händen komme.»

Kakuemon schüttelte abwehrend den Kopf. «Nein, nein, nein! Das braucht Euch keine Sorge zu bereiten. Ein Gespräch mit Euch ist ein kostbares Geschenk für uns, die wir so isoliert leben.» Er stand auf. «Entschuldigt mich, ich muß das Messen des Wals beaufsichtigen.»

Mit einer Seidenschnur maßen sie den Wal vom Blasloch bis zum Anus. Es war ein wirklich großer Wal, der Kopf allein übermannshoch und die Schwanzflosse vier Armlängen breit.

Jetzt kletterten die Flenser, die, um auf dem glatten Wal Halt zu finden, derbe Strohsandalen an den Füßen trugen, auf den Rücken des Tieres, knieten nieder und warteten auf den Befehl. Auch sie waren nackt bis auf die scharlachroten Lendentücher und Stirnbänder aus Baumwolle. Die Klingen der wuchtigen Flensmesser zeigten zum Himmel.

«Fast wie eine *naginata*», murmelte Sadayori vor sich hin, der diese tödliche Hellebarde meisterhaft zu handhaben wußte. Die Flensmesser hatten breitere Klingen und waren nicht so elegant, aber sie sahen so aus, als könnte man sie, wenn nötig, sehr schnell als Waffe einsetzen. Er sah mit größtem Interesse zu.

Auf ein Zeichen von Kakuemon verneigte sich der Oberflenser tief, und seine Männer taten es ihm gleich. Dann stand er auf, packte den langen Messergriff mit beiden Händen und machte den ersten schnellen Schnitt. Mit chirurgischer Präzision legten sie das rote Fleisch frei, schnitten durch die zehn Zoll dicke zähe Fettschicht, als sei es Bohnengallerte. Vom Blasloch aus schnitten sie den Rücken und die Seiten entlang. Die Männer an den Winden brachten Taue mit knebelartigen Querhölzern, die sie durch schnell geschnittene «Knopflöcher» steckten. Dann begannen sich, von Rufen und Geschrei begleitet, die Winden zu drehen und lösten breite Streifen Blubber vom Fleisch, schälten ihn heraus, wie man eine Orange schält.

«Ein geschicktes Verfahren», sagte Sadayori zu dem Mann neben ihm, «doch ich finde es irgendwie mitleiderregend, daß ein so riesiges Tier seines Schutzes, seiner Kraft, seiner ganzen Gestalt beraubt wird. Es hat tapfer gekämpft, wie ich sah.»

«Dann habt Ihr auch gesehen, daß unsere Männer für seine Seele beteten», sagte Kakuemon. «Auch wir fühlen die Trauer des Todes, doch sie wird aufgewogen durch die Freude, vom Meer ein so schönes

Geschenk empfangen zu haben. Und wir vergeuden nichts davon. Wir verwenden das Fleisch, das Öl, die Sehnen, die Knochen und auch das Fischbein.»

«Auch die Innereien?»

«Oh, das sind Delikatessen. Sie werden gewaschen, in kleine Stücke geschnitten und dann gebraten oder gekocht. Die Männer essen sie gern und sagen, sie machen innerlich stark.»

Sadayori schwieg. Er glaubte nicht, daß er sich je überwinden könnte, Innereien zu essen, obwohl er gehört hatte, daß die auf eine küstennahe Insel verbannten Verbrecher die Innereien der Fische dem Fleisch vorzogen und behaupteten, daß man von Krankheiten verschont blieb, wenn man sie aß. Vielleicht traf das auch auf die Innereien von Walen zu. Auf jeden Fall waren die einheimischen Männer die größten und am kräftigsten aussehenden Burschen, die er bisher auf seinen Reisen gesehen hatte.

Sadayori wandte seine Aufmerksamkeit wieder den so präzise und geschickt gehandhabten Flensmessern zu. «Wie ich sehe, durchschneiden die Männer nie eine Sehne», sagte er.

«O nein, Sehnen sind viel zu wertvoll. Sie werden getrocknet und an Waffenschmiede oder Instrumentenmacher verkauft.»

«Wohin kommt das Fleisch?»

«Das beste Fleisch wird als Tribut an den kaiserlichen Hof in Kyoto, an den Palast des Shogun in Edo und an den edlen Herrn Mizuno in Shingu verschifft. Und selbstverständlich an den *daimyo* von Wakayama.»

«O ja», sagte Sadayori, «dort habe ich es schon gegessen. Es war in Salz eingelegt, damit es nicht verdarb.»

«Das übrige Fleisch geht nach Zakota, auf den Markt von Osaka und die Märkte in Ise und Nagoya. Das Öl liefern wir ins ganze Land. Bis aus Kyushu segeln die Käufer nach Taiji, um zu bieten. Das Knochenmehl wird als Dünger verkauft. Schon nächsten Monat kommt ein Schiff aus Hiroshima, das eine Ladung Knochenmehl abholen soll. Und wißt Ihr auch, Herr, daß das minderwertigere Öl dazu dient, der Insektenpest auf den Reisfeldern den Garaus zu machen? Dieses Öl wird in Essig gekocht...»

Sadayoris Gastgeber schwatzte unermüdlich weiter, doch sein Interesse galt jetzt dem Wasserstreifen zwischen Strand und Insel, wo die Mannschaften vorsichtig ihre Boote an Land zogen und über der Hochwassermarke auf Balken legten. Dann deckten sie sie mit schweren Matten aus Reisstroh zu. Die kieloben liegenden Boote glänzten wie Käferflügel, nicht das winzigste Stückchen Seetang verunreinigte die polierten schwarzen Rümpfe. Sadayori hatte noch nie so wunderbare Boote gesehen und auch nicht so schnelle, und er überlegte, daß man sie auch ohne Schwierigkeiten über Land transportieren könnte.

Inzwischen herrschte in den Lagerhäusern und auf den Arbeitsschiffen geschäftiges Treiben. Hammer und Amboß klangen, die Harpunierer schrien auf den Schmied ein, und der Schmied brüllte zurück und beklagte sich über die vielen stark verbogenen Eisen. Im Freien sangen die Seiler und Netzmacher, während sie Unmengen klatschnassen, verhedderten Tauwerks aus den Booten holten und ausbreiteten, um es zu trocknen und zu reparieren.

Alles schrie und rannte aufgeregt durcheinander, nur Tatsudaiyu hielt sich fern und sah geduldig dem Werkzeugmacher zu, der seine Lanze an einem Wetzstein schliff. Die Schneide war jetzt wieder scharf genug, um ein Haar damit zu spalten.

Tatsudaiyu hatte seine kurze gesteppte Jacke wieder angezogen, die an der Hüfte mit einer Schärpe gebunden war, in der das lange Etui seiner Tabakspfeife steckte. An den Füßen trug er Strohsandalen.

Als er aufblickte, sah er, daß Saburo, sich zwischen den arbeitenden Männern und ihrem Gerät durchschlängelnd, auf ihn zugelaufen kam. Gerade noch fiel dem Jungen ein, sich vor seinem Vater flüchtig zu verneigen und ihn zu begrüßen. Dann platzte er mit seiner Neuigkeit heraus.

«Weißt du, wer heute bei uns auf dem Ausguck war, Vater? Eine hohe Person, ein Samurai-san von der Burg Wakayama. Er hat die Leute von Taiji sehr gelobt – und auch Mutters Essen, das ich mithatte. Er hat auch gesehen, wie du den Wal getötet hast, und mich gefragt, warum du deine Harpune in die Luft wirfst...»

Tatsudaiyu zog den Jungen liebevoll am Ohr. «Du redest und redest – wie eine Flut, die eine Meerenge überrollt.» Saburo war so voller Zuneigung, Energie und Begeisterung, daß man ihm nicht lange böse sein konnte.

«Und hat er auch dein schmutziges Gesicht gelobt?» Saburo hatte einen schwarzen Fleck an der Wange. «Geh und such deinen älteren Bruder», fügte Tatsudaiyu hinzu, «dann gehen wir alle ins Badehaus.»

Saburo machte, daß er fortkam, und Tatsudaiyu schlenderte ans Wasser hinunter.

Inzwischen war man mit dem Flensen fertig, die Trankochtöpfe waren alle gefüllt, und im ganzen Dorf verbreitete sich der kräftige, fette Walgeruch. Das Büro in der Nähe des Schreins ließ mitteilen, daß die Walfänger sich jetzt ihre kleinen Rationen Walfleisch abholen konnten, aber Tatsudaiyu hatte immer Vorrang.

Der Hauptraum im Wada-Haus war groß und luftig, die Holzdecke, Rahmen und Balken aus bestem Bauholz. Der frische, frühlingshafte Geruch neuer Matten erinnerte Sadayori daran, daß die Spitze der Halbinsel Kii der südlichste Punkt von Honshu war. Er saß auf dem Ehrenplatz, mit dem Rücken zum Alkoven, und neben ihm kniete eine junge Dienerin, ein hübsches Ding von dreizehn oder vierzehn Jahren mit großen, tiefliegenden dunklen Augen, einer feinen, geraden Nase und sehr dichtem, glänzendem schwarzem Haar. Die Taiji-Frauen waren wegen ihrer Schönheit berühmt, doch das war das erste wirklich anziehende Mädchen, das er hier zu sehen bekommen hatte. Ihre Hände zogen seine Aufmerksamkeit auf sich. Sie waren sehr schmal und hielten einen Sakekrug, der das gleiche zarte und farbenfrohe Muster hatte wie die kleine Schale, aus der er trank. Er erkannte, daß die Sachen aus einer Töpferei in Kanazawa an der Küste des Japanischen Meeres stammten. Wada war demnach kein Bauerntölpel, sondern ein wohlhabender Mann von Geschmack. Das Mädchen lächelte und füllte die Schale. Sadayori schloß die Augen, leerte sie, und das Mädchen schenkte sofort nach.

«Wollt Ihr nicht etwas von dem *sashimi* versuchen, Herr?» fragte sie. «Es ist sehr gut.» Sie tauchte eine hauchdünne Scheibe fettes Schwanzfleisch in Soße und reichte es ihm. Er nahm es und fand das Fleisch köstlich, zart und nach Nüssen schmeckend. Doch nicht weniger köstlich war die pikante Sojasoße mit geriebenem Ingwer.

Wada Kinemon kam herein und verneigte sich. «Hol die Languste aus der Küche, beeil dich», sagte er. Das Mädchen stellte den Sakekrug ab, verneigte sich und verließ den Raum. Wada nahm den Krug auf, um Sadayori nachzuschenken.

«Das ist ein wunderbares Essen», sagte Sadayori. Er hob seine Schale wieder und griff dann nach dem Krug, um die seines Gastgebers zu füllen.

«Wie ist es um die Gesundheit unseres Herrn in Wakayama bestellt?» fragte Wada.

«Unserem Fürsten geht es gut», antwortete Sadayori kurz. Er sprach nicht ganz die Wahrheit.

«Wir haben gehört, daß die Burg im Sommer vom Blitz getroffen wurde und die Türme der oberen Pagode abgebrannt sind, so daß sie neu aufgebaut werden müssen.»

«Unglücklicherweise trifft das zu», antwortete Sadayori und schenkte seinem Gastgeber noch einmal ein. «Aber der Blitz schlägt eben oft an den höchsten Punkten ein.»

Sie schlürften beide den warmen Reiswein. Sadayori wollte über die Ereignisse in Wakayama nicht sprechen, und das hatte er Wada mit seiner letzten Bemerkung deutlich zu verstehen gegeben. Aber Wada war noch immer neugierig und versuchte es abermals.

«Man hat uns auch die freudige Nachricht zugetragen, daß unserem Herrn ein Sohn geboren wurde...»

«Ja.» Ein schwaches, kränkliches Kind, das keine großen Lebenschancen hatte. Wer konnte auch ahnen, daß es diesem Kind bestimmt war, der vierzehnte Shogun des japanischen Kaiserreiches zu werden?

Abrupt kam Sadayori auf den eigentlichen Grund seines Besuches zu sprechen. «Wada-san, Ihr wißt, davon bin ich überzeugt, daß in der Nähe dieser Küste schon ein paarmal Barbarenschiffe gesichtet wurden. Die Halbinsel unseres Lehens ist groß und weit in den Pazifik vorgeschoben, und das Dorf Taiji verfügt über äußerst wachsame Beobachtungsposten, die von Tagesanbruch bis zur Abenddämmerung direkt an der Spitze der Halbinsel Ausguck halten. Seht ihr die schwarzen Schiffe nicht häufiger als die meisten anderen?»

«Ja, unsere Männer erwähnen sie hin und wieder», sagte Wada.

«Es wäre sehr hilfreich, wenn Ihr veranlassen könntet, daß ausführliche und detaillierte Berichte darüber an das Ministerium für innere Angelegenheiten nach Wakayama geschickt werden. An mich.» Wada ließ sich nichts anmerken, aber er war ungeheuer erleichtert. Der Samurai war also nicht wegen der Abgaben, Steuern, Bootslizenzen gekommen, er stellte keine höheren Forderungen.

«Selbstverständlich können wir das», erwiderte er, «obwohl die ausländischen Schiffe immer so weit draußen bleiben, daß uns die Sache bisher ganz unwichtig erschien.»

«Sie ist wichtig.» Sadayoris Stimme klang ein wenig schärfer.

Wada neigte den Kopf. «Ihr bekommt die Berichte.»

«Gut. Dann befragt die Männer, die im Ausguck saßen, über das Schiff, das sogar ich heute gesehen habe, und nehmt es in Euren ersten Bericht auf.»

«Sollen wir Kopien nach Shingu schicken?»

«Nur wenn Ihr es für notwendig erachtet, doch sind diese Berichte lebenswichtig, und ich muß sie auf jeden Fall bekommen.»

«Ich verstehe.»

«Im letzten Sommer war ein Barbarenschiff tatsächlich verwegen genug, in die Bucht von Edo einzulaufen», sagte Sadayori.

«Ja, sogar wir in Taiji haben davon gehört. Aber es wurde mit Schimpf und Schande hinausgejagt, nicht wahr?»

Die Nachricht von dem vergeblichen Versuch der Amerikaner,

offizielle Gespräche mit der Regierung des Shogun zu führen, war in jeden Winkel des Kaiserreiches gedrungen. Es hieß, ein gemeiner Soldat habe einen hohen amerikanischen Offizier, Commander Biddle, geschlagen, als er von einem Schiff auf ein anderes gebracht wurde. Unglaublicherweise hatten die Amerikaner es nicht gewagt zu kämpfen, hatten sich nicht gerächt, und auch der Offizier hatte nicht vor Scham Selbstmord begangen. Die Japaner zogen daraus nur einen Schluß – die Amerikaner waren zu weich oder zu feige oder völlig ehrlos. Und vielleicht trafen sogar alle drei Vermutungen zu. Die Japaner hätten nie verstehen können, daß die Amerikaner strenge Order hatten, jede Auseinandersetzung zu vermeiden.

Obwohl diese Dinge streng geheimgehalten wurden, erzählte man sich auch, daß ein gewisser Kapitän M. Cooper, der ein Walfangschiff namens *Manhattan* befehligte, vier schiffbrüchige japanische Fischer gerettet und auf der Halbinsel Boso sicher an Land gesetzt hatte. Dann war der Walfänger nach Uraga an der Einfahrt der Bucht von Edo gesegelt und hatte dort Vorräte und Wasser an Bord genommen. Die Mannschaft war unbehelligt geblieben, was Sadayori und viele, die seine Gesinnung teilten, für einen Fehler hielten. Man hätte die Barbaren angreifen und bestrafen müssen, zum Teufel mit ihrer Kanone und den vier armen Tröpfen.

Sadayori nahm noch eine dünne Scheibe Schwanzfleisch und tauchte sie in die Soße. Wieder schweiften seine Gedanken zu seiner letzten Begegnung mit dem *daimyo* von Kii, Tokugawa Nariyuki.

Die Besprechung hatte in angenehmer Atmosphäre begonnen. Sadayori hatte dem Fürsten Tabellen vorgelegt, auf denen in allen Einzelheiten das immer häufigere Auftauchen ausländischer Schiffe zeichnerisch dargestellt war. Außerdem hatte er geheime militärische Informationen mitgebracht, die er in anderen Provinzen sammeln konnte. Von besonderem Interesse waren die Aktivitäten eines anderen Tokugawa-*daimyo*, Nariaki, Fürst von Mito, der eifrig Truppen drillte und sich ein riesiges Arsenal an Lunten- und Steinschlössern, Klingenwaffen, Kanonen und Mörsern zulegte, um für den Krieg mit den Barbaren gewappnet zu sein. Ja, soweit war alles gut gewesen, doch dann hatte der Fürst das Thema gewechselt und davon gesprochen, daß Sadayori wieder heiraten müsse.

«Euer Interesse für den Krieg, Eure Sorgen um die Sicherheit unserer Provinz ist sehr lobenswert, aber ich glaube, dahinter verbergt Ihr etwas anderes. In letzter Zeit wart Ihr griesgrämig und ruhelos wie ein kranker Tiger. Ihr seid auch auf den Exerzierplätzen und in den Übungshallen ein wahrer Teufel und ein Schinder geworden, brecht

Knochen und schlagt Köpfe ein. Ich erfahre alles, das muß Euch klar sein. Man sagt, Ihr faucht und brüllt, seid zügellos und gefährlich. Auch...» Er unterbrach sich und sah Sadayori direkt in die Augen. «Auch beunruhigen mich die Berichte, daß Ihr zuviel trinkt.»

Sadayori war zutiefst beschämt gewesen und hatte sich erboten, noch am gleichen Abend *seppuku* zu verüben.

«Nein», sagte der *daimyo*.

«Dann erlaubt mir, mir eine Tonsur schneiden zu lassen, Fürst, ein Mönch zu werden.»

Nariyuki lachte. «Diese Domäne hat in der Vergangenheit mit Krieger-Priestern genug Scherereien gehabt. Nein! Ich brauche Euch.» Seine Stimme wurde ungewöhnlich sanft. «Auch mir geht der Verlust Eurer Gemahlin sehr nahe, denn sie war schließlich meine Kusine, mir sehr teuer und ein bezauberndes Mädchen. Aber sie ist dahin. Gestorben. Und ich habe beschlossen, daß Ihr Euch im nächsten Frühling wieder verheiraten sollt. Man wird eine passende Frau für Euch suchen.»

Sadayori unterdrückte seinen Protest, ehe er ihm über die Lippen kam, obwohl sein Gesicht eine Sekunde lang Bestürzung verriet. Wie sollte er den Gedanken ertragen, daß eine andere Frau ihren Platz einnahm? Seit seine Frau bei der Geburt ihres ersten Sohnes gestorben war, hatte ihn die Erinnerung an sie keinen Augenblick verlassen. Der Fürst sah die dumpfe Qual in Sadayoris Augen. Er fächelte sich leicht und blickte zu der hohen, schön gemaserten Holzdecke hinauf.

«Was für ein eigensinniger, dickköpfiger, unmöglicher Mensch Ihr seid! Ihr sagt, Ihr wollt ein Buddhistenmönch werden? Ein Kahlkopf mit einem Stab? Das erlaube ich nicht, doch ich gebe Euch eine Aufgabe, die genausogut ist. Ihr werdet jede Stadt und jedes Dorf an der Küste von Kii inspizieren. Ihr werdet allein gehen, ohne Gefolge, und werdet Euer Schwert verschnüren, damit Ihr es nicht ziehen könnt. Auch werdet Ihr nicht reiten, sondern zu Fuß gehen. Wenn Ihr zurückkehrt, werdet Ihr mir in einem schriftlichen Bericht sehr genau darlegen, wie wir unser Gebiet gegen eine Invasion verteidigen können. Ich gebe Euch zwei Jahre. Während dieser Zeit müßt Ihr Euch alle sechs Monate persönlich bei mir melden und nichts verbergen. Ihr dürft aufsuchen, wen Ihr wollt, sprechen, mit wem Ihr wollt, dürft Euch in den Kriegskünsten üben, bis Euch die Arme abfallen. Ich dulde jedoch keinen Kampf, und wenn ich Euch das nächstemal den Vorschlag mache, wieder zu heiraten, werdet Ihr gehorchen.»

Sadayori verneigte sich sehr tief. Er verstand, und Tränen der Dankbarkeit traten ihm in die Augen.

«Geht jetzt», sagte der *daimyo*.

Sadayori zwang seine Gedanken in die Gegenwart zurück, in den eleganten Raum im Haus eines Netzherrn im Walfängerdorf Taiji.

«Wißt Ihr», sagte er in einem viel umgänglicheren Ton als vorher, «daß vor mehr als hundert Jahren der achte Shogun, Tokugawa Yoshimune von Wakayama, einige seiner Kriegsschiffe nach Art der Walfangboote mit den gleichen Motiven bemalen ließ und diese Kriegsschiffe in der Bucht von Edo bereitlagen?»

«Ja, mein Großvater hat es uns oft erzählt. Schließlich sind unsere Fangboote die schnellsten Boote, die je gebaut wurden.»

«Könnte man auch heute noch eine große Anzahl solcher Boote bauen?» fragte Sadayori.

«Es würde ein Vermögen kosten, aber hier und in Koza gibt es noch erfahrene Bootsbauer, die es können. Das Holz dieser Boote ist widerstandsfähiger, dünner und leichter als das der gewöhnlichen Fischerboote, und es muß alt und getrocknet sein. Auch das Lackieren der Rümpfe dauert seine Zeit, und es ist sehr wichtig, daß der Lack mit großer Sorgfalt aufgetragen wird, denn die glatte Oberfläche des Rumpfs ist es, die das Boot noch schneller macht.»

Sie sprachen noch lange über die Walfängerboote, und als sich später Taiji Kakuemon zu ihnen gesellte, erkundigte Sadayori sich bei ihm, wie lange es dauerte, bis eine Besatzung ihr Boot so geschickt beherrschte wie die Walfänger.

Kakuemon verneigte sich, nahm seinen ersten Sake entgegen und sah dem Samurai ins Gesicht. Er denkt doch nicht etwa daran, unsere Männer zum Kämpfen zu benutzen! dachte er und mußte sich erst fassen, ehe er antworten konnte.

Inzwischen köchelten im Haus des Harpunierers Tatsudaiyu Yamswurzeln, Zwiebeln und Walfleisch in einem eisernen Topf vor sich hin. Saburo lief das Wasser im Mund zusammen, so köstlich waren die Düfte, die aus der winzigen Küche kamen. Zweige prasselten in dem Herd aus gebranntem Lehm. Saburo ging hinaus und schürte das Feuer.

«Hab Geduld, das Abendessen ist bald fertig», sagte seine Mutter. Sie kniete hinter ihrem Mann und kämmte ihm das lange Haar, bevor sie es über einer Papierrolle zu einem Knoten schlang. Der älteste Sohn, Jinsuke, saß seinem Vater gegenüber und wartete, bis er an die Reihe kam. Der mittlere Bruder, Shusuke, hackte hinter dem Haus Holz.

«Du hast den Wal wieder als erster gesehen, nicht wahr, Saburo? Das war ein guter Wal.» Jinsuke hätte am liebsten nur noch über den Wal geredet – seinen Wal.

«Ja», antwortete Saburo. «Und wir haben ein ausländisches Schiff gesichtet. Es hat schwarz gequalmt, weil die Barbaren das Öl an Bord kochen. Was machen sie mit dem Fleisch, Vater?»

«Ich nehme an, sie salzen es und legen es in Fässer ein. Angeblich essen die Ausländer mehr Fleisch als wir Japaner, sogar das Fleisch von Rindern und Schweinen.»

Saburo verzog bei dem Gedanken angewidert das Gesicht. «Ich würde so ein Schiff gern einmal aus der Nähe sehen, es muß ja riesengroß sein, wenn die Männer darauf wohnen können», sagte er.

Jinsuke lachte. «Die haarigen Kerle würden dich ausweiden, einsalzen und auch in ein Faß stecken.»

«Der Samurai-san hat gesagt, daß wir Japaner sie immer beobachten sollen», berichtete Saburo. «Er hat gesagt, sie sind unsere Feinde, und eines Tages werden wir sie töten müssen.»

«Aufgabe eines Walfängers ist es nicht, Menschen zu töten, sondern Wale zu jagen, damit die Menschen etwas zu essen haben», sagte Tatsudaiyu schroff. «Wir nehmen Leben, um Leben zu erhalten, und vielleicht kann Shaka-sama uns verzeihen. Wenn wir einen Wal fangen, dann tun wir es mit großem Respekt. Diese Ausländer jagen auch Wale, weit draußen auf dem Meer. Sie haben weder versucht uns anzugreifen noch wollen sie uns töten, und daher geht es uns auch nichts an, was sie tun.» Er sah seinen Jüngsten finster an. «Ich dulde nicht, daß unter meinem Dach über das Töten von Menschen gesprochen wird. Verstanden?»

«Ja, Vater», sagte Saburo nickend.

Jinsuke wollte auch eine Bemerkung machen, doch seine Mutter zog ihn warnend an den Haaren. Jinsuke hatte für die Samurai nichts übrig, in seinen Augen waren das großspurige Dummköpfe, die sich einbildeten, etwas Besseres zu sein. Er nahm die Bambusflöte in die Hand, die er sich für das Fest geschnitzt hatte, und schaute, ein Auge zukneifend, hindurch. «Und morgen meldest du uns wieder einen Wal, Saburo», sagte er.

Saburos Mutter war damit fertig, ihren Männern die Haare aufzubinden, und eilte in die Küche.

«Onui!» rief Tatsudaiyu hinter ihr her. «Bring warmen Sake und zwei Schalen für mich und deinen ältesten Sohn. Er hat heute seinen ersten Wal geschnitten.» Er erwähnte es zum erstenmal, und Jinsuke platzte fast vor Stolz.

«Nun», sagte sein Vater, «wie steht es mit einer Ehefrau? Du wirst nächstes Jahr neunzehn. Gibt es ein Mädchen, bei dem der Brautwerber für dich vorsprechen soll?» Es war typisch für seinen Vater, daß er, so streng und energisch er sein mochte, immer nach den Gefühlen des anderen fragte, bevor er eine Entscheidung traf.

«Es gibt niemand, Vater», antwortete Jinsuke, doch das war nicht die Wahrheit, denn schon seit langem schielte Jinsuke sehnsüchtig nach Oyoshi, der Tochter von Takigawa, dem Bootsmaler. Aber das durfte er nicht zugeben, denn Oyoshi war erst zwölf, mit winzigen Brüsten, die noch kaum zu knospen begonnen hatten. Wie konnte er das seinem Vater sagen? Ein Mann von fast neunzehn Jahren, ein Walfänger!

Als er im vergangenen Jahr während des Festes mit den anderen jungen Männern schreiend, stoßend, schiebend den tragbaren Gottesschrein, den *omikoshi*, durch die überfüllten Straßen trug, hatte er einen flüchtigen Blick auf Yoshis schlanke Waden erhascht, als sie mit ihren Freundinnen quietschend und kreischend vor der lärmenden Bande Reißaus nahm. Die Beine waren nicht mehr kindlich und noch nicht fraulich, sie waren lang und gerade, glatt und schön, und Jinsuke mußte immer daran denken, daß sie endeten, wo eben das erste weiche schwarze Vlies zu sprießen begann.

«Ich glaube nicht, daß es jemand gibt, der so gut kochen kann wie Mutter», sagte er. «Und wenn Mutter sich noch so sehr bemüht, es ihr beizubringen. Mit dem Heiraten lasse ich mir noch Zeit.»

Es war nicht die Wahrheit. Er wollte Oyoshi heiraten, sobald sie alt genug war.

3

Den ganzen Vormittag schon waren die Boote draußen. Es war neblig, doch der Nebel war nicht dicht genug, um den Ausguck unbemannt zu lassen, aber man konnte auch nicht hoffen, einen Wal zu sichten. Wegen des Nebels war es kälter als sonst, und die Walfänger wickelten sich in ihre kurzen Steppmäntel und hockten, um sich vor dem Wind zu schützen, dicht zusammen. Nur ein Mann stand am Heckruder, um das Boot auf Kurs zu halten, und ein zweiter hatte Wache am Bug.

Jinsuke machte Untätigkeit immer nervös, und deshalb hatte er während der letzten halben Stunde ein paarmal vom Heck aus getaucht und jedesmal Langusten und Muscheln für seine Kameraden heraufgebracht – eine willkommene Ergänzung zu den gekochten Yamswurzeln und dem Reis, den sie von zu Hause mitgebracht hatten.

Zwei Jahre waren vergangen, seit Jinsuke seinen ersten Wal geschnitten hatte. Seine Schultern waren breiter geworden, er war gewachsen und jetzt etwa sechs *shaku* groß, was sogar für einen Mann aus Taiji ungewöhnlich war. Denn die Taijimänner waren im Durchschnitt größer und ganz bestimmt kräftiger als die Männer der meisten anderen Küstendörfer. Die einzige andere Gemeinde, die es mit ihnen aufnehmen konnte, war Koza, ein anderes Walfängerdorf an der Küste. Koza hatte keine so alte Tradition wie Taiji. Zwischen den beiden Orten bestand eine freundschaftliche Rivalität, und die Söhne und Töchter von Taiji und Koza heirateten untereinander.

Jinsuke war inzwischen über zwanzig Jahre alt und jetzt auch offiziell ein Mann. Er sah ungewöhnlich gut aus, hatte eine kräftige, gerade Nase, weit auseinanderstehende, sehr schwarze Augen und große, regelmäßige weiße Zähne. Das Kinn, das er von seinem Vater geerbt hatte, verriet einen eigenwilligen Charakter, und wenn er ungeduldig oder verärgert war, spannten sich seine Wangenmuskeln.

Das lange Haar, von Sonne und Salz leicht rötlich schillernd, hing ihm bei der Jagd vom teilweise rasierten Schädel offen bis auf die Schultern. Er war bei den Walfängern sehr beliebt, und viele behaupteten, er werde als Harpunierer seinen Vater noch übertreffen, in dessen Fußstapfen zu treten ihm als dem ältesten Sohn bestimmt war. Wenn Jinsuke Fehler hatte, rührten sie von seinem aufbrausenden Wesen und seinem Eigensinn her.

Oh, käme nur ein Wal! Für Jinsuke waren die Jagd, das Töten, das Tanzen und das Singen hinterher die wichtigsten Dinge im Leben. Sie und die beunruhigenden Träume von Oyoshi. Auch jetzt mußte er wieder an sie denken, an ihren jungfräulichen Körper, den vollen Mund, den langen, schlanken Hals und die anmutig fallenden Schultern ... Doch im nächsten Moment schrie der Mann im Ausguck auf und holte Jinsuke in die Gegenwart zurück.

«Fahne! Fahne!» Er zeigte zum Ausguck von Tomyo, und dort, durch den Nebel, der tief über dem Meer hing, schemenhaft zu sehen, flatterte ein großer schwarzer Wimpel im Wind, der von den hohen Klippen wehte.

«*Makko!*» schrie Iwadaiyu, und die Männer stürzten an die Riemen. Die Töne von Tatsudaiyus Muschelhorn drangen durch den Nebel. Iwadaiyu hob sein Horn und antwortete. Die Männer warteten.

«Kannst du ihn sehen?» fragte der Mann neben Jinsuke.

«Nicht durch diese Suppe. Wir müssen uns auf die Signale von den Ausgucken verlassen. Sei still und horch!»

Ein anderes Signal sagte ihnen, daß sie noch weiter hinausfahren mußten. Aus dreihundert Kehlen stieg der Kampfruf der Walfänger und setzte sich wie ein Echo von Boot zu Boot fort.

«Yoooooii! Eheeeeeeii! Yo ... Yoh!» Die Boote schossen vorwärts. Rasch wich die Kälte aus Jinsukes Körper, während er Schulter an Schulter mit dem zweiten Mann ruderte. Sie konnten die anderen Boote nicht sehen, doch die Muschelhörner ertönten in regelmäßigen Abständen.

Etwa zehn Minuten später brach das Chrysanthemen-Boot aus einer Nebelbank. Iwadaiyu zeigte nach vorn, und mit Mühe gelang es ihnen, zwei undeutliche Formen auszumachen, die allmählich festere Umrisse annahmen. Ein zischend aufsteigender Blas ließ kaum noch Zweifel zu, daß es sich wenigstens bei einer der Formen um einen Wal handelte.

«*Makko* ...» Und zwar um einen Wal, den die Männer von Taiji «Parfümwal» nannten, und sogar aus dieser Entfernung sah man, daß es ein großer Bulle war. Das Phönix-Boot übernahm nun die Führung, und die anderen Boote folgten. Die Harpunierer signalisierten den Männern, ruhig und leise zu rudern. Sie waren noch ungefähr fünfzig Bootslängen entfernt, als sie sahen, daß es tatsächlich ein großer Walbulle war. Er hing an einer Leine, hatte eine Harpune im Rücken und kämpfte mit dem Tod.

Sich schwer auf die Lanze stützend, den Körper von den Zehen- bis in die Fingerspitzen gespannt, den Oberschenkel an die Querplanke gepreßt, stieß Tovey Jacks dem Wal die eiserne Lanze zwischen die Rippen. Der Wal erschauerte und riß ihm dabei die Lanze aus der Hand.

«Zurück!» schrie Tovey.

Der Mann an der Ruderpinne, ein rothaariger Riese, brüllte vor Aufregung. «Dort bläst er, meine Schönen! Der Kamin brennt! Was denkst du, Tovey, vierzig Fässer?»

»Aye.» Tovey behielt den sterbenden Wal im Auge, der von einer Seite auf die andere rollte und das lange schmale Maul mit der Doppelreihe zapfenförmiger Zähne auf- und zuklappte.

«Stichst du ihn noch mal, Tovey?» schrie der Mann an der Ruderpinne. Tovey winkte mit einer Hand, ließ den Wal noch immer nicht aus den Augen, drehte jedoch den Kopf so weit, daß die anderen ihn hören konnten.

«Nein, mit dem ist es aus. Aber laß zur Sicherheit noch einen oder zwei Strich abfallen, ich glaub, er kriegt jetzt das große Zittern.»

Genau in dem Moment, als die Männer sich in die Ruder legten, begann der Bulle mit seiner Schwanzflosse das Wasser zu peitschen, und sein Körper krümmte sich, so daß sein Kopf hoch emporragte. Er verendete mit einem letzten furchtbaren Krampf.

«Das hätten wir, Jungs!» schrie Tovey, drehte sich jetzt ganz um und grinste seine Mannschaft an. «Hängt ihn an die Leine, und dann rudern wir nach Hause.»

Mit seinem großen, schmutzigen rot-weiß getupften Halstuch wischte er sich den Schweiß von der Stirn. Die anderen Männer rührten sich nicht.

«Los, bewegt euch, macht die Buckel krumm, ihr Faultiere...» begann er sie fluchend anzutreiben, aber dann erblickte auch er, was sie schon gesehen hatten, da sie achteraus schauten. Aus dieser Richtung näherten sich ihnen zwei seltsame Boote, leise, schnell, mit hohen Bugen und leuchtend bunt bemalt.

O'Hara, der Mann an der Ruderpinne, drehte sich auch um. «Heilige Mutter Gottes!» flüsterte er. «Die Heiden kommen über uns.» Er bekreuzigte sich.

Tovey Jacks griff langsam nach dem Beil, das in der Nähe des Bugs in seiner Halterung hing, und versteckte es hinter dem Rücken. «Haltet still, Jungs, keine Bewegung, es sei denn, ich gebe den Befehl.» Die einzigen Waffen, die sie bei sich hatten, waren eine Lanze, ein paar Harpunen, ein Stoßspaten, das Beil und die Messer, die sie in den Gürteln trugen. Sie waren zu sechst, rauhe, kampflustige Männer, hatten aber wohl kaum eine Chance gegen die ungefähr dreißig Männer, wie er hastig zählte, die aussahen, als verstünden sie ihr Handwerk.

Auf Tatsudaiyus Befehl hörten die Männer aus Taiji auf zu rudern und ließen ihre Boote auf das der Fremden und den Wal, den sie getötet hatten, zutreiben. Keiner der Männer aus Taiji empfand zu diesem Zeitpunkt auch nur die geringste Feindseligkeit und ganz gewiß keine Furcht. Nur Neugier, überwältigende Neugier. Walfänger! Diese Barbaren waren Walfänger von der anderen Seite des Ozeans. Und was für merkwürdige Walfänger! Ein vom Salz grau verfärbtes Boot, ganz ohne Farben oder Dekorationen, mit nur sechs Männern, keine Netze und keine anderen Boote. Wirklich sonderbar.

Tatsudaiyu rief in seiner Sprache einen höflichen Gruß hinüber, aber die sechs Fremden blickten nur starr geradeaus, schweigend und angespannt. Tatsudaiyu entdeckte die Drohung in den Augen des Riesen an der Ruderpinne und verstand. Langsam und vorsichtig hob er die Harpune aus der Halterung neben sich, zeigte auf die daran festgespleißte Leine und dann auf den toten Wal. Er lächelte, berührte mit dem Zeigefinger seine Nase, zeigte auf den toten Wal und auf die Fremden. Dann legte er die Harpune nieder. Tovey Jacks ließ pfeifend den Atem zwischen den Zähnen entweichen.

«Also, da hol mich doch der und jener! Immer mit der Ruhe, Jungs, das sind Walmänner, die uns einen freundschaftlichen Besuch abstatten wollen.»

Die Yankees redeten und riefen plötzlich laut durcheinander. Zwei der Ruderer, der eine weiß, der andere schwarz, standen auf und winkten mit ihren Mützen. Die Männer aus Taiji lachten laut und fröhlich und winkten zurück. Die Spannung war gewichen. Das Phönix-Boot ging neben dem Yankee-Boot längsseits. Die Männer packten den Bootsrand und musterten die Gesichter der sechs Fremden, um zu sehen, ob sie das übelnahmen.

«Wie merkwürdig!» rief einer von Tatsudaiyus Leuten. «Diese Burschen sind alle von verschiedener Farbe!»

Ein paar von den Männern aus Taiji machten Bemerkungen über die Größe des Iren und über sein rotes Haar. Andere staunten über die schwarze Haut und das krause Haar des zweiten Rudermaats, während eine dritte Gruppe sich gegenseitig auf die langen schmutzigblonden Locken aufmerksam machte, die unter Tovey Jacks' blauer Strickmütze hervorkamen.

«Sie sitzen beim Rudern», sagte einer. «Das muß eine schwere Arbeit sein.»

«Und eine unbequeme.»

«Die Männer schauen beim Rudern nach hinten und können gar nicht sehen, wohin sie fahren.»

Jinsuke war jedoch etwas viel Wichtigeres aufgefallen. Er rief Iwadaiyu zu sich. «Seht doch, in dem Wal, den sie getötet haben, steckt nur eine Harpune, und außerdem hat er nur noch zwei andere Wunden.»

Das hatten auch schon die beiden Harpunierer bemerkt, und sie waren sehr beeindruckt. Tatsudaiyu zeigte auf den Schaft der Harpune, der sich wie eine Nadel über den Rücken des toten Wales bog. Er hielt einen Finger in die Höhe und sagte auf japanisch «eine». Tovey grinste und hielt ebenfalls einen Finger in die Höhe. Ja, nur eine Harpune. Tatsudaiyu zeigte auf Tovey, dann auf die Harpune und machte mit dem Arm eine Wurfbewegung. Tovey schüttelte den Kopf und zeigte auf O'Hara, was Tatsudaiyu sehr verwirrte. Er konnte sich nicht vorstellen, daß der Steuermann gleichzeitig auch Harpunierer war. Tovey blickte zu den Japanern hinüber, die aufgeregt über diesen Punkt miteinander diskutierten, und konnte sich nicht erklären, was sie so durcheinanderbrachte.

«Zeig seiner Hoheit das Eisen, das der alte Jimmy Temple gemacht hat, O'Hara.»

Wie die Harpune, die im Wal steckte, hatte die zweite, die O'Hara jetzt hob, einen beweglichen knebelartigen Kopf. Sie benutzten diese Harpunen, die James Temple, der Onkel ihres zweiten Rudermaats Nat Temple, erfunden und hergestellt hatte, erst seit diesem Jahr. O'Hara reichte das Eisen Tatsudaiyu, der es mit beiden Händen entgegennahm, es ein wenig hochhob und sich dabei leicht verneigte. Seine Männer drängten sich um ihn und reckten die Hälse, um es auch zu sehen. Tatsudaiyu prüfte die scharfe Spitze, bewegte den Harpunenkopf in seinem Gelenk und bewunderte die simple Logik dieser Erfindung. Eine solche Harpune konnte, wenn sie gut gesetzt war, niemand mehr herausziehen. Er war fest entschlossen, beim Schmied von Taiji irgendwie die Sprache darauf zu bringen, auch wenn eine Harpune wie diese ein Bruch mit der Tradition wäre.

Iwadaiyu bat um Erlaubnis, an Bord des Phönix-Bootes zu kommen. Tatsudaiyu gewährte sie ihm. Er sah O'Hara an, der lächelte, und dann nahm auch er die amerikanische Harpune in die Hand.

«Diese Barbaren sind nicht dumm. Das ist eine kluge Erfindung, und ein einziges Eisen hat genügt, um den Wal festzuhalten.»

«Und es ist ein großer Bulle», sagte Tatsudaiyu. «Sie haben ihm viel Leine gegeben und ihn das Boot ziehen lassen.»

Wenn sie sicher waren, daß es verhältnismäßig leicht sein würde, einen Wal zu töten, ließen auch die Männer von Taiji das Boot von ihm schleppen, obwohl sie die Leinen nicht so geschickt und einfach auslegten wie die Yankees.

Tovey Jacks verstand natürlich kein Wort von dem, was gesprochen wurde, aber er wußte, um was es ging. Er begann auf die einzelnen Gegenstände in seinem Boot zu deuten – die Leinen, die Halterungen für die Harpunen, die Planke, gegen die die Harpunierer und Lanzenwerfer zum Abstützen die Schenkel preßten, das Beil, mit dem im Notfall die Leinen gekappt wurden. Tatsudaiyu nahm seine Harpune aus der Halterung und reichte sie O'Hara, der sie umdrehte und in der Hand wog. Er grinste Tatsudaiyu an und zog die Brauen hoch. Ein gutes Eisen, aber ein bißchen leicht. Er reichte es zurück.

Inzwischen hatte Tovey seine Pfeife hervorgeholt, sie aus seinem Lederbeutel mit Tabak gefüllt und angezündet. Er machte zwei Züge, hob dann den Beutel und bot ihn den beiden Bootsführern der Taiji-Boote an. Beide nahmen sich eine Prise Tabak, obwohl nur Tatsudaiyu seine winzige Bronzepfeife dabei hatte.

«Schöne Boote sind das, Tovey, lauter hübsche Bilder drauf, Vögel und Blumen und so, leuchtend und farbig wie ein Kirchenfenster. In diesen Booten steckt Geld.» O'Hara war tief beeindruckt.

«Aye, und die Mannschaft besteht aus einem Haufen muskulöser Affen», sagte Tovey, der noch nie Männer gesehen hatte, die so einheitlich gesund, braun und kräftig wirkten, obwohl der größte unter ihnen dem Iren höchstens bis ans Kinn reichte. Er schüttelte den Kopf. «Man merkt ihnen an, daß sie Hausmannskost essen», fuhr er fort. «Keine einzige wunde Stelle, keine Spur von Skrofulose oder Skorbut. Ein feiner Haufen. Nur gut, daß sie so freundlich sind.»

Die Japaner wiederum konnten sich an den Fremden nicht sattsehen, von denen jeder andere Kleidung trug – geflickte, verschmutzte Kleidung, die nach Walöl, Schweiß, Tabak und nach langen Monaten in feuchten Quartieren roch.

«Sie stinken wie Dachse», sagte ein Ruderer.

«Weil die armen Kerle keine Frauen haben, die für sie sorgen.»

Der Knall einer Signalkanone unterbrach das allgemeine Gestikulieren, die Versuche, sich zu verständigen, und das Gelächter. Tovey schirmte die Augen mit der Hand ab und blickte übers Meer. Es war ihr Schiff. Der Nebel hatte sich verzogen, und man sah es jetzt, ungefähr noch eine Meile entfernt. Tatsudaiyu hörte den Knall und sah das Schiff.

«An die Ruder! Ihr Mutterschiff kommt. Wir müssen sofort von hier weg, sonst mißverstehen die Männer auf dem Schiff vielleicht die Situation und glauben, wir haben ihre Leute überfallen. An die Ruder, an die Ruder!»

Er und Iwadaiyu verneigten sich höflich wie vor ihresgleichen und Tovey nahm die Mütze ab. Plötzlich fiel ihm etwas ein. Er griff in die Tasche seiner Jacke und holte einen harten weißen Gegenstand heraus. «Ahoi! Fangt!» schrie er und warf den Gegenstand mit mächtigem Schwung in die Richtung des japanischen Bootes, das am nächsten war. Aber eine Welle hob das Boot und lenkte seinen Arm ab, und das Ding prallte auf eins der Ruder und fiel ins Wasser.

Japaner werfen nie etwas nach einem Menschen, außer im Zorn oder um ihn zu beleidigen, und die beiden Männer, deren Ruder getroffen worden war, erschraken. Doch Jinsuke reagierte schnell.

Er sprang aus dem Boot und tauchte nach dem weißlichen Ding. Es sank fast zu tief, doch als er den rechten Arm ausstreckte, konnte er es im letzten Moment gerade noch fassen. Dann schoß er aus dem Wasser und hielt es in die Höhe. Tovey schrie hurra und winkte mit seiner Mütze.

Jinsukes Freunde zogen ihn an Bord. Er öffnete die Hand.

«Was ist es?» fragte Iwadaiyu.

Jinsuke reichte ihm seinen Fund, und sie sahen, daß es der Zahn eines Pottwals war, ein großer Zahn, und in das Elfenbein war sehr kunstfertig eine Bildfolge geschnitzt – Schiffe, Boote, Wale auf der einen Seite und fremdartige Früchte und Buchstaben, die keiner von ihnen lesen konnte, auf der anderen.

«Es ist ein Geschenk», sagte Jinsuke ehrfürchtig.

«Wie peinlich, daß wir ihnen nichts geben konnten», erwiderte Iwadaiyu mit Sorgenfalten auf der Stirn. Er gab Jinsuke den Walzahn zurück. «Behalte du ihn.»

Jinsuke protestierte, doch sein Bootsführer ließ sich nicht umstimmen. «Hättest du nicht danach getaucht, läge das Geschenk jetzt auf dem Meeresboden, und das wäre für diese Männer eine Kränkung und würde uns Unglück bringen. Es würde auch dir Unglück bringen, wenn es verlorenginge, also behalte es, dann wird dieses Boot sein Glück machen und viele Wale fangen.»

Jinsuke freute sich sehr und dankte überschwenglich.
An diesem Tag sichteten die Männer von Taiji keine Wale mehr. Wieder zu Hause, meldeten sie, daß sie ein ausländisches Schiff gesichtet hatten, und der Bericht wurde nach Wakayama und Shingu weitergegeben. Von der Begegnung und der «Unterhaltung» mit den Fremden auf offener See erfuhr jedoch niemand etwas. Die Walfänger der beiden Boote hatten sich gegenseitig strengstes Schweigen gelobt, um Schwierigkeiten aus dem Weg zu gehen.

4

Hustenreiz quälte Takigawa und preßte seine Brust wie mit eisernen Bändern zusammen. Er unterdrückte ihn jedoch, entschlossen, die letzten Pinselstriche zu machen, die an dem exquisiten Paulownia-Baum noch fehlten, der die Seiten eines neuen Fangbootes schmückte. Erst als er fertig war – und wirklich erst dann –, hustete er mit gekrümmten Schultern, sein Gesicht rötete sich, und an einer Schläfe schwoll eine dicke blaue Ader. Seine Tochter Oyoshi, inzwischen vierzehn Jahre alt, nahm ihm den Pinsel aus der Hand und klopfte ihm leicht auf den Rücken.

«Bitte, Vater, ruh dich heute aus! Du arbeitest zuviel.»

«Mach dir keine Sorgen», sagte er, nach Luft ringend. «Es ist nur eine leichte Erkältung.»

Wie sollte er sich denn ausruhen? Er hatte keinen Sohn. Sein einziges männliches Kind war bei der Geburt gestorben, und seine Frau war ihm ein Jahr später gefolgt, als sie Oyoshi gebar.

Oyoshi legte dem Vater die Steppjacke um die Schultern. «Bitte, Vater, komm nach Hause. Ich koche dir eine Misosuppe mit heißem Sake und schlage dir ein Ei hinein. Morgen geht es dir bestimmt besser.»

Saburo stand ganz still in diesem vor Staub geschützten, makellos sauberen Teil des Bootsschuppens. Er hatte den Künstler beobachtet, war mit den Blicken jeder Bewegung gefolgt. Jetzt sprach er. «Bitte, Takigawa-san, tut, was Eure Tochter sagt. Wenn Ihr erlaubt, säubere ich Eure Pinsel. Ich werde mich sehr vorsichtig bewegen und keinen Staub aufwirbeln. Ich habe Euch beobachtet und weiß, wie man es macht.»

Die Stimme des Jungen klang so ernst, daß Takigawa sich lächelnd zu ihm umdrehte. «Danke, Saburo, ich nehme dein freundliches

Angebot an. Aber komm ins Haus, wenn du fertig bist, und iß eine Schale Suppe oder etwas anderes mit uns. Wir können dich nicht hungrig nach Hause laufen lassen, sonst verschlingst du dort alles, was deine Mutter gekocht hat.»

Takigawa und seine Tochter gingen, und Saburo machte sich an die Arbeit. Er nahm die Pinsel gern in die Hand, aber mehr noch liebte er den Geruch der Farben, den Glanz und die bunte Vielfalt der Zeichnungen auf gelacktem Holz. Er bewunderte Takigawa wegen seines Talents mehr als irgendeinen anderen Mann im Dorf. Die anderen machten sich oft über Takigawa lustig, weil er gebeugte Schultern hatte und schwächlich war, nicht so groß und braun wie sie. Aber Takigawa schuf so viel Schönheit, und das konnte keiner außer ihm.

Die Walfangflotte war an diesem Tag nicht ausgelaufen. Der Wind war zu stark, der Nebel zu dicht. Vier Tage schon saß Jinsuke untätig herum, trank Tee und schwatzte über die Barbaren, nachdem der Vater ihm strikt verboten hatte, das Thema außerhalb des Hauses auch nur zu erwähnen. Sorgloses Gerede konnte eine Menge Fragen und vielleicht die Bestrafung der ganzen Familie nach sich ziehen. Die Gesetze der Tokugawa-Regierung verboten jeden Kontakt mit Ausländern, und die *bakufu*- oder *han*-Gesetze bestimmten, daß Vater und Mutter auch bestraft werden mußten, wenn Sohn oder Tochter ein Verbrechen begingen.

«Zum Teufel mit den Tokugawa!» stieß Jinsuke hitzig hervor. Sein Vater schwieg einen Augenblick, ging dann zu ihm hinüber und gab ihm plötzlich eine schallende Ohrfeige.

«Willst du wirklich, daß man unsere Köpfe auf einem Brett zur Schau stellt?»

Jinsuke verneigte sich tief. «Verzeih mir, Vater, verzeih mir, aber kannst du dir vorstellen, wie viele Wale wir fangen würden, wenn wir ein großes Schiff hätten und ihnen überallhin folgen könnten? Wie reich würde dann unser ganzes Dorf!»

«Und wie sollten wir die Wale in eine geeignete Fabrik transportieren? Bildest du dir ein, die Barbaren können alles, was wir hier machen, auch auf einem Schiff tun? Nein, Jinsuke, unsere Methode ist für uns die beste und einzig mögliche. Sollen die Fremden ihre Arbeit auf ihre Weise tun. Für uns wäre es nicht nur dumm, sondern auch gefährlich, sie nachzuahmen. Nicht einmal träumen dürfen wir davon. Und jetzt befehle ich dir, mit diesem Geschwätz aufzuhören! Was wir gesehen haben, hat auch mich interessiert, aber ich behalte für mich, was ich erlebt und erfahren habe. Und ich verlange das gleiche auch von dir.»

Vier Tage lang kam vom Meer her peitschender Regen und hüllte die

Hügel ein. Als er aufhörte, spannte sich landein über den Bergen in Richtung des Nachi-Schreins ein doppelter Regenbogen. Takigawa schlüpfte in einen alten Kimono und verließ das Haus, um den Regenbogen zu betrachten.

«Oh, seht nur diese Farben», sagte er vor sich hin. «Ich wünschte, ich könnte mit meinen Pinseln den Himmel malen. Doch das schaffe ich nie. Hmmm – mit diesem Regenbogen über den Bergen, werden die Boote morgen bestimmt ausfahren.»

«Hast du etwas gesagt, Vater?» rief Oyoshi aus dem Haus.

«Nein, nichts. Komm heraus, Oyoshi, es regnet nicht mehr, gehen wir ein Stück spazieren.»

Takigawas alte, abgetragene hölzerne *geta* klapperten über das Kopfsteinpflaster. Nach dem Regen, dachte er, ist alles so klar. In der schmalen Straße roch es nach Holzkohle und gekochtem Fisch. Oyoshi ging nur wenige Schritte hinter ihrem Vater. Sie kamen an einer Gruppe junger Männer vorbei, in deren Mitte Jinsuke stand. Wie gut er mit dem zu einem verwegenen Knoten geschlungenen, langen, glänzend schwarzen Haar aussah! Die Schärpe seines Baumwollkimonos hatte er tief auf den Hüften gebunden, und in der Schärpe steckte ein gefalteter Fächer. Oyoshi blickte scheu zu Boden. Jinsuke verneigte sich vor ihrem Vater und lächelte ihr zu.

«Ein schöner Abend, Takigawa-san, nicht wahr? Kommt Ihr und Oyoshi morgen zum Fest?»

«Selbstverständlich, obwohl ich hoffe, daß es nicht so wild zugeht wie vergangenes Jahr.»

Jinsuke lachte. «Aber Ihr habt doch nichts zu befürchten, Takigawa-san, Ihr habt großzügig gespendet.»

Jetzt lachten auch Jinsukes Freunde.

Das Herbstfest in Taiji war ein Fest überschäumender Lebenskraft, die manchmal wie ein tiefer, dunkler Strom ausuferte. Man fühlte sich von allen Zwängen befreit, was gelegentlich in Gewalttätigkeit ausartete. Abends wurde der *omikoshi* durch die engen Straßen getragen, und der Weg, den er nahm, wurde von Handlaternen und flammenden Fackeln beleuchtet. Die jungen Männer, die den Schrein trugen, hatten ihre Gesichter schwarz und weiß bemalt, eine Maskierung, die sie manchmal im Dunkeln nutzten, um eine offene Rechnung zu begleichen. Darüber hinaus konnte es für all jene sehr unangenehm werden, die nach Meinung der jungen Männer von Taiji für das Fest nicht genug gespendet hatten. Diese Geldspenden wurden hauptsächlich dazu verwendet, um Sake für die jungen *omikoshi*-Träger und die älteren Männer zu kaufen, die sie mit Laternen und Fackeln begleiteten.

Trotz der unterschwelligen Bedrohlichkeit war das Fest aber auch eine ausgelassen fröhliche Zeit. Am Vortag gingen Männer in schwarzen und blauen Kimonos von Haus zu Haus und tanzten zur Begleitung von Trommel und Flöte den Löwentanz. Erwartung lag in der Luft, und sogar die Drachen schienen im Wind zu tanzen. Wenn man sich auf der Straße begegnete, lachte man und rief sich gegenseitig etwas Freundliches zu.

Jinsuke hatte sich seit Monaten darauf gefreut. Der Festabend war für ihn die einzige Gelegenheit, mit Oyoshi zu sprechen, ohne daß Klatsch und Tratsch wie ein Erdrutsch über sie hereinbrachen. Er hatte Oyoshi einen Kamm gemacht, und nur am Abend des Festes konnte er ihn ihr geben. Er war aus Fischbein und wunderschön. Bevor Jinsuke anfing zu schnitzen, hatte er das Fischbein in heißem Wasser aufgeweicht. Nachdem es wieder erhärtet war, hatte er es zuerst mit Haifischhaut, dann mit den Händen und schließlich mit einem weichen Tuch poliert. Der Kamm war fest und leicht transparent und sah wie Schildpatt aus. Wenn niemand in der Nähe war, holte Jinsuke ihn immer wieder aus seinem Versteck, betrachtete ihn und stellte sich vor, wie er in Oyoshis Haar aussehen würde.

Der Tag rückte näher. Jinsuke konnte kaum noch schlafen. Während der letzten beiden Jahre hatte er allen Bemühungen widerstanden, ihn für andere Mädchen zu interessieren, aber sein Vater hatte Geduld mit ihm, da er überzeugt war, daß sein Sohn sein Auge auf ein bestimmtes Mädchen geworfen hatte. Außerdem war Jinsukes Mutter noch jung und brauchte keine zweite Frau in ihrer Küche. Das hatte Zeit.

In einem oder zwei Jahren würde Oyoshi heiratsfähig sein. In Jinsukes Phantasie lebte sie in tausend Bildern, die von Tag zu Tag schöner wurden. Es war ihm nicht entgangen, wie sie ihn ansah, und er vermutete, daß auch sie ihn gern hatte. Er würde es bald erfahren, und inzwischen nahm der Mond jeden Tag zu, und Jinsuke saß spätabends vor dem Haus und übte auf seiner Flöte. Am Abend des Festes aß die Familie mariniertes Grindwalfleisch, Misosuppe und mit roten Bohnen gekochten Reis, eine Extravaganz, die sich auch der Chefharpunierer Tatsudaiyu nur selten leisten konnte. Jinsuke war außer Rand und Band und scherzte mit seinen jüngeren Brüdern.

«Heute nacht kann es wild werden, also kommt uns lieber nicht in die Quere.»

«Mich kannst du nicht erschrecken», antwortete Shusuke. «Ich werde an deiner Seite sein. Möchte den Spaß nicht versäumen.»

Shusuke war sehr robust geworden. Vier Jahre an den Rudern eines

Netzbootes hatten ihm einen breiten Rücken, breite Schultern und kräftige Arme beschert. Die beiden grinsten sich an. Tatsudaiyu blickte auf, die Reisschale in der einen, die Eßstäbchen in der anderen Hand. Er hörte auf zu kauen, schluckte den Bissen hinunter, und seine Söhne verstummten.

«Schwatzt nicht bei den Mahlzeiten. Und noch etwas – obwohl ich noch nicht alt genug bin, um nicht mehr zu wissen, daß junge Männer wild sind und ab und zu über die Stränge schlagen müssen, will ich euch nur warnen: Sollte jemand verletzt werden, werde ich es sein, der wild wird. Ihr dürft die Bedeutung und den Sinn dieses Tages nicht vergessen. Die Gottheit stieg nachts aus dem Meer und hat damit unserem Dorf große Ehre erwiesen. Sorgt dafür, daß ihr die Gottheit auf gleiche Weise ehrt. Hämmert an ein paar Türen und Fensterläden, wenn es unbedingt sein muß, aber wenn das Haus des alten Sahei beschädigt wird, dann weiß ich, wer mir dafür geradestehen wird. Verstanden?»

«*Hai*», sagten die Jungen und aßen schweigend weiter.

Bei der offenen Tür des Asuka-Schreins brannte ein großes Freudenfeuer, und vor dem dunklen Hintergrund des Berges, auf dem über steilen Hängen uralte Bäume aufragten, sprühten die Funken hoch auf. Der Shintopriester in seinem weißen Gewand mit dem kleinen schwarzen Zeremonienkäppchen auf dem Scheitel stand in seiner ganzen Pracht wartend im Feuerschein. Er verneigte sich, als die Familien Wada und Taiji ihn begrüßten. Ein paar ältere Männer brachten jetzt die Fackeln, gebündelte Kiefernspäne, die sie mit einem Ende ins Feuer legten. Ihr Licht sollte dem tragbaren Schrein, dem *omikoshi*, den Weg weisen.

Zwei Parteien, die Roten und die Blauen, trugen lärmend, sich gegenseitig anstoßend, hin und her schiebend und hüpfend den *omikoshi* durch das Dorf. Die Straßen widerhallten von ihrem Geschrei und rochen nach dem Pech der Fackeln.

Hier in Taiji war der *omikoshi* kein kunstvoller tragbarer Miniaturschrein, hatte kein Pagodendach und war weder so reich geschnitzt noch vergoldet wie in anderen Städten. Er war ein einfaches versiegeltes Faß, wasserdicht und an einer Stange festgezurrt. In diesem Faß saß die Gottheit, dieselbe geheimnisvolle Gottheit, die vor vielen Jahrhunderten dem Meer entstiegen war. Nur wenige erinnerten sich heute noch, welche Form sie angenommen hatte, doch die Leute wußten, daß sie da war, und das genügte ihnen.

Saburo, der sich an diesem Abend nicht besonders wohl fühlte, hatte den Weg über den Strand genommen und stand jetzt beobachtend im Schatten. Jemand packte ihn am Ärmel.

«Bist du taub, Saburo? Ich habe guten Abend gesagt.»

Er drehte sich um. Hinter ihm stand Oyoshi. Sie sah in ihrem Kimono sehr hübsch aus. Das Haar hatte sie sich hochgekämmt und mit einem kleinen silbrig-goldenen Schmuckstück festgesteckt, an dem etwas hing, das jedesmal, wenn sie den Kopf bewegte, glitzerte und leicht zu schaukeln begann. Saburo war erstaunt, als er sie so sah, und fast wäre er impulsiv damit herausgeplatzt, daß sie wunderschön war. Dann stellte er jedoch fest, daß er böse war, weil Oyoshi die Kindheit und damit – wie es ihm schien – auch ihn weit hinter sich gelassen hatte. Er antwortete schroff, und Oyoshi schob schmollend die Unterlippe vor, weil er so unfreundlich war. Dann ließ sie ihn stehen und schloß sich zwei Freundinnen an.

Saburo preßte sich an die Mauer, als der Haufen Blauer und Roter vorüberzog. Sie schienen miteinander zu rangeln, und die Gottheit wurde in ihrem versiegelten Gefängnis ordentlich durcheinandergeschüttelt. Die Stimmen klangen schon rauh und heiser, so laut wurde geschrien und gelacht. Die wilde Prozession bewegte sich zum Strand, wo sonst die Wale an Land gezogen wurden, blieb aber nicht stehen, sondern tauchte ins Meer, aus dem die Gottheit gekommen war. Stoßend und schreiend gingen die jungen Männer immer weiter, bis die tapferen Kerle, die bis zum Ende durchhielten, schwimmen mußten. Der *omikoshi* trieb jetzt auf dem Wasser, doch die Träger umklammerten die Tragestange noch immer. Saburo sah, daß auch seine beiden Brüder im Wasser waren, die Gesichtsbemalung von Schweiß und Meerwasser verschmiert. Saburo wunderte sich über sich, denn anders als die anderen Jungen seines Alters hatte er keine Lust, eines Tages mitzumachen, obwohl er natürlich nie wagen würde, das zuzugeben.

Oyoshi stand, entzückt in die Hände klatschend, direkt am Rand des Wassers, und als er sie ansah, fühlte Saburo sich wieder sehr verwirrt, sehr jung und sehr unzulänglich.

Mit triefenden Kimonos wateten die jungen Männer an Land. Viele von ihnen hatten inzwischen ihre Strohsandalen verloren. Mit noch lauterem Geschrei und noch wilderen Tänzen brachten sie die Gottheit in den Asuka-Schrein zurück, wo sie jetzt wieder ein Jahr lang ungestört in feierlicher Ruhe schlummern durfte.

Die Menge klatschte in die Hände und schrie begeistert. Nun würde der heiße Sake fließen, und die jungen Männer würden sich, von den älteren Fackelträgern beobachtet, verspottet, gelobt und am Ende umsorgt, sinnlos betrinken. Die übrigen Festbesucher schlenderten zwischen den Jahrmarktbuden umher, taten sich an gebratenen Lekkerbissen gütlich, hörten Geschichtenerzählern zu oder belustigten sich mit allerlei Spielen. Für die jungen Leute von Taiji waren dies die schönsten Stunden des Jahres, denn sie blieben unbeaufsichtigt, waren frei. Selbst wenn Jungen mit Mädchen sprachen, gab es hinterher keinen Klatsch, keine zornigen Väter, keine jammernden Mütter. Und trotz der vielen Lichter, des brennenden Holzstoßes und der Fackeln fanden sich noch genug dunkle Ecken, wo sich ein Paar eine Weile verstecken konnte.

Oyoshi entfernte sich vom Feuer und den Laternen, und plötzlich griff jemand aus der Dunkelheit nach ihrem Arm. Ihr stockte vor Schreck der Atem.

«Ich bin es, Oyoshi – Jinsuke. Ich möchte mit dir reden.»

«Oh, Jinsuke-san!» rief sie erleichtert. «Ich bin so froh, daß Ihr es seid. Ich dachte schon, es sei einer von diesen Raufbolden, die mich immer ärgern.»

«Ich habe ein Geschenk für dich, Oyoshi!» sagte er und reichte ihr ein kleines Päckchen. Sie machte große Augen, zögerte, es anzunehmen, und wußte nicht, was sie antworten sollte. Aber er streckte es ihr unbeirrt entgegen, so daß Oyoshi sich verneigte und ein paar Worte des Dankes stammelte. Auch Jinsuke bemühte sich, die richtigen Worte zu finden, und schließlich sagte er sehr direkt und fast barsch:

«Ich mag dich und möchte dich heiraten. Ich warte auf dich und auf keine andere. Du verstehst mich doch, nicht wahr?»

Oyoshi nickte, und ihre Augen waren fast noch größer als vorher, aber er ließ ihr keine Zeit, etwas zu erwidern. Er ließ sie stehen und verschwand in der Dunkelheit. Als sie später mit vor Erregung schmerzender Brust nach Hause ging, traf sie noch einmal mit Saburo zusammen. «Saburo», sagte sie, «weißt du, warum dein Bruder nicht heiratet? Er sieht gut aus, und viele Mädchen sagen, daß sie ihn mögen.»

«Vielleicht findet er Mädchen albern – wie ich», antwortete Saburo.

Zwei Tage später, als Oyoshi die Reisschalen spülte, wunderte sie sich, warum ihr Vater so still war. Er saß, eine Decke über den Beinen, neben dem Holzkohlenöfchen und schürte die Glut mit eisernen Stäbchen.

«Yoshi», sagte er plötzlich, «du wächst schnell heran, und du siehst genauso aus wie deine Mutter, als ich sie heiratete. Sehr bald werden wir einen passenden Mann für dich finden müssen.» Er blickte über den Rand seiner Teeschale hinweg zu ihr hinüber. «Du weißt, daß ich niemand habe, der meine Arbeit fortsetzen – unter meinem Namen fortsetzen kann, keinen Sohn, der mich unterstützt, wenn ich zu alt bin, um zu arbeiten, was schon bald sein wird. Ich hätte wieder heiraten können, aber irgendwie habe ich außer dir niemand gebraucht, und du warst immer ein so braves Kind. Der Gedanke, du könntest dieses Haus verlassen, ist mir unerträglich, und ich denke daran, einen Brautwerber auszuschicken. Er soll sich nach einem passenden jungen Mann umsehen, den wir adoptieren können. Ich will nicht, daß du als junge Frau in ein anderes Haus kommst, wo deine Schwiegermutter dich wie eine Sklavin behandelt. Nein, das will ich um keinen Preis.»

Laut schlürfend trank er seinen heißen Tee. «Denkst du nicht, daß meine Idee vernünftig ist? Wir beide kommen doch sehr gut miteinander aus, nicht wahr?»

Oyoshi kniete mit niedergeschlagenen Augen vor ihm nieder. «Ich will dich nicht verlassen, Vater», sagte sie mit verzagt klingender Stimme, und das Herz schien ihr zu brechen, weil sie wußte, daß es nicht in Frage kam, den erstgeborenen Sohn des Chefharpunierers zu adoptieren. Nicht einmal eine Familie von geringerer Bedeutung und niedrigerem Stand würde einen erstgeborenen Sohn gehen lassen, niemals. Es konnte nur ein zweiter, dritter und vierter Sohn sein, und auch dann hätte es der *nakodo*, der Vermittler, bei den Verhandlungen nicht leicht. Aber als Oyoshi sah, wie mager und abgezehrt der Vater war, wie gebeugt er dasaß, hätte sie am liebsten geweint, weil sie begriff, daß er bald sterben würde, wenn sie ihn verließe.

«Geh und hol meine Tasche», sagte er.

Sie brachte sie ihm, und er nahm ein von einer Bootsverkleidung abgebrochenes Stück Holz heraus, auf das jemand ein Spinnennetz und einen schwarzen Schwalbenschwanz-Schmetterling gemalt hatte, der in den feinen Maschen zappelte.

«Weißt du, wer das gezeichnet hat?» fragte der Vater scharf und sah sie seltsam an. Oyoshi legte eine Hand auf den Mund.

«O Vater, Saburo wollte bestimmt nichts Böses tun. Aber er bewundert deine Arbeit und möchte sein wie du. Sei bitte nicht böse auf ihn. Er nimmt immer nur die Farbe, die am Rand der Farbtöpfe klebt.»

Takigawa drehte das Stück Holz auf dem Schoß hin und her und betrachtete es lange. «Er geht mit den Farben sehr unbeholfen um, und die Striche sind hie und da ziemlich plump, aber alles in allem ist diese kleine Zeichnung nicht schlecht. Mir gefällt die Idee mit dem Schmetterling und der Spinne. Er muß das aus einer unserer alten Legenden haben und hat sich dann seine eigene Variation ausgedacht. Das könnten nicht viele.»

Er blickte auf. «Nein, Yoshi, ich bin nicht böse, ganz und gar nicht.» Er schnaubte leise. «Wer hätte das vom Sohn eines Walfängers erwartet! O ja, der Junge hat ein natürliches Talent. Ich bin überrascht, daß er vom Zusehen allein so viel gelernt hat, obwohl er mir ja auch unzählige Fragen stellt. Vielversprechend, vielversprechend.» Er seufzte und nickte vor sich hin. «Dieser Saburo ist ein guter Junge, und er wächst schnell.»

Oyoshi hätte fast laut aufgestöhnt vor Schreck. O nein, der Vater konnte doch nicht daran denken, o bitte, nicht daran! Doch Takigawa sagte nichts mehr und legte das bemalte Stückchen Holz sorgfältig beiseite.

Im Hinblick auf Quantität und Qualität von Fleisch und Öl war ein Buckelwal für Taiji fast ebenso wertvoll wie ein Glattwal, und als die Walfänger an diesem Tag mit ihrem Fang zurückkehrten, wurden sie mit Sake empfangen. Sie tanzten am Strand, und das ganze Dorf war fröhlich.

Nachdem der Wal geflenst und das Fleisch verpackt war, verließ Jinsuke mit einem Stück roten Rücken- und einem kleineren Stück melierten Bauchfleischs den Platz, auf dem noch fleißig gearbeitet wurde. Er schlug den Weg zu Takigawas Haus ein und hoffte, Oyoshi anzutreffen. Warum war sie nicht an den Strand gekommen?

Rufend schob er die halboffene Haustür weiter auf und sah zu seiner Bestürzung neben dem Eingang des kleinen Raumes, der das Herzstück des Hauses bildete, seinen Bruder Saburo sitzen. Er unterhielt sich ganz ungezwungen mit Oyoshis Vater und trank Tee, als gehöre er zur Familie. Jinsuke blieb wie erstarrt auf der Schwelle stehen, starrte Saburo an, sprach jedoch mit Takigawa. «Entschuldigt die Störung. Ich dachte, Ihr hättet vielleicht gern ein wenig Fleisch. Es sind nur armselige Stücke, aber heute frisch gefangen.» Es waren natürlich ausgezeichnete Stücke.

Takigawa drehte sich auf seinem Kissen um, verneigte sich leicht und lächelte freundlich. Er zog ein dünnes, fadenscheiniges Kissen zu sich heran und winkte Jinsuke einzutreten. «Nimm das Fleisch, und bring es in die Küche, Saburo», sagte er. «Oyoshi soll es gleich sehen, wenn sie nach Hause kommt. Du bist immer so freundlich zu uns, Jinsuke, und wir stehen in deiner Schuld. O ja, das tun wir. Komm herein, komm herein und trink Tee mit uns.»

Jinsuke neigte den Kopf. Das Haar hing ihm noch offen auf die Schultern und war steif von Meersalz. Er war noch nicht zu Hause oder im Badehaus gewesen. Auf dem kahlen Teil seines Schädels wuchsen Stoppeln, denn er hatte sich ein paar Tage lang nicht rasiert. Die Augen in dem mahagonibraunen Gesicht funkelten, und an einer Wange zuckte ein Muskel. Er hatte das Schweißband abgenommen und an seine Schärpe gehängt. Mit Schwert und Brustpanzer hätte er wie ein Pirat ausgesehen, gewalttätig und unbarmherzig. Saburo fühlte sich unbehaglich.

«He, hast du schon Holz geholt?» fragte Jinsuke scharf.

Erst am Tag vorher hatte Saburo für alle deutlich sichtbar drei Bündel Feuerholz in die Küche gebracht. Die Frage und die Schroffheit, mit der sie gestellt wurde, überraschte ihn. «Ja, schon gestern», antwortete er verärgert. Von den drei Brüdern war Saburo derjenige, der seine Pflichten am zuverlässigsten erledigte.

«Nun, es gibt noch eine ganze Menge zu tun. Du solltest Takigawa-san nicht belästigen.» Er warf einen bedeutungsvollen Blick auf die Teeschale und den Teller mit gebackenem Reis, der zwischen ihnen stand. Ein Ausdruck von Unwillen flackerte über Takigawas Gesicht, der Saburo nicht entging. Er verneigte sich hastig, bedankte sich und sagte, er müsse gehen. Jinsuke stolzierte vor ihm hinaus. Das Fleisch ließ er auf einem Brett neben der Tür liegen.

Takigawa seufzte. «Ah, ah, diese jungen Walfänger sind genauso arrogant wie die Samurai. Sie glauben, sie allein leisten etwas und können alle Leute hier herumkommandieren.»

Er nahm das in Reispapier eingewickelte Fleisch und trug es in die Küche. Eine solche Störung war wirklich ärgerlich, denn er hatte eben angefangen, Saburo zu erklären, wie man Farben zubereitete, denen Sonne und Salzwasser jahrelang nichts anhaben konnten.

Merkwürdig beklommen lief Saburo hinter dem breiten braunen Rücken seines älteren Bruders her. Am oberen Ende der engen Gasse angelangt, drehte Jinsuke sich um und überzeugte sich, daß niemand in der Nähe war. Auf seinem Gesicht hatte sich ein Gewitter zusammengebraut.

«Warum vergeudest du so viel Zeit in diesem Haus? Weißt du nicht, daß der alte Mann krank ist und leicht ermüdet? Oyoshi hat genug zu tun, ohne daß du dich uneingeladen dort herumdrückst.»

Gewöhnlich traute sich Saburo nicht, seinem Bruder zu widersprechen, doch das war ungerecht. «Uneingeladen? Ich drücke mich nicht uneingeladen dort herum. Takigawa-san selbst fordert mich auf zu kommen. Er bringt mir sogar das Zeichnen bei.»

Jinsukes Herz schien zu erstarren. Er holte tief Atem, trat dicht an seinen Bruder heran und unterdrückte seinen Zorn. «Du Narr! Wir sind Walfänger, keine Farbenkleckser. Dein Platz ist in einem Walfangboot.»

Er packte Saburos rechtes Handgelenk so fest, als wolle er ihm den Knochen brechen, zerrte an seinem Arm und schüttelte ihn. «Dieser

Arm», sagte er, «ist dazu bestimmt, ein Ruder zu führen oder ein Tau zu ziehen, nicht mit einem Pinsel zu spielen. Hast du keine Achtung vor unserem Vater? Unseren Ahnen? Wir sind Walfänger, verstehst du? Walfänger!»

Er ließ den Arm los. Saburo fürchtete sich und sagte nichts, obwohl der Zorn in ihm brannte. Er war nicht der erstgeborene Sohn und konnte nie Harpunierer werden. In seinen Augen gab es jedoch keine niedrigere Arbeit, als stundenlang in einem überfüllten Boot warten und dann an einem Ruder stehen und schwitzen zu müssen, damit ein Maulheld wie Jinsuke seine verdammte Harpune werfen und sich vom ganzen Dorf bewundern lassen konnte.

«*Hai*», sagte er.

Jinsuke selbst durchlebte schon jetzt die Hölle eines jungen Mannes. Ihm war klar, daß Takigawa den Wunsch haben würde, einen Sohn zu adoptieren, damit er seine Tochter nicht gehen lassen mußte. Ihm war auch klar, daß er dafür nie in Frage kam. Oyoshi erfüllte seine Phantasie jedoch so stark, daß er auf sie nicht verzichten wollte. Er hatte niemand, dem er sich anvertrauen konnte, denn Oyoshi war seiner Meinung nach zu unbedacht. Jinsuke fürchtete, sie könnte einen Teil seiner Gedanken preisgeben und dann auch mit dem Rest herausplatzen. Doch sprechen mußte er, ehe es zu spät war, mußte sprechen, ehe sich diese Sache mit Saburo zu fest in Takigawas Kopf eingenistet hatte.

Jinsuke mußte ein paar Tage warten, bis er seinen Vater einmal allein erwischte, aber eines Abends fand er ihn endlich beim Bootshaus. Fast alle waren schon heimgegangen, und Tatsudaiyu inspizierte den Rumpf des Phönix-Bootes. In dem schwarzen Lack war ein langer Kratzer. Er stammte von einer verbogenen Harpune, die aus dem Rücken eines Wals herausgefallen war und sich im Netz verfangen hatte. In der allgemeinen Aufregung während der Jagd hatte niemand das scharfe verbogene Eisen bemerkt, und als das Phönix-Boot zum ersten Lanzenwurf vorpreschte, waren das verhedderte Netz und die Harpune an seiner Flanke entlanggeschrammt.

«Das ist schlimm, sehr schlimm», murmelte Tatsudaiyu vor sich hin und strich mit der großen, schwieligen Hand über den Kratzer. Er mußte mit Haifischhaut und feinem Sand glattpoliert und dann neu lackiert werden. Das dauerte seine Zeit. Die Reparatur würde warten müssen, bis die Wale abgewandert und die Fangzeit zu Ende war.

Mit einem bedauernden Lächeln sah er zu seinem Sohn auf. «Wenn Boote menschlich wären, könnten sie sich selbst heilen, aber sie sind es nicht, und deshalb müssen wir Harpunierer sie noch sorgfältiger behandeln. Du weißt doch, nicht die Harpune, sondern das Boot ist es, das den Wal letzten Endes fängt. Schlimm, wirklich sehr schlimm...»

«Darf ich sprechen, Vater?»

Tatsudaiyu nickte.

«Ich möchte die Takigawa-Tochter heiraten, Oyoshi. Würdest du bitte einen *nakodo* beauftragen, mit ihrem Vater zu sprechen? Bitte, Vater!»

Er fiel auf die Knie und verbeugte sich tief. Tatsudaiyu bückte sich, nahm Jinsukes Arm, zog sanft daran, und als Jinsuke den Kopf hob, sah Tatsudaiyu die flehende, beinahe rührende Bitte in seinen Augen. Er begriff, wie schwer es Jinsuke gefallen sein mußte, mit ihm zu sprechen, und er lachte nicht. Er blickte seinem Sohn in die Augen und nickte bedächtig.

«Das also ist es? Das ist das Geheimnis, das du so gut gehütet hast? Ich verstehe dich und werde den alten Toumi bitten, unseren *nakodo* zu machen. Aber du weißt selbst, daß es nicht leicht sein wird. Takigawa hat keinen Sohn und nur eine Tochter. Er denkt bestimmt daran, sich einen Schwiegersohn ins Haus zu holen, der seinen Namen trägt und sein Werk fortsetzt...»

«Aber Vater, wäre er nicht stolz, mit unserer Familie verbunden zu sein? Ich werde bald Harpunierer sein, und du bist der Chefharpunierer von ganz Taiji! Wir könnten für ihn sorgen... Ich meine natürlich – ich könnte für ihn sorgen, wenn er alt ist.»

Tatsudaiyu hob die Hand, und Jinsuke sagte nichts mehr. «Takigawa mag nicht so wohlhabend sein wie ein paar andere, aber er ist ein stolzer Mann. Er fürchtet sich nicht vor dem Alter, sondern vor dem Verlust seines Handwerks, seines Familiennamens, der gesamten Tradition seiner Ahnen. Er wird nicht wollen, daß sie mit ihm sterben. Es wäre einfach, wenn er noch eine Tochter hätte, doch das ist nicht der Fall. Aber sag nichts mehr, ich spreche mit dem alten Toumi. Hab Geduld, doch ich warne dich, schraub deine Hoffnungen nicht zu hoch.»

Auf dem felsigen Strand der dem Meer zugewandten Seite der Insel Mukaijima fand man kleine, schmackhafte Austern, mehrere Arten eßbarer Strandschnecken, viel jungen Meerlattich und Meersalat. Oyoshi war bei Ebbe hinübergewatet und sammelte Austern und Schnecken fürs Abendessen. Jinsuke, der auf der Suche nach ihr war, entdeckte sie und kam, von Fels zu Fels hüpfend, zu ihr hinüber.

«Ich habe dich gesucht, Oyoshi.»

Sie erschrak. War etwas passiert? Ihr Vater... Sie preßte eine Hand auf den Mund.

«Ich muß mit dir reden, dir etwas sagen.»

Oyoshi sah sich besorgt um, denn wenn sie jemand hier zusammen sah, gab es einen Skandal. In Taiji blühte der Klatsch.

«Ich habe meinen Vater gebeten, einen *nakodo* zu bestimmen, der mit deinem Vater sprechen soll. Ich möchte dich so bald wie möglich heiraten. Verstehst du das?»

Oyoshi traten die Tränen in die Augen, und sie wandte sich ab.

«Was ist denn, Oyoshi? Magst du mich nicht?»

«Doch. Aber darum geht es nicht. Ich habe dich lieber als mein Leben, und daß du gut von mir denkst, macht mich froher, als ich sagen kann. Aber mein Vater – mein Vater wird nie einverstanden sein, und ich kann nicht...» Sie barg das Gesicht in den Händen und weinte. Jinsuke umfaßte sanft ihre Schultern und zog sie an sich. Oyoshi wehrte sich nicht.

Ein Monat verging, und Oyoshis Vater ließ nichts von sich hören. Wäre er einverstanden gewesen, hätten sie schon Verlobungsgeschenke ausgetauscht, und Tatsudaiyu und Onui wären ganz offiziell in Takigawas Haus eingeladen worden.

Eines Tages erschien Oyoshis Vater jedoch in Tatsudaiyus Haus und brachte eine in feingeflochtene Gräser verpackte salzgetrocknete Meerbrasse mit. Eine Meerbrasse war ein Festgeschenk. Hieß das vielleicht, daß er seine Zustimmung gab? Aber als Tatsudaiyu ihm in die Augen sah, wußte er, daß dem nicht so war. Hinter Takigawa stand mit grimmigem Gesicht der alte Toumi. Onui schenkte Tee ein. Lange schwatzten sie über das Wetter, den Zustand der Yamsfelder und Gemüsebeete, den fast unerschwinglich gewordenen Reispreis und so weiter, doch alle wußten, daß Takigawa gekommen war, um etwas zu sagen, das ihm nicht leichtfiel. Tatsudaiyu sah Toumi an. Warum genoß der alte Narr solche Momente? Tatsudaiyu war ungeduldig, er zögerte nie mit der Lanze, sondern stieß immer sofort zu. Toumi räusperte sich.

«Zur Sache des – eh – jungen Jinsuke – eh... Diese Familie hat dem Haus Takigawa immer größte Hochachtung entgegengebracht...»

Tatsudaiyu wartete, während der alte Mann sich voller Eifer in die Schilderung der Familiengeschichte beider Häuser stürzte – einen weitschweifigen Vortrag, der so klang, als habe Toumi die Höflichkeitsfloskeln einstudiert.

«...und drängt in aller Aufrichtigkeit auf die Heirat mit Oyoshi.» Er holte tief Atem. «Also bedenkt das, wir bitten Euch darum, und gebt uns eine wohlwollende Antwort.»

Der alte Mann hockte sich auf die Fersen und schien mit sich sehr zufrieden zu sein. Takigawa war blaß geworden und wirkte erregt. Er verbeugte sich so tief, daß seine Stirn die Matte berührte, und verharrte lange in dieser Haltung.

«Yoshi ist noch jung, noch nicht ganz sechzehn, und ich glaube, für eine solche Entscheidung ist es noch zu früh.»

«Takigawa-san», sagte Tatsudaiyu mit tiefer, kraftvoller Stimme, «vergessen wir doch diese Förmlichkeit. Wir beide sind alte Freunde. Unsere Kinder haben von klein auf miteinander gespielt. Ihr wart Gast bei Onuis und meiner Hochzeit und wir bei der Euren. Ihr könnt offen sprechen. Glaubt Ihr denn, daß irgend etwas unsere Freundschaft trüben könnte? Oyoshi ist nicht zu jung, um sich zu verloben, und mein Sohn kann mit der Heirat warten, wenn es das ist, was Euch beunruhigt. Ich denke jedoch, daß ich Euer Dilemma kenne. Sagt uns Eure Antwort. Ist es die, die wir erhoffen, werden wir uns sehr darüber freuen, denn sie wird ein Band zwischen zwei guten Familien knüpfen. Aber die andere Antwort wird uns auch nicht tief erschüttern. Wir haben Verständnis für Euch. Also sprecht jetzt. Vergeßt Ihr denn ganz, in wessen Haus Ihr seid? Es ist Tatsudaiyus Haus.»

Takigawa verneigte sich wieder, und wieder berührte seine Stirn die Matte. Seine Stimme klang wie geborsten, so tief bewegt war er. «Ich achte diese Familie mehr als alle anderen. Nie kann ich vergessen, daß es Eure Frau war, die nach dem Tod meiner Frau meiner Tochter die Brust gab und mir bei so vielem half, das ich nicht für Yoshi tun konnte. In all den Jahren habt Ihr so viel mit mir geteilt, und meine Tochter und ich stehen bis ans Ende unseres Lebens in Eurer Schuld. Nun hat Euer ältester Sohn in seinem Herzen an Yoshi Gefallen gefunden, und das ist eine hohe Ehre für uns. Ich versuche mir die Worte, die ich sagen möchte, aus tiefstem Herzen zu reißen, aber ich kann es nicht. Denn trotz allem muß ich Euch um Vergebung bitten, weil ich meine Einwilligung zu dieser Heirat nicht geben kann. Ich habe keinen Sohn, und Yoshi ist meine einzige Tochter. Ich muß einen Sohn adoptieren ...»

Takigawa hielt den Kopf gesenkt und sah sie nicht an. Tatsudaiyu seufzte schwer und warf Onui einen Blick zu.

«Das haben wir natürlich vermutet», sagte er, «und es war rücksichtslos von uns, die Sache zur Sprache zu bringen. Aber mein Sohn Jinsuke hatte mich darum gebeten. Er hat Oyoshi sehr gern, und es wird schwer für ihn sein. Doch wie könnte ich, der ich drei Söhne habe, übel von Euch denken, weil Ihr einen Sohn wollt, der Euren Namen annimmt, damit er nicht ausstirbt? Hätte ich eine Tochter wie

Oyoshi, würde es mir das Herz zerreißen, wenn ich sie gehen lassen müßte. Nein, nein, wir verstehen. Wir werden für Euer Glück, für Euch und für Oyoshi beten. Kommt jetzt, die Sache soll keinerlei Einfluß auf unsere Freundschaft haben. Onui, hol den Sake.»

«Und was Jinsuke betrifft –» sagte der alte Toumi.

«Er wird es von mir erfahren», antwortete Tatsudaiyu, und dagegen gab es keinen Widerspruch.

5

Von dem verschlungenen Höhlensystem und den verkrüppelten Felsformationen der Klippen von Onigajo – der Teufelsburg – war Matsudaira Sadayori schon mehr als die Hälfte des längsten Strandes der Provinz Kii entlanggewandert. Onigajo war einst der Schlupfwinkel der Piraten von Kumano gewesen, und in der Vorzeit hatten angeblich rote und blaue Teufel dort gehaust. Waren diese Urzeitungeheuer vielleicht Barbaren gewesen, die von frühen Kaisern vertrieben oder vernichtet worden waren?

Sadayoris Strohsandalen wurden allmählich fadenscheinig, und seine Kleider starrten vor Salz. Die Brandung toste. Unendlich weit und ehrfurchtgebietend dehnte sich der Pazifik vor ihm. Warum brachte ein solcher Ozean Feinde in dieses uralte, heilige Land? Warum verschlang er sie nicht, zermalmte nicht ihre Gebeine?

Sadayori kannte inzwischen fast jeden Strand in der Provinz seines Lehnsherrn, und was er dort gesehen hatte, beunruhigte ihn tief. Er kannte jede Bucht, jeden Meeresarm, Landeplatz, Pier, Kai, jedes Fischerdorf, jeden Hafen, jede Stadt. Er hatte jede Stelle, an der man Kanonen aufstellen konnte, skizziert und in eine Landkarte eingezeichnet. Er kannte die genaue Anzahl aller Schiffe und Boote. All das hatte er seinem Fürsten, dem Regenten und hochgestellten Tokugawa-Beamten in Edo berichtet. Einer dieser großen Männer, Ii Naosuke, war verständnisvoller oder eher als die übrigen bereit gewesen, Sadayori anzuhören. Die anderen waren so starrköpfig und engstirnig konservativ, daß sie viel mehr Ähnlichkeit mit Fossilien hatten als mit wahren Verteidigern Japans und seiner Ahnen.

Die bittere, unbestreitbare Wahrheit war, daß Japan weder stark genug noch so gut organisiert war, einer fremdländischen Invasion standzuhalten. Die *bushi* waren fähig, ewig in den Bergen und

Wäldern zu kämpfen, wie die wilden Tiere zu leben und auch Bauernhöfe zu plündern, um sich Nahrung zu verschaffen. Sie konnten auch am Strand sterben, von einer aus großer Entfernung abgeschossenen Kartätsche, explodierenden Granate oder Gewehrkugel getroffen. Aber weder das eine noch das andere würde die Nation retten.

Die Tokugawa-Gesetze begrenzten Größe und Form der Schiffe, legten genau den Verlauf und die Breite einer Straße fest, so daß nur Wanderer und Reiter sie benutzen konnten, und das würde sich im Fall einer Invasion als Segen und als Fluch erweisen. Es traf ja zu, daß diese Gesetze weise waren und die Nation bisher geschützt hatten. Aber warum sollten die Ausländer stärkere Schiffe und gefährlichere Waffen haben als Japan? Sadayori hatte zum Beispiel ein eingeschmuggeltes Gewehr gesehen, das mit einem Hebelmechanismus eine Kugel nach der anderen abfeuern und einen Mann aus einer Entfernung von mehreren hundert Schritt treffen und töten konnte. Was produzierte Japan? Auf der Insel Tanegashima stellten sie noch immer Luntenschlösser für Vorderlader her. Die Zündschnur, die man zum Abfeuern einer solchen Waffe brauchte, ließ sich schwer anbrennen und löschte leicht wieder aus. Es waren hervorragend gearbeitete und wunderschön verzierte Waffen, hatten aber höchstens eine Reichweite von hundert Schritt. Es machte Sadayori zornig, das akzeptieren zu müssen, aber Japan lag in seiner Entwicklung hundert Jahre zurück, und trotz allem, was die Konservativen behaupteten, waren japanische Rittertugenden und der Kodex der Krieger nicht genug, um die Küste zu verteidigen.

Das mußte doch auch den Regierenden klar sein; aber wie viele von ihnen taten etwas dagegen? Die Barbaren nagten weiterhin an ihrem Land wie Ratten an den Rändern eines Reisballens. Erst vor einem Jahr hatte ein amerikanischer Marinekommandant für die Freilassung amerikanischer Schiffbrüchiger gesorgt, die in Naha gefangensaßen. Im selben Jahr waren an der Küste von Kumano Signalfeuer aufgeflammt, als zwei amerikanische Walfänger in Oshima gelandet waren und ihre Mannschaften mit Gewehren um sich geschossen, geplündert und geraubt hatten. Und eine solche Kränkung war ungesühnt geblieben! Hätte Sadayori etwas zu sagen gehabt, hätte er die gefangenen schiffbrüchigen Barbaren in zwei Schüben auf das Barbarenschiff zurückgeschickt – die Köpfe mit dem ersten, die Körper mit dem zweiten Schub.

Sadayori hatte gehört, daß der Satsuma-Clan, die mächtigen Krieger, die über das südliche Kyushu und die Ryukyu-Inseln herrschten, mit den Franzosen einen begrenzten Handel trieben, obwohl das gesetzlich verboten war. Angeblich hatte sogar die Regierung in Edo wegen gewisser Angebote der Franzosen den Rat der Satsumas eingeholt.

Der Samurai blieb stehen und blickte aufs Meer hinaus, als wolle er es herausfordern, ihm auf der Stelle ein paar Feinde zu schicken. Ah, was wäre es für eine einfache Lösung, ein trauriges Leben zu beenden und bei der Verteidigung dieser geheiligten Erde einen ruhmreichen Tod zu finden! Doch ihm war bewußt, daß wichtiger als die eigene Erlösung eine schlagkräftige Landesverteidigung war – Kanonen, Gewehre, eine Flotte großer, gut bestückter Schiffe. Die sogenannte Kriegerkaste mußte wieder lernen, Demut zu üben und wirklich zu kämpfen.

Sadayori hob beide Arme und atmete tief. Dann ließ er eine Hand fallen und begann unbewußt mit den Bändern zu spielen, mit denen der Griff seines Schwertes noch immer gebunden war. Plötzlich hatte er das lange Schwert in der Hand, als sei es aus der Scheide geschnellt. Es zeichnete ein Muster in die Luft, die silberne Klinge zuckte, richtete sich auf, stieß herab und kam dann zu tödlicher Ruhe. Noch eine schnelle Bewegung, ein leises Klirren, und die Klinge kehrte in die Scheide zurück. Sadayori entspannte sich.

Er sah sich um, doch es war niemand da, und einen Augenblick bangte er, die Klinge, ein unbezahlbares Erbe, das seit zweihundert Jahren seiner Familie gehörte, könnte in der salzigen Luft Schaden genommen haben.

Er schüttelte den Kopf. Das Schwert war seine Seele, das Symbol seiner Kaste, sein Gelübde, sein Stolz. Und in einem gewissen Sinn war es ein Symbol furchtbarer Schwäche. Er verschnürte die Bänder wieder und eilte weiter. Heute abend wollte er sich beim Reinigen der Klinge besondere Mühe geben.

Sein Ziel war die Stadt Shingu. Die Geschichten über die Seepiraten, die einst in den Höhlen von Onigajo hausten, hatten ihn auf einen Gedanken gebracht, und in Shingu lebte ein alter Freund seines Vaters, ein Mann, der ihm zuhören würde und den er vielleicht um einen Gefallen bitten konnte.

Drei Tage später begab sich Sadayori, einen Brief unter seiner Schärpe verborgen, von Shingu nach Taiji. Er beabsichtigte, seinen Marsch in Katsuura zu unterbrechen, einem größeren, ziemlich bekannten Badeort mit heißen Quellen und einem Hafen, der sicher zwischen Inseln und gewundenen Meeresarmen mit felsigen Steilufern versteckt war. In Katsuura machten häufig die Pilger Rast, die zum Schrein von Nachi wollten.

Es war eine lange Wanderschaft gewesen, und Sadayori taten alle Glieder weh, daher beschloß er, sich ein heißes Bad und ein gut zubereitetes Essen aus Meeresfrüchten zu leisten. Er stieg in einem kleinen Gasthof in der Nähe des Hafens und der Teehäuser ab. Am nächsten Morgen konnte er ein Boot über die Bucht von Moriura nach Taiji nehmen.

Wie in den meisten Badeorten an der Küste, ging man in Katsuura Vergnügungen nach, die man im allgemeinen nicht mit Pilgern in Zusammenhang bringt, doch seit Sadayoris junge Frau gestorben war, hatte er nie wieder bei einer Frau gelegen. Trotzdem genoß er es, umsorgt und gehätschelt zu werden, sonnte sich in kleinen Schmeicheleien und lachte und neckte sich gern mit Frauen. Deshalb ließ er sich nach einem langen, heißen Bad und einem guten Essen eine Geisha kommen.

Sie war sehr hübsch, ein Mädchen vom Land, das sich große Mühe gab, raffiniert zu wirken. Sie fütterte ihn mit kleinen Leckerbissen, schenkte ihm immer wieder Sake ein, sang ihm vor und begleitete sich selbst auf dem Samisen. Sadayori saß im ersten Stock des Gasthauses an einem offenen Fenster, das Mädchen neben ihm. Er trug einen leichten Sommerkimono, aber nach fast zwei Stunden im Bad fühlte er die Kälte nicht, da sein Körper noch von der Hitze des Heilwassers glühte.

Ein Stück weiter oben an der Straße war ein Lokal, vor dem junge Männer lärmten, laut nach Sake schrien und miteinander balgten. An ihrem Akzent merkte man, daß es Einheimische waren. «Oh, die Männer aus Taiji sind immer so, wenn sie nach Katsuura kommen», sagte das Mädchen, als wolle es sich entschuldigen. «In Taiji ist es sehr ruhig, sie haben dort überhaupt keine Möglichkeit, sich zu vergnügen, und wenn sie zu uns kommen, schlagen sie eben über die Stränge.»

«Kommen sie oft?»

«Nur außerhalb der Walfangsaison, Herr...»

Später schickte Sadayori die Geisha weg. Sie verneigte sich ergeben und ging, aber er spürte, daß sie enttäuscht war. Wahrscheinlich hatte sie erwartet, daß er sie auffordern werde, zu bleiben und mit ihm zu schlafen. Er seufzte. Das Leben war für die kleinen Leute so einfach, solange sie die Gesetze nicht brachen. Sadayori beneidete sie oft, besonders die Walfänger. Wäre er kein Samurai, hätte er jetzt hinuntergehen, sich mit ihnen sinnlos betrinken und schließlich in den Armen einer Frau einschlafen können, die er schon am nächsten Tag vergessen hatte. Aber er war ein Samurai, und ein sehr stolzer dazu, und er hätte nie eine Frau genommen, die nicht seines Standes war.

Als er am nächsten Morgen nach einem zweiten langen Bad sein

Schwert polierte, zeichnete er mit dem feinen Talkumpuder, den er zum Reinigen benutzte, kein Motiv aus Bergen und Wolken auf die Klinge, sondern eine ganze Flotte von Booten mit hohem Bug. Während er noch mit diesem täglichen Ritual beschäftigt war, brachte ein ältliches Hausmädchen den Tee, blieb aber in respektvoller Entfernung von ihm stehen. Sadayori nahm den Bausch aus Seidenpapier aus dem Mund, der verhinderte, daß sein feuchter Atem mit der kalten Klinge in Berührung kam.

«Gewöhnlich erledige ich das am Abend», sagte er freundlich. Er kannte die Furcht, die das einfache Volk beim Anblick eines gezogenen Schwertes überkam. Er polierte die Klinge und schob sie in die Scheide zurück. Jetzt würde die Frau die leicht gebogene, gehärtete, rasiermesserscharfe Waffe nicht mehr als Bedrohung empfinden. Er griff nach dem Tee.

«Bitte deinen Herrn, ein Boot für mich zu bestellen. Ich wünsche nach Taiji übergesetzt zu werden.»

Die Frau verneigte sich. Sie sah überrascht aus. «Nach Taiji, Herr? Aber dort gibt es nichts...»

«Und ob es dort etwas gibt! Schnelle Boote und tapfere Männer, weißt du das nicht?»

Das Hausmädchen nahm das Tablett und verließ das kleine, luftige Zimmer, in dem die Morgensonne auf blaßgelbe Matten fiel. Sadayori stand auf, schlüpfte in sein Gewand und bereitete sich auf den Aufbruch vor. Sein Kopf war voller Pläne – Pläne, die den Walfangdörfern Wohlstand und Stolz eintragen würden, und in Taiji wollte er den ersten Schritt tun.

Er hatte einen Brief aus der Burg Shingu bei sich, der den Befehl enthielt, daß er in Taiji und der Schwestergemeinde Koza je ein Walfangboot mit Mannschaft auswählen sollte. Boote und Männer sollten nach Wakayama auslaufen und dort zur Unterhaltung des *daimyo* ein Rennen veranstalten. Zweifellos würde man in beiden Dörfern verblüfft sein, vielleicht sogar Angst haben, aber gehorchen würde man. Selbstverständlich war es nicht Sadayoris einzige Absicht, die hohen Persönlichkeiten nur zu unterhalten.

Er hatte dieses Wettrennen und die Demonstration zeitlich auf einen Besuch des Fürsten von Hikone, Ii Naosuke, abgestimmt, einen Mann, der sich für das Haus Wakayama und seine Angelegenheiten sehr interessierte, einen Mann, der in Edo immer größeren Einfluß gewann. Wagte Sadayori zu hoffen, mit diesem hohen Herrn sprechen zu dürfen, um ihn von der Notwendigkeit zu überzeugen, einen schnellen, schlagkräftigen Küstenschutz zu organisieren, der anfangs mit schwarzlackierten Walfangbooten operieren sollte? Mit den Booten und ihren kühnen Besatzungen, die das Meer kannten und mit Waffen umgehen konnten? Ja, diese Männer konnten für den Kampf ausgebildet werden; wenn diese engstirnigen Beamten in Edo das nur begreifen wollten! Aber die trugen ja Scheuklappen. Auf jedem Boot sollten Samurai-Offiziere mitfahren, nur einer oder zwei für den Anfang, Männer, die in den Walfangdörfern stationiert waren und die Flotte in Kriegszeiten befehligen würden. Sie sollten auch die Aufsicht über die Waffen führen, die nicht nur in Krisenzeiten ausgegeben werden sollten: Schwarzpulvergranaten, Brandsätze und andere Geschosse, mit denen man die Schiffe der Barbaren angreifen konnte. Sie sollten zuschlagen wie die Seewölfe, genauso wie vor langer, langer Zeit die Piraten aus Kumano. Stammten die Walfänger nicht von diesen Männern ab? Jetzt sollte man sie dazu einsetzen, ihre eigene Küste zu verteidigen. Und auf längere Sicht sollten sie den Grundstock einer starken Marine bilden.

Wada Kinemon, der Sadayori bei seinem ersten Besuch so gastlich aufgenommen hatte, war gestorben und hatte Pflichten und Titel seinem sechzehnjährigen Sohn Iori vererbt. Als Sadayori in Taiji auftauchte und ins Walfangbüro kam, war der Junge unterwürfig und höflich. Doch nachdem er den Brief aus Shingu gelesen hatte, reichte er ihn verärgert dem Vetter seines Vaters Taiji Kakuemon und sagte aufbrausend:

«Das ist höchst unüblich! Wir können weder die Männer noch die Boote entbehren, und es ist eine so lange und gefährliche Fahrt. Bis hinauf nach Wakayama? Wer ersetzt uns die Kosten? Also, wirklich! Sag ihnen, Onkel Taiji ...»

Sadayori sah in kalt an, und der Junge verstummte. «Das ist ein Befehl. Wollt Ihr Euch widersetzen?»

«Ganz gewiß nicht», antwortete Kakuemon. «Welches Boot wäre Euch am liebsten, Herr? Und soll ich einen Läufer nach Koza schicken?»

«Bestimmt irgendein Boot, von dem Ihr glaubt, es sei würdig, vor dem Fürsten dieses Lehens zu erscheinen. Und nein, den Brief bringe ich selbst nach Koza. Boot und Mannschaft sollen morgen früh bereit sein. Ich werde selbst an Bord gehen, und wir werden uns unterwegs in Koza aufhalten. Wir bleiben zwei Tage und setzen dann die Fahrt nach Wakayama fort. Sorgt dafür, daß die Männer ausreichend mit Proviant versorgt sind.»

Die beiden Netzherren starrten Sadayori an, als habe er den Verstand verloren. «Auf einem Boot mit den Walfängern? Ihr, ein

Herr? Aber diese Boote sind ganz offen und für einen Gast weder geeignet noch eingerichtet. O nein, das ist gefährlich, das kommt nicht in Frage.»

Sadayori lächelte. «Gefahr? Bequemlichkeit? Gehören diese Worte zum Vokabular der *bushi*? Was hat ein Samurai mit solchen Gedanken zu tun? Ich bin es, der in dieser Angelegenheit die Verantwortung übernehmen muß, und ich fahre mit dem Boot. Verstanden?»

Der Junge und der Mann verneigten sich. Kakuemon wandte sich an den jungen Wada. «Iwadaiyus Boot ist das beste, denke ich. Es ist das mit dem Chrysanthemen-Motiv», erklärte er Sadayori, «das zweite in der Flotte. Verzeiht, aber es wäre nicht richtig, den Chefharpunierer zu schicken, falls vielleicht doch noch ein Wal gesichtet wird.»

Sadayori nickte, und Kakuemon rief einen der Wächter, dem er den Auftrag gab, zum Haus des Harpunierers hinaufzulaufen und ihm auszurichten, er solle sich im Büro melden.

«Matsudaira-sama, wollt Ihr mir die Ehre erweisen, Gast meines unwürdigen Hauses zu sein?»

«Nein, vielen Dank, ich will nicht stören. Ihr habt doch hier ein Gasthaus, oder nicht?»

«Ja, aber es ist ziemlich klein und ...»

«Ich werde dort übernachten. Wenn Ihr mit dem Bootsführer alles besprochen habt, soll er noch heute nach dem Abendessen mit seinem Helfer zu mir kommen. Ich werde ihm meine Anweisungen geben.»

Weder Kakuemon noch Iori drängten ihn, ihr Gast zu sein, und ihm war klar, daß er diesmal nicht wirklich willkommen war. Mit einer kleinen Verneigung entfernte er sich.

Wenn er auch streng und kalt wirkte, innerlich bebte er vor Erregung. Er hatte davon geträumt, in einem dieser schnellen Fangboote mitzufahren, und obwohl er das vor keiner Menschenseele zugegeben hätte, wäre er sogar leidenschaftlich gern mit den Männern hinausgefahren, um dabeizusein, wenn sie einen Wal töteten.

6

«Was? Ihr wollt aus Fischern Krieger machen? Es wäre leichter, fliegende Fische aus Eidechsen zu züchten. Lächerlich.»

In dem langen Saal der Burg Wakayama herrschte unter den Beratern stimmgewaltige Empörung. Nicht alle standen Sadayoris Idee so ablehnend gegenüber, wie es den Anschein hatte, aber sie waren alle zu ängstlich oder zu uneinig, um das zuzugeben. Der *daimyo* von Wakayama war noch ein Kind, und der Regent und der *daimyo* von Hikone waren in diesem Lehen die eigentlichen Herrscher. Die beiden Männer saßen am Ende des Saales auf einem Podium, das kleine Hütchen, Symbol ihres Amtes, auf dem rasierten Schädel, in herrlichen Brokat gekleidet, mit breiten Schultern, die wie Flügel aussahen, und einem Prachtgewand, das so lang war, daß sie nur langsam und vorsichtig schlurfend gehen konnten.

Sadayori fühlte, wie der Blick des Fürsten von Hikone, Ii Naosuke, auf ihm ruhte, doch er sah nicht auf, verharrte in einer tiefen Verneigung.

Die Berater knieten, durch die Breite des Saales getrennt, in zwei Reihen einander gegenüber, und während sie sich über den freien Raum hinweg ihre Bemerkungen zuriefen, lag ein zynischer Zug um Ii Naosukes fest zusammengepreßte Lippen. Was war falsch daran, wenn ein aufrichtiger junger Krieger, der die Küste gründlich erforscht hatte, jetzt versuchte, für die so dringend erforderliche nationale Verteidigung eine Lösung zu finden – wenn auch eine zugegebenermaßen allzu einfache? Ii Naosukes Meinung nach sollte man auf diese jungen Männer hören, gleichgültig, wie ungeheuerlich ihre Ideen zu sein schienen. Er warf einen Blick zur Seite auf den Regenten.

«Auf wessen Befehl hat dieser Mann seine Nachforschungen an den Küsten unternommen?» Er wußte es, natürlich.

«Auf Befehl unseres verstorbenen Fürsten, Herr.»

«Und wie viele Jahre hat dieser Mann damit verbracht, die Küsten zu erforschen?»

«Drei Jahre, glaube ich. Es war mein ...»

«Und da denkt Ihr, er verdiene es nicht, daß wir ihm ein paar Minuten unserer Zeit widmen und ihn anhören?»

Gemurmelte Proteste wurden laut. Diesmal erhob der Regent die Stimme. «Schweigt!» Im Saal wurde es still. «Fahrt fort, Matsudaira.»

Sadayori verneigte sich abermals, hob dann den Kopf und sah Ii Naosuke direkt an. Er war so dunkelbraun gebrannt wie ein Bauer, doch als er sprach, tat er es auf vornehmste und höflichste Weise.

An diesem Tag hatten mehrere Hauptberater, der junge *daimyo* und die beiden Männer auf dem Podium den Booten aus Taiji und Koza zugesehen, die in der Bucht ein Wettrennen veranstaltet und verschiedene Manöver ausgeführt hatten. Die Walfänger, nur mit Schweißbändern und roten Lendentüchern bekleidet, hatten an den Rudern gestanden, und viele der Zuschauer hatten applaudiert, weil die Boote so schnell und die Männer so flink und geschickt waren. Auch ihre kräftigen Gestalten hatten großen Beifall gefunden. «Wie Ringer!»

«Darf ich Euch, edle Herren, mit höchster Bescheidenheit daran erinnern, daß Fangboote dieser Bauart vor hundert Jahren zur Zeit unseres erhabensten achten Shogun, Yoshimune von Kii, nachgebaut und nach Edo gebracht wurden? Diese hochverehrte Person, ob ihrer Weisheit weithin berühmt, erkannte die Möglichkeiten solcher Boote im Krieg. Es sind nicht nur Fischerboote, Ihr Herren! Sie sind viel, viel schneller», begann Matsudaira Sadayori zu sprechen.

«Diese Walfänger haben auf See großen Gefahren getrotzt und sind hervorragend ausgebildet. Sie operieren nicht wie andere Fischer, sondern als disziplinierte, koordinierte Flotte, die schnell auf komplizierte Signale reagiert. Außerdem, mein Fürst, sind die Walfänger dieser Küste Nachkommen der Seepiraten von Kumano, die seit Jahrhunderten in der Schlacht gefürchtet waren, als, mein Fürst, die Krieger aus Kumano den Ausgang dieser Schlachten bestimmten. Das alles ist Geschichte, die wir gut kennen. Daher trage ich Euch meinen Vorschlag nach gründlicher Überlegung und mit großer Ehrerbietung vor der Geschichte und den Erfordernissen dieses Landes vor.»

Sadayori machte eine Pause und sah sich im Saal um. Er war von Natur aus ein gewandter Redner, und seine Reisen und sein körperliches Training hatten seiner Stimme und seinem Wesen eine Tatkraft und Resonanz verliehen, die die meisten Stadt-Samurai nicht besaßen.

«Würdet Ihr mir die Gunst gewähren, hoher Herr, Euch eine bestimmte ungewöhnliche Waffe zu zeigen?»

Einer der Berater, der unmittelbar vor dem Podium kniete, drehte sich um. Sein Gesicht wurde weiß, und seine steifen Seidenschultern bebten, so heftig schüttelte der Zorn seinen ganzen Körper.

«Matsudaira! Wie dürft Ihr es wagen, etwas so Schändliches vorzuschagen? In diesem Saal, vor diesen allererlauchtesten Personen? Habt Ihr den Verstand verloren?»

Ein zweiter Berater rutschte auf den Knien vorwärts. «Man sollte ihm befehlen, sich den Bauch aufzuschlitzen.»

«Glaubt er vielleicht, er sei hier in einer Übungshalle?»

«Schändlich!»

Doch diesmal senkte Sadayori nicht den Kopf. Er wußte, daß Fürst Ii Naosuke, ein Meister in mehreren Kampfkünsten, interessiert sein würde. Er irrte sich nicht. Ii Naosuke winkte mit seinem Fächer.

«Meine Herren! Meine Herren! Sind wir *bushi* oder nicht? Sind die Schwerter, die wir tragen, nur ein Schmuck? Ich jedenfalls empfinde beim Anblick einer Waffe weder Angst noch Bestürzung. Nein, ich bin interessiert. Mögen alle, die nervös sind, den Saal verlassen, und wir anderen lassen uns von diesem jungen Samurai die ungewöhnliche Waffe zeigen.» Er lachte. «Matsudaira, habt Ihr die Absicht, jemanden anzugreifen?»

Matsudaira Sadayori verneigte sich wieder tief. «Wenn ich Euch beleidigt habe, mein Fürst, erlaubt mir, jede Strafe hinzunehmen, die Ihr über mich verhängt, doch ich glaube wirklich, daß Ihr interessiert sein werdet. Seid Ihr, nachdem Ihr die Waffe gesehen habt, gekränkt, will ich mir noch heute abend das Leben nehmen.»

Im Saal herrschte Schweigen ob dieser Kühnheit, und die Konservativen kochten innerlich, weil sie vermuteten, daß die Chancen dieses jungen Emporkömmlings stiegen.

«Bringt die Waffe herein!» befahl der Regent. Sadayori verneigte sich, stand auf und ging rücklings zur Tür, vor der bewaffnete Wachen standen. Innerhalb von Sekunden brachte ihm einer der Männer einen in purpurne Seide gewickelten, mit einer Kordel verschnürten länglichen Gegenstand. Sadayori trug ihn mit ausgestreckten Armen vor sich her und legte ihn vor dem Podium auf den Boden. Dann trat er zurück, als wolle er es einem der Berater überlassen, das Paket zu öffnen.

«Zeigt uns die Waffe», befahl Ii Naosuke.

Sadayori entfernte die Hülle, und zum Vorschein kam eine massive, zweischneidige, spitze Klinge, rasiermesserscharf und an einem kräftigen Schaft aus weißer Eiche befestigt. Das Ganze sah wie ein überdimensionaler Speer aus. Ii Naosuke stand auf, schlurfte ein paar Schritte vorwärts und wog die Waffe in der Hand.

«Ziemlich plump, aber wirklich furchteinflößend. In den Händen eines kräftigen Mannes bestimmt sehr wirkungsvoll. Eine solche schwere zweischneidige Waffe habe ich noch nie gesehen. Stammt sie aus China? Europäisch ist sie auf keinen Fall. Habt Ihr gelernt, damit umzugehen?»

«Nein, mein Fürst, ich habe sie nie benutzt. Ich bezweifle, daß irgendein Samurai während der letzten zweihundert Jahre diese Waffe handhaben konnte, obgleich sie japanisch ist und eine lange Tradition hat. Es ist eine Waffe der Walfänger, mein Fürst, eine Stoßlanze, mit der sie dem harpunierten Wal den Todesstoß geben. Die stämmigen Burschen, die Ihr heute beim Wettrennen der beiden Fangboote gesehen habt, mein Fürst, töten eine Beute, die viel größer ist als ein Barbar, und sie wissen mit diesen Lanzen umzugehen. Unter entsprechender Anleitung könnte man sie zu Kämpfern ausbilden, die genausogut wären wie seinerzeit die Kumano-Piraten, das weiß ich.»

Ii Naosuke legte den Kopf zurück und lachte herzlich. «Ah, junger Mann, was können wir dazu sagen? O ja, ich bin überzeugt, daß so ein Ding in den Händen eines dieser kräftigen Kerle im roten Lendentuch zur tödlichen Waffe wird. Und sie benutzen auch Messer mit langen Griffen, die Ähnlichkeit mit einer *naginata* haben, nicht wahr? Ja, ja, ich habe Bilder gesehen. Und Ihr wollt, daß sie Barbaren abschlachten, ja?» Drohend schwang er die schwere Stoßlanze und lachte abermals. Ein Diener trat auf ihn zu, nahm sie ihm ab und entfernte sie aus dem Saal.

Jetzt meldete sich ein anderer Berater zu Wort. «Meine Herren, es trifft zu, daß wir in der Vergangenheit, wenn innere Kriege das Land zerrissen, aus der Landbevölkerung Soldaten rekrutierten. Doch das geschah nur im Krieg. Die Zeiten sind jetzt vielleicht schwer, und dennoch, bestätigt uns der lange Friede während des Tokugawa-Regimes nicht die Friedensbereitschaft Seiner Kaiserlichen Majestät? Ist die Landbevölkerung nicht zufrieden?»

An dieser Stelle mischte Sadayori sich ein. Er hatte mit Bauern und Fischern gesprochen, hatte ihre einfachen Mahlzeiten geteilt, war ihr Gast gewesen und wußte, daß sie unter einer Invasion am meisten leiden würden. «Herr», sagte er, «die Gefahr, daß die Barbaren uns angreifen, ist groß. Vergessen wir die Reisunruhen? Die Rebellion in Osaka? Die Landbevölkerung ist nicht ...»

«Schweigt!» schrie der Regent ihn an, und Sadayoris Magen

krampfte sich zusammen. Der Berater fuhr, den Mund mißbilligend verzogen, mit seinem Vortrag fort.

«Der Vorschlag, daß wir Walfänger zu einer Kampftruppe ausbilden, beruht auf einer lächerlichen und gefährlichen Idee. Müßten sie nicht auf den Gedanken kommen, sie seien den *bushi* gleichgestellt? Es sind einfache Männer mit einfachen Gedanken, und sie erfüllen die Pflichten, die der Himmel ihnen zuwies. Kraft und Energie besitzen sie, das ist richtig, und zweifellos sind sie auch tapfer, aber doch nur, weil sie wissen, wo ihr Platz im Leben ist, und weil wir sie schützen. Wie dürften wir wagen, das zu ändern? Daß sie die Nachkommen von Piraten sind, ist ein weiterer Punkt. Es wäre doch sehr beunruhigend, die Taten und Gewohnheiten von Piraten wieder aufleben zu lassen.»

Leises Gelächter ging durch die Reihen der Berater, und Sadayori knirschte heimlich mit den Zähnen.

«Es wäre», sagte der Berater, «gewiß von Übel, ihnen den Gedanken einzugeben, daß ihr Handwerkszeug dazu benutzt werden könnte, Menschen zu töten. Nach den weisen Gesetzen dieses Landes ist es der Landbevölkerung verboten, Waffen zu tragen. Ein wirklich weises Gesetz! Deshalb muß das Ding, das wir hier gesehen haben, in ihrer Vorstellung ein Werkzeug bleiben, darf nie zur Waffe werden, sonst glauben sie, wir haben die Gesetze gelockert, und das würde nur zu noch größeren Schwierigkeiten führen. Ich bin mit dem jungen Matsudaira der Meinung, daß wir unsere Schlagkraft auf See verstärken müssen, aber mit Kriegern, nicht mit Fischern.»

In dem langen Saal wurde zustimmendes Gemurmel laut, und Sadayori kochte innerlich. Er verneigte sich wieder und fühlte den ruhigen, kühlen Blick von Ii Naosuke auf sich.

Am späten Abend wurde er diskret in Ii Naosukes Gemächer beordert. Im Nebenraum waren schon die gesteppten Schlafdecken ausgelegt, aber der Fürst saß, noch korrekt angezogen, an einem niedrigen Tisch und las beim Licht zweier schulterhoher Öllampen mit Papierschirmen eine Schriftrolle. Schweigend führte der Diener Sadayori hinein. Der Fürst kam sofort auf das Wesentliche zu sprechen.

«Deine Idee mit den Seegeschwadern interessiert mich. Erzähl mir mehr darüber.» Ii Naosuke wählte die Sprachform des Lehrers, der mit einem geliebten Schüler redete, und Sadayoris Herzschlag beschleunigte sich.

«Mir schwebt, wie Ihr selbst wißt, mein Fürst, nicht nur ein Geschwader vor, sondern viele – in jeder Walfanggemeinde, gleichgültig ob Dorf oder Stadt. Wir sollten auf der Halbinsel Kii beginnen. Dort gibt es die älteste Walfänger-Tradition und zwei Dörfer mit mehr als fünfhundert seefahrenden Männern. Nachdem wir sie ausgebildet haben, sollten wir die Lehen im ganzen Land ermutigen, unserem Beispiel zu folgen. Wir hätten Tausende von Seekriegern und Hunderte von schnellen Booten, alle auf der Straße der Wale, der Route, die auch die ausländischen Schiffe befahren. Zu jeder Einheit würde eine kleine Besatzung von Samurai gehören, nicht zu viele für den Anfang, um die Kosten so gering wie möglich zu halten. Sie würden für Disziplin sorgen und die Männer für den Kriegsfall ausbilden. Sie würden ihnen auch beibringen, wie man mit geeigneten Waffen richtig umgeht.»

«Mit geeigneten Waffen? Erklär mir, welche Waffen für Walfänger am besten geeignet sind.» Der Ton war gefährlich freundlich. Sadayori war jedoch gezwungen, offen zu sprechen.

«Am geschicktesten und kraftvollsten handhaben sie Harpunen, Lanzen, Flensmesser, kleine Messer, Beile und ähnliches. Sogar nach einer ganz rudimentären Ausbildung könnten sie im Nahkampf sehr nützlich sein, der auf dem Deck eines feindlichen Schiffes unvermeidlich ist.»

«Das ist richtig. Und wer sollte, deiner Meinung nach, deine Piraten anführen?»

«Junge, tatkräftige Samurai, mein Fürst, erstklassige Schwertkämpfer, die aber auch mit Revolvern bewaffnet sein sollten, weil die Barbaren Revolver benutzen. Ich würde auch empfehlen, daß ein Mann in jedem Boot an einem großkalibrigen, kurzläufigen Gewehr ausgebildet wird, das ganze Salven streuen kann. Im Kampf sollte jedes Boot außerdem mit Granaten, Brandsätzen und Enterhaken bestückt sein. Keiner der Männer dürfte einen Panzer tragen, denn er wäre ihnen beim Schwimmen und beim raschen Erklettern eines feindlichen Schiffes hinderlich.»

«*Ninja*-Ausbildung –» sagte Ii Naosuke nachdenklich. «Und was sollten diese Männer tun, wenn sie keine militärischen Übungen hätten, nicht kämpften? Schlägst du etwa vor, wir sollten sie mit einem festen Sold entlohnen? Das kann sich das Land nicht leisten.»

«Nein, mein Fürst, sie sollen Walfänger bleiben und ihre soziale Stellung behalten, wenn es auch eine Ehre für sie wäre, einer dieser Einheiten anzugehören. In den Walfanggemeinden ist das Geld knapp, und das Gerät nutzt sich allmählich ab. Würde die Regierung den Bau der für den Walfang und den Krieg gleicherweise geeigneten schwarzen Boote finanzieren, würde die Industrie großen Nutzen daraus ziehen. Mit mehr guten Booten könnten sie mehr Wale fangen, die Regierung könnte ihnen höhere Steuern auferlegen und gleichzeitig eine Seestreitmacht aufstellen, die an der Küste jederzeit einsatzbereit wäre.» Sadayoris Augen funkelten, während er sprach. «Ich stelle mir eine Streitmacht schneller, lautloser schwarzer Boote mit Offizieren und Mannschaften in schwarzen Uniformen vor – eine Streitmacht, die im Schutz der Dunkelheit operieren könnte. Denn dann wären die feindlichen Kanonen zu nichts nütze.»

«Seefahrende Ninja?»

«So ähnlich, mein Fürst, ja, aber für eine disziplinierte Kriegführung ausgebildet, nicht für Spionage und Mord.»

«Und wie würden sie ein feindliches Schiff angreifen? Diese kleinen Boote würden von den Geschützen in Stücke gerissen.»

«Entweder im Schutz der Dunkelheit», antwortete Sadayori, «oder mit der Schnelligkeit, dem Mut und dem Kampfgeist der Japaner, der dem der Barbaren in jeder Hinsicht überlegen ist. Zwar würden einige Boote unter Beschuß geraten, doch sie sind klein und flink und nicht leicht zu treffen. Andere würden auf den Feind losstürmen wie auf einen Wal. Bestimmt könnte man mit Harpunen Leinen an dem feindlichen Schiff festmachen, so daß sich die Fangboote nah genug heranziehen könnten, um Brandsätze, Granaten und Enterleinen zu werfen. Wiederum andere Boote könnten unbemannt und mit Schwarzpulver und brennendem Öl beladen dem feindlichen Schiff entgegengeschickt werden, um es zu rammen. Vielleicht wäre es sogar möglich, ein in eine Hafenbucht eindringendes Schiff mit den großen Netzen zurückzuhalten, die beim Walfang benutzt werden. Wir hätten viele Möglichkeiten, besonders mit diesen Männern, die so ausgezeichnet mit Booten und Harpunen umgehen können.»

«Du sagst, sie könnten mit Harpunen Leinen an einem Schiff festmachen?»

«Ja, mein Fürst. Diese Männer schleudern die Harpunen sehr hart, sehr hoch und mit solcher Kraft, daß sie tief in den Rücken eines Wales eindringen. Würden genug Harpunen geworfen, könnte sich ein Fangboot an der festgespleißten Leine ohne weiteres bis an das feindliche Schiff heranziehen. Ich bin sogar überzeugt, daß die besseren Harpunierer die Harpune genau genug werfen können, um einen feindlichen Seemann oder Offizier zu treffen und über Bord zu zerren.»

«Der Feind würde die Leinen kappen», wandte Ii Naosuke ein.

«Ja, aber die Boote würden ausschwärmen und ihn von allen Seiten bedrängen.»

Ii Naosuke dachte nach. Vielleicht hatte dieser Plan tatsächlich etwas für sich. Im Krieg war eine einfache Lösung oft sehr wirksam.

«Hättet Ihr wie ich diesen Männern beim Töten eines Wales zugesehen, mein Fürst, würdet Ihr meine Begeisterung verstehen.»

«Hmmm. Ich sähe gern einen dieser Männer eine Harpune werfen. Arrangiere das für mich.»

Sadayori verneigte sich, von tiefer Dankbarkeit erfüllt.

«Ich trete morgen meine Reise nach Edo an. Warte hinter der Stadtgrenze auf mich, an einem Ort, an dem es nicht viele Leute und ausreichend freien Raum gibt, um eine Harpune zu schleudern. Ich werde meinem Gefolge und meinen Begleitern befehlen, dort anzuhalten. Du darfst außer dem Harpunierer unbewaffnete Diener mitbringen, aber nicht mehr als sechs. Die Diener werden neugierige Bauern fernhalten. Hast du das verstanden?» Ii Naosuke lächelte. «Du weißt, daß ich deinen Großvater sehr bewundert habe. Er hat viel für das Land getan. Geh jetzt, und führe mir morgen den Harpunenwerfer vor.»

Sadayori verneigte sich, verließ rücklings den Raum und schloß die Schiebetür hinter sich.

Da er niemanden wecken wollte, nahm er kein Pferd, sondern ging zu Fuß zum Strand hinunter, wo die Walfänger unter ihren kieloben liegenden Booten schliefen und auf seine letzten Befehle warteten. Gewiß brannten sie darauf, in ihre Dörfer zurückzukehren und mit dem zu prahlen, was sie getan und gesehen hatten.

Die Nachtluft war kühl, aber seine Gedanken brodelten wie ein Topf auf einem Holzkohleöfchen. Was hatte Ii Naosukes letzte Bemerkung in Wahrheit zu bedeuten? Sadayoris Großvater, Matsudaira Sadanobu, war vor einundzwanzig Jahren gestorben. Sadayori konnte sich kaum an ihn erinnern. Er war einer der Oberberater des Shogun und Kriegsminister des Tokugawa-Regimes gewesen. Auf seinen Befehl war die Tokugawa-Armee nach europäischem Vorbild neu organisiert worden und verfügte jetzt über Infanterie, Kavallerie und sogar Artillerie. Damals waren die Zeiten auch unruhig gewesen. Die Russen drängten auf Handelsbeziehungen und nahmen immer mehr, als sie ursprünglich verlangten. Matsudaira Sadanobu hatte eine sehr sorgfältige Inspektion der Küsten angeordnet und Festungen bauen lassen, um Eindringlinge abzuschrecken. Viele seiner Notizen, Schriftrollen und ein paar seiner handschriftlichen Befehle an die Tokugawa-Militärbehörden waren jetzt in Sadayoris Besitz, er führte also in gewisser Weise die Arbeit seines Großvaters fort. Hatte Ii Naosuke ihn mit seiner Bemerkung ermutigen wollen?

Er erreichte den Strand. Die beiden mit dem Kiel nach oben liegenden Fangboote, die verbunden mit einigen Decksplanken einen windschiefen Unterschlupf bildeten, sahen im flackernden Schein der Treibholzfeuer wie kauernde Ungeheuer aus. Ein paar von den Männern saßen um die Feuer herum, andere schliefen im Schutz der Boote auf ihren Matten im Sand. Als der Samurai näher kam, sprangen drei von ihnen auf und stellten sich ihm mit gezückten Harpunen in den Weg.

«Ich bin es, Matsudaira!» rief er. Sie senkten ihre Waffen und verneigten sich vor ihm.

«Guten Abend, Herr!» riefen sie im Chor. Iwadaiyu ging ein paar Schritte auf ihn zu und verneigte sich noch einmal.

«Vielen Dank für die Leckerbissen, Herr, solche Dinge können wir uns nur selten leisten.» Nach den Wettrennen hatten die Männer polierten Reis, getrockneten Meersalat und sogar Eingepökeltes aus Kyoto bekommen, außerdem einen Korb mit lebenden Aalen, Lachsforellen, Sojasoße von bester Qualität, frische Orangen und Sake. Für sie war das natürlich ein richtiges Festessen gewesen.

«Ihr habt eure Sache gut gemacht, die Fürsten waren zufrieden.»

Der große, breite, hamsterbackige Harpuniererkapitän aus Koza trat neben Iwadaiyu und bedankte sich ebenfalls. Jinsuke hielt sich im Hintergrund.

«Sucht einen Harpunierer und eure beste Harpune aus – diejenige, die am weitesten fliegt – und erwartet mich morgen gleich nach Tagesanbruch etwa eine Gehstunde von hier an der Straße nach Osaka. Aber wohlgemerkt, nur einer von euch darf mich begleiten.»

«Mit einer Harpune, Herr?» fragte Iwadaiyu.

«Ja. Euer Mann soll ganz im geheimen vor Fürst Ii Naosuke den Gebrauch einer Harpune vorführen. Ganz im geheimen, habt ihr verstanden? Und haltet die Harpune bedeckt. Sollten Burgwachen oder fremde Samurai euch fragen, wohin ihr wollt, sagt nur, ihr hättet Befehl, mich zu suchen. Mehr sagt ihr nicht. Verstanden?»

«Wir verstehen», antwortete Iwadaiyu, doch er war beunruhigt. Dieser Befehl jagte ihm sogar Angst ein.

«Und wenn einer von euch je ein Wort über diese Sache verliert, schneide ich ihm die Zunge heraus. Verstanden?»

Sie hatten verstanden. Sadayori verneigte sich, wünschte ihnen eine gute Nacht und verschwand in der Dunkelheit. Als er nicht mehr in Hörweite war, begannen die Walfänger hitzig miteinander zu diskutieren.

Sadayori, seine Diener und der junge Harpunierer Jinsuke warteten. Die Straße lag im Schatten der ausladenden Äste hoher Kiefern, die eine Lichtung umstanden. Sadayoris Diener hatten die Lichtung von Pampasgras und anderem Unkraut gesäubert. Vier Diener hielten mit langen Stangen neugierige Bauern und Reisende fern, und die Lichtung selbst war mit Bambusmatten und weißen Tüchern gegen die Blicke Unbefugter geschützt.

Die Prozession schlängelte sich langsam die Straße entlang. Laute Rufe befahlen den Umstehenden, beiseite zu treten, niederzuknien und mit der Stirn auf dem Boden zu verharren. Der Zug bestand aus ein paar hundert Männern, angeführt von berittener Kavallerie und Männern, die zeremoniell gekleidet steifbeinig im Paradeschritt marschierten und an hohen Schäften flatternde Wimpel trugen. Den Schluß bildeten Packpferde, Diener zu Fuß, Spezialkisten, die an langen Stangen getragen wurden, und mehrere einfachere Sänften mit bewaffneten Wächtern. Doch der Mittelpunkt des Zuges war die schwerbewachte Sänfte von Ii Naosuke selbst.

Sadayori und die anderen knieten am Straßenrand im Gras. Befehle wurden weitergegeben, und der berittene Hauptmann der Wache brachte die schwerfällige Prozession mit einer gebieterischen Handbewegung dazu, anzuhalten. Von Schwertkämpfern zu Fuß flankiert, war die fürstliche Sänfte unmittelbar neben der kleinen knienden Gruppe zum Stillstand gekommen.

«Ist alles bereit?» fragte der Hauptmann, ein Bannermann. Er sprach kurz angebunden und blickte verächtlich auf Sadayori und seine Leute hinunter.

«Ja», sagte Sadayori.

Der Hauptmann nickte einem Samurai neben der Sänfte zu, und der Mann fiel vor der schmalen Schiebetür auf die Knie und murmelte etwas. Der Fürst verließ seine Sänfte nicht, öffnete jedoch die Schiebetür weit genug, um alles zu sehen.

«Fangt an!» sagte der Hauptmann.

Am entgegengesetzten Ende der Lichtung wurde ein Rechteck aus starken rotgestrichenen Planken auf die Erde gelegt und so plaziert, daß Ii Naosuke es von seinem Sitz aus deutlich sah. Sadayori verneigte sich wieder auf die förmliche Art der Krieger – zuerst berührte er mit den steif ausgestreckten Fingern der linken Hand die Erde, dann auf gleiche Weise mit der rechten, und endlich senkte er den Kopf und legte die Stirn auf den Boden. Dann hob er langsam den Kopf und sprach, ließ dabei aber die Hände auf der Erde.

«Ist es dem Mann an meiner Seite gestattet, aufzustehen und dem verehrungswürdigen hochwohlgeborenen Fürsten von Hikone zu demonstrieren, wie man eine Harpune schleudert? Ich verbürge mich für ihn und nehme allein die Verantwortung für seinen Verstoß gegen die Etikette auf mich. Ich bin Matsudaira Sadayori, Samurai, Untertan des Fürsten von Kii.» Er senkte den Kopf wieder.

Der Hauptmann sah Ii Naosuke nicken und erwiderte, der Fürst gewähre Sadayori die Gunst. Hätte Ii Naosuke abgelehnt, wäre Jinsuke in dem Augenblick, in dem er sich von den Knien erhob, erschlagen worden. Jetzt stand er aufrecht da und bemühte sich, das Zittern seiner Beine unter Kontrolle zu bringen. Er verneigte sich in Richtung der Sänfte, drehte sich um, schlüpfte aus dem losen rechten Ärmel seiner neuen Steppjacke, so daß Arm und Schulter nackt waren wie bei einem Bogenschützen. Ein Diener rutschte auf den Knien auf ihn zu und reichte ihm eine Harpune. Die Wachen standen wie zum Sprung bereit, beobachteten die Szene mit Falkenaugen, und einige sahen mit Entsetzen, was hier erlaubt wurde – eine blanke Spitze lag bloß, ein Walfänger durfte aufrecht stehen.

Jinsuke nahm die Harpune unter den linken Arm, als stünde er in einem Fangboot, das sich einem Wal näherte. Sehr langsam und bedächtig, teils, um sich selbst zu beruhigen, teils, damit jede seiner Bewegungen genau gesehen und verstanden werden konnte, legte sich Jinsuke das Ende des Harpunenschaftes auf den rechten Handteller, während seine linke Hand den Schaft führte. Er spreizte die Beine weiter. Das Harpuneneisen zeigte himmelwärts, und die Leine hinter Jinsuke war sorgfältig aufgerollt, wurde aber nicht wie im Boot von einer zweiten gehalten. Tief einatmend, spannte er die Bauchmuskeln, den Blick fest auf das Ziel gerichtet. Mit einem plötzlichen Aufschrei schleuderte er die Harpune. Sie beschrieb einen perfekten Aufwärtsbogen, kippte auf dem höchsten Punkt, flog nach unten und bohrte sich dumpf aufprallend genau in die Mitte des roten Rechtecks.

Dann zog Jinsuke an der Leine und holte Harpune und Ziel zu sich heran. Er drehte sich wieder um, fiel vor der Sänfte auf die Knie und verneigte sich, wie Sadayori es ihn gelehrt hatte.

Ii Naosuke befahl den Wachen, Ziel und Harpune zu ihm zu bringen. Sie legten beides so hin, daß er genau sehen konnte, wo das stählerne Harpuneneisen eine Planke durchbohrt und sich an der Unterseite mit dem Widerhaken festgebissen hatte.

«Matsudaira Sadayori, kommt her!»

Sadayori sah fragend den Hauptmann an, der wortlos nickte.

«Wahrhaftig ein mächtiger Wurf», sagte Ii Naosuke so leise, daß nur Sadayori und die vertrautesten und treuesten seiner Untergebenen ihn hören konnten. «In einem Monat bin ich in Edo. Sucht mich in meinem Haus auf. Ich möchte gern Verschiedenes mit Euch besprechen.» Zwar benutzte der Fürst wieder die förmliche Anrede, aber Sadayoris Herz begann schneller zu schlagen. Die zunächststehende Wache reichte ihm einen kleinen Brokatbeutel. Darin war die Hälfte eines hölzernen Siegels, das ihm auf dem Weg in die Hauptstadt an den Kontrollpunkten als Passierschein dienen sollte. Außerdem enthielt der Beutel ein paar Goldmünzen. Lautlos glitt die Tür der Sänfte zu.

Sadayori und Jinsuke blieben an Ort und Stelle, bis auch die Nachzügler der Prozession nicht mehr zu sehen waren. Dann stand Sadayori auf, rief Jinsuke zu sich und reichte ihm drei kleine, in Papier gewickelte Päckchen. Es waren Goldstücke.

«Zwei sind für die Bootsführer, eins ist für dich. Die Auslagen für die Reise sind schon bezahlt – in Silber und Reis. Dieses Geld ist die Belohnung dafür, daß ihr so gut wart und – schweigt. Doch ich bin neugierig: Warum hat Iwadaiyu nicht selbst geworfen?»

Jinsuke konnte nicht sagen, daß Iwadaiyu ihn ausgewählt hatte, weil er ein ebensoguter Harpunierer geworden war wie sein Vater. Vielleicht war er sogar schon der bessere.

«Iwadaiyu, mein Kapitän, hat Schmerzen in der Schulter, Herr, bestand aber darauf, daß ein Mann aus Taiji werfen sollte. Er hat gesagt, ich müsse es tun.»

Sadayori nickte. «Du hast deine Sache gut gemacht. Wann wirst du dein eigenes Boot befehligen?»

«Nächstes Jahr, denke ich, Herr.»

«Nächstes Jahr? Sehr gut. Und welches Motiv wirst du wählen?»

Jinsuke blickte zu den hohen Bäumen auf, in deren Schatten sie standen. «Ich denke, ich werde um ein Kiefern-Motiv bitten, Herr.»

Sadayori lächelte ihm zu. «Du wirst über das, was hier geschehen ist, eisern schweigen», sagte er. «Wenn mir eine Menge Klatsch zu Ohren kommt, weiß ich, wer mir in Taiji Rede und Antwort stehen muß. Und ich werde ein paar sehr unangenehme Fragen nach einem verbotenen Treffen auf See stellen. Nach einem Treffen zwischen zwei Fangbooten aus Taiji und dem Boot eines Barbarenschiffes. Verstanden?»

Jinsuke wurde kalkweiß. Welcher betrunkene Idiot hatte den Mund nicht gehalten? Wahrscheinlich hatte er vor einem Teehausmädchen in Katsuura damit geprahlt. Fluch über den, der es gewesen war.

«Gut. Ich will dir vertrauen.» Sadayori wandte sich seinem Diener zu, einem grauhaarigen Mann mit flinken Augen. «Bring ihn zu seiner Mannschaft zurück, und sorg dafür, daß sie genug zu essen und zu trinken haben, bevor sie nach Hause fahren.»

Lächelnd sah er Jinsuke an. «Grüß alle von mir. Es hat mir Spaß gemacht, mit euch zu segeln.»

Jinsuke lächelte ebenfalls und erwiderte die Verneigung. Plötzlich war ihm dieser gewöhnlich so stille, strenge Mann sympathisch. Wieder verneigte er sich und ging dann hinter dem Diener her. Aber Sadayori rief ihn zurück.

«Sag mir noch einmal deinen Namen, Walfänger.»

«Jinsuke, erstgeborener Sohn des Harpunierers Tatsudaiyu.»

«Diesen Namen werde ich mir merken. Vielleicht kann ich eines Tages einen starken Arm wie den deinen gut brauchen.» Damit ging er in den kleinen Wald zurück, wo ihn, von der Straße aus nicht zu sehen, sein Pferd und sein Reitknecht erwarteten.

Jinsuke freute sich viel zu sehr über das Gold, um ernsthaft über das nachzudenken, was man ihm gesagt hatte, und überlegte schon, was er seiner Mutter und Oyoshi mitbringen könnte – schöne Geschenke, vielleicht sogar aus der Stadt...

In Taiji war jedoch inzwischen eine Entscheidung gefallen, die alle, außer den fünfzehn Männern des Chrysanthemen-Bootes, kannten. Und getroffen hatte diese Entscheidung Takigawa, der Bootsmaler, Oyoshis Vater. Hätte Jinsuke davon gewußt, hätte sich die Goldmünze in seiner Hand nicht mehr so warm und schwer angefühlt.

7

Die Möwen des Winters waren den Schwalben des Frühlings gewichen. Kirschblüten hingen in den Bäumen wie Wolken aus rosa Schaum, und später bedeckten die zarten Blätter wie ein Teppich den Weg zum Tomyo-Ausguck. Am Wegrand blühten Veilchen im Gras. Nach Taiji kam der Frühling schnell, früher als nach Osaka oder Edo. Im Winter war die See kristallklar, aber in diesen warmen Monaten wucherte das Plankton, und farbenfrohe Fische tummelten sich in der Bucht.

Das Wetter war gut, und die Männer von Taiji jagten jeden Tag. Die Walfänger berichteten, die warme Strömung fließe in diesem Jahr viel näher an der Küste, und das Mischwasser, in dem die Wale ihr Futter suchten, sei leichter zu erreichen. Auch die Fischer brachten volle Netze nach Hause, meldeten jedoch, sie hätten Haie gesichtet. Sie brachten drei Hammerhaie herein, übermannsgroß und scheußlich wie der Teufel. Nachdem sie von den Haien gehört hatten, weigerten sich ein paar Männer, auf Fang zu gehen, aber die Netzmeister blieben fest, und die Walfänger mußten gehorchen.

Es war ein ungewöhnlich warmer, schwüler Tag, bedeckt, aber trotzdem hell, und die See war eine Mischung aus hartem dunklem Grau und einem satteren Grün. Ein «Ähnlicher» – so genannt, weil man ihn mit einem Heringswal verwechseln konnte – und ein Grauwal waren gesichtet worden, und die Jagd begann. Die Wimpel und Flaggen signalisierten, daß die Männer dem «Ähnlichen» folgen sollten. Der graue Wal geriet jedoch durch den Lärm unter Wasser in Panik, machte plötzlich kehrt, durchbrach das Netz, riß ein Stück heraus und stürmte, Sorgleinen, Stangen und Balken mitschleppend, weiter.

Vor Anstrengung wie in Schweiß gebadet, gelang es den schreienden

Mannschaften der beiden Fangboote, dicht an den flüchtenden Wal heranzukommen und ihn mit zwei Harpunen zu treffen. Der Grauwal bäumte sich auf, wand sich, versuchte den mächtigen Leib von dem hindernden Ballast zu befreien, klatschte mit einem lauten Aufprall ins Wasser zurück und riß sich dabei ein Harpuneneisen heraus.

Dann machte er einen zweiten Ausbruchsversuch, wich einem dritten Fangboot aus und preschte wie ein Delphin über die Wasseroberfläche, wobei er immer noch zerbrochene Reste von allerlei Gerät mitschleppte. Auf ein Signal von Tatsudaiyu teilten sich die Fangboote in zwei Gruppen zu je acht. Die eine Gruppe verfolgte den wildgewordenen Grauen, die andere den ruhigeren, aber sehr ergiebig aussehenden «Ähnlichen».

Iwadaiyus Gruppe war zwei Stunden lang hinter dem Grauen her, bis die Männer das Gefühl hatten, ihre schmerzenden Arme seien genauso aus Holz wie die Ruder. Doch endlich begann der Wal zu ermüden. Iwadaiyu kam dicht genug heran, um eine dritte Harpune zu werfen, die den Wal neben dem Blasloch traf und sich ihm tief ins Fleisch bohrte. Die Harpune zog eine Sorgleine und eine Markierungsboje hinter sich her. Der Wal tauchte, ging aber nicht tief.

Jetzt kam Iwadaiyus Boot ganz nahe heran. Die Boje tauchte hüpfend auf, sie sahen die «Farbe» des Wals unter Wasser und wußten, wo er an die Oberfläche kommen würde. Noch eine Harpune flog zum Himmel und traf unfehlbar ihr Ziel.

Jinsuke ließ eine zweite Leine mit Boje über Bord und rief: «Beim Blasloch hat sich eine Leine verfangen! Erlaubt mir zu tauchen, dann kann ich sie kappen.»

Iwadaiyu signalisierte ein Nein. Noch war es zu gefährlich, auf den Wal zu springen. Der Wal kam wieder nach oben und hob sich bis zu den Finnen senkrecht aus dem Wasser, um zu beobachten, was seine Peiniger als nächstes tun würden. Das Chrysanthemen-Boot schoß auf ihn zu, und wieder traf ihn eine von Iwadaiyus Harpunen. Den Befehl seines Bootsführers mißachtend, sprang Jinsuke nun doch ins Wasser, erreichte mit ein paar Schwimmstößen den Wal und packte das Gewirr aus Leinen und Netzstücken, in das sich das riesige Tier verheddert hatte. Der Wal tauchte wieder weg und zwar tief genug, um mit der Schwanzflosse ein paar mächtige Schläge auszuteilen. Er brach nach hinten aus, zerschmetterte ein Ruder und durchnäßte die Männer mit einem Brecher. Sie fürchteten für Jinsuke, doch der ließ nicht los, obwohl er sich den linken Arm und die linke Seite an dem mit Entenmuscheln dicht besetzten Kopf des Wales aufriß, an dem er entlangschrammte und gegen den er immer wieder geworfen wurde.

Der Wal machte noch einen Fluchtversuch, und Jinsuke klammerte sich noch immer an ihm fest, versuchte näher an das Blasloch heranzukommen, um den Schnitt anbringen zu können. Er hätte daran denken sollen, wie wild ein Grauwal werden konnte, doch sein Stolz ließ es nicht zu, jetzt loszulassen und sich dem unausgesprochenen Spott der Ruderer auszusetzen. Der Wal schlug um sich und wand sich, und nachdem er seinen «Passagier» so weit durch das Wasser gezogen hatte, daß Jinsuke die Fangboote fast nicht mehr sah, schüttelte das Riesentier ihn ab.

Das Messer noch in der Hand, tauchte Jinsuke nach Atem ringend auf. Er war sehr zornig. Mit langsamen, schmerzhaften Bewegungen begann er zu seinem Boot zurückzuschwimmen und wunderte sich, weil seine Kameraden ihm etwas zuschrien, während sie ruderten, und Iwadaiyu wie wild eine Lanze schwang. War er so verärgert?

Wieder an der Wasseroberfläche, sah Jinsuke sich um und fühlte zum erstenmal, seit er ein kleiner Junge gewesen war, echte Angst. Eine große Rückenflosse verfolgte ihn, die Flosse eines Hais.

Kleine Haie waren in diesen Gewässern nichts Ungewöhnliches, doch das war ein großer Menschenhai, angezogen vom Blutgeruch im Wasser – dem Geruch vom Blut des Wales und Jinsukes Verletzungen. Jinsuke rief sich ins Gedächtnis, was man ihn gelehrt hatte, trat Wasser, band hastig sein rotes Lendentuch auf und zog es hinter sich her. Die Walfänger erzählten sich – und glaubten daran –, daß sich ein Hai davon ablenken ließ.

Die Bestie griff an, und Jinsuke tauchte mit dem Kopf unter, um sie besser zu sehen. Sie war riesig und wirkte im Wasser noch größer. Jinsuke sah das kalte Auge, die Reihe der Kiemenspalten, den weiten Ausschlag der Schwanzflosse. Der Kopf schwang mit seltsam steifen Bewegungen von einer Seite auf die andere. Wild stürmte der Hai auf Jinsuke zu und so dicht an ihm vorbei, daß er die rauhe Fischhaut fühlte. Dann schnappten die spitzen Zähne nach dem roten Stoff des Lendentuchs. Jinsuke tauchte in Todesangst auf und schrie. Er sah sein Boot sehr schnell auf sich zukommen. Der Hai wendete. Jinsuke holte Atem und tauchte wieder, versuchte dem Hai mit der linken Hand einen Schlag auf das Maul zu versetzen, während er mit dem Messer in seiner rechten zustieß. Das Messer wurde ihm aus der Hand gerissen...

Jemand packte ihn an den Haaren und zerrte ihn ins Boot. Der Hai hatte wieder angegriffen. Seine Kiemenspalten bluteten von einer Messerwunde. Er verfehlte jedoch Jinsukes Beine und prallte gegen ein Ruder. Jinsuke stand da und fluchte. Iwadaiyus Gesicht war eine Maske starren Entsetzens. Der Hai rammte das Boot, und Jinsuke wollte sich mit der linken Hand an der Schulter eines Kameraden festhalten. Aber er konnte nicht und taumelte. Er würde nie wieder etwas mit der linken Hand anfassen können. Sein Arm war bis zum Ellenbogen nicht mehr da, und sein Blut lief dem Ruderer über Schulter und Rücken, bespritzte jetzt, leuchtend rot, die Beine eines zweiten Mannes, und alle starrten ihn einfach nur an.

Jinsuke schrie dem Hai einen Fluch zu. Meer und Himmel wurden langsam von einem schwarzen Strudel aufgezogen. Jinsuke schrie noch einmal auf, schnappte sich Iwadaiyus Harpune und schleuderte sie mit letzter Kraft auf die häßliche, spitzmäulige Bestie im Wasser. Dann kippte der Himmel um. Jinsuke hörte ein Brausen, und Schwärze schlug über ihm zusammen.

Tatsudaiyus «Ähnlicher» entkam. Seine ganze Gruppe kehrte um und half den anderen, den Grauwal festzuhalten und zu töten. Tatsudaiyu und seine Männer waren erschöpft und fragten sich, warum Iwadaiyus Boot nicht da war. Als sie, den Wal im Schlepp, die lange Rückfahrt antraten, rief Tatsudaiyu zum Paulownia-Boot hinüber: «Wo sind die Chrysanthemen?»

Der Harpunierer, der am Bug stand, sah ihn ausdruckslos an. «Sie haben kehrtgemacht», antwortete er kurz.

Als Tatsudaiyu und seine Männer Mukaijima erreichten, war er zunächst verärgert, als er sah, daß Iwadaiyus Boot tatsächlich vor dem seinen eingelaufen war. Dann kam jedoch, offensichtlich sehr erregt, der Lagerhausverwalter auf ihn zu. Tatsudaiyu sprang an Land, sein Herz war plötzlich eiskalt. «Es ist etwas mit meinem Sohn, nicht wahr? Jinsuke ist etwas passiert!»

Der Verwalter hatte Tränen in den Augen, und Tatsudaiyu hätte ihn um ein Haar geschlagen, weil er nichts sagte. Aber der Mann wollte sprechen, nur gehorchte ihm die Stimme nicht. Seine Gesichtsmuskeln arbeiteten, seine Lippen zuckten. Tatsudaiyu packte ihn bei den Schultern und schüttelte ihn. «Tot? Tot? Sag doch!»

«Nein, nicht tot, aber verletzt, schwer verletzt», stieß der Mann hervor. «Hai. Komm, sie warten auf dich.»

Sie setzten Tatsudaiyu mit dem Boot an den Strand über. Vor dem Asuka-Schrein standen stumm ein paar Arbeiter und mehrere Dorfbewohner. Kakuemon kam zum Boot herunter. Tatsudaiyu schaute an ihm vorbei. Hinter ihm im Sand lag, ein Tau um den Schwanz gebunden und eine Harpune tief im Rücken, das lange Ungetüm mit einem Maul voller riesiger, dreieckiger weißer Zähne. Neben ihm hatten sich mit grimmigen Gesichtern zwei Flenser postiert, die langen Flensmesser erhoben, als hielten sie Wache.

Kakuemon verneigte sich. «Ein Unfall, ein schrecklicher Unfall! Es handelt sich um deinen ältesten Sohn. Er ist jetzt zu Hause. Wir haben ein Boot nach Katsuura geschickt, es soll einen Arzt holen. Die Männer haben für Jinsuke getan, was sie konnten, aber es ist ernst.»

Tatsudaiyu zeigte mit zitterndem Finger auf den Hai. «War es der da?» fragte er, Haß und Zorn in der Stimme. «Jinsukes Bein? Beide Beine?»

Kakuemon schüttelte den Kopf. «Nicht die Beine. Der Hai hat ihm den linken Arm abgerissen. Jinsuke war im Wasser, um den Schnitt am Blasloch anzubringen, und der Wal zerrte ihn mit sich fort, so daß das Boot nicht rechtzeitig bei ihm sein konnte. Es war nicht Iwadaiyus Schuld. Jinsuke hat ihm nicht gehorcht. Jinsuke kämpfte gegen den Hai, schlitzte ihm die Kiemen auf, dann biß der Hai ihm den Arm ab.»

Kakuemon atmete schwer. Die Verantwortung lastete drückend auf ihm, denn er hatte darauf bestanden, daß die Boote auslaufen sollten, obwohl sie vor den Haien gewarnt worden waren. Tatsudaiyu sah ihn starr an und schaute sich dann nach Iwadaiyu um. Hätte er seinen Freund in diesem Augenblick gefunden, hätte er ihn getötet. Einen ältesten Sohn zu einem anderen Mann in die Lehre zu geben, war in Taiji Tradition und gleichzeitig größter Vertrauensbeweis, der höchste Ausdruck der Freundschaft zwischen den Harpunierern. Nie fuhr daher ein Sohn auf dem Boot seines Vaters.

«Haben diese Narren sich damit aufgehalten, den Hai zu harpunieren?» brüllte er, und die Umstehenden zuckten zusammen, weil Tatsudaiyu sich so gehen ließ und seine Gefühle nicht unterdrückte. Kakuemon sah dem anderen in das finstere braune Gesicht mit den tiefen Falten.

«Nein, das hat Jinsuke getan. Er wurde ins Boot gezogen, richtete sich auf, schleuderte die Harpune und tötete den Hai. Das Harpuneneisen muß die Wirbelsäule der Bestie durchtrennt haben. Welch unglaubliche Kraft! Die Kraft einer Gottheit.»

Tatsudaiyu bedeckte das Gesicht mit beiden Händen, und Kakuemon berührte leicht seine Schulter. «Geh nach Hause, geh nach Hause. Sie haben den Arm mit einer Leine abgebunden und die Wunde mit in Salzwasser getauchten Tüchern verbunden. Er ist ein starker, tapferer junger Mann, dein Sohn, aber jetzt braucht er seinen Vater. Geh nach Hause, alter Freund. Der Arzt ist in ein paar Stunden hier. Geh nach Hause.» Der alternde Netzmeister tat etwas noch nie Dagewesenes. Vor so vielen Leuten fiel er auf die Knie, verneigte sich, und seine Stirn berührte den Sand.

Tatsudaiyu starrte ihn an. Sein Kopf war völlig leer. Jinsuke hatte einen Arm verloren. Dann machte er kehrt, drängte sich durch die Zuschauer und rannte nach Hause. Sein Helfer blieb dicht hinter ihm.

Kakuemon erhob sich langsam und klopfte sich den Sand von seinen Kleidern. Dann wandte er sich an den Verwalter.

«Hol den Priester. Sag ihm, wozu wir ihn brauchen.»

Der Verwalter sah ihn verständnislos an.

«Hol ihn, verstehst du denn nicht... Der Arm...»

Der Mann wurde blaß und machte kehrt. Kakuemon brüllte die Leute an, sie sollten verschwinden, und befahl den Wachen, sie mit ihren Stangen zurückzutreiben. Aus der Ferne hörte man schon die Trommeln und die Gesänge der restlichen Flotte. Bald brachten sie den Wal herein, daher mußte diese Sache schnell erledigt werden und der Strand gereinigt sein, wenn sie kamen. Er rief einen Diener.

«Weiße Tücher! Weiße Tücher! Hast du gehört? Sofort!»

Der Mann rannte los. Kakuemon schrie noch einmal: «Haltet diese Leute von hier fern!»

Die Wachen begannen ihre Stangen zu schwingen, und die Zuschauer wichen zurück. Eine Gestalt kam an den Strand herunter. Es war der Priester von Junshinji, dem buddhistischen Tempel. Ein weißes Tuch wurde gebracht und neben dem Hai in den Sand gelegt. Kakuemon wandte sich an den Oberflenser: «Du kannst jetzt schneiden.»

Der Mann verneigte sich leicht und faßte dann das Messer mit dem langen Griff anders. Er trat vor und machte dem Hai einen langen, tiefen Schnitt in den Bauch. Der Priester kam näher. Kakuemon machte kehrt, ging ins Büro zurück und befahl einem Diener, ihm zu folgen.

«Sorg dafür, daß die Flenser und der Priester ihren Lohn und genug Sake bekommen. Sie werden nichts essen wollen, aber gib ihnen reichlich Sake. Verstehst du?»

Der Mann verstand. «Kakuemon-sama, soll der Hai zerteilt und das Fleisch getrocknet werden? Die Leber...» Als er im Gesicht des Netzherrn ein Gewitter aufziehen sah, verstummte er.

«Miete einen Fischer, er soll das verfluchte Ding weit hinaus ins Meer schleppen.»

8

Taiji Kakuemon versteigerte die restlichen Fässer mit Walöl. Es war meist von minderer Qualität und würde, mit Essig verdünnt, zur Schädlingsbekämpfung auf den Reisfeldern verwendet werden. Kakuemon stand vor dem Büro und nahm die Umschläge mit den Angeboten der Kaufleute entgegen. Einige dieser Männer kamen von weit her, sogar bis aus Hiroshima. Er nahm den letzten Umschlag und bat die Männer, draußen zu warten, während er hineinging und die Umschläge in Anwesenheit eines Zeugen öffnete. Die Ölfässer waren, schon zum Verladen bereit, auf dem Pier gestapelt. Hinter der Gruppe der Kaufleute tauchte ein anderer Mann auf, und Kakuemon zuckte erschrocken zusammen. Denn dieser Mann trug zwei Schwerter.

«Entschuldigt, Taiji-san, doch sobald Ihr mit Euren Geschäften fertig seid, möchte ich gern etwas mit Euch besprechen. Ich warte am Schrein auf Euch.»

Inzwischen hatte Kakuemon den Ankömmling erkannt und verneigte sich tief. «Matsudaira-san, Taiji heißt Euch willkommen. Entschuldigt mich bitte noch für eine kleine Weile. Ich muß alle Gebote zur gleichen Zeit und am gleichen Ort entgegennehmen.»

«Selbstverständlich müßt Ihr Eure Arbeit beenden.» Sadayori verneigte sich leicht und entfernte sich.

Das Geschäft war schnell und ohne Streit erledigt. Das Öl wurde einem Kaufmann aus Hiroshima zugeschlagen, der absichtlich sehr hoch geboten hatte. Vielleicht weil er keine Zeit und keine Mühe gescheut hatte, um hierherzukommen, vielleicht aber auch, weil das Öl auf den Goto-Inseln billiger war als in den Walfangstationen in der Nähe des Marktes von Nagasaki. Kakuemon siegelte die Dokumente und überließ alles Weitere dem Büroangestellten.

Dann eilte er zum Schrein, schickte aber vorher einen Boten nach

Hause und ließ ausrichten, daß er möglicherweise einen Gast mitbringe. Der Samurai betrachtete nachdenklich die steinernen Löwen, die den Eingang des Schreins bewachten. Es waren zwar kleine, aber besonders wild aussehende Löwen. Als er Schritte hörte, drehte Sadayori sich um. Er machte die üblichen Bemerkungen über das Wetter und die Jahreszeit und kam dann schnell auf sein eigentliches Anliegen zu sprechen.

«Ich bin wegen des jungen Walfängers Jinsuke, Sohn des Tatsudaiyu, hier.»

«Ich danke Euch, Herr. Seine Wunde scheint völlig verheilt zu sein. Doktor Itoh, den Ihr uns aus Shingu geschickt habt, war ein sehr erfahrener Arzt. Ein viel besserer als der Arzt aus Katsuura, den wir zuerst rufen ließen. Ist es wahr, daß er seine Künste von den Holländern in Nagasaki gelernt hat? Wirklich, ohne sein Können und die Aufgüsse aus Kräutern und die verschiedenen Pflaster wäre der junge Mann gestorben. Wir sind alle überaus dankbar für Eure Hilfe.»

«Ich freue mich, daß ich helfen konnte», sagte Sadayori. «Es war reines Glück, daß ich damals gerade dem Edlen Mizuno in Shingu einen Besuch abstattete und wir von dem Unfall erfuhren. Ich empfehle Euch jedoch, im Namen der Walfänger einen Dankesbrief und vielleicht ein kleines Geschenk an den Regenten auf Burg Wakayama zu senden. Es würde dem Doktor alles – sagen wir – ein wenig erleichtern. Doktor Itoh Kansai ist nämlich der Leibarzt des Fürsten.»

Kakuemon sog tief den Atem ein und verneigte sich wieder. «Wir stehen wirklich tief in Eurer Schuld.»

«Aber doch nicht in der meinen, in der des Regenten, der dem Arzt erlaubte, nach Taiji zu gehen. Und ebenso dankbar müßt ihr dem Doktor und seiner großen Geschicklichkeit sein. Ihr wißt, daß die Tokugawa die Walfänger hoch schätzen. Und ganz besonders einen so mutigen jungen Mann. Doch gestattet mir jetzt, zur Sache zu kommen. Darf ich Euch um einen Gefallen bitten?»

Kakuemon sah Sadayori ins Gesicht. «Um jeden, Herr.»

«Ich möchte, daß dieser junge Mann eine Rente erhält. Sie wird ihm von Shingu oder sogar von Wakayama bestimmt gewährt werden, aber das kann lange dauern, und ich möchte die Sache gern beschleunigen.»

Sadayori erwähnte nicht, daß diese Rente ausschließlich seine Idee gewesen war und aus seinem Privatvermögen bezahlt werden sollte. «Es wäre am besten, wenn die Summe, entweder in Silber oder in Reis, diskret durch das Büro der Walfangkommission hier in Taiji bezahlt werden könnte. Kann das arrangiert werden? Euer Büro soll natürlich nicht leer ausgehen, da Ihr mit der Angelegenheit befaßt seid.»

Wieder holte Kakuemon tief Atem. Das war sehr großzügig. «Selbstverständlich können wir das arrangieren. Ich werde mich selbst darum kümmern, doch es ist nicht nötig, daß Ihr uns dafür entlohnt. Wollt Ihr den jungen Mann sprechen? Ich kann ihn hierher- oder, wenn Euch das lieber ist, auch in mein Haus bringen lassen. Ihr seid natürlich unser Gast und eßt bei uns zu Abend. Unser Haus ist sehr gering und klein, aber...»

«Vielen Dank, doch muß ich leider ablehnen. Es ist besser, wenn er eine Zeitlang in Ruhe gelassen wird, aber bitte drückt ihm und seinem Vater meine Hochachtung aus. Wenn die Geschichte stimmt, war es eine außerordentlich mutige Tat.»

«Den Hai zu töten, der ihm den Arm abgebissen hat? O ja, die Geschichte ist wahr. Vierzehn Männer waren Zeugen. Aber Ihr bleibt doch, oder?»

Kakuemon wollte reden, wollte Neuigkeiten erfahren und drängte den Samurai, aber Sadayori blieb bei seiner Ablehnung und sagte, er habe schon eine Passage auf dem Schiff gebucht, das eben beladen werde und bei Flut auslaufe. Er sagte nicht, daß er nach Kyoto wollte. Lächelnd verneigte er sich und entfernte sich in Richtung des Piers.

Sie hatten Jinsuke eine Woche lang festbinden müssen, um ihn daran zu hindern, sich die Verbände abzureißen. Das Fieber hatte in seinem Körper gewütet, und hätte Sadayori nicht diesen hervorragenden Arzt geschickt, wäre die Infektion wohl tödlich verlaufen. Der Doktor hatte empfohlen, Jinsuke entweder auf eine kleine Insel oder in die Berge über dem Dorf zu bringen, wo immer eine kühle Brise wehte. Jinsukes Eltern befolgten den Rat und richteten eine kleine, aber saubere Hütte in den Bergen her. Die Familie besaß dort oben ein Stück Land, das mit Gemüse bebaut wurde. In der Hütte wurde gewöhnlich das Arbeitsgerät aufbewahrt, und wenn man oben arbeitete, hielt man in ihr auch seine Mittagsruhe. Sie lag auf dem Weg zum Ausguck auf den Klippen von Tomyo, und irgend jemand war immer bei Jinsuke – vor allem natürlich seine Mutter. Und auch der alte Toumi kam jeden Tag.

Das Fieber sank, die Wunde heilte, doch jetzt mußte Jinsuke sich mit dem Verlust seines Armes abfinden. Man brauchte zwei Arme, um die schweren Ruder zu führen, und zwei Arme, um die Taiji-Harpune zu schleudern. Tatsudaiyu, der so stolz auf den Sohn gewesen war, in dem er seinen Nachfolger gesehen hatte, grämte sich innerlich fast so, als sei dieser Sohn gestorben.

Jinsuke verfiel in tiefe Niedergeschlagenheit und dachte daran, von den Klippen zu springen oder sich in die Stoßlanze seines Vaters zu stürzen. Tatsudaiyu begriff, daß vor seinem Erstgeborenen ein furchtbarer und bedrohlicher dunkler Schlund gähnte, und sprach mit ihm.

«Du bist mein Sohn», sagte er, «und du hast Herz und Geist eines Walfängers. Ja, du hast den linken Arm und deinen Platz in einem Boot verloren, nicht aber Herz und Geist. Dein rechter Arm allein ist besser als die beiden Arme der meisten anderen Männer. Ich weiß, daß du mit allen Schwierigkeiten fertig werden kannst, die vor dir liegen, und deine Familie steht zu dir. Du könntest Späher oder Strandaufseher werden. Wada-san und Taiji-san sind bestimmt damit einverstanden.»

Jinsuke schüttelte den Kopf. «Wie du schon gesagt hast, Vater, ich bin – oder vielmehr ich war Walfänger, und für einen Walfänger, der nicht mehr auf Fang gehen kann, wäre es keine Freude, den anderen zusehen zu müssen, die es noch können. Nein, ich suche mir etwas anderes.»

«Gut», sagte Tatsudaiyu. Er hatte mit gekreuzten Beinen auf dem Boden ihres kleinen Wohnraums gesessen und Tee geschlürft. Jetzt stand er auf. «Komm, Jinsuke», sagte er, «komm mit mir nach draußen.»

Verblüfft ging Jinsuke hinter dem Vater her. Mit der rechten Hand hob Tatsudaiyu ein Holzscheit auf und legte es auf den Hackstock. Dann nahm er ein schweres Hackmesser mit einer besonders starken, leicht gekrümmten Klinge und spaltete das Scheit. «Hier», sagte er, «Deine Mutter braucht Brennholz und dein rechter Arm Übung. Fang gleich an.»

Jinsuke lächelte, zum erstenmal seit Wochen. Am selben Tag erfuhren sie, daß er eine Rente bekommen sollte, und der Betrag war sogar ein bißchen höher als sein bisheriger Verdienst.

Mit der Zeit zeigte sich Jinsuke innerhalb der Familie weniger verschlossen und wurde zugänglicher. Gegen Oyoshi blieb er jedoch sehr abweisend, fast unfreundlich. Während seiner Krankheit hatte auch sie ihn täglich besucht, war oft sehr früh mit Toumi gekommen und hatte kleine Leckerbissen mitgebracht, die sie zubereitet hatte. Als es ihm besser ging und er ins Dorf zurückkehrte, erinnerte Onui Oyoshi freundlich daran, daß ihr Vater sich Jinsukes Heiratsplänen widersetzt hatte und es sich daher nicht schickte, daß sie so oft kam. Die enge Verbundenheit der Kindheit gab es nicht mehr. Sie mußten sich den strengen Regeln des Erwachsenseins unterwerfen, die wie eine Mauer zwischen ihnen standen. Und Oyoshi litt um ihret-, um Jinsukes und um ihres Vaters willen. Und sie litt auch um Saburo, der jede freie Minute bei ihrem Vater verbrachte, Pinsel säuberte, Farben mischte und manchmal sogar half, die Zeichnungen zu kolorieren –

den armen, freundlichen, sanften, begeisterungsfähigen Saburo. Und obwohl sie so oft zusammen waren, ahnte Saburo nicht, was ihr Vater mit ihm vorhatte. Oyoshi betrachtete ihn, wenn er über seine Arbeit gebeugt dasaß, und sah Spuren der Züge seines älteren Bruders an ihm, aber sie waren nicht so stark, nicht so kraftvoll, nicht so ... Wenn sie nur an Jinsuke dachte, mußte sie die Schenkel zusammenpressen, so daß sie sich fast ihres eigenen Körpers schämte.

Sie war zu einer echten Taiji-Schönheit herangewachsen, und immer mehr junge Männer fanden Gefallen an ihr. Sie aber dachte nur an Jinsuke. Zwar verstand sie sich selbst nicht ganz, doch fand sie ihn mit dem leeren Ärmel noch anziehender als früher. Es war unrecht, aber sie war sogar ein bißchen froh darüber, daß er den Arm verloren hatte, weil der arrogante junge Harpunierer jetzt mit ihrem Vater und ihr auf der gleichen Stufe stand – weder über noch unter ihnen. War es möglich, daß sie durch diesen Unfall vielleicht doch noch zusammenkamen? Mit diesen Gedanken beschäftigt, gewöhnte sie es sich an, lange Spaziergänge zu unternehmen, um den engen Gassen und den neugierigen Blicken des kleinen Dorfes zu entfliehen.

Eines Tages beobachtete Jinsuke, wie sich Oyoshi mit einem jungen Walfänger unterhielt. Es war ganz harmlos, aber sie lachte, berührte seinen Arm, und er legte ihr scherzend die Hand auf die Schulter. Jinsuke wußte, daß die beiden als Kinder dieselbe Tempelschule besucht hatten, der junge Walfänger der beliebteste Spaßmacher der Flotte und das Zusammentreffen ohne jede Bedeutung war und auch nicht lange dauerte, trotzdem kochte er vor Eifersucht.

Am nächsten Tag, als die Flotte ausgelaufen und Takigawa zu den Bootsschuppen auf Mukaijima aufgebrochen war, ging Jinsuke zu Oyoshi. Sie war zu Hause und in der Küche beschäftigt. Als Jinsuke eintrat, stockte ihr vor Überraschung und Freude der Atem, und sie wusch sich schnell die Hände.

«Jinsuke-san! Wie gut Ihr ausseht! Kommt doch herein, oh, leider ist hier alles ganz unordentlich!»

Jinsuke sagte kein Wort, schüttelte die Strohsandalen von den Füßen, ging auf Oyoshi zu und zog sie an sich. Sie wehrte sich, doch auch mit einem Arm war er zu stark für sie. «Was ist?» fragte er. «Magst du mich nicht mehr, weil ich ein Krüppel bin?»

«Ihr benehmt Euch nicht wie ein Krüppel, sondern wie ein Rüpel», antwortete sie, feuerrot geworden.

Er ließ sie los, trat zurück und setzte sich mit gekreuzten Beinen auf die Matten. «Verzeih, Oyoshi, aber das kommt nur daher, daß ich dich mir nicht aus dem Herzen reißen kann, obwohl ich weiß, daß ich für dich nicht mehr gut genug bin und du dich nach einem besseren Mann umsehen mußt. So ist es nun einmal, nicht wahr?»

«Ihr versteht überhaupt nichts, Jinsuke-san!» fuhr sie ihn zornig an. «Es geht nur um unsere Situation. Warum tut Ihr nichts, um sie zu verbessern? Ihr bringt mir Geschenke, gebt Versprechen ab, sagt, Ihr wollt mich heiraten, umarmt mich, aber versucht Ihr auch, Worte und Gesten in die Tat umzusetzen? O ja, ich habe viele Anträge bekommen, viele junge Männer würden gern unter diesem Dach leben, doch Ihr seid zu stolz, um zu sehen, wie schwer mein Vater und ich es haben. Ihr seid stolz, eigensinnig und dumm, aber ein Krüppel seid ihr gewiß nicht. Der Hai hat Euch schließlich nur einen Arm abgebissen, nicht wahr? Oder war es vielleicht auch noch etwas anderes, das ich nicht sehen kann?»

Jinsuke verfärbte sich, sprang auf und gab ihr eine Ohrfeige. Deutlich zeichneten sich seine Finger auf ihrer Wange ab, und sie lief weinend in einen Winkel des kleinen Zimmers. Er folgte ihr, zog sie wieder an sich.

«Oyoshi! Es tut mir leid, verzeih mir, verzeih! Ich liebe dich. Ich war eifersüchtig, obwohl ich kein Recht dazu habe.»

Sie schmiegte sich in seinen Arm. «Ich möchte ein Kind von dir, nur von dir, und es ist mir gleichgültig, was mein Vater oder sonst jemand sagt!» Oyoshi stieß die Worte in diesem Augenblick ganz unüberlegt hervor, doch sie befreiten in ihr und Jinsuke eine Leidenschaft, die sie unterdrückt und gegen die sie sich gewehrt hatten, bis es für beide unerträglich geworden war.

Saburo war an diesem Tag nicht mit der Flotte hinausgefahren, sondern hatte einen Vorwand gefunden, um in den Werkstätten auf Mukaijima zu bleiben. Am frühen Nachmittag bat ihn Takigawa, ihm etwas aus seinem Haus zu holen. Als Saburo die Tür aufschob, blieb er stehen, weil er Geräusche hörte, ein Wimmern, das rauhe Stöhnen eines Mannes. Völlig ahnungslos und ein bißchen ängstlich ging er zur inneren Tür und schob auch sie ein Stückchen zur Seite. Im Zimmer lag sein Bruder mit bloßem Hinterteil zwischen Oyoshis gespreizten Schenkeln, und Oyoshis Kimono war ihr bis auf den Bauch hochgerutscht. Sie hatte die Augen geschlossen, ihr Mund stand halb offen, ihr Gesicht war gerötet. Jinsuke machte einen Buckel – wie ein Tier, dachte Saburo –, und Oyoshi drängte sich ihm entgegen.

Das Blut schoß Saburo in den Kopf, und er wäre fast ohnmächtig geworden, während er sah und hörte. Farben! Braune und blassere olivfarbene Haut, fast weiß, purpurn, unheimlich, verschwommenes Schwarz. Mehr noch als Farben und Bewegung erschreckten ihn jedoch die Laute, das Knurren und Wimmern, tierische Laute. Saburo wollte die beiden anschreien, wich aber nur langsam zurück und verließ das Haus. Auf der Straße begann er zu rennen.

Nachdem sie sich geliebt hatten, ging Oyoshi hinaus, um sich zu waschen, die Blutung mit einem weichen Tuch zum Stillstand zu bringen, und zum Schluß säuberte sie die Matten. Der Raum duftet nach Kastanienblüten, dachte sie, und ihre Haut begann vor Erregung zu prickeln. Was sie getan hatte, erfüllte sie mit trotzigem Stolz, doch der Trotz war nicht frei von Scham. Doch gleichgültig wie – Jinsuke gehörte ihr, ihr! Sie spannte alle Muskeln in ihrem Körper, als wehre sie sich dagegen, ihn gehen zu lassen...

Als sie wieder ins Zimmer kam, hatte Jinsuke seine Kleidung in Ordnung gebracht und saß mit gekreuzten Beinen da. Er wußte nicht, was er sagen sollte, außer daß er sie liebte, liebte, wie er nie eine andere lieben würde.

Saburo ging nicht in die Werkstatt zurück. Er konnte nach allem, was er eben gehört und gesehen hatte, Takigawa-san nicht gegenübertreten. Er nahm ein kleines Boot, ruderte aus dem Hafen hinaus und ließ es dann treiben. Warm lag das Licht der Sonne auf seinem Gesicht. Zum erstenmal im Leben hätte der sanfte Saburo am liebsten gemordet – nicht nur seinen ältesten Bruder, sondern auch sie, die während ihrer Kindheit wie eine Schwester für ihn gewesen war. Er verstand jetzt so vieles – verstand, warum sie in letzter Zeit so kalt und abweisend und Takigawa so freundlich zu ihm gewesen war. Wie hatte er nur so naiv sein können!

Während der nächsten beiden Monate liebten sich Jinsuke und Oyoshi, wann und wo sie Gelegenheit hatten, bis sogar die blindeste Klatschtante merken mußte, daß etwas zwischen ihnen war. Sie kümmerten sich nicht darum.

9

In den zwei Monaten, die Sadayori jetzt in Edo war, hatte er jeden Morgen die Tokugawa Kobusho aufgesucht, die elitäre *bakufu*-Schule der Kriegskünste. Es war ein weiter Weg von seinem Haus bis in die riesige Schule, eine gute halbe Stunde zu Fuß am äußeren Stadtgraben entlang bis in die Gegend von Kudan, aber ihm gefiel das lebhafte morgendliche Treiben der großen Stadt. Ein Brief mit Fürst Ii Naosukes Siegel ermöglichte es ihm, beide Stile der Fechtkunst zu erlernen, die das Tokugawa-Regime offiziell anerkannte, obwohl einer der beiden Stile eigentlich den hochrangigen *hatamoto* oder Bannermännern vorbehalten war. Neben dem Training in der Kobusho, zu der nur *bakufu*-Samurais zugelassen waren, besuchte er auch noch eine der berühmtesten städtischen *dojos*, eine Übungshalle. Dort fand der *sensei* Saito Yakuro Gefallen an ihm und erteilte ihm sogar Privatunterricht. Der ziemlich phantasievoll Shinto Mumen Ryu – «Wege der Gottheit» – genannte Stil verlangte Vitalität und Kraft, und die *dojo* schien viele leidenschaftlich patriotische junge Männer aus allen Teilen des Landes anzuziehen.

Sadayori fand in dieser städtischen *dojo* mehr Kameradschaft als in den klassenbewußten Tokugawa-Schulen, doch es dauerte eine gewisse Zeit, ehe er sich an das freie Denken der Schüler gewöhnte, die mit ihrer Meinung nie hinter dem Berg hielten. Sie sprachen über alles, nicht nur über die Kriegskünste, sondern sogar über ein so gefährliches Thema wie Politik.

Wie alle *bushi* war Sadayori dazu erzogen worden, an den *bushido*, den Ehrenkodex für soldatische Haltung und korrektes Benehmen, zu glauben. Er war gebildet und belesen und verstand etwas von Verwaltung. Treue, Gehorsam, die Bereitschaft zu sterben waren Dinge, die er nie in Frage stellte. Seine Abwesenheit von den seidenen Gemächern der Höfe und seine einsamen Reisen und Studien hatten ihm die Augen für die Schönheiten, die Stärken und die Schwächen seines Landes geöffnet, das er wirklich als das seine empfand. Seine Gedanken und Gefühle waren über die engstirnigen, heimlichtuenden, egozentrischen Ansichten der Feudalherren hinausgewachsen.

Eines Tages saßen nach einer besonders anstrengenden Übungsstunde die Schüler mit ihren Lehrmeistern beisammen, tranken den kühlen, erfrischenden Tee aus den gerösteten Samen der Hiobstränen und diskutierten wie gewöhnlich miteinander. Sadayori fühlte sich schon unbehaglich, wenn sich das Gespräch allgemein der Politik zuwandte, doch als ein junger Samurai aus Izu sich sehr unverblümt gegen das *bakufu*, die Militärherrschaft, aussprach, war er verärgert und empört.

«Der Shogun und seine Berater sind nichts anderes als Verräter», sagte der Mann aus Izu leidenschaftlich. «Entweder Verräter oder Feiglinge. Was erwartet man von ihnen? Was ist die Pflicht eines Shogun? Er soll die Barbaren vertreiben, nicht wahr? Tut er das? Nein! Wir müssen alle bereit sein zu kämpfen, sonst kommen die ausländischen Schiffe zu uns, wie sie nach China kamen, und machen uns alle zu Sklaven. Ich sage euch, wir können uns nicht auf den Shogun verlassen.»

Als er Sadayoris Gesichtsausdruck sah, wandte sich der junge Mann an ihn. «Ihr stammt aus Kii, Matsudaira-san, was bedeutet, daß Ihr ein Tokugawa-Mann seid, und doch kommt Ihr hierher, um zu lernen. Heißt das, daß Ihr ein Patriot seid – oder ein Spion?»

Schweigen. Sadayori setzte die Teeschale ab und stand auf. «Wollt Ihr mich herausfordern?»

«Matsudaira! Ich dulde keine Duelle zwischen Mitgliedern meiner *dojo*. Ozaki! Entschuldigt Euch!»

Der Mann aus Izu stand im Rang ein paar Stufen tiefer als Sadayori und wäre ihm auch nicht gewachsen gewesen, doch er besaß den ungestümen Mut, der unter den Mitgliedern der *dojo* gang und gäbe war. Errötend verneigte er sich.

«Entschuldigt, wenn ich beleidigend war. Ich möchte nur offen sprechen, und es ist meine Überzeugung, daß alle Japaner sich vereinen und die Ausländer bekämpfen müssen, aber das *bakufu* kommt mir vor wie ein Elefant, der im Schlamm steckengeblieben ist.»

«Ich verstehe Eure Gefühle, und ich bin nicht als Spion hier, sondern um zu lernen. Vergessen wir die Sache.»

Sadayori verneigte sich vor dem Lehrmeister, den übrigen Schülern, wandte sich am Ausgang noch einmal um und verneigte sich wieder.

«Ich erwarte Euch morgen!» rief der Lehrmeister ihm nach.

«*Hai*», sagte Sadayori. Auf der Straße kam einer der Kaufmannssöhne hinter ihm hergelaufen.»

«Matsudaira-*sempai*, gehen wir ein Stück miteinander.»

Sadayori erstarrte leicht, denn er hatte sich noch nicht daran gewöhnt, von anderen Klassen so vertraulich angeredet zu werden. Andererseits war der junge Mann, obwohl Sohn eines Kaufmanns, sehr sympathisch und arbeitete und trainierte in der *dojo* mit beachtlichem Geschick. Aus irgendeinem Grund, wahrscheinlich weil sein Vater reich war und der Regierung einen Dienst erwiesen hatte, hatte er sich das Recht erworben, ein Schwert zu tragen.

«Ärgert Euch nicht über Ozaki-san, er meint es nicht böse, aber er ist ein solcher Eiferer, und ganz Edo kocht heutzutage über vor lauter Politik, nicht wahr? Es ist eben nicht mehr so wie früher.»

Sadayori brummte etwas und sprang rasch zur Seite, um nicht von einem mit Gemüse beladenen Schubkarren umgestoßen zu werden.

«Es ist gefährlich, die Obrigkeit zu kritisieren», erwiderte er steif.

«Das ist richtig, aber alle tun es. Ich selbst kümmere mich nicht darum. Mit Politik will ich nichts zu tun haben.»

«Trotzdem lernst du, ein Kaufmann, mit dem Schwert zu kämpfen», sagte Sadayori

«Jeder sollte imstande sein, sich selbst zu verteidigen», antwortete der breitschultrige junge Mann und zuckte lächelnd mit den Schultern. Er entdeckte einen Freund und winkte ihm. «Kommt, essen wir zusammen», fuhr er dann fort. «Ich kenne hier ganz in der Nähe ein Lokal, das jeden Morgen die allerfrischesten Fische vom Markt bekommt und in dem es den besten *sushi* weit und breit gibt. Kommt, es ist nicht teuer, ich lade Euch ein.»

Bei dieser Vertraulichkeit schien Sadayori wieder innerlich zu erstarren, doch sein Begleiter merkte es offenbar nicht. War er der Meinung, daß sie einander gleichgestellt waren, weil sie in derselben *dojo* trainierten? Er schüttelte den Kopf. «Vielen Dank, aber nicht heute.»

«Wie schade. Dann vielleicht ein andermal.» Der Kaufmannssohn verneigte sich leicht und lächelte wieder. «Auf morgen in der *dojo*. Dann drängte er sich mit den Schultern durch eine kleine Menschenansammlung, die sich um einen Jongleur geschart hatte, und war verschwunden.

Obwohl Sadayori sich über die Vertraulichkeit des jungen Mannes ärgerte, enthielt das, was er gesagt hatte, viel Wahres. Die Leute, besonders junge und gewöhnlich arme Samurai, kritisierten die Regierung laut und waghalsig. In der Struktur des *bakufu*, der feudalen Militärregierung des Tokugawa-Clans mit dem Shogun an der Spitze, zeigten sich die ersten Risse und Sprünge. Der regierende Shogun Ieyoshi besaß weder körperliche noch geistige Kraft; er war ein ganz anderer Mensch als seine Vorfahren, die das Land mit Waffengewalt, List und Klugheit vereinigt hatten. Ieyoshi hatte mit fünfundvierzig Jahren die Nachfolge seines Vaters angetreten, und die Last seiner Ämter und Würden schien ihm zu schwer zu sein. In Edo und überall im Land blühte die Intrige.

Sadayoris derzeitiger Fürst war im Alter von drei Jahren nominell Herrscher über die riesige Provinz Kii geworden. Er war der erstgeborene Sohn von Tokugawa Narimoto, jedoch vom früheren *daimyo* von Kii erzogen worden, dem Sadayori ganz besonders treu ergeben gewesen war. Heute war der Fürst von Kii noch nicht ganz sechs Jahre alt, und die Regierungsgeschäfte führte ein Regent mit einer Reihe von Beratern. Weder dem einen noch den anderen brachte Sadayori den Respekt entgegen, den er für seinen alten Herrn empfunden hatte.

Er starb sogar, noch ehe er mich zwingen konnte, wieder zu heiraten, dachte Sadayori. Er trauerte immer noch um diesen Fürsten, der ein so starkes persönliches Interesse an seinen Männern genommen hatte.

Der *daimyo*, dem er jetzt Gehorsam schuldete, war ein verzogenes, weinerliches Kind. Aber Kii sollte in einer Zeit wie dieser von einem starken Fürsten regiert werden, nicht von einem Kind. Als Kleinkind hatte der Junge Kikuchiyo geheißen, doch als er den Titel erbte, hatte man seinen Namen in Tokugawa Yoshimoti geändert. Wer hätte zu dieser Zeit auch ahnen können, daß es diesem Kind-*daimyo* bestimmt war, unter dem abermals geänderten Namen Iemochi der vierzehnte Shogun zu werden?

Sadayori war während der vergangenen Jahre einer Reihe weitsichtiger Männer begegnet, Männer, die verschiedenen Clans angehörten und aus verschiedenen Provinzen kamen, und ihre Ansichten hatten sein konservatives Denken untergraben. Vielleicht lag, wie viele dieser Männer erklärt hatten, Japans Zukunft wirklich in den Händen mutiger, intelligenter Männer, die sich nicht nach nicht mehr zeitgemäßen Gesetzen richteten, sich nicht von ihnen gängeln ließen.

Sadayori fühlte, daß der Krieg mit den Ausländern unvermeidbar war. Und wenn sie die gutbewaffneten Invasionstruppen der Barbaren besiegen wollten, mußte die Nation in ihrer Gesamtheit kämpfen. Doch wo war der Führer, dem es gelang, die verstreuten Armeen so vieler selbständiger Provinzen zu vereinen?

Bisher hatte Sadayori geglaubt, das Tokugawa-Regime schütze das Kaiserhaus und diene ihm treu. Doch viele sagten, Tokugawa kontrolliere und isoliere den Kaiser, verstecke ihn, so daß er sein Licht über seinen sorgenvollen Untertanen nicht leuchten lassen konnte. Selbst zutiefst besorgt, war Sadayori geneigt, ihnen recht zu geben.

Bald mußte er nach Wakayama zurückkehren, und dort plante er ein Treffen mit einem gewissen mutigen jungen Mann. Ein Samurai sollte ein Mann der Tat sein, dazu war er erzogen, und Sadayori begann darüber nachzudenken, welche Taten er vollbringen könnte.

Vom Nachbardorf Ota nach Taiji waren es zu Fuß ungefähr vierzig Minuten. Sadayori kam über eine schmale Nebenstraße, die durch den Wald führte. Der Sommer ging allmählich in den Herbst über, und in anderen Teilen Japans würde der Winter bald Einzug halten, wenn auch hier noch Glockenblumen am Straßenrand blühten und Insekten summten.

Hoch über dem Dorf machte Sadayori Rast, bis ein kleiner Junge mit einem Bündel Kienholz vorüberkam. Sadayori gab ihm eine Kupfermünze und trug ihm auf, Jinsuke, Sohn des Tatsudaiyu, zu ihm zu schicken. Dann lehnte er sich an den Stamm einer Stechpalme und wartete. Bald darauf hörte er Schritte auf den Steinstufen, die durch den Friedhof führten.

Als Jinsuke näher kam, mußte er zu dem Samurai aufblicken, der in einem dunkelblauen Kimono über ihm stand. Er war eine imposante Erscheinung, und obwohl Jinsuke leicht verärgert war, weil Sadayori ihn hierherzitiert hatte, war ihm auch klar, daß der andere ihm etwas Wichtiges zu sagen hatte.

Sie begrüßten sich korrekt, und Sadayori erkundigte sich, ob der verlorene Arm noch schmerze. Jinsuke schüttelte den Kopf.

«Es ist viel geschehen, seit du die Harpune für mich geschleudert hast», sagte Sadayori. «Sie sind heute auf Walfang, nicht wahr? Ich kann es riechen.»

«Parfümwal», antwortete Jinsuke und fügte lahm hinzu: «Er gibt gutes Öl, und im Moment sind sehr viele da.» Er wußte nicht, was er sagen sollte.

«Du jagst keine Wale mehr und fährst auch nicht mehr hinaus, und die Namen der Winde verlieren allmählich ihren Sinn für dich. Ich kann mir vorstellen, daß dir auch das Leben selbst manchmal sinnlos vorkommt.»

Überrascht sah Jinsuke dem Samurai ins Gesicht und berührte dann seinen Armstumpf, der unter dem festgesteckten Ärmel seines kurzen Kimonos verborgen war. Sadayori lächelte.

«Schau her!» befahl er und trat ein paar Schritte zurück. Er ging leicht in die Hocke, legte eine Hand hinter den Rücken und griff mit der rechten Hand hinüber, um den Verschluß in der Scheide seines Langschwertes zu öffnen. Dann zog er mit einer Hand das Schwert blitzschnell und hieb mit einem kraftvollen Streich ein Stück Bambus, das am Wegrand wuchs, sauber ab. Danach schob er, immer noch ohne die linke Hand zu benutzen, das Schwert ebensoschnell in die Scheide zurück, wie er es gezogen hatte. Jinsuke sah zuerst das abgeschlagene Bambusstück und dann Sadayori an.

«Du hast noch nie einen Samurai sein Schwert ziehen sehen, nicht wahr, Walfänger?»

Jinsuke schüttelte den Kopf.

«Man tut es gewöhnlich mit beiden Händen. Es hat mich viele hundert Stunden gekostet, bis ich lernte, es mit einer zu tun. Kannst du dir vorstellen, warum ich mir die Mühe gemacht habe?»

«Nein, Herr. Ihr seid sehr gütig, und ich fühle mich sehr geehrt, doch ein Walfänger braucht beide Hände, um eine Harpune zu werfen. Die rechte steuert sie, die linke gibt dem Wurf die Kraft.»

Sadayori nahm das abgehauene Bambusstück und reichte es Jinsuke. «Schneide das zurecht», sagte er kurz. Jinsuke sah ihn an.

«Ich habe kein Messer», sagte er.

«Dann geh und hol dir eins. Ich warte hier.» Sadayori setzte sich neben den Baum und starrte ins Nichts. Jinsuke machte kehrt und trottete die Stufen hinunter. Während seiner Abwesenheit stellte Sadayori sich selbst ein paar Fragen. War das, was er tat, auch richtig? War es richtig, die Schranken zwischen den Klassen niederzureißen? Er fragte es sich zwar, war jedoch überzeugt, daß er richtig handelte. Jinsuke kam mit der Machete zurück. Er warf einen kurzen Blick auf den Samurai und fing dann an, den Bambus zurechtzuschneiden.

«Wie lang soll er sein, Herr?»

«So lang wie eine Harpune.»

Der Bambus war an einem Ende so dick wie das Handgelenk eines Mannes und nicht leicht zu beschneiden. Sadayori beobachtete Jinsuke aus den Augenwinkeln. Als er fertig war, stand Sadayori auf, nahm den Bambus und wog ihn in der rechten Hand. Dann schleuderte er ihn wortlos wie einen Wurfspieß in eine etwa sechs Schritt entfernte Böschung.

«Hast du das gesehen? Man kann eine Harpune nicht nur auf eine Art werfen. Primitive Menschen haben Speere und Harpunen seit Jahrtausenden benutzt und sie so geschleudert.»

«Aber, Herr, in Taiji schleudert man sie nicht so.»

«Nein, das tut man nicht, nicht wahr? Du solltest das eigentlich nicht erfahren, aber ein junger Mann aus einer angesehenen Familie in Tosa – du weißt, wo das liegt, oder?»

«Ja, Herr, natürlich weiß ich das. Im nördlichen Teil von Shikoku. Dort gibt es auch Walfänger.»

«Das ist richtig», erwiderte Sadayori. «Jedenfalls wurde dieser junge Mann, als er ungefähr vierzehn war, in einem Fischerboot auf das offene Meer hinausgetrieben, wo ein Barbarenschiff ihn und seine Gefährten aufnahm. Er besuchte eine ausländische Schule und fuhr später auf einem ausländischen Schiff, einem Walfänger. So lernte er die Sitten und Gebräuche der Barbaren kennen. Ich hatte Gelegenheit, mit ihm über seine Erfahrungen zu sprechen, da er das Risiko auf sich genommen hatte, nach Japan zurückzukehren, und unsere Regierung ihm vergab. Er hat mir erzählt, daß an Bord dieser Schiffe viele Nationen zu finden sind und die stärksten Männer eine Harpune mit einer Hand schleudern. Er hat mir auch gesagt, daß sie viele Wale fangen, diese Ausländer. Ich möchte, daß du nach Edo kommst. Nimm ein Holzschiff von Shingu. Ich werde dich mit dem Mann bekannt machen, der auf ausländischen Walfängern gefahren ist. Ich glaube, daß du mit einem ausländischen Schiff wieder auf Walfang gehen könntest. Wenn du einverstanden bist, will ich versuchen, dir auch das zu ermöglichen. Ich brauche einen Mann mit Mut und Kraft, der Informationen über diese Schiffe für mich sammelt und mir in aller Heimlichkeit treu und zuverlässig dient.» Er sah Jinsuke mit einem festen Blick an. «Jinsuke, Sohn des Tatsudaiyu, bist du dazu bereit?»

Jinsuke warf sich auf die Erde und verneigte sich.

«Sehr gut. Dann geh in drei Tagen nach Shingu. Hier hast du einen Paß und Reisegeld.» Er reichte Jinsuke einen Geldbeutel. «Aber ich warne dich. Wenn du verrätst, was ich dir anvertraut habe, wird es dich das Leben kosten. Und mich auch. Hast du verstanden?»

«Ich werde nicht sprechen», sagte Jinsuke. Sadayori nickte, und zum erstenmal entdeckte Jinsuke um Augen und Mund des Samurai Linien, die von Entbehrungen und Mühsal sprachen.

«Man wird dich in Edo abholen. Wir wissen, wann die Holzschiffe einlaufen. Gehorche mir, und ich will dafür sorgen, daß es dein Schaden nicht ist.»

Damit wandte Sadayori sich ab und machte sich auf den Rückweg nach Ota.

Jinsuke ging nach Hause. Erregung brodelte in ihm, und nachdem er eine Weile mit sich gekämpft hatte, holte er den geschnitzten Walzahn, das Abschiedsgeschenk von Tovey Jacks, aus seinem Versteck. Lange betrachtete er das schwarzweiße Motiv – die Boote inmitten einer See voller Wale –, und er sah, daß eine der winzigen Gestalten im Bug eines Bootes eine Harpune hob, um sie nach einem Walbullen zu schleudern – mit einer Hand. Er drehte den Zahn um, starrte auf die Schriftzeichen, die er nicht lesen konnte, und fragte sich, was sie wohl bedeuten mochten. Sollte er tatsächlich eines Tages wieder imstande sein, als Harpunierer Wale zu jagen?

Am Abend sagte er seinem Vater und den Brüdern, daß er fort wollte. «Vater, Mutter, ich gehe nach Edo. Man hat mir eine Stellung angeboten – ich soll das Löschen der Schiffe beaufsichtigen, die das Holz aus unserem Lehen in die Hauptstadt bringen. Ich habe angenommen.»

Tatsudaiyu starrte ihn verständnislos an. «Nach Edo? Holz? Wie meinst du das? Wir sind eine Walfängerfamilie, hast du das vergessen? Denk an deine Mutter! Du kannst nicht nach Edo gehen.»

«Ich gehe, Vater. Ich habe mein Wort gegeben.»

Sein Vater brüllte ihn an, tobte, aber Jinsuke blieb fest, und als beide Eltern ihn nicht in Ruhe ließen, stürmte er aus dem Haus. «In Taiji gibt es für mich keinen Platz in einem Walfängerboot, nicht wahr? Deshalb muß ich mir etwas anderes suchen, etwas, das mir Freude macht! Laßt mich in Frieden!»

Er wartete bis zum nächsten Tag, und dann ging er, ohne Rücksicht auf das, was alle sagten, ganz offen in Takigawas Haus. «Ich muß für eine Weile fort, nach Edo, Oyoshi», sagte er.

Ihr stockte deutlich sichtbar der Atem. Da zog Jinsuke sie an sich und streichelte ihr das Haar. «Frag nicht, warum, ich darf nicht darüber sprechen, aber es ist sehr wichtig für mich. Warte auf mich. Sobald ich zurückkomme, heiraten wir, ganz gleich, ob es jemandem paßt oder nicht.»

Oyoshi weinte, und Jinsuke bedauerte, dem Samurai das Versprechen gegeben zu haben, doch er hatte es getan und mußte es auch halten. «Warte auf mich, Oyoshi, du wirst sehen, alles wird gut.»

Als Jinsuke einen Monat fort war, setzte bei Oyoshi die morgendliche Übelkeit ein, und heißhungrig verschlang sie Unmengen sauer eingelegter salziger Pflaumen. Sie ekelte sich vor dem Geruch gekochter Grindwalinnereien, die ihr Vater so gern aß, und konnte sich nicht einmal in der Nähe des Strandes aufhalten, wenn die Männer einen Wal verarbeiteten.

Als sie endlich begriff, was mit ihr geschah, ging sie zu der einzigen Frau, der sie vertraute. Sie ging zu Onui, Jinsukes Mutter. Sie weinten zusammen.

10

Jinsuke stand an Deck und betrachtete die Küstenlinie. Das Schiff hatte den Kontrollpunkt bei Uraga passiert, wo die Bucht von Edo sich wie ein Flaschenhals verengte. Hier kamen täglich Hunderte von Schiffen durch, alle streng nach den herrschenden Vorschriften gebaut – kiellos, mit quadratischen Segeln. Eine fast ungebrochene Linie kleiner Orte faßte an der Westseite die Bucht ein, mit Häusern, Lagerhallen und anderen Gebäuden, die bis ans Ufer reichten. Auf den Klippen und Felsvorsprüngen standen keine Häuser, dort lauerten Geschützbatterien. Im Flachwasser der Bucht sah Jinsuke ganze Wälder aufrecht stehender gebündelter Stangen, an denen die Leute verschiedene eßbare Seetangsorten zogen, und es wimmelte geradezu von Fischern, die mit ihren Booten ganz unbekümmert zwischen den ein- und auslaufenden Schiffen umherschipperten. Die Schiffe waren mit Reis aus dem Norden, Frühorangen und Nutzholz aus Kii, Sake, getrocknetem Fisch, eßbaren Mollusken und tausend anderen Produkten beladen, ohne die diese große Stadt des Shogun verhungert wäre.

Jinsuke merkte, daß einer der Matrosen neben ihm stand.

«So viele Häuser!»

Der Mann lachte. «Wartet nur, bis wir hinter Yokohama ans Ende der Bucht kommen, an die Mündung des Sumida-Flusses. Dort gibt es Menschen wie Ameisen. Wir können gar nicht genug Bauholz für sie ranschaffen. Ihr wißt doch, was die ‹Blumen von Edo› sind?»

Jinsuke schüttelte den Kopf.

«Feuer. Kaum haben sie gebaut, zünden sie woanders ein großes Feuer an und brennen dort fast alles nieder. Aber für Shingu ist das ein gutes Geschäft. Wir können das Bauholz nicht schnell genug liefern.»

Halb staunend und halb entsetzt schüttelte Jinsuke den Kopf. «Wie viele Menschen leben denn in der Stadt?»

«Keine Ahnung. Eine Million vielleicht?»

Edo war während der letzten hundert Jahre der Tokugawa-Herrschaft eine der größten Städte der Welt – wenn nicht die größte. Größer als Paris oder London war es auf jeden Fall. Ende des 18. Jahrhunderts lebten allein im Geschäftsviertel stolze fünfhunderttausend Einwohner. In dieser Zahl waren die Krieger im Verwaltungsdienst und die Wachmannschaften noch nicht enthalten, die die Geschäfte der Regierung schützten und zum Gefolge der Feudalherrn gehörten. Jeder *daimyo* war verpflichtet, jährlich sechs Monate oder alle zwei Jahre zwölf Monate in Edo zu verbringen. Und während der Zeit ihrer Abwesenheit von der Hauptstadt mußten die Fürsten ihre Frauen und Kinder als Geiseln zurücklassen. In dieser Periode gab es zweihundertsechsundsiebzig *daimyos*, die alle, je nach Rang und finanziellen Mitteln, einen entsprechend großen Hofstaat an Wächtern, Angestellten und Dienern beschäftigten.

Fünf Hauptstraßen führten strahlenförmig aus der Stadt. Sie verbanden die wichtigsten Städte miteinander. Es gab auch mehrere Kanäle, die den starken Verkehr auf den Flüssen Sumida und Tama entlasteten. Vom Tama führte ein kompliziertes hölzernes Rohrleitungssystem in die einzelnen Stadtteile und stellte die Wasserversorgung sicher.

Im Zentrum von Edo erhob sich imposant die Burg des Shogun, die mächtigste und praktisch uneinnehmbare Festung Japans. Ihre massiven, genau berechneten, steil abfallenden Wehrmauern aus Felsgestein stemmten sich gegen die Wassermassen des Burggrabens. Die ganze Anlage war sogar erdbebensicher, und innerhalb ihrer Mauern befanden sich weite Parklandschaften und schöne Landhäuser.

Es war eine Stadt, von der nur wenige Menschen des Westens etwas wußten, eine sich unregelmäßig ausbreitende herrliche Stadt, die aber auch leicht verwundbar war – durch Blockaden, Feuersbrünste, Erdbeben.

Am Kai wartete ein junger Mann auf Jinsuke. Nach einem Fußmarsch von vier Stunden erreichten sie Sadayoris Haus, das er von seinem Vater geerbt hatte. Es lag in der Vorstadt Kojimachi, in der Nähe des Hanzo-Tores, das zum Palast des Shogun gehörte. Das Durcheinander ungewohnter Bilder und Geräusche, die unglaublichen Menschenmengen, die mit Vorhängen verhängten Läden, der große Palast und die umherstolzierenden Samurai, das Geschrei der Kaufleute und die singenden Sänftenträger – all das machte Jinsuke völlig benommen. Da sie ganz um den Stadtgraben herumgehen mußten, auf dem majestätische Schwäne schwammen, fragte Jinsuke den jungen Mann, der sein Führer war, ob er schon einmal im Palast gewesen sei.

«Ich nicht, aber der Herr ist oft dort. Er hat gute Beziehungen zu einigen bedeutenden Persönlichkeiten. Sagt, seid Ihr müde, wollt Ihr Euch ausruhen?»

«Nein, ich bin nicht müde», antwortete Jinsuke.

In Sadayoris Haus erwartete sie eine Mahlzeit aus gekochtem Fisch, Misosuppe, in Essig eingelegtem Gemüse und Reis, und nach dem Essen ging Jinsukes Begleiter mit ihm in ein öffentliches Badehaus. Als Jinsuke zurückkam, stellte er fest, daß neue, saubere Kleider für ihn bereitlagen. Eine oberschenkellange dunkelblaue Tunika, eine breite Schärpe, eine knöchellange Baumwollhose und sogar ein Paar neuer hölzerner *geta.* Während er noch bewundernd davorstand, kam eines der Hausmädchen, eine rundliche Frau in den Dreißigern, zu ihm und sagte, der Herr wolle ihn am nächsten Morgen sehen.

Sadayori kniete sehr aufrecht vor einem kleinen Schreibtisch, der dem Schiebefenster gegenüberstand, das auf den Garten hinausging. Der Raum war luftig und hell, wenn auch ein wenig zu kühl für Jinsuke, der das wärmere Klima von Taiji gewöhnt war. Unter der Dachtraufe bimmelte leise ein kleines Glockenspiel. In einer Nische ruhten auf Hirschgeweihstangen Sadayoris Schwerter. In einem anderen Teil des Raums führte eine schmale Tür in einen Alkoven, in dem die Utensilien für die Teezeremonie aufbewahrt wurden.

Sadayori las in einem Buch, das vor ihm auf dem Schreibtisch lag. «Komm herein, Jinsuke. Du kannst lesen, nicht wahr?»

Jinsuke trat ein und kniete auf den Matten neben der Tür nieder. «Ich kenne die Schriftzeichen, Herr, habe jedoch nicht viele Bücher gelesen. Ich bin nicht gebildet.»

Sadayori wandte sich ihm zu. «Aber lesen kannst du. Das ist gut. Ich habe für Männer nicht viel übrig, die nicht lesen können oder das geschriebene Wort verachten. Worte können so mächtig und so gefährlich sein wie Klingen.» Er warf einen Blick auf seine beiden Schwerter.

Jinsuke sagte nichts. In Wahrheit hatte er kaum einmal in ein Buch hineingeschaut. In der kleinen Tempelschule in Taiji hatte er zwar lesen und schreiben gelernt, doch anders als sein Bruder Saburo, hatte er sich für Bücher, Tusche und Pinsel nie interessiert. Sadayori klappte das Buch zu und sah auf. Aus dem weiten Ärmel seines Kimonos holte er einen kleinen Geldbeutel, dem er eine Silber- und mehrere Kupfermünzen entnahm.

«Heute sollst du dir die Stadt ansehen und dich amüsieren. Du bist von weit her gekommen. Essen kannst du in einer Aalküche oder wo du eben willst. Das Essen in Edo ist gut und abwechslungsreich. Sei bei Einbruch der Dunkelheit wieder hier. Dann wirst du ein paar Herren kennenlernen, denen du schildern sollst, wie ihr eure Boote der Walfangflotte manövriert und einen Wal angreift.»

Jinsuke wurde rot. «Herr, ich – bin kein – kein sehr guter Redner, und mit vornehmen Herrn... Ich – eh...»

«Ich möchte nur, daß du dein Bestes tust», antwortete Sadayori freundlich. «Es handelt sich um ganz besondere Herrn, die sich sehr für das Meer und für Schiffe interessieren.»

«Aber, Herr, vielleicht müßt Ihr Euch für mich schämen, vielleicht sage ich etwas Falsches und beleidige die Herren.»

«Das wirst du bestimmt nicht. Erzähl uns einfach über den Walfang, als ob du einem Walfänger aus einer anderen Gegend des Landes berichtetest. Du wirst nicht allein sein. Ein Mann aus Tosa kommt auch. Er stammt aus einer Fischerfamilie und ist ebenfalls Walfänger. Ich habe ihn schon einmal erwähnt.»

Jinsuke bekam große Augen, als er das hörte.

«Ja», fuhr Sadayori fort, «er ist auf einem Walfänger der Barbaren gefahren. Was er berichtet, wird für dich sehr interessant sein, davon bin ich überzeugt. Geh jetzt. Ich muß Briefe schreiben und dann in die *dojo*.»

Jinsuke bedankte sich und verließ den Raum.

Der Stadtteil, in dem Sadayori wohnte, war einer der vornehmsten in Edo. Die von hohen Mauern umfriedeten Gärten und Häuser der hochrangigen Samurai säumten stille anmutige Avenuen und wechselten mit Hainen von Teesträuchern und hohen Maulbeerbäumen ab. Während der ersten Stunde seines Spaziergangs begegneten Jinsuke so viele gutgekleidete Samurai mit ihren Dienern – Samurai zu Fuß, hoch zu Roß und in Sänften –, daß er aufhörte, sich jedesmal tief und höflich zu verneigen, wie man es in Kii von ihm erwartet hätte. Manchmal kam auch eine Dame, das hoch aufgetürmte Haar bedeckt, mit einem Diener vorüber, und Jinsuke bestaunte die kostbaren seidenen Kimonos und Obis. Fischverkäufer mit großen runden Holztabletts an einer Schultertrage gingen von Haus zu Haus und boten auf frischem Grün angerichtete große, fette Seefische und alle möglichen anderen Delikatessen feil, bei deren Anblick Jinsuke das Wasser im Mund zusammenlief.

Weiter ging er, als sei er in eine funkelnagelneue Welt geraten, bis er ein kleines Tal jenseits des äußeren Stadtgrabens erreichte. Was für ein bestürzender Kontrast zu der Gegend, aus der er kam! In engen, schlammigen Straßen vor windschief Wand an Wand lehnenden baufälligen Häusern erzählten sich Frauen schreiend den neuesten Klatsch, und schmutzige, skrofulöse Kinder mit laufenden Nasen tobten laut kreischend herum – es war das reinste Tollhaus. Die Leute starrten den breiten, sonnenverbrannten, stämmigen jungen Walfänger an, und die Kinder zeigten auf ihn, denn er war über einen Kopf größer als die Männer hier.

Da er nicht mehr so recht wußte, wo er eigentlich war, bog er in eine finstere Gasse ein. Zwei Männer stellten sich ihm in den Weg.

«Suchst du jemand?» fragten sie in einem gemein und gefährlich klingenden Ton.

Jinsuke merkte, daß einer die Hand aus dem Ärmel seines grauen Kimonos genommen und unter eine baumwollene Bauchbinde geschoben hatte, wo er vermutlich den Griff eines Messers umklammerte.

«O ja», sagte Jinsuke, «ich bin fremd in Edo und weiß nicht, wo ich etwas zu essen bekommen kann.»

«Eh?»

Der Kleinere der beiden stieß seinen Freund leicht an. «Mann sagt, er hat Hunger.»

«Hunger?»

Eine kleine Menschenmenge umdrängte Jinsuke und die beiden Männer.

«Woher kommst du überhaupt?» fragte der Mann, der die Hand auf dem Bauch hielt.

«Ich komme aus Taiji in der Provinz Kii.»

«Was?»

Jinsuke war leicht verärgert. Hatten diese Dummköpfe noch nie von Kii gehört?

Ein alter Mann rief aus der Menge heraus. «Die Halbinsel Kii, du Idiot, woher die Orangen kommen, hab ich recht?»

«Sei still, Großvater», sagte der Mann, der die erste Frage gestellt hatte, und wandte sich dann an Jinsuke: «Wie schreibst du dieses Dorf Teidschi?»

Mit der Spitze seiner *geta* malte Jinsuke die Schriftzeichen für «dick» und «Erde» in den Staub. «Taiji», sagte er, «das älteste und beste aller Walfängerdörfer.»

«Walfänger?» Die beiden Männer sahen sich an. Ein schmutziger kleiner Junge zupfte Jinsuke am Ärmel und bettelte ihn um eine Münze an. Ein Erwachsener knuffte ihn, der Kleine schrie und wurde wieder geknufft. Jinsuke betrachtete den kleineren der beiden Männer genauer. Quer über den Handrücken hatte er eine Narbe, und er schielte leicht.

«Warum fragt ihr mich so aus? Seid ihr Polizeibeamte?»

Die beiden gaben sich gegenseitig einen leichten Rippenstoß und lachten, und in der Menge wurde gekichert. Einer der Männer schlüpfte mit Arm und Schulter aus seinem Kimono, und zum Vorschein kam die unheimlich aussehende Tätowierung einer Schlange und purpurner, roter, blauer und schwarzer Hortensienblüten, entweder das Kennzeichen eines Verbrechers oder eines Bauarbeiters – vielleicht auch beider zugleich. Jinsuke blieb unbeeindruckt.

«Oh, du armer Kerl, deine Haut ist ja furchtbar verunstaltet», sagte er, und die Menge brüllte vor Begeisterung.

Von hinten drängte sich ein Mann mittleren Alters, der wie ein Faß gebaut war, zu Jinsuke durch. «Ich bin Mankichi, der Oberzimmermann. Hast du dich verlaufen, Fremder?»

«Ich bin Jinsuke, Sohn des Harpunierers Tatsudaiyu.»

Das hamsterbackige Gesicht des Mannes mit der Figur einer Tonne verzog sich zu einem breiten Grinsen. «Ein Walfänger! Tatsächlich! Otosuke, Sahei, warum belästigt ihr diesen Herrn?» Otosuke und Sahei verneigten sich und bahnten Jinsuke und Mankichi einen Weg durch die Umstehenden.

«Es kommen nicht viele Fremde zu uns nach Yotsuya», sagte Mankichi, «und wir sind vor Schnüfflern auf der Hut. Es gibt hier ein paar Leute, die nicht gefunden werden möchten, verstehst du? Du bist sehr groß und hast, verzeih, daß ich es erwähne, nur einen Arm, und so dachten sie vielleicht, daß du auch einer bist.»

«Ein was?»

«Mitglied einer Geheimgesellschaft.»

«Ich? Ein *yakuza*? O nein, ich bin Walfänger.» Jinsuke berührte seinen leeren Ärmel. «Ich habe ihn zwar im Kampf verloren, aber er wurde mir nicht mit dem Schwert abgeschlagen, sondern von einem Hai abgebissen.»

Mankichi sah ihn mit großem Respekt an und wandte sich zu den beiden Männern um, die ihnen folgten. «He, ihr beiden, Jinsuke-san ist mein Freund, hört ihr?» Er wandte sich wieder an Jinsuke. «Suchst du jemand?»

«Eigentlich nicht, aber ich kenne mich in Edo nicht aus und hoffte, ein Lokal zu finden, wo ich etwas zu essen bekomme.»

«Was hättest du denn gern?»

«Aale vielleicht.»

«Aale. Gut, gut, dann weiß ich genau das richtige.» Er nahm

Jinsukes Arm und bog mit ihm in eine Gasse ein, die zu einem kleinen Seitenkanal führte. Verfallene Gebäude drängten sich an den Ufern, und aus einem Haus mit tief heruntergezogenem Ziegeldach und offener Vorderseite kam der würzig duftende Rauch gebratener Aale. Die vier Männer tauchten unter dem Vorhang durch und sahen sich aufgestapelten Matten und niedrigen Tischen gegenüber. Der Ladenbesitzer fächelte die Holzkohle und drehte die auf Spießen steckenden in Soße getauchten Aale.

Mankichi bestand darauf, Jinsuke einzuladen, der mehrere Portionen von den wohlschmeckenden, saftigen Aalen aß und außerdem noch ein paar Spieße mit gerösteten Aalherzen und Aallebern, wieder mit weißem Reis. Die rauhe Sprechweise der drei Männer störte Jinsuke nun nicht mehr, und bald brachten sie ihn mit ihrem unbekümmerten derben Humor zum Lachen.

Später begleiteten die drei Männer ihn bis ans Ende der breiten, von Maulbeer- und Kirschbäumen gesäumten Avenue, in der Sadayoris Haus stand.

«Komm einmal am Abend zu uns, dann zeigen wir dir Yoshiwara», sagte der eine mit einem lüsternen Grinsen und einer obszönen Geste seines kleinen Fingers.

«Dort gibt es junge, nette Mädchen, die für *deinen* Aal eine Menge übrig haben, Walfänger», ergänzte der andere.

Jinsuke lachte, verabschiedete sich und ging dann rasch die Straße hinunter. Dieses Edo war gar nicht so übel, fand er.

Am Abend brachte Sadayori nach dem Training in der städtischen *dojo* ein paar Gäste mit, und nach dem Abendessen ließ er Jinsuke kommen. Sie stellten sich ihm nicht vor, behandelten ihn jedoch höflich. Ein Samurai beugte sich vor und klopfte am Rand des Holzkohleöfchens, das den Raum erwärmte, seine Pfeife aus.

«Sag mir, Jinsuke, wie viele Männer gehören zu einem Boot?»

«Wenn wir auf Fang gehen, brauchen wir mindestens vierzehn Fangboote mit je fünfzehn Mann Besatzung, acht Netzboote mit je dreizehn Mann, vier Schlepper mit je fünfzehn Mann, ein Faßboot mit acht Mann. Das sind insgesamt hundertzweiundachtzig Mann in einer Flotte.» Er machte eine Pause. «Und hinzu kommen noch die Flenser, an Land.»

«Und dein Vater Tatsudaiyu ist das Oberhaupt dieser Flotte, nicht wahr?» sagte Sadayori.

«Ja, Herr.»

Der älteste Gast warf Sadayori einen Blick zu und sagte: «Das ist wahrhaftig eine große Streitmacht.»

«Taiji hat vermutlich die größte Flotte überhaupt», erwiderte Sadayori, «und wie Jinsuke sagt, die älteste. In anderen Gegenden operieren sie mit kleineren Mannschaften. Für Taiji ist aber schon diese Flotte ein Minimum, früher haben sie mit einer noch größeren operiert. In der Nähe von Taiji liegt Koza, ebenfalls ein Walfängerdorf. Die beiden Flotten arbeiten oft Hand in Hand. Zusammen verfügen sie über mehr als fünfhundert kräftige, tapfere Seeleute.»

Sadayori griff nach einer Bildrolle und reichte sie dem älteren Gast, einem energisch aussehenden Mann Anfang der Vierzig. Er hatte eine hohe, intelligente Stirn, ausdrucksvolle Augen, und sein Haar hatte an den Schläfen einen leicht silbrigen Schimmer. Es war Sakuma Zosan, eine anerkannte Autorität in westlichen Waffensystemen und Marinebelangen, ein Gelehrter und der Sprache der Holländer mächtig.

«Ich habe hier eine Liste und eine Landkarte aller Walfangstationen», sagte Sadayori, «zusammen mit einer Aufstellung über die Anzahl der Boote und Männer, die im Augenblick verfügbar sind, dazu mehrere Diagramme ihrer Aufgaben bei Notfällen, Trainingsmethoden, Taktiken und so weiter. Wärt Ihr geneigt, das Ganze in einer ruhigen Stunde sorgfältig zu prüfen und mir Euren Kommentar und Euren Rat zukommen zu lassen?»

«Ihr bekommt die Rolle in ein paar Tagen wieder.»

Jetzt meldete sich ein jüngerer Mann zu Wort, ebenfalls ein Samurai. Er richtete seine Frage an Jinsuke. «Können alle Männer einer Bootsbesatzung mit Harpune und Stoßlanze umgehen?»

«Nur der erstgeborene Sohn eines Harpunierers kann wieder Harpunierer werden, Herr. Das ist Gesetz. Aber alle Männer haben es schon so oft gesehen, und viele von ihnen helfen dabei, den kleinen Grindwal zu töten, der immer in ganzen Schwärmen kommt. Die Männer sind alle sehr stark. Die Harpunierer haben jedoch ein Geheimnis, das unsere Väter und unsere Bootsführer an uns weitergeben.»

«Väter und Bootsführer?»

«Ja, Herr. Man fährt nicht im Boot seines Vaters. Man wird Zweiter im Boot eines anderen Bootsführers, und er ist für die Ausbildung verantwortlich.»

Der junge Samurai nickte und wandte sich an Sakuma. «*Sensei,* ich bin, wenn ich offen sprechen darf, tief beeindruckt von dem, was Matsudaira-san und dieser Mann zu sagen haben. Es scheint mir, daß Walfänger eine überaus disziplinierte Gruppe sind und, wie Matsudaira betont hat, eine richtige Führung haben und einem strengen Training unterworfen sind...»

Sein Lehrer hob die Hand. «Ja, aber darüber sprechen wir später, Yoshida.» Er wandte sich an Sadayori. «Ich möchte auch noch ein paar Punkte mit Euch durchgehen, wenn ich darf.»

Sadayori wechselte Blicke mit seinen drei Samurai-Gästen und nickte. «Dann später. Meine Herren, wir haben heute abend noch einen Mann hier, der zu uns sprechen wird. Er hat uns interessante und beunruhigende Dinge zu erzählen. Da er streng beobachtet wird, war es sehr mutig von ihm, hierherzukommen.»

«Ist man ihm auch heute abend gefolgt?» fragte Yoshida Shoin abrupt.

Sadayori lächelte. «Ich habe Vorsichtsmaßnahmen getroffen», antwortete er und fuhr dann fort: «Dieser Mann konnte Erfahrungen sammeln, wie meines Wissens kein anderer Japaner. Er hat zehn Jahre lang bei den Amerikanern gelebt, ist auf ihren Schiffen zur See gefahren und hat ihr Land kreuz und quer bereist. Er ist noch jung, fünfundzwanzig Jahre alt, aber er hat das Risiko auf sich genommen, in unser Land zurückzukehren, um uns zu sagen, was er weiß.»

Er drehte sich um und verneigte sich leicht vor dem untersetzten jungen Mann, der bisher schweigend dagesessen und alles, was Jinsuke sagte, mit großem Interesse verfolgt hatte. Er war gut, aber nicht auffallend gekleidet und sah aus wie ein *bushi* von niedrigem Rang. Er hieß Manjiro und war vor kurzem offiziell in den Stand der Krieger erhoben worden, was ihm das Recht gab, einen Nachnamen zu tragen – Nakahama. Er hatte das den überaus interessanten Informationen über Amerika zu verdanken. Wäre er für die Regierung nicht nützlich gewesen, hätte man ihn nach seiner Rückkehr hingerichtet, weil er illegal das Land verlassen hatte. Außerdem wäre es unter der Würde der Beamten der Tokugawa gewesen, so oft und so lange mit einer Person von bäuerlichem Stand zu sprechen. Manjiro verneigte sich tief und erzählte seine Geschichte noch einmal.

«Ich komme aus Tosa, einem kleinen Dorf an der äußeren Küste der Insel Shikoku. Eines Tages fuhr ich mit vier anderen Fischern auf Fang, ohne meinen armen Eltern etwas davon zu sagen. Sturm kam auf, und das Boot wurde weit hinausgetrieben. Wir dachten, wir müßten ertrinken, strandeten am Ende aber auf einer kleinen unbewohnten Insel. Es war Januar und unsere Lage verzweifelt.

Als wir das ausländische Schiff sichteten, waren wir froh und ängstlich zugleich, aber sie schickten uns ein Boot und nahmen uns an Bord, gaben uns zu essen und zu trinken und behandelten uns sehr freundlich. Das Schiff war die *John Howland*, ein Walfänger.

Da sie nicht wagten, einen japanischen Hafen anzulaufen, brachten sie uns auf eine tropische Insel namens Hawaii. Hawaii ist ein Königreich, und die Menschen, die dort leben, sind von dunkler Hautfarbe. Die Amerikaner haben jedoch großen Einfluß dort, und viele amerikanische Walfänger und Frachter laufen die hawaiischen Inseln an. Die anderen Japaner wurden dort an Land gesetzt, mich nahm der Kapitän in seine Heimat an der Ostküste Amerikas mit, in eine Stadt namens Fairhaven im Staat Massachusetts. Er behandelte mich wie einen Sohn, schickte mich in eine gute Schule und ließ mich von einem Hauslehrer in der amerikanischen Sprache und in amerikanischem Benehmen unterrichten.

Als ich älter wurde, fuhr ich als Offizier auf einem Walfänger. Später reiste ich in ein Land namens Kalifornien, wo es viel Gold gibt. Ich arbeitete hart, und als ich genug Gold gefunden hatte, um meine Passage zu bezahlen, ging ich an Bord eines amerikanischen Schiffes, das von Mexiko nach China fuhr. Ich sehnte mich nach meinem Heimatland und wollte allen berichten, was ich gesehen und erfahren hatte.

In Mabuni auf Okinawa ging ich mit zwei anderen Japanern an Land und wurde den Behörden übergeben. Man brachte mich nach Naha und hielt mich dort in Gewahrsam. Ich wurde sieben Monate lang von den Satsuma-Behörden verhört und befürchtete, man würde mich hinrichten, doch sie waren an meiner Geschichte sehr interessiert und behandelten mich gut. Aus Naha wurde ich nach Kagoshima geschickt und auch dort verhört, sogar von Fürst Shimazu persönlich. Er schickte mich nach Nagasaki, wo man mich wiederum verhörte. Aus Nagasaki kam ich unter dem Schutz des Satsuma-Clans nach Edo und wurde hier noch einmal über verschiedene Dinge befragt.»

«Warum habt Ihr über Eure Erlebnisse kein Buch geschrieben, Nakahama-san?» fragte Sadayori.

«Man hat es mir verboten. Und ebenso hat man mir verboten, öffentlich über meine Erlebnisse zu sprechen.»

Sadayori wandte sich an seine Gäste. «Meine Herren, mir liegt vor allem daran zu erfahren, warum seit einiger Zeit so viele ausländische Schiffe in der Nähe unserer Küste auftauchen. Später können wir vielleicht unserem Gast noch ein paar Fragen stellen – sofern wir Zeit haben, aber ich muß Euch darauf hinweisen, daß er nicht zu spät in sein Quartier zurückkehren darf.»

Alle nickten, und Manjiro fuhr fort: «Ich habe gehört, daß vor ungefähr dreißig Jahren ein Kaufmann, aus China kommend, in den japanischen Gewässern viele Wale gesichtet hatte und zu Hause seinen Freunden davon erzählte. Zuerst kamen zwei Schiffe, um in unseren

Gewässern zu jagen, ein englisches und ein amerikanisches. Die Walfänger, insbesondere die Amerikaner, folgen den Walen, wohin sie auch ziehen mögen, und bleiben oft jahrelang von zu Hause fort. Die beiden Schiffe machten reiche Beute und kamen mit gefüllten Ölfässern zurück. Die Neuigkeit verbreitete sich schnell, und zwei Jahre später jagten schon dreißig Schiffe in den, wie sie es nennen ‹japanischen Fanggründen›. Im Augenblick sind es, meiner Schätzung nach, jährlich rund siebenhundert Schiffe, die in den küstennahen Gewässern Japans auf Walfang gehen. Mehr als die Hälfte davon, zwei Drittel ungefähr, sind Amerikaner.»

Yoshida Shoin konnte sich nicht zurückhalten. «Siebenhundert Schiffe, sagt Ihr? Siebenhundert?»

«Ja, Herr», antwortete Manjiro. «Der Walfang, müßt Ihr wissen, ist für einige Nationen sehr wichtig und am wichtigsten für Amerika. Zu meiner Zeit als Offizier auf einem amerikanischen Walfänger hatte Amerika allein nicht weniger als siebenhundertfünfunddreißig solcher Schiffe, oder – um genau zu sein – sechshundertachtundsiebzig Schiffe und Barken, fünfunddreißig Briggs und zweiundzwanzig Schoner. Und sie alle hatten je vier bis sechs Fangboote an Bord.

«Mit wieviel Mann Besatzung?» Sadayori beugte sich mit funkelnden Augen vor.

«Das ist von Schiff zu Schiff verschieden, aber auf einem mit vier Fangbooten sind es mindestens fünfunddreißig Mann.»

«Wie steht es mit Kanonen?» mischte Sakuma sich ins Gespräch. «Ich habe gehört, sie haben Kanonen an Bord.»

«Ja, Herr, aber keine so großen wie die Schiffe der Marine und nur wenige. Sie führen sie nur mit, um sich zu verteidigen und bei Nebel den Booten Signale geben zu können. Es gibt Orte, wie zum Beispiel die Inseln der Südsee, die gefährlich sein können, weil die Eingeborenen mit Kriegskanus angreifen. Die Walfänger sind mit Musketen, Gewehren, Pistolen und Entermessern bewaffnet, die jedoch sorgfältig weggeschlossen sind und nur ausgegeben werden, wenn das Schiff angegriffen wird.»

«Die amerikanischen Seeleute auf den Walfängern sind also bereit zu kämpfen?» fragte Sadayori.

«O ja», antwortete Manjiro, «sie sind bereit, obwohl es ihnen lieber ist, mit allen in Frieden zu leben – außer wenn sie betrunken sind. Sie sind gute Kämpfer. In Amerika hat jeder Mann das Recht, Waffen zu tragen und sich zu verteidigen.»

Darüber schienen die Samurai bestürzt, doch Manjiro hatte es mit einem fast persönlichen Stolz gesagt. Jinsuke hatte das Gefühl, daß

Manjiro selbst ein ziemlich harter Mann sein mußte, wenn er unter den Barbaren gelebt und sie von ihm Befehle entgegengenommen hatten. Sadayori blickte seine Gäste der Reihe nach an, um zu sehen, ob die Worte entsprechend gewirkt hatten. Manjiro fuhrt fort: «Der Walfang ist für die Amerikaner ein sehr wichtiger Industriezweig. Ungefähr siebzigtausend Menschen hängen auf irgendeine Weise davon ab. Der Wert der Walindustrie beläuft sich auf siebzig Millionen Dollar.»

«Wieviel ist das in japanischem Geld?»

Manjiro überlegte eine Weile. «Das kann ich nicht sagen, Herr, weil japanisches Geld auf dem Weltmarkt nicht gehandelt wird und es daher keine Vergleichsmöglichkeit mit dem Dollar gibt. Ich würde aber sagen, daß ein Dollar ungefähr einem Silber-*bu* entspricht, das wären mindestens vierzehn Millionen Gold-*ryo*.» Während die anderen Blicke tauschten, überlegte Manjiro noch einmal. «Tatsächlich aber ist meiner Meinung nach der Wert des amerikanischen Silberdollars dreimal so hoch wie der des *bu*.»

Der dritte Gast, Katsu Rintaro, schüttelte seufzend den Kopf. Die kurzsichtige Politik des *bakufu* brachte immer größere wirtschaftliche Nachteile mit sich. Manjiro sprach weiter.

«Die Walfangindustrie Amerikas setzt ihre Regierung stark unter Druck – sie, die Handeltreibenden und die Missionare. Die Regierung soll erreichen, daß Japan einige Häfen öffnet, damit die amerikanischen Schiffe dort Schutz suchen, Wasser und Proviant an Bord nehmen können.»

«Nakahama-san», unterbrach ihn Sadayori, «Ihr habt uns nur von Walfangschiffen berichtet. Wie ist es um andere Schiffe bestellt?»

«Amerika hat Hunderte von anderen Schiffen – Handelsschiffe, die nach Europa fahren und um die Spitze von Südamerika herum in alle Länder der Erde. Amerika ist ein neues Land, es strotzt nur so vor Energie und Kraft und hat eine schlagkräftige Marine, die in zwei Kriegen siegreich war. Diese Schiffe sind viel größer und stärker als jedes Walfangboot. Sie haben mächtige Geschütze mit einer unglaublichen Reichweite, und sie treffen auch genau. Und Amerika ist nicht allein. England, Frankreich und verschiedene andere Länder verfügen ebenfalls über eine schlagkräftige Marine.»

«Was ist mit unseren japanischen Schiffen? Den Festungen an der Küste? Welche Chancen hätten sie Eurer Meinung nach gegen ein solches Kriegsschiff? Gegen ein amerikanisches Kriegsschiff?» Sadayori sah Manjiro direkt ins Gesicht, als er ihm die Frage stellte, doch Nakahama Manjiro blickte starr zu Boden.

«Es ist verboten, über diese Dinge zu sprechen», sagte er.

«Ihr habt uns schon so viel erzählt», sagte Sakuma tadelnd. «Wir sind keine Dummköpfe. Wir können ziemlich genaue Vermutungen anstellen. Aber bitte vertraut uns, wir werden Eure Meinung für uns behalten.»

Manjiro sah auf. «Tut mir leid, Herr, aber sie hätten nicht die geringste Chance. Unsere Schiffe wären völlig hilflos, sie würden mit Granaten, Kugeln, Hagelgeschossen und Kartätschen aus dem Wasser gepustet. Die Festungen würden das Bombardement eines Kriegsschiffs nicht aushalten, und unsere Kanonen haben eine viel zu geringe Reichweite. Sogar eine kleine amerikanische oder britische Flotte könnte jede japanische Küstenstadt zerstören. Vielleicht könnte man sie verjagen, aber um welchen Preis! Und selbst wenn man die Amerikaner im Krieg zum Rückzug zwingt – sie kommen wieder. Sie sind ein sehr eigensinniges und stolzes Volk. Wenn ich etwas sagen darf, Herr...»

«Sagt es ruhig», ermutigte ihn Sakuma.

«Vielleicht wäre es klug, sich mit Amerika anzufreunden. Sie wollen weder einen Krieg noch wollen sie Japan besetzen. Sie wollen nur sichere Häfen. Im Hinblick auf die Briten und Franzosen bin ich allerdings nicht so sicher. Das sind sehr gierige Nationen, die in der ganzen Welt Kolonien haben. Wäre Japan jedoch mit Amerika befreundet, würden die Briten und Franzosen es nicht wagen, uns anzugreifen.»

«Wir brauchen keine Freunde unter den Barbaren», erwiderte Sadayori.

Sakuma verneigte sich leicht vor Manjiro. «Wir danken Euch für Eure Offenheit. Ich habe eine andere Frage. Glaubt Ihr, daß die amerikanische Marine kommen wird?»

Manjiro nickte. «Eines Tages bestimmt.»

«Und wohin zuerst?»

Manjiro meinte, da die Amerikaner mit China schon einen regen Handel trieben und Okinawa sehr günstig liege, wäre er nicht überrascht, wenn sie zuallererst nach Okinawa kämen. Möglicherweise würden die Briten es auch versuchen, denn sie hätten China besiegt und beherrschten Indien. Vielleicht würde die britische Marine Ryukyu mit Gewalt einnehmen. Die Briten seien sehr stark, nur Amerika, früher britische Kolonie, habe sie besiegen können. Nach dieser Antwort brach eine neue Flut von Fragen über Manjiro herein, die er beantwortete, so gut er konnte.

Bald darauf beendete Sadayori das Frage- und Antwortspiel jedoch, indem er den anderen Samurai erklärte, Manjiro müsse jetzt gehen.

Manjiro verneigte sich und stand auf, und auf einen Wink von Sadayori erhob sich Jinsuke ebenfalls. Sadayori entschuldigte sich und verließ mit den beiden ehemaligen Walfängern den Raum.

«Ich danke Euch, Nakahama-san», sagte er höflich. «Es wird noch eine Weile dauern, bis Eure Sänfte hier ist. Ich wäre Euch sehr verbunden, wenn Ihr mich entschuldigen und die Mahlzeit mit Jinsuke einnehmen wolltet. Auch er ist ein kühner Walfänger wie Ihr, und vielleicht habt Ihr gemeinsame Interessen.»

Sadayori hatte richtig vermutet. Obwohl Nakahama sich nach seiner Rückkehr wieder dem Sittenkodex und den hierarchischen Klassenschranken seines Heimatlandes untergeordnet hatte, war er durch die zehn Jahre in Amerika ein anderer geworden, ein Mann, der sich für andere Männer und insbesondere für Walfänger interessierte, und Jinsuke war ein sympathischer Bursche. Hinzu kam, daß sie beide fast gleichaltrig waren.

«Die Sänfte kommt in einer Stunde», sagte Sadayori. «Meine Leute werden dafür sorgen, daß man Euch nicht beobachtet und Euch nicht folgt.» Er verneigte sich kurz. «Jetzt entschuldigt mich bitte...»

Manjiro verneigte sich ebenfalls, dann führte ein Hausmädchen ihn und Jinsuke in ein kleines Zimmer, das für sie vorbereitet war. In der Mitte standen zwei kleine Tische mit Speisen und Getränken. Jinsuke merkte, wie erstaunt das Mädchen war, daß er, obwohl kein Samurai, wie ein solcher behandelt wurde.

«Trotz allem ist es schön, wieder in Japan zu sein», begann Manjiro und lächelte Jinsuke an, der nach der angewärmten Sake-Karaffe griff und ihm einschenkte.

«Matsudaira-sama hat mir von dir erzählt», fuhr er fort und füllte seinerseits Jinsukes Schale mit Reiswein. Sie tranken sich zu und wußten nicht recht, wo anfangen.

Jinsuke griff unter seine Tunika, holte den geschnitzten Walzahn heraus und erzählte Manjiro von der Begegnung mit dem fremden Schiff. Manjiro pfiff leise durch die Zähne, nahm die Elfenbeinschnitzerei in die Hand und drehte sie hin und her. Er betrachtete die Schrift auf der einen Seite und las sie dann laut, aber was er sagte, klang so fremdartig, daß Jinsuke überhaupt nichts verstand.

«*Midas*, so hieß das Schiff, der Darstellung nach eine Bark, also mit sechs Fangbooten bestückt. Ein amerikanisches Schiff, siehst du die Flagge? Dann steht hier auf englisch: ‹Möge alles, was sie berührt, sich in Gold verwandeln.› Es ist ein Talisman, ein Glücksbringer. Midas war in alter Zeit König von Griechenland, einem Land in Europa. Alles, was er berührte, verwandelte sich in Gold.»

«Aber du hast ‹sie› gesagt.»

Manjiro lachte leise. «Ja, uns kommt es komisch vor, doch sie nennen ihre Schiffe ‹sie›, selbst wenn sie Männernamen tragen.» Er drehte den Walzahn wieder um, betrachtete mit zusammengekniffenen Augen die Walfangszene und die winzigen Buchstaben in der unteren rechten Ecke des Bildes.

«Tovey Jacks.» Manjiro hob den Kopf und wiederholte den Namen. «So hieß wahrscheinlich der Mann, der das geschnitzt und dir zugeworfen hat. Du sagst, er stand im Bug des Bootes, und sie hatten einen toten Wal längsseits? Das bedeutet, daß er Offizier ist. Ich kenne ihn nicht. Schade, es wäre interessant gewesen. Das ist ein wertvolles Geschenk, sie verwenden viele, viele Stunden auf solche Elfenbeinschnitzereien. Ah, siehst du das hier? Das ist eine Pflanze namens Ananas. Sie hat süße Früchte, und die Walfänger nehmen sie aus den Tropen nach Hause mit. Auch sie gilt als Glücksbringer. Sag mal – hast du diesen Talisman etwa jemand von der Obrigkeit gezeigt?»

Jinsuke schüttelte den Kopf.

«Tu's nicht», warnte Manjiro. «Sie nehmen ihn dir weg und stellen dir dumme Fragen, bis deine Ohren nur noch Stummel sind.» Lachend schenkte er frischen Sake ein. «Auf die Walfänger und deinen heimlichen Freund Tovey Jacks, wo immer er sein mag.»

Jinsuke hob seine Schale und leerte sie auf einen Zug. Er fand Nakahama Manjiro zwar ein bißchen seltsam, aber sympathisch. Eine Zeitlang aß er schweigend. Zwar brannte ihm eine Frage auf der Zunge, aber er war zu schüchtern, sie direkt zu stellen. Über sich selbst verärgert, weil er die kostbaren Minuten verstreichen ließ, holte er schließlich tief Atem, nahm den Walzahn in die Hand und zeigte auf eine winzige Figur im Bug des Fangbootes.

«Dieser Mann schleudert die Harpune mit einer Hand. Ist das bei den Ausländern so üblich?»

Manjiro sah zu ihm auf. «Nicht unbedingt üblich. Meist fahren sie ganz dicht an den Wal heran, werfen das Eisen mit beiden Händen oder stoßen es in den Wal hinein. So...» Er demonstrierte es mit einer entsprechenden Bewegung beider Hände. «Manche Männer umfassen den Schaft aber auch so. Sie schleudern die Harpune jedoch nicht in die Höhe wie ihr, und es gibt bestimmt Männer, die sie mit einer Hand werfen wie die Eskimos im eisigen Norden. Aber warte, Matsudaira-sama hat mir vor einem Monat die gleiche Frage gestellt, als ich ihn kennenlernte, und ich erinnerte mich an einen großen Harpunierer aus Hawaii, einen wahren Riesen, der seine Harpune nur einhändig warf.»

Er sah Jinsuke lächelnd an, als könne er seine Gedanken lesen. «Das

Leben auf einem Walfänger ist schwer, harte Arbeit, Gefahr, schlechtes Essen, Schmutz, Gestank – aber diese Männer wissen, wie man Wale fängt.»

«Ich bin sicher, daß wir Japaner besser sind», sagte Jinsuke.

«Wir sollten und wir könnten besser sein, doch wir sind es nicht», antwortete Manjiro. «Wir haben nicht die richtigen Schiffe. Du hast gesagt, wir brauchten dreihundertzweiundachtzig Mann, um einen einzigen Wal zu fangen. Die Walfänger der Yankees schaffen es mit einem Boot und sechs Mann. Ein einziger Walfänger erlegt in einem Jahr so viele Wale wie euer ganzes Dorf, und wenn der Kapitän seine Sache versteht und sie Glück haben, dann sind es noch mehr. Die Schiffe segeln dahin, wo die Wale sind, und nachdem die Männer den Wal abgestochen haben, flensen sie ihn längsseits des Schiffes, kochen das Öl an Bord aus und lagern es in Fässern.»

«Wie verpacken sie das Fleisch? Das Schiff muß doch voller Fleisch sein. Führen sie eine Ladung Salz mit? Und wer kümmert sich um Sehnen und Knochen?»

Manjiro lachte. «Sie verwerten weder das Fleisch noch die Knochen. Sie nehmen nur den Blubber, das Kopföl und die Zähne. Und wenn sie einen Pottwal fangen, auch noch die Ambra, die sehr wertvoll ist.»

«Sie werfen das Fleisch weg?» fragte Jinsuke ungläubig.

«Ja. In Amerika ißt man kein Walfleisch. Sie haben dort so viel Vieh, Schafe, Schweine und so weiter, sie brauchen das Walfleisch nicht.»

«Das ist Verschwendung, eine böse, böse Verschwendung. Die Götter werden sie strafen, weil sie die Gaben des Meeres verschmähen.» Jinsuke hatte schon gehört, daß die Barbaren Rinder und andere vierbeinige Tiere aßen, was eine Sünde war, für die sie in eine der Höllen kommen würden. Aber sich vorzustellen, daß sie dieses Fleisch lieber aßen als Walfleisch, das war einfach schrecklich. Manjiro spürte, was er dachte, und wechselte das Thema.

«Es wäre gut, wenn die Walfänger unsere Häfen anlaufen dürften», sagte er ein bißchen wehmütig. «Sie könnten hier gute Leute bekommen, zum Beispiel Männer aus Taiji und Tosa, die dann in der Welt herumkämen und sähen, wie es dort wirklich ist.»

«Ich ginge gern mit einem Walfänger auf große Fahrt, sehr gern sogar», sagte Jinsuke. «Aber damit...» Er warf einen Blick auf seinen leeren Ärmel.

«Einen guten Mann wie dich, der die Gewässer, die Winde und die Wale kennt, würden sie trotzdem nehmen», entgegnete Manjiro. «Du müßtest in die Wanten klettern und eine ganze Menge anderer schwieriger Dinge tun, aber ich schätze, du würdest es schaffen. Du müßtest natürlich einen besonders starken Arm haben, um ein Boot zu rudern und so weiter, aber du könntest es. Wenn wir wollen, wenn es uns ernst ist, können wir Japaner alles.» Er lächelte Jinsuke zu, der seine Sakeschale von neuem füllte. «Wäre ich Kapitän eines Walfangschiffs, ich nähme dich.»

Die Tür glitt auf und das Mädchen sagte leise: «Die Männer mit Eurer Sänfte sind hier, Herr.»

Manjiro dankte ihr und erhob sich. Als Jinsuke aufstand, merkte er, daß er viel größer und breiter war als der Gast, und dieser Mann war Offizier auf einem Walfänger gewesen. Er hatte die Welt gesehen. Er begleitete Manjiro zur Haustür, wo Sadayori wartete. Er verneigte sich, dankte Manjiro für sein Kommen, schlüpfte dann in seine hölzernen *geta* und ging hinaus. Manjiro verneigte sich auch.

«Ich danke Euch, Matsudaira-sama», sagte er. «Ich hoffe nur, daß noch mehr intelligente Männer sich für moderne Schiffe und das interessieren werden, was auf den Weltmeeren geschieht.»

Sadayori nickte, sagte jedoch nichts. Mit Jinsuke sah er den beiden Sänftenträgern nach, die sich im leichten Trab entfernten. Jinsuke wandte sich um und verneigte sich vor Sadayori.

«Ich kann Euch gar nicht sagen, wie dankbar ich bin, daß Ihr mir erlaubt habt, mit Nakahama Manjiro-san zu sprechen, Herr.»

Sadayori brummte etwas, sah ihn ein paar Sekunden lang an, machte kehrt und eilte ins Haus zurück. Als Jinsuke zu seinem Zimmer ging, hörte er im ersten Stock des Hauptgebäudes laute Stimmen. Sadayori und seine Freunde redeten, bis der Himmel über Edo hell wurde.

Nach zwei Wochen in Edo begann Jinsuke sich zu langweilen. Dann ließ Sadayori ihn eines Morgens in sein Arbeitszimmer rufen. «Ich fahre nach Nagasaki, und du kommst mit, Jinsuke.»

Jinsukes Gesicht hellte sich auf. Dann fragte Sadayori sehr leise: «Wenn du die Chance hättest, wieder Walfänger zu werden, Jinsuke – würdest du den Versuch wagen? Auf einem ausländischen Schiff?» Die Frage traf Jinsuke wie ein Schlag.

«Aber das ist gegen das Gesetz.»

«Ich weiß. Doch ich glaube, die Gesetze werden sich ändern, wie das Land sich verändern wird. Vor uns liegen schwere, gefährliche Zeiten, und wir müssen wissen, was die Ausländer tun, wir brauchen Männer, die auf ihren Schiffen fahren, wie Nakahama Manjiro. Ich kann es nicht, und er ebensowenig, aber du bist durch deinen Unfall ungebunden.» Er sah Jinsuke fest in die Augen. «Du wolltest sterben, nicht wahr? Ich habe es einmal in deinem Blick gelesen. Nun, der Tod ist nichts, aber diese Mission ist mehr als der Tod. Hier in Japan kannst du kein Walfänger mehr sein, und die meisten anderen Berufe sind dir vom Gesetz verboten. Aber wenn du das Risiko auf dich nimmst, für uns ins Ausland zu gehen, dann schwöre ich dir, daß du bei deiner Rückkehr nicht bestraft wirst. Vielleicht wird es Jahre dauern, aber eines Tages wirst du heimkehren und uns allen von Ländern berichten, die du gesehen, und von Walen, die du getötet hast.»

Jinsuke saß schweigend da, und sein Herz hämmerte hart.

«Wenn du einverstanden bist, schmuggle ich dich auf die Goto-Inseln hinaus und von dort nach Okinawa, auf die Ryukyus. Dort lebt jemand, den ich kenne, jemand, den mein Vater kannte. Er heißt Kinjo und wird dich so lange unter seine Fittiche nehmen und dir ein paar Dinge beibringen, die du wissen und kennen mußt, bis wir dich nach China schmuggeln können. Von China aus kannst du mit einem ausländischen Schiff nach Amerika segeln.»

Sadayori reichte Jinsuke ein Blatt Papier. Jinsuke entfaltete es, konnte aber nicht lesen, was darauf stand. Sadayori lachte.

«Das ist Englisch. Nakahama Manjiro hat es geschrieben. Hier steht, daß du Walfänger und ehrlich bist und gut mit der Harpune umgehen kannst. Wenn wir es schaffen, dich nach China zu bringen, wird dieser Brief dir vielleicht nützlich sein. Falls du das Abenteuer riskieren willst, nimm ihn und versteck ihn gut. Wenn die Obrigkeit ihn fände, kämen wir alle in ernsthafte Schwierigkeiten. Ich möchte nicht, daß man mich auffordert, *seppuku* zu begehen. Jetzt noch nicht.» Er lachte.

Während Jinsuke auf das Blatt in seiner Hand hinunterblickte, zogen an seinem geistigen Auge in rascher Folge Bilder vorbei – die herrlichen Tage mit der Walfangflotte; Iwadaiyu; sein Vater; er hörte die Gesänge der Walfänger, sah sie tanzen, er dachte an die Feste, an seinen Traum vom eigenen Fangboot mit dem Kiefernmotiv, und er dachte an die süße, liebliche Oyoshi...

«Ich bin zwar nicht reich», sagte Sadayori, «aber auch nicht gerade arm, und sollten die Gesetze es jemals gestatten, will ich ein Walfangschiff bauen lassen wie jene, von denen Nakahama berichtet hat – mit dir als Kapitän und einer Mannschaft von Taiji-Männern. Dann könntet ihr auch in fernen Meeren auf Walfang gehen. Das wäre doch auch ein Gewinn für Taiji, nicht wahr?»

Jinsuke sah dem Samurai ins Gesicht. «Ob mit oder ohne Traum von einem großen Schiff, ich gehe überallhin, wohin Ihr wollt.»

«Gut», sagte der Samurai und fügte dann leise hinzu: «Es tut mir leid, aber du darfst keinem Menschen etwas davon erzählen, nicht einmal deiner Familie.»

«Das weiß ich, Herr», antwortete Jinsuke, und das Herz lag ihm tonnenschwer in der Brust.

Sadayori stand vom Schreibtisch auf und ging zu dem kleinen Alkoven. Er schob ein paar Schachteln beiseite und holte zwischen Teeschalen, dem eisernen Kessel und den anderen Utensilien zwei kleine Trinkschalen und eine kleine versiegelte Karaffe hervor. Er stellte eine Schale vor Jinsuke hin, öffnete die Karaffe und schenkte ihm ein. Dann füllte er sehr zeremoniell auch seine Schale. Jinsuke schwoll das Herz, und Tränen traten ihm in die Augen. Dieser Mann aus der Kaste der *bushi* trank mit ihm, einem verkrüppelten Walfänger. Sadayori hob seine Schale.

«Komm heil und gesund wieder, Jinsuke, Sohn des Tatsudaiyu. *Kampai*!»

«*Kampai*», wiederholte Jinsuke.

11

Leicht und lässig paddelte Jinsuke durch das klare azurblaue Wasser am Rand des äußeren Riffs. Der polierte und gepolsterte Schaft des Paddels ruhte auf den starken Muskeln über Jinsukes Schlüsselbein, während sein rechter Arm das Paddel führte und das schnittige *sabani* auf Kurs hielt. Er hatte das Paddel selbst geschnitzt und ging jetzt damit um, als sei er damit geboren.

Er suchte mit den Blicken den Horizont ab und stellte fest, daß der Wind leicht die Richtung geändert hatte. Die weiße Brandung schmiegte sich wie ein Brillanthalsband um den Hals – die schmalste Stelle – der Insel Ie. Auf dem Boden des Kanus lag ein Dutzend fetter Fische in schimmernd bunten Farben – Farben, die mit dem schwindenden Leben verblaßten. Jinsuke deckte sie mit einer Matte zu. Die Sonne, die hoch am Himmel stand, brannte unbarmherzig.

Jinsuke fischte lieber mit dem Speer als mit Haken und Schnur. Er spähte über den Bootsrand, bis er glaubte, einen guten Platz entdeckt zu haben, ankerte und tauchte tief in die Wunderwelt des Meeres hinab, wobei er allen gefährlichen und giftigen Kreaturen auswich, die sich dort unten tummelten. Einige hatte er schon aus dem Meer um Taiji gekannt, vor anderen hatte sein Lehrer Kinjo ihn gewarnt.

Das Meer schenkte Jinsuke inneren Frieden und Kraft. Er war schon früher muskulös und zäh gewesen, doch jetzt waren seine Muskeln noch stärker geworden, und seine Haut hatte eine andere Tönung. Früher tiefbraun, schimmerte sie jetzt wie dunkles poliertes Mahagoni. Das Haar hing ihm offen über die Schultern. An Land trug er es zu einem Schopf gebunden und aufgesteckt, wie in Okinawa üblich.

Durch die Schulung bei seinem Lehrmeister Kinjo, einem mürrischen, häßlichen Mann mit rauher Stimme, hatte Jinsuke ein tieferes Verständnis für alles, was sich bewegte, und viel mehr Kraft bekommen.

Es war schwer gewesen, das Vertrauen des Lehrers zu gewinnen, denn obwohl er auf einem umständlichen Umweg eine Menge Gold bekam, hatte er Jinsuke nicht vertraut, und die Einheimischen hatten in seiner Gegenwart fast immer nur in ihrer Sprache gesprochen, die ganz anders war als das Japanische der Hauptinseln. Jinsuke hatte jedoch geduldig und ruhig in der kleinen Hütte gewartet, die für ihn gemietet worden war, oder war im Meer geschwommen. Ein paar mißtrauische Okinawa-Männer, vor allem Fischer, waren zu ihm gekommen und hatten mit ihm geredet. Er überzeugte sie, daß er kein Spion der Satsuma war, und als er ihnen mit sparsamen Sätzen von seinem bisherigen Leben zu erzählen begann, fanden die ruhigen, freundlichen Inselbewohner allmählich Gefallen an ihm.

Vom kriegerischen und mächtigen Satsuma-Clan, der die Ryukyu-Inseln mit Okinawa und mehrere südlicher gelegene Inseln wie zum Beispiel Tanegashima erobert hatte, fast zu Sklaven herabgewürdigt, hatten die Inselbewohner wenig Grund, «Außenseiter» zu lieben, und am allerwenigsten hatten sie für Leute übrig, die vom japanischen «Festland» kamen. Trotzdem waren sie im Grunde gastfreundliche, fröhliche Menschen, und nachdem Jinsuke Kinjo kennengelernt und ihm den Brief übergeben hatte, in dem Sadayori schilderte, wie Jinsuke den Arm verloren hatte, waren der Lehrmeister und die anderen beeindruckt. Da Kinjo seit langem bei Matsudaira Sadayoris verstorbenem Vater eine Dankesschuld abzutragen hatte, erklärte er sich bereit, Jinsukes Ausbildung zu übernehmen. Der über sechzigjährige Mann war Meister eines geheimen Kampfsports, der ganz anders und vielleicht noch gefährlicher war als der Jujitsu- und Yawara-Stil der Samurai.

Eines Abends kam Kinjo in Jinsukes Hütte. «Steh auf!» befahl er auf japanisch, das er mit starkem Akzent sprach. Jinsuke stand reglos da, während Kinjo, vor sich hinbrummend, langsam um ihn herumging und ihn betrachtete.

«Du bist ein Bootsmann. Das verrät deine Haltung. Du hast zwar ein bißchen Kraft, bist aber nicht sehr geschmeidig und wahrscheinlich auch so langsam wie eine Schildkröte. Komm mit.»

Jinsuke folgte ihm über einen schmalen Pfad zu einer Lichtung im dichten Dschungel. Auf einer Seite lag eine Reihe kuppelartiger Gräber, wie sie auf den Inseln üblich waren und die nicht die geringste Ähnlichkeit mit den schlichten Grabsteinen auf dem Festland hatten. Ein Pfosten war in die Erde gerammt, das obere Ende dick mit Stroh gepolstert. Kinjo baute sich vor dem Pfosten auf und plazierte einen langsamen, exakten Schlag auf das Stroh. Er wiederholte die Bewegung oft und wurde immer schneller, bis seine Faust so schnell nach vorn flog, daß man sie kaum sah. Gleichzeitig führte er die Schläge mit solcher Kraft, daß der Pfosten sich jedesmal weit nach hinten bog und dann zischend zurückschnellte.

Kinjo rief Jinsuke zu sich und ließ ihn das gleiche tun. Er korrigierte seine Fußstellung, die Richtung, in die seine Knie und Zehen zeigten, die Haltung seiner Schultern, die Art, wie er die Faust ballte, seine Art auszuatmen und die Unterleibsmuskeln anzuspannen.

«Das machst du täglich fünfhundertmal, und zwar links und rechts.»

«Links und rechts? Aber *sensei*, seht Ihr denn nicht...»

Der Meister versetzte ihm eine so kräftige Ohrfeige, daß Jinsuke taumelte und auf die Knie fiel. Die Ohren dröhnten ihm.

«Links und rechts! Ich sehe genausogut wie du, wenn nicht besser, Festländer. Wir müssen deinen Körper im Gleichgewicht halten, sonst hast du sehr bald ein verkrümmtes Rückgrat, bekommst Schmerzen und verlierst noch das armselige bißchen Kraft, das du zu besitzen glaubst. Du kannst den Stumpf bewegen, oder? Er lebt noch. Vollzieh die Bewegung mit deinem Körper, deinen Beinen, Hüften, Schultern nach. Dann stell dir den Unterarm und die Faust vor, die du einst hattest, und schlag mit dieser gedachten Faust noch härter zu. Und stelle nie, nie wieder in Frage, was ich sage, es sei denn, du kannst dich mit mir messen, sonst beschließe ich vielleicht, dir den anderen Arm zu brechen. Verstanden?»

Die Wochen verstrichen, Jinsuke tat wie geheißen, und Kinjo kam jeden Tag, um ihm zuzusehen. Er sprach wenig, verbesserte jedoch ab und zu eine Kleinigkeit. Jinsukes Faust wurde schwielig, sein Armstumpf beweglicher, und er konnte jetzt Gegenstände damit festhalten, indem er sie an die Brust preßte. Kinjo erweiterte Jinsukes Trainingsplan. So mußte er am Strand entlang, steile Hügel hinauf und durch das flache Wasser laufen. Die Anzahl der Schläge wurden auf täglich tausend erhöht, und er lernte mit der Handkante und dem Handrücken zuzuschlagen.

«Sobald du gelernt hast, das Gleichgewicht zu halten, kann ich dir beibringen, mit der Schulter einen Schlag abzublocken», sagte Kinjo. «Arbeite hart an dir. Nächsten Monat fängst du an, *kata* zu lernen.»

Nach einem Monat brachte Kinjo vier seiner fortgeschritteneren Schüler mit Jinsuke zusammen, dem das Training inzwischen so viel Freude machte, daß er wünschte, er könnte jahrelang Kinjos Schüler bleiben. Er lernte mit dem *sai* umzugehen, dem tötenden Eisen, einem stählernen Schlagstock, so lang wie Hand und Unterarm eines Mannes und leicht spitz zulaufend. Mit dieser Waffe – meist hatte man in jeder Hand eine – konnte man zuschlagen, stoßen, stechen, hacken und abblocken. Der Meister fand es äußerst belustigend, daß er einen Festländer den Gebrauch einer Waffe lehrte, die den Männern von Okinawa von eben diesen Festländern so lange verboten worden war.

Bei einem jungen Mann, einem Halbchinesen, der in China Büroangestellter einer englischen Firma gewesen war, lernte Jinsuke Englisch, was ebenfalls im geheimen geschehen mußte. Zuerst die Namen der Wale und seemännische Ausdrücke, die ihm im Hafen und auf Schiffen nützlich sein würden. Die Lektionen waren sehr anstrengend für ihn, doch er wußte, daß er, wenn er je auf einem ausländischen Walfangschiff fahren wollte, Englisch verstehen mußte. Schreiben zu lernen, fiel ihm nicht allzuschwer, schließlich hatte er auch die drei japanischen Schreibsysteme gelernt, die viel komplizierter waren, aber die Aussprache bereitete ihm große Mühe. Sie kam ihm noch fremdartiger vor als der Dialekt von Okinawa, den er sich ebenfalls anzueignen versuchte.

Eines Abends, an dem er sich mit Ausdrücken wie «Blubber, Harpune, Lanze» und so weiter redlich abgeplagt hatte, bis ihm zu seines Lehrers heimlicher Belustigung die Kiefer weh taten, überreichte ihm Kinjo nach dem Unterricht ein großes in ein Tuch eingeschlagenes Paket.

«Versteck es», sagte der Lehrer. «Diese Dinge sind zwar nicht verboten, aber sie kommen aus dem Ausland, und die Satsuma-Behörden würden dich fragen, woher du sie hast. Sie sind auf einem Geheimweg aus Nagasaki zu mir gelangt.»

Er reichte Jinsuke einen Brief und bat ihn noch einmal, vorsichtig zu sein. Mit dem Paket über der Schulter, den Brief unter seiner Tunika verborgen, ging Jinsuke nach Hause. In seiner Hütte angekommen, schnitt er beim Licht einer Öllampe das Paket auf. Zum Vorschein kamen eine amerikanische Harpune, eine lange Stoßlanze und ein Speckmesser. Der Brief war kurz und ohne Unterschrift, aber er stammte von Sadayoris Hand. «Übe!» stand darin.

Jinsuke ging hinaus, sah zum bestirnten Himmel auf und hob die Harpune, als wolle er einen Stern damit herunterholen.

«O... kini... yo!» rief er in seinem Taiji-Dialekt, und sein Herz schwoll vor Dankbarkeit gegen diesen Samurai, der sein Freund geworden war.

Von nun an umfaßte sein Lernprogramm nicht nur Englischstunden und die Kampfsportarten, er trainierte außerdem täglich drei Stunden oder mehr mit der Harpune. Seine Reichweite wurde immer größer, die Würfe kraftvoller, und bald traf er seine Zielscheibe, einen Sandsack, mit solcher Gewalt, daß sich die Harpune aus einer Entfernung von mehr als zwanzig Fuß tief in den Sack bohrte. Und er wußte, daß er mit der Zeit noch weiter werfen würde.

Sein Lehrmeister Kinjo interessierte sich sehr für dieses Training, ohne allerdings ein Wort darüber zu verlieren. Eines Tages verkündete er aus heiterem Himmel, sie würden jetzt hinausfahren, um Haie zu harpunieren. Jinsuke tötete einen Hai, der ein wenig größer war als ein Mann, mit einem so mächtigen Wurf, daß er ihm die Wirbelsäule durchtrennte. Sein Erfolg erfüllte ihn mit wilder Freude, und Kinjo klatschte anerkennend in die Hände.

«Jinsuke», sagte er, «ich weiß nicht, wie lange du noch von der Obrigkeit unentdeckt bleibst, doch ich bin froh, daß ich eingewilligt habe, dein Lehrmeister zu sein, und ich bin sicher, daß du eines Tages wieder auf Walfang gehen wirst. Aber es wird nicht leicht für dich sein, von Okinawa wegzukommen. Sie haben ein paar neue Inspektoren aus Kagoshima herübergebracht, und die Lage ist angespannter denn je.»

«Wenn die Zeit gekommen ist, werde ich es wissen», sagte Jinsuke, «doch unterdessen fehlen mir die Worte, Euch zu danken, *sensei,* daß Ihr mir geholfen habt, wieder ein ganzer Mensch zu werden.»

«Jinsuke, du bist der einzige Außenseiter, den ich je unterrichtet habe», sagte Kinjo. «Ich sehe Gewalt in deiner Zukunft, also vergiß nie, was ich dir jetzt sage. Sei wahrhaft, sei stark, sei sanft, und fürchte dich nie davor zu verlieren. Und jetzt wollen wir zusammen trinken.»

Jinsuke, der den feurigen *awamori* nicht gewohnt war, erwachte am nächsten Morgen erst spät. Sein Mund war so trocken wie ein heißer Okinawa-Strand, in seinem Kopf hämmerte es, und seine Augen waren entzündet und taten ihm weh. Draußen herrschte großer Tumult, aufgeregte Stimmen überschrien sich gegenseitig. Jinsuke stand taumelnd auf und band sich rasch das Lendentuch um. Als er auf die Bucht hinaussah, wurde er mit einem Schlag wach – Schreck, Erstaunen und ein seltsames Hochgefühl kämpften in ihm um die Vorherrschaft. In der Bucht lagen Schiffe, riesige Schiffe, schwarz mit baumhohen Masten, Schiffe, die bedrohlicher und prächtiger aussahen als alles, was er bisher gesehen hatte.

Endlich konnte er Matsudaira-sama etwas berichten! Die Barbaren waren gekommen! Er rannte ins Haus, schlüpfte in seine Hose, warf sich die Tunika um und eilte zum Haus seines Lehrers.

«Wo ist der *sensei*?» fragte er ein paar Schüler, die der Lehrer in chinesischer Schrift und Poesie unterrichtete. Sie zeigten zu den großen schwarzen Schiffen hinaus.

«Sie haben ihn zum Dolmetschen geholt.»

«Sind sie gekommen, um mit uns zu kämpfen?» fragte Jinsuke.

«Bevor er ging, hat der *sensei* gesagt, wir sollten keine Angst haben. Es sind amerikanische Schiffe, und sie sind in friedlicher Absicht gekommen.»

Jinsuke verneigte sich dankend und ging an den Strand hinunter, wo sein Kanu lag. Er mußte sich diese Schiffe genau ansehen.

Perry, der Kommandant des größten Schiffes, ein eitler, pompöser, aber ungewöhnlich tüchtiger Mann, hatte von seiner Regierung den Auftrag erhalten, eine Expedition nach Japan zu unternehmen.

Im November 1852 wurden ihm die endgültigen Befehle übermittelt. Er sollte mit den Japanern einen Vertrag schließen, der den Schutz amerikanischer Seeleute und amerikanischen Eigentums sicherstellen würde – jener Schiffe, die entweder nach einem Schiffbruch an den Strand einer japanischen Insel geworfen wurden oder sich vor schwerem Wetter in japanische Häfen flüchteten. Außerdem sollte es amerikanischen Schiffen gestattet sein, einen oder mehrere ausgesuchte Häfen anzulaufen und dort Proviant, Wasser, Öl und alles andere an Bord zu nehmen, was sie brauchten, und, falls sie beschädigt waren, die notwendigen Reparaturen durchzuführen. Ein weiterer wenn auch weniger wichtiger Vertragspunkt sollte die Einrichtung eines Kohlendepots behandeln, da Kriegs- und Handelsmarine allmählich vom Segel auf Dampf umrüsteten. Perry selbst hatte sich für diese Umrüstung stark gemacht, und das Kohlendepot gehörte zu seinem Traum von der Zukunft Amerikas im Pazifik. Und schließlich sollte er auch über Handelsbeziehungen zwischen den beiden Ländern sprechen.

Bisher hatte der Westen seine Bitten und Gesuche an Japan stets sehr freundlich vorgetragen, aber nie etwas erreicht. Doch diesmal erwartete man Ergebnisse, deshalb plante man eine machtvolle Demonstration mit großen, dampfgetriebenen Kanonenbooten und einer großen Anzahl gut bewaffneter Marinesoldaten.

Die *USS Mississippi* lief in Norfolk, Virginia, aus. Ihr Ziel war die chinesische Küste, wo sie mit dem restlichen Geschwader zusammentraf. Die Expedition sollte Japans lange Isolation beenden. Zweiunddreißig Jahre waren vergangen, seit die *Maro*, ein Walfangschiff aus Nantucket, und die *Enderby*, ein englischer Walfänger, zum erstenmal in japanischen Gewässern gejagt hatten.

Jinsuke paddelte ganz dicht an das zunächst liegende Schiff heran, bis ein Boot voller bewaffneter Satsuma-Beamter vorbeirauschte, die ihm wütend zuschrien, er solle sich wegscheren. Er wendete, paddelte zum Strand zurück und erinnerte sich dann an das kleine, ausziehbare ausländische Messingfernrohr, das Sadayori ihm in Nagasaki gegeben hatte. Er suchte sich einen ruhigen Platz, von dem aus er die Schiffe beobachten konnte, ohne erwischt zu werden. Wie beneidete er die Männer, die auf so stolzen Schiffen fahren durften!

12

Oyoshis schwellender Leib war nun nicht mehr zu übersehen. Hätte sie nicht an ihre Liebe zu Jinsuke geglaubt oder wäre sie ein schwächerer Mensch und nicht so überzeugt gewesen, daß ihr und sein Kind ein Recht auf Leben hatte, sie hätte sich von den Klippen gestürzt. So aber wurde sie eigensinnig und trotzig, sicher, daß Jinsuke zurückkehren und sie heiraten werde. Die Klatschbasen von Taiji machten, vielleicht nicht einmal in böser Absicht, besonders ihrem Vater großen Kummer. Er weigerte sich, mit irgend jemandem zu sprechen, und nährte einen leidenschaftlichen Haß auf Jinsuke im Herzen. Schließlich ging Tatsudaiyu zu ihm, um mit ihm zu sprechen.

«Takigawa-san», begann er, verlegen auf der Strohmatte kniend, «ich muß mit dir sprechen – ganz ehrlich, ohne Umschweife und ganz unzeremoniell. Deine Tochter trägt das Kind meines Sohnes, das ist kein Geheimnis. Wir haben seit sechs Monaten nichts mehr von Jinsuke gehört und ihn auch nicht gesehen, und in zwei oder drei Monaten kommt das Kind zur Welt. Ich kenne meinen Sohn und weiß, daß er nie die Absicht hatte, sich davonzustehlen und Oyoshi in dieser mißlichen Lage zurückzulassen. Er hat sie immer geliebt und wollte sie heiraten, und sobald er zurückkommt, wird er das auch tun. Freuen wir uns also gemeinsam auf unser erstes Enkelkind.»

Takigawa schwieg eine Weile, schrie dann aber in einer plötzlichen Gefühlsaufwallung mit sich überschlagender Stimme: «Nie! Niemals wird Jinsuke meine Tochter heiraten! Lieber töte ich zuerst sie und das Kind und dann mich selbst!»

«O nein!» entgegnete Tatsudaiyu kalt und hart. «Du wirst weder dem Kind noch Oyoshi ein Haar krümmen. Du magst ihr Vater sein, aber ich, Tatsudaiyu, habe ein Interesse an dem Leben, das sie in sich trägt. Merk dir das!»

Takigawa stand auf und wollte drohend die Fäuste schütteln, doch ein furchtbarer Hustenanfall packte ihn, und er sank hilflos zu Boden. Oyoshi, die draußen gewartet und gehorcht hatte, stürzte mit einer Schale Wasser herein. Sie wollte ihrem Vater beim Aufrichten helfen, doch er stieß sie weg, nahm die Schale und schüttete ihr den Inhalt ins Gesicht. Dann wandte er sich furchtlos dem viel größeren und viel stärkeren Tatsudaiyu zu. «Ich habe noch einen Vorschlag», sagte er, «einen einzigen, und der wird dir, wie es sich gehört, von einem Vermittler überbracht werden. Jetzt geh und laß mich allein.»

Tatsudaiyu nickte und stand auf. Er konnte Takigawa sein Verhalten im Grunde nicht übelnehmen.

Zwei Tage später übermittelte der alte Toumi Tatsudaiyu den Vorschlag, den Takigawa erwähnt hatte. Nachdem sie ihn angehört hatten, waren alle wie vor den Kopf geschlagen. Saburo saß da und schüttelte nur den Kopf. Und als Toumi ging, hatte er nicht mehr erreicht als die Zusage, man wolle sich die Sache gründlich überlegen.

Eine Woche lang sagte Saburo kein Wort, und niemand drängte ihn, trotz der Pflichten, die Tatsudaiyus Familie jetzt gegen die Takigawas hatte.

«Warum ich?» fragte Saburo seinen Vater. «Wäre es nicht besser, Jinsuke eine Nachricht zu senden, damit er zurückkommt?»

«Du weißt, daß wir das versucht haben», antwortete sein Vater. «Doch er scheint wie vom Erdboden verschwunden. Hör zu, Sohn, du kennst den Dorfklatsch. Wir leiden alle darunter. Aber Takigawa-san träumt nun einmal davon, dich zu adoptieren. Das war mir schon seit Jahren klar. Du bist ein braver Junge, freundlich und sehr geschickt mit dem Pinsel. Doch...» Er unterbrach sich, seufzte und fuhr sich mit der Hand über den rasierten Schädel. «Wenn nur Jinsuke und Oyoshi...»

Für Saburo war der Gedanke eine reine Qual. Wenn er Oyoshi ansah, die in der Schwangerschaft noch schöner geworden war, sah er gleichzeitig das Bild ihrer weitgespreizten Schenkel, zwischen denen mit nacktem Hinterteil sein Bruder lag und immer wieder zustieß. Saburo überkam dann immer eine merkwürdige Beklemmung, und ihm wurde ein bißchen übel, wenn er daran dachte. Er sah seinen Vater an und senkte dann den Kopf.

«Vater – bitte – ich kann nicht!»

«Wie deine Entscheidung auch ausfallen mag, du bist mein Sohn, ich stehe dir bei.» Tatsudaiyu streckte mit einer seltenen Geste der Zuneigung die Hand aus und berührte die Schulter des Jungen. «Denk aber darüber nach. Jinsuke ist jetzt schon seit fast acht Monaten verschwunden, und als er ging, muß er von allen guten Geistern verlassen gewesen sein, weil er nicht daran dachte, daß Oyoshi vielleicht ein Kind von ihm erwartete. Andererseits magst du Oyoshi, ihr beide wart immer wie Bruder und Schwester. Überleg es dir gut, entscheide dich, und dein Vater hält zu dir. Das weißt du.»

Es war eine unmögliche Situation, etwas mußte getan werden, und Saburo stand im Mittelpunkt der Ereignisse. Er liebte den alten Takigawa fast ebenso wie seinen Vater. Wie gern wäre er zu ihm gegangen und hätte ihm von seinen Gefühlen für Oyoshi erzählt, von seinem Zorn auf seinen Bruder, von seiner Liebe zu Takigawas Welt der Farben und Formen und davon, daß er am liebsten nur noch malen wollte. Aber dann hätte er ihm auch sagen müssen, daß er Oyoshi nicht heiraten konnte.

Als er sich jedoch aufraffte und in den Bootsschuppen ging, wo er Takigawa stockend zu erklären versuchte, wie ihm zumute war, brach der ältere zusammen und weinte, wie Saburo noch nie einen Mann weinen gesehen hatte. Saburo war tief bewegt. Er ertrug Takigawas Verzweiflung nicht. Stürmisch verließ er den Bootsschuppen und kletterte auf den Gipfel des Mukaijima, wo er vor dem kleinen Schrein um einen Rat, irgendeine Lösung betete.

Am Abend suchte er Takigawa in seinem Haus auf, obwohl es eigentlich korrekt gewesen wäre, den alten Toumi zu schicken. Oyoshi brachte ihm Tee. Sie schwieg, wich seinen Augen aus, war kalt und abweisend.

«Ich habe mich nicht an den Vermittler gewandt», sagte Saburo, «weil ich wissen möchte, wie Ihr zu meinem Vorschlag steht. Takigawa-san, Ihr wart für mich Lehrer und ein zweiter Vater, und Eure Arbeit, Eure Welt interessiert mich mehr als jede andere. Oyoshi ist von meinem Bruder schwanger und sollte ihn heiraten. Wenn ich Oyoshi heiratete und mit ihr eine normale Ehe führte, wäre das unschicklich. Andererseits ist mein Bruder verschwunden. Niemand weiß, wo er ist oder wann er zurückkehren wird. Es wäre unrecht, das Kind wegen meines Bruders leiden zu lassen. Jinsuke war seit acht Monaten nicht mehr in Taiji. Ich fürchte, er kommt vielleicht nie wieder.»

Oyoshi war drauf und dran, mit einer zornigen Bemerkung zu antworten, aber Saburo sah so ernst und so traurig aus, und ihr Vater funkelte sie so böse an, daß sie nichts sagte.

«Oyoshi war für mich immer wie eine Schwester», fuhr Saburo fort, «und das ist sie auch noch heute. Deshalb werde ich sie auch heiraten, wenn sie einverstanden ist. Doch wir werden keine normale Ehe führen, weil wir nicht miteinander verheiratet sein wollen und Oyoshi in meinen Augen die Frau meines Bruders ist. Könnt Ihr das verstehen?»

Takigawa saß sehr angespannt da, er zitterte und sah Saburo, der schwer atmete, ins Gesicht.

«Ich käme durch die Heirat in dieses Haus, wäre in den Augen der Leute Oyoshis Ehemann, doch die Beziehung zwischen Oyoshi und mir bliebe rein geschwisterlich.» Er unterbrach sich und fügte dann sehr betont hinzu: «Die Beziehung eines *älteren* Bruders zu einer *jüngeren* Schwester.»

Jetzt hob Oyoshi den Kopf und sah ihn an.

«Wenn Oyoshi mich heiratet, muß sie mich mit Respekt behandeln», sagte Saburo. «Sollte Jinsuke je zurückkehren, wäre ich bereit, mich scheiden zu lassen, und sie könnte mit ihm fortgehen. Aber was auch geschieht, das Kind darf in diesem Dorf nicht unehelich geboren werden, und ich weiß, daß Oyoshi keine andere Zuflucht hat. Das ist alles, was ich zu sagen habe.»

Tränen flossen über Takigawas eingefallene Wangen. Oyoshi sah Saburo eine Zeitlang aus großen Augen an und verneigte sich dann, auf den Knien liegend, beide Hände flach auf der Matte.

«Saburo, du hast ein großes Herz. Ich danke dir in meinem und in meines Vaters Namen. Und im Namen meines Kindes.»

«Und? Wie lautet deine Antwort?» fragte ihr Vater gepreßt.

«Wir werden Toumi aufsuchen und ihn bitten, alle Vorbereitungen zu treffen.» Oyoshi sah Saburo wieder ruhig und fest an. «Du wirst dein Versprechen halten? Wir werden wie Bruder und Schwester zusammenleben? Du wirst nicht versuchen ...»

«Ich halte immer, was ich verspreche», sagte Saburo.

Saburo und Oyoshi heirateten zehn Tage, bevor sie einen gesunden Jungen zur Welt brachte, der eine ungewöhnlich kräftige Stimme hatte. Sie nannten ihn Yoichi. Es war der zweite Monat des neuen Mondjahres. Saburo zog in Takigawas Haus und wurde ganz offiziell Malerlehrling.

Doch der Klatsch im Dorf blühte – wenn auch im verborgenen – weiter. Zwar kannte, außer den Beteiligten und dem alten Toumi niemand die ganze Wahrheit, und es wäre am besten gewesen, Vergangenes vergangen sein zu lassen. Oyoshi war verheiratet. Der dritte Sohn des ersten Harpunierers war von Takigawa adoptiert worden. Darüber hätten sich alle freuen müssen.

Tatsudaiyu jedoch wußte, daß sich hinter dem Lächeln und den freundlichen Grüßen der Leute Verachtung und sogar Mitleid verbargen. Er fühlte sich verantwortlich dafür und hatte sogar die Familie Wada gebeten, ihm bei der Suche nach Jinsuke zu helfen. Dem alten Toumi, der ihn eines Abends besuchte und einen Teller köstlicher Tintenfische vorgesetzt bekam, klagte er, daß die Leute Saburo kalt und abweisend behandelten.

Der alte Mann hörte auf zu kauen. Tatsudaiyus direkte Art überraschte ihn immer wieder.

«Sie haben nicht den geringsten Grund dazu», fuhr Tatsudaiyu fort. «Es ist unrecht. Ich würde lieber sterben, als Saburo unglücklich zu sehen, da doch nur sein gutes Herz uns vor Schande bewahrt hat. Jinsuke sollte sich lieber nie wieder hier blicken lassen. Ich werde ihm nie verzeihen.»

Der alte Mann seufzte. «Manche Leute gehen mit Bananenblättern umher und suchen tote Kröten», sagte er und bezog sich dabei auf den in Taiji heimischen Aberglauben, daß eine tote Kröte wieder lebendig wurde, wenn man sie mit einem Bananenblatt zudeckte.

«Diese tote Kröte darf nie wieder zum Leben erwachen», sagte Tatsudaiyu.

«Keine Sorge, keine Sorge», sagte der alte Mann und steckte ein Stück Fisch in den Mund. «Ich werde etwas dagegen unternehmen, damit kann ich unnützer alter Mann dir vielleicht ein wenig von deiner Güte vergelten. Dieser Tintenfisch schmeckt köstlich, nicht wahr?»

Sie aßen schweigend zu Ende.

Am nächsten Tag besuchte der alte Mann den Harpunierer Iwadaiyu und hatte ein langes Gespräch mit ihm.

Tags darauf brachte Iwadaiyus Frau Oyoshi ein paar getrocknete Dattelpflaumen und entschuldigte sich wortreich dafür, daß sie ihr noch nicht zur Geburt ihres Sohnes gratuliert hatte. Und so legte sich nach und nach der Sturm im Wasserglas, und was immer in den Leuten gegärt hatte, gehörte der Vergangenheit an. Saburo und Oyoshi wurden auf der Straße wieder mit aufrichtiger Freundlichkeit und Wärme gegrüßt.

Takigawas Haus war klein, und Saburo und Oyoshi schliefen im selben Raum, das Kind zwischen sich. Saburo sprach nie über seine Gefühle, doch gab es für ihn kaum etwas Schöneres, als das Kind an Oyoshis voller Brust saugen zu sehen, und mit der Zeit wuchs ihm der Kleine so ans Herz, als sei er sein eigener Sohn.

13

Jinsuke stützte sich schwer auf den niedrigen Tisch, den er aus Treibholz geschreinert hatte, und schrieb einen Brief.

«Die großen schwarzen Schmetterlinge spielen zwischen scharlachfarbenen Blüten. Der Himmel war bei uns stark bewölkt, und wir hatten viel Wind und Regen. Es ist sehr heiß, wie gewöhnlich. Ich hoffe, daß Ihr, *sensei*, bei guter Gesundheit seid, obwohl es in Edo auch heiß ist...»

Er legte den Pinsel aus der Hand und rieb sich die Augen, die ihn schmerzten, weil es so mühsam war, in dem schwachen gelblichen Licht einer einzigen Ölflamme zu schreiben. Er hatte das Schreiben immer gehaßt, schon als die Eltern ihn gezwungen hatten, die kleine Tempelschule in Taiji zu besuchen. Ihm war auch bewußt, daß seine Schrift und sein Stil eigentlich viel zu ungehobelt waren, um von einem vornehmen und gebildeten Mann wie Matsudaira Sadayori gelesen zu werden. Doch es war seine Pflicht, ihn zu informieren, und morgen konnte er durch seinen Lehrer einen Brief auf eine große Dschunke schmuggeln lassen, die nach Nagasaki auslief. Er tauchte den Pinsel wieder in die Tusche und begann, Einzelheiten aufzuführen. Größe und Anzahl der amerikanischen Schiffe, wie viele Männer er an Bord gezählt hatte, wo die Geschütze waren. Er schrieb auch, daß die hohe Obrigkeit in Naha für den ausländischen Admiral ein Festmahl gegeben hatte und ganze Bootsladungen mit Lebensmitteln als Gastgeschenke an Bord der schwarzen Schiffe gebracht worden waren, nachdem der unhöfliche Ausländer dem Festmahl ferngeblieben war.

«Die Leute hier sagen, daß die Ausländer sich mit Gewalt Zugang zum Palast in Shuri verschaffen wollen, obwohl die Witwe des Königs der Ryukyu-Inseln und der kleine Prinz krank sind. Ein paar bewaffnete Ausländer drangen in einen öffentlichen Versammlungssaal ein, und die Leute erschraken natürlich, aber die Fremden richteten keinen Schaden an. – Andere Männer tragen an der Seite ein langes, scharfes Hackmesser in einer Scheide. Sie haben lange Gewehre, die nicht von vorn, sondern von hinten geladen werden und keine Zündschnur brauchen ...»

Er tauchte wieder den Pinsel ein und schrieb einen zornigen Satz nieder, doch nachdem er ihn geschrieben hatte, hätte er den Brief am liebsten zerrissen. Aber es war die Wahrheit, und der Matsudaira *sensei* hatte ihm gesagt, er solle nur die Wahrheit schreiben, wie er sie sehe.

«Die Satsuma-Soldaten haben nichts getan, haben sich ferngehalten und nur wie üblich ein paar Spione geschickt, um festzustellen, ob wir uns den Fremden nähern. Die Offiziere haben uns befohlen, uns zu verstecken. Wir Männer mißachten diesen Befehl, weil wir etwas sehen möchten. Die Ausländer sind völlig furchtlos und dreist und lachen viel, während die Satsuma-Samurai sich verstecken.»

Jinsuke hatte nicht nur die Schiffe, sondern auch die Ereignisse in Naha beobachtet und bemühte sich, alles zu erfahren, was vorging, seit die fremden Schiffe vor der Insel lagen. Durch einen Verwandten von Kinjo war es ihm gelungen, sich als Träger anheuern zu lassen, als eine Gruppe von Ausländern einen langen Treck über die Insel unternahm. Diese Fremden mit ihrer engen Kleidung und den Röhren für Arme und Beine, durch die keine kühlende Luft an den Körper kommen konnte, waren schon sehr kuriose Wesen. Fast alles, was sie taten, war lächerlich – ihre Gewohnheiten, laute Stimmen, das ständige Lachen und Lächeln, ihre weitausholenden, übertriebenen Gesten und glänzenden roten Gesichter. Ihre Waffen waren viel besser als alle Gewehre, die er bisher gesehen hatte. Die Männer schossen auf Holzstücke oder Früchte und trafen erstaunlich genau, und als Jinsuke später nachsah, stellte er fest, daß die Kugeln tief in die Baumstämme gedrungen waren, vor denen sie ihre Ziele aufgestellt hatten. Einer der Ausländer erschoß sogar aus großer Entfernung einen Raben, der hoch auf einem Baum saß, aber warum er das tat, blieb Jinsuke schleierhaft. Die Herren, die das Kommando zu haben schienen und wahrscheinlich Offiziere waren, behandelten ihre Männer wie ihresgleichen, und einer half Jinsuke sogar einmal, seine Last zu schultern, lächelte ihn an und klopfte ihm auf den Rücken, was eine kameradschaftliche Geste sein mußte. Sie waren wirklich schwer zu verstehen, diese Fremden.

Jinsuke schrieb und schrieb, und schließlich war der Brief zu einem dicken Päckchen angewachsen. Am Ende brütete er lange über ein paar höflichen Sätzen, aber es fielen ihm keine ein.

«Diese Dinge habe ich also gesehen und gehört. Für meinen

geehrten Herrn von Jinsuke», schrieb er schließlich, faltete den Brief, packte ihn in Ölpapier und verschnürte ihn ordentlich. Dann blies er die Lampe aus und legte sich auf die Matten, um ein paar Stunden zu schlafen.

Vor Tagesanbruch stand er wieder auf, um den Brief einem Mann zu übergeben, der ihn an Bord der Dschunke bringen würde. Dann machte er, wie es seine Gewohnheit war, einen langen Spaziergang am Strand, von wo aus er die schwarzen Schiffe sehen konnte.

Wäre ihm jetzt irgend jemand aus Taiji begegnet, hätte er Jinsuke nicht erkannt. Abgesehen davon, daß seine Haut noch dunkler getönt war, trug er jetzt auch ein Gewand aus brauner Baumwolle, das von einer Schärpe zusammengehalten wurde. Er rasierte sich auch den Kopf nicht mehr, steckte das Haar auf und hielt es mit zwei starken und spitzen Bronzenadeln zusammen, die, wie Kinjo ihn gelehrt hatte, zu gefährlichen Waffen werden konnten. Für den oberflächlichen Beobachter sah er wie ein Einheimischer aus.

Das Auffallendste an ihm, der fehlende linke Arm, ermöglichte ihm paradoxerweise eine größere Anonymität, da Fremde ihn wegen der Behinderung nicht anstarren mochten und daher nicht einmal richtig ansahen.

Drei Satsuma-Offiziere kamen den Strand entlang. Sie beachteten Jinsuke nicht, denn einer zeigte auf die Boote, die vom größten der schwarzen Schiffe zurückkehrten. Sie redeten aufgeregt miteinander, doch obwohl sie Japaner waren, verstand Jinsuke ihren Dialekt ebensowenig wie einige Okinawa-Dialekte. Da er die drei nicht auf sich aufmerksam machen wollte, schlenderte er über den heißen Sand zur Straße und konnte vom Strand aus bald nicht mehr gesehen werden. Ein hochrangiger Bewohner von Naha, in einem lachsfarbenen Gewand mit blauer Schärpe prächtig anzusehen, kam ihm entgegen, nahm jedoch auch keine Notiz von ihm. Jinsuke begann vor sich hinzusummen. Er freute sich darauf, Kinjo wiederzusehen, der in der Stadt gewesen war.

An Deck des Flaggschiffs *Susquehanna* fügte Seekadett Charles Olderby die drei malerischen Schwertträger, die am Strand entlangschlenderten, in die Zeichnung ein, die er anfertigte. Mit ihren gebauschten Hosen, den Schwertern, die in einem merkwürdigen Winkel von ihren Hüften abstanden, und den breiten Hüten, die ihre rasierten Köpfe vor der grellen Sonne schützten, wirkten sie sehr exotisch, und Olderby versuchte das auf seiner Zeichnung festzuhalten.

Er hielt sich nicht für einen Künstler, doch er fand, daß die Zeichnungen ihm dazu verhalfen, die wundersamen Dinge im Gedächtnis zu bewahren, die er auf dieser Reise zu sehen bekam.

Olderby war ein schlaksiger Junge, eben erst achtzehn geworden. Er hatte rotblondes Haar, und seine von der Tropensonne verbrannte Haut war mit unzähligen Sommersprossen übersät. Er schwitzte in seiner Uniform und wünschte sich, wie ein einfacher Matrose eine weite weiße Segeltuchhose und Bluse und die Mütze mit den flatternden Bändern tragen zu dürfen.

«He, das ist gar nicht so schlecht, Charles.»

Er drehte sich um. Hinter ihm stand Mr. Draper, einer der beiden Daguerreotypisten.

«Ach was, ich kritzle ja nur ein bißchen herum, um mich nicht zu langweilen. Ein albernes Steckenpferd, sonst nichts.»

Draper lachte leise und klopfte ihm auf den Rücken. «Aber, aber, mein Junge! Soll das heißen, daß der tägliche Drill Ihnen nicht reicht?»

Olderby lachte. «Den absolviere ich inzwischen, ohne zu denken. Er tut viel für meinen Körper, aber wenig für meinen Geist, nachdem ich gelernt habe, backbord und steuerbord zu unterscheiden.»

Im Geschwader wurde auf strengste Disziplin geachtet. Bootsmanöver, Feueralarm, Gefechtsalarm, alles wurde exerziert, denn im Ernstfall mußte jeder Handgriff sitzen. Die Männer ließen den Drill nicht ohne Murren über sich ergehen, besonders da die Inseln so friedlich und die Bewohner, wenn auch scheu, sauber, höflich und ganz und gar nicht kriegerisch zu sein schienen. Zwar bekam man außer ein paar alten Weibern keine Frau zu sehen, doch an Alkohol herrschte an Land offensichtlich kein Mangel. Aber trotz ihres Mißmuts wußten die Amerikaner, daß das noch nicht das eigentliche Japan war, obwohl sie immer wieder japanische Krieger zu sehen bekamen. Und sie wußten auch, wie wild und grausam die Japaner waren, hatten alle gehört, was sie Missionaren und Seeleuten schon angetan hatten. Köpfen, pfählen, kreuzigen, verbrennen, alle nur denkbaren Schrecknisse waren in Japan an der Tagesordnung. Olderby stellte sich vor, wie sie auf ihn eindrangen, die langen Schwerter erhoben, die geschlitzten Augen eiskalt, die Gesichter von fanatischem orientalischem Haß verzerrt. Er war froh, daß er so unbarmherzig gedrillt worden war.

«Falls Sie einmal Gelegenheit zu einem Landausflug haben sollten», sagte Draper, «würde ich mich sehr freuen, Ihnen unser Labor zu zeigen. Wir haben in der Nähe des Dorfes Tumai ein kleines Haus. Wenn es Sie nicht stört, ständig von Neugierigen belagert zu werden, könnten wir es uns ansehen. Tumai ist ein bezaubernder Ort und außerdem der ordentlichste und sauberste, den ich je gesehen habe. Ganz, ganz anders als China.»

«Vielen Dank, Mr. Draper», antwortete Olderby, «ich will es mir merken. Ich gehe am 6. Juni an Land, habe aber wahrscheinlich Dienst. Der Kommodore will den Palast besuchen.»

«Obwohl die alte Königin angeblich krank ist?»

Also hatte auch diese Geschichte schon die Runde gemacht. Gerüchte verbreiteten sich an Bord eines Schiffes sehr schnell.

«Vielleicht glaubt er, das Marinemusikcorps könne sie aufmuntern.»

Darüber mußten beide lachen.

Am frühen Morgen des 6. Juni peitschten Wind und Regen das Hafenbecken von Naha.

Seekadett Olderby schaute bestürzt den rasch ziehenden Wolken nach und sah sich schon in durchnäßter, unangenehm schwerer Uniform an Land herumstehen. Gegen neun Uhr zerriß die Wolkendecke, hin und wieder wurde ein Stückchen Blau sichtbar, und es hörte auf zu regnen. An Bord der *Susquehanna* ging ein Signal hoch, und von allen anderen Schiffen stießen Boote ab. Als letztes setzte sich das Boot des Kommodore in Bewegung. Als Kommodore Perry an Land ging, standen im Schatten eines Wäldchens an der Straße, die zum Palast führte, zweihundert Marinesoldaten und Artilleristen militärisch stramm.

Olderbys Bootsmannschaft stützte sich auf die Ruder und beobachtete die Parade und die Hunderte von Eingeborenen, die gekommen waren, um zu gaffen.

«Man könnte glauben, der alte Seebär ginge in den Palast, um die Olle zu heiraten, nicht nur, um mit ihr Tee zu trinken.»

Ein anderer Matrose machte eine noch rüdere Bemerkung, und alle begannen zu kichern.

«Ruhe im Boot!» rief der junge Seekadett. «Ich dulde keinen Unsinn! Wenn ihr so weitermacht, müßt ihr zum Rapport!»

Er wandte das Gesicht ab, damit sie nicht sahen, daß ihm selbst zum Lachen war. Dabei merkte er, daß ein Eingeborener, ein einarmiger, muskulöser Mann, größer als die anderen, ihn unverwandt ansah. Olderby hielt seinem Blick einen Moment stand und hatte das Gefühl, in einem anderen Leben schon einmal hiergewesen zu sein. Obwohl die Sonne jetzt warm durch die dahinjagenden Wolken schien, fröstelte er.

Jinsuke wandte sich ab, um die bewaffneten Männer unter den Bäumen zu betrachten, die in schnurgeraden Reihen wie Holzpuppen dastanden. Das ausländische Walfangboot fiel ihm ein, dem er vor so langer Zeit nicht weit ab von Taiji begegnet war – als er noch beide Arme hatte. Die Kerle damals hatten nicht so ordentlich, aber auch nicht wie Milchgesichter ausgesehen. Aber, dachte er, Walfänger werden eben früh zu Männern.

Eine bedeutende Person in einem langen Mantel mit einer Menge goldener Litzen und Streifen und einem großen Hut wie der Schnitz einer Wassermelone schritt langsam die Front der Männer ab, doch keiner verneigte sich. Alle blickten nur starr geradeaus, das lange Gewehr mit einem auf den Lauf aufgesetzten Messer geschultert. Hinter der bedeutenden Person ging ein Offizier, der tatsächlich sein Schwert gezogen hatte und es senkrecht in der rechten Hand hielt, wobei die Klinge leicht nach vorn zeigte, als wolle der Offizier seinen Vorgesetzten treffen.

Das ist der Admiral der Barbaren, dachte Jinsuke, während er beobachtete, wie die bedeutende Person und zwei Offiziere ab und zu stehenblieben und die in Reih und Glied dastehenden Soldaten musterten. Plötzlich fingen sie an zu schreien. Es klang fast wie Hundegebell. Zuerst erschraken alle, doch noch während geschrien wurde, begannen die Ausländer eine Art steifbeinigen Tanz, bildeten Reihen und dann eine Prozession, zu der auch zwei Kanonen und zwei große Fahnen gehörten. Dahinter kam eine Gruppe von Männern mit Trommeln und riesigen Instrumenten aus glänzendem Messing. Die Kakophonie, die sie den Instrumenten entlockten, war wirklich erstaunlich.

Jetzt kletterte der Admiral – denn er war es bestimmt – in eine von acht Chinesen getragene Sänfte, ein abstoßend protziges Ding, bemalt und mit blauen und roten Behängen geschmückt. Zu beiden Seiten der Sänfte marschierten riesige schwerbewaffnete Kerle. Hinter der Sänfte kamen Männer in langen blauen Mänteln mit silbernen Knöpfen. Sie trugen ein Schwert an der Seite. Ihnen folgten Kulis mit Geschenken.

Langsam ging Jinsuke hinter der schreienden, drängenden und stoßenden Menge her, die der Prozession folgte. Er ließ den Admiral hoch oben in seiner offenen Sänfte nicht aus den Augen.

Olderbys Brust füllte sich beim Klang der stolzen Musik der Kapellen von der *Mississippi* und der *Susquehanna* mit Stolz. Und wie exakt die Marinesoldaten marschierten! Ein wirklich erhebender Anblick. Die Eingeborenen waren bestimmt sehr beeindruckt. Er schaute zu der

Stelle hinüber, an der der Einarmige gestanden hatte, doch er war nicht mehr da.

Er ließ die Männer das Boot an Land ziehen und erlaubte ihnen, es sich im Schatten gemütlich zu machen, wo auch schon die Besatzungen der anderen Boote beisammensaßen, schwatzten und auf die Rückkehr der Abordnung aus dem Palast warteten.

Ein wenig abseits saß ganz allein ein älterer Leutnant und rauchte eine Zigarre. «Darf ich mich zu Ihnen setzen?» fragte Olderby.

Der Offizier blickte mit einem leichten Lächeln auf. Er war mager und sah gesund aus, doch sein gebräuntes Gesicht hatte schon tiefe Falten. Er mußte ungefähr Mitte Dreißig sein.

«Warum nicht? Machen Sie sich's bequem. Sie kommen vom Flaggschiff, nicht wahr? Ich bin Grant von der *Mississippi* – erster Geschützoffizier.» Er streckte seine Hand aus, die Olderby kräftig schüttelte. Dann setzte er sich in das von Ziegen abgeweidete kurze Gras.

«Eine eindrucksvolle Demonstration, finden Sie nicht, Sir? Das muß die Eingeborenen doch beeindrucken.»

Grant nahm ein silbernes Etui heraus und bot es Olderby an, der jedoch verlegen den Kopf schüttelte.

«Ach ja, natürlich, Sie sind wahrscheinlich zu jung. Doch lassen Sie sich von mir sagen, daß ein bißchen blauer Dunst einem Mann hilft, sich zu entspannen, ihn aber trotzdem wach hält, anders als der Alkohol.» Grant nahm einen langen Zug und schickte drei perfekte Rauchringe zu den dunkelgrünen Zweigen hinauf. Das Zirpen der Zikaden schwoll zum Crescendo an. Schlank und wendig wie Kajaks durchschnitten die *sabani* der Fischer in Strandnähe das unglaublich blaue Wasser.

«Wenn der Alte seinen Willen durchsetzt und die Marine ein Kohlendepot für die Fahrten zwischen Kalifornien und Shanghai einrichtet, hätte ich gar nichts dagegen, eine Zeitlang hierzubleiben. Es ist wirklich ein schönes Land. Jagen Sie?»

«Nicht viel, ein paar Enten und Gänse im Herbst – wir wohnen in der Nähe der Flußmündung, am Connecticut River. Bei New Haven. Als Junge ging ich manchmal auch auf Kaninchenjagd.»

Grant lächelte wieder. «Als Junge – wie? Nun, hier gibt es eine Menge Wildschweine, habe die Fährten selbst gesehen. Und die Fischerei dürfte auch nicht ohne sein, darauf möchte ich wetten.»

«Ich habe noch nie so viele schöne Fische gesehen, so farbige», erwiderte Olderby begeistert. «Und die Korallenriffe sind eine wahre Pracht.»

»Tja, es ist ein schönes Land, und ich glaube, diese Leute würden einiges dafür tun, um es zu behalten. Gewiß würden sie jemanden, der es ihnen wegnehmen will, nicht sehr freundlich behandeln. Aber wir sind ja nicht hier, um es ihnen wegzunehmen.» Er blies wieder zwei Rauchringe und suchte mit den Blicken den Strand ab. «Doch das wissen sie nicht, oder? Nein, Mister, sie wissen's nicht. Deshalb müssen wir auf der Hut sein. Erhöhte Wachsamkeit ist oberstes Gebot, Mister.»

Olderby schaute den Strand entlang, sah aber nur ein paar neugierige barfüßige braunhäutige Männer und Jungen in einfachen, kurzen Kitteln. Für ihn sah alles sehr friedlich aus.

«Schon mal gehört, was Kapitän Cook, dem britischen Forschungsreisenden, passiert ist?»

«Sie meinen den Mann, der Australien, Neuseeland, die Antarktis und die Hawaiischen Inseln entdeckt hat? O ja, ich habe seine Tagebücher gelesen.»

«Dann wissen Sie auch, daß er viel zu früh mit nur einundfünfzig Jahren seinem Schicksal begegnete und am lieblichen Strand von Hawaii von feindseligen Eingeborenen ermordet wurde. Und das sozusagen vor den Augen der Besatzung seines Bootes, das in der Nähe lag. Wir dürfen uns also von der Schönheit dieser Insel nicht täuschen lassen und in der Wachsamkeit nachlassen. Hawaii war auch wunderschön.»

Grant drückte die Zigarre im Gras aus, stand auf und klopfte sich ein paar Grashalme von der Hose. «Ich will damit sagen, daß Sie schleunigst zu Ihrem Boot hinuntergehen und sich überzeugen sollten, daß der faule Hurensohn dort auch wirklich Wache hält und nicht herumliegt und in der Mittagssonne döst.»

Mit feuerrotem Gesicht sprang Olderby auf, salutierte hastig und stürmte zum Strand hinunter.

Am 14. Juni 1853 sichtete der Ausguckmann des Walfängers *Midas* nördlich der Bonin-Inseln, wo das Schiff Wasser, Gemüse, süße Kartoffeln und ein paar Ziegen an Bord genommen hatte, eine schwarze Rauchfahne – unverkennbar Kohlenrauch. Kapitän Riggs fand das seltsam. Sie hatten seit einer Woche keinen einzigen Wal gesichtet. Er war verblüfft und fühlte sich betrogen, weil der andere Walfänger das Glück hatte, seine Trankochtöpfe aufs Feuer setzen zu können. Aber als Kapitän Riggs Körper und Farbe der Schiffe vor die Linse seines Fernrohrs bekam, war ihm sofort klar, daß es sich um die US-Marine handelte, und fast hätte er seine Würde vergessen und laut hurra geschrien. Kongreßabgeordneter Pratt, sein alter Freund, hatte ihm geschrieben, daß ein stolzes Geschwader unterwegs war, das den Mikado zwingen sollte, auf die Freundschaftsangebote der Vereinigten Staaten einzugehen. Kapitän Riggs wandte sich an seinen Ersten Offizier Tovey Jacks.

«Haben Sie das gesehen, Mr. Jacks? Die einzige Flotte, die der britischen auf See Prügel verabreicht hat. Hoffen wir, daß sie diese arroganten, mörderischen Heiden ein bißchen Pulver schmecken läßt.»

«Auf den Bonins, Sir?»

«Nein, Mann, sie dampfen nach Japan. Das da vorn ist die mächtige *Susquehanna,* die dafür sorgen soll, daß Leute wie wir die Inseln gefahrlos anlaufen können. Zehn Jahre zu spät, aber besser als nie.» Der Kapitän hob das Fernrohr und richtete es auf das zweite Schiff, dessen Rumpf jetzt schwach sichtbar wurde.

«Sagten Sie, die *Susquehanna,* Sir? Der Sohn eines meiner Freunde ist an Bord. Sein Vater ist auch Walfänger, aus New Haven, aber er hat den Jungen gezwungen, zur Marine zu gehen. Sagt, der Walfang habe keine Zukunft.»

Ein Auge noch immer zugekniffen, das andere dicht am Okular des Messingfernrohrs, schnaubte der Kapitän verächtlich. «Was für ein Unsinn! Wie heißt der Kerl? Ein Walfänger, sagen Sie?»

«Aye, Sir. Sein Name ist John Olderby, kommt ursprünglich aus England, wie ich.»

Kapitän Riggs schob das Fernrohr zusammen und hielt es mit beiden Händen auf dem Rücken. «Mr. Jacks, wir beide trinken heute abend ein Glas Sherry miteinander, um zu feiern, daß sich endlich etwas tut. Und die Männer bekommen eine Extraration Grog.»

«Aye, aye, Sir.»

Als er auf das Vordeck hinunterging, erinnerte sich Jacks an seine Begegnung mit dem Walfangboot der Japaner und wünschte ihnen aufrichtig alles Gute.

14

Das «Tsutaya» war ein ruhiges Gasthaus am Ufer des Flusses Kamo. Von seinem Zimmer aus konnte Sadayori den Leuten aus der Stadt, die ihre Gesichter mit breiten Hüten gegen Sonne und Hitze schützten, beim Fischen zusehen. Sie warfen Angeln nach den kleinen Fischen aus, die fast ebensoviel weiße Reiher wie Menschen anlockten. Es war heiß und feucht, aber eine leichte Brise fächelte den Raum, und Sadayori konnte über den Fluß und die bewaldeten Hänge am anderen Ufer sehen. Unterhalb der Hügel hoben sich hier und dort, blaugrau inmitten von Grün, die Dächer der Tempel und Schreine ab.

Die Stimme des Hausmädchens riß Sadayori aus seinen nachdenklichen Betrachtungen.

«Ja!» rief er, und die Tür glitt auf. Das Mädchen lag im Flur auf den Knien und verneigte sich.

«Ein Gast ist gekommen», sagte es.

«Bring ihn bitte zu mir.» Sadayori trat vom Fenster zurück, und gleich darauf kam, sich immer wieder verneigend, ein breitschultriger, untersetzter Mann in den Dreißigern herein.

«Ah, Itoh-san, Ihr seht aus, als seid Ihr weit gereist. Kommt näher, und macht es Euch bequem.»

Der Mann war seit Tagen nicht rasiert und hatte schwarze Bartstoppeln auf Kinn und Wangen. Unter seinen Augen lagen die bläulichen Schatten der Anstrengung und Erschöpfung. Doch den Augen selbst merkte man die Müdigkeit nicht an, sie blickten wach und klar.

«Ich wurde nicht verfolgt», sagte er.

Sadayori lächelte. «Und diese Wände haben keine Ohren. Aber kommt, setzen wir uns ans Fenster, die Brise und die Geräusche des Flusses wirken abkühlend.» Und würden, so der tiefere Sinn der Worte, den Klang ihrer Stimmen überdecken.

Sadayori merkte, daß der Mann ganz kurz zögerte, ehe er sein Schwert auf den Geweihständer im Alkoven legte. Der Gast nahm auf einem Kissen am Fenster Platz und begann sich zu fächeln. Seine Augen schweiften zum jenseitigen Ufer, betrachteten jeden einzelnen Fischer.

«Entschuldigt bitte.» Wieder der weiche Kyoto-Akzent des Mädchens, das ein Tablett neben ihm abstellte. Itoh musterte es forschend, aber nicht mit dem Hunger eines Mannes, sondern kalt und wachsam.

«Euer erster Besuch in Kyoto?» fragte Sadayori und wartete darauf, daß sein Gast sich Tee einschenkte.

«Nein», kam die Antwort fast unhöflich schroff. Sadayori war nicht gekränkt. Er verstand den Mann, den er in einer Fechtschule in Edo kennengelernt hatte. Itoh Hirosada war ein Satsuma-Mann, Mitglied des kriegerischen und geheimnisumwitterten Clans, der Kyushu nach dem Süden hin beherrschte.

Die Fechtschule in Edo war den Männern aller Clans zugänglich, sonst wären sie sich wahrscheinlich nie begegnet. Doch was noch entscheidender war – beide Samurai waren Schüler von Sakuma Zosan gewesen. Sadayori beobachtete seinen Gast.

«Die Stadt hat lange geschlafen», sagte er, «doch jetzt sind ihre Träume die des frühen Morgens kurz vor dem Erwachen, Träume von Veränderung und voller Versprechen.»

Itoh knurrte etwas und trank seinen Tee, schlürfte ihn jedoch nicht, wie es die Höflichkeit verlangte, sondern leerte die Schale wie ein Kuli. Er war ein typisches Beispiel für viele Satsuma-Krieger, die sich gegen die Herrschaft des Tokugawa-*bakufu* auflehnten und sich dem Shogunat erst nach der vernichtenden Schlacht von Sekigahara vor zweihundertdreiundfünfzig Jahren unterworfen hatten.

Der Clan der Satsuma mit seiner berüchtigten Geheimpolizei mißtraute Außenseitern. Die Satsumas waren ungewöhnlich gefährliche Gegner, und da sie auf dem Zuckermarkt praktisch das Monopol besaßen, war ihre Kriegskasse entsprechend gut gefüllt.

«Mir gefällt Kyoto nicht», sagte Itoh mit einer selbst für ihn erstaunlichen Offenheit. «Am Hof gibt es zuviel Inzucht, zu viele Intrigen, zuviel hohle Eitelkeit. Er ist degeneriert. Ihr wißt ebensogut wie ich, daß wir in einer Zeit leben, in der man selbstsüchtigen Wünschen nicht nachgeben darf. Es ist eine Zeit der stählernen Herzen und Hände.»

Sadayori nickte und holte aus seinem weiten Ärmel einen langen Brief heraus. Mit einer leichten Verbeugung entfaltete er ihn und sagte:

«Was Ihr sagt, trifft in der Tat zu, Itoh-san. Erlaubt mir, Euch einen Brief vorzulesen, den ich von einem Freund erhalten habe.

«... Eines dieser schwarzen Schiffe heißt *Mississippi.* Sie hat drei hohe Masten mit vielen Segeln, die so geschickt gesetzt werden, daß sie den Wind am besten nutzen. Dieses Schiff und andere, die ihm ähnlich sind, können sich aber auch ohne Wind und Ruder fortbewegen. Sie haben auf jeder Seite riesige Räder – wie die Räder einer Wassermühle. Sie werden von der Kraft großer im Schiff verborgener Maschinen angetrieben, und sie stoßen durch Schornsteine, die sich dicht bei den Wasserrädern nach achtern zu an Deck befinden, kohlschwarzen Rauch aus. An Bord der Schiffe sind viele bewaffnete Männer, und ich habe über die, die ich zählen konnte, eine Aufstellung gemacht. Sie sind fast alle gleich angezogen, tragen entweder Weiß oder eine düstere Farbe. Die weiß angezogenen klettern wie die Affen auf den Masten herum, und es sitzen auch Männer mit Gewehren auf den Masten, die aus großer Höhe schießen können. Sie sind sauber gekleidet und gehorchen ihren Offizieren sofort. Sie tragen lange Gewehre, an denen entweder lange Messer oder kurze Schwerter befestigt sind, so daß die Gewehre zu todbringenden Lanzen werden. Die Männer, die Offiziere zu sein scheinen, tragen Schwerter und Pistolen, die sechsmal hintereinander schießen können, ohne daß sie nachgeladen werden müssen. Die Gewehre werden nicht durch die Mündung geladen, sondern von hinten, und sie haben keine Zündschnur, sondern einen kleinen Hammer. Pulver und Kugel stecken in Metallröhrchen, die wie kleine abgeschnittene Bambusstücke aussehen. Ich habe beobachtet, daß sie sehr schnell geladen und abgefeuert werden können. Sie treffen mit großer Genauigkeit. Die Kugeln dringen sehr tief in einen Baumstamm ein. Auf den Schiffen sind viele Kanonen, sie stehen auf meiner Liste. Die zwei größten Schiffe, die mit den Wasserrädern, haben sehr große Kanonen an Bord ...»

Sadayori unterbrach sich und blickte auf. Itohs Augen verrieten leichte Überraschung und Ärger, aber er lächelte. «Euer Spion ist tüchtig. Eines solchen Mannes würden wir uns auch bedienen, wenn wir ihn nicht vorher töteten.»

Sadayori erwiderte das Lächeln. «Itoh-san, diese Schiffe sind keine Walfänger wie dieser Abschaum, der vor ungefähr fünf Jahren Oshima auf der Höhe von Kishimoto entweiht hat. Es sind auch keine Kaufleute mit weichen Wänsten. Sie werden sich nicht so leicht vertreiben oder zu unüberlegten Handlungen hinreißen lassen. Es sind die Kriegsschiffe einer mächtigen Nation, und sie sind mit einem bestimmten Auftrag gekommen.»

Itoh holte ein Blatt Papier aus dem Ärmel und begann die *katakana*-Schriftzeichen vorzulesen, wobei ihm die Aussprache der fremdländischen Wörter große Schwierigkeiten bereitete.

«... *Mississippi, Susquehanna, Saratoga, Supply, Carpice, Plymouth.* Das sind die Namen dieser Schiffe. Sie kommen über China aus Amerika. Wie Euer Spion Euch mitgeteilt hat, haben zwei davon riesige, mit Kohle angetriebene Maschinen und sind von Wind und Strömung unabhängig. Für unsere Schiffe und unsere Kanonen sind sie viel zu stark. Sie haben längere Zeit vor Naha gelegen, jetzt jedoch verkündet, sie hätten die Absicht, nach Edo zu kommen.»

«Das ist ernst!»

«Ja. Sie wollen dem Shogun ein Schreiben überbringen.»

«Haltet Ihr das für eine List? Werden sie angreifen?»

«Nein. Es sind mächtige Schiffe, die eine Stadt dem Erdboden gleichmachen oder eine beliebige Anzahl unserer Schiffe vernichten könnten. Vielleicht könnten sie mit Feuerschiffen, zahlenmäßiger Überlegenheit und Klugheit überwältigt werden, doch unsere Verluste wären riesig. Aber sie scheinen nicht auf Krieg aus zu sein und werden auch nicht gewaltsam bei uns eindringen. Sie behaupten, sie kämen in friedlicher Mission, und obwohl sie sich, ihrer Natur entsprechend, rüpelhaft und barbarisch benommen haben, waren sie nicht gewalttätig.»

«In friedlicher Mission? Mit friedlichen Absichten?» Sadayoris Stimme klang bewegt. «Was hat es dann zu bedeuten, daß sie auf einem Hügel der Ryukyus eine große Fahne hissen? Ich habe holländische Literatur über die Methoden des Vorgehens der Ausländer gelesen. Es ist bei ihnen Sitte, eine Fahne zu hissen, wenn sie eine Nation unterworfen haben – oder ein Land für sich beanspruchen und in Besitz nehmen. Sogar auf dem Ogasawara haben sie ihre Fahnen gehißt. Begreift Ihr denn nicht? Sie fordern uns heraus.»

«Vielleicht. Auf unseren Inseln im Süden sind sie gruppenweise tief ins Land vorgedrungen, aber die Gruppen waren klein und wurden auf Schritt und Tritt beobachtet. Ich pflichte Euch bei, daß ihr Vorgehen eine unerträgliche Kränkung ist, aber mein ganzer Zorn gilt der Dummheit des *bakufu*, das unserem Volk nicht erlaubt, eine Marine aufzubauen, die der fremden gewachsen ist, und die Barbaren verjagt, ehe sie ihre häßlichen, großen Füße auf unseren Boden setzen.»

Eigentlich hätte Sadayori als Gefolgsmann des Shogun und der Tokugawa bei solcher Rede heftig protestieren müssen, doch er schwieg, und das bedeutete, daß er – wenn auch widerstrebend – mit Itoh einer Meinung war. Er verschwieg dem Satsuma-Mann jedoch, daß Jinsuke als Kuli einen Landausflug der Amerikaner mitgemacht und dabei festgestellt hatte, daß sie sich ganz besonders für alte Festungen und Burgen interessierten. Worüber Sadayori sehr erschrocken war. Und noch erschreckender war für ihn, daß die Barbaren sich mit ihren Booten im Hafen von Naha völlig frei bewegen konnten, die Wassertiefe ausloteten, Kartenskizzen zeichneten, alles Dinge, die er dem *bakufu* so oft vorgeschlagen hatte, die jedoch konsequent abgelehnt worden waren.

Alles in allem wußte Sadayori vermutlich mehr über die schwarzen Schiffe als Itoh – auch, daß der Regent mit seinem Gefolge an Bord des Flaggschiffs gegangen war, um zu versuchen, dem Kommandanten einen Besuch abzustatten, der sich aber wohlweislich nicht blicken ließ, und vom Donner dreier Kanonen empfangen wurde, worüber er – und mit ihm ganz Naha – entsetzlich erschrak. Es war jedoch eine Ehrenbezeigung und die Kanonen waren nur mit Pulver geladen gewesen. Ohne Kugeln. Jinsukes Nachricht hatte Sadayori sehr schnell auf dem Weg über die Walfänger von den Goto-Inseln und einen gewissen Doktor und Gelehrten in Nagasaki erreicht. Das letzte Stück des Weges nach Kyoto hatte der Brief in einer Sendung von Heilkräutern versteckt zurückgelegt.

Die beiden Samurai blieben schweigend beieinander sitzen und lauschten dem Fluß. Ganz offensichtlich hätte Itoh den Brief gern selbst gelesen, vermied es jedoch, ihn anzusehen. Sadayori griff nach seiner Teeschale und trank einen Schluck.

«Ihr wißt natürlich, was das bedeuten kann?»

«Krieg», sagte Itoh und ballte die Hände. «Es muß Krieg bedeuten.» Seine Stimme erstarb.

«Ja, Krieg. Aber wenn wir siegen wollen, muß unser Volk geeint sein.»

Der Satsuma-Mann schnaubte verächtlich. «Unter dem *bakufu*?»

Sadayori reagierte nicht auf die ironische Bemerkung. «Unter den Generälen und den Männern, die fähig sind, diese Bedrohung zu begreifen. Wir, die *bushi*, können es nicht dulden, daß unser Land von diesen behaarten Wilden entweiht wird, sie dürfen sich nicht darauf stürzen wie Hunde auf einen Brocken Fleisch. Ihr wißt, was mit China geschehen ist ...»

«Die Engländer und ihr Opium, ja, das wissen wir noch besser als Ihr. Aber das Königreich der Mitte war eine leichte Beute.»

Wieder herrschte beredtes Schweigen zwischen den beiden Männern. Und wie stand es um Japan? Wie um eine Kriegerkaste, die seit Jahrhunderten keinen Krieg erlebt hatte? Wie um einen sogenannten

Generalissimus, der ein kranker, verhätschelter Weichling war? Wie um die Berater in Edo, die kaum an etwas anderes dachten als an ihr Gesicht und an den eigenen Hals? Wie um die *daimyos,* die nur ihre kleinen Lehen und ihre Reiseinkommen im Kopf hatten? Sadayori brach das Schweigen.

«Ja», sagte er, «aber trotz der Schwindler und Schaumschläger, mit denen seine göttliche Majestät sich hier in Kyoto umgibt, glaube ich nicht, daß wir Japaner unseren Nationalstolz und Charakter verloren haben. Wir müssen jedoch geeint sein, das ist der erste Schritt.»

«Der erste Schritt», entgegnete Itoh schroff, «sind Gewehre, Kanonen, große Schiffe und gutausgebildete Männer.»

«Das Mädchen soll uns Sake bringen», unterbrach Sadayori und klatschte laut in die Hände. Dann kehrte er zu ihrem Thema zurück.

«Die Zentralregierung steht vor einer ganzen Reihe schwieriger Entscheidungen, und es wäre Torheit, uralte Gesetze zu schnell aufzuheben. Es gibt jedoch unter den Beratern des Shogun Männer, die zwar verpflichtet sind, die Sitten und die Reinheit unseres Landes zu bewahren, aber dennoch einsehen und verstehen, daß Japan sofort ausländische Waffen und technische Errungenschaften braucht. Wir werden bei den Barbaren Anleihen machen müssen, ganz gleich, ob es uns gefällt oder nicht. Eines Tages werden wir eine stärkere, einigere Nation und nicht mehr auf andere angewiesen sein. Wir müssen viel lernen, und das Streben nach Wissen dürfte nicht – wie jetzt – ungesetzlich sein. Das Gesetz ist veraltet und falsch für die heutige Zeit.»

Die Augen des Satsuma-Mannes blickten jetzt nicht mehr so verschleiert wie vorher. Seine Pupillen funkelten. «So etwas zu sagen, ist sehr gefährlich. Ganz besonders gefährlich aber für einen Tokugawa-Mann.»

«Ich sage es, weil es die Wahrheit ist, und vielleicht auch, weil ich weiß, daß Ihr Anhänger der Lehre von Sakuma-*sensei* seid. Ein Mann wie er ist ein wahrer Patriot, kein Verräter, und ein Mann wie Ihr, Itoh-san, der ihn zum Lehrer erwählt hat, ist kein Narr.»

«Dennoch ist das nicht die Politik des *bakufu,* und Ihr seid ein Tokugawa-Mann und riskiert es, wegen Hochverrats angeklagt zu werden.»

«Das *bakufu* ist nicht nur ein Mann, es sind viele Männer, die unterschiedlich denken. Vieles wird sich verändern. Ich lerne seit drei Jahren die holländische Sprache, und das hat mir die Augen für so manches geöffnet. Die Fortschritte, die die Europäer auf technischem und medizinischem Gebiet gemacht haben, sind unglaublich und aufregend. Wenn sie es können, dann kann es unsere Nation, deren Haupttugenden Kraft und Reinheit sind, noch viel besser. Wir ähneln dem Schießpulver, warten auf die Flamme, die uns zur Explosion bringt, so daß ein Mahlstrom die Eindringlinge mitreißen und dahin zurücktreiben wird, woher sie gekommen sind.»

«Ihr würdet mit den Barbaren handeln?» fragte Itoh.

«In begrenztem Umfang. Wir brauchen Waffen und Bücher und Techniker von ihnen, die unsere jungen Männer ausbilden sollten. Holländer vor allen Dingen. Sie müßten natürlich ebensostreng unter Kontrolle gehalten werden wie jetzt, aber wir müssen unser Wissen erweitern.»

«Würde das nicht unserer Gesellschaft schaden?» fragte Itoh.

«Um sie zu verteidigen, tragen wir *bushi* schließlich Schwerter», sagte Sadayori.

Itoh sah ihn lange an.

«Matsudaira-san, ich weiß, was für ein guter Schwertkämpfer Ihr seid, und weiß auch, daß Ihr in der städtischen *dojo* nicht zeigt, was Ihr wirklich könnt. Ihr habt einen ausgezeichneten Ruf. Sakuma-*sensei* und Yoshida Shoin aus Choshu singen Euer Lob. Ja, wirklich, man hört viel Gutes über Euch, Tokugawa-Mann oder nicht.»

Sadayori mußte wieder lachen, weil Itoh so unverblümt redete.

«Matsudaira-*dono,* ich glaube, Ihr seid ein Mann von Ehre, und wenn es darauf ankäme, würdet Ihr seine göttliche Majestät und die Reinheit dieses Landes über alles andere stellen. Wir wollen hier keine Ränke schmieden, aber wir wollen einander schwören, daß wir, wenn die Zeit gekommen ist, bereit sind, für den Sohn des Himmels und für unser Land zu sterben.»

Das Mädchen kam herein, brachte eine im Brunnen gekühlte große Karaffe mit Sake, schenkte kniend ein und verschwand sofort wieder. Der Himmel begann sich abendlich zu färben, und man hörte das gedämpfte Geläut der Tempelglocken.

Itoh gab seine starre Haltung auf und setzte sich bequemer zurecht. «Bevor ich Euch kennenlernte, habe ich mich in Gesellschaft eines Gefolgsmannes der Tokugawa noch nie wohl gefühlt», sagte er.

Sadayori bedankte sich mit einem Neigen des Kopfes für das Kompliment und schenkte ihm Sake nach. Dann griff Itoh nach der Karaffe und tat das gleiche für den Mann, der trotz aller Gegensätze zwischen ihnen sein Freund werden würde.

Am nächsten Morgen trafen sich Sadayori und Itoh zu einer gemeinsamen Übungsstunde im Schwertkampf am Fluß wieder. Leichter

Morgenregen mischte sich mit dem Schweiß, der ihnen über das Gesicht strömte. Sadayoris Handgelenke schmerzten von den zwar kontrollierten, aber heftigen Hieben von Itohs hölzernem Übungsschwert, und Itohs Nase war von einem mächtigen, kaum abgeblockten Hieb, den Sadayori ihm versetzt hatte, leicht geschwollen. Beide kämpften in dem Stil, den sie in Edo gelernt hatten, und keiner gab die geheime Technik seines Clans preis. Sie parierten Hieb, Stich oder Stoß, wichen zurück, parierten wieder. Sie trainierten länger als eine Stunde. Bachstelzen wippten am Ufer entlang, und Schwalben jagten im Sturzflug Insekten.

«Genug!» rief Sadayori, und Itoh trat zurück, senkte das Übungsschwert, legte es an seine linke Schulter und verneigte sich.

«Ich danke Euch», sagte er. «Das war mein bestes Training, seit ich Kagoshima verlassen habe.» Aus Itohs Mund war das ein hohes Lob.

Sie lösten die weißen Bänder, mit denen sie die Ärmel ihrer Kimonos zurückgebunden hatten, und wischten sich mit den Tüchern, die sie um den Kopf geschlungen trugen, das Gesicht ab. Sadayori holte seine Schwerter, die er bei einem kleinen Schrein am Wegrand abgelegt hatte, und sagte:

«Ich bin hungrig und verschwitzt. Habt Ihr keine Lust, im Gasthaus mit mir eine Schale Suppe und Reis zu essen? Und vielleicht ein Bad zu nehmen?»

«Ich käme gern, doch es ist besser, wenn wir nicht zu häufig zusammen gesehen werden. Ein andermal vielleicht, in Kyushu. Ich danke Euch, aber ich werde mich im Fluß waschen und irgendwo etwas essen. Aber wir werden uns wiedersehen, das weiß ich bestimmt.»

Die Schwerter wieder unter der Schärpe, schlenderten sie den von hohem Bambus gesäumten Pfad entlang. In ihrer Nähe summte eine große Hornisse mit einem Leib, so stark wie der Daumen eines Mannes. Itoh tötete sie mit einem Streich seines hölzernen Schwertes, das er locker in der Hand hielt. Er tat es gedankenlos, aber Sadayori fing die Bewegung mit den Augen auf und dachte: Das ist ein ganz schlauer Fuchs, dieser Itoh! Beherrscht er doch tatsächlich auch den *Nitten Ichi Ryu*, den Stil des legendären Miyamoto Musashi, der in jeder Hand ein Schwert führte und mit beiden gleichzeitig kämpfte.

«Natürlich müßt Ihr es mir nicht verraten», sagte Itoh beiläufig, «aber mich plagt die Neugier. Wer ist Euer Spion in Okinawa?»

Sadayori lachte. «Manchmal habt Ihr das Feingefühl eines Eisenknüppels. Aber wenn ich es Euch sagte, wäre er die längste Zeit Spion gewesen, nicht wahr?»

«Wäre er ein Angehöriger unseres Clans, bedeutete er eine ernste Sorge für mich. Doch wenn er es nicht ist und nur für Euch und nicht gegen uns arbeitet, hätte ich keinen Grund, ihn unseren Behörden zu übergeben.»

«Dieser Mann arbeitet ausschließlich für mich. Er sammelt keine Informationen über den Satsuma-Clan, und er stammt auch nicht aus Kyushu.»

«Ach wirklich?» sagte Itoh mit geheuchelter Unschuld. «Dann ist der Mann ein Außenseiter, oder er stammt aus Okinawa. Die Insulaner sind leidenschaftliche Menschen und wollen oft die Vorteile nicht sehen, die sie durch unseren Schutz genießen.»

«Er ist ein sehr mutiger Mann», antwortete Sadayori, «und durch diesen Mut hat er einen schweren Verlust erlitten, der sein ganzes Leben änderte. Er ist ein tapferer, wenn vielleicht auch einfacher Mann, der den Auftrag hat, mehr über die Barbaren zu erfahren, denn ich muß unbedingt mehr über sie wissen. Ich fühle mich ihm verpflichtet und will nicht, daß ihm etwas zustößt.»

Itoh blieb stehen und legte Sadayori die Hand auf die Schulter. «Dann will auch Itoh Hirosada nicht, daß ihm etwas zustößt. Sagt mir, wer er ist, dann werde auch ich, wenn es eines Tages nötig sein sollte, alles für ihn tun, was in meiner Macht steht. Sollte jemand ihn verraten, dann wißt Ihr, wo ich zu finden bin.»

Sadayori sah dem anderen tief in die Augen und entdeckte hinter der einstudierten Ausdruckslosigkeit eine wache Intelligenz, Aufrichtigkeit und Eigensinn.

«Er ist Walfänger. Ein Hai riß ihm den linken Arm ab, doch er griff trotzdem zur Harpune und tötete die Bestie. Er versteht etwas von Schiffen, von der See, von Winden und Walen, und er ist mir treu ergeben. Ich möchte, daß er auf einem ausländischen Schiff anheuert, auf einem Walfänger, um mir zu berichten, wie die Barbaren denken, arbeiten und kämpfen.»

«Ha!» rief Itoh. «Ihr habt mit Manjiro gesprochen.»

«Heimlich, ja», gab Sadayori zu.

Itoh schüttelte den Kopf. «Ich habe ihnen gesagt, wir sollten Manjiro in Kagoshima behalten. Aber egal. Wie heißt Euer Mann?»

«Er hat mir nicht geschrieben, unter welchem Namen er auf Okinawa lebt, aber zu Hause nannte man ihn Jinsuke.»

«Ein Koza-Mann?»

Sadayori lächelte. Itoh wußte also mehr über die Provinz Kii, als er gestern abend preisgegeben hatte. «Nein, er stammt aus Taiji.»

«O ja, vor langer Zeit kamen Männer aus Taiji auf die Goto-Inseln, um unseren Leuten den Walfang mit Netzen zu zeigen. Das sind gute Männer.»

«Sein Name ist meine Ehre», sagte Sadayori.

«Die meine auch, ich werde ihn nicht verraten», entgegnete der Satsuma-Krieger. «Aber ich bitte Euch, jede Information an mich weiterzuleiten, die den Satsuma schaden könnte.»

Sadayori nickte.

Am Ende des Weges sagten sie *sayonara* und wußten beide, daß die Flut, die über Japan hereinbrach, sie zu Feinden oder Verbündeten machen konnte – entweder auf dem Schlachtfeld oder in einer dunklen Gasse oder vielleicht auch auf einem Duellplatz. Dennoch hatte Sadayori das Gefühl, daß Jinsuke einen neuen Beschützer hatte, einen, der zu den Ryukyu-Inseln leichter Zutritt hatte als er selbst. Noch am selben Tag bestieg Sadayori sein Pferd und ritt nach Edo.

15

Ein amerikanischer Matrose bückte sich und durchschnitt das Tau mit seinem Entermesser. Er grinste die Männer in dem Boot unter sich an und kletterte dann mit Hilfe seiner Kameraden auf sein eigenes Schiff zurück. Die Besatzung des japanischen Bootes protestierte murrend, aber Sadayori und sein Begleiter, die am Bug standen, sagten kein Wort. Ein paar Ruderschläge brachten das Boot um den Bug des großen Schiffes herum. Mehrere Männer packten die Ketten, und der Rest der dreißig Mann starken Besatzung, nackt bis auf die Lendentücher, sah abwartend auf die Offiziere. Sadayori schwieg. Es waren nicht seine Männer, und er war nur mitgekommen, um das Schiff aus nächster Nähe zu sehen.

«Hinauf mit euch», befahl der andere Samurai. Drei Männer begannen die starken Ketten hinaufzuklettern, doch als sie oben ankamen, sahen sie sich den mit Revolvern, Entermessern und Spießen bewaffneten Ausländern gegenüber. Ohne den Kopf zu wenden oder eine Miene zu verziehen, sagte Sadayori: «Sie scheinen entschlossen, uns nicht hinaufzulassen.» Er fand diese Aktionen seiner Landsleute nicht nur sinnlos und kindisch, sie waren ihm auch schrecklich peinlich. Sie begingen – was typisch war – die Ankunft der schwarzen Schiffe wie eine Festlichkeit, und niemand schien fähig, das Kommando zu übernehmen, um einen Angriff auf diese Schiffe vorzubereiten, die man entweder entern oder verbrennen mußte. Der Samurai neben Sadayori fluchte, rief die drei Männer zurück und ließ das Boot abdriften. Über ihnen erhoben sich die Flanken des amerikanischen Schiffes wie Festungswälle, und die Masten schienen hoch genug, um die Wolken zu durchstoßen. Wenn dort oben Männer mit Gewehren sitzen, können sie uns leicht abschießen, dachte Sadayori. Die einzige Möglichkeit, das Schiff zu entern, wäre ein Massenangriff bei Nacht.

Andere japanische Boote hielten auf die Schiffe zu. Die Männer an den Rudern sangen. Keinem würde es gelingen, auch nur eine einzige Leine festzumachen.

Ein Muschelhorn ertönte. Sadayori drehte sich um und erblickte noch ein Boot. Es führte die Flagge des Vizegouverneurs Nagashima Saborosuke am Heck.

Das Boot des Vizegouverneurs ging längsseits, aber die Amerikaner ließen noch immer kein Fallreep herunter, und die beiden Würdenträger im Boot mußten sich so weit erniedrigen, sich schreiend mit ihnen zu verständigen. Schließlich, als sie schon ganz heisere Stimmen hatten, konnten sie die Amerikaner dazu bringen, ein Fallreep herunterzuwerfen, und die beiden Samurai kletterten an Bord.

An Deck lasen sie aus einer Schriftrolle etwas vor. Sie war in französischer Sprache abgefaßt. Der einzige Japaner, der das bei der Marine gebräuchliche Englisch beherrschte, war Manjiro, aber die Anti-Ausländer-Partei traute ihm nicht, da er zehn Jahre in Amerika gelebt hatte. Man hielt es für möglich, daß er mit den Amerikanern sympathisierte. Die Schriftrolle enthielt den Befehl, sofort den Hafen zu verlassen. Die Amerikaner beachteten ihn natürlich nicht. Wahrscheinlich lachten sie nur darüber.

Ganze Schwärme japanischer Boote wimmelten jetzt um die vier Schiffe herum. Landwärts waren die Landzungen und Hügel von Sagami mit Festungen gespickt. In der Ferne sah man ganz deutlich die klaren Umrisse des Fudschijama. Die Schiffe lagen vor Uraga am Westufer der Bucht von Edo. In Uraga, dem Zollkontrollpunkt für alle Dschunken, die in die große Stadt wollten, herrschte wie gewöhnlich lebhafter Schiffsverkehr, und die Mannschaften gafften die merkwürdig aussehenden amerikanischen Schiffe an. Es war ungefähr eine Stunde vor Sonnenuntergang.

Die Besatzung von Sadayoris Boot ruderte langsam, hielt sich dicht an dem großen Schiff, und es dauerte nicht lange, bis der Vizegouverneur an die Reling kam und zu ihnen herunterrief: «Haltet mehr Abstand!»

«Ich habe den Befehl, das Schiff zu beobachten, und genau das werde ich tun», murmelte der Samurai neben Sadayori.

«Rudert nur ein kleines Stück weiter weg», entgegnete Sadayori. «Falls es zum Kampf kommt, könnt Ihr Eure Position schnell wieder einnehmen.»

Sadayori krümmte sich innerlich vor Zorn. Es gab keinen Schlachtplan, trotz der vielen tausend Ratschläge, die er im Lauf der Jahre gegeben hatte. Sie hatten nichts getan, nur geredet und wieder geredet, obwohl die Regierung oft genug vor den schwarzen Schiffen gewarnt worden war.

«Ich bedaure, Euch Ungelegenheiten zu bereiten», sagte Sadayori, «doch ich habe dringende Geschäfte an Land und muß Euch bitten, mich zurückzubringen.» Er war auf Befehl des Vizegouverneurs an Bord dieses Bootes, und der junge Samurai, der es befehligte, war deshalb verärgert. Mit einem kurzen Nicken rief er dem Bootsmann einen Befehl zu und sie wendeten. Möglicherweise erleichtert, weil er den finster blickenden Samurai aus Kii endlich los wurde, stellte er eine Frage.

«Was glaubt Ihr? Sollten wir angreifen?»

«Nicht ohne Schlachtplan und ausgebildete See-*ninja,* nicht ohne Schiffe mit Sonderauftrag, die Schwarzpulver und Öl geladen haben. Wir haben keine Kanonen mit genügender Reichweite, um sie anders zu bekämpfen. Habt Ihr einen Sonderbefehl?»

«Nein. Ich soll nur beobachten. Wir haben Schlafmatten, Steppjakken, Nahrungsmittel und Wasser an Bord und werden die ganze Nacht hier draußen bleiben, obwohl keiner zu wissen scheint, was er tun soll.»

«Ich kann Euch nur einen kleinen Rat geben. Wenn es zum Kampf kommt, müßt Ihr so schnell wie möglich so dicht wie möglich an die Schiffe heranfahren, damit ihr unter den Kanonenrohren liegt. Sonst schlachten sie euch alle innerhalb von Minuten ab.»

Sadayori sprang an Land und sah zu, wie das Boot wieder abstieß. Er verneigte sich leicht und machte sich auf den Weg zu den Befestigungsanlagen, die er zu inspizieren hatte. Sadayori war als Sonderberater von Fürst Ii Naosuke hier, der jetzt den obersten *daimyo* repräsentierte. Ii Naosuke war der starke Mann des *bakufu,* und er befürwortete aus den gleichen Gründen, die Sadayori vertrat, die Öffnung des Landes. Die Nachricht von der Ankunft der schwarzen Schiffe hatte das *bakufu* jedoch in große Unruhe versetzt, wobei Ii Naosuke und ein paar andere mächtige *daimyos* sich in die Haare geraten waren. Tokugawa Nariaki von Mito war der Anführer der Partei, die sofort Krieg wollte. *Bakufu*-Beamte fragten um Rat und wandten sich nicht nur an den kaiserlichen Hof, sondern an alle *daimyos,* auch an die *tozama* oder «außenstehenden» Fürsten. Eine Flut von siebenhundert Eingaben brach über sie herein. Einige waren dafür, auf Kommodore Perrys Forderungen einzugehen. Andere wiederum wollten die Isolierung des Landes aufrechterhalten, aber den Krieg vermeiden. Wieder andere wollten sofort angreifen, überzeugt, daß man anfangs wohl Niederlagen einstecken, am Ende die Ausländer jedoch vertreiben würde. Ii Naosuke und Sadayori wußten, daß das eine vergebliche Hoffnung war.

Es wurde dunkel. Signalraketen zischten von einer Landzunge aus in den Himmel, und auf allen vorspringenden Felsen zwischen Uraga und Edo blinkten rötliche Leuchtfeuer.

Die Bevölkerung in Stadt und Land war fast hysterisch. Wie leicht kann eine Panik ausbrechen, dachte Sadayori. Er verbrachte den größten Teil der Nacht damit, von einer Festung zur anderen zu gehen. Überall richteten die Leute Wälle aus mit Erde gefüllten Strohballen auf, die von hölzernen Pfosten und Querbalken gehalten wurden. Sie hatten Kanonen, aber nicht genug, und außerdem waren sie zu klein. Überall stieß Sadayori auf Beamte der Lokalbehörden und auf *bakufu*-Offiziere aus Edo, die endlose Krisenkonferenzen abhielten oder mit sich widersprechenden Befehlen blindlings hin und her liefen. Es gibt keinen einzigen mächtigen Führer, der uns alle eint, dachte Sadayori bitter. Er hörte auf seinen Inspektionsgängen viel Prahlerei, aber er hörte auch einen Bauern zum anderen sagen, daß die Barbaren geheime Riten abhielten, bei denen sie das Fleisch von Säuglingen aßen und ihr Blut tranken.

Plötzlich erschütterte Kanonendonner die Hügel. Auf einem der Schiffe war ein Geschütz abgefeuert worden. Hastig wurden alle Feuer gelöscht, Befehle gebrüllt, die sich praktisch gegenseitig aufhoben, und fast alle erwarteten einen Angriff. Qualm und Asche eines gelöschten Feuers brannten Sadayori in den Augen. Er trat schnell beiseite und hielt das Gesicht in die kühle Nachtluft. Unten in der Bucht schaukelten, von zahlreichen Laternen erleuchtet, die ausländischen Schiffe an ihren Ankerketten.

«Das war nur eine Signalkanone, sie feuern jeden Abend um diese Zeit eine ab», sagte Sadayori zu einem jungen Samurai, der von ihm wissen wollte, was er tun sollte.

In diesen Nächten flog im Nordosten ein leuchtendblauer Komet durch den Himmel, eine blaue Kugel mit einem keilförmigen roten Schweif. Sein Licht ließ die Segel der Eindringlinge aufleuchten, als stünden sie in Flammen. Viele Japaner sahen darin ein Omen. Sie glaubten, die Götter würden die Eindringlinge durch Feuer vernichten. Andere wiederum meinten, das sei ein Zeichen, daß noch mehr schlimme und drastische Ereignisse zu erwarten waren.

Sadayori schlief in dieser Nacht überhaupt nicht, sondern blieb auf dem Felsvorsprung, der die innere Bucht von Edo bewachte. Später kam Nebel auf, der auch noch am Morgen wie ein Schleier über dem Land hing, aber es wurde kein Angriff befohlen.

Am nächsten Tag fuhr Kayama Yezaimon, der Gouverneur von Uraga, zu den Schiffen hinaus. Er trug prachtvolle mit Gold und Silber eingefaßte Gewänder. Man gestattete ihm, an Bord des Flaggschiffs zu kommen, wo er den Wunsch äußerte, den amerikanischen Admiral kennenzulernen. Er kehrte zurück, ohne diese geheimnisumwitterte Person gesehen zu haben, hatte aber von amerikanischen Offizieren erfahren, daß die Schiffe gekommen waren, um dem Shogun ein Schreiben zu übergeben, und daß ihr Anführer dieses Schreiben nur einem hochrangigen Fürsten oder dem Shogun selbst überreichen werde.

Die Amerikaner hatten in Edo darum nachgesucht, dieses Schreiben überbringen zu dürfen, und warteten jetzt auf Antwort. Laut ihrem Kalender war es Dienstag, der 12. Juli 1853.

Wenn er dienstfrei war, verbrachte Olderby die Zeit damit, die Küste mit seinem kleinen Fernrohr zu beobachten, wo – wie ihm vorkam – Tausende japanischer Soldaten eine geradezu fieberhafte Geschäftigkeit an den Tag legten. Der Marineoffizier, der sie alle auf die Gefahr aufmerksam gemacht hatte, die ihnen durch kleine Boote drohen konnte, gesellte sich zu ihm.

Olderby reichte ihm das Fernrohr.

«Mmmm, kleine Kanonen, in den Schießscharten deutlich auszumachen. Kasernen und Munitionsdepots aus Holz. Und wozu sollen wohl diese überdimensionalen weißen Wandschirme gut sein, die sie um ihre Festungen herum aufgestellt haben?» Er reichte Olderby das Fernrohr zurück. «Nach all den Flaggen und all dem Prunk zu schließen, vermute ich, daß das die größte Festivität ist, die sie seit Jahren hatten, mit oder ohne den Feuerzauber. Ich habe meinen Revolver aber immer griffbereit neben meiner Koje liegen, und ich rate Ihnen dringend, es mir gleichzutun. Wenn etwas geschieht, wird das nachts und sehr schnell sein.»

Von Uraga her näherten sich drei Boote. Sie waren schwerer gebaut als die flinken, schlanken Wachboote; sie waren auch breiter und ähnelten mehr europäischen Booten. Die Takelage war viereckig wie bei allen japanischen Booten, und das größte hatte dreißig Mann Besatzung. Die Männer trugen lose, weiß eingefaßte blaue Uniformen. Quer über das Segel des Führungsboots lief ein schwarzer Streifen, und es führte eine schwarzweiße Flagge. Der Gouverneur Kayama Yezaimon saß in der Mitte des Decks auf Tatamimatten und um ihn herum waren Dolmetscher und andere Samurai. Als sein Boot längsseits ging, wurde das Fallreep herabgelassen.

Kayama Yezaimon war gekommen, um Perry den Befehl zu geben, nach Nagasaki zurückzukehren und den Brief des Präsidenten der Vereinigten Staaten durch die Holländer und Chinesen überbringen zu lassen, die dort Handel treiben durften. Perry ließ dem Gouverneur ausrichten, er denke nicht daran, nach Nagasaki auszulaufen. Kayama Yezaimon kehrte an Land zurück, um sich mit anderen Beamten zu beraten. Während der Verhandlungen zwischen dem Gouverneur, seinen Dolmetschern und den amerikanischen Offizieren ließ sich Perry nicht blicken. Der Kommodore, erklärte man dem Gouverneur mit Nachdruck, werde auf keinen Fall nach Nagasaki gehen. Er sei entschlossen, das Schreiben in der Bucht von Edo zu übergeben, und wenn man ihm das verweigere, sei das eine schwere Kränkung für sein Land, die er umgehend ahnden werde.

Am Nachmittag kehrte der Gouverneur zurück, um die Verhandlungen an Bord des Flaggschiffs weiterzuführen. Man kam schließlich überein, daß der Kommodore an Land gehen und dort sein Schreiben einem Fürsten hohen Ranges überreichen sollte. Nachdem man sich in diesem heiklen Punkt geeinigt hatte und die Kriegsgefahr gebannt war, ließen sich der Gouverneur und sein Gefolge mit Whisky und Brandy bewirten. Als sie schon rote Köpfe hatten und entsprechend leutselig gestimmt waren, lud man sie ein, das Schiff zu besichtigen.

Olderby gehörte zu den Offizieren, die sich heimlich in die Kabine schlichen, um die Schwerter anzusehen, die von den japanischen Abgesandten dort zurückgelassen worden waren. Ein Leutnant zog das Schwert des Gouverneurs aus der Scheide, wog es in einer Hand und hieb damit durch die Luft. Er hielt es wie einen Säbel und machte einen vorgetäuschten Ausfall gegen das Bullauge. Die anderen lachten.

«Verdammt schwer und kein Stichblatt», sagte er. «Ein Entermesser der Marine ist mir lieber, noch lieber ein gutes Rapier.»

Sie waren sich jedoch einig, daß das Schwert sehr schön war. Der Stahl schimmerte in Wellenlinien, Griff und Parierstange waren mit Haifischhaut überzogen und mit purem Gold verziert, die Klinge war scharf wie ein Rasiermesser.

«Besser für Zeremonien geeignet als für den Kampf, findet ihr nicht?» sagte ein anderer Offizier.

Olderby betastete die Klinge. «Es ist sehr scharf und aus erstklassigem Stahl. Ob der alte Junge es wohl je benutzt hat?»

«Legt es lieber zurück», sagte jemand. «Wenn wir die Klinge beschädigen, macht uns der Alte die Hölle heiß.»

Als zwei Tage später ein Gefolgsmann des Gouverneurs das Schwert sorgsam mit feinstem Talkumpuder und großem Zeremoniell reinigte –

er kniete allein in einem Raum und hatte einen Knebel aus Seidenpapier im Mund, damit er die Klinge nicht anhauchte –, entdeckte er die Fingerabdrücke. Der Mann war so geschockt, daß er die Entdeckung für sich behielt und vier Stunden damit verbrachte, die Fingerspuren zu entfernen. Das Schwert war, seit es vor etwa zweihundert Jahren geschmiedet wurde, noch nie so befleckt worden, außer ehrenvoll mit dem Blut eines Feindes.

Der Bescheid kam, daß die Fürsten von Izu und Iwami das amerikanische Schreiben formell in Empfang nehmen sollten. Sadayori war nicht überrascht, nur ergrimmt. Toda, Fürst von Izu, erklärte sich bereit, sich dieser lästigen Aufgabe zu unterziehen. Die Vorbereitungen begannen mit viel Lärm und Geschrei. In der Bucht tauchten immer mehr Regierungsboote auf, die meist nur ziellos hin und her zu flitzen schienen. Es gab noch immer viele, die zum Angriff drängten, doch die Gemäßigten hatten gesiegt. Man errichtete eine Empfangshalle mit drei Dächern. Auf dem Boden lagen neue Tatamimatten und Teppiche. Die Wände waren aus Kiefernholz und mit violetten Tüchern verhängt. In die Halle hineingebaut wurde ein inneres Gemach mit erhöhtem Fußboden, der mit einem kostbaren roten Stoff bedeckt war.

Der Tag kam, das Wetter war schön, und eine heiße Sommersonne vertrieb rasch die Morgennebel. Die ausländischen Schiffe lichteten die Anker und fuhren langsam zu ihren neuen Liegeplätzen in der Nähe des Übergabeortes.

Auf dem ganzen Weg, den Perry zurücklegen würde, hatten die Japaner lange bemalte Wandschirme aufgestellt. Darüber und daneben ragten die Fahnen der *daimyos* und hohen Offiziere auf. Regimenter von Samurai niedrigen Ranges, hauptsächlich *ashigaru*, waren aufmarschiert. Sie trugen kurze, ärmellose Tuniken mit Schärpen und dem Wappen ihres Clans auf dem Rücken und waren mit Speeren bewaffnet.

Zur Linken lag, umgeben von den bewaldeten Hügeln, die sich bis an den Rand der großen Bucht erstreckten, das Dorf Gorima. Auf der rechten Seite warteten parallel zur Küste hundert mit muskulösen Ruderern bemannte Boote, die rote Flaggen am Heck führten.

Die Japaner waren den Amerikanern zahlenmäßig weit überlegen, doch während Sadayori sich diese Tatsache vergegenwärtigte, blickte er zu den Kanonen der großen Schiffe hinüber, deren Rohre mühelos den Strand und die Aufmarschreihen der Japaner bestreichen konnten. Er bezweifelte nicht, daß die Kanonen geladen und ausgerichtet waren und die Mannschaften in Bereitschaft standen, um das Feuer jederzeit eröffnen zu können.

Seekadett Olderby stand in Habtachtstellung auf dem Deck des Flaggschiffs. Er mußte sich sehr anstrengen, um nicht zu grinsen, und zerbiß sich die Innenseite der Unterlippe. Die japanischen Würdenträger waren an Bord gekommen. Der Vizegouverneur Saborosuke trug ein Kleidungsstück, das wie ein weiter Reitrock aussah, tatsächlich aber eine merkwürdig geschnittene Hose war. Unter der Hose schauten schwarze Socken heraus, an denen die großen Zehen von den übrigen abgetrennt waren und aussahen wie kleine Mäuse. Außerdem trug er ein lebhaft gemustertes, mit Goldspitze besetztes Brokatkleid und darüber einen steifen Kragen, der über die Schultern hinausragte wie die zu kurz geratenen Flügel eines Pinguins, der sich in die Lüfte erheben wollte. Der Japaner mit dem ernsten Gesicht hätte sich sehr gut als Bube in einem reich verzierten Kartenspiel ausgenommen. Es fiel Olderby bei seinen Anblick wirklich schwer, nicht zu kichern.

Auf Befehl von Kapitän Buchanan wurde auf der *Susquehanna* eine Signalflagge gehißt. Fünfzehn Barkassen und Kutter, mit Matrosen und Marinesoldaten in Paradeuniform bemannt und an Bug und Heck beflaggt, legten von den anderen Schiffen ab. Es dauerte eine halbe Stunde, ehe sie neben dem Flaggschiff längsseits gingen. Dann begab sich der Kapitän an Bord seiner Bark, die, flankiert von den Barken der japanischen Würdenträger, die Prozession anführte. Die anderen amerikanischen Boote folgten. Zwei von ihnen hatten Schiffskapellen an Bord, die ihre munteren Melodien über das ruhige Gewässer schallen ließen. Mit dem Gesicht zum Heck sitzend, hatten es die amerikanischen Seeleute schwer, das Tempo der fröhlichen Japaner zu halten, die zu zweit an einem Ruder standen wie die Walfänger von Taiji. In der Mitte des Strands war aus mit Sand gefüllten geflochtenen Strohballen ein Kai errichtet worden, der die ganze Bucht umrundete. Von den japanischen Booten geleitet, legte die Bark des Kapitäns am Kai an. Begleitet von einem Major des Marinecorps, ging er an Land.

In strenger Marschordnung folgten ihm hundert Matrosen und hundert Marinesoldaten, die zu beiden Seiten des Kais Aufstellung nahmen. Zusammen mit Offizieren und Musikern zählten die Amerikaner fast dreihundert Mann. Seit der mißglückten Invasion des Khan vor fast sechshundert Jahren hatten nie wieder so viele bewaffnete Fremde japanischen Boden betreten.

Dann verließ Kommodore Perry das Flaggschiff in seiner Bark, und zugleich gaben dreizehn Marinekanonen Salutschüsse ab, die wie Donner in den grünen Hügeln widerhallten.

Mehr als fünftausend japanische Soldaten standen zwischen dem Dorf und dem Hügel auf der Nordseite der Bucht Spalier. Hinter den Reihen der Fußsoldaten sah man Hunderte mit Schwertern und langen Bogen bewaffnete berittene Krieger. Die Pferde trugen prächtige Schabracken. Sie sahen großartig aus, doch Sadayori, der selbst zu Pferd saß, blickte von der Armee seiner mit Speeren, Hellebarden, Schwertern, Luntenschloßmusketen und Steinschloßgewehren ausgerüsteten Landsleute zu den Schiffen hinüber, die um die halbe Welt gesegelt waren, um dieses Treffen zu erzwingen, und betrachtete nachdenklich die ausgezeichnet bewaffnete, disziplinierte und beinahe heiter zuversichtliche Gruppe der Amerikaner. Er haßte sie noch immer, empfand jedoch im tiefsten Innern etwas Neues – Respekt.

Am Landeplatz bildeten die amerikanischen Offiziere Spalier, und nachdem Kommodore Perry an Land gegangen und durch die Reihen geschritten war, folgten sie ihm. Zwei untersetzte Matrosen trugen das Sternenbanner und die Kommandoflagge Perrys. Seine Beglaubigungsschreiben und der Brief des Präsidenten wurden von zwei Schiffsjungen vor ihm hergetragen. Die Papiere lagen in Kästchen aus Rosenholz mit Scharnieren, Griffen, Beschlägen und Schlössern aus purem Gold. Die Dokumente selbst waren auf Pergament geschrieben und in blauen Seidensamt gebunden. An jedem Dokument hing an einer Goldkordel das Siegel der Regierung der Vereinigten Staaten, jedes Siegel von einem eigenen goldenen Kästchen umschlossen.

Zu beiden Seiten des Kommodore marschierte je eine Leibwache, hochgewachsene, prachtvolle Schwarze mit Entermessern und Revolvern. Der Spitzengruppe folgten die Marinesoldaten und Matrosen im Takt der Musik.

Der Zug bewegte sich auf den Eingang der neuen Empfangshalle mit den beiden kleinen Messingkanonen zu, der von bewaffneten Kompanien japanischer Wachsoldaten flankiert war.

Die Fürsten von Izu und Iwami warteten in der Halle. Als Perry eintrat, erhoben sie sich von ihren Sitzen und verneigten sich. Zu ihrer Rechten standen mehrere Armsessel. Man nahm schweigend Platz, und dann fragte der Chefdolmetscher Tatsunosuke, ob die Briefe zur Übergabe bereit seien, und fügte hinzu, der Fürst von Izu sei gewillt, sie in Empfang zu nehmen. Tatsunosuke sprach Holländisch, und Mr. Portman, der amerikanische Dolmetscher, übersetzte für Perry ins Englische. Perry winkte den beiden Jungen, mit den Rosenholzkästchen näher zu treten. Die beiden schwarzen Leibwachen nahmen sie ihnen ab, öffneten sie, hoben schweigend die Dokumente mit den goldenen Siegeln heraus und legten sie, zusammen mit den chinesischen und holländischen Übersetzungen, feierlich auf einen scharlachroten Kasten am Ende des Raums.

Keiner der Anwesenden wagte es, die Briefe zu lesen, aber die meisten hohen Würdenträger errieten, was sie enthielten: ein Friedensversprechen; das Ersuchen, fremden Schiffen mehr Häfen zu öffnen; das Ersuchen, den Schiffen, vor allem den Walfängern, die in der Nähe der japanischen Küste in Seenot gerieten, Schutz zu gewähren, Nutzholz, Proviant, Wasser und Kohle an Bord zu nehmen. Eine einfache Sache für die Amerikaner, doch für die Japaner hieß das, Sitten und Gesetze abzuschaffen, die Japan fast dreihundert Jahre Schutz und Sicherheit geboten hatten.

Während der Übergabe der Schreiben hatten der Dolmetscher Tatsunosuke und der Gouverneur von Uraga, Kayama Yezaimon, in der vorgeschriebenen Haltung auf den Knien gelegen. Jetzt erhob sich Kayama, ging zum Fürsten von Iwami, kniete vor ihm nieder und nahm mit gesenktem Kopf ein Dokument von ihm entgegen. Er verneigte sich, stand auf und kniete vor Kommodore Perry nieder. Bevor er ihm das Dokument überreichte, verneigte er sich wieder. Mr. Portman fragte, um was für ein Schriftstück es sich handle, und man übersetzte es ihm, während er wiederum das Holländische ins Englische übertrug, damit der Kommodore den Text verstand. Es sei, sagte man ihm, ein kaiserlicher Erlaß.

> Das Schreiben des Präsidenten der Vereinigten Staaten von Nordamerika und die Kopie dieses Schreibens werden hiermit in Empfang genommen und später Seiner Kaiserlichen Majestät überreicht.
>
> Viele Male wurde bereits erklärt, daß Geschäfte mit fremden Ländern nicht hier in Uraga, sondern ausschließlich in Nagasaki abgewickelt werden können. Einzuräumen ist jedoch, daß der Admiral in seiner Eigenschaft als Botschafter des Präsidenten dadurch beleidigt würde. Man hat eingesehen, daß diese Haltung berechtigt war. Daher wird das oben erwähnte Schreiben hiermit entgegengenommen, obwohl das gegen die japanischen Gesetze verstößt.
>
> Da dieser Ort für keinerlei Erörterung oder Erledigung ausländischer Angelegenheiten vorgesehen ist, können hier weder Konferenzen noch gesellschaftliche Zusammenkünfte stattfinden. Sobald

das Schreiben überreicht wurde, werdet Ihr daher umgehend diesen Ort verlassen.

AM SECHSTEN TAG DES NEUNTEN MONATS

Perry hörte schweigend zu und ließ dann den Japanern durch seinen Dolmetscher mitteilen, er werde in zwei oder drei Tagen zu den Ryukyu-Inseln auslaufen und habe die Absicht, im April oder Mai nächsten Jahres wiederzukommen. Darüber offensichtlich bestürzt, erkundigten sich die Japaner, ob er gedenke, mit allen vier Schiffen zurückzukehren. Mit vier Schiffen mindestens, erklärte man ihnen. Aber vermutlich würden es mehr sein, da er diesmal nur einen Teil seines Geschwaders mitgebracht habe.

Der Empfang war zu Ende. Nachdem man noch kurz über den Krieg in China gesprochen hatte, entfernten sich die Amerikaner.

Hunderte stoßender und schiebender Samurai versuchten einen Blick auf den amerikanischen Admiral zu erhaschen. Sadayori hielt sich zurück, konnte, da er hoch zu Roß war, den Mann jedoch sehen. Er haßte ihn noch immer, bewunderte ihn aber zugleich wegen seiner kühlen Zurückhaltung und seines arroganten Mutes, trotz der lächerlichen und komischen Kleidung mit den engen Röhren und der Brust und Atem einengenden Jacke mit den glänzenden Knopfreihen. Sadayori versuchte das Alter des Admirals zu schätzen, doch es gelang ihm nicht. Er sah ziemlich alt aus, hatte aber eine große, kräftige, wenn auch ziemlich fette Figur. Sein Schwert war – ebenso wie die Schwerter seiner Offiziere – ein albernes, dünnes, weibisches Ding, das bestimmt zerbrach, wenn man je versuchen wollte, damit den Hieb einer japanischen Klinge zu parieren. Trotz ihrer großen, massigen Gestalten schienen Sadayori diese Offiziere für den Kampf von Mann zu Mann höchst ungeeignet, ungeeigneter noch als ihre Untergebenen. Aber wahrscheinlich verstanden sie alle etwas von technischen und strategischen Wissenschaften.

Während sie vorbeimarschierten, beobachtete Sadayori sie sehr genau und stellte fest, daß sie den Körper hoch in Brust und Schultern ausbalancierten, was bedeutete, daß sie schwächliche Hüften hatten und langsam auf den Beinen waren.

Olderby stand neben einem Vierundsechzigpfünder und spähte durch die Geschützpforte zu den sich am Strand drängenden Soldaten hinüber. Ab und zu warf er auch einen Blick hinunter zu den bemannten amerikanischen Booten, die mit Haubitzen bestückt und bereit waren, sofort zum Strand zu stürmen, falls es zum Kampf kam. Die Amerikaner dort waren praktisch eingeschlossen, und jede Feindseligkeit mußte mit einem Massaker enden. Als die Bark des Kommodore vom Strand ablegte, seufzten Olderby und seine Männer vor Erleichterung fast auf.

«Er hat's geschafft! Der Alte Petz ist heil davongekommen!» Einer der Männer schlug vor Begeisterung auf die Kanone. Olderby sah ihn an, und die beabsichtigte Rüge endete in einem Grinsen.

Den Befehl der japanischen Fürsten ignorierend, lief das Geschwader nicht sofort aus, sondern dampfte tiefer in die Bucht hinein, der großen Stadt Edo entgegen.

Sadayori ritt auf der sich windenden Straße, die von Dorf zu Dorf führte, in die gleiche Richtung. Die streng geordnete Schönheit und Heiterkeit der Szenerie beruhigte seine sorgenvollen Gedanken. Grün und still war dieses Land, und das Geräusch fließenden Wassers, das Trillern und Pfeifen der Singvögel, das Quaken der Baumfrösche und das Zirpen der Zikaden betonte die Stille noch.

Während sein Pferd vorwärts trabte, dachte Sadayori über die Politik nach, die anfing, an der Struktur der Regierung zu nagen.

Sadayori hatte sich in den letzten Jahren verändert. Er war jetzt überzeugt, daß der Ruf nach einem sofortigen Krieg die Lösung kurzsichtiger und ruhmsüchtiger Narren war. Man mußte vom Feind lernen, ehe man ihn bekämpfte.

Von den Anhöhen, über die er ritt, konnte Sadayori ab und zu die schwarzen Schiffe ausmachen. Sie hatten sich der Anordnung einer Regierung widersetzt, die seit Jahrhunderten die gesamte Bevölkerung dieses Landes beherrschte, und dampften gemächlich auf Edo zu. Und die Regierung, die von ihren Untertanen unbedingten Gehorsam und Loyalität verlangte, konnte nichts dagegen tun. Es war beleidigend. Es war demütigend und weckte in Sadayori ohnmächtigen Zorn. Gleichzeitig fand er es jedoch unglaublich aufregend.

Er stieg vom Pferd, ließ es ausruhen und aus einer kleinen Quelle trinken. Dann setzte er sich unter einen Baum und nahm zwei in schwarzen Seetang gewickelte, mit gesalzenem Kabeljaurogen gefüllte Reisbällchen aus der Tasche. Er aß rasch und trank dann selbst aus der Quelle. Das erste Schiff lag jetzt etwa auf der Höhe von Shinagawa, unweit der Hauptstadt und wendete langsam. Sein Kommandant lachte sich zweifellos ins Fäustchen, zufrieden mit dieser Demonstration unerschütterlich selbstsicherer Macht.

16

Jinsuke hatte in der Nähe von Naha Arbeit in einer Saline gefunden. Und wieder hatte er das der Vermittlung seines Lehrers Kinjo zu verdanken. Die Salzbecken lagen im Watt in der Nähe einer schmalen Bucht, dicht bei der Landzunge, die einen ausgezeichneten Blick auf den Hafen von Naha bot. Tagtäglich nahm er sich die Zeit, die Schiffe und das Tun und Treiben um sie herum zu beobachten, und prägte sich seine Beobachtungen fest ein, bis er Muße hatte, sie in der Abgeschiedenheit seiner Hütte zu notieren. Jetzt lagen acht amerikanische Schiffe dort, lauter Kriegsschiffe, drei davon Dampfer. Und immer wieder fragte sich Jinsuke, welchen Wert seine Nachrichten für Sadayori haben konnten, da das dreiste Benehmen der Amerikaner auf den japanischen Hauptinseln sich inzwischen überall herumgesprochen hatte und man auch wußte, daß das *bakufu* sich darauf beschränkte, mit leeren Worten zu drohen. Aber er hielt sein Wort und schickte Sadayori Nachrichten und Tagebuchaufzeichnungen, wann immer er konnte.

Die Strömung in der Bucht war brackig, und über das Wasser führten eine Steinbrücke und eine Hauptstraße in die Stadt. Direkt unter der Brücke konnten bei Flut die Dschunken anlegen – ungefähr hundert Schritte von Lagerhäusern, Büros und der Wohnung des Satsuma-Zuckerinspektors entfernt, dessen Clan auf den südlichen Inseln brutal die Zuckerproduktion überwachte. Durch eine Vereinbarung mit dem Inspektor, die mit Hilfe zahlreicher Geschenke zustande gekommen war, durfte hier auch Salz verschifft werden, wenn es ungenutzten Frachtraum gab, obwohl dieses weniger wertvolle Handelsgut stets nur den zweiten Platz einnahm.

Dieselbe Flut, die es den Booten ermöglichte, in die Bucht einzufahren, überschwemmte die Salzbecken. Bei Ebbe lagen die kiellosen, flachen Dschunken trocken im roten Schlamm, und die Mannschaften konnten sie von Entenmuscheln und Schlick säubern und beladen. Auch Fischerboote tummelten sich in der Bucht, in der sich das Leben im Rhythmus der Gezeiten abspielte. Fisch, Salz und ein wenig Zucker für die Bewohner der Stadt wurden über die gutausgebaute Hauptstraße auf den Markt von Naha gebracht.

Jinsuke wohnte jetzt auf der anderen Seite dieser Bucht in einer einfachen mit Stroh gedeckten Hütte, die er für ein paar Kupfermünzen von Jirazichi, einem Bauern und Fischer, gemietet hatte. Die Hütte und Jirazichis eigenes Haus waren von einem Zaun aus Bambuspfählen umgeben, und im Hof gackerte eine kleine Schar lebhafter bunter Hühner, dösten zwei Hunde und mehrere Katzen vor sich hin.

Die Hütte war primitiv, hatte jedoch einen hölzernen Fußboden, der mit fadenscheinigen Tatamimatten belegt war. Jinsuke kochte im Freien und hielt sich für sich. Seine ganze Freude waren seine schöne amerikanische Harpune und sein sehr gut ausbalancierter *sai,* sein Kampfeisen. Er hatte beides, zusammen mit dem geschnitzten Walzahn, Manjiros Brief und einer kleinen Summe Geldes, unter den Bodenbrettern versteckt. Er wagte es nicht, hier mit der Harpune zu trainieren, aber hin und wieder holte er den *sai* hervor. Er war eigens für seinen ungewöhnlich langen Unterarm geschmiedet worden, hatte einen mit Riemen aus Ziegenleder umwickelten Griff und war hervorragend ausbalanciert. Manchmal trug er den *sai* unter seiner kurzen Tunika versteckt bei sich.

Die Löhne in der Saline waren niedrig, aber Jinsuke aß gut – braunen Reis, Yamswurzeln, Bananen und verschiedene Gemüse, ergänzt durch Fische, die er beim Korallenriff und in den Höhlen der Unterwasserklippen jenseits des Riffs mit dem Speer erlegte. Einmal wöchentlich bekam er als Entgelt für seine Hilfe mit dem Boot von Jirazichis Frau ein paar Eier. Schon dreimal hatte er Schweinefleisch probiert und seinen Widerwillen überwunden, indem er sich einredete, es sei «Bergwal» oder Fleisch von einem Keiler, das sie manchmal auch in Taiji gegessen hatten. Er stellte fest, daß es ihm schmeckte, besonders wenn man es ganz langsam kochte, bis es ganz weich und zart war. Er hatte auch Ziegenfleisch und die Suppe aus immergrünen Kräutern gegessen, die die Okinawer so liebten, und war sogar so weit gegangen, ihr *sashimi* aus rohem Ziegenfleisch zu probieren. Jirazichi hatte eine neunzehnjährige Tochter. Sie hieß Harue, war verwitwet und kinderlos. Ihr Mann war vor einem Jahr bei einem Taifun umgekommen. Harue hatte Jinsuke oft kleine Delikatessen und Reste gebracht, und bald liebte er die einheimische Küche.

Jinsuke stand immer vor Tagesanbruch auf. So hielten es die Walfänger auf Taiji und ihre Frauen, denn die Männer mußten vor Sonnenaufgang auf See sein. Hier jedoch wurde nicht gesungen, gab es keine Neckereien zwischen den Booten der Flotte. Jinsuke vermißte all das schmerzlich, und wenn er Tag für Tag zur Landzunge pilgerte, um den Hafen zu beobachten, und die rötliche Sonne sich von ihrem Schlafplatz im Meer erhob, überkamen ihn traurige Gedanken.

Die Arbeit in der Saline war schwer, die Hitze unerträglich, und er mußte den langstieligen Rechen, den die anderen mit beiden Händen führten, mit nur einer handhaben. Die Augen schmerzten ihn vom Flimmern der Salzkristalle, während er rechte und rechte und das Meerwasser in der Sonne verdunstete.

Daß die Lagerhäuser und Büros der Satsuma-Beamten so nahe waren, störte ihn längst nicht mehr. Niemanden schien zu interessieren, was er tat oder wer er war. Er sah jetzt wie ein Einheimischer aus, und wenn er sich auf kurze Sätze beschränkte, verriet ihn auch seine Sprache nicht. Einem Okinawer konnte er natürlich nichts vormachen. Jirazichi und der Besitzer der Saline wußten beide, daß dieser Fremde anders, vielleicht sogar gefährlich war, doch sie vermieden es, Fragen zu stellen oder Bemerkungen über ihn zu machen. Die Spione der Satsuma-Behörden waren allgegenwärtig. Außerdem verriet ihnen ein rascher Blick auf die Schwielen an der Hand des einarmigen Mannes, daß er in der Kampfkunst trainiert war. Sie ließen Jinsuke in Ruhe, was ihn manchmal bedrückte. Zu Hause hatte er immer Menschen um sich gehabt, jetzt lag er abends allein in seiner Hütte, starrte zum Strohdach hinauf und dachte an Vater, Mutter, die Brüder und am häufigsten an Oyoshi.

Eines Abends, als er gerade wieder an sie dachte, fühlte er, daß jemand ihn beobachtete. Er drehte sich auf die Seite und sah Harue still in der Tür stehen. Verlegen stand er auf und bemühte sich, seine Erektion unter dem kurzen, losen Gewand zu verbergen.

«Ich habe geschlafen», sagte er fast stotternd. Sie kam nicht näher. In der Hand trug sie ein in Blätter eingeschlagenes kleines Päckchen.

«Ich habe Euch ein paar gebratene Yamswurzeln gebracht», sagte sie und hielt ihm das Päckchen entgegen.

Er nahm es ihr ab. Es war noch warm.

«Ich mache Euch Tee», sagte sie, ging, ohne seine Antwort abzuwarten, zu dem mit Asche gefüllten Kessel hinaus und begann die Kohlen zu fächeln, um Wasser zu kochen. Jinsuke folgte ihr, setzte sich und betrachtete ihr Gesicht, das im Schein der sinkenden Sonne kupferrot war. Er warf einen Blick zum Haus hinüber, um zu sehen, ob ihre Eltern sie beobachteten. Dann bedankte er sich bei Harue, öffnete das Päckchen und fing an zu essen. Es schmeckte ausgezeichnet, und er wurde wieder an Zuhause erinnert. Eine Zeitlang schwieg Harue, doch als der Kessel zu summen begann, fragte sie plötzlich, ob Jinsuke verheiratet sei.

«Nein», sagte er.

«Fühlt Ihr Euch nicht einsam?»

«Nein.»

Sie sah ihn von der Seite her lächelnd an. Sie hatte große, lebhafte Augen mit langen Wimpern. Ihre Brauen waren kräftig, schwarz und gewölbt, so daß ihre Züge fast hart wirkten – außer wenn sie lächelte. Sie gehörte zu den Menschen, die mit dem ganzen Gesicht lächeln. Ihre Nase war klein, ein bißchen flach, und sie selbst ein bißchen rundlich, setzte an der Taille und Hüften schon ein wenig Speck an. Das jedoch wurde wettgemacht durch einen glatten Hals und Rücken und volle, schwere Brüste, die sich bewegten, als sie, vor dem Eisenkessel kauernd, die Kohlen fächelte.

«Ihr seid ein gutaussehender Mann», sagte sie. «Es müßte doch ein leichtes für Euch sein, eine Frau zu finden, die Euch heiratet. Warum nehmt Ihr keine Okinawerin zur Frau? Sie sind treu ...» Sie sah ihn direkt an. «... und sehr leidenschaftlich.»

«Welche Frau möchte schon einen einarmigen Mann?» fragte er schroff.

Sie streckte die Hand aus und berührte die schwieligen Knöchel seiner Rechten. «Jeder Schüler von Kinjo-*sensei* ist mehr Mann als ein anderer Mann. Euch fehlt doch nur ein Arm – oder sind es auch noch andere Körperteile?»

Er entzog ihr die Hand, und sie lachte. Woher konnte sie so viel wissen? Sie erriet seine Gedanken.

«Oh, keine Sorge. Ich weiß nicht genau, wo Ihr in dieser Gegend trainiert, aber ich könnte raten. Soll ich? Es gibt hier ungefähr zwanzig von Euch. Kinjo-*sensei* kommt nur ein paarmal im Jahr, doch ihn vertritt ein junger Meister, vierzig Jahre alt, und er heißt ... Aber ich werde seinen Namen nicht nennen. Hinter den Zuckerrohrfeldern und der Lichtung im Bambuswäldchen ist ein Platz mit dichtem Kieferngehölz und fünf alten Grabstätten. Die Leute meiden den Ort, und er kann einem wirklich Angst einjagen, nicht wahr?»

Jinsuke drehte sich um und sah sie finster an. «Woher sollte ich wohl einen solchen Ort kennen?»

«Die Hände meines verstorbenen Mannes hatten die gleichen Schwielen wie die Euren. Er war ein Neffe von Kinjo-*sensei*. Habt Ihr das nicht gewußt? Deshalb seid Ihr doch hier bei uns. Mein Mann war gut – ein guter Mann, ein guter Fischer, ein guter Kämpfer. Ich denke, daß auch Ihr gut seid, Jinsuke-san – oder irre ich mich?»

Er wurde rot. Im selben Augenblick betrat Harues Vater mit einem schweren Korb getrockneten Fischs den Hof.

«Harue! Nimm mir den Korb ab und hilf dann deiner Mutter. Laß den Mann in Ruhe. Er muß den ganzen Tag hart arbeiten, genau wie ich. Geh jetzt.»

Als seine Tochter gegangen war, hockte sich Jirazichi neben das Holzkohleöfchen und nahm sich eine Schale Tee. «Wie geht es dir, Jinsuke? Man erzählt sich, daß die Amerikaner Edo erobern wollen. Albernes Geschwätz. Ich habe heute morgen ein paar am Strand getroffen, als sie ein Boot an Land zogen. Sie haben mir ein bißchen Tabak und das hier gegeben ...» Er zog einen kleinen Metallknopf aus dem Ärmel. «Ist er nicht schön? Ich habe ihn für ein paar große Muschelschalen und fünf Papageienfische bekommen. Hat man sich erst einmal an ihr Aussehen gewöhnt, sind es keine so üblen Kerle.» Er sah sich um. «Sie scheinen mir besser zu sein als viele andere, die übers Meer nach Okinawa gekommen sind.» Er lachte in sich hinein. «Du bist natürlich kein Satsuma-Mann und kein Spion, aber glaubst du, daß es auf den Hauptinseln Krieg geben wird? Angeblich haben die Ausländer in China einen Krieg angezettelt und die Chinesen besiegt.»

«Das weiß ich nicht», sagte Jinsuke, der fand, daß Jirazichi zuviel schwatzte.

«Nein, wahrscheinlich nicht. Heutzutage weiß ja niemand etwas.» Jirazichi wies mit der Hand über die Bucht zur Satsuma-Niederlassung. «Sie kommen mir aufgeregt vor. Haben in letzter Zeit eine Menge Fragen gestellt. Angeblich suchen sie Christen. Wenn ich Christ wäre, fiele ich ihnen sehr ungern in die Hände.»

«Das geht mich nichts an», erwiderte Jinsuke. «Ich bin kein Christ.»

Jirazichi schlürfte seinen Tee. «Ich weiß, daß du kein Christ bist, aber an deiner Stelle zeigte ich nicht so viel Interesse für diese Schiffe – nicht jeden Tag. Das muß früher oder später auffallen. Du bist keiner von uns, und wenn man die Leute unter Druck setzt, werden sie reden.»

Jinsuke antwortete nicht, schien jedoch innerlich zu erstarren. Jirazichi erhob sich langsam.

«Entschuldige das Benehmen meiner Tochter. Sie will dir nicht lästig fallen. Ich werde mit ihr sprechen.» Sein Ton verriet, daß er eigentlich sagen wollte, Jinsuke solle seine Tochter in Ruhe lassen.

Der Diener eines Zuckerinspektors verbreitete die Nachricht, daß der Shogun in Edo gestorben war. Sein Sohn Iesada sollte seine Nachfolge als Oberhaupt des *bakufu* antreten und im Namen des Kaisers in Kyoto regieren. Die Neuigkeit berührte Jinsuke nicht im geringsten. Trotz seiner Verbindung mit Sadayori war er ein unpolitischer Mensch. Es lag jedoch etwas in der Luft, und vorsichtshalber holte er seinen *sai* aus seinem Versteck und trug ihn unter der Tunika immer bei sich. Er trainierte verbissener und mit noch größerer Konzentration als bisher, und es schien ihm über seine Nervosität und seine Einsamkeit hinwegzuhelfen.

Kurz vor Ende des Jahres, dem westlichen Kalender nach am 1. Februar, verließen vier Segelschiffe den Hafen. Jinsuke beobachtete ihr Auslaufen während der Arbeit. Er prägte sich Größe, Form und Namen genau ein. In der Nacht schrieb er beim Schein einer Öllampe die Namen der Schiffe auf. Mit englischen Buchstaben, die er abkopierte, und in *katakana.*

«Vier amerikanische Schiffe haben an diesem Datum den Hafen von Naha verlassen. Es sind dies die *Macedonia,* die *Vandalia,* die *Lexington* und die *Southampton.* Ich fürchte, meine Nachricht wird Euch zu spät erreichen, denn es ist das Gerücht im Umlauf, daß sie nach Edo segeln ...»

Am Abend lief er in die Vorstadt von Naha, wo einer seiner Kontaktmänner saß, ein chinesischer Kaufmann, der Inselkräuter nach Nagasaki und Shanghai verschiffte. Der Mann war schrecklich nervös und sagte Jinsuke, er solle nie wieder zu ihm kommen.

Sechs Tage später begannen die großen Dampfer *Mississippi, Susquehanna* und *Powhatan* dicke schwarzgraue Rauchwolken auszuspucken. Die Anker wurden gelichtet, das Wasser um die großen Schaufelräder herum brauste und zischte, und dann waren auch die Dampfer fort. Jinsuke versuchte, seinen Kontaktmann in Naha zu erreichen, doch die Fensterläden am Haus des chinesischen Kaufmanns waren fest geschlossen, und auf Jinsukes Klopfen reagierten nur die Hunde des Nachbarn mit wütendem Gebell. Er ging den Strand entlang nach Hause.

Als er um die Landzunge herum und durch das Watt watete, warteten vier Männer auf ihn. Zwei *bushi* von den Hauptinseln, einer mit zwei Schwertern, der andere von niedrigerem Rang mit einem. Auf dem Kimono des Mannes mit den zwei Schwertern sah Jinsuke ein schwarzes Kreuz in schwarzem Kreis, das Zeichen der Shimazu-Familie, der *daimyos* von Satsuma. Die *bushi* waren in Begleitung zweier Männer, die wie Okinawer aussahen. Sie waren mit langen, dicken Knüppeln bewaffnet. Sie blockierten den Pfad, der sich zwischen den Schlickbänken und Sandbarren des schmalen Meeresarms und einem Wald hinzog. Jinsuke sah sie starr an, verneigte sich und wollte um sie herumgehen. Die Männer mit den Knüppeln verstellten ihm den Weg und legten ihm die Schlagstöcke über Kreuz vor die Brust.

«Was gibt's?» fragte Jinsuke, und der Magen krampfte sich ihm zusammen.

«Man erwartet dich zum Verhör.»

«Verhör» bedeutete Folter, das wußte Jinsuke. Unter ihren kurzen Tuniken holten die Knüppelträger weiße Stricke hervor, um ihn zu fesseln, und ließen ihre Schlagstöcke hinter ihm zu Boden fallen. Jinsuke reagierte, ohne zu überlegen, setzte dem einen Mann einen geraden Haken mitten ins Gesicht und zerschmetterte ihm die Nase. Der Kopf des Mannes flog nach hinten, und der Mann selbst brach lautlos zusammen. Der zweite Mann hatte Jinsuke eine Schlinge um die Schultern geworfen, doch er schüttelte sie ab. Bevor der Mann etwas tun konnte, trat Jinsuke ihm in die Lenden. Der Mann krümmte sich stöhnend und fiel auf die Knie.

«Unverschämter Lümmel!» schrie einer der Schwertträger wütend, doch mit Jinsukes Zorn verglichen, war der seine gering. Er fuhr herum und sah den Schwertträger an. Die blanke Waffe in der Hand schien der junge Samurai auf einen Befehl des ältern *bushi* zu warten, der eben mit einem kalten Lächeln eine seiner beiden langen Klingen aus der Scheide zog. Die Sonne verschwand hinter dem Horizont, und ihr letztes Licht brach sich auf dem Stahl.

Jinsuke schleuderte die Strohsandalen von den Füßen und trat zurück. Er schob die Hand unter sein Gewand und umschloß den mit Leder umwickelten Griff des *sai.*

Lässig und selbstsicher hob der junge Mann sein Schwert.

«Du kannst wählen, stinkender Abfall von einem Fisch: Wir können dich verhaften, verhören und dann hinrichten, oder du kannst an Ort und Stelle sterben. Was ist dir lieber?»

«Und was werft Ihr mir vor?» fragte Jinsuke, inzwischen so wütend, daß er wieder in seinen alten Taiji-Dialekt verfiel.

«Spionage», sagte der junge Samurai. «Und Widerstand gegen Offiziere bei Ausübung ihrer Pflicht.»

Jinsuke ließ die Schultern nach vorn fallen. «Dann schlagt zu, wenn Ihr könnt, Ihr Kartoffel-Samurai.»

Nichts hätte den jungen Mann mehr in Raserei versetzen können, denn es traf zu, daß es im Lehen viele Bauernkrieger gab, die zwei

Schwerter tragen durften, aber so arm waren, daß sie auch Feldarbeit verrichten mußten.

«Frechheit!» brüllte er und zog seine Klinge blitzschnell nach unten. Doch anstatt Fleisch aufzuschlitzen und Knochen zu spalten, traf Stahl auf Stahl, so daß der junge Krieger fast sein Schwert fallen ließ, so heftig war der Schmerz, der seine Handgelenke durchzuckte. Jinsuke war unter dem fallenden Schwert weggetaucht und hatte den Schlag mit dem *sai* pariert. Im nächsten Moment fühlte der Samurai, wie ihm das Schwert aus der Hand gerissen wurde. Er verlor das Gleichgewicht und war nicht schnell genug, um dem verheerenden Stoß auszuweichen, der ihn mitten ins Sonnengeflecht traf. Er taumelte zurück, und das gab Jinsuke Zeit genug, ihn mit einem kurzen Hieb auf die Schläfe bewußtlos zu schlagen.

Der zweite *bushi* hatte einen Augenblick vor Erstaunen wie festgewurzelt dagestanden. Jetzt setzte er von der Seite her zu einem fürchterlichen Schwertstreich an, doch Jinsuke sprang kerzengerade hoch, so daß seine Füße mit den Schultern des Mannes auf gleicher Höhe waren. Als er wieder auf den Beinen stand, brach er dem Samurai mit einem einzigen Schlag seines *sai* das Handgelenk.

Der Samurai ließ das Schwert fallen, hielt sich das schmerzende Handgelenk, starrte diesen schrecklichen einarmigen Bauern an und rannte. Aber Jinsuke durfte ihn nicht entkommen lassen. Er hob einen der eichenen Knüppel auf und schleuderte ihn wie eine Harpune. Mit einem dumpfen Schlag prallte er gegen den Nacken des Mannes, der nach vorn fiel und mit dem Gesicht im Schlick landete.

Jinsuke schob den *sai* in die Schärpe zurück und überlegte, ob er sich ein Schwert nehmen sollte, als der Mann, dem er den Tritt in die Lenden versetzt hatte, mit vor Schmerz heiserer Stimme etwas rief. Er sprach das Japanisch der Hauptinseln, aber mit dem Akzent wie jemand, der auf Okinawa zu Hause war.

«Geh nicht zu Jirazichis Haus zurück. Sie warten dort auf dich.»

«Warum sagst du mir das?»

«Nach dem Tritt, den du mir gegeben hast, kann nur Kinjo-*sensei* mir helfen. Morgen werde ich geschwollen sein wie eine Melone. Hätte ich geahnt, daß du einer von seinen Männern bist, hätte ich dir eine Warnung zukommen lassen. Wir wußten jedoch nur, daß du vom Festland kommst. Falls du Kinjo siehst, sag ihm, du seist gewarnt worden. Sag ihm, wie du mich getreten hast.» Er unterdrückte ein Stöhnen, und Jinsuke streckte den Arm aus und half ihm auf die Beine. «Es war übel von mir, dir das anzutun. Es tut mir leid.»

«Lauf! Wenn sie dich kriegen, schlagen sie dir den Kopf ab, das weißt du.» Jinsuke nickte und rannte los. Der einzige Zufluchtsort, der ihm einfiel, war der Übungsplatz bei den Gräbern. Wenn er versuchte den langen Weg nach Motobu zurückzulegen, wo Kinjo wohnte, würden sie ihn fassen, das wußte er. Er mußte nachdenken. Außer einigen Raufereien in Katsuura, wenn er getrunken hatte, war Jinsuke noch nie gegen einen anderen Menschen gewalttätig geworden. Der Kampf hatte ihn in eine gehobene Stimmung versetzt, und er war erstaunt, wie erfolgreich sich Kinjos Training auswirkte.

Bei den Bäumen am Rand der Schlickbänke sah er sich um. Drei Männer waren inzwischen wieder auf die Beine gekommen. Dem jungen Samurai, dem er die Nase zerschmettert hatte, strömte das Blut über das Gesicht, die anderen schwankten vor Benommenheit, und einer stützte sich beim Gehen auf seinen Knüppel. Jinsuke lief durch das Gehölz, umrundete die Zuckerrohrfelder und durchquerte den Bambushain. Dann hatte er endlich den Übungsplatz erreicht. Irgendwie war er nicht überrascht, daß er Harue dort vorfand.

Es war ein unheimlicher Ort. Die runden Kuppeln der Gräber schimmerten im Mondlicht wie weiße Bäuche, und auf der einen Seite des Hügels zog sich eine schreckliche schwarze Erdspalte hin, in der die Schädel und Gebeine von Menschen lagen, die sich kein richtiges Grab leisten konnten oder hastig verscharrt worden waren. Eine Eule schrie. Jinsuke hörte – oder glaubte die Schlangen im Gras zu hören, und einmal quietschte schrill eine Grasratte.

«Komm her», sagte Harue und winkte ihn zu einem Grab. «Ich habe gewußt, daß Ihr herkommt. Beeilt Euch, wir haben nicht viel Zeit.» Sie zeigte auf einen weißlichen Felsblock, der den Eingang zur Gruft abdeckte. Es war die der gräßlichen Erdspalte zunächstliegende Grabstätte. «Schiebt ihn weg, und tretet beiseite.»

Jinsuke zögerte. Diese Gruft war die älteste hier und unterschied sich in der Form leicht von den vier übrigen. Er schüttelte den Kopf. «Es ist unrecht, die Toten zu stören.»

«In dieser Gruft ruhen höchstens Schlangen und Käfer. Die Gebeine wurden vor langer Zeit in eine Urne gelegt und umgebettet. Die Leute sagen, es sei die letzte Ruhestätte eines jungen Prinzen aus Okinawa gewesen, der sich dem Satsuma-Clan widersetzt hatte. Nur ein paar Einheimische wissen darüber Bescheid, und jetzt auch Ihr. Noch nie hat jemand vom Festland von diesem Geheimnis erfahren – du bist der einzige. Jetzt schieb den Stein weg. Ich habe nicht viel Zeit.»

Sie sprach wie ein Mann zu ihm, kurz und befehlend. Jinsuke packte den Rand des hüfthohen, meterdicken Steinquaders, glaubte jedoch nicht, daß er ihn auch nur einen Zoll bewegen konnte. Er war jedoch aus Bimsstein und sehr leicht. Finster gähnte die Gruft Jinsuke an. Er wollte hineingehen, um sich umzusehen, doch Harue hielt ihn zurück.

Sie stellte die Laterne auf den Boden, sammelte einen Armvoll Reisig, zündete es mit der Laternenflamme an und schob es mit einem langen Ast in die Höhle, wo es laut knisternd hoch aufloderte. Im nächsten Moment kam eine Schlange herausgeschossen, die so dick war wie das Handgelenk eines Mannes. Hinter ihr kamen noch zwei. Jinsuke schauderte. Es waren *habu*, deren Gift tödlich war.

Jinsuke und Harue warteten ein paar Minuten, bevor Harue sich bückte und in die Gruft eintauchte. Sie war stark verraucht, und Harue mußte husten und fächelte sich das Gesicht. Mit der anderen Hand winkte sie Jinsuke, ihr zu folgen. Widerstrebend ging er hinein.

Auf einer erhöhten Plattform am anderen Ende der Gruft lagen zwei grünschimmelige Tatamimatten. In einer Mauernische standen eine Öllampe und daneben ein großer versiegelter Wasserkrug.

«Diese Gruft ist Versteck und Zuflucht für uns Okinawer», sagte Harue. «Mein Mann hat mir davon erzählt. Sie wurde von den Leuten benutzt, die sich den Satsuma widersetzten. Kommt nur heraus, wenn Ihr die anderen trainieren hört. Sie werden Euch nie verraten. Ich bringe Euch jeden Tag das Essen.»

«Bitte begebt Euch meinetwegen nicht in Gefahr», sagte Jinsuke.

Harue lachte leise. «Nur keine Sorge. Wir Okinawer versorgen unsere Toten regelmäßig mit Speisen und Getränken. Solange Ihr Euch nicht sehen laßt, passiert mir nichts. Und Euch auch nicht.» Sie sah sich um. «Nur ein tapferer Mann hält es hier allein aus. Bevor ich Euch kennenlernte, hätte ich einem Mann vom Festland nie diesen Mut zugetraut.» Ihre Stimme wurde weicher. «Ich mag Euch.» Und dann fügte sie schroffer hinzu: «Ich sorge dafür, daß Kinjo-*sensei* benachrichtigt wird. Er wird wissen, was zu tun ist.»

Gebückt verließ sie die Gruft, richtete sich auf, streckte sich. Jinsuke tappte hinter ihr her, wollte nicht, daß sie ging.

«Ich muß mich beeilen.»

«Durchsuchen sie Euer Haus?»

«Ja. Sie haben sogar die Fußbodenbretter in Eurer Hütte herausgerissen.» Jinsuke machte ein bestürztes Gesicht. Also hatten sie die ausländische Harpune gefunden. «Mein Vater hat ihnen gesagt, daß Ihr Euch vielleicht in einem Zuckerfrachter versteckt habt, und hilft ihnen jetzt bei der Suche. Er weiß, daß ich die Absicht hatte, Euch zu warnen, aber er kennt diesen Ort nicht. Wenn ich zurückkomme, werde ich sagen, ich sei bei meiner Schwiegermutter gewesen. Außerdem werde ich ihm erzählen, Ihr hättet ein Versteck gefunden und wolltet morgen früh versuchen nach Naha zu kommen.» Sie berührte sein Gesicht. «Wenn sie Euch fassen, werden sie Euch töten.»

«Sie kriegen mich schon nicht. Und jetzt beeilt Euch, Harue-san, geht und nehmt euch in acht.»

Zum erstenmal hatte er ihren Namen ausgesprochen. Sie lächelte, hob die Laterne auf und lief davon.

An der Rückseite des Bimssteinblocks war ein Griff befestigt. Jinsuke packte ihn und schloß sich ein. An der gewölbten Decke der Gruft sah sein Schatten wie der eines Buckligen aus. Rauch schwärzte den Stein über der blakenden Öllampe. Jinsuke legte sich auf die schimmligen Strohmatten, starrte zu der niedrigen Decke hinauf und lauschte dem Geräusch seines Atems. Hatte er den Mut, das zu ertragen? Allein?

Itoh Hirosada saß auf der hohen hölzernen Stufe, die zu den inneren Amtsräumen des Rathauses von Naha führten. Ihm war heiß. Sein langes Schwert lag neben ihm auf der Stufe. Diese verdammte Hitze! Ein Amtsdiener brachte ihm Tee, und er nickte kurz, nahm die Schale und trank laut schlürfend. Die Reise von Kyushu nach Naha war mühsam gewesen und seine Stimmung nicht die beste. Den Leuten in den Ämtern und Dienststellen der Inselverwaltung bereitete Itohs Ankunft Sorge. Itoh war ein junger Mann, strahlte jedoch arrogante Autorität aus, und man sah auf den ersten Blick, daß er das Schwert meisterlich zu handhaben verstand. Hatte sein Kommen etwas mit dem Auslaufen der ausländischen Schiffe zu tun? Und warum wollte er die Frachtbriefe aller Schiffe sehen und stellte so viele Fragen über das Verladen von Zucker und Salz?

Eine Stunde verging, ehe der Bürgermeister in Begleitung seiner bewaffneten Leibwächter erschien. Der Bürgermeister war ein magerer Mann Ende der Fünfzig, überarbeitet, verängstigt und mit einem Magengeschwür geplagt. Sein hohlwangiges Gesicht verriet tiefe Erschöpfung. Als Itoh die Männer kommen hörte, erhob er sich und ging dem Bürgermeister entgegen, der eben durch das äußere Tor trat. Itoh verneigte sich tief, und der Bürgermeister freute sich sichtlich, als er ihn erblickte.

«Aber das ist ja der junge Hirosada! Was für eine Überraschung! Du bist wohl heute mit dem Schiff eingetroffen? Komm, komm, man soll uns Erfrischungen bringen. Du hast eine lange Reise hinter dir und ich einen schweren Tag. Tut mir leid, daß du warten mußtest. Warum haben die Burschen dich nicht ins Haus gebeten?»

«Schimpf nicht mit ihnen, sie haben mich ein paarmal aufgefordert, aber ich wollte Euch am Tor begrüßen.»

Die unverkennbare Wärme in der Stimme des Bürgermeisters brachte Itoh zum Lächeln. Vor nicht allzulanger Zeit hatte er den alten Mann noch «Onkel» genannt und viele Nachmittage mit ihm verbracht, mit ihm gepicknickt und in den heimischen Flüssen Süßwasserfische geangelt. Der Bürgermeister war der beste Freund seines Vaters. Er stand auch bei Fürst Shimazu in hoher Gunst, der ihn nach Naha geschickt hatte, weil er sich durch seine unbestechliche Ehrlichkeit in Kagoshima und sogar am Hof des *daimyo* ein paar gefährliche Feinde gemacht hatte.

Itoh folgte dem Bürgermeister über die schattige Veranda in seine Zimmer. Sie knieten auf Kissen nieder und begrüßten sich jetzt formell. Dann holte Itoh unter seinem Kimono ein Päckchen hervor. Der Bürgermeister warf einen Blick darauf und sah, daß es das persönliche Siegel von Fürst Shimazu Nariakira trug. Er verneigte sich wieder, nahm das Päckchen mit beiden Händen entgegen und hob es bis in Augenhöhe. Dann brach er das Siegel mit einer raschen, energischen Handbewegung auf, zog das erste Dutzend der horizontalen Falten des langen Papiers auseinander und überflog schnell die kraftvollen schwarzen Schriftzeichen. Itoh beobachtete das Gesicht des Älteren und sah, daß es sich leicht verfinsterte.

«Das *bakufu* hat mit den Amerikanern einen Pakt geschlossen», sagte er.

«Ja. Es hat die Häfen von Hakodate und Shimoda geöffnet. Die Amerikaner haben sich geweigert, Nagasaki anzulaufen. Sie verlangen noch mehr offene Häfen, unter anderem auch Naha, man sagte ihnen jedoch, das könne nicht in Edo entschieden werden.»

Der Bürgermeister nickte und las weiter.

«Dieser Pakt von Kanagawa hat weitreichende Folgen für diese Inseln, für unsere Familie, für ganz Japan. Das *bakufu* hat sich doch beraten lassen – oder nicht?»

«Ja, aber die meisten Ratschläge waren wertlos. Viele wollten natürlich den Krieg, wollten sofort losschlagen. Der Fürst von Mito zum Beispiel.»

«Das kann ich verstehen. Die Amerikaner waren auch hier sehr unnachgiebig in ihren Forderungen. Dennoch hat jemand, der dafür ist, daß wir sofort losschlagen, keine Vorstellung davon, welche Macht diese Schiffe darstellen. Sie würden unseren gesamten Schiffsbestand vernichten, den Verkehr unterbinden und unsere Wirtschaft ruinieren. Gleichgültig wie viele von uns auf den Stränden ihr Leben ließen, Naha würde fallen. Nein, die Zeit ist noch nicht reif für einen Krieg. Sie wird kommen, aber noch ist sie nicht da. Vielleicht hat das *bakufu* die einzigen möglichen Entscheidungen getroffen, vielleicht sogar die richtigen, doch darauf kommt es nicht an. Es wird aus dieser Sache geschwächt hervorgehen.»

Itohs Augen funkelten. «Sie mögen die Amerikaner hereingelassen haben, aber Japan wird stark werden, im Zorn vereint. Wir stehen vor einem neuen Anfang, Onkel, und er wird mehr als zweihundert Jahre arroganter Tokugawa-Herrschaft beenden. Die Tokugawa sind dekadente Weichlinge, unfähig, uns weiterhin zu regieren.»

Der Bürgermeister hob die Hand und gab dem jungen Mann mit einer Geste zu verstehen, er solle schweigen. Es genügte, wenn sie beide wußten, daß die Herrschaft des Shogun zu Ende ging, aber es war immer klüger, sich mit Worten zurückzuhalten, sogar wenn man so weit vom Schuß war wie auf Okinawa. Zwar hatte man hier kaum Repressalien zu fürchten, doch Freunde und Verwandte waren während ihres Zwangsaufenthalts in Edo der Willkür um so mehr preisgegeben. Irgendwie kamen unüberlegte Worte, gleichgültig woher, dem *bakufu* immer zu Ohren. Der Bürgermeister faltete das Papier sorgfältig zusammen.

«Die Amerikaner waren ein Ärgernis, hauptsächlich deshalb, weil sie überhaupt keine Manieren und einen beklagenswert schlechten Geschmack haben. Das war zu erwarten. Sie waren unverschämt und unerträglich eigensinnig, aber – wie ich zugeben muß – alles in allem sehr friedfertig. Die größte Gefahr besteht darin, daß sie versuchen werden, ihre Religion hier zu verbreiten und ein paar ihrer lächerlichen Ideen über das Klassensystem und den Status, in den ein Mensch hineingeboren wird. Sie glauben, daß alle Menschen gleich sind. Kannst du dir vorstellen, was für einen Aufruhr es gäbe, wenn die Okinawer auf solche Ideen kämen? Das darf nie geschehen! Hirosada-kun, darf ich annehmen, daß du hier bist, um bei der Untersuchung dieser Fragen zu helfen?»

Itoh nickte.

«In diesem Schreiben äußert sich Fürst Nariakira sehr wohlwollend über dich und bittet mich, dich zu unterstützen, was ich selbstverständlich tun werde, aber er schreibt mir keine Einzelheiten über deine Mission. Hat sie etwas mit der Bedrohung durch das Christentum zu tun?»

«Ja», antwortete Itoh, der diesen feinen alten Mann nur ungern belog. Doch er war gekommen, um eine passende Route für die Einfuhr von Waffen zu finden, und das verstieß gegen die Gesetze der

Tokugawa. Der *daimyo* von Satsuma hatte die Absicht, die Armee von Satsuma zur schlagkräftigsten in ganz Japan zu machen, und dazu mußte er große Mengen ausländischer Waffen und Munition importieren. Itoh würde selbstverständlich einen ausführlichen Bericht über die Christen schreiben und beabsichtigte außerdem, der Sache mit Sadayoris Spion nachzugehen. So sehr er Sadayori auch mochte, er wollte trotzdem nicht, daß er etwas über die Waffenkäufe der Satsuma erfuhr.

«Ich fange gleich morgen an», sagte er.

«Wie du willst. Selbstverständlich mußt du bei mir wohnen.»

Der Bürgermeister klatschte in die Hände, ein Diener brachte im Brunnen gekühlten Weizentee herein, und die beiden Männer begannen sich über private Dinge zu unterhalten, erzählten sich Neuigkeiten von Freunden und Familien.

Schon sehr bald hörte Itoh von der Flucht des einarmigen Mannes, der vom Festland stammte und ein Spion war. Dabei konnte es sich nur um Sadayoris Walfänger handeln, und Itoh kam zu dem Schluß, daß er ihn irgendwie beschützen mußte. Schon schickte man seinen Steckbrief auf sämtliche Inseln, setzte Belohnungen aus und drohte allen, die dem Flüchtling Unterschlupf boten, furchtbare Strafen an. Aber er war wie vom Erdboden verschwunden. Itoh war jedoch einer der fähigsten und am meisten gefürchteten Agenten des Satsuma-Clans und unterstand dem direkten Befehl seines *daimyo.* Er würde den einarmigen Walfänger aufspüren.

Für Jinsuke vergingen die Tage durchaus nicht angenehm. Die Gruft war finster, feucht, muffig und eng. Jinsuke wurde von Alpträumen heimgesucht und konnte nur am Tag schlafen. Nachts schob er den Bimssteinblock beiseite und wagte sich ins Freie. Er kam sich vor wie ein Gespenst. Er wußte nicht, wie lange seine Gefangenschaft dauern würde, und das machte sie noch schlimmer. Er dachte ununterbrochen an Flucht, wollte weglaufen, ein Boot stehlen, irgendwas. Erleichterung fand er nur darin, daß er sich morgens und abends regelmäßig im Kampfsport üben konnte. Seine Trainingspartner berichteten ihm, daß die Suche nach ihm noch intensiver betrieben werde, und ermahnten ihn, in seinem Versteck auszuharren.

Während die langen Tage und die noch längeren Nächte sich qualvoll hinschleppten, mußte Jinsuke immer häufiger an Harue denken. In den beiden Monaten, die er in seinem Versteck verbrachte, hatte er sie häufig gesehen. Als sie eines späten Abends im Freien standen, packte er ihre Handgelenke und zog sie an sich. Sie fühlte sein hartes Glied an ihrem Leib und stöhnte leise auf.

«Nein, nein, nicht hier.»

Jinsuke ließ sie los, doch sie schob beide Hände unter sein Gewand und umarmte ihn.

«Komm mit mir an den Strand. Heut abend ist es ungefährlich, es war schon tagelang niemand dort.»

Schweigend gingen sie Hand in Hand durch den Bambushain, über die Zuckerrohrfelder und den Waldweg entlang ans Meer.

Das Gefühl warmen, sauberen Seewassers auf der Haut war für Jinsuke wie ein zärtliches Streicheln. Er wusch sich von Kopf bis Fuß, und Harue, die in seiner Nähe blieb, schien sich ihrer Nacktheit nicht zu schämen und von der seinen verzaubert zu sein. Sie hatte kräftige Oberschenkel, und ihr stark gewölbter Venusberg war so spärlich behaart wie bei einem jungen Mädchen. Auch ihre Brüste waren groß, der Leib ein bißchen zu dick, rund und fraulich. Sie tat so, als sei sie schüchtern und wandte sich von Jinsuke ab. Ihr Hals und ihr Rücken waren schön geschwungen und glatt wie Seide. Sie lief den Strand hinauf.

Nachdem er den Geruch der Gruft von seinem Körper abgewaschen hatte, breitete Jinsuke seine nasse Tunika im Sand aus und zog Harue neben sich. Sie war eine Frau, und er hatte sich so leer und einsam gefühlt. Die Spitzen ihrer Brust, die schon hart und steil aufgerichtet gewesen waren, schienen zwischen seinen Lippen noch härter zu werden, und er vergrub das Gesicht in der Weichheit ihrer Brüste. Zwar liebte er sie nicht, aber sie war eine Frau, sie war da, und auch sie war zu lange allein gewesen. Was sie jetzt füreinander empfanden, glich einem verzehrenden Feuer, einem Brand, den ihre Körper entfacht hatten und den auch nur ihre Körper löschen konnten. Es war Jinsuke völlig gleichgültig, ob jemand sie entdeckte...

Vier Nächte später kam Kinjo, um ihn abzuholen. Jinsuke war besorgt gewesen, denn er hatte seit zwei Tagen nichts mehr zu essen bekommen. Als er aus seiner düsteren Zuflucht auftauchte, gab Kinjo ihm einen großen Reisball, und er schlang ihn gierig hinunter. Kinjo sah schweigend zu und reichte ihm dann eine verkorkte Kürbisflasche.

«Trink», sagte er barsch. «Es kommt nicht jeden Tag vor, daß ein Mann aus dem Grab auferstehen kann.» Es war ein feuriges alkoholisches Getränk und Jinsuke schluckte, dankbar für die Wärme, die seine Kehle und seinen Magen durchrieselte.

«Jetzt komm mit!»

Sie gingen drei Stunden lang durch die Dunkelheit, bis sie in eine kleine Felsenbucht kamen. Vielleicht lag es an seiner langen Gefangenschaft, vielleicht auch am Alkohol, aber Jinsuke war müde, und der Kopf dröhnte ihm. Kinjo sah sich im Gehen ein paarmal nach ihm um, als wolle er sich überzeugen, daß es ihm gutging. Der alte Mann führte ihn einen steilen Pfad hinunter, und als sie unten ankamen, zeigte er auf ein Kanu, das gemächlich an seinem Anker schaukelte.

«Du sollst jetzt erfahren, warum wir das für dich getan haben, Jinsuke», sagte Kinjo. «Mein jüngerer Bruder war Arzt – ein guter Arzt. Eines Tages brachte man einen Mann zu ihm, der vom Pferd gestürzt war und schwere innere Verletzungen hatte. Mein Bruder schnitt ihn auf und wollte ihn heilen, aber der Mann starb. Er stammte vom Festland, und die Satsuma verurteilten meinen Bruder zum Tode, obwohl er schuldlos war. Er floh nach Nagasaki und lernte dort einen anderen Arzt kennen, einen Freund des Samurai Matsudaira Sadayori. Dieser Samurai besorgte falsche Pässe, und mein Bruder entkam nach China. Ich mag die Leute vom Festland nicht, aber ich schuldete ein Leben. Dieses Leben sollst du haben. Schwimm hinaus, und versteck dich in dem *sabani*. Es ist ein großes Boot, und unter den Deckenplanken ist Platz genug. Und vergiß nicht, deine Geheimnisse und unsere Geheimnisse tief in deiner Brust zu bewahren, Walfänger. Denk auch immer daran, daß wir Okinawer es waren, die dich versteckten und ernährten, ohne eine Gegenleistung zu verlangen. Deine Brüder auf dem Festland würden dich töten. Es werden vielleicht Dinge geschehen, die du nicht verstehst, aber vergiß nie, was ich dich gelehrt habe. Ich glaube, du bist ein Mann, der das Tor der Angst durchschritten hat. Das und meine Lehre werden dir über vieles hinweghelfen. Geh jetzt hin in Frieden.» Er reichte Jinsuke die Kürbisflasche. «Nimm sie, du wirst sie brauchen.»

Jinsuke fiel auf die Knie und verneigte sich tief. Fast wäre er in Tränen ausgebrochen.

«*Sensei*, ich danke Euch», sagte er schlicht. «Ihr seid mein Vater. Ich werde es nie vergessen.»

Der alte Meister rieb sich ärgerlich die Augen. «Steh auf und geh.»

Jinsuke erhob sich und hielt Kinjo die Kürbisflasche hin.

«Laßt uns gemeinsam *kampai* sagen, *sensei*. So ist es bei den Walfängern Brauch.»

Der alte Mann nahm die Flasche, trank, wartete einen Augenblick und schluckte dann. «*Kampai*, Walfänger.»

Jinsuke trank ebenfalls. «*Kampai, sensei.*»

Seine Beine waren wie aus Blei. Er watete ins Wasser und begann auf das Boot zuzuschwimmen.

Kinjo schüttelte seufzend den Kopf, steckte zwei Finger in den Hals und erbrach sich. Er ging ans Wasser hinunter, trank und erbrach sich wieder. Dann stieg er, jetzt müde und schwerfällig, den steilen, überwachsenen Pfad hinauf. Am Saum der Nacht begann der Morgen zu dämmern.

Auf dem höchsten Punkt des Abhangs trat Itoh Hirosada aus den Schatten. Die Hand auf der Scheide seines Schwerts, beobachtete er Kinjo, der groß und mächtig war wie ein alter Bär.

«Hat er getrunken?»

Kinjo sah ihn mit vor Haß funkelnden Augen an. «Ja, er hat etwas getrunken und wird zweifellos noch mehr trinken. Werdet Ihr jetzt Euer Versprechen halten und das Mädchen und seinen Vater freilassen?»

«Ja, noch heute morgen. Frei und ohne Schaden genommen zu haben, können sie gehen. Obwohl der Vater ein bißchen geschlagen wurde. Solange sie schweigen, wird ihnen auch in Zukunft niemand etwas tun.»

«Sie werden schweigen», entgegnete Kinjo und blickte dann zu der kleinen Bucht zurück. «Und er auch.»

Itoh lachte. «Ich will nicht, daß er spricht.» Seine Stimme wurde kalt. «Wenn ich es wollte, würde er wie ein Vogel singen – genau wie Ihr, trotz Eurer China-Fäuste und stählernen Finger.»

Kinjos kräftiger Körper duckte sich leicht, und seine Füße bewegten sich kaum merklich, um einen besseren Stand zu bekommen. Itoh sprang zurück.

«Wartet! Dem Walfänger geschieht nichts. Es gibt vieles, was Ihr nicht wißt.» Seine Linke lag auf der Scheide seines Schwerts, unmittelbar neben der Parierstange, die Rechte quer vor dem Körper am Griff. Er war bereit, im Bruchteil einer Sekunde zu ziehen. Wenn der alte Kämpfer entschlossen war, ihn anzugreifen, würde nichts ihn zurückhalten – außer wenn er ihm den Kopf abschlug.

«Wartet!» stieß Itoh hervor. «Wir haben keinen Grund, miteinander zu kämpfen, nichts wäre damit erreicht, und es würde nur einen Toten geben. Sollte ich sterben, was ich bezweifle, denn ich habe ein Schwert und bin jung, werden Vater und Tochter auch sterben. Wahrscheinlich nach einer langen qualvollen Folterung. Also laßt es sein. Ihr habt von mir kein Geld genommen, und Ihr habt keinen Okinawer verraten. Ich verspreche Euch, daß der Walfänger am Leben bleibt, wenn er seine Geheimnisse zu wahren weiß.»

Sekundenlang musterten sie sich gegenseitig im trüben Frühlicht, dann ließ Kinjo die Spannung aus seinem Körper entweichen und glich dabei einem sich rekelnden Tiger. Er fühlte sich jetzt jünger und leichter.

«Ich kehre in mein Dorf zurück», sagte er, «und werde darum beten, daß wir einander nie wieder begegnen. Ich fürchte weder Euer Schwert noch Eure Jugend.» Itoh verneigte sich mit einer Höflichkeit, die nicht geheuchelt war.

Ein paar Stunden später erwachte Jinsuke. Sein ganzer Körper schien verkrampft. Das Boot schaukelte noch immer leicht, und es stank schrecklich nach Fisch. In Jinsukes Kopf war ein dumpfer Schmerz, und seine Glieder waren wie tot. Benommen rollte er sich auf die Seite und versuchte aufzustehen, schaffte es jedoch nicht. Als er ganz wach wurde, merkte er, daß nicht die Enge schuld war an seinem Krampf – er war vom Oberkörper bis zu den Füßen mit Tauen verschnürt. Man war auf ihn aufmerksam geworden, weil er sich bewegt hatte, und die Decksplanken wurden gehoben. Sonne und Licht blendeten ihn, bis ein Schatten über ihn fiel. Jinsuke sah auf und erblickte über sich ein dunkles Gesicht und einen rasierten Kopf mit Haarknoten. Ein Kyushu-Samurai.

«Du bist also wach? Gut, ich hoffe, du hast gut geschlafen. Die Fahrt dauert nicht mehr lange.»

«Wohin segeln wir?»

«Nach Naha, wo auf dich das Gefängnis wartet. Ich denke, es sind viele Fragen zu beantworten.» Der Mann kniete nieder und sprach leise weiter: «Hör gut zu, Walfänger Jinsuke, wir mögen keine Spione, egal, wem sie dienen. Aber gib nicht preis, warum du hier bist. Ich weiß es, doch die anderen müssen es nicht wissen. Wenn du nichts verrätst, will ich alles tun, was in meiner Macht steht, daß man dein Leben verschont. Falls du irgendeinen Namen nennst, werde ich dir eigenhändig den Kopf abschlagen, nachdem ich dir die Zunge heraus- und die Hoden abgeschnitten habe.»

Der Mann stand auf, zog Jinsukes *sai* aus seiner Schärpe und wog ihn in der Hand. «Primitiv, aber wirkungsvoll – und ungesetzlich.» Er schob die Waffe in die Schärpe zurück und sah grinsend auf Jinsuke hinunter.

«Wasser für den Gefangenen!» rief er, und ein Offizier mit einem Schwert brachte einen Krug, hielt ihn Jinsuke über den Mund und goß ihn aus. «Der Schnaps, den sie auf Okinawa brauen, macht entsetzlich durstig», sagte Itoh. «Er ist so schlecht, daß man eine Schlange damit vergiften könnte. Und ich schwöre, daß die Insulaner ihn genau dazu benutzen.»

Der andere Mann lachte, aber die sechs Okinawer an den Rudern preßten die Lippen zusammen. Schon fuhren sie um die Landzunge herum in den Hafen von Naha ein, wo ein Ochsenkarren darauf wartete, Jinsuke ins Gefängnis zu bringen. Itoh war zufrieden. Durch die List mit dem *sabani* und mit Hilfe des mit einem Betäubungsmittel vermischten Alkohols war ihm Jinsuke kampflos in die Hände gefallen. Ein Kampf hätte den Walfänger bestimmt das Leben gekostet und eine Freundschaft im Keim zerstört. Jetzt mußte Itoh seine Karten sehr, sehr vorsichtig ausspielen und konnte nur hoffen, daß der Walfänger so stark war, wie er zu sein schien.

Die nächste Woche sollte in Jinsukes Erinnerung immer nur wie ein verschwommener Traum haftenbleiben. Jeder Tag begann und endete in dem engen von Ungeziefer wimmelnden Käfig, in den man ihn geworfen hatte; einem Raum, der so niedrig und schmal war, daß Jinsuke weder aufrecht stehen noch ausgestreckt liegen konnte. Im Lauf des Vormittags wurde er gewöhnlich zum Verhör geholt, das im Hof stattfand. Sie schlugen ihn, hängten ihn mit dem Kopf nach unten auf, er mußte stundenlang auf einem geriffelten Brett knien, und sie legten ihm schwere Steinquadern auf die Oberschenkel. Sie schrien ihn an, beschimpften, ohrfeigten und stießen ihn. Aber Jinsuke sagte nichts anderes, als er habe sich nur verteidigt, was ihm neue Folterungen einbrachte.

Eines Tages ließ Itoh eine große, runde Metallscheibe bringen und in der Mitte des Hofs auf den Boden legen. Jinsuke betrachtete sie benommen und fragte sich, was für eine neue Folter das sein mochte.

«Weißt du, was das ist?» fragte Itoh.

Jinsuke schüttelte den Kopf. Itoh schlug ihm brutal ins Gesicht. «Schau es dir an, und sag mir, was du darauf siehst.»

Jinsuke blinzelte die Tränen weg, die ihm in die Augen geschossen waren, und sah vor einem Kreuz eine Frau mit einem Kind in den Armen. Über ihrem Kopf schwebte ein Heiligenschein.

«Es ist Kannon-sama», sagte Jinsuke, dem Bildnis den Namen der Göttin der Barmherzigkeit gebend. Die Offiziere und Itoh lachten und schlugen ihn wieder.

«Was bedeutet das Kreuz?»

«Es ist das innere Zeichen des Wappens von Shimazu und Satsuma», sagte Jinsuke. Einer der Offiziere gab ihm einen Tritt an den Kopf und stieß ihn um. Itoh zerrte ihn wieder auf die Knie.

«Wage ja nicht, unser Wappen mit diesem Zeichen in einem Atemzug zu nennen. Das ist, wie du sehr gut weißt, das Kreuz der Christenheit.»

Jinsuke wußte es nicht. Er hatte noch nicht viel über die ausländische Religion gehört, und in Taiji gab es keine heimlichen Christen.

«Er soll aufstehen!» sagte Itoh, und die Offiziere zerrten Jinsuke in die Höhe und zu der Metallscheibe hinüber und befahlen ihm, draufzutreten. Von diesem Ritual hatte Jinsuke schon gehört. Man trampelte auf dem Bildnis der Mutter des fremden Gottes herum und bewies so seine Verachtung für ihn und seine Treue zu Japan. Ohne zu zögern trat Jinsuke auf die Scheibe. Sie war in der tropischen Sonne glühend heiß geworden, und er zuckte zusammen.

«Ha! Siehst du! Du zuckst zusammen, weil es dir widerstrebt, auf deinen barbarischen Gott zu treten!» schrie Itoh und schickte ihn mit einem Faustschlag zu Boden.

Während der nächsten Tage drehten sich die von Itoh geleiteten Verhöre fast ausschließlich um versteckte Christen, ein Thema, über das Jinsuke nichts wußte und daher auch nichts aussagen konnte, gleichgültig welche Foltermethoden sie anwandten. Auf diese Weise konnte Jinsuke seine Geheimnisse hüten, und die ganze Zeit über ruhten Itoh Hirosadas kalte, starre Augen auf ihm.

Ende der Woche hörten sie auf, ihn zu foltern, ließen ihn fast eine ganze weitere Woche in seinem Käfig liegen und brachten ihm täglich etwas zu essen und Wasser. Dann zerrten sie ihn eines Morgens ins Freie. Als sich seine Augen an das grelle Sonnenlicht gewöhnt hatten, war Jinsuke überzeugt, daß er hingerichtet werden sollte. Er straffte die Schultern, stand aufrecht da und ignorierte seine Schmerzen. Itoh trat aus einem Gebäude. Er pflanzte sich vor dem Gefangenen auf, der den Blick des Samurai mit funkelnden Augen erwiderte. Itoh lachte schallend und schickte Jinsuke mit einem mit flacher Hand geführten Schlag zu Boden.

«Was für ein Stolz in einem Fischer! Du bist ein komischer Vogel! Wir bringen dich jetzt nach Kagoshima, wo man dir noch größeres Kopfzerbrechen bereiten wird. Wir haben dort mehr Erfahrung.»

Die Wachen zogen Jinsuke in die Höhe.

Nachdem er die Transportpapiere für den Gefangenen mit seinem Siegel versehen hatte, verabschiedete sich Itoh vom Bürgermeister, der ihn auf den Hof begleitet hatte und jetzt ein wenig neugierig das zerschundene Gesicht des Gefangenen betrachtete, der, obwohl ein Christenhund, ein tapferer Bursche war.

Ein paar Stunden später lief die Dschunke aus Naha aus und nahm Kurs auf Kagoshima. Die starke Dünung des Ozeans weckte in Jinsuke eine Flut von Erinnerungen an zu Hause, seine Bootskameraden, den

Walfang, Oyoshi, aber die vertrauten Geräusche, das Pfeifen des Windes in der Takelage und das Knarren von Spantenwerk und Mast schenkten ihm keinen inneren Frieden. Er dachte auch an Harue, und an Kinjo, der ihn verraten hatte – denn Verrat mußte es gewesen sein. Und er verstand nichts.

Nach zwei Tagen kam Itoh in den Frachtraum und schnitt Jinsukes Fußfesseln durch.

«Steh auf, Walfänger», sagte er grinsend. Verdammt soll er sein mit seinem ständigen Grinsen! dachte Jinsuke. Mürrisch und von Schmerzen gepeinigt, rappelte er sich hoch und suchte nach einem Halt. Das Schiff schaukelte jetzt so wild, als mache es keine Fahrt mehr. Itoh stieß und schob ihn auf Deck. Jinsuke hatte recht gehabt, das Segel war gerefft. Zwei Männer an der großen offenen Ruderpinne sahen ebenfalls grinsend zu ihm herüber. Zwei andere Matrosen packten ihn.

«Paßt auf, daß er nicht tritt», warnte der Samurai. Er sah Jinsuke an, verfiel in einen neckenden Ton und mit voller Absicht in den derben Kyushu-Dialekt. «Ist dir dieses Leben nicht verhaßt, Walfänger? Möchtest du nicht aufs Meer zurückkehren, in die kühlen Wellen und dich von einer Schildkröte in den Palast des Drachenkönigs hinuntertragen lassen? Ist es dir nicht lieber, im Meer zu sterben, als in Kagoshima hingerichtet zu werden? Du bist ein so häßlicher Kerl, und wenn man deinen Kopf ausstellte, wäre das kein schöner Anblick.»

Jinsuke schwieg, zwischen Angst und Resignation schwankend.

«Wir müßten eine Menge erklären, wenn wir so unvorsichtig wären, unseren Gefangenen ins Wasser springen und Selbstmord begehen zu lassen, aber für die Behörden ist Tod gleich Tod, und du bist ein so eigensinniger Kerl und willst nicht reden.» Seufzend nahm Itoh ein Seemannsmesser und schnitt Jinsuke die Armfessel durch.

«Benutzt Stahl, wenn Ihr mich ermorden wollt», fauchte Jinsuke.

Itoh lachte und wandte sich zu den Matrosen um. «Was für ein hitziges Temperament – wir müssen ihn abkühlen», sagte er und zugleich stießen die beiden Matrosen Jinsuke über Bord. Prustend kam er an die Oberfläche und begann mit steifen Muskeln zu schwimmen. Blau und kühl umgaben die Wellen seinen Körper, und während er schwamm, lauerte die Angst nicht mehr wie ein sprungbereites Tier in ihm. Er hatte das Meer im Blut, und dieses Meer war warm. Die Gebeine einer ganzen Reihe seiner Ahnen ruhten auf dem Meeresgrund, das war keine Schande. Er blickte zum weiten, mit Zirruswolken bedeckten Himmel auf, fühlte, wie die Wellen seinen Körper hoben, und mußte daran denken, wie oft er unter einem Wal durchgetaucht war, um ein Seil an seinem Bauch zu befestigen. Und er erinnerte sich an den ersten Wal, den er geschnitten hatte. Wenn er den Kopf wandte, sah er die Dschunke, an der die Matrosen jetzt wieder das Segel hißten. Sie ließen ihn hier zurück, doch es machte ihm nichts aus, sollten sie doch verschwinden. Er hatte noch ein paar Stunden zu leben, Zeit genug, um nachzudenken und sich zu erinnern, und wenn die Erschöpfung kam, würde er untergehen, tiefer, immer tiefer – wenn nicht ... O nein! Plötzlich wurde er von Panik gepackt. Er hatte bisher nicht daran gedacht, doch jetzt fielen ihm die Haie ein. Er schrie hinter der Dschunke her, sie solle stoppen, und begann ihr wie wild nachzuschwimmen.

Plötzlich wurde er gepackt und wehrte sich rasend vor Angst, schlug und trat um sich. Ein schrecklicher Schlag ließ in seinem Kopf grüne Lichter aufblitzen. Als er wieder zu sich kam, begann er wieder um sich zu schlagen. Dann sah er, daß nicht messerscharfe Haifischzähne ihn festhielten, sondern zwei mächtige, behaarte Arme, und er roch Schweiß und Tabak. Die Arme hoben ihn rücklings aus dem Wasser und ließen ihn auf den Boden eines Ruderboots fallen. Er hatte nicht gemerkt, daß es in der Nähe war.

«Ruhe, Ruhe, alles gut. Machen Schwierigkeiten, ich schlagen wieder. Wenn Ruhe, keine Schwierigkeiten, kein Schmerz.»

Die tiefe Stimme klang schroff, und Japanisch sprach der Unbekannte mit starkem Akzent. Jinsuke lag still, holte ein paarmal tief Atem und sah sich um. Das Boot war voller Ausländer – fünf im Ganzen. Vier saßen an den Rudern und grinsten ihn an, als sei alles ein Riesenwitz. Sie ruderten ein Stück, hielten an, und der große Rotbart, der ihn festgehalten hatte, zog ein langes Bündel aus dem Wasser. Dann schnitt er das Tau zu den beiden großen, leeren Krügen durch, die das Bündel an der Oberfläche gehalten hatten. Er hielt die Krüge einen Augenblick in der Hand, als wolle er sie ins Meer zurückwerfen, aber sie sahen brauchbar aus und waren mit ein paar schönen schwarzen Schriftzeichen bemalt, also stellte er beide neben Jinsuke auf den Boden.

Sie begannen wieder zu rudern, und erst jetzt entdeckte Jinsuke Masten und Segel eines ausländischen Schiffs und eine winzige flache Insel. Schon nach kurzer Zeit hatten sie das Schiff erreicht, und man half Jinsuke ein Fallreep hinauf. Ein paar Minuten später war auch das Boot eingeholt. Jinsuke glaubte zu träumen. Er war an Bord eines ausländischen Schiffs, von Ausländern umgeben, die ihm das Leben gerettet hatte. Er fiel auf die Knie und verneigte sich tief.

Der große Mann mit dem roten Bart legte ihm seine schwere Hand auf die Schulter. «Hier du mußt nicht verbeugen. Steh auf.» Jinsuke erhob sich, und der Mann nahm seine Hand und schüttelte sie lächelnd.

«Wir machen Gruß so, keine Verbeugung.» Er schüttelte Jinsukes Hand noch einmal und ließ sie dann los. Ein zweiter Mann streckte die Hand aus, und Jinsuke nahm sie zögernd. Er fand sich von lächelnden Ausländern umringt, die ihm alle die Hand schütteln wollten. Es war, wie er fand, eine sehr merkwürdige und ziemlich unbequeme Art, sich zu begrüßen, begriff aber, daß sie ein Gefühl der Freundschaft vermittelte. Seit er ein kleines Kind gewesen war, hatte er nie wieder die Hand eines Mannes gehalten.

«Du jetzt nackt werden», sagte der Rotbart. Jinsuke starrte ihn verständnislos an, obwohl der Mann japanisch gesprochen hatte.

«Sprechen Englisch?» fragte er und Jinsuke nickte.

«Aber nix gut», stotterte er und hoffte, daß er von den Lektionen etwas behalten hatte.

«Zieh deine Kleider aus», sagte der Mann langsam und geduldig. «Sehr schmutzig und naß. Zieh aus.»

Jinsuke knotete die Schärpe auf und zog sich verlegen aus. Ein Matrose hob seinen kurzen Kimono auf und warf ihn ins Wasser. Ein anderer reichte ihm eine an den Rändern leicht ausgefranste, aber saubere Hose aus weißer Sackleinwand und ein derbes Baumwollhemd. Jinsuke zog beides an, obwohl es für ihn schwierig war, die Beine durch die Hosenbeine zu stecken und das Hemd zuzuknöpfen. Während er ungeschickt herumfummelte, kam ein Junge mit strohblondem Haar und half ihm. Er sagte ein paar Worte in einer Sprache, die Jinsuke überhaupt nicht kannte.

«Englisch?» fragte er. «Amerikanisch?»

«Nein», schrie der große Mann. «Holländisch. Du jetzt gehen mit uns nach China. Du dich ruhig halten. Wenn du nicht ruhig...» Er fuchtelte Jinsuke mit seiner mächtigen, behaarten, mit unzähligen Sommersprossen bedeckten Faust vor den Augen herum. Obwohl Jinsuke größer und kräftiger war als die meisten Japaner, überragte dieser Mann ihn um mehr als einen Kopf und war so breit wie eine Tür. Die anderen Matrosen lachten, und Jinsuke sah dem Mann in die Augen, die von unzähligen Fältchen umgeben waren, Augen von ganz hellem Blau. Jinsuke sah keine Drohung in ihrem Blick, obwohl er inzwischen wußte, daß dieser Mann es gewesen war, der ihn im Wasser bewußtlos geschlagen hatte. Er wedelte mit der Hand vor seiner Nase herum, rieb sich das Kinn.

«Ich ruhig sein», sagte er.

Der Mann fiel ins Japanische zurück. «Fein. Fein. Jetzt du geh und suche Platz zum Schlafen, und hol dir warmes Essen. Das ist ein gutes Schiff. Morgen du Kapitän sehen.» Dann schrie er den anderen

Männern Befehle zu, die wie Affen die von den Masten hängenden Strickleitern hinaufkletterten und an Tauen zogen. Der Junge mit dem strohgelben Haar zupfte Jinsuke am Arm und führte ihn zu einer Tür dicht hinter dem Bug. Dann schob er ihn eine kurze Holzleiter hinunter in eine enge Kabine mit vielen Kojen. Der Junge führte Jinsuke zu der, auf der das lange Bündel lag, das sie aus dem Meer geholt hatten. In der Mitte der Kabine stand ein Tisch mit Bänken. Ein Mann in einer weißen Schürze kam mit einem Topf, einem Löffel und einer Schüssel die Leiter herunter. Er stellte den Topf auf den Tisch, füllte die Schüssel und winkte Jinsuke. Der Junge schob Jinsuke zur Bank und gab ihm zu verstehen, er solle sich setzen.

Es war ein Eintopf, ziemlich stark gesalzen und mit einem Fleisch, das Jinsuke noch nie gegessen hatte, heller als Wal, aber dunkler als Schwein. In dem Eintopf waren außerdem Kartoffeln, Zwiebeln und Bohnen. Jinsuke aß heißhungrig. Der Junge gab ihm ein großes Stück von etwas, von dem Jinsuke wußte, daß es Brot war, und auch das hatte er noch nie gegessen. Es war erstaunlich gut. Als nächstes reichte ihm der Junge eine Blechschale mit einem Ring an der Seite, an dem man die Schale festhielt. In der Schale war eine heiße, dunkelbraune, fast schwarze Flüssigkeit. Er nahm einen Schluck und verbrannte sich fast die Zunge. Die Flüssigkeit war zuerst bitter und dann sehr süß. Er ließ sich mit dem Austrinken Zeit, wußte nicht so recht, ob sie ihm schmeckte oder nicht. Sie füllten seine Schüssel noch einmal, gaben ihm noch mehr Brot, und er fand, daß er noch nie etwas so Gutes gegessen hatte, auch wenn alles sehr seltsam war. Um ihn herum standen die ausländischen Seeleute, lächelten, beobachteten ihn. Ihr Haar und ihre Bärte waren von verschiedener Farbe, ihre Augen blau, braun, grau, ja sogar grün. Er leerte die Tasse, sie schenkten nach, und er sah, daß sie Zucker hineinrührten. Dann drückte ihm ein ziemlich alt aussehender Matrose eine hölzerne Pfeife in die Hand. Verglichen mit den winzigen Messingpfeifen, an die Jinsuke gewöhnt war, hatte sie einen riesigen Kopf. Als nächstes reichte der Matrose ihm einen ledernen Tabaksbeutel, und der Junge brachte mit einer Pinzette ein Stückchen glühender Kohle.

Die Matrosen versuchten sich mit Jinsuke zu verständigen, aber er sprach kein Holländisch, und sie konnten nur ein paar Worte Englisch und kein Wort Japanisch. Jemand hob das lange Bündel von der Koje, legte es auf den Tisch und reichte Jinsuke ein Messer. Sie waren alle neugierig und wollten sehen, was es enthielt. Er schnitt es auf und fand darin alle Dinge, die er in seiner Hütte unter den Fußbodenbrettern versteckt hatte – mit Ausnahme seines Tagebuchs und seiner Notizen.

Außerdem enthielt es ein weiteres, ihm unbekanntes kleines, schweres Päckchen. Aus seinem Gewicht und seiner Form schloß Jinsuke, daß es goldene *ryo*-Münzen enthielt. Während die anderen laut die Harpune bewunderten, der *sai* und der geschnitzte Walzahn von Hand zu Hand gingen, ließ Jinsuke das Gold unauffällig in der Tasche verschwinden. Der Junge reichte ihm den *sai*. Sie wußten nichts damit anzufangen. Jinsuke wirbelte ihn in der Hand herum und zeigte ihnen, daß das «todbringende Eisen» eine gefährliche Waffe war. Der alte Matrose, der ihm die Pfeife geliehen hatte, schüttelte den Kopf.

«Nix gut, nix gut», sagte er. «Du müssen Kapitän geben.» Ein anderer Mann hatte die leeren Sakekrüge hereingebracht, drehte sie um, schüttelte sie, machte ein trauriges Gesicht, zeigte dann auf Jinsuke, hüpfte herum und tat, als sei er betrunken. Jinsuke lachte mit ihnen. Ja, dachte er, wenn ich gewußt hätte, daß ich zu euch an Bord komme, hätte ich ein paar Krüge guten Sake mitgebracht.

Er wog seine Harpune in der Hand und entdeckte, um den Schaft herumgewickelt ein zweites doppelt in Ölpapier eingeschlagenes kleines Päckchen. Es war ein Brief. Jinsuke öffnete ihn und las ihn schweigend, was die Matrosen sehr beeindruckte.

«Walfänger», las er, «solltest du je nach Kagoshima kommen, müssen wir dir den Kopf abschlagen. Behalte das Gold, es ist von mir. Die Passage auf dem ausländischen Schiff wurde heimlich in Nagasaki für dich bezahlt. Ich werde Matsudaira Sadayori berichten, was aus dir geworden ist. Ja, ich wußte alles, und du bist ein guter, tapferer, willensstarker Mann, denn du hast ihn nicht verraten. Bewahr auch dieses Geheimnis. Eines Tages möchte ich – wenn auch nicht in Kyushu – die Geschichten hören, die du dann erzählen kannst. Mich interessiert alles, was du sehen und lernen wirst. Achte gut auf deine Gesundheit.» Der Brief trug keine Unterschrift, doch Jinsuke wußte, daß er von demselben Samurai stammte, der ihn gefangengenommen, verhört und schließlich ins Meer geworfen hatte. Sorgfältig faltete Jinsuke den Brief wieder. Später wollte er ihn zerreißen und die Schnitzel ins Meer streuen. Doch er würde Gesicht und Stimme dieses Samurai ebensowenig vergessen wie Okinawa und seine Menschen. Ihm war klar, daß er nie zurückkehren konnte, solange die Satsuma auf den Inseln herrschten.

Alles war so schnell geschehen, und alles war so fremd. Er musterte die Gesichter der lebhaft schwatzenden Ausländer und war mit einemmal so vergnügt, daß er am liebsten laut gelacht hätte. Sie kamen ihm wie große, behaarte freundliche Affen vor. Ja, er mochte die Ausländer, und er mochte auch ihr Schiff.

17

Oyoshi beobachtete Saburo, während sie sich lautlos fächelte. Seine Malerei, dachte sie, ist für ihn mehr Wirklichkeit als die Welt draußen... Doch nein, das zu denken, war nicht fair. Es traf viel eher zu, daß Saburo die Welt draußen auf seinen Bildern festhielt.

Eines Tages hatte ein Fischer einen großen Rochen an Land gezogen. Das häßliche Ungetüm hatte auf dem Rücken gelegen und mit dem langen, stachligen Schwanz um sich geschlagen. Die Farben hatten Saburo fasziniert, und er hatte dagestanden, als präge er sie sich genau ins Gedächtnis ein. Nur sie schienen ihm wichtig zu sein. Daß der Rochen einer der größten war, die je gefangen worden waren, und wie schwierig und gefährlich es gewesen war, ihn ins Boot zu holen, hatte für ihn offenbar nicht die geringste Bedeutung. Doch als der kleine Yoichi dem Ungetüm zu nahe gekommen war, hatte Saburo und nicht Oyoshi das Kind zurückgerissen.

In seiner scheinbar kühlen und zurückhaltenden Art sorgte Saburo immer gut für Oyoshi, ihren kränkelnden Vater, das Kind. Er reparierte alles im Haus, brachte kleine Geschenke mit und erledigte, was nötig war, ohne daß man ihn darum bitten mußte.

Jinsuke war sogar für einen Taiji-Mann groß und muskulös gewesen. Saburo war auch noch gewachsen und jetzt so groß wie sein Bruder, aber viel schlanker. Obwohl vor kurzem erst zwanzig geworden, strahlte er ruhige Reife aus, von der sich ältere Menschen und Kinder angezogen fühlten.

Saburo hatte die Versprechen gehalten, die er Oyoshi vor der Heirat gegeben hatte. Nicht ein einziges Mal hatte er sie leidenschaftlich berührt, nie einen Annäherungsversuch gewagt, nicht einmal mit Worten. Aber er war nicht kalt. Wie er ihr damals versprochen hatte, war er ihr ein liebevoller älterer Bruder und ihrem Vater ein gehorsamer Sohn und Lehrling, der nach und nach die meiste Arbeit übernahm.

Auf ihre Weise war Oyoshi ihm sehr dankbar dafür, daß er da und von stets gleichbleibender Güte war. Ohne ihn schien das Haus leer. Wenn er zum Essen nicht nach Hause kam oder bis spät in den Abend hinein arbeitete, wartete sie ungeduldig auf ihn. Aber sie wollte nicht, daß er sie berührte. Wenn sie das Kind stillte – was sie noch immer tat, obwohl es längst feste Nahrung zu sich nahm –, weckte das Gefühl des kleinen Mundes, der an ihren steifen Brustwarzen saugte, Erinnerungen an Jinsuke in ihr, Phantasien und Gedanken, in denen Saburo nur als Verkörperung ihres Schuldbewußtseins eine Rolle spielte. War er dabei, wenn sie das Kind stillte, verdrängte sie die Gedanken an Jinsuke; war sie jedoch allein, gelang es ihr nicht, sich ihrer zu erwehren.

Im Augenblick stand der Kleine neben Saburo und hielt sich mit den dicken Fingerchen an seiner Schulter fest. Als Saburo sich ihm zuwandte und ihm mit der Spitze seines Pinsels auf die Nase tupfte, lachte Yoichi glücklich.

Er liebte den Jungen wirklich so, als wäre er sein eigener, dachte sie.

Ihr Vater hatte seine Entwürfe oft auf Papier skizziert, ehe er sie auf einem Boot ausführte, doch Saburo verbrachte seit ein, zwei Jahren seine Freizeit hauptsächlich damit, lange Bildrollen zu malen, die ganze Geschichten erzählten.

Zuerst hatte er die herkömmlichen Motive der Walfangboote gemalt und mit einem erklärenden Text versehen. Der junge Wada Kinemon, den man auch Iori nannte, hatte die Bildrolle gesehen und sehr gelobt. Er hatte sie sich sogar von Saburo erbeten und in sein Amtszimmer gehängt. Wenn Besucher kämen, hatte er gesagt, könne er ihnen das Bild zeigen und ihnen erklären, wie sich die Boote voneinander unterschieden und welche Aufgabe sie in der Flotte hatten. Er war so begeistert gewesen, daß er Saburo in Kyoto gutes Papier, teure Pinsel und Farben gekauft und ihn gebeten hatte, mehr zu malen, selbst auf Kosten seiner Pflichten im Bootsschuppen.

Oyoshis Vater hatte so getan, als sei er zutiefst entrüstet, man merkte ihm jedoch an, wie sehr er sich freute. Nach der Boot-Bildrolle malte Saburo ein Faltbild, so lang wie vier Tatamimatten – eine Waljagd mit vielen Szenen, angefangen mit den Ausguckposten auf den Klippen, den Signalen bis zum letzten Lanzenstechen. Es folgten Szenen, auf denen die Walfänger für die Seele des Wals noch auf See gemeinsam das buddhistische Gebet *Namu Amida Butsu* sprachen. Die nächsten Szenen schilderten die glückliche Heimkehr der Boote. Eine erstaunliche Liebe zum Detail und lebhafte Farben zeichneten das Bild aus. Wenn er als Junge mit der Flotte hinausgefahren war, hatten die anderen ihn immer angeschrien, er solle aufhören, mit offenen Augen zu träumen. Aber obwohl er geträumt hatte, hatte er alles gesehen und sich das Gesehene eingeprägt. Er brauchte nur Papier, Pinsel und Farben, um alles wiederzugeben, und zwar so genau, daß die Männer sich sogar auf den Bildern erkennen konnten.

Tatsudaiyu, sein wortkarger Vater, hatte fast nach Luft geschnappt vor Staunen, als er den ersten Teil der Bildrolle sah. Lange hatte er in dieser Nacht bei Saburo gesessen und ihm Dinge über die Jagd erzählt, die er noch keinem anderen anvertraut hatte. Von da an war er, bis die Rolle fertig war, Abend für Abend erschienen, um nachzuprüfen, ob sich in die Erinnerungen seines jüngsten Sohnes kein Irrtum eingeschlichen hatte, und machte ihn auf kleine technische Einzelheiten aufmerksam, die Saburo übersehen hätte. Dadurch wurde das Bild noch dramatischer, noch bewegter.

Den alten Takigawa hatte ebenfalls Erregung gepackt, er nörgelte, schimpfte und lobte, vergaß ganz seinen blutigen Husten, der immer schlimmer zu werden schien, und verbrannte seine Kraft in dem Bemühen, Saburo alles zu lehren, was er wußte.

Kinemon und Kakuemon waren von der Bildrolle so begeistert, daß sie die Arbeit bezahlen wollten, doch Saburo weigerte sich, das Geld zu nehmen. Sie hätten ihn, sagte er, schon überreich beschenkt. Aber Kakuemon bestellte trotzdem beim Schreiner einen schönen Arbeitstisch für ihn.

Kinemon und Kakuemon schickten die Bildrolle an Fürst Mitsumi, *daimyo* von Shingu, der einen mit eigener Hand geschriebenen Dankesbrief nach Taiji sandte.

Im Lauf dieses Jahres malte Saburo noch mehrere Bildrollen, die alle im Walfang-Büro aufgehoben und den bedeutenden Besuchern gezeigt wurden. Sogar bekannte Wissenschaftler lobten Saburos Arbeiten, und ein paar wohlhabende Besucher fragten an, ob der einheimische Künstler auch von ihnen Aufträge annehmen würde.

Oyoshi stellte eine große Schale mit gekühltem Tee neben ihn und nahm Yoichi auf, der sich langweilte und mit den Pinseln spielen wollte. Sie warf einen Blick auf Saburos neuestes Bild. Es war ganz anders als die früheren. Er malte jetzt den kostbar gestickten Obi eines hübschen jungen Mädchens.

«Wie schön, Saburo», sagte Oyoshi. «Wer ist sie?»

Saburo lächelte. «Eine der berühmten Schönheiten von Taiji. Ich will auf dem Bild die Flucht von hundertzwanzig unserer Ahnen an die

Küste von Kumano vor fast dreihundert Jahren schildern. Unter ihnen war ein schönes und kluges Mädchen namens Fujiya. Als der junge Fürst von Shingu sie sah, verliebte er sich in sie und bat das Haus Wada um die Erlaubnis, sie heiraten zu dürfen. Aber sie haßte Samurai und heiratete einen Harpunierer. Du siehst, auch schon damals bekamen die Harpunierer die schönsten Mädchen.»

Traurig wandte er das Gesicht ab, und Oyoshi tat so, als habe sie die letzte Bemerkung nicht gehört. Sie beugte sich vor, um sich das Bild des zarten Mädchens näher anzusehen.

«Woher hast du nur all diese Geschichten?» fragte sie.

«Die alten Leute erzählen sie mir. Unser Dorf ist einzigartig in Japan. Wir haben den Walfang mit Netzen erfunden, und man ahmt uns im ganzen Land nach. Wir stammen von den Piraten von Kumano ab, die den Lauf der Geschichte änderten. Wir sind mit dem Schicksal der Genji und Heike verbunden. Unsere Frauen sind wegen ihrer Schönheit berühmt. So viele bedeutsame Dinge haben sich hier ereignet, aber niemand hat sie aufgeschrieben, und bald werden sie vergessen sein. Ich kann keine Bücher schreiben, also versuche ich zu malen, versuche alles, was sich in Taiji an wichtigen Dingen zugetragen hat, auf meinen Bildrollen zu überliefern.»

Er seufzte. «Alles verändert sich. Die Wale werden immer weniger, und seit Ewigkeiten hat man keine neuen Boote mehr gebaut. Wir reparieren immer nur die alten. Eines Tages wird der Walfang mit Netzen in Vergessenheit geraten sein, und man wird auch nicht mehr wissen, daß jedes Fangboot ein eigenes Motiv hatte.»

«Unsinn!» schnaubte Takigawa, der auf der anderen Seite des Zimmers saß. Saburo lächelte wieder.

«Hoffentlich, Vater! Ich hoffe wirklich, daß es Unsinn ist. Eigentlich wollte ich ja nur sagen, daß die wenigen Bildrollen bisher von Fremden, von Gelehrten stammen, die Taiji besuchten. Es sind schöne Arbeiten darunter, aber oft sind sie auch sehr ungenau. Ich male nicht so gut wie sie, aber meine Bilder sind wahr.» Er errötete leicht, weil ihm bewußt wurde, wie prahlerisch das geklungen hatte, und beugte sich wieder über seine Arbeit.

«Deine Bildrollen sind viel, viel besser als alle, die ich bisher hier zu sehen bekommen habe», sagte Takigawa. «Ich prophezeie dir, daß man dein Werk hier noch wie einen Schatz hüten wird, wenn wir alle längst dahin sind.»

Saburo war sehr stolz, als er das hörte, wußte jedoch nicht, was er erwidern sollte.

Oyoshi sah ihm über die Schulter. Das schöne Mädchen, das er malte, trug einen kostbaren Kimono. Das lange Haar hing ihr offen bis zur Taille. Oyoshi betrachtete ihr Gesicht genauer. Sie sieht aus wie ich, dachte sie, obwohl ich das Haar nicht offen, sondern aufgesteckt trage, und ganz gewiß noch nie einen so vornehmen Kimono besessen habe. Aber die Ähnlichkeit war da, und Saburo bemühte sich, sie immer deutlicher hervortreten zu lassen. Plötzlich hätte Oyoshi am liebsten geweint, denn sie begriff, daß Saburo sie liebte.

Sie ging hinaus, holte Waschschüssel und Handtuch und setzte sich Yoichi auf die Hüfte. «Entschuldigt mich, aber wenn ihr einverstanden seid, gehe ich jetzt ins Badehaus.»

«Paß auf dich auf», sagte ihr Vater. Als sie fort war, musterte Takigawa seinen Adoptivsohn lange und forschend. «Es geht doch gut mit euch beiden, nicht wahr?» fragte er.

Saburo wandte nur leicht den Kopf. «Ja», antwortete er mit einem Lächeln, hinter dem sich eine unergründliche Traurigkeit verbarg.

Am nächsten Morgen brach Saburo mit einem kleinen Ruderboot nach Moriura auf, wo er sich mit einem Mann aus den Bergen treffen wollte, der ihn mit Baumharz belieferte, das er zum Lackieren der Fangboote verwendete. Doch er war noch nicht lange unterwegs, als plötzlich die Erde zu beben begann. Er wendete das Boot und ruderte so schnell er konnte nach Taiji zurück, fast außer sich vor Angst um Oyoshi, Yoichi und den alten Takigawa. Die Berge grollten. Saburo drehte sich um und sah vom Ausguck auf den Klippen über Taiji gewaltige Gesteinsbrocken ins Meer stürzen. Er zog sein Boot an Land und sprang hinaus. Die Menschen liefen plan- und ziellos hin und her und schrien, Ziegel polterten von den Dächern und zerbarsten. Ein paar Leute schleppten Eimer mit Wasser und versuchten kleinere Brände zu löschen. Saburo rannte durch die engen Straßen. Auf einmal schien sich ihm die Erde entgegenzuwölben, er stolperte und stürzte, rappelte sich mühsam auf, schwankte wie ein Betrunkener an Bord eines Schiffes weiter.

Seine Familie war heil und gesund. Oyoshi hatte das Herdfeuer gelöscht und mit Yoichi und ihrem Vater im Hof des Tempels Zuflucht gesucht. Als Saburo sie fand, umarmte er sie glücklich.

Als das Beben sich ausgetobt hatte, gingen sie ins Haus und begannen aufzuräumen. Ein paar zerbrochene Schindeln, ein paar Sprünge im Putz. Ein kleiner Schrank war umgefallen, Geschirr zerbrochen. Sie hatten Glück gehabt, daß es im Dorf zu keiner Feuersbrunst gekommen war. Saburo machte sich sofort daran, das Dach zu reparieren. Takigawa war noch immer wachsbleich vor

Schreck, also kochte Oyoshi ihm eine Schale Tee und bestand darauf, daß er sich hinlegte. Yoichi weinte, und obwohl er schon so schwer war, hob Oyoshi ihn auf den Rücken, band ihn mit einer breiten Schärpe fest und ging in die Küche zurück.

Saburo hörte sie laut aufschreien vor Schreck und glaubte, eine der kostbaren Schüsseln ihrer Mutter sei zerbrochen.

«Mach dir nichts draus!» rief er. «Ich kann sie bestimmt reparieren!» Aber es war keine Schüssel. Ein Farbtopf war umgefallen, der Deckel aufgesprungen, und die Farbe hatte sich über Saburos neueste Bildrolle ergossen. Sie war völlig ruiniert. Saburo fand Oyoshi in Tränen aufgelöst. Das schöne Mädchen war in einem See aus blauer Farbe ertrunken. Schweigend betrachtete Saburo sein zerstörtes Werk und legte Oyoshi dann den Arm um die Schultern.

«Sie nicht traurig», sagte er. «Wenn ich sie wieder male, wird sie noch schöner sein. Wie wär's, wenn du mir sagtest, was für einen Kimono und Obi sie tragen sollte?»

Aus irgendeinem Grund begann Oyoshi noch heftiger zu weinen.

18

Sadayori, der weiterhin das Land bereiste, schickte regelmäßig geheime Berichte nach Edo an Fürst Ii Naosuke, der jetzt oberster Berater des Tokugawa-*bakufu* war. Ein paar Tage vor der Unterzeichnung des Vertrags mit den Amerikanern wurde Sadayori eines Abends zu Fürst Ii zitiert. Als man ihm den Befehl übermittelte, erschrak er im ersten Moment. Hatte er zu laut und aufdringlich nach einer schlagkräftigen Marine gerufen?

Fürst Ii hatte Sadayori aber nicht rufen lassen, um ihn zu verwarnen, sondern um ihn zu seinem Geheimagenten zu ernennen. Er sollte die Bekanntschaft fanatischer *bakufu*-Gegner suchen und Fürst Ii detaillierte Geheimberichte übermitteln. Zuerst war Sadayori entsetzt, denn dazu war erforderlich, daß er so tat, als sei er zu einem *ronin* herabgesunken, einem herrenlosen Samurai, der dem Haus Tokugawa, Kii und seinem Leben, seinem Clan und seinem Lehensherrn den Dienst aufgesagt hatte. Das war undenkbar.

Doch Ii Naosuke verstand es, ihn zu überzeugen. «Matsudaira-san, ist Euch nicht klar, daß Japan vor einem Bürgerkrieg steht, der uns spalten wird? Die ausländischen Nationen werden die eine oder die andere Seite mit Waffen unterstützen und mit ihren lächerlichen Ideen verwirren, und wenn wir erschöpft und vom Krieg gegeneinander geschwächt sind, werden die Ausländer sich mit Gewalt in unseren Häfen breitmachen und versuchen, uns zu versklaven.

Jetzt will ich Euch etwas anvertrauen: Ich bin überzeugt, daß der nächste Shogun der kindliche Fürst von Kii ist. Arbeitet für mich, und Ihr arbeitet für ihn, schützt ihn und seine Regierung, seine Zukunft und die Zukunft Japans.

Ich bin seit langem Eurer Meinung, daß wir eine moderne, mächtige Marine brauchen. Ihr habt das immer wieder offen ausgesprochen.

Wenn Ihr mir zu meiner Zufriedenheit dient, sollt Ihr helfen, diese Marine aufzubauen. Ich erwarte in einer Woche Eure Antwort.»

Fürst Ii hatte noch vieles gesagt, hatte Sadayori erklärt, warum er den Vertrag mit den Amerikanern geschlossen hatte und wie er die gegenseitigen Beziehungen zu steuern gedachte. Er überzeugte Sadayori, daß die Politik des Fürsten von Mito, die auf einen sofortigen Krieg abzielte, die Wirtschaft des Landes lähmen und den Aufbau einer Marine um Jahrzehnte – wenn nicht für immer – verzögern würde. Auch hatte der Fürst den Ehrgeiz, daß sein Sohn der nächste Shogun werden sollte.

Sadayori sah, wo seine Pflicht lag, obwohl es eine ihm sehr unangenehme Pflicht war. Mit seinen dreiundreißig Jahren mußte er ein *ronin* werden, ein umherziehender, herrenloser Samurai, der im geheimen Ii Naosuke diente.

Wenn ihre Hausarbeit getan war, ging Oyoshi beinahe jeden Vormittag mit Yoichi spazieren. In ihrer Familie gab es keine herrschsüchtige ältere Frau, die ihr sagte, was sie zu tun hatte, und Oyoshi war gewöhnlich früh mit der Arbeit fertig. Ihr Vater schlief immer lange und machte sich manchmal nicht einmal die Mühe, zum Frühstück aufzustehen. Um ihn nicht zu stören, nahm sie das Kind, ließ es laufen, so weit es mit seinen Taumelschrittchen kam, und band es sich auf den Rücken, wenn es müde wurde. Gewöhnlich nahm sie einen Korb mit, um auf dem Fischmarkt etwas einzukaufen. Wenn das Wetter schön war, sammelte sie – je nach Jahreszeit – wildes Gemüse oder Pilze in den Bergen.

Taiji war auch im Winter grün, richtig kalt wurde es nur selten. Blumen gab es auch im Winter in Hülle und Fülle. Manchmal pflückte Oyoshi einen Strauß, um ihr kleines Haus zu schmücken.

Es war kurz vor Neujahr. Jeden Tag strengten die Späher ihre Augen an, bis sie tränten, als wollten sie einen großen, fetten Nordwal zwingen in der Nähe der Küste zu blasen, damit man das bevorstehende Fest auch richtig feiern konnte. Doch Buckel- und Nordlandwale waren selten geworden. Die Natur und die Götter schienen vergessen zu haben, was die Walfänger von Taiji brauchten.

Saburo arbeitete in dem großen Schuppen auf Mukaijima. Das Wetter war schlecht, es war windig und roch nach Sturm, und wieder einmal war die Flotte vergeblich ausgefahren. Die Männer waren niedergeschlagen, weil sie mit leeren Händen zurückkamen.

Als sie die ersten Erschütterungen eines neuen Erdbebens spürten, rannten sie alle aus dem Bootsschuppen ins Freie.

«Seht doch!» rief ein Mann. «Seht doch das Wasser in der Bucht!» Im Winter war das Wasser im Hafen von Taiji immer kristallklar. Zum Greifen nah schienen Gesteinsbrocken, Fischschwärme, Seeanemonen. Jetzt jedoch sah das Wasser aus wie eine Brühe, vom Grund wirbelte Schlamm auf, und die Wasseroberfläche im Hafen und um Mukaijima herum war wild bewegt. Tatsudaiyu erkannte die Gefahr sofort.

«Nach Hause!» schrie er. «Bringt Frauen, Kinder und Alte auf den Berg! *Tsunami! Tsunami!* Die Flutwelle!»

Sie stürzten zu den Booten und setzten zum Strand über. Tatsudaiyu ruderte das Boot, in dem Iwadaiyu, Shusuke, Saburo und noch ein paar andere saßen.

«Wo ist Oyoshi?» wandte Tatsudaiyu sich fragend an Saburo.

«Wenn sie nicht zu Hause ist, geht sie wahrscheinlich spazieren, vielleicht am Strand!» rief Saburo mit unverkennbarer Angst in der Stimme zurück.

«Such Sie! Bring sie auf den Berg! Halte dich nirgends auf! Shusuke, du läufst nach Hause und holst deine Mutter! Ich kümmere mich um Takigawa.»

Ihr Boot lief auf dem Strand auf, sie sprangen hinaus und machten sich nicht einmal die Mühe, es ganz an Land zu ziehen. Die Männer rannten wie verängstigte Kaninchen. Es war völlig windstill, doch auf der Wasseroberfläche tanzten schäumende kleine Wellen. Saburo lief den Strand entlang. Um ihn herum schrien die Leute und rannten in ihrer Angst ziel- und planlos hin und her. Schon zog das Wasser sich zurück.

Saburo fand Oyoshi, Yoichi auf dem Rücken, hinter einer kleinen Landzunge. Fasziniert beobachtete sie eine riesige Muräne, die aus ihrem Felsenbau unterhalb der Niedrigwassermarke hervorgekrochen war. Wie in Trance bückte sich Oyoshi und hob eine kleine Seeschnecke auf, die das zurückweichende Wasser liegengelassen hatte.

Saburo sprang über die Steine, packte und schüttelte sie. «Oyoshi! Komm schnell! *Tsunami!*»

Ihre Augen weiteten sich vor Entsetzen, und sie sah sich hastig um. In der normalerweise acht bis neun Meter tiefen Bucht war kein Wasser mehr. Der Meeresboden lag bloß und mit ihm Anker, alte Fischtöpfe, nach Luft schnappende lebende Fische. Mit fliegenden Fingern knotete Saburo Oyoshis Schärpe auf, band sich Yoichi, der aus Leibeskräften brüllte, selbst auf den Rücken und zog Oyoshi hinter sich her. Sie liefen zum nächsten Pfad, der bergan führte. Einen gangbaren Weg mit

Stufen zu suchen, hatten sie keine Zeit. Der Berg schüttelte sich, und es regnete kleine Steine. Das Meer zog seine Faust zurück, aber nur, um auszuholen und sie völlig zerschmettern zu können. Oyoshi ließ ihren Korb fallen, und die Muscheln rollten heraus. Sie hielt einen Augenblick inne, als wolle sie sie wieder einsammeln, aber Saburo fluchte zornig und zog sie weiter. Yoichi schrie vor Angst und rutschte langsam immer tiefer. Saburo griff mit dem linken Arm über die Schulter und packte das Kind am Nacken. Sie atmeten keuchend vor Anstrengung, Knie und Ellenbogen waren zerschunden und zerkratzt, die Füße wund. Der Berg kam ihnen steiler vor, der Pfad enger, Zweige schlugen ihnen ins Gesicht, Dornen zerrten an ihnen. Ab und zu erhaschten sie durch die Bäume einen Blick auf die Bucht. Weit und breit kein Wasser, so weit das Auge reichte.

«Mein Vater!» jammerte Oyoshi.

«Mein Vater kümmert sich um ihn. Komm jetzt, Yoshi! Wir müssen höher hinauf. Die Welle wird bald hier sein.»

Und sie raste heran, stürzte sich wie eine gewaltige Mauer in die Bucht, wurde immer schneller, steiler, eine tosende, zischende, brodelnde zwanzig Meter hohe Wand. Sie raste auf den Hafen zu, auf das Häufchen dicht zusammengedrängter Häuser am Ufer. Sie zerschmetterte die Lagerhäuser und Schuppen auf Mukaijima, ließ die Walfangboote herumwirbeln wie Herbstlaub in einem Bach, bis sie nur noch Kleinholz waren. Krachend brach sie in die Häuser ein und schwemmte sie weg, hölzerne Balken, Bruchstücke von Mauern, Bettzeug, Dächer, umwogt von weißer Gischt, brodelndem Wasser, Schlamm, ein einziges Chaos.

Die erste große Welle lief ab und ließ ein Trümmerfeld zurück. Dann kam sie brüllend wieder, als renne sie rachedurstig gegen eine feindliche Festung an. Fünfmal griff die *tsunami* an, fünfmal zog sie sich zurück, bis vom Dorf Taiji fast nichts mehr übrig war.

Von ihrem Platz auf dem Hügel blickte Oyoshi über Yoichis Kopf hinweg nach unten. Sie kniete auf dem Boden und hielt das Kind ganz fest in den Armen. Saburo klammerte sich an einen kleinen Baum. Ab und zu bebte die Erde unter ihren Füßen, und sie beteten darum, daß es keinen Erdrutsch gab und ihre Familien in Sicherheit waren. Dann wurde es – von einer Sekunde zur anderen, wie es schien – totenstill. Man hörte nur noch Menschen schreien, Katzen kläglich miauen und einen zwischen Trümmern eingeklemmten Hund verzweifelt winseln.

«Bleib hier, Yoshi», sagte Saburo. «Ich will mich ein bißchen umsehen.» Sie klammerte sich lautlos weinend an ihn.

«Nein, nein, Saburo, laß uns nicht allein! Oh, wenn du nicht gekommen wärst, wären Yoichi und ich dort unten gewesen!» Er legte den Arm um sie und klopfte ihr beschwichtigend auf den Rücken.

«Ihr seid in Sicherheit, alle beide. Na schön, gehen wir zusammen. Komm zum Vater, mein Kleiner.»

Er nahm ihr Yoichi ab. Mit großen Augen und laufender Nase hörte der Junge auf zu weinen und schnüffelte nur noch ein paarmal. «Langsam wirst du zu schwer, um getragen zu werden», sagte Saburo. Dann streckte er die Hand nach Oyoshi aus, und sie machten sich auf die Suche nach den anderen.

Shusuke hatte seine Mutter und den alten Toumi über die Stufen in Sicherheit gebracht, die am buddhistischen Tempel und dem Friedhof vorbei auf den Berg führten. Tatsudaiyu war zu Takigawa gelaufen, doch der alte Mann hatte sich eigensinnig geweigert, ihm zu folgen, und so mußte er Oyoshis Vater aus dem Haus und durch die engen Gassen und die Stufen hinauf tragen. Fast hätte die erste Flutwelle sie eingeholt, aber Tatsudaiyu gelang es, sich am Stamm eines mächtigen Baumes festzuhalten und so samt seinem alten Freund dem Ausläufer der Springflut standzuhalten. Zerschlagen und verschrammt kämpfte er gegen den Sog des Wassers, lernte zum ersten Mal Angst vor dem Meer kennen und wußte, daß ein Loslassen den sicheren Tod für sie beide bedeutete. Als die ersten Wellen sich zurückzogen, nahm er den inzwischen schon bewußtlos gewordenen Takigawa über die Schulter und schleppte ihn taumelnd den Steilhang hinauf, bis die anderen Männer ihn sahen und ihm halfen. Tatsudaiyu hatte große Schmerzen, und Takigawa atmete kaum noch. Sie trugen ihn zu Tatsudaiyus Gartenhütte oberhalb der Klippen.

Die letzten Wellen hatten sich verlaufen. Mit beinahe unbewegten Gesichtern sahen die Männer von Taiji sich gegenseitig an und betrachteten dann das Trümmerfeld. Sie waren nicht nur obdachlos geworden, sie konnten auch ihrem Broterwerb nicht mehr nachgehen, denn die Flut hatte die Boote und Gerätschaften vernichtet. Schließlich stiegen sie hinunter und versuchten – immer in Angst vor der nächsten Welle – zu retten, was zu retten war.

Saburos und Oyoshis Haus war verschwunden – es gehörte zu den siebenundzwanzig Häusern, die vollständig weggeschwemmt worden waren, genauso wie das Walfangkontor und die Lagerhäuser. Saburo und Oyoshi beteten nur noch darum, daß sie ihre Familien wiederfanden.

Sie kamen zu Tatsudaiyus Gemüsegarten über dem Dorf und den Klippen und sahen vor der Hütte ein paar Leute stehen.

Shusuke rannte ihnen entgegen. Onui kochte mit tränenüberströmtem Gesicht Wasser auf einem kleinen Feuer. Saburo und Oyoshi betraten die Hütte. Tatsudaiyu lehnte zusammengekauert und völlig erschöpft an der Wand. Er hatte drei Rippen gebrochen und starke Schmerzen. Zum erstenmal merkte Saburo, daß sein kraftvoller Vater allmählich alt wurde. Sein Adoptivvater Takigawa lag auf einer Tatamimatte, doch sie konnten sein Gesicht nicht sehen, weil jemand es mit einem weißen Tuch bedeckt hatte. Wie betäubt fragte sich Saburo, wo sie in diesem Durcheinander ein weißes Tuch hergenommen hatten. Mit Yoichi auf dem Arm fiel Saburo auf die Knie. Takigawa, der Maler, war tot.

Der alte Toumi kniete neben ihm und leierte, eine Gebetsschnur in den Händen, in einem eintönigen Singsang Gebete vor sich hin. Bei Festen und Hochzeiten waren die Leute Shintoisten und huldigten dem Schrein am Meeresufer, doch im Sterben waren sie Buddhisten. Jetzt hob der alte Toumi seine blinden Augen zu ihnen auf.

«Dein Vater hat ihn gerettet», sagte er zu Saburo. «Sie wären beide beinahe mitgerissen worden, doch er trug ihn und ließ ihn nicht los. Wir haben ihn dann hier heraufgeholt, abgetrocknet und warm gehalten, doch vor weniger als einer halben Stunde hat er trotzdem seinen letzten Atemzug getan. Er ist nicht mehr zu sich gekommen. Er war schwach. Es war zuviel für ihn.»

Oyoshi schrie auf vor Schmerz und warf sich schluchzend über ihren toten Vater. Saburo weinte lautlos, drehte sich um und ließ die Stirn auf die Knie seines Vaters sinken. Tatsudaiyu legte ihm die Hand auf die Schulter.

«Ich danke dir, Vater. Du hast getan, was du konntest, und hättest du uns nicht gewarnt, wären auch Oyoshi und Yoichi tot. Vielleicht lebten wir alle nicht mehr. Ich lasse jetzt Frau und Kind in deiner Obhut zurück und gehe mit den anderen Männern ins Dorf hinunter, um zu sehen, was ich tun kann.»

Vor Schmerz stöhnend, mit aschgrauem Gesicht, stand Tatsudaiyu mühsam auf. «Ich gehe mit dir», sagte er.

Und dann stiegen Tatsudaiyu und seine beiden Söhne langsam und traurig in das Trümmerfeld hinunter, das einmal ihr Dorf gewesen war.

Meine Bildrollen, dachte Saburo, zu dem Platz hinüberblickend, an dem einmal das Walfang-Büro gestanden hatte. Es gibt sie nicht mehr, mein ganzes Werk ist vernichtet... Dann betrachtete er die Wüstenei um sich herum und schämte sich, weil er nur an sich gedacht hatte.

Später erfuhren sie, daß die Flutwelle Küstenstädte und -dörfer in ganz Japan vernichtet hatte. Als Folge des Erdbebens waren Brände ausgebrochen, die Osaka zerstört und große Teile von Edo schwer beschädigt hatten.

Viele sagten, das sei die Strafe Gottes dafür, daß man den Barbaren erlaubt hatte, den geheiligten Boden Japans zu betreten. In Taiji kümmerte man sich nicht um solches Gerede. Dort hatte man zuviel Arbeit.

Ein paar Tage später nickten auf neuen Gräbern kleine gelbe Narzissen im Wind. Nur die Milane, die sich an den am Strand verendeten Fischen sattgefressen hatten, schienen sich ihres Lebens zu freuen.

19

Um zehn Uhr morgens liefen sie in die Bucht des Yangtse-Flusses ein. Es war neblig, und der Kutter des Lotsen brauchte einige Zeit, ehe er sie orten konnte. Jinsuke merkte, daß seine Bordkameraden nervös waren. Die Offiziere hatten sich mit Revolvern bewaffnet, und drehbare Geschütze wurden auf Deck des Handelsschiffs montiert und daneben Munition aufgestapelt. Mr. Hoek, der Steuermann, begegnete für einen Sekundenbruchteil Jinsukes fragendem Blick.

«Piraten», sagte Hoek auf englisch.

«Verzeihung?» sagte Jinsuke, der ihn nicht verstanden hatte. Der große Holländer wechselte ins Japanische.

«Piraten... Chinesische *wako* – verstehst du? Gibt eine Menge davon hier und noch mehr flußaufwärts. Wenn sie kommen, kämpfen wir.» Er fuhr sich mit dem Finger über die Kehle.

Aber es gab keinen Anlaß zum Alarm. Der Schatten, der aus dem Nebel auftauchte, war das Lotsenboot.

Der Kanal zum großen Fluß war ungefähr zwei Meilen breit. Zu beiden Seiten wies er ausgedehnte Untiefen auf, von den meisten Ausländern der Nordsand und der Südsand genannt. Obwohl Shanghai inzwischen einer der verkehrsreichsten Häfen der Welt war, liefen im Kanal viele Schiffe auf Grund, weil es weder Bojen noch Leuchttürme gab.

Gegen Mittag löste sich der Nebel auf, und Jinsuke sah die Silhouette einer verstreut daliegenden Inselgruppe. Landeinwärts war die Landschaft üppig, fruchtbar, aber fremd und bedrückend. Ganz anders als in Japan. Es gab keine bewaldeten grünen Hügel, keine blauen Buchten, die sich zwischen Landzungen schmiegten, keine klaren Bäche, die sich rauschend und gurgelnd durch Täler und Wiesen schlängelten. So weit das Auge reichte, sah man nur flaches Schwemmland, das mit Reis, Bohnen, Weizen, Hafer und Kartoffeln bepflanzt war. Hunderte kleiner und mehrere große Boote und Dschunken tummelten sich auf dem Fluß, und der Kapitän hatte langsame Fahrt befohlen.

Shanghai mit seiner Bevölkerung von über einer Viertelmillion lag am linken Ufer des Wampon, einem Nebenfluß des Yangtse.

Das holländische Handelsschiff ankerte zuerst an der Mündung dieses Nebenflusses in der Nähe des Dorfes Woosung, wo die ausländischen Handelsleute Stationen für die einlaufenden Schiffe errichtet hatten. Überall wimmelte es von chinesischen Kriegsdschunken, die Flagge und Wimpel des kaiserlichen China führten.

«China ist ein schlechtes Land, dauernd Krieg», sagte Hoek.

«Warum kommt ihr her?» fragte Jinsuke.

«Wegen Tee, Tee», antwortete der Steuermann. «Wir bringen Tee nach Holland.» Dann schlug er Jinsuke leicht auf die Schulter und sagte ihm, der Kapitän wolle ihn sehen. Jinsuke folgte ihm. Gebückt betraten sie durch die schmale Tür die Kapitänskajüte, und Jinsuke bemühte sich, sich sein Erstaunen nicht anmerken zu lassen. Denn obwohl die Kajüte klein war, kam sie ihm im Vergleich zu dem engen Mannschaftsquartier geräumig und faszinierend vor. Die Laken in der Koje waren sauber und weiß, und an einer Wand hingen viele Borde voller Bücher. Der Kapitän war also ein Gelehrter. Er saß hemdsärmelig da, ein schwarzes Tuch um den Hals gebunden, das kurze Haar schon leicht ergraut. Die engen grauen Hosen, die er trug, steckten in halbhohen schwarzen Lederstiefeln. Über den Schreibtisch gebeugt, blätterte er in einem Hauptbuch. Als sie hereinkamen, blickte er auf. Jinsuke war überrascht, weil der Kapitän ziemlich gut Japanisch sprach.

«Wir beide fahren jetzt mit dem Boot in die Stadt», sagte er. «Pack deine Sachen. Aber zuerst lies das, und dann drück dein Siegel darauf.» Jinsuke verneigte sich tief, bedankte sich für seine Rettung und für die Freundlichkeit, mit der ihn alle behandelt hatten. Er nahm das Papier, das auf japanische Art gefaltet war, und entfaltete es. Die Schriftzeichen waren von einer gebildeten Person geschrieben worden, und es fiel Jinsuke schwer, sie zu entziffern, aber bei den meisten gelang es ihm. Der Inhalt des Dokuments besagte nichts anderes, als daß Jinsuke, der Walfänger, sicher in Shanghai angekommen war. Jinsuke zögerte, und der Kapitän sagte ungeduldig, wenn Jinsuke ihm nicht traue, könne er das Dokument erst an Land siegeln. Zutiefst verlegen stotterte Jinsuke, er habe kein Siegel. Der Kapitän lachte. Er hatte bisher nur mit Samurai, *bakufu*-Beamten und Kaufleuten zu tun gehabt, nie mit einem einfachen Mann.

«Aber natürlich, ich muß mich entschuldigen. Wenn du schreiben kannst, setz einfach deinen Namen hierher. Kannst du's nicht, tauchen wir deinen Daumen in Tinte und drücken ihn auf das Papier.»

Er schob Jinsuke ein silbernes Tintenfaß und einen Federkiel zu, der beides nur anstarrte und langsam feuerrot wurde. Geduldig kramte der Kapitän in seiner Schublade und holte einen japanischen Pinsel heraus. Jinsuke malte die Schriftzeichen, die für seinen Namen standen. Der Kapitän betrachtete das Schriftstück und nickte.

«Wir gehen jetzt in China an Land. Es ist das erstemal für dich.» Er sprach die Worte sehr sorgfältig aus. «Japan ist ein gutes Land mit guten Menschen. In China und anderen fremden Ländern gibt es viele gute, aber auch viele schlechte Menschen.» Er zögerte, als wisse er nicht so recht, was er sagen solle. «In Japan ändert sich vieles, und solltest du je nach Nagasaki zurückkehren, geh nach Deshima und hinterlaß eine Nachricht für mich, Kapitän Bloeming. Ich bringe dich zu einem Amerikaner, sag ihm, du bist...» Ihm fiel der japanische Ausdruck für Walfänger nicht ein, und Jinsuke half ihm aus. Der Kapitän bedankte sich lächelnd und schrieb es auf. «Du willst wieder auf Walfang gehen? Das wird sehr schwer werden, mit einem Arm.»

«Ich schaffe es schon», antwortete Jinsuke trotzig, aber ihm wurde leicht ums Herz. Der Kapitän nickte.

«Hol deine Sachen. Wir legen in einer Stunde ab.»

Jinsuke besaß nicht viel – seine Harpune, seinen *sai,* ein bißchen Gold, den geschnitzten Walzahn, die Sachen, die er auf dem Leib trug, und ein Seemannsmesser in einer Lederscheide, das er von einem Matrosen bekommen hatte. Seine Papiere waren mit seinem Tagebuch verlorengegangen, doch er hatte in dem mit Bienenwachs versiegelten Hohlraum des Walzahnes einen zweiten ganz klein zusammengefalteten Brief versteckt, einen englisch geschriebenen Brief, den er aus Edo mitgebracht hatte, einen Brief, den er nur einem Walfänger zeigen würde.

Jinsuke, der Kapitän und Mr. Hoek gingen von Bord und fuhren mit einem chinesischen Mietboot flußauf. Jinsuke trug den *sai* unter dem Hemd versteckt, aber der Steuermann entdeckte ihn, tippte auf die Ausbuchtung, grinste, machte seine Jacke auf und ließ Jinsuke einen Revolvergriff sehen.

Die Shanghaier Hafenanlagen waren aus solidem Stein erbaut, mit Molen, die weit ins Wasser ragten, und schönen Steingebäuden im westlichen Stil mit Ausblick auf die einfahrenden Schiffe. Nach der Niederlage der Chinesen im Opiumkrieg gegen die Engländer hatten die Ausländer in der Stadt eifrig gebaut. 1854 waren die Straßen in den ausländischen Wohn- und Geschäftsvierteln breit und gut gepflastert, und es gab viele prächtige Anwesen und schöne Gärten.

Die Straßen in den chinesischen Vierteln hingegen waren höchstens drei Schritte breit und kreuzten sich mit noch schmaleren Gassen. Das war für Jinsuke nichts Ungewöhnliches, denn Taiji war auch eng. Aber Taiji war makellos sauber, während es in diesen chinesischen Vierteln von Menschen in allen Stadien der Armut und des Siechtums wimmelte. Überall trieben sich Bettler und Diebe herum, und die Straßen waren schmutzig und stanken.

Die drei Männer gingen in der Nähe des dreistöckigen amerikanischen Konsulats an Land und begaben sich zu Fuß zu den Kontoren eines großen amerikanischen Handelshauses. Die Menschen starrten sie an. Es war auch sehr ungewöhnlich, zwei Weiße in Begleitung eines einarmigen, barfüßigen Orientalen zu sehen. Überdies war Jinsuke auffallend dunkel und muskulös, trug das Haar aufgesteckt und hatte eine lange Harpune bei sich, deren Spitze in einer Hülle steckte.

Sie stiegen die breite Freitreppe des Gebäudes hinauf. Vor der imposanten doppelflügeligen Eingangstür mit den glänzenden Messingbeschlägen sagte der Kapitän zu Jinsuke: «Warte hier!» Er und der Steuermann gingen ins Haus, und Jinsuke blieb allein zurück. Es dauerte nicht lange, und eine große, starrende, schwatzende Menge umringte ihn, zeigte mit Fingern auf ihn und bestaunte den seltsam aussehenden Fremdling. Der Steuermann kam heraus, verteilte ein paar schlecht gezielte Fußtritte, und die Menge stob auseinander. Jinsuke war tief bestürzt, obwohl er sich inzwischen an die rauhen Sitten der Seeleute gewöhnt hatte.

«Komm», sagte der Steuermann und winkte Jinsuke, der ihm durch ein paar hohe Vorzimmer in das Kontor eines behäbigen Mannes mittleren Alters mit graumeliertem Haar und Brille folgte. Der Kapitän stellte ihn als Mr. Rose vor. Mr. Rose lächelte und sprach Jinsuke an, der aber nur ein paar Worte aufschnappte – «... Tag – sehen – erfreut ...», obwohl ihm die Begrüßung sehr lang vorkam. Der Kapitän übersetzte ins Japanische.

«Im Augenblick liegt kein Walfänger in Shanghai. Du mußt eine Zeitlang hierbleiben. Morgen besorgt dir Mr. Rose Arbeit auf einem Schiff. Ich habe ihm gesagt, daß du ein anständiger Kerl bist. Sobald ein Walfänger einläuft, will Mr. Rose mit dem Kapitän sprechen. Falls kein Walfänger kommt, mußt du übers Meer nach Hawaii oder Kalifornien reisen. Das sind Orte, an denen es viele Walfänger gibt.»

Plötzlich war das alles zuviel für Jinsuke. Er verneigte sich und wußte nicht, wie er reagieren sollte.

«Laß die Harpune hier», sagte der Steuermann. «Wenn Walfänger kommen, holst du sie. Mr. Rose ist ein guter Mann, gut für alle Seeleute.» Der Steuermann nahm Jinsuke die Harpune ab und stellte sie in eine Ecke. Dann wandte er sich erklärend an den Kaufmann, der wieder lächelte und nickte.

«Wir werden unser Bestes für ihn tun», sagte er zum Kapitän. «Ich habe euch Holländer immer beneidet, wollte selbst seit langem gern nach Japan. Aber jetzt dürfte es nicht mehr lange dauern, nachdem Kommodore Perry mit seiner Mission Erfolg hatte.» Er drehte sich um und hob mahnend den Zeigefinger. «Sie müssen Englisch lernen, Mr. Jinskee. Englisch!»

«Ja, Sir, ich studiere», antwortete er auf englisch.

«Sayonara», sagte der Kapitän und streckte die Hand aus. «Geh jetzt mit Hoek. Ich habe mit Mr. Rose noch Geschäftliches zu besprechen.»

Jinsuke verneigte sich. Er ging zur Tür, drehte sich um und verneigte sich wieder. Draußen legte der Steuermann Jinsuke seine schwere Hand auf die Schulter.

«Du bist ein guter Mann. Du bleibst allein in China und ...» Und wie schon einmal fuhr er sich mit dem ausgestreckten Zeigefinger über die Kehle. «Komm, du brauchst Sachen. Du hast Gold, davon nehmen wir. Nur ein bißchen.»

Blind vertrauend folgte Jinsuke ihm. Vier Stunden später und – wie es ihm schien, um sehr viel Geld leichter – trug er halbhohe Stiefel aus gutem Leder, hatte außerdem drei Hemden, eine reich gestickte Seidenweste und einen Mantel aus feinem englischem Tuch erstanden, zweireihig mit Knöpfen aus poliertem Horn. Außerdem besaß Jinsuke nun zwei Hosen aus dem gleichen Tuch, drei baumwollene Arbeitshosen, drei grobe Arbeitshemden, einen breiten Gürtel mit Messingschnalle, sechs Paar Socken, einen Seemannssack und auch ein neues Messer aus erstklassigem Schwedenstahl. Der Rest seines Geldes steckte in einer Geldkatze unter dem Hemd. Die größte Veränderung an sich selbst erlebte er jedoch, als Hoek ihn in einen Barbierladen schleppte, in einen Sessel zwang, Anordnungen gab und mit vor der Brust gekreuzten Armen und finsterem Gesicht zusah, wie der Barbier Jinsuke die Haare abschnitt und auf westliche Art frisierte.

Als sie aus dem Barbierladen auf die Straße traten, hielt der Steuermann Jinsuke an den Schultern fest und musterte ihn prüfend. «Gut, gut.» Er rieb sich nachdenklich das Kinn. «Du bist nicht wie die meisten gelben Männer, du hast starken Bartwuchs.» Er legte Jinsuke beide Hände um das dunkle, stopplige Kinn, als wolle er sich vorstellen, wie er mit Bart aussehen würde.

«Ja. Gut. Ein Bart! Aber ein gepflegter, kurzer Bart.»

Jinsuke schüttelte heftig den Kopf. «Nein, nein, ich bin kein behaarter Ainu aus dem Norden.»

Der Steuermann schlug ihm auf den Rücken. «Du bist ein Seemann. Seeleute haben Bärte. Du bist ein Mann, der zur See fährt. Dann gehst du an Land, ißt, trinkst, suchst dir eine Frau. Komm, Seemann, zuerst essen wir. Das Essen in China ist sehr gut.» Er blinzelte. «Frauen sind auch gut, aber später.»

Laut auflachend zog er Jinsuke am Arm mit sich fort durch die überfüllten Straßen. Der Tag endete mit einem prachtvollen Rausch.

Am nächsten Morgen fuhr Jinsuke, ausgerüstet mit einem Schreiben von Mr. Rose, in Begleitung des Steuermanns mit dem Boot nach Woosung zurück, wo er einem Amerikaner irischer Abstammung namens Fogerty vorgestellt wurde. Fogerty war Skipper und Eigner eines Schaufelraddampfers, der *Irene,* die Passagiere und leichte Frachten flußauf beförderte. Wie der holländische Steuermann war Fogerty ein riesiger bärtiger Mann mit langen, dicken, sommersprossigen und behaarten Armen. Er war größer als Jinsuke und hatte den größten Bauch, den Jinsuke je gesehen hatte – ausgenommen die Sumo-Ringer in Wakayama. Er sprach fließend Chinesisch und schrieb ein paar hundert chinesische Zeichen. Er war verhältnismäßig ehrlich, unbedingt zuverlässig, trank Unmengen und hatte, wenn herausgefordert, nichts gegen eine Schlägerei. Schließlich war er irischer Abstammung. Aber das war nicht der Grund, warum er in den Kreisen der ausländischen Shanghaier Gesellschaft nicht willkommen war. Man empfing ihn nicht, weil er eine chinesische Frau hatte, die er anbetete, und weil seine Kinder Halbchinesen waren. Einmal hatte er die Frau eines prominenten Bankiers beleidigt, die ihm mitleidig erklärt hatte, sie bedaure ihn von Herzen, weil seine Kinder es im Leben sehr schwer haben würden.

«Und warum bitte, Madam? Sie sind blitzgescheit, fröhlich, hübsch und gesund. Und, Madam, haben Sie nicht eben erst zu dem Gentleman dort drüben gesagt, Sie seien halb englisch und halb französisch? Das macht Sie doch auch zu einem Halbblut. Wenigstens sind Sie und meine Kinder, zum Unterschied von so manch anderen hier, keine Bastarde.»

Ihr Mann war herbeigestürzt und hatte lauthals gegen Fogertys Unterstellungen protestiert, doch der hatte nur sein fröhliches irisches Lachen gelacht und sich wieder über den Punsch hergemacht.

Nachdem Jinsuke – von Fogerty sehr genau beobachtet – über die Strickleiter an Bord geklettert war, klopfte er sich die neue Hose ab, und als er sich aufrichtete, begegnete er dem festen Blick zweier hellblauer Augen.

«Sie sagen, der Bursche ist Japaner, Mr. Hoek?»

«Ja, Käpt'n. Wir haben ihn selbst aus der See gefischt.»

«Warum ist er geflohen?»

«Sie haben ihn ins Wasser geworfen, und wir haben gutes Gold dafür bekommen, daß wir ihn nach China bringen.» Hoek zuckte mit den Schultern. «Er hat Feinde. Er hat Freunde. An Bord ist er ein guter, brauchbarer Mann, auch wenn er nur einen Arm hat.»

Fogerty steckte sich einen Stumpen an und kniff die Augen zusammen. «Wenn ein Mann Freunde will, gute Freunde, dann muß er wahrscheinlich auch ein paar Feinde haben. Und was den Arm angeht – die Strickleiter ist er flink genug heraufgeklettert. Spricht er Chinesisch? Mandarin? Kantonesisch?»

«Kein einziges Wort. Nur seine eigene Sprache und ein paar Brocken Englisch. Aber er ist sehr willig.»

«Nun, und wie heißt du?» fragte Fogerty auf englisch. Sein Akzent klang Jinsuke fremd, und Fogerty mußte die Frage langsam wiederholen, bevor Jinsuke sie verstand. Umgekehrt mußte Jinsuke seinen Namen dreimal sagen. Fogerty schüttelte den Kopf.

«Dort, wo du herkommst, mag das ja ein richtiger Name sein, aber für mich klingt er, als ob du ein Säufer oder ein Russe wärst. Kann auf meinem Schiff keinen Kerl haben, der sich Gin oder Irgendwieski nennt. Nein, das geht nicht, das geht absolut nicht. Ich werde dich Jim nennen. Jim Sky. Hörst du?» Er zeigte mit dem Finger auf Jinsuke. «Du bist jetzt Jim. Jim Sky. Hast du verstanden? Sky wie Himmel.»

Hoek lachte und erklärte Jinsuke so gut er konnte, was Fogerty gesagt hatte, wobei er zum Himmel zeigte, um ihm begreiflich zu machen, was die zweite Hälfte seines Namens bedeutete. Jinsuke fühlte sich geehrt. Er, der bisher nur einen Namen gehabt hatte, weil er nicht der *bushi*-Klasse angehörte, hatte nun zwei.

«Ich bin Jim Sky, japanischer Walfänger, verdammt feiner Kerl», sagte er, und Fogerty wieherte vor Vergnügen.

«Einverstanden. Grüßen Sie Mr. Rose von mir, Mr. Hoek, und sagen Sie ihm, ich werde mich um Jim Sky kümmern, bis ich Nachricht von einem Blubberkocher bekomme. Jim kann mir helfen, die diebischen Flußratten im Auge zu behalten. Und jetzt ist es, Ihren geröteten Augen und Ihrem blassen Gesicht nach zu schließen, höchste Zeit für einen Schluck heißen Tee mit Medizin.» Er drehte sich um und schrie nach achtern: «Wong!»

Im nächsten Moment flitzte wieselflink ein untersetzter, bezopfter

Mann herbei. Fogerty redete Chinesisch mit ihm, und Wong gab Jinsuke zu verstehen, daß er ihm ins Mannschaftsquartier folgen solle. Bevor Jinsuke sich zum Gehen wandte, streckte Hoek die Hand aus, die der frischgebackene Jim Sky mit festem Griff nahm.

«Paß auf dich auf», sagte der Steuermann, der ihn aus einem fernen Meer gefischt hatte, und es waren die letzten japanischen Worte, die Jinsuke für lange Zeit hören sollte. «Die Chinesen werden versuchen, dich zu bestehlen. Rauch nie ihr Traumkraut, sei ein guter Seemann, und gehorch deinem Käpt'n. Er ist ein feiner Mann.»

Jinsuke verneigte sich leicht. «Ich danke Euch, ich stehe in Eurer Schuld», sagte er förmlich. Er empfand großen Kummer, weil er sich von diesem großen, freundlichen Mann trennen mußte, der ihn nicht nur gerettet, sondern ihm auch in der kurzen Zeit, die ihnen geblieben war, eine Menge gelehrt hatte. Schnell ging er hinter dem chinesischen Matrosen her. Fogerty und der Holländer zogen sich in die Kapitänskajüte zurück.

Als sie später süßen, starken, aromatischen Tee mit einem ordentlichen Schuß Rum tranken, stellte Fogerty dem Holländer eine Frage.

«Sagen Sie mir, warum nimmt Mr. Rose, dieser feine amerikanische Gentleman aus Fairhaven, der kein Unkraut in seinem Garten duldet, ausgerechnet diesen Jim Sky unter seine Fittiche?»

Der Holländer, der auf der polierten Mahagonibank unter dem geöffneten Bullauge saß, lehnte sich bequem zurück. «Das ist eine lange Geschichte, von der ich nicht einmal die Hälfte kenne», antwortete er zurückhaltend, weil er Mr. Roses Waffengeschäfte nicht erwähnen wollte. «Aber Sie wissen ja, daß seine Schiffe von hier nach Kalifornien fahren, und er fest überzeugt ist, daß die Zukunft den Dampfschiffen gehört?»

Das war Fogerty natürlich bekannt. Er beugte sich vor und schenkte Hoek Tee und Rum nach.

«Nun», fuhr Hoek fort, «dann wissen Sie auch, daß es Perry gelungen ist, zwei weitere japanische Häfen zu öffnen. Die Japaner haben sich darüber hinaus vertraglich verpflichtet, Lebensmittel, Wasser und Kohle zu liefern und jegliche Feindseligkeiten gegen amerikanische Schiffe und Matrosen zu unterlassen. Er konnte noch keine Handelsbeziehungen vereinbaren, aber das kommt bestimmt noch in Nagasaki. Die Russen haben sich sofort an Perrys Fersen geheftet, und die Franzosen und Briten sind ihnen auf dem Fuß gefolgt.»

«Ah, die verfluchten Engländer!» stieß der Ire hervor. «Gott verdamme ihre Augen!»

«Seit nahezu dreihundert Jahren durfte außer uns Holländern kein Ausländer japanischen Boden betreten, wie Sie wissen. Ich sage Ihnen, Kapitän, es ist ein feines Land, friedvoll und schön wie ein Garten. Klar, die Samurai sind manchmal eine brutale, arrogante und blutrünstige Bande und können einem Mann furchtbare Dinge antun. Doch zugleich möchte ich behaupten, daß die Japaner die kultivierteste, sauberste und intelligenteste Rasse Asiens sind. Jetzt werden sie ihr Land öffnen, es ist unausbleiblich. Sie lernen schnell. Japan wird für Amerika sehr wichtig sein. Gutes Wasser, Nutzholz, Kohle, Seide – es gibt dort alles, was Sie sich vorstellen können.»

«Was Sie mir da erzählen, habe ich schon selbst gehört, aber warum dieser Jim Sky, und warum ein Walfänger?»

«Das kann ich Ihnen wirklich nicht sagen. Er hatte in Okinawa Schwierigkeiten, doch was für Schwierigkeiten, das ahne ich nicht einmal. Ich weiß, daß er mächtige Männer hinter sich hat und daß in Nagasaki eines Abends ein sehr hoher Würdenträger zu uns an Bord kam und uns gutes Gold dafür gab, daß wir ihm garantierten, den Walfänger wohlbehalten hier abzuliefern. Ich kann Ihnen auch sagen, daß diese Orientalen nie einen Gefallen vergessen, und wenn sie es doch tun, bringt das ewige Schande über sie.»

Nickend zog Fogerty an seinem Stumpen. Das gleiche galt für die Familie seiner Frau. «Und diese Walfanggeschichte?» fragte er.

«Mr. Rose hat einen guten Freund in Amerika, einen Schiffskapitän namens William Whitfield. Kapitän Whitfield rettete vor Jahren vier schiffbrüchige Japaner von einer kleinen Insel. Einer war noch ein halbes Kind, ein kluges, freundliches Kerlchen. Der Kapitän schickte ihn in die Schule, behandelte ihn wie einen Sohn, und mit der Zeit brachte der Junge es zum Ersten Offizier auf einem Yankee-Walfänger. Vor ein paar Jahren kehrte dieser Japaner, der sich in Amerika Joe Mung nannte, über Okinawa nach Japan zurück. Ich weiß nicht, ob das Mut oder Dummheit war, denn gewöhnlich schlagen sie ihren Mitbürgern, die das Land verlassen, den Kopf ab. Joe Mung hatte Glück. Wie wir erfahren haben, wurde er geadelt und zum Berater bei Hof ernannt.»

Fogerty nahm einen ausgiebigen Schluck aus seinem Becher und pfiff durch die Zähne. «Ein kluger Mann, dieser Mr. Rose. Es kann also nichts schaden, sich in Japan Freunde zu schaffen, wie?»

Hoek beugte sich über den Tisch. «Und unser Jim Sky muß wirklich gute Beziehungen haben. Der Würdenträger, der in Nagasaki zu uns an Bord kam, ist, wie wir zufällig wissen, der Leibarzt der Tokugawa, und das sind die Burschen, die in Japan das Sagen haben. Wenn wir es zuließen, daß Jim etwas zustößt, sagte er, würde man, wenn wir das nächstemal nach Nagasaki kämen, Opium in unserer Fracht finden und unser Schiff beschlagnahmen. Vielleicht würde es uns sogar den Kopf kosten. So offen hätte ein Japaner früher nie gesprochen. Die Dinge wandeln sich, und Jim hat irgend etwas damit zu tun, wenn ich auch keine Ahnung habe, was.»

«Glauben Sie, er ist ein Spion?» fragte Fogerty, die Stirn runzelnd.

«Was sollte er wohl auskundschaften wollen? Die Japaner in Nagasaki wissen genau, was in Shanghai passiert, auch wenn sie selbst noch nie hier waren. Sie bekommen regelmäßige Berichte von den Chinesen. Nein, ich weiß es nicht, man wird aus den Japanern einfach nicht schlau, sie sind nicht zu durchschauen.»

«Ich verstehe», sagte Fogerty und goß den letzten Rum in die beiden Becher. «Glauben Sie wirklich, daß sie bereit sind, das Land zu öffnen und Handelsbeziehungen anzuknüpfen?»

«Ja», antwortete Hoek, «aber vorher wird noch der Teufel los sein.»

Fogerty verzog das Gesicht zu einem Grinsen. «Und dieser Teufel wird dringend Waffen brauchen, nicht wahr?»

Hoek stellte sich unwissend. Nur er, der Kapitän des Schiffs und Mr. Rose waren informiert, daß die Satsuma mehrere hundert Maynard-Hinterlader bestellt hatten. Einer Sache war er sich jedoch sicher – in Japan würde es kein Opium geben. Was in China geschah, gefiel ihm ganz und gar nicht, obwohl auch die Holländer durch den Opiumkrieg ein paar sichere Handelsplätze gewonnen hatten.

Als Hoek seine Tasse geleert hatte und aufstand, um zu gehen, sagte Fogerty: «Ich werde mich um den Japaner kümmern, wenn er zu mir und meinem Schiff steht. Mr. Rose soll sich keine Sorgen machen.» Er unterbrach sich einen Moment und fuhr dann fort: «Sie brauchen ihm das nicht zu sagen, aber meiner Meinung nach ist das Enfield noch immer ein genaueres und verläßlicheres Gewehr, und er kann es billiger bekommen.»

Hoek sah leicht bestürzt aus, aber Fogerty legte den Finger an die Lippen und blinzelte. «Keine Sorge», sagte er, «ich bin kein Pirat.»

Obwohl Jinsuke ungeduldig darauf wartete, auf einen Walfänger zu kommen, um endlich die Fangmethoden der Fremden kennenzulernen, gewöhnte er sich schnell an das Leben auf der *Irene* und prägte sich fleißig die Namen von Gegenständen und die Kommandos ein. Er machte sich mit dem Tagesablauf an Bord vertraut und begriff sehr schnell, was Fogerty wollte und was nicht. Er war eifrig, unglaublich stark und immer fröhlich und arbeitswillig, und seine natürliche

Begabung für die Seefahrt machte ihn zu einem gelehrigen Schüler des großherzigen Iren. Wenn man ihn anbrüllte, entschuldigte er sich, war nie mürrisch und versuchte nie, sich zu rechtfertigen, auch dann nicht, wenn der Fehler gar nicht bei ihm lag. Seit Jinsuke für die Decks verantwortlich war, waren sie makellos sauber, trotz des schwarzen Rauchs, der aus dem Schornstein quoll, wenn die Kessel gefeuert wurden. Fogerty erkannte, daß hier ein Mann war, der – anders als seine restliche Mannschaft – Schiffe und weite Gewässer aufrichtig liebte, und obwohl der Kapitän sich bemühte, sich nichts anmerken zu lassen, wurde Jim Sky bald sein Liebling.

«Ah, Jim, mein Junge», sagte er oft, «du wirst nicht lange diesen schlammigen alten Fluß befahren. Die Zeit wird kommen, in der du auf einem Blubberkocher zur See fährst, auf dem das Essen lausig und der Gestank noch schlimmer ist. Dann wirst du die *Irene* vermissen.»

Tage wurden zu Wochen, dann zu Monaten. Taiji, Okinawa, Edo – sie alle schienen zu einem Traum zu verblassen, an den Jinsuke sich zwar deutlich erinnerte, der aber mit der Wirklichkeit nichts zu tun hatte. Sein Englisch wurde allmählich besser, und er lernte auch Chinesisch, wobei ihm der kleine chinesische Ingenieur Wu half, mit dem er in seiner freien Zeit oft zusammensaß und sich mit Hilfe von Pinsel und Feder verständigte. Die beiden Sprachen waren zwar sehr verschieden, aber die Japaner hatten von den Chinesen viele Schriftzeichen übernommen.

Die übrige Mannschaft hielt sich von Jinsuke fern. Erstens war er ein Fremder, und zweitens hatten die Männer beobachtet, daß er sich, wann immer er konnte, wann immer er sich allein wähnte, in einer kriegerischen, wilden Kampfsportart übte, und das «tödliche Eisen von Okinawa» fast meisterhaft beherrschte. Einige hatten die Narben auf seinem Rücken gesehen, die Andenken an das Gefängnis in Naha. Sie fühlten, daß man ihn weder bestechen noch durch Drohungen gefügig machen konnte, und der Umgang mit ihm nicht ungefährlich war.

Als er eines Morgens auf den Knien das Deck schrubbte, hörte Jinsuke den Kapitän laut fluchen. Er sah auf, konnte aber nichts Ungewöhnliches entdecken. Das amerikanische Kriegsschiff *Plymouth* ankerte noch in der Nähe der ausländischen Piers, für Jinsuke von Naha her ein vertrauter Anblick. Perry hatte es hier zurückgelassen, um die amerikanischen Interessen in Shanghai zu wahren und marodierende kaiserliche Truppen abzuschrecken. Zwei schöne britische Kriegsschiffe, die *Encounter* und die *Grecian* lagen ebenfalls im Hafen und schützten die britischen Interessen. Seit diese Schiffe in der Nähe waren, hatten die kaiserlichen Dschunken ihre Schikanen eingestellt, und für die ehrlichen Männer auf dem Fluß war das Leben leichter geworden.

Von einem Hausboot, das längsseits gegangen war, wurden dem Koch der *Irene* Körbe mit lebenden Hühnern und frischem Gemüse heraufgereicht. Nichts schien verändert.

Wu stand auf Deck und schrie auf die Frau in dem Hausboot und auf den Koch ein, der sich über die Reling beugte. Kapitän Fogerty kam von der Brücke herunter, fluchte auf chinesisch und brüllte mit dem Ingenieur. Langsam stand Jinsuke auf, verwirrt, weil er nicht verstand, was geschrien wurde. Fogerty sah zu ihm hinüber.

«Fünf Mann, Jim, fünf! Fünf haben heimlich das Schiff verlassen, sind desertiert, und wir sollen heute vormittag auslaufen.»

Er wandte sich wieder an Wu, der auf fünf fremde Chinesen zeigte, die auf dem Pier standen. Wu machte Einwände, schüttelte den Kopf und wollte offensichtlich nicht, daß der Kapitän diese fünf Männer an Stelle der Deserteure anheuerte. Jinsuke verstand inzwischen genug Chinesisch, um sich das aus Worten und Satzbrocken zusammenreimen zu können. Er sah zu den fünf Männern hinüber. Einer war ein großer, muskelbepackter Kerl Mitte Dreißig. Sie alle standen mit ausdruckslosen Gesichtern da und warteten. Die Auseinandersetzung zwischen Fogerty und Wu dauerte noch eine Zeitlang, doch schließlich verwarf der Kapitän alle Einwände des chinesischen Ingenieurs, ging an die Reling und winkte die fünf Männer heran. Hinter dem Großen her trotteten sie die Gangway herauf.

Als Jinsuke später Zeit für eine kleine Pause hatte und in den Maschinenraum hinunterging, um mit Wu eine Tasse Tee zu trinken, holte der kleine Ingenieur Papier und Pinsel aus seinem winzigen Kabuff und malte ein paar Schriftzeichen: *neu – Männer – böse – Faust.* Jinsuke sah ihn fragend an und sagte: «Böse Männer?» Wu machte «pst, pst», nickte aber heftig, berührte Jinsukes Faust und machte eine Bewegung, ähnlich dem Aufwärtshaken mit gestrecktem Arm, wie man ihn auch in Okinawa praktizierte. Jinsuke nickte, entschlossen, die neuen Männer sorgfältig im Auge zu behalten und vor ihnen auf der Hut zu sein.

Während der ganzen Fahrt flußauf beobachtete er sie und stellte fest, daß der Große, der ihr Anführer zu sein schien, sich mit katzenhafter Anmut bewegte. Doch keiner von ihnen hatte schwielige Hände, obwohl sie sehr kräftig waren und die mächtigen Muskeln in den Unterarmen sich unter der Haut deutlich spannten, wenn sie in die Takelage kletterten oder Leinen einholten. Die übrige Mannschaft schien die fünf neuen Männer zu fürchten und benahm sich geradezu unterwürfig gegen sie.

Wieder in Shanghai, gingen die fünf von Bord, aber ihr Anführer versprach, daß sie am nächsten Morgen vor dem Auslaufen zurück sein würden. Fogerty sah ihnen und der übrigen Mannschaft nach, die ebenfalls Landurlaub hatte. Nur Wu und Jinsuke schliefen an Bord, wenn die *Irene* im Hafen lag. Als die neuen Männer sich lachend und laut schwatzend über den Pier entfernten, winkte Fogerty Jinsuke zu sich.

«Schau mal her, Junge! Was ist das, deiner Meinung nach?» Er zeigte auf ein verstärktes Stück eichener Reling auf dem Quarterdeck. Am oberen Ende war ein mit Messing ausgekleidetes rundes Loch. Jinsuke schüttelte verblüfft den Kopf.

«Rate doch!» sagte Fogerty.

Jinsuke schaute sich nach einem Pflock um, der vielleicht in das Loch paßte und mit dem man irgendein Instrument sichern oder eine Leine festmachen konnte, aber die Vorrichtung schien ihm völlig sinnlos. Und wieder schüttelte er den Kopf.

«Komm mit, Jim, ich zeige dir mein Baby.»

Jinsuke folgte dem großen Iren in seine Kajüte. Fogerty wies ihn an, die Tür abzuschließen. Dann nahm er aus einer Schublade unter der Koje einen kurzen, schweren in ein Baumwolltuch eingewickelten Gegenstand. Er war nicht ganz so lang wie der Arm eines Mannes, an einem Ende etwa 15 Zentimeter im Durchmesser, am anderen zehn. Fogerty legte das Ding auf den Tisch, packte es aus, und zum Vorschein kam ein Drehgeschütz. Dann holte Fogerty noch Pulver, Werg, Ladestock und einen Sack Munition aus der Schublade und zeigte Jinsuke, wie man das Geschütz lud.

«Kapitänsgeheimnis», sagte er. «Nicht einmal Wu weiß davon. Man schiebt das Rohr durch das Loch in der Reling. Ein Schuß, und die Decks sind wie leergefegt. Ich zeige dir jetzt, wie mein Baby funktioniert, Jim ...»

Kapitän Fogerty hatte das kleine Geschütz eigens für sich anfertigen lassen, und Jinsuke war fasziniert. Er hatte zwar schon Waffen mit Luntenschloß gesehen, aber noch nie eine in der Hand gehabt.

Schon bald hatte er begriffen, wie man das Geschütz bediente, und Fogerty nickte zufrieden. «In Ordnung. Hör zu, Jim, die Burschen, die wir angeheuert haben, sind gute Arbeiter, aber wohl ist mir in ihrer Gegenwart nicht. Wenn ich also eines Tages ganz nebenbei zu dir sage ‹hol das Baby, Jim›, dann weißt du, was du zu tun hast. Du läufst in meine Kajüte und bringst es schnell hinauf. Verstanden?»

«Verstanden», sagte Jinsuke.

Fogerty musterte ihn eine Zeitlang und nickte dann zu der Kanone hinüber. «Kannst du sie tragen, Jim?»

Die Waffe war schwer, aber Jinsuke hob sie geradezu spielerisch hoch und drückte sie an die Brust.

«Braver Junge!» Fogerty nahm sie ihm ab und verstaute sie wieder in der Schublade unter der Koje. Dann nahm er zwei Handfeuerwaffen aus demselben Versteck, einen Marinecolt und eine kurze, einschüssige Pistole, die er in seinen Stiefel schob. Den Revolver steckte er in ein Futteral, das er sich an den Gürtel hängte, über dem sein stattlicher Bauch wogte.

Als nächstes hob er die Matratze in seiner Koje hoch und zeigte Jinsuke ein haarscharf geschliffenes Entermesser. Jinsuke war überwältigt. In Japan wäre eine solche Waffensammlung unvorstellbar. Fogerty reichte ihm das Entermesser mit dem Griff nach vorn, und Jinsuke wog es in der Hand. Fogerty faßte blitzschnell unter sein Hemd und holte den *sai* hervor, den Jinsuke jetzt immer bei sich trug. In Indonesien hatte Fogerty eine ähnliche Waffe gesehen – ein Mann hatte, in jeder Hand ein Eisen, eine Art Tanz vorgeführt. Fogerty war lange genug in Asien, um vor den Zweikämpfen der Orientalen einen heiligen Respekt zu haben. Er sah Jinsuke an, als überlege er, und schob den *sai* dann in die Schublade des Kartentischs.

«Wenn du ihn brauchst, weißt du, wo er ist», sagte er und schlug Jinsuke auf die Schulter. «Aber am liebsten würdest du im Kampf wohl eine Harpune benützen, nicht wahr? Um die Kerle an den Mast zu spießen wie Käfer auf ein Brett.»

Er lachte, und Jinsuke begriff plötzlich, daß dieser Mann nie Schwierigkeiten bekam, weil er völlig furchtlos war und seine Vorsichtsmaßnahmen so unauffällig wie möglich traf.

«Hast du schon einmal bei einem Kampf mitgemacht, Jim?» fragte Fogerty leise.

Jinsuke wollte nicht prahlen, er war weder stolz darauf noch schämte er sich dafür, doch er fühlte, daß die Frage eine Antwort verlangte. Er nickte. «Ich kämpfe. Ich kriege Schwierigkeiten.»

Fogerty nickte. Jinsuke hatte ihm schon von dem Hai erzählt. «Ich habe die Narben auf deinem Rücken gesehen ...»

Jinsuke kniff die Augen zusammen und schaute zum Kartentisch hinüber. «Ich kämpfe mit Samurai, zwei Samurai. Sie haben Schwert. Ich habe *sai.* Ich gewinnen den Kampf, aber Samurai fassen mich.»

Fogerty stützte die Hände in die Seiten und nickte verständnisvoll. Er hatte keine Vorbehalte mehr gegen Jim Sky.

«Du einarmiger Satan!» schrie er begeistert. «Ich könnte schwören, daß du ein Ire bist! Komm, Jim, wir beide genehmigen uns jetzt einen kleinen Schluck Rum.»

Am nächsten Morgen setzten sie um zehn die Segel. Es schien, als sei Fogertys Unbehagen über die fünf Männer ungerechtfertigt. Während der nächsten zwei Wochen machten sie jede Fahrt mit, arbeiteten hart und gehorchten jedem Befehl. Nach und nach aber geriet, außer Wu, die gesamte Mannschaft unter ihren Einfluß.

Die *Irene* beförderte regelmäßig Passagiere, lebendes Vieh und für das Innere des Landes bestimmte Fracht flußaufwärts. Bei den Passagieren handelte es sich meistens um einfache Chinesen, doch auf dieser Reise mußte sie etwa zweihundert Meilen weiter flußauf fahren, um einen Missionar, seine Frau, einen chinesischen Laienprediger und Dolmetscher, drei Diener und ein Hausmädchen an ihren Bestimmungsort zu bringen. Der Missionar war ein rotgesichtiger Engländer aus Gloucestershire und erst vor kurzem in China eingetroffen. Kurz vor seiner Abreise aus England hatte er noch geheiratet.

Jinsuke hatte noch nie eine ausländische Frau aus der Nähe gesehen, und obwohl er die Missionarsfrau nicht besonders schön fand, fiel es ihm schwer, die Augen von ihr zu lassen. Sie hatte dichtes blondes Haar, das ihr in dicken Locken auf die Schultern fiel, runde blaue Augen, einen großen Mund und eine gerade Nase. Alles in allem wirkte ihr Gesicht, wenn auch ziemlich groß, recht anziehend. Sie hatte die breitesten Hüften und riesigsten Brüste, die Jinsuke je gesehen hatte, aber trotzdem war sie nicht dick, hatte eine schlanke Taille – Jinsuke wußte natürlich nicht, daß sie geschnürt war – und hübsche, schmale Fesseln. Sie sprach sehr laut, und ihre Anwesenheit war nicht zu übersehen, als die Männer ein paar Dutzend Schrankkoffer, Kisten und eine Ladung Möbel an Bord brachten. Auf der Brücke stehend, ließ Kapitän Fogerty die Blicke zwischen Mann und Frau hin und her wandern, schüttelte den Kopf und murmelte vor sich hin: «Eine Verschwendung, eine traurige Verschwendung...»

Ihr Mann sah einem Farmer ähnlicher als einem Pfarrer. Er war vierschrötig und linkisch und hatte bräunliches, strähniges Haar. Die Chinesen und Jinsuke grinste er ständig an, als seien sie alle unfolgsame Kinder.

Am zweiten Nachmittag an Bord, gingen der Missionar und seine Frau auf Deck spazieren, er mit rotem Gesicht und aufmerksam um sie bemüht, sie gereizt, weil sie unter ihren zahlreichen Unterröcken und dem Fischbeinkorsett schwitzte. Jinsuke stand, vom Geräusch der Schaufelräder halb eingeschläfert, am Ruder. Er konnte den Gestank nach faulen Eiern von den Kohlenfeuern in den Kesseln riechen, und beim leisesten Windhauch drückte der Rauch aus dem Schornstein nach unten, Kapitän Fogerty räusperte sich, trat dann mit einem Blick auf seine Passagiere an die Reling und spuckte ins Wasser. Vor ihnen trödelte eine schlampig getakelte Dschunke in der Mitte des Stroms, deren rechteckiges graues Segel müde flatterte. Fogerty kniff gegen das grelle Licht die Augen zusammen. Irgend etwas stimmte nicht mit dieser Dschunke.

Einer der neuen Männer nahm mit ausdruckslosem Lächeln die ersten beiden Stufen zur Brücke.

«Du! Bleib von der Brücke weg! Geh an deine Arbeit!»

Der Mann blieb stehen, sein Lächeln erstarrte. Langsam drehte er sich zu seinen vier Kameraden um, die mit ein paar anderen der Mannschaft an Deck gekommen waren. Drei von ihnen sahen zur Brücke, die anderen nach vorn in Richtung der Dschunke, auf der es, wie Fogerty jetzt feststellte, von Männern wimmelte. Die Geschützpfosten waren geöffnet. Fogerty fluchte leise.

«Jim», sagte er langsam und ganz beiläufig, «ich übernehme. Hol du mir mein Baby.»

Jinsuke erschrak, ließ sich aber nichts anmerken, salutierte lächelnd und übergab Fogerty das Ruder. Dann wandte er sich der Holztreppe zu, die von der Brücke in die Kapitänskajüte führte. Als er die Tür öffnete, veränderte sich das Maschinengeräusch, und das Schiff neigte sich plötzlich zur Seite. Etwas krachte in die Flanke der *Irene*, und vor dem Bullauge der Kapitänskajüte tauchte eine große dunkle Silhouette auf. Die Dschunke! Piraten!

Jinsuke stürzte zur Koje, riß die Schublade auf, nahm das Geschütz heraus und legte es auf die Koje. Wieder prallte etwas gegen die Flanke der *Irene,* dann hörte Jinsuke dumpfe Einschläge. Kanonen. Fogerty brüllte Befehle, versuchte abzudrehen, aber die Dschunke rammte die *Irene* noch einmal und riß das Schaufelrad ab.

Fogerty, beide Hände fest am Ruder, hatte versucht von der Dschunke loszukommen. Die Kanonen spien Feuer und Rauch, und die Einschläge erschütterten sein Schiff bis ins Mark. Dann sah er aus den Augenwinkeln einen Mann, der sich, blitzenden Stahl in der Hand, an ihn heranschlich. Fogerty fuhr herum – den Bruchteil einer Sekunde zu spät – und fühlte einen brennenden Schmerz in der Seite. Er antwortete mit einem Fausthieb an die Schläfe seines Angreifers und schickte ihn dann mit einem wilden Schwinger zu Boden, so daß er hilflos auf das Deck hinunterpolterte. Doch sofort rückten andere nach, und obwohl Fogerty die kurze Atempause genutzt hatte, um seinen Revolver zu ziehen und ein- oder zweimal zu feuern, fielen sie über ihn her, rissen ihn um und stachen wahllos auf ihn ein. Als sie von ihm abließen, blutete er aus unzähligen Wunden. Der Anführer der fünf neuen Besatzungsmitglieder, den Fogerty die Treppe hinuntergestoßen hatte, erhob sich taumelnd. Er spuckte auf den reglos daliegenden Kapitän und gab dann auf chinesisch den Befehl, den Einarmigen zu suchen und zu töten.

Zwei seiner Genossen rannten zur Kapitänskajüte und erreichten sie in dem Augenblick, in dem Jinsuke, die schwere Waffe im Arm, herauskam. Als er die beiden Kerle mit den gezückten Messern sah, wußte er, daß seinem Kapitän etwas geschehen war. Er wich in die Kajüte zurück und warf die Tür zu.

Er ließ das Geschütz auf das Bett fallen, während die beiden Männer versuchten die Tür einzutreten. Wie alles Holzwerk auf der *Irene,* war jedoch auch die Tür sehr stabil und gab nicht nach. Jinsuke hörte, daß sie ihm etwas zuschrien, doch er verstand sie nicht. Ihm war klar, daß sie ihn töten wollten, und daß auf Deck noch mehr von ihrer Sorte waren. Eine eiskalte Ruhe überkam ihn. Ein Gefühl unglaublicher Kraft durchströmte ihn. Dann fiel ihm das Entermesser ein, er griff unter die Matratze. Beruhigend spürte er den kühlen Stahl in seiner Hand.

Die beiden Kerle bearbeiteten jetzt die Tür mit der Feuerwehraxt, das Holz begann zu splittern, und Jinsuke, der sich einen Verteidigungsplan zurechtlegte, stellte den Sessel des Kapitäns so hinter die Tür, daß sie, wenn sie aufschwang, dagegenstoßen und wieder zurückprallen mußte. Dann hieb er ein paarmal versuchsweise mit dem Entermesser durch die Luft. Es hatte große Ähnlichkeit mit der Machete, der *nata,* die er als Junge zum Schneiden von Feuerholz benutzt hatte. Und dann mußte er daran denken, wie sein Vater ihn, schon kurz nachdem er den linken Arm verloren hatte, unnachsichtig dazu zwang, sich einarmig im Gebrauch der *nata* zu üben. Die Gedanken an seinen Vater stärkten seine innere Zuversicht. Vielleicht mußte er sterben, doch dann sollte es ehrenvoll sein.

Immer wieder donnerte die Feuerwehraxt gegen die Tür und grub sich durch das harte Mahagoniholz. Dankbar für seine Kindheit, froh, daß er so viel mit dem *sai* trainiert hatte, probierte er ein paar Stiche und Hiebe mit dieser neuen und dennoch irgendwie vertrauten Waffe. Bisher hatte er noch nie einen Menschen geschnitten oder gestochen, immer nur zugeschlagen. Würde es sich anders anfühlen, wenn die Klinge nicht in einen Wal, sondern in menschliches Fleisch eindrang?

Die Tür bekam ein Loch, und Jinsuke blickte in das verzerrte Gesicht eines seiner ehemaligen Bordkameraden.

«Scheißkerl», sagte Jinsuke auf chinesisch, grinste und hielt das Entermesser hinter dem Rücken versteckt. Das Gesicht verschwand, während der Mann mit der Axt das Loch in der Tür vergrößerte. Dann schob sich eine Hand mit dem Revolver, den sie dem Kapitän abgenommen hatten, durch das Loch. Die Waffe war auf Jinsuke gerichtet, der Hahn schnappte zurück, Jinsuke warf sich zur Seite, holte mit dem Entermesser aus und stieß zu. Einen Sekundenbruchteil später kam der Schuß, der in der engen Kabine ohrenbetäubend klang. Jinsuke glaubte, den Mann oder die Waffe getroffen zu haben, wußte es aber nicht genau. Revolver und Hand waren verschwunden, und die Axthiebe häuften sich, bis die Tür schließlich krachend aufflog.

Die Spitze von Jinsukes Entermesser hatte die Daumensehne des Revolvermannes durchtrennt. Als er hereinkam, hielt er die Waffe zwar noch in der Hand, hatte aber große Schwierigkeiten, den Hahn zu spannen, und sah daher den Stuhl hinter der Tür nicht. Er stolperte und stürzte direkt in das machtvoll herabsausende Entermesser.

Es ist nicht anders, als spalte man einen Holzklotz mit einem Astknoten darin, dachte Jinsuke.

Der zweite Mann kam gleich hinterher. Er hatte die Axt fallen lassen und zu seinem Messer gegriffen, eine bessere Waffe, wenn man in einem kleinen Raum kämpfte, aber dem Entermesser weit unterlegen. Er hatte nicht gemerkt, daß der erste Schuß Jinsuke nicht getroffen hatte, und war daher nicht sehr vorsichtig. Die breite Klinge aus dem Schädel des ersten Angreifers herausreißend, ging Jinsuke leicht in die Knie und stieß mit ausgestrecktem Arm und nach oben gerichteter Spitze zu, wobei er die Füße ganz unbewußt so bewegte, als führe er einen von Kinjos klassischen Fechthieben aus. Die Klinge fuhr dem Mann unter dem Kinn in den Hals und tötete ihn sofort.

Der Mann stürzte der Länge nach auf die Leiche seines Kameraden, wodurch Jinsuke das Messer fast aus der Hand gerissen wurde. Er mußte den Toten mit einem Fußtritt auf den Rücken drehen, um die Klinge herausziehen zu können. Der Boden der Kajüte färbte sich rot. Das alles ging so schnell, und die Gewalttaten waren Jinsuke so leicht gefallen, daß er, als er sich umsah, einen Moment dachte, er sollte die Kajüte eigentlich säubern. Sekundenlang preßte er die Augen zusammen, um diese verrückte Idee abzuschütteln und seine Gedanken zu sammeln. Er wischte das Entermesser ab und schob es in seinen Gürtel, nahm das Geschütz von der Koje, preßte es an die Brust, stieg über seine beiden toten Gegner und trat auf den Gang hinaus.

Die Piraten waren alle beschäftigt. Sie hatten die Luken der Frachträume aufgebrochen und die Kajüten der Passagiere geplündert. Der englische Missionar und seine Diener, der Laienpriester und Dolmetscher und einige der Matrosen waren enthauptet und über die Reling ins Wasser geworfen worden. Ein Pirat packte einen abgeschlagenen Kopf an seinem langen Zopf, schwenkte ihn wie einen Ball an einer Schnur und schleuderte ihn weit hinaus in den Fluß. Geduckt schlich Jinsuke auf die Brücke und kauerte sich hinter den Kartentisch. Er warf einen Blick auf seinen Kapitän, hielt ihn für tot und dachte nur noch an Rache und an das, was er diesem Mann schuldete.

Wu hatte, mit einer Rohrzange bewaffnet, um sein Leben gekämpft, und jetzt zerrten zwei Chinesen seine Leiche mit den Füßen voran an Deck.

Nur die Frauen waren offenbar noch am Leben. Sie schrien beide.

Drei Männer hielten die chinesische Zofe fest, ein zierliches Mädchen von fünfzehn oder sechzehn Jahren, während ein vierter sie vergewaltigte. Die Frau des Missionars wehrte sich noch. Vier Männer hielten sie an Händen und Füßen fest, während ihr Körper sich krümmte und aufbäumte. Der Mann, der auf ihr lag, war sehr groß und muskulös, und aus der Art, wie die anderen mit ihm lachten und ihn anfeuerten, schloß Jinsuke, daß er der eigentliche Anführer war.

Niemand beachtete Jinsuke. Auf der Brücke lagen nur Fogerty und die beiden Männer, die er erschossen hatte. Jinsuke hob das Geschütz und schob den Halterungstift in das Loch in der Reling. Dabei konnte er nicht anders, er mußte zusehen, was mit der weißen Frau geschah. Sie hatten ihr die Kleider vom Leib gerissen, und Jinsuke stellte fest, daß sie einen wirklich schönen Körper besaß, ihre krausen braunen Schamhaare jedoch einen anderen Farbton hatten als ihr Kopfhaar. Sie kämpfte gegen ihre Peiniger, was deren Begierde nur noch steigerte. Der Mann, der auf ihr lag, holte auf der Höhe der Erregung aus und schlug sie mit einem Kinnhaken bewußtlos.

Nach ein paar Sekunden sprang er auf und zeigte auf einen anderen Mann, der zwischen den lang ausgestreckten Beinen der Frau niederkniete und sich entblößte. In ihrer Ungeduld, auch an die Reihe zu kommen, stießen sich die Männer gegenseitig aus dem Weg, lachten und johlten und umdrängten die beiden nackten Frauen in einem dichten Knäuel. Jinsuke sah nur noch einen bloßen Fuß, die Körper der Frauen wurden von den Männern völlig verdeckt. Ungefähr zehn Schritte von der Stelle entfernt, an der Jinsuke mit dem Geschütz kauerte, standen die Männer dicht beieinander. Der Anführer in ihrer Mitte feuerte seine Leute an und kommentierte ihre «Leistungen» und das, was sie zu bieten hatten, mit bissigen Bemerkungen, während die anderen vor Lachen wieherten und wieder andere sogar mit dem Plündern aufhörten und herbeiliefen, um zuzusehen. Obwohl Jinsuke wußte, daß es zu viele Gegner waren, war er entschlossen, seinen

Kapitän zu rächen. Er richtete das Geschütz auf den Kopf des Anführers und spannte den Hahn.

Es war eine kurzläufige, großkalibrige Waffe mit weiter Streuung. Geladen war sie mit grobem Schrot. Der Schuß dröhnte, das Geschütz ruckte in seiner Halterung und prallte gegen Jinsukes Faust. Einen Moment verschleierte Rauch das Blutbad, das er angerichtet hatte, doch gleich darauf sah er, daß fast alle Männer getroffen waren, die sich um die Frauen gedrängt hatten. Sie wälzten sich auf dem Deck wie hingemäht, lagen kreuz und quer auf den beiden nackten Frauen, einige preßten die Hände auf ihre Wunden, andere schrien vor Schreck und Schmerz und versuchten wegzukriechen. Der Anführer war dreifach getroffen – in den Rücken, in den Hals und in die Schulter. Er war jedoch nicht gestürzt, sondern an die Reling getaumelt.

Jetzt packte Jinsuke das Entermesser und sprang mit einem wilden Schrei über das Brückengeländer auf das Deck hinunter. Der große Pirat drehte sich um, das Gesicht grau vor Schmerz. Hastig griff er nach seinem kurzen Schwert, doch Jinsuke schlitzte ihm seitlich den Hals auf, und seine Klinge grub sich tief in das Schlüsselbein des Gegners. Dann versetzte Jinsuke dem Mann einen brutalen Tritt in den Magen, sprang zurück, riß die Klinge aus dem Knochen und führte einen wilden Schlag nach rechts, wo er eine Bewegung mehr gefühlt als gesehen hatte.

Brüllend, hauend, stechend, parierend und stoßend kämpfte er sich bis zum Mast vor. Die Zeit blieb stehen. Der Kampf dauerte eine Ewigkeit, Bewegungen und Geräusche verschwammen wie im Nebel. Dann kletterten die Piraten über die Reling der *Irene* auf ihre Dschunke zurück, und Jinsuke blieb wie in einem luftleeren Raum allein, sein Körper überströmt von Schweiß und dem Blut aus einer Schwertwunde unter einem Auge und mehreren anderen Wunden, die zwar ungefährlich waren, aber stark bluteten. Er fühlte sich entsetzlich müde, und das Entermesser war ihm zu schwer geworden.

Er ließ es fallen, ging auf die Brücke hinauf und fühlte sich verloren und leer.

Er kniete neben dem Kapitän nieder und riß sich das schweißdurchtränkte Stirnband herunter. Die klaffende Wunde in Fogertys Seite blutete noch immer, und Jinsuke preßte den Stoff darauf. Fogerty bewegte die Lippen – er lebte! Jinsuke zerrte den mächtigen Körper zur Seite und lehnte ihn gegen das Schott. Fogerty öffnete die Augen.

«Hast du das Baby geholt, Jim?»

«Ja, Käpt'n, ich holen. Bum! Großer, großer Bum! Viele Piraten treffen und tot. Jetzt alle fort. Käpt'n warten, ich holen Medizin.»

Als Jinsuke sich aufrichten wollte, packte Fogerty ihn am Arm.

«Nein, Jim, sieh zuerst nach den Frauen. Sind die Frauen tot?»

Jinsuke schüttelte den Kopf. «Nicht tot.»

Etwas in seinem Gesicht verriet dem Kapitän, was geschehen war. Er stöhnte auf.

«Kümmere dich um die Damen, Jim...»

Von irgendwoher kam ein Donnern, gefolgt vom Knall einer Explosion. Jinsuke hörte Schreie, nahm sie jedoch nicht bewußt wahr. Fogerty wollte aufstehen, aber Jinsuke drückte ihn hinunter.

«Ich nachsehen.»

Zwar war Fogerty sehr schwer verletzt, doch hatten seine bärenhafte Statur und die Überzahl seiner Angreifer ihn gerettet. Jinsuke stand auf, wußte nicht so recht, was er tun sollte, sagte sich jedoch, daß es für die Frauen am schlimmsten sein mußte, so nackt dazuliegen. Er ging in Fogertys Kajüte hinunter und nahm, ohne die beiden Leichen zu beachten, die Laken aus der Koje.

Als er sich, wieder an Deck, den beiden Frauen näherte, sah ihn das Chinesenmädchen, fing an zu schreien und vergrub das Gesicht in den Händen. Jinsuke legte ihr ein Laken um die nackten Schultern, ohne sie dabei zu berühren. Er begann die Leichen von der weißen Frau wegzuziehen, die noch bewußtlos und mit dem Blut ihrer Peiniger besudelt war. Nachdem er den letzten Leichnam seitlich an die Reling gerollt hatte, wollte er die weiße Frau mit dem zweiten Laken zudecken, als etwas gegen die Flanke der *Irene* stieß.

Es war ein britischer Marinekutter. Weiß uniformierte Männer mit Gewehren und langen Bajonetten kletterten an Bord der *Irene.* Bevor Jinsuke wußte, wie ihm geschah, hatten sie sich auf ihn gestürzt und mit einem Gewehrkolben niedergeschlagen.

«Mein Gott, Sir!» rief ein stämmiger Marinesergeant. «Die Halunken haben eine Weiße erwischt!»

Die Männer starrten alle auf die nackte, blutbesudelte, mit gespreizten Beinen daliegende Frau. Einen Revolver in der Hand brüllte der Leutnant zornig: «Dreht euch gefälligst um, Kerle!»

Er griff nach dem Laken, das Jinsuke noch in der Hand hielt, und deckte die Frau zu. Dann hörte man wieder ein Donnern und einen Knall, dann Schreie und schließlich das Knattern kleiner Handfeuerwaffen. Ein Marinesoldat kam angelaufen und salutierte hastig vor seinem Offizier.

«Yanks haben das Piratenschiff geentert, Sir.»

Der Offizier nickte. Die Zofe schrie noch immer, die Hände über dem Kopf, das Laken um die Schultern.

«Sei still, Mädchen!» brüllte der Leutnant und schüttelte sie, aber sie versuchte nur, sich noch kleiner zu machen, und schrie weiter. Der Sergeant fand einen Eimer und eine Leine, holte Wasser aus dem Fluß herauf und schüttete es ihr über den Kopf. Sie verstummte, blickte auf und sah zum erstenmal die uniformierten Weißen. Leise begann sie vor sich hinzuwimmern.

«Fesselt den da drüben», sagte der Leutnant und zeigte mit dem Revolver auf Jinsuke. Die Männer holten eine dünne Leine.

«Drei dieser Kerle sind noch am Leben, Sir», berichtete der Sergeant. Der Leutnant sah ihn grimmig lächelnd an. Er war ein junger Mann, aber durch den Krieg in China kampferprobt.

«Unsere amerikanischen Freunde haben merkwürdige Vorstellungen von Gerechtigkeit, finden Sie nicht? Diese Schurken brauchen wirklich nicht länger am Leben zu bleiben, oder sind Sie da anderer Meinung, Sergeant?» Der Sergeant nickte seinen Soldaten zu, die jeden Piraten, in dem noch Leben war, methodisch mit dem Bajonett erledigten.

Von einem amerikanischen Offizier angeführt, kletterten mit Pistolen und Entermessern bewaffnete Matrosen über die Reling an Bord der stark beschädigten *Irene* und salutierten vor dem britischen Leutnant.

«Wie ich sehe, haben Sie hier alles unter Kontrolle», sagte der Amerikaner. «Wir haben die Dschunke geentert, aber sie steht in Flammen. Keine Überlebenden.»

Der britische Offizier salutierte ebenfalls und beglückwünschte den Amerikaner. Er schrie zwei Männern zu, sie sollten feststellen, wie stark die *Irene* beschädigt war. Ein Matrose, der neben der weißen Frau kniete, rief: «Sir! Die Dame lebt noch, Sir!»

Beide Offiziere der vereinigten Streitmächte drehten sich überrascht um, riefen Befehle, und die Frau wurde unter Deck gebracht. Sie waren beide mehr als eine Tagreise von ihren Schiffen entfernt und hatten in offenen mit Zwölfpfund-Haubitzen bestückten Kuttern seit drei Monaten diese eine Piratendschunke gejagt. Während die Leichen über Bord geworfen wurden, meldeten die Männer die einzelnen Schäden. Die Motoren der *Irene* waren unbrauchbar, aber die Segel noch intakt, und sie leckte nur leicht. Die Männer fanden den verwundeten Kapitän und verbanden ihn.

«Das Schiff fährt unter amerikanischer Flagge», sagte der britische Leutnant zu seinem amerikanischen Kollegen, «daher übergeben wir es Ihnen. Falls Sie jedoch ein paar unserer Leute brauchen, damit sie Ihnen zur Hand gehen, stehen sie Ihnen selbstverständlich zur Verfügung. Aber ...» Er nickte zu Jinsuke hinüber, den sie inzwischen an den Mast gebunden hatten. «Wir haben diesen Gefangenen gemacht und behalten ihn auch.»

Der amerikanische Offizier nickte und brüllte Befehle. «Bringt die Haubitze an Bord, und nehmt unseren Kutter ins Schlepp. Ein bißchen rasch, wenn ich bitten darf!»

Er sah Jinsuke kalt an. «Ich hoffe, Sie laden mich zu seiner Hinrichtung ein», sagte er, und Jinsuke, der sich gegen seine Fesseln wehrte, versuchte zu protestieren. Der britische Marinesergeant schlug ihn mit dem Handrücken ins Gesicht.

«Sollen wir die dreckige Bestie gleich aufknüpfen, Sir?»

Wieder bemühte Jinsuke sich zu beteuern, daß er nicht zu den Piraten gehörte.

«Bist recht lebhaft, wie, du chinesischer Halunke? Vielleicht gefällt es dir, am Ende eines Stricks zu tanzen?» Der Sergeant schlug ihn wieder. Ein Pistolenschuß knallte, und die Kugel strich dicht über den Kopf des Sergeants hinweg. Fogerty hatte die Männer abgeschüttelt, die ihn stützten, war an die Brückenreling getaumelt und hatte aus der kleinen Pistole, die er im Stiefel versteckt hatte, einen Schuß abgegeben.

«Ich ersuche Sie, Ihre Hände von meinem Bootsmann zu lassen, Sie britischer Narr! Sie haben Glück, daß ich Ihnen nicht das Gehirn aus Ihrem erbsengroßen Kopf geblasen habe. Binden Sie meinen Mann los! Nehmen Sie ihm die Stricke ab!»

Amerikaner und Brite hatten ihre Revolver auf den großen Iren gerichtet, der die beiden Männer, die ihm helfen wollten, abermals abschüttelte und sich zu dem Gang schleppte, über den man von der Brücke auf das Deck gelangte.

«Wer sind Sie, Sir?» fragte der britische Leutnant. Er hatte den Revolver zwar noch in der Hand, zielte aber nicht mehr auf Fogerty.

«Der Kapitän dieses Schiffes. Mein Name ist Fogerty. Ich weiß es zu schätzen, daß Sie in unser Schlamassel hineingeplatzt sind, meine Herren. Besser spät als nie. Aber binden Sie diesen Mann los, er ist mein Bootsmann Jim Sky und kein verdammter Pirat.»

Die beiden Offiziere wechselten wieder bedeutsame Blicke. Der Amerikaner salutierte vor Fogerty.

«Sie sind Amerikaner, Sir. Ich bin Leutnant Balch von der *Plymouth*. Gestatten Sie mir, da Sie indisponiert sind, Ihr Schiff zu übernehmen und nach Shanghai zurückzubringen?»

«Niemand übernimmt mein verdammtes Schiff, Mr. Balch, aber ich freue mich, Sie an Bord zu haben ... Und jetzt binden Sie endlich meinen Bootsmann los!»

«Wir scheinen uns geirrt zu haben», sagte der britische Offizier lakonisch und wandte sich an seinen Sergeant. «Binden Sie den Burschen los, und entschuldigen Sie sich bei ihm.»

Eine Entschuldigung murmelnd, zerschnitt der Sergeant die Fesseln. Jinsuke funkelte ihn wütend an und stürzte zu seinem Kapitän, der seine massige Gestalt an Jinsukes Schulter lehnte.

«Bei Jesus, Jim, du hast ganze Arbeit geleistet, und wir beide schaffen's auch ohne britische oder amerikanische Marine, wie?» sagte er und sackte bewußtlos zusammen. Die Amerikaner brachten ihn in seine Kajüte. Jinsuke, dem es grau vor Augen wurde, beugte sich über die Reling und übergab sich. Der britische Offizier trat zu ihm.

«Es tut mir aufrichtig leid, aber da du Chinese bist und auf Deck warst, dachten wir...»

Jinsuke schüttelte den Kopf und tippte sich mit dem Zeigefinger auf die Brust. «Nicht Chinese, Japaner! Verstehen? Japaner!»

Der amerikanische Leutnant, der mit Perrys Expedition in Japan gewesen war, musterte ihn erstaunt und rief dann seinen Männern zu:

«Verdammt noch mal, so helft dem Mann doch! Bringt Verbände und Rum! Seht euch an, wie er gekämpft hat... Verdammt richtig, er ist Japaner! Wäre er beim Militär, bekäme er eine Tapferkeitsmedaille.» Er salutierte vor Jinsuke .

«*Arigato*, vielen Dank», sagte Jinsuke, und mit einem leichten Grinsen ließ er sich nach unten bringen.

Die Briten kehrten mit ihren zwölf Mann auf ihren Kutter zurück und fuhren flußabwärts, während die amerikanischen Matrosen auf der schwer lädierten *Irene* die Segel zu setzen begannen. Die auf eine Sandbank aufgelaufene Piratendschunke brannte noch lichterloh.

20

«Jedenfalls, Kapitän», sagte Mr. Rose, sein Brandyglas erhebend und dem Mann zuprostend, der ihm gegenübersaß, «wäre ich Ihnen sehr verbunden, wenn Sie etwas für ihn tun könnten. Mit Ihren Verbindungen und Ihren Kenntnissen über den Walfang, denke ich, daß Sie ihm, sobald Sie wieder in Kalifornien sind, eine Heuer auf einem Walfänger verschaffen könnten. Die Kosten der Überfahrt übernehme ich liebend gern selbst, obwohl er nicht ohne Mittel ist. Die hiesigen Geschäftsleute haben sich zusammengetan und ihm fünfhundert Pfund als Belohnung für sein heldenhaftes Verhalten überreicht.»

Sie hatten eben in Mr. Roses Haus ein hervorragendes Dinner eingenommen, vom chinesischen Majordomus serviert. Mr. Roses Dinnergast war ein schmalgesichtiger Mann mit blondem Haar und Spitzbart.

«Ich will tun, was ich kann, Mr. Rose. Das würde jeder Weiße für einen Mann tun, der eine Dame gerettet hat. Er ist Walfänger, sagen Sie? Ein japanischer Walfänger? Als wir vor ungefähr zwei Jahren die japanischen Gewässer befuhren, begegneten wir zwei von ihren Walfangbooten. Die Männer waren freundlich, ganz anders als in den Geschichten, die einem immer wieder zu Ohren kommen.» Er hob sein Glas und beobachtete, wie das Licht der Öllampen in der goldenen Flüssigkeit flackerte und sich darin ausdehnte.

«Kann ich Jim Sky einmal sehen?»

«Aber selbstverständlich. Das ist übrigens nicht sein richtiger Name, aber so wird er hier genannt. Ich schicke morgen früh einen Boten los und lasse ihn bitten, übermorgen herzukommen. Im Augenblick wohnt er bei den Fogertys. Sie haben ihn gewissermaßen adoptiert, und er scheint dort recht glücklich zu sein. Wie sie wissen, ist die Frau des Kapitäns Orientalin.»

Der Mann fuhr sich mit den Fingern durch das sich lichtende blonde Haar. «Ja, und ich habe gehört, daß der wilde Ire drei der schönsten Töchter weit und breit hat. Ich bin sicher, daß Jim Sky glücklich ist.»

«Fogerty hat auch einen feinen Sohn, einen klugen Jungen, der's nicht leicht haben wird, wenn er mal in die Welt hinaus will.» Mr. Rose seufzte, leerte sein Glas und klingelte nach dem Majordomus.

«Kommen Sie, Kapitän! Trinken Sie wenigstens noch ein Glas. Bitte. Machen Sie sich keine Sorgen wegen der Rückkehr auf Ihr Schiff, ich lasse für Sie anspannen. Und sagen wir – übermorgen um zehn in meinem Kontor? Nachdem ich Sie mit Jim Sky bekannt gemacht habe, könnten wir unser Geschäft abschließen und vielleicht zusammen lunchen. Haben Sie schon richtiges chinesisches Essen versucht? Ich kenne ein Lokal, in dem es köstliche Meeresfrüchte und eine hervorragende Ente gibt, nicht zu stark gewürzt, wirklich ausgezeichnet.»

Der englische Kapitän, der über Hawaii nach Kalifornien in See stechen sollte, war sofort einverstanden. Er hatte ein neues Schiff, schnell und leicht zu manövrieren, und die Jungfernfahrt nach Shanghai war sehr angenehm verlaufen. Er ließ sich von Mr. Rose einschenken.

«Sagen Sie mal, wie geht es eigentlich der Dame?» fragte er. «Der Frau – oder vielmehr der Witwe des Missionars.»

«Das weiß scheinbar niemand.» Mr. Rose schüttelte traurig den Kopf. «Es ist natürlich eine äußerst delikate Angelegenheit.» Er beugte sich vor und senkte die Stimme. «Als die Männer von der Marine an Bord kamen, war die Dame bewußtlos. Sie war furchtbar geschlagen und – schlimmer noch – eh, mißbraucht worden, wenn Sie wissen, was ich meine. Eine schreckliche Sache. Sie ist hier in Shanghai bei einer anderen Missionarsfamilie untergekommen und hat sich bisher noch kein einzigesmal in der Öffentlichkeit gezeigt. Nur der Arzt darf sie besuchen. Ich hoffe nur, daß es keine – eh – Komplikationen gibt und daß – eh – ihre Seele Frieden findet, wenn sie nach England zurückkehrt. Hoffen wir, daß der Klatsch sie nicht bis nach Hause verfolgt.»

«Ja», sagte der Kapitän, «wenn das geschieht, wird sie nie wieder heiraten können. Aber ich verstehe ihren Mann wirklich nicht. Wie konnte er nur ins Landesinnere wollen, das zur Hälfte von den Taiping beherrscht wird, zumal die Chinesen ganz allgemein für Missionare nicht viel übrig haben.»

Mr. Rose nickte. Auch seine Liebe zu Missionaren hielt sich in Grenzen. Sie hatten etwas gegen bestimmte Waren, mit denen er handelte.

«Um von etwas anderem zu sprechen», sagte sein Gast, umschloß sein Brandyglas mit der Hand und ließ den Alkohol im Glas kreisen, «nach allem, was ich gehört und in der Lokalzeitung gelesen habe, muß dieser Jim Sky ein Teufelskerl sein. Hat es ganz allein mit einer ganzen Piratenbande aufgenommen, nicht wahr? Ich weiß natürlich, daß die Japaner fanatische Burschen sind, aber das zu schlucken, fällt einem doch schwer, zumal er nur einen Arm hat.»

«Sie können es ruhig für bare Münze nehmen, Kapitän Jacks», antwortete Mr. Rose. «Der alte Fogerty ist ein begnadeter Geschichtenerzähler, wenn es darum geht, ein Garn über seine eigenen Heldentaten zu spinnen, doch er wird nie die Unwahrheit über einen anderen sagen. Als er Unrat roch, schickte er Jim Sky nach der großen Donnerbüchse, die er in seiner Kajüte versteckt hielt. Fogerty schwört, daß er, bevor sie über ihn herfielen, einen oder zwei erschossen hat. Als die Marinemänner an Bord kamen, zählten sie neunzehn tote Piraten, darunter einen der berüchtigsten Halunken, die den Fluß unsicher machten. Jim Sky hatte ihm mit dem Entermesser halb den Kopf abgehauen.»

Kapitän Jacks pfiff durch die Zähne. «Er muß ihnen ganz schön eingeheizt haben.»

«Na ja, das Geschütz unter Fogertys Bett war immer geladen...»

Kapitän Jacks warf den Kopf zurück und schrie vor Lachen. «Ein geladenes Geschütz unter dem Bett? Dieser verrückte Ire! Unter meinem Bett steht nie etwas Gefährlicheres als ein Nachttopf.»

Die beiden Männer lachten gemeinsam, die Gesichter von Wein und Brandy gerötet.

«Es ist die reine Wahrheit. Der gemeinsame Bericht der britischen und amerikanischen Marine und Fogertys Aussage stimmen hundertprozentig überein. Jim Sky selber ist zu schüchtern, um etwas zu sagen, und sein Englisch auch noch nicht so gut, obwohl er schon einiges gelernt hat.»

«War er denn nicht verwundet?»

«Nur leicht. Gehirnerschütterung. Ein paar Schnitte. Er lag ein paar Tage im Krankenhaus und wird seither wie ein Held behandelt.»

«Was für eine Geschichte!» sagte Kapitän Jacks. «Wenn schon ein einarmiger Japaner so kämpft, werde ich mich mit zweiarmigen erst recht nicht anlegen. Mit ihren Langschwertern müssen sie wie Teufel fechten. Mir hat jemand erzählt...»

Sie unterhielten sich bis in die frühen Morgenstunden, und es war weder das erste- noch das letztemal, daß in Shanghai über Jim Skys Heldentaten gesprochen wurde.

An dem Morgen, an dem Jim Sky Mr. Rose in seinem Kontor aufsuchte, wurde er von Fogertys Sohn Lyall begleitet, einem hochgewachsenen, hübschen achtzehnjährigen Jungen. Er war dem Mann, der seinem Vater das Leben gerettet hatte, zutiefst ergeben.

Als Jinsuke diesmal durch die äußeren Büros ging, grüßten ihn die Europäer mit einem Lächeln, und einige riefen ihm zu. Er wurde respektiert, beinahe akzeptiert. Natürlich sah er in der grauen Hose aus teurem Tuch, einem weißen Hemd mit Seidenkrawatte und einem dunkelblauen Jackett aus feinem Serge, den leeren Ärmel ordentlich hochgesteckt, ganz anders aus als früher. Die frische Narbe unter dem Auge entstellte ihn nicht, sondern gab seinen Zügen etwas Verwegenes, das zu seinem Ruf paßte.

Ein Sekretär führte Jinsuke und Lyall in Mr. Roses Büro, und der Kaufmann kam hinter dem Schreibtisch hervor, um Jinsuke die Hand zu schütteln. Lyall nickte er mit wohlwollendem Lächeln zu. «Lyall, mein Junge, wie geht es dir? Und was macht dein lieber Vater?»

«Mir geht es gut, danke der Nachfrage, Mr. Rose, und Vater macht Fortschritte. Er ist viel dünner als früher, und der Doktor sagt, das schadet ihm bestimmt nicht. Er darf schon aufstehen und jeden Tag einen kurzen Spaziergang machen.»

«Das freut mich. Und jetzt möchte ich euch mit Kapitän Jacks von der *Swan* bekannt machen. Käpt'n, das ist unser Held Jim Sky. Und der junge Mann ist Lyall Fogerty.»

Der Mann, der auf dem Ledersofa gesessen hatte, stand auf und streckte die Hand aus. Jinsuke schüttelte sie.

«Ich freue mich, Sie kennenzulernen, Sir», sagte er. Er sprach abgehackt, und das L klang bei ihm noch immer undeutlich, obwohl er mit Hilfe von Lyalls täglichem Unterricht sowohl im Englischen wie im Chinesischen bemerkenswerte Fortschritte machte.

«Mr. Rose», sagte Lyall, «Jim hat etwas, das er, wie er behauptet, nur einem Walfänger zeigen kann. Ich denke, es ist ein Brief. Ich weiß, daß die *Swan* kein Walfangschiff ist, aber Vater sagt, Kapitän Jacks sei früher selbst Walfänger gewesen.» Er wandte sich an Jacks. «Es ist ein Empfehlungsschreiben, Sir, von irgend jemand in Japan.»

«Nun, ich glaube nicht, daß Jim Sky bei uns eine Empfehlung braucht», sagte Mr. Rose lächelnd.

«Nein, Sir, aber Jim scheint der Brief wichtig zu sein, und wenn Sie wollen, kann ich Ihnen die Schriftzeichen vorlesen. Zwar spreche ich noch nicht Japanisch, aber die Schrift ist der chinesischen sehr ähnlich. Und wie ich schon sagte, für Jim ist dieser Brief sehr wichtig.»

«Tja, mein Junge, mein Schiff ist zwar kein Walfangschiff, aber ich bin zwanzig Jahre als Walfänger gefahren.» Kapitän Jacks wandte sich an Jinsuke. «Ich bin Walfänger, Jim. Zeig mir deinen Brief.»

Jinsuke musterte ihn sekundenlang forschend – das blonde Haar, das frische Gesicht, die nach dem übermäßigen Alkoholgenuß der vergangenen Nacht leicht blutunterlaufenen blauen Augen, und er stellte auch fest, daß der Mann, obwohl nicht hochgewachsen, mächtige Schultern und für ihn fast zu große Hände hatte. Schon ein wenig rundlich um die Mitte, merkte man ihm seine Jahre allmählich an, denn er war inzwischen über fünfzig, hatte jedoch die selbstsichere, fast ein wenig brüske Art eines alten Seemanns. Er sah wie ein wohlhabender Mann aus, ein Mann mit Erfahrung, ein harter Mann.

«Gut. Ich haben Brief von sehr große japanische Walfänger. Jetzt japanischer Regierungsmann.»

Zur größten Überraschung der anderen nahm Jinsuke jedoch keinen Briefumschlag aus seiner Jackentasche, sondern den Zahn eines Pottwals. Er knöpfte die Jacke auf, und das Messer, das er trotz seiner eleganten Kleidung noch trug, kam zum Vorschein. Kapitän Jacks fiel es schwer, ein Lächeln zu unterdrücken, als er es sah.

«Lyall», sagte Jinsuke und hatte wie immer Schwierigkeiten den Namen auszusprechen, «Papier im Zahn. Bitte nimm heraus für mich. Ja?»

Lyall nahm Zahn und Messer und brach mit der Spitze das Bienenwachssiegel in der Pulpahöhle auf, ließ die Bienenwachsstücke in den Papierkorb fallen und reichte Jinsuke das Messer zurück. In der Zahnhöhle steckte ein mehrfach fest zusammengefaltetes Papier. Lyall zupfte es heraus und strich es glatt.

«Lies vor, Lyall!»

«Oh, es ist Englisch, Sir!» Er gab Kapitän Jacks den Brief, der ihn laut vorlas.

«An alle, die es angeht: Inhaber dieses Briefs ist ein guter Harpunierer. Er ist ein ehrlicher Mann und stammt aus einer rechtschaffenen japanischen Familie. Er kommt aus einem in unserem Land weithin berühmten Walfangort. Er kennt die Wale und die Meeresströmungen wirklich gut. Behandeln Sie ihn in Amerika bitte freundlich, und helfen Sie ihm weiter, Gezeichnet: Joe Mung, Steuermann.»

Der Kapitän sah zu Jinsuke auf und wollte ihn etwas fragen, als Rose ihm den Brief aus der Hand nahm und noch einmal las.

«Unglaublich!» rief er. «Was für ein Zufall! Das muß die Hand der Vorsehung sein! Ich habe den Schreiber dieses Briefes in Amerika im

Haus meines guten Freundes Kapitän Whitfield in Fairhaven kennengelernt. Mein Freund hatte den Jungen gerettet und ihm eine gute christliche Erziehung angedeihen lassen. Das ist, soviel ich weiß, das erste Lebenszeichen von Joe Mung nach seiner Rückkehr nach Japan anno 1851.»

Mehr als dem Brief galt Kapitän Jacks' Aufmerksamkeit jedoch dem Pottwalzahn, der jetzt auf dem Schreibtisch lag – elfenbeinweiß auf poliertem Eichenholz, die feinen schwarzen Linien der Gravur sehr deutlich zu sehen. Der Atem stockte ihm, als er danach griff.

«Ich will verdammt sein!» Die Buchstaben unter dem eingravierten Schiff waren sehr deutlich zu lesen, und auf der anderen Seite waren die Darstellung einer Pottwaljagd und sein eigener Name eingeritzt. Tovey Jacks.

«Woher hast du das?» fragte er Jinsuke und reichte Rose den Zahn. «Ich habe diesen Zahn selbst graviert», sagte er. «Anno achtundvierzig, als wir in den japanischen Gewässern jagten. Ich war damals Steuermann auf der *Midas.* Hab drei Fahrten mitgemacht, bevor ich mir einen Frachter kaufte und anfing, auf eigene Rechnung zu fahren. Sehen Sie – hier steht mein Name.»

Energisch gestikulierend erzählte Jinsuke, wie zwei Fangboote aus Taiji, das Phoenix- und das Chrysanthemenboot, mit einem amerikanischen Fangboot zusammengetroffen waren, das einen Wal erlegt hatte.

«Verdammt große Pottwal!» rief Jinsuke, die Stirn in Falten ziehend, begeistert, weil er sich an das Wort erinnert hatte. «Boot fangen große Pottwal.»

Er sprach aufgeregt, sein Englisch ging drunter und drüber, aber er schilderte einen riesigen Mann mit roten Haaren wie Lyalls Vater, einen schwarzen Mann und eine Harpune mit beweglichem Kopf. Und er erzählte, daß der Bootsführer ihnen beim Abschied den Walzahn zugeworfen hatte, der gegen ein Ruder prallte, und nach dem er tief, sehr tief tauchen mußte.

Kapitän Tovey Jacks legte Jinsuke beide Hände auf die Schultern. «Jim Sky, du bist ein Wunder. Wie Mr. Rose schon sagte, uns hat die Vorsehung zusammengebracht. Siehst du den Namen auf dem Zahn? Tovey Jacks. Das bin ich. Ich war es, der den Zahn graviert hat, ich habe ihn zu euch hinübergeworfen.»

Sie erkannten sich beide nicht wieder, aber das war kein Wunder, denn Tovey Jacks war nicht mehr der schmutzige, überarbeitete Steuermann auf dem Walfänger und Jinsuke nicht mehr der von der Sonne bronzebraun gebrannte halbnackte Halbwüchsige mit rasiertem

Kopf und rotem Lendentuch. Jacks erzählte Rose und Lyall von der Begegnung vor sechs Jahren, die ihn offenbar sehr beeindruckt hatte.

«Ich weiß noch», schloß er, «daß ich dem Skipper damals sagte, ich würde am liebsten eine ganze Mannschaft Japaner zu uns an Bord holen, dann müßten wir nicht mehr das skrofulöse Gesindel anheuern, das sich in den westlichen Häfen auf den Docks rumdrückt. Mann, waren das Kerle, diese Japaner! Und das ist einer davon. Mr. Rose, Sir, es macht mich stolz, diesem jungen Mann zu helfen, und wenn er einverstanden ist, kann er seine Passage bei mir abarbeiten, aber nicht als gemeiner Matrose.»

Für Jinsuke war das alles einfach zuviel, und er verstand nicht, was gesprochen wurde. Und als Mr. Rose ihn und Lyall in ein vornehmes chinesisches Restaurant zum Essen einlud, staunte er nur.

Später sagte Jacks zu Mr. Rose, er habe die Absicht, Jim Sky als Aufseher anzuheuern. Jacks transportierte chinesische Arbeiter für fünfzig Dollar pro Kopf (wobei sie sich selbst verpflegen mußten) aus Shanghai nach San Francisco und machte damit eine Menge Profit. Er hoffte, daß Jim Sky ihn vielleicht auf mehreren Fahrten begleiten und sich dann – anstatt auf einem Walfänger anzuheuern – als Aufseher beim Eisenbahnbau verdingen würde.

«Das Leben auf einem Schiff ist auch für einen Offizier kein Sonntagsausflug», sagte er, «und auf einem Walfänger kann es die reine Hölle sein. Jim Sky ist ein guter Mann, und ich sähe es ungern, wenn er sein Leben vergeudete.»

«Ich hatte auch so meine Pläne mit ihm», erwiderte Mr. Rose. «Aber er hat es sich in den Kopf gesetzt, auf einem Walfänger zu fahren.» Er deutete in die Ecke seines Büros, in der Jinsukes Harpune lehnte. «Auf jeden Fall werde ich die Sache mit Kapitän Fogerty besprechen. Vielen Dank, Kapitän Jacks, das war sehr großzügig von Ihnen. Wie Sie wissen, öffnet Japan sich allmählich der restlichen Welt, und der kleinste Kontakt, den wir herstellen können, ist für uns Kaufleute von großem Wert. Ich denke, einen Mann wie Jim zu kennen, könnte sich in ein paar Jahren für uns alle lohnen.»

Als Jinsuke von den Plänen erfuhr, die man mit ihm hatte, geriet er in einen tiefen Zwiespalt. Er hatte das Gefühl, seinen Kapitän nicht verlassen zu dürfen, ehe er wieder gesund war, obwohl er eigentlich keine Arbeit hatte, denn die *Irene* lag noch im Trockendock. Er lebte gern bei den Fogertys, bewunderte Fogertys Frau, hatte den Jungen gern und war ein bißchen in alle drei Töchter verliebt. Fogerty wollte ihn auch nicht gehen lassen, vor allem deshalb, weil er das Gefühl hatte, Jim sei dem Leben in Amerika noch nicht gewachsen. Nachdem er lange nachgedacht und das Problem mit seiner Frau besprochen hatte, schickte er seinen Sohn Lyall mit einem Brief auf die *Swan* zu Kapitän Jacks und lud ihn zum Abendessen ein. Jacks antwortete, er nehme mit Vergnügen an.

Die beiden Männer schlürften lauwarmen chinesischen Wein, mit Kandiszucker gesüßt, und sprachen über Jim Sky.

«Kapitän Jacks», begann Fogerty und beugte sich vor, um sich mit den Eßstäbchen eine Scheibe kalter Entenbrust zu nehmen, «Jim möchte mit Ihnen gehen, davon bin ich überzeugt, aber er ist starrsinnig und loyal. Er glaubt, mich nicht verlassen zu dürfen, ehe ich wieder ganz auf den Beinen bin. Dann kann ich ihn freigeben. Im Moment kann ich ihm wohl nicht gut sagen, er solle abschwirren, er würde hier nicht gebraucht, oder? Das wäre nicht die richtige Art, ihm seine Loyalität zu lohnen. Ich schlage folgendes vor: Sie haben mir gesagt, daß Sie in drei oder vier Monaten wieder hier sein wollen. Lassen Sie ihn so lange bei mir. Ich werde dafür sorgen, daß er inzwischen besser Englisch und Chinesisch lernt, und ich will auch versuchen, ihm mehr über die amerikanische Lebensart und amerikanische Schiffe beizubringen. Ich bin sicher, daß Sie ein Mann sind, der zu seinem Wort steht, und ihm, sobald er drüben ist, helfen werden, sich einzugewöhnen.»

Tovey Jacks überlegte einen Augenblick und streckte dann die Hand aus. «Ich würde ihn zwar gern sofort mitnehmen, doch was Sie sagen, ist gerecht und fair, und ich möchte die Loyalität eines Mannes nicht mit Füßen treten. Gott weiß, daß sie heutzutage selten geworden ist. Auch muß er wirklich noch besser Englisch und noch viel besser Chinesisch sprechen können. Ja, ich werde warten, und ja, ich werde mein Bestes für ihn tun, obwohl ich schon weiß, was ich von den meisten Walfängerkapitänen zu hören bekommen werde, wenn ich ihnen vorschlage, einen einarmigen Japaner anzuheuern, auch wenn er kämpfen kann wie ein zweiarmiger Ire.» Er lachte.

«Ein Arm oder zwei, Sie sollten einmal sehen, wie er eine Harpune schwingt oder in die Takelage klettert», sagte Fogerty mit großem Nachdruck. «Er dürfte jederzeit auf jedem Schiff anheuern, das ich befehlige.»

«Ich werde auf jeden Fall für ihn tun, was ich kann», versicherte Jacks.

Fogerty lächelte erfreut und erleichtert, weil er Jim noch eine Weile behalten konnte, obwohl er wußte, daß dadurch die Trauer über die Trennung nur aufgeschoben würde. «Ich sag es ihm morgen», entgegnete er und klatschte in die Hände, für die Diener das Zeichen, die nächsten Gänge und mehr Wein zu bringen.

Da ihm noch Zeit blieb, schrieb Jinsuke für Sadayori einen Bericht über seine Fahrt nach Shanghai, seine Arbeit auf dem Dampfer, die Besuche auf der amerikanischen Marinefregatte und über seine Eindrücke von China im allgemeinen.

Jinsuke hatte sich verändert, oder besser gesagt, was schon immer in seinem Wesen geschlummert hatte, konnte sich jetzt in der freien und ungezwungenen Gesellschaft mit den Fogertys und ihren Freunden voll entfalten. Er wußte, daß er, Jinsuke, Jim Sky, jedem anderen Mann gleichgestellt und nicht geringer war als andere, und Sadayori respektierte er nicht mehr wegen der Klasse, der er angehörte, und auch nicht wegen der beiden Schwerter, die er so stolz trug; er respektierte ihn, weil er hochgebildet war und einen vornehmen Charakter hatte. Jinsuke hatte einem Samurai nie widersprechen können. Jim Sky konnte es.

«Ausländische Nationen glauben an das Recht, friedlich Handel zu treiben, kämpfen jedoch tapfer, wenn man sie beleidigt oder zurückweist», schrieb Jinsuke an Sadayori. «Britische und amerikanische Seeleute und Soldaten sind tapfer und diszipliniert. Ihre Schiffe sind die besten, und unsere japanischen wären das reinste Spielzeug gegen sie. Ich denke, die Gefühle der Japaner und die der Amerikaner und Briten sind die gleichen. Ihr irrt, wenn Ihr glaubt, die Briten und Amerikaner wollen Japan erobern. Sie wollen unsere Freunde sein, weil sie wissen, daß wir eine treue und vertrauenswürdige Nation sind ...»

Jinsuke hatte nur die Grundschule besucht, und seine Pinselführung war nicht elegant. Doch seine Schrift war klar und kraftvoll, und seine Sätze, denen die Unterwürfigkeit vor dem Höherstehenden fehlte, waren direkt und überzeugend. Er betrachtete sich nicht mehr als Spion für Sadayori, hatte jedoch das Gefühl, sein Versprechen halten und den Samurai über das informieren zu müssen, was er sah und fühlte.

Das Paket, das er schließlich versiegelte, war ziemlich umfangreich. Und es war auch schwer, denn Jinsuke schickte Itoh für die Goldmünzen, die er von ihm bekommen hatte, den Gegenwert in Gold zurück. «Mit bestem Dank an den Samurai von Satsuma, der mich ins Meer geworfen hat», schrieb er dazu.

Er adressierte das Paket mit lateinischen Buchstaben und japanischen Schriftzeichen an den Doktor in Nagasaki, seinen Kontakt zu Sadayori, und bat Mr. Rose, es mit dem nächsten holländischen Schiff mitzuschikken, das den alten Handelshafen anlaufen sollte.

Als es abgeschickt war, fühlte Jinsuke sich wie von einer Zentnerlast befreit und stürzte sich mit Hingabe in sein Sprachenstudium und das Training mit dem *sai*, den er von der *Irene* mitgenommen hatte. Beim Training und bei seinen Streifzügen durch die Stadt trug er nicht die steife westliche, sondern leichte chinesische Kleidung – eine kurze Tunika und eine weite, an den Knöcheln zugebundene Hose. Er hatte auch seine Harpune aus Mr. Roses Büro geholt, übte sich täglich im Werfen und brachte Fogertys Sohn bei, wie man mit dem *sai* kämpfte.

Als er eines Tages mit Lyall im Hof trainierte, schickte Fogerty einen Diener, der ihn bat, ins Haus zu kommen. Jinsuke trocknete sich mit dem Handtuch den Schweiß von Stirn und Hals und ging.

Fogerty saß mit einem kleinen, untersetzten grauhaarigen Weißen zusammen. Der Mann hatte einen an den Spitzen silbergrauen, riesigen, hängenden Schnurrbart und ein sonnenverbranntes Gesicht.

«Ah, Jim, komm rein! Ich möchte dich mit einem Freund, Major Tom Jennes, bekannt machen.» Jinsuke machte eine leichte Verbeugung, eine Gewohnheit, die er vor Fremden noch immer nicht ablegen konnte. Dann nahm er die Hand, die der Major ihm reichte, während er ihn einer strengen Musterung unterzog.

Der Major war ein ehemaliger Offizier der U. S.-Kavallerie und jetzt ein Söldner und Glücksritter, der Asien bereiste und blieb, wo es ihm gefiel, oder wo ein Mann mit seinen besonderen Talenten gebraucht wurde. China war genau das richtige Land für ihn, denn hier gab es für einen erfahrenen Soldaten immer etwas zu tun.

«Setz dich, Jim», sagte Fogerty. «Ich habe ein Geschenk für dich.»

Jinsuke bekam große Augen. «Ein Geschenk? Für mich? Oh, sehr freundlich.»

Von dem niedrigen Tisch, der vor ihm stand, nahm Fogerty einen hölzernen Kasten und reichte ihn Jinsuke, der ihn entgegennahm und, einen Dank stammelnd, nach japanischer Sitte in Augenhöhe hob.

«Es ist etwas, das dir meiner Ansicht nach in Amerika nützlich sein könnte, ich hoffe aber, daß du es nie brauchst. Mach auf, Jim.»

Jinsuke gehorchte. In dem Kasten lag auf purpurnem Filz ein schöner, neuer Revolver, eine Waffe, die zu besitzen in Japan kein Fischer, Bauer oder Kaufmann auch nur zu träumen wagte. Mit diesem Revolver und meinen beiden Namen bin ich ein Samurai, dachte Jinsuke. Er sah von dem Revolver zu Fogerty auf, und seine Miene verriet, wie erstaunt er war.

«Ein Marinecolt, Kaliber .36, sechsschüssig. Schau mal her, Jim, hier steht dein Name.» Fogerty zeigte auf das Metall direkt über dem edlen Holz des Revolverschafts. In das brünierte Metall war eingraviert: «Für Jim Sky, dem ich mein Leben lang Dank schulde, Brian L.

Fogerty.» Jinsuke drehte die Waffe um und sah dort zu seiner noch größeren Überraschung «Jinsuke» in chinesischer Schrift eingraviert. Da fiel ihm ein, daß Lyall ihn einmal gebeten hatte, seinen Namen chinesisch zu schreiben.

«Jim, mein Junge, nach unserem kleinen Abenteuer fand ich, daß du lernen solltest, mit einem solchen Ding umzugehen. Major Jennes wird einmal wöchentlich zu uns kommen und dir und meinem Sohn das Schießen beibringen.» Er wandte sich an den Major. «Fangen wir heute an, Major?»

«Sofort», antwortete der alte Haudegen.

Jinsuke erwies sich als begabter Schüler. Mit dem kräftigen Handgelenk und dem ruhigen Auge war er der geborene Revolverschütze, und bald hatte er bei den Zielübungen Lyall überflügelt. Nach drei Monaten schoß er fast genauso gut wie sein Lehrer. Und diese Fertigkeit sollte sein Leben drastisch verändern.

«Trag die Waffe in Ehren, Jim», sagte der Major während ihrer letzten gemeinsamen Übungsstunde. «Du hast sie ehrenvoll erworben, und jetzt mußt du immer bedenken, daß mit ihr Menschenleben in deine Hand gegeben sind.» Die blauen Augen des Majors sahen ihn eindringlich an, und plötzlich mußte Jinsuke an Sadayori und den tödlichen Stahl seiner Schwerter denken.

«Ich verstehe», sagte er. «Eine Waffe zu tragen, ist für einen Mann die schwerste Last der Welt.»

Der Major klopfte ihm auf die Schulter. «Ich glaube, ich brauche dir nichts mehr beizubringen, Jim. Du hast alles begriffen.»

Vier Monate später war Jim Sky, Aufseher, unterwegs nach Kalifornien.

21

Zu Beginn des fünften Jahres der Ansei-Periode, anno 1858 dem westlichen Kalender nach, brach im Hafen von Nagasaki die Cholera aus. Sie hatte Japan noch nie heimgesucht, und die Japaner nannten sie *mikka korori*. Durch Leute, die mit dem Binnenhandel zu tun hatten, wurde sie nach Osaka, nach Kyoto und schließlich nach Edo eingeschleppt, wo, als die Kirschblüte zu Ende ging, einige zehntausend Menschen gestorben waren.

Taiji, das so abseits lag, blieb von der Epidemie verschont. Es hatte seine eigene Wasserversorgung, die von keinem anderen Ort mitbenutzt wurde, und die Grundnahrung aus gekochtem Yams mit Reis und Sojasoße schützte ebenfalls vor der Krankheit. In größeren Städten kaufte man immer noch mit der Hand geformte Reisbällchen und andere Fertigspeisen, doch in Taiji gab es keinen solchen Luxus.

Aber der große teuflische Tintenfisch, von dem man glaubte, er sei an der Epidemie schuld, streckte seine Fangarme dennoch so weit aus, daß Taiji in Mitleidenschaft gezogen wurde, denn die Preise für Fischereiprodukte, das Walfleisch eingeschlossen, fielen ins Bodenlose. Echter Tintenfisch war natürlich am verdächtigsten, doch auch alle anderen frischen Meeresfrüchte wurden gemieden. Die Preise für Eier und Gemüse stiegen hingegen scharf an.

Aber obwohl sie wirtschaftlich jetzt fast ganz ruiniert waren, ließen die Leute von Taiji sich nicht unterkriegen. Das war nichts im Vergleich mit einer Springflut oder einem Taifun. Sie legten das Walfleisch, um es haltbar zu machen, in eine Mischung von Sojasoße, Zucker und Sake ein oder schnitten es in dünne Scheiben und trockneten es. Eier gab es genug, da die Kumano-Küste seit langem wegen ihrer Hahnenkämpfe berühmt und die Hennen entsprechend zahlreich waren. Gemüse zogen die Leute von Taiji ebenfalls selbst.

Nachdem sie Tatsudaiyus Haus, das von der *tsunami* zerstört worden war, wieder aufgebaut hatten, arbeitete Saburo ein Jahr lang in Shingu. Die Familie Wada hatte ihn einem Handwerker empfohlen, der Schiebetüren und Wandschirme herstellte. Saburos Aufgabe war es, sie zu bemalen – mit Kiefern, Kirschblüten, Bergen, Wolken. Die Arbeit gefiel ihm, aber er vermißte seine Familie und Taiji, ihm fehlte Oyoshis Gesellschaft, und ihm fehlten die Spiele mit dem kleinen Jungen. Er kam alle zwei, drei Monate nach Taiji und baute nach seiner endgültigen Rückkehr auf Takigawas Grundstück ein bescheidenes kleines Haus. Er arbeitete wieder für die Walfänger-Vereinigung und nahm jede Hilfsarbeit an, die sich ihm bot, denn es wurden keine neuen Boote gebaut, die er hätte bemalen können.

Saburo hatte in Shingu Geld gespart, doch das war nicht das einzige, was er nach Hause mitbrachte. Er hatte auch etwas über Jinsuke erfahren. Darüber sprach er zuallererst mit seinem Vater.

«Ich war allein in der Werkstatt, alle anderen waren zum Mittagessen gegangen. Ein *ronin* kam herein, ein sehr kräftiger, würdevoll aussehender Mann, nicht sehr groß, aber gut gebaut und ziemlich gut gekleidet. Ungefähr fünfunddreißig, denke ich.»

«Hast du ihn gekannt?» fragte Tatsudaiyu.

«Nein, ich glaube nicht, aber irgendwie bekannt kam er mir schon vor. Vielleicht hatte ich ihn früher einmal irgendwo gesehen. Ich fragte nach seinem Namen, aber er lächelte und sagte, er sei nur ein Reisender, der uns eine Nachricht zu überbringen habe. Er erzählte mir von Jinsuke und ging wieder. Ich hatte das Gefühl, es könnte gefährlich sein, ihm zu folgen.»

«Ich denke, du hättest ihm auf jeden Fall nachgehen oder die Behörden verständigen sollen.» Tatsudaiyu war in letzter Zeit leicht reizbar.

«Das konnte ich nicht, Vater. Schließlich hat Jinsuke das Gesetz gebrochen – wenn der *ronin* die Wahrheit gesagt hat. Deshalb ist es am besten, wir sprechen mit niemandem darüber, sonst zieht man uns alle zur Verantwortung. Er hat das Land verlassen, und das bedeutet die Todesstrafe.»

Tatsudaiyu schwieg. Saburo hatte recht. Sie durften keinem etwas sagen. «Erzähl mir noch einmal genau, was der *ronin* dir berichtet hat.»

«Er kam in die Werkstatt, nahm seinen großen Strohhut ab und fragte, ob ich Saburo, Sohn des Harpunierers Tatsudaiyu aus Taiji sei. Als ich ja sagte, fuhr er fort: ‹Dein ältester Bruder Jinsuke lebt, und es geht ihm gut. Wenn die Zeit einmal reif ist, wirst du stolz auf ihn sein.

Er ist nach Amerika gegangen, um zu lernen, wie sie dort Wale jagen. Sag deinen Eltern, daß sie ihren Sohn eines Tages wiedersehen werden.› Dann verneigte er sich und ging.»

Saburo sah den Vater an, der tief in Gedanken war. «Wirst du es Mutter erzählen?»

Onui hatte immer fest daran geglaubt, daß ihr Ältester am Leben war. Sie behauptete steif und fest, sein Geist wäre zu ihr auf das Kissen gekommen, wenn er tot sei. Vielleicht freute sie sich darüber, wenn sie ihr jetzt von ihm erzählten, vielleicht empfand sie es aber auch als Grausamkeit. Sie glaubte ihn irgendwo in Japan, aber wenn er im Ausland lebte, war das für sie fast so, als sei er gestorben. Außerdem konnten nur wenige Frauen ein solches Geheimnis für sich behalten. Früher oder später würde sie sich einem anderen Menschen anvertrauen wollen, und im Handumdrehen wußte ganz Taiji Bescheid.

«Nein», sagte Tatsudaiyu, «ich werde es ihr nicht erzählen. Jinsuke ist ein Narr, der seine ganze Familie in Gefahr bringt. Warum tut er nur so etwas, solange seine Mutter noch lebt? Ich schäme mich für ihn, sein Name soll in meinem Haus nie wieder genannt werden! Saburo, ich verbiete dir, diese Sache vor irgendeinem Menschen zu erwähnen, insbesondere vor deiner Frau.» Er betonte das Wort «Frau» ganz besonders, und Saburo zuckte fast zusammen. Er hoffte, sein Bruder würde nie wieder zurückkommen.

Das Jahr der Cholera war furchtbar. Im Spätsommer war es in Kyoto unerträglich schwül, die Menschen wurden reizbar, und in der Stadt jagte ein Gerücht das andere.

Fürst Ii Naosuke, der inzwischen zum *tairo,* zum höchsten Berater des Shogun ernannt worden war, hatte den Handelsvertrag, den der amerikanische Konsul Townsend Harris der Nation aufgedrängt hatte, ohne Einverständnis des Kaisers abgeschlossen. Fürst Ii war der Meinung, daß er nur durch seine Unterschrift auf diesem Vertrag die ausländischen Mächte daran hindern konnte, Japan ebenso anzugreifen wie China.

Fürst Ii entsandte Fürst Hotta, den Mann, der den nach Meinung des *bakufu* durchaus erträglichen Vertrag ausgearbeitet hatte, an den Hof des Kaisers nach Kyoto, um dort den Standpunkt des *bakufu,* die Vorteile des Vertrags und die Gefahren darzulegen, die eine Nichtunterzeichnung nach sich gezogen hätte. Denn Adlige und Höflinge, allen voran der Kaiser, waren fast geschlossen dagegen.

Zum erstenmal seit Jahren saß Sadayori wieder mit Itoh Hirosada aus Satsuma zusammen. Sie hatten sich im Tsutaya-Gasthaus in demselben Zimmer mit dem Blick auf den Fluß Kamo getroffen, wie schon einmal – vor einem Jahrhundert, wie es ihnen vorkam. Itoh sah jetzt viel wohlhabender aus in seiner wappengeschmückten Jacke und dem Gewand aus teurer Seide. Auch war er um die Mitte ein bißchen behäbiger geworden. Sadayori hingegen wirkte ärmer und magerer als früher. Er war weit gereist. Itoh schien sich über das Wiedersehen aufrichtig zu freuen.

«Man hat mir berichtet, daß Ihr hier seid, deshalb habe ich Euch so plötzlich und unhöflich überfallen», sagte er. «Vergebt mir.»

«Da ist nichts zu vergeben», erwiderte Sadayori. «Ich freue mich wirklich sehr, Euch nach so langer Zeit zu sehen, denn ich bin Euch für so manches Dank schuldig...»

Sie wußten beide, daß er Jinsukes von Itoh in die Wege geleitete Flucht meinte. Itoh winkte ab.

«Keineswegs, keineswegs», sagte er und fügte dann mit einem Grinsen hinzu: «Aber was ist mit Eurem Spion, der mir Gold und Dank von einem Ort schickt, der nur der Palast des Drachenkönigs sein kann, denn schließlich hat der Walfänger sich offiziell selbst umgebracht. Bekommt Ihr regelmäßig Berichte von ihm?»

Sadayori zog die Brauen hoch. «Berichte aus dem Hades, dem Land der Wurzeln?»

«Ach, so nennt Ihr jetzt also Amerika? Den jungen Männern hier würde der Name wahrscheinlich gefallen. Kommt schon, Matsudaira-dono, Ihr seid doch jetzt angeblich ein *ronin*. Schließlich bringt Ihr niemand in Verlegenheit, und wir wissen doch beide über Euren Walfänger Bescheid. Könnt Ihr nicht offen sprechen?»

«Seit er sich nach Amerika eingeschifft hat, habe ich nichts mehr von ihm gehört, und ich habe Euch den ausführlichen Bericht gezeigt, den er mir vor seiner Abreise aus China schrieb. Wie Ihr genau wißt, wurden mir die Informationen über Nagasaki zugeleitet, und es wäre äußerst riskant, jetzt solche Briefe zu bekommen.»

«Dieser Walfänger hat mich übrigens sehr beeindruckt, und aus anderen Quellen habe ich erfahren, daß er tapfer gekämpft und viele Piraten getötet hat. Die Ausländer haben ihn zum Helden erklärt.» Während er das sagte, beobachtete Itoh Sadayoris Gesicht. Sadayori dachte an jene frühen Tage zurück, als er sein Herz an den Traum gehängt hatte, Walfänger zu Kriegern auszubilden. Und jetzt, nach so vielen Jahren, hatte zumindest *ein* Walfänger bewiesen, daß er kämpfen konnte und Sadayoris Plan nicht so abwegig gewesen war. Er hätte gern erfahren, was Itoh noch wußte, aber er fragte nicht. Nach einem kurzen Schweigen sagte er:

«Jinsuke ist nicht mehr mein Informant. Ich bin nur noch ein *ronin*. Daher ist auch er frei, denke ich.»

Itoh knurrte etwas vor sich hin. «Die jungen *bushi* vieler Clans sprechen mit großer Ehrfurcht von Euch. Ihr habt Euch nicht nur in Edo und Wakayama einen Namen gemacht. Es gibt viele Männer in Kyoto, die Euch gerne kennenlernen würden. Morgen abend treffen sich in einem bestimmten Haus einige Gleichgesinnte aus ganz Japan.»

Itoh griff in seinen Ärmel und holte ein kleines gefaltetes Papier heraus. «Das ist eine Karte, die Euch hilft, dieses Haus zu finden. Fragt bitte nicht nach dem Weg. Im Haus werdet Ihr ein paar Gesichter sehen und Namen hören, die Ihr kennt...»

Anders als das labyrinthische und planlos gewachsene Edo war Kyoto, die Hauptstadt des Shogun, die uralte Hauptstadt von Japan, eine sorgfältig geplante Stadt, in der man sich leicht zurechtfand. Das Gesicht unter einem Schirm aus Ölpapier verborgen, ging Sadayori durch den Regen.

Das Haus, das er suchte, war groß, hatte ein imposantes äußeres Tor und gehörte einem Adligen. Sadayori nannte am Eingang seinen Namen und wurde sofort in ein geräumiges Zimmer geführt, in dem bereits viele Männer versammelt waren. Mehrere Stimmen riefen ihm einen freundlichen Gruß zu, und sein früherer Lehrer Yoshida Shoin ging ihm lächelnd entgegen und stellte ihn dann den Versammelten als einen der besten Schwertkämpfer vor, mit denen zu trainieren er die Ehre gehabt habe. «Meine Herren – Matsudaira Sadayori.» Zu Sadayori gewandt, fuhr er fort: «Es ist wohl am besten, wenn Ihr Euch später selbst mit den einzelnen Männern bekannt macht, doch zuerst müßt Ihr unseren ehrenwerten Gastgeber, Prinz Iwakura, kennenlernen.»

Am Kopfende des Raums, den Arm lässig auf eine lackierte Armstütze gelegt, saß ein sehr gutaussehender Mann mit einer hohen Stirn. Er verneigte sich lächelnd.

«Willkommen», sagte er. Seine Zähne waren geschwärzt, wie es bei Hof modische Sitte war. Sadayori war innerlich tief bestürzt. Dies war also nicht das Haus eines adligen Höflings, von denen so viele verarmt und bedeutungslos geworden waren, sondern das Haus eines sehr einflußreichen Mannes. Prinz Iwakura war ein Vertrauter von Kaiser Komei und hatte ihm einst als Page gedient. Angeblich unterhielt er Beziehungen zu der Lieblingskonkubine des Kaisers, einer sehr schönen Frau namens Yoshiko, der Tochter von Nakayama Tadayasu.

Sadayoris Gedanken rasten, doch mußte er sich darauf konzentrieren, sich Namen und Gesichter der Männer einzuprägen, die sich ihm der Reihe nach vorstellten – alles ausländerfeindliche Fanatiker und Rebellen gegen das *bakufu*. Gesichter, Namen, Stimmen, Akzente, Verbindungen. Dichter, Gelehrte, Samurai, Krieger und auch ein gefährlich und mürrisch wirkender Bursche aus Mito namens Kurozawa Yutaka. Ihn prägte Sadayori sich besonders gut ein.

Nach einiger Zeit begannen die Männer leidenschaftlich über Fürst Iis Verträge mit den Amerikanern zu diskutieren, die den Ausländern sofort drei und später zwei weitere japanische Häfen öffnen sollten. Sie wußten, daß Fürst Hotta nach Kyoto unterwegs war, um die Verträge ratifizieren zu lassen, und man war einhellig der Meinung, Ii Naosuke und Hotta sollten *seppuku* begehen. Auf jeden Fall mußte Hotta getötet werden, ehe er Gelegenheit hatte, die Verträge dem Kaiser vorzulegen.

Von Fürst Iwakura nach seiner Meinung befragt, erwiderte Sadayori, seiner Ansicht nach wäre es falsch, Hotta jetzt zu töten, denn damit erwiese man dem Sohn des Himmels einen schlechten Dienst, da Fürst Hotta das Wort des Kaisers den Amerikanern überbringen sollte.

«Deshalb soll er ja getötet werden, ehe er bei Seiner Majestät war», meinte Yoshida.

«Ein solches Unternehmen muß man sorgfältig planen», wandte Sadayori ein. «Reicht die Zeit noch dazu?»

Beifälliges Gemurmel wurde laut, und Prinz Iwakura lächelte. «Ich danke Euch. Seine Majestät wird, das versichere ich Euch, Ihr Herren, diesen Vertrag verbieten und dem Shogun befehlen, die Ausländer zu vertreiben, auch den Amerikaner und seinen Dolmetscher. Ich kann Matsudaira-sama nur beipflichten. In diesem Stadium sollten wir den Mann unbehelligt lassen, der solche Botschaft nach Edo bringt.»

Ein paar Tage später starb Shogun Iesada, und die politischen Intrigen in Kyoto nahmen zu. Sadayori hatte inzwischen eine eindrucksvolle Liste gefährlicher Radikaler zusammengestellt, und je länger er diese Liste für sich behielt, um so größer wurde die Gefahr für ihn und den Mann, dem er Gefolgstreue geschworen hatte – den *tairo* Ii Naosuke.

Nachdem er an der Versammlung in Prinz Iwakuras Haus teilgenommen hatte, wurde Sadayori auf Schritt und Tritt beobachtet. Er konnte es nicht riskieren, sich nachts aus dem Haus zu schleichen. Sein Kontakt, ebenfalls ein Agent des *tairo* Ii Naosuke, war ein älterer Mann, ein Kaufmann, der die Gewohnheit hatte, in den Gärten bestimmter Tempel und Schreine spazierenzugehen. Tagtäglich sah man ihn am Spätnachmittag durch den Garten eines Tempels in der Nähe von Sadayoris Gasthaus schlendern.

Drei Tage lang versuchte Sadayori den Männern zu entkommen, die ihm folgten. Am vierten Tag betrat er einen kleinen Laden, in dem Keramiken verkauft wurden. Er kannte den Besitzer, der selbst Töpfer war, von früher her. Vor langer, langer Zeit war er mit seiner Frau häufig bei ihm gewesen. Der Töpfer begrüßte Sadayori erfreut, sie tranken Tee und redeten von alten Zeiten. Sadayori kam zu dem Schluß, daß er dem Mann vertrauen konnte, und erzählte ihm, er werde von einem *ronin* verfolgt, der mit ihm einen Streit vom Zaun brechen wolle, weil er ein ehemaliger Gefolgsmann des Fürsten von Kii sei. Und er fragte, ob er sich durch die Tür hinter den Brennöfen hinausschleichen dürfe.

«Aber selbstverständlich, Matsudaira-sama.» Der Töpfer seufzte. «All das bedrückt mich. Kyoto war eine so friedliche, schöne Stadt, und jetzt rebellieren sie gegen die Regierung in Edo, und ich bin sicher, daß sie darauf brennen, Blut zu vergießen, sogar in dieser Stadt, in der es seit mehr als zweihundert Jahren keine Gewalttätigkeit gegeben hat. Geht, und seid auf der Hut, in diesem Haus werdet Ihr immer sicher sein.»

Niemand sah Sadayori das Haus verlassen, und er erreichte den Tempelgarten gerade noch rechtzeitig. Der Kaufmann saß auf einer Steinbank und beobachtete die farbenfrohen Mandarinenten im Teich. Auf der Bank, von der man den schönsten Ausblick auf den Teich hatte, war noch Platz. Kunstvoll beschnittene Bäume rahmten den Teich ein, links stand ein Pavillon, und im Hintergrund erhoben sich bewaldete Berge. Sadayori zog das längere seiner beiden Schwerter aus der Schärpe und setzte sich.

«Ein alter Teich», zitierte sein Banknachbar ein berühmtes Haiku. «Ein Frosch springt...»

«...aber kein Aufklatschen», setzte Sadayori das Zitat falsch fort.

«Dann muß der Frosch ins Schilf gesprungen sein, hat er vielleicht einen Reiher gesehen?» Sein Nachbar wandte sich ihm zu. «Darf ich Euch eine Süßigkeit anbieten, mein Herr? Es sind ganz einfache Bonbons, aber eine Spezialität von Kyoto.»

Der Kaufmann legte ein Päckchen in die Mitte der Bank, öffnete es, und zum Vorschein kamen ein paar grellbunte Zuckerbonbons. Sadayori nahm sich eins, obwohl er normalerweise keine Süßigkeiten aß, höchstens zu grünem Tee.

«Ach, du meine Güte, wie gedankenlos ich doch bin!» sagte der Kaufmann. «Leider habe ich keine Papiertücher bei mir, verzeiht!»

«Nehmt eins von mir», sagte Sadayori, zog ein Päckchen feinster Seidenpapiertücher aus dem Ärmel und legte es auf die Bank. Der Kaufmann nahm eins davon und wischte sich sorgfältig die Finger ab.

«Ich danke Euch für das Bonbon», sagte Sadayori und stand auf.

«Und jetzt entschuldigt mich, ich muß gehen.» Er schob sein Schwert wieder in die Schärpe und verneigte sich leicht. Der Kaufmann erhob sich ebenfalls und verneigte sich, und Sadayori schloß aus der Qualität seines Kimonos, daß er sehr wohlhabend sein mußte. Er hätte gern gewußt, was für eine Beziehung zwischen diesem Mann und Ii Naosuke bestand. War er einer jener Kaufleute, bei denen das *bakufu* hohe Anleihen aufnahm, die nie zurückgezahlt wurden?

«O bitte, mein Herr, Eure Tücher!»

«Behaltet sie bitte, ich habe noch genug.»

Der Mann verneigte sich noch einmal, und als Sadayori auf dem Pfad davonschlenderte, der um den Teich herumführte, setzte er sich wieder auf die Steinbank und beobachtete weiter die buntgefiederten Enten, die im flachen Wasser umherschwammen. Nach ein paar Minuten griff er scheinbar gedankenlos nach dem Päckchen Seidenpapier, in dem Sadayoris Liste versteckt war – eine Liste mit den Namen von radikalen Männern, die vor Gewalttaten gegen die Anhänger von Fürst Ii nicht zurückschrecken würden. Er schob das Päckchen zwischen die Falten seines Kimonos. Nach einer halben Stunde stand er auf und schlenderte in entgegengesetzter Richtung davon, für alle Welt der reiche Kaufmann mit tüchtigen Angestellten, die sein Geschäft zu seiner Zufriedenheit führten.

Als Sadayori im Gasthaus ankam, wartete Itoh auf ihn. Er war in Begleitung eines zweiten Samurai, der das Wappen von Fürst Shimazu von Satsuma auf seiner Jacke trug.

«Wo wart Ihr?» fragte Itoh grob.

Sadayori kniete vor dem Alkoven nieder und legte sein Schwert auf das Schwertgestell. Er merkte, daß Itoh und der andere Mann ihre Schwerter in Reichweite behalten hatten.

«Ich habe ein paar Orte aufgesucht, die ich von früher her kenne, aus der Zeit, als meine Frau noch lebte», antwortete er unbekümmert. «Sie stammte aus Kyoto und hat die Stadt geliebt. Aber ich muß Euch warnen, denn seit drei Tagen werde ich von Spionen des *bakufu* verfolgt. Es war sehr schwierig, ihnen aus dem Weg zu gehen. Ich mag es nicht, wenn man mich beobachtet. Wenn das so weitergeht und sie es herausfordern, werde ich mich zu wehren wissen.» Mit einem Lächeln wandte er sich an Itoh.

«Soll ich noch Tee bestellen?» fragte er nach einem Blick in die leeren Schalen der beiden Männer. Ihm war klar, daß er Itoh mit seiner Geschichte nicht völlig überzeugen konnte und sich in einer gefährlichen Lage befand. Doch seine Treue gegen seine seit langem verstorbene Frau und die Tatsache, daß er nie zu Geishas oder Schankmädchen ging, war für seine Freunde ein ständiger Anlaß zum Staunen, und es war ihm durchaus zuzutrauen, daß er allein sein wollte, um den Erinnerungen an die schöne dritte Tochter eines Höflings aus Kyoto, Kusine seines verstorbenen *daimyo*, nachzuspüren.

«Ich habe Informationen aus Edo», sagte Sadayori und sah Itohs Begleiter an, der ihm noch nicht vorgestellt worden war. Itoh richtete in einem unverständlichen Dialekt ein paar Worte an ihn, er verneigte sich und verließ das Zimmer.

«Wie ist die Information zu Euch gelangt? Und wann?»

«Heute morgen.» Das war die Wahrheit. Er hatte sie von einem anderen Gast bekommen, der aus Osaka eingetroffen war. Sadayori erwog die Sache schnell in Gedanken und kam zu dem Schluß, daß es ratsam war, sie an Itoh weiterzugeben.

«Fürst Hotta wird dem *bakufu* die abschlägige Antwort des Kaisers überbringen, doch sie wird nicht akzeptiert werden. Der Vertrag wird auf jeden Fall ratifiziert, wenn er es nicht bereits ist. Außerdem soll es bald eine Säuberungsaktion bei den patriotischen Radikalen geben, die der *tairo* selbst befohlen hat. Ihr würdet besser nach Satsuma zurückkehren, dort seid Ihr sicher. Versucht die anderen zu verständigen. Sie sind in großer Gefahr.»

Itoh schwieg eine Weile, dann sagte er: «Ich danke Euch.» Nach einer weiteren Pause fuhr er fort: «Prinz Iwakura ist sicher. Er steht Seiner Majestät zu nahe, und das *bakufu* wird kaum wagen, Hand an ihn zu legen. Im schlimmsten Fall bekommt er Hausarrest. Ich will versuchen, die anderen zu benachrichtigen, doch ich fürchte, ihr Mut ist größer als ihre Klugheit. In Kyoto spitzt sich die Lage zu. Der Kaiser ist auf unserer Seite, er will die Barbaren nicht im Land haben. Er will dem Fürsten von Mito persönlich schreiben und ihn bitten, das *bakufu* zum Gehorsam zu zwingen.»

«Ich verstehe», sagte Sadayori, innerlich stöhnend. Hatte der Kaiser denn keine Ahnung von der Gefahr, die man heraufbeschwor, wenn man versuchen würde, die ausländischen Nationen zu zwingen, die Verträge zu vergessen? Sie würden mit ihrer Marine anrücken, alle, Amerikaner, Briten, Franzosen und Russen.

«Der Fürst von Kii ist der neue Shogun, das steht jetzt fest, und Ihr, mein Freund, seid selbst in großer Gefahr, obwohl Ihr unser Freund seid», sagte Itoh. «Es gibt viele, die sich mit Euch auf kein Risiko einlassen wollen. Kommt mit mir nach Kagoshima.»

Sadayori lachte, und die Spannung zwischen ihnen zerriß.

«Bin ich denn dort nicht in Gefahr? Mit einem Namen wie Matsudaira? Aus dem Haus der Tokugawa?»

Itoh grinste. «Ihr wärt mein Gast, und außerdem seid Ihr ein *ronin* und nicht mehr an Kii gebunden. Ganz nebenbei – ich bestehe darauf. Meine Männer warten auf Euch, und wir in Kyushu üben manchmal eine recht gewalttätige Gastfreundschaft aus. Außerdem gibt es in Kyushu das beste Essen, die besten Weine und die besten Frauen von ganz Japan.» Nach kurzem Überlegen fügte er noch hinzu: «Und die besten Männer.»

Diese plumpe Prahlerei brachte Sadayori wieder zum Lachen. Aber obwohl er lachte, wußte er, daß ein paar der Radikalen von Kyoto ihn töten wollten und Itoh sich bemühte, ihm das Leben zu retten.

«Ich fühle mich geehrt, in einem so schönen Ort zu Gast sein zu dürfen», sagte er.

Itoh klatschte in die Hände, und der schweigsame Samurai kam an die Tür und schob sie zur Seite.

«Die Sänfte!» befahl Itoh, und Sadayori begann sein Bündel zu schnüren.

22

«Sehr heiß, aber gut», sagte Sadayori und nahm sich noch ein Stück von der orangefarbenen Speise. «Was ist es?»

«Wir nennen es *Matsuura-zuke*», sagte Itoh. «Es sind Walknorpel, eingelegt in den Bodensatz von Sake, mit roten Pfefferschoten und sonst noch allerlei. Aber das eigentliche Rezept ist ein Geheimnis, das hier in Kyushu niemand preisgibt.»

«Bei euch in Kyushu sind die meisten Dinge geheim», sagte Sadayori lachend, und Itoh grinste und antwortete etwas in seinem heimischen Dialekt.

Sie saßen in der Bucht und blickten hinüber zu der Fahne aus Rauch und Dampf, die über dem Krater des Vulkans auf der Insel Sakura hing. Dahinter und links davon erhob sich die Burgstadt Kagoshima, der feudale Sitz des Fürsten von Satsuma, der zur Zeit vermutlich ebenso unter Hausarrest stand wie die *daimyos* von Owari und Tosa und der feurige alte Tiger, der Fürst von Mito samt seinem Sohn, den sich die meisten von ihnen zum Shogun gewünscht hatten.

Sadayori und Itoh gingen oft miteinander spazieren, aßen in irgendeinem alten Gasthaus am Weg oder – was häufiger vorkam – picknickten im Freien. Itoh brachte dann meist eine neue einheimische Delikatesse mit. Die Männer von Kyushu waren zäh, eigenwillig und eigensinnig und gaben die besten Freunde ab. Sadayori schätzte sich glücklich.

«Wie lange Zeit bist du jetzt hier?» sagte Itoh plötzlich. «Anderthalb Jahre? Warum erlaubst du mir nicht, daß ich dich mit einem netten Mädchen bekannt mache, und wirst hier seßhaft?»

Sadayori schüttelte lächelnd den Kopf. Die Zeit verging wirklich schnell. Die scharfgewürzte Walspezialität, die sie mit Reisbällchen und Tee gegessen hatten, ließ ihn vierzehn Jahre zurückdenken, an jenen Tag, an dem er auf einer Klippe gestanden und den Walfängern von Taiji zugesehen hatte. Noch heute sah er Farben und Formen deutlich vor sich, hörte die Gesänge, die Trommeln, Flöten und Muschelhörner. Sadayori seufzte, und Itoh sah ihn an.

«Als ich jung war, hatte ich eine Lösung für jedes Problem, doch jetzt scheint mir die Welt auf dem Kopf zu stehen.»

Itoh brummte etwas, und Sadayori beneidete ihn um seine scheinbare Gradlinigkeit und sein ebenso scheinbar unkompliziertes Wesen, obwohl er wußte, daß sich darunter sehr hintergründige, bauernschlaue Gerissenheit verbarg.

«Wird in Kyushu viel Walfleisch gegessen?»

«O ja. Mehr als sonstwo in Japan. Wenn es kein Walfleisch gibt, ist bei uns an Feste oder Hochzeiten nicht zu denken. Walfleisch gibt einem Mann Kraft. Komm doch heute abend zum Essen zu mir. Meine Frau wird dir Walfleisch vorsetzen. Bitte komm, ich erwarte auch meinen Bruder und einen zweiten interessanten Burschen.»

«Aber ich möchte nicht stören ...»

«Wie meinst du das? Du störst doch nicht. Bitte komm!»

Sadayori bedankte sich für die Einladung. Er war gern mit Itoh zusammen, fand seinen derben Humor erfrischend und freute sich jedesmal auf das gemeinsame Training. Aber er hatte ein schlechtes Gewissen, weil er sich hier so glücklich fühlte, zugleich aber traurig war, wenn er daran dachte, was im Land geschah. Das Schwert des Scharfrichters war in Edo und Kyoto nicht mehr zur Ruhe gekommen. Jetzt herrschte zumindest an der Oberfläche Ruhe im Land, das Ii Naosuke mit eiserner Faust regierte. Der Handelsvertrag mit den Amerikanern war, gegen den Willen des Kaisers, zustande gekommen, und Verträge mit anderen ausländischen Mächten waren sehr schnell gefolgt. Die Gefahr eines Krieges war somit vorläufig abgewandt.

Sadayori und Itoh waren gerade noch rechtzeitig nach Kyushu entkommen, denn als die Säuberungsaktionen begannen, stand auch Sadayoris Name auf der Liste der Gesuchten. Vielleicht ein listiger Schachzug des *tairo*, um das Vertrauen der Radikalen in seinen Spion zu stärken, aber ganz sicher war sich Sadayori dessen nicht mehr. War es möglich, daß er etwas zuviel über die Querverbindungen zum kaiserlichen Hof erfahren hatte? Jedenfalls fühlte er sich jetzt Itoh und dessen *daimyo*, dem achtunddreißigjährigen Shimazu Hisamitsu, sehr stark verpflichtet. Der Fürst von Satsuma wußte von Sadayoris Anwesenheit in seiner Stadt und hatte nichts dagegen – vielleicht, weil Sadayori einen guten Ruf als Militärwissenschaftler hatte und ein Meister der Kriegskünste war.

«Sobald wieder etwas Ruhe im Land herrscht, gehe ich nach Tanegashima», sagte Itoh. «Wenn du willst, könnte ich dir die Erlaubnis besorgen, mich zu begleiten.»

«Könntest du das wirklich? Ich würde mir die Insel sehr gern ansehen.»

Itoh warf ihm einen Seitenblick zu. «Wir lassen dort noch immer Waffen anfertigen, aber sie sind nicht annähernd so gut wie die amerikanischen und britischen.»

Es war kein Geheimnis zwischen ihnen, daß Satsuma große Waffenlieferungen aus dem Ausland erhielt. Da das Verhältnis der Samurai zu den übrigen Bevölkerungsklassen eins zu drei betrug, bedeutete das, daß hier eine starke Armee entstand, die nur in Choshu ihresgleichen hatte.

«Hast du eigentlich je wieder von deinem Walfänger in Amerika gehört?» fragte Itoh plötzlich.

Sadayori schüttelte den Kopf. «Seit seinem letzten langen Bericht aus Shanghai nicht mehr, aber ich bin ja auch nicht gerade leicht zu finden, nicht wahr?»

«Glaubst du, daß er etwas Nützliches lernt?»

«Ja. Bestimmt lernt er viel über den ausländischen Walfang.»

Itoh knurrte verächtlich. «Also davon verstehen wir doch mindestens soviel wie sie.»

Sadayori war nicht mehr so sicher, aber er wollte nicht darüber nachdenken. In seinem letzten Brief hatte Jinsuke sich ganz unpatriotisch freundlich über die Ausländer geäußert, und Sadayori wußte nicht, ob er überhaupt wieder von ihm hören wollte. Trotzdem hätte er gern gewußt, wo Jinsuke war.

Sadayori verbrachte den Winter in Kagoshima, und Anfang März bekam er vom Satsuma-Clan die Erlaubnis, Itoh auf die Insel Tanegashima zu begleiten, wo anno 1542 die ersten Europäer gelandet waren. Sie hatten unter anderem die Kunst des Waffenschmiedens mitgebracht.

Saburo schwitzte vor Anstrengung, und zugleich fror er, weil er so erschöpft war. Er wußte nicht, ob er durchhalten konnte. Die Jahre, in denen er nicht mit der Flotte hinausgefahren war, hatten ihn verweichlicht, und jetzt war es eine reine Qual für ihn. Ihr Fangboot gehörte nicht zu den ersten dreien, daher hatten sie die Aufgabe, den toten Wal ins Schlepp zu nehmen. Heute war es eine fette Buckelwalkuh, die sich dagegen zu wehren schien, an Land gezogen zu werden.

«Bleib im Takt, Saburo», sagte der Mann, der mit ihm an einem

Ruder stand und sich doppelt anstrengen mußte, wenn er aus dem Takt geriet. «Komm, sing mit uns, es hilft, weißt du, es hilft wirklich. Denk nur an das Lied, und der Rhythmus wird dir Kraft geben.»

«Tut mir leid, ja», sagte Saburo, atmete tief ein und aus und begann halbherzig mitzusingen. Am Bug gab der Harpunierer mit einem Signalstock den Takt an.

Sie ruderten gegen den Wind und das auslaufende Wasser. Der Winter war mild in Taiji, aber manchmal blies vom Land her ein kalter, böser Wind. In Taiji nannte man ihn *yamade*, und man fürchtete ihn. Zum Glück war er erst vor etwa einer halben Stunde aufgekommen, und trotz dieser Widrigkeit durften sie damit rechnen, den Strand in etwa einer Stunde zu erreichen und ihren Wal den Männern an den großen hölzernen Winden zu übergeben.

Gischt spritzte Saburo an die Beine. Das Wasser war warm, wurde im Wind jedoch schnell kalt, und Saburos Beine waren vor Kälte ganz fleckig.

Langsam, langsam kam der Strand näher, und schließlich konnten sie die Gestalten der Menschen ausmachen, die auf sie warteten.

Shusuke sah seinen jüngeren Bruder ein paar Schritte den Strand hinaufwanken und sich dann hinsetzen, als sei er betrunken und weigere sich weiterzugehen. Peitschender Regen kam vom Berg und durchnäßte die Umhänge aus gewebtem Gras, die sich die Männer über die Schultern geworfen hatten. Nur mit seinem Lendentuch bekleidet, saß Saburo noch immer erschöpft da, und seine Steppjacke lag als triefendes Bündel neben ihm im Sand. Shusuke ging zu ihm und legte ihm die eigene Jacke um die Schultern. Er packte ihn am Arm und zog ihn in die Höhe.

«He, komm schon! Du wirst dich erkälten. Wir gönnen uns jetzt ein heißes Bad, dann geht's dir gleich besser. Los, komm doch, reiß dich zusammen, gehen wir!»

Shusukes Ton war zwar rauh, aber er sorgte sich sehr um Saburo. Der Mann, der mit Saburo am Ruder stand, kam angelaufen und gab ihm einen freundschaftlichen Rippenstoß. «Du hast deine Sache recht ordentlich gemacht, Saburo. Wenn du öfter mit uns hinausfahren würdest und nicht nur dann, wenn Not am Mann ist, hättest du es leichter. Du hast einen kräftigen Körper, breite Schultern und große Hände, die zupacken können.»

Saburo hörte kaum zu. Er wollte nur nach Hause und sich endlich hinsetzen dürfen. Oyoshi hörte ihre Stimmen und kam an die Tür. Als sie sah, daß Saburo von den beiden anderen gestützt wurde, machte sie ein erschrockenes Gesicht.

«Was ist passiert, Saburo?»

«Er ist nur müde, und er friert», sagte Shusuke. «Hol seine Badesachen, und wir nehmen ihn mit ins Badehaus.»

«Mir geht's gut, ich möchte mich nur hinsetzen», protestierte Saburo verlegen. Wenn er die Augen schloß, fühlte er noch immer das schaukelnde Boot unter sich.

«Nein, nein, das Bad wird dich aufwärmen.» Shusuke wartete ungeduldig, während Oyoshi ins Haus lief. Sie kam mit zwei hölzernen Waschschüsseln und Badetüchern zurück, dankte den beiden Männern – Shusuke und Saburos Kameraden – und bat sie, nach dem Bad wiederzukommen.

Zuerst hielt Saburo es kaum in der großen Gemeinschaftswanne aus, weil seine Haut so rissig und aufgesprungen und das Wasser so heiß war. Doch als er sich langsam hineingleiten ließ, verging der Schmerz. Er stöhnte laut auf und lehnte den Kopf an den hölzernen Wannenrand. Wie sollte er auch nur noch einen einzigen Tag auf dem Boot ertragen?

Als er richtig durchwärmt war, setzte er sich auf einen hölzernen Hocker und ließ sich von Shusuke den Rücken schrubben.

«Nimm dir morgen einen Tag frei», sagte Shusuke. «Ich spreche mit Kakuemon.»

«Nein, nein, das geht nicht. Da Vater wegen seines Brustleidens wieder bettlägerig ist, wäre es unrecht, wenn du allein für die ganze Familie arbeiten müßtest. Mach dir keine Sorgen, ich muß mich nur richtig ausschlafen, dann bin ich wieder in Ordnung.»

Shusuke begleitete Saburo nach Hause und ließ sich überreden, mit hineinzukommen. Oyoshi hatte rohe Eier in heißem Sake verquirlt und ein wenig von ihrem kostbaren Ginseng-Vorrat hineingetan. Saburo schlürfte dankbar, aber Shusuke lachte nur darüber und bat um einfachen warmen Sake. Das Kind lärmte, tollte in dem kleinen Zimmer umher, wurde ausgeschimpft, wollte jedoch von Vater und Onkel beachtet werden. Shusuke balgte sich ein bißchen mit ihm auf den Matten, schubste es dann weg und griff nach seinem Sake.

«Der kleine Spitzbub braucht einen Bruder oder eine Schwester. Ständig plagt er die Erwachsenen, daß sie mit ihm spielen sollen. Das kommt nur daher, daß er sich einsam fühlt.» Saburo sah nicht auf, denn es schmerzte ihn und machte ihn zugleich zornig, weil alle Leute immer wieder darauf anspielten, daß Oyoshi keine weiteren Kinder bekam.

«Dazu ist immer noch Zeit genug», sagte sie jetzt. «Wenn ich noch ein paar hätte wie ihn, würde ich mit ihnen nicht fertig. Er ist schlimmer als ein ganzes Affenvolk.» Sie ging in die Küche und legte noch zwei Bündel Feuerholz unter den Reistopf. Shusuke schlürfte laut.

«Hmm. Es ist nie gut, wenn ein Kind ohne Geschwister aufwächst», sagte er. Er hatte inzwischen zwei Kinder, und ein drittes war unterwegs. Oyoshi war jetzt sechsundzwanzig Jahre alt, und selbstverständlich wetzten die Klatschbasen ihre Zungen an ihr, weil sie seit sieben Jahren kein Kind mehr gehabt hatte.

Saburo und Oyoshi hielten sich an ihren Pakt. Keiner von beiden wußte, was im tiefsten Innern des anderen wirklich vorging, aber sie behandelten sich gegenseitig viel besser als die meisten ihrer Altersgenossen ihre Ehepartner. Manchmal schien es wirklich, als seien sie Bruder und Schwester, doch standen sie einander näher, und man merkte ihnen die gegenseitige Zuneigung deutlich an. Nachdem Shusuke gegangen war, deckte Oyoshi für Saburo und den Jungen den Tisch.

«Einfach widerlich!» stieß Saburo hervor.

Oyoshi sah zuerst ihn und dann den gegrillten Makrelenhecht bestürzt an, zu dem es heute sogar weißen Reis gab. «Tut mir leid», sagte sie hastig. «Ich mache dir schnell etwas anderes.» Sie griff nach der Platte mit dem Fisch, um sie wegzunehmen.

«Aber nein! Ich habe doch nicht das Essen gemeint. Mir schmeckt alles, was du kochst. Ich meine den Walfang, ich hasse es, mit den Booten hinauszufahren. Die See hat etwas an sich, das mir dort draußen Angst einjagt. Sie scheint mir zu sagen, daß sie darauf wartet, mich zu holen, mich hinunterzuziehen. Ich tauge nichts, ich bin ein unnützer, schwacher Wurm, kein Mann.»

Oyoshi kniete neben ihm nieder und berührte seinen Arm. «Das ist nicht wahr, du bist der beste und aufrichtigste Mann, den ich kenne. Du hast großes Talent und müßtest malen. Für die Arbeit, die du jetzt tust, bist du viel zu schade. Warum fängst du nicht wieder an, Bildrollen zu malen? Wenn du willst, könnten wir auch nach Shingu ziehen, wir drei, und du könntest wieder in der Werkstatt arbeiten und Wandschirme bemalen.»

Saburo schüttelte müde den Kopf. «Das würde meinen Vater aufregen, er ist nicht mehr gesund, das weißt du.»

Oyoshi verbiß sich die Bemerkung, daß Saburo bald auch nicht mehr gesund sein werde, wenn er weiterhin den Walfänger spiele. Aber dann dachte sie daran, wie Saburo, als ihr Vater krank gewesen war, so oft wie möglich an seinem Bett gesessen hatte – bis zu jenem verhängnisvollen Tag der *tsunami*. Für ihren Vater war Saburo der beste Schüler, der beste Sohn und der beste Freund gewesen, den er je gehabt hatte. Ihre Stimme wurde weicher. «Ich werde dir nach dem Essen den Rücken massieren», sagte sie.

«Vielen Dank, Yoshi, aber ich möchte nur schlafen.»

In Edo kam und ging das neue Jahr. Die Ausländer in Yokohama feierten es ein paar Wochen früher als die Japaner, die einen anderen Kalender hatten. Man schrieb März 1860, und ein verspäteter Wintereinbruch hatte dichtes Schneetreiben mitgebracht.

Der Weg von Ii Naosukes Landhaus zum Palast des Shogun war nicht weit. Fürst Ii rief nach seinen Leibwachen und Trägern, und bald darauf stand seine Sänfte vor dem Haus bereit. Er stieg ein, die Träger hoben sie auf, und die Begleitmannschaft nahm Aufstellung. Wegen des schlechten Wetters trugen die Männer Grasumhänge und breitkrempige Hüte, und die Griffe ihrer Schwerter hatten sie in Stoff gehüllt, damit das schmelzende Schneewasser nicht in die Scheiden lief und die kostbaren Klingen näßte.

Sie beachteten die Männer nicht, die in verstreuten Gruppen vor dem Sakurada-Tor des Palastes herumlungerten. Sie hielten sie für *ronin*. Der Angriff kam völlig überraschend für sie. Achtzehn Krieger drangen mit Kampfgeschrei auf sie ein, hieben, stachen und metzelten sie nieder. Durch die Umhänge und die Griffhüllen an den Schwertern behindert, fielen die meisten von Ii Naosukes Leibwächtern, ohne das Schwert gezogen zu haben. Ein Triumphgeschrei anstimmend, rannten die Angreifer davon. Ii Naosukes restliche Männer verfolgten sie und ließen die Sänfte unbewacht. Jetzt stürzten einige Samurai herbei, schossen Pistolen ab, und die Kugeln durchbohrten die Seitenwände und Gitter der Sänfte. Sie zerrten den in prächtigen Brokat gekleideten, tödlich verwundeten Ii Naosuke heraus, warfen ihn in den Schnee und hieben ihm den Kopf ab. Die Samurai waren Männer des Mito-Clans, Anhänger des Fürsten Nariaki, die später *seppuku* machten, um ihren Lehnsherrn nicht zu belasten.

Matsudaira Sadayori war jetzt wirklich ein *ronin*. Sein geheimer Lehnsherr war tot, und er konnte nie wieder nach Kii zurückkehren.

Aber auch Nariaki, der Fürst von Mito, konnte sich nicht lange über den Tod seines Feindes freuen. Noch im Herbst desselben Jahres wurde er in einem Nebengebäude seines Palastes von einem Unbekannten erstochen.

23

Der Seemann kam näher und musterte das Giebeldach und die Glasfenster des oberen Stockwerks. Der untere Teil des im westlichen Stil erbauten Hauses war hinter einem hohen Zaun aus enggeflochtenem Bambus verborgen, an dem sich Purpurwinden emporrankten – von nickenden Sonnenblumen überragt und von Dutzenden von Schmetterlingen umflattert. Aus einem Kieferngehölz gegenüber dem Haus kam das durchdringende laute, eintönige Zirpen der Zikaden.

Dem westlichen Kalender nach war es Juli 1862. Jinsuke hatte seit nunmehr zehn Jahren das japanische Festland nicht mehr betreten, aber wenn die Behörden ihn faßten, wenn sie feststellten, daß er Japaner und kein ausländischer Seemann war, würden sie ihn bestimmt ins Gefängnis werfen, verhören und wahrscheinlich hinrichten.

Er sah wieder auf dem Plan nach. Ein sehr beschäftigter Büroangestellter hatte ihn hastig gezeichnet, aber Jinsuke war sicher, daß es das richtige Haus war. Er stellte sich auf einen Stein und blickte über den Zaun, sah eine Säulenveranda, die großen Glasfenster im Erdgeschoß, den Garten, der das Haus umgab. Von den japanischen Holzverzierungen abgesehen, hätte dieses Haus in einem Vorort von San Francisco stehen können. So groß! Lyall war achtzehn gewesen, als Jinsuke ihn in Shanghai das letzte Mal gesehen hatte, das bedeutete, daß er jetzt sechsundzwanzig war. Konnte jemand mit sechsundzwanzig einen solchen Palast besitzen? Noch immer im Zweifel, ging Jinsuke am Zaun entlang zum Tor. Ein Auge zukneifend, spähte er durch eine Ritze. An einer der Eingangssäulen entdeckte er ein kleines Namensschild aus Messing: L. W. FOGERTY, ESQ.

Jinsuke streckte den Arm durch ein Loch neben dem Schloß, als plötzlich ein großer, offensichtlich bösartiger Hund auf das Tor zustürmte. Jinsuke riß die Hand zurück. Er fürchtete sich nur vor wenigen Dingen, aber Hunde flößten ihm Unbehagen ein. Das Tier bellte so hysterisch, daß bald darauf ein Diener mit einem Stock angerannt kam. Es war ein großer, dicker bezopfter Chinese in einem langen Gewand, der selbst ziemlich bösartig aussah. Er kam ans Tor und beruhigte den Hund mit einem leichten Schlag auf die Nase. Das Tier hörte auf zu bellen, stand jedoch mit gesträubtem Fell sprungbereit da und knurrte leise.

«Ja?» Der Diener sprach Englisch. «Was Sie wollen?»

«Ich möchte Mr. Lyall Fogerty sprechen», sagte Jinsuke.

Der Chinese musterte ihn aus Augen, die zwischen den Lidfalten fast verschwanden. Er sah das zweireihige Jackett mit den Messingknöpfen, das am Hals offene weiße Hemd, die Seemannsmütze.

«Sie von Schiff?»

«Ja.»

Der Chinese schüttelte den Kopf. «Mr. Fogerty spricht im Haus nicht mit Männer von Schiff. Sie gehen in Büro.»

«Dort war ich schon. Er war nicht da.»

Der Chinese sah ihn wieder an. «Heute Samstag. Büro schließen Samstag nach fünf. Morgen geschlossen, Sonntag. Sie gehen Montag.»

Auf Jinsukes Gesicht malte sich Enttäuschung. Er hatte sich auf das Wiedersehen mit dem Freund gefreut, und er hatte ihm ein Geschenk mitgebracht. Er hielt ein in Segeltuch eingeschlagenes ziemlich großes Bündel in die Höhe. «Bitte gib das Mr. Fogerty.»

Der Chinese ließ sich nicht herab, das Bündel zu nehmen. «Mr. Fogerty nicht kaufen von Matrosen in Haus. Sie gehen Büro.»

Das unverschämte Benehmen des Dieners machte Jinsuke wütend, und er warf dem Mann eine Flut chinesischer Beschimpfungen an den Kopf, von denen «aufgeblasene Kröte» die harmloseste war. Er sagte, er sei ein alter Freund der Familie und in der Sommerhitze eine Meile zu Fuß gegangen, um das Geschenk abzugeben, und er werde Lyall – er sprach den Namen chinesisch aus – berichten, wie sein Diener ihn behandelt habe. Jinsukes Gesicht war tief gebräunt, zerfurcht und vor Zorn so stark gerötet, daß die Narbe unter dem Auge weiß hervortrat. Seine Züge waren japanisch, aber er hatte eine große Nase und, was ganz unüblich war, einen dichten, sauber gestutzten schwarzen Bart. Bestürzt sah sich der Diener den Besucher jetzt genauer an und stellte fest, daß seine Seemannsuniform aus feinstem Tuch war. Dann spähte auch er durch die Öffnung neben dem Torschloß und begutachtete Jinsukes Schuhe. Sie waren auf Hochglanz poliert und ebenfalls von guter Qualität.

«Würde der Kapitän mir bitte seinen Namen sagen? Ich gebe dem Master Bescheid.» Diesmal sprach er Chinesisch, aber Jinsuke antwortete auf englisch.

«Sag ihm, daß Jim Sky – hast du das? Jim Sky – ihn besuchen wollte. Das ist ein Geschenk.»

Diesmal nahm der chinesische Diener das Bündel, das Jinsuke über das Tor reichte, und der Hund sprang in die Höhe, um es zu beschnuppern. Da er glaubte, es sei niemand zu Hause, machte Jinsuke tief enttäuscht kehrt und ging langsam davon. Wenigstens geht es jetzt nicht mehr bergauf, dachte er.

Er kam an zwei modisch gekleideten ausländischen Damen in Begleitung eines hochgewachsenen, mageren Mannes vorbei. Sie lächelten ihm zu, als er die Mütze zog und beiseite trat, um sie passieren zu lassen. Die jüngere der beiden Damen drehte sich nach ihm um und schien von seinem wiegenden Seemannsgang fasziniert, als plötzlich eine Gestalt in Nadelstreifenhose, weißem Hemd und Weste, aber ohne Krawatte, durch eine Gartentür auf die Straße geschossen und auf sie zugerannt kam.

«Jim! Warte! So warte doch, Jim Sky!»

Die beiden Damen und der Herr starrten halb empört und halb fasziniert dem Mann entgegen, der aussah, als sei er eben dabei gewesen, sich zum Dinner umzuziehen. Mit den Armen fuchtelnd und immer wieder laut rufend, lief er die Straße herunter. Jinsuke drehte sich um. Lyall Fogerty blieb vor ihm stehen und umarmte ihn.

«Aber wo willst du denn hin, Jim? Verdammt, ich hätte Wo Pings Kopf auf einen Pfahl spießen lassen, wenn ich dich verpaßt hätte. Du kommst auf der Stelle mit mir zurück! Verdammt, Mann, wir haben uns acht Jahre nicht gesehen.»

Als sie auf dem Rückweg zum Haus an den beiden Damen vorübergingen, entschuldigte sich Lyall für sein ungebührliches Betragen, das sie erschreckt haben mußte. Charles Olderby, ihr Begleiter, hatte Lyall Fogerty inzwischen erkannt, denn sie hatten ab und zu geschäftlich miteinander zu tun. Aber so sehr Olderby sich den Kopf zerbrach, er konnte sich nicht erinnern, wo er den einarmigen Mann schon gesehen hatte.

Der dicke chinesische Diener stand jetzt, den Hund festhaltend, am Tor und verneigte sich respektvoll, und vier weitere Diener waren ebenfalls in den Garten gekommen, um den Gast zu begrüßen. Auf der Veranda wartete mit ausgestreckten Händen die schönste Frau, die Jinsuke je gesehen hatte, schlank und fast so groß wie er selbst, mit unglaublich schmaler Taille und einem üppigen Busen, der in keines der jetzt hochmodischen Korsetts gezwängt war. Über Schultern und Rücken fiel ihr glänzendes schwarzes Haar, das sich an den Spitzen lockte. Ihre Haut glich rosig überhauchtem Elfenbein. Sie hatte große, orientalisch geschnittene, lebhafte hellbraune Augen. Zu Jinsukes Erstaunen lief sie die Stufen herunter auf ihn zu, umarmte ihn und küßte ihn auf beide Wangen.

«O Jim! Du hast dir einen Bart wachsen lassen. Er kitzelt, aber ich glaube, er gefällt mir.»

«Gehen wir ins Haus, bevor du mit ihm zu flirten anfängst, Susan, sonst läuft er uns wieder davon.»

Jinsukes Gedanken rasten. Susan? Die hübsche, aber spindeldürre vierzehnjährige Fogerty-Tochter?

«Du bist Susan? Und so schön geworden!»

Sie mußte lachen. «Was hast du denn erwartet? Zöpfe? Ich bin fast zweiundzwanzig.»

Sie ging vor ihnen her ins Haus und führte Jinsuke in ein großes, luftiges Wohnzimmer mit Ausblick auf einen Steingarten. Über Tatamimatten am Boden lagen noch dicke Teppiche. Jinsuke blieb stehen, blickte auf seine Stiefel hinunter und schämte sich.

«Gräm dich nicht, Jim», sagte Lyall. «Wir sind noch immer Barbaren und tragen Schuhe im Haus. Ich lege Tatamis unter die Teppiche, weil es im Winter wärmer ist.» Er setzte sich Jinsuke gegenüber. «Und jetzt erzähl: Wo warst du, und was hast du gemacht?»

Jinsuke, der in einem dick gepolsterten englischen Armsessel Platz genommen hatte, sah sich in dem großen Zimmer um. Was für ein Durcheinander! Europäische Möbel, chinesische Wandschirme, Vorhänge und Keramiken, japanische Holzkohleöfchen, Schiebetürchen und *shoji*-Fenster, indische Tische und dann eine breite Holzveranda mit tiefen japanischen Dachtraufen. Und dazu die dicken, farbenfrohen Perserteppiche.

Lyall lachte. «Das Zimmer muß dir wie eine Rumpelkammer vorkommen, Jim. Aber uns gefällt's.»

Jinsuke war sich nicht sicher. Obwohl er jetzt an westliche Zimmer mit all ihrem Schnickschnack gewöhnt war, kam er sich hier wie im Allerheiligsten eines Tempels vor, und seine Augen hatten zuviel zu schauen. Aber der Sessel war bequem.

«Warte noch ein bißchen», sagte Susan. «Jim hat einen weiten Weg in praller Sonne hinter sich. Ich hole etwas Kühles zu trinken.»

Während sie nicht im Zimmer war, überlegte Jinsuke, wo er beginnen sollte. Es hatte sich so viel ereignet.

«Ich bin jetzt Erster Offizier auf der *Perseus* aus Seattle», sagte er schließlich.

«Einem Walfänger?»

Jinsuke grinste. «Ja, ein Walfänger.»

Susan kam mit einem Tablett zurück, auf dem zwei Gläser Importbier und ein Glas Limonade für sie selbst standen. «Das ist nicht fair!» protestierte sie. «Du darfst ihn nicht reden lassen, wenn ich nicht hier bin!»

Die beiden Männer lachten, und Jinsuke nahm sich ein Bier, das er inzwischen sehr gern trank. Er war mehr als angenehm überrascht, als er feststellte, daß es eiskalt war.

«Schmeckt es dir? Wir haben ein Eishaus. Die Eisblöcke werden im Winter geschnitten und in Sägespäne gelagert. Sie kommen aus Hakodate.»

«Eis im Sommer hatte früher nur der Kaiser oder der Shogun», sagte Jinsuke lächelnd. «Viele Männer sind dafür gestorben, es ihnen zu bringen. Du lebst wie ein König, Lyall.»

Susan ließ sich auf einem roten Lederkissen nieder und zog die Beine unter den Rock. «Es tut so gut, dich zu sehen, Jim», sagte sie.

Lyall hob sein Glas. «Also, Jim, jetzt erzähle!»

Jinsuke hob ebenfalls sein Glas, ließ das kalte Bier durch die Kehle laufen und seufzte. Es fiel ihm schwer, die Augen von Susan abzuwenden, die ihn so fest und offen ansah, daß ihn Schüchternheit überkam. Er sah wieder zu ihrem Bruder hinüber. Lyall trug einen buschigen schwarzbraunen Schnurrbart, und sein dichtes Haar, rabenschwarz mit kastanienbraunen Strähnen, reichte ihm bis zum Hemdkragen.

«Kapitän Tovey war ein paarmal hier», sagte Lyall. «Er hat uns erzählt, daß du als Aufseher bei Freunden von ihm arbeitest. Er berichtete uns auch von einigen deiner Abenteuer auf den Goldfeldern von Kalifornien und in San Francisco. Ich habe gehört, du hättest in jeder freien Minute Sprachen studiert, und ich glaube es auch – du sprichst jetzt hervorragend Englisch.»

Jinsuke schüttelte den Kopf. «Den Akzent werde ich wohl nie ganz verlieren. Ich kann Reis und Laus noch immer nicht richtig aussprechen, obwohl ich den Unterschied verdammt genau kenne.»

Susan lachte wieder ihr besonders hübsches Lachen, und er entschuldigte sich, weil er geflucht hatte. Doch für ihn hatte ein Fluch den gleichen Stellenwert wie jedes andere Wort, und ein Ausdruck wie «verdammt» rutschte ihm häufig zur Unzeit heraus.

«Es ist nicht der Rede wert, schließlich bin ich den da gewohnt.» Sie zeigte auf ihren Bruder.

«Tja», begann Jinsuke, «durch den Bürgerkrieg in Amerika hatten die Walfänger Schwierigkeiten, Leute zu bekommen, und Tovey, ich meine Kapitän Jacks, überredete einen Skipper, mich für eine wirklich sehr geringe Heuer zu nehmen. Der wollte mich nicht, aber Kapitän Jacks ließ nicht locker. Auf diesem Schiff fuhr ich zwei Jahre, und wir kamen bis ins Japanische Meer und dann hinauf in die See von Okhotsk. Wir haben gar nicht schlecht abgeschnitten.»

Jinsuke erzählte nicht, daß der Kapitän von der Tüchtigkeit seines japanischen Harpunierers begeistert gewesen war, dem zwar ein Arm fehlte, der dem Schiff jedoch offenbar Glück brachte. Es war fast unheimlich, wie genau der neue Mann die Gewohnheiten der Wale kannte, und bald begann der Kapitän ihn unauffällig um Rat zu fragen. Da er aber von einem Niemand keinen Rat annehmen konnte, beförderte er ihn inoffiziell. Außerdem hatte der Kapitän ein schlechtes Gewissen, weil er Jinsuke so wenig bezahlte, und begann ihn als Entschädigung in Navigation zu unterrichten. Seine Frau, die wie viele Walfängerfrauen ihren Mann auf seinen Fahrten begleitete und die Jinsuke ebenfalls mochte, gab ihm Bibelstunden, die jedoch an seinen pantheistischen und vagen shinto-buddhistisch religiösen Vorstellungen nichts änderten, sein Englisch und seinen Akzent jedoch stark verbesserten. Als der Kapitän, der Erste Offizier und der Bootsmann an einer Lebensmittelvergiftung erkrankten, übernahm Jinsuke das Kommando und brachte der widerspenstigen, rauhbeinigen und wilden Besatzung mit seiner harten, schnellen Faust Respekt bei. Am Ende der zwei Jahre dauernden Reise bewunderten ihn alle, und obwohl er nicht das erste Fangboot führte, rissen sich die Männer darum, zu seiner Mannschaft zu gehören.

«Fährst du noch auf demselben Schiff?» fragte Susan.

«Nein, auf einem viel größeren, der *Perseus*. Sie ist erst fünf Jahre alt und hat fünf Fangboote. Wir sind von Seattle die Westküste hinaufgesegelt und haben Grauwale, Pottwale und ab und zu einen Buckelwal erlegt. Dann sind wir in die Beringstraße gesegelt und haben Walrosse gejagt. Als das Eis schmolz, holten wir uns Grönlandwale aus der Beaufort-See. Im Herbst waren es wieder Walrosse. Wir haben einmal überwintert, aber der Kapitän meinte, er fühle sich nicht wohl dabei, also haben wir kehrtgemacht und sind auf dieser Seite zurückgekommen, vorüber an Kamtschatka und so weiter. Wir erlegten ein paar Nordwale, Grauwale, Pottwale und Buckelwale. Wir nehmen, was wir kriegen.»

Er zuckte mit den Schultern. Es lag ihm nicht, damit zu prahlen, daß diese vom Kurs der meisten anderen Schiffe abweichende Reise hauptsächlich durch seinen Einfluß zustande gekommen war. Im Japanischen Meer hatten sie ihre letzten Fässer gefüllt, und außer Fischbein, Walroßelfenbein und Ölfässern lagerten in den Frachträumen der *Perseus* Seehundfelle und Seeotterpelze. Außerdem hatten sie Silberfüchse und Eisbärenfelle eingehandelt.

«Wir nehmen alles», sagte er.

«Ich habe immer gewußt, daß du es schaffen würdest!» rief Lyall. «Vater hat das auch gesagt. Wenn es doch nur mehr Japaner von deiner Art gäbe, die sich für eine Arbeit begeistern und nicht nur darauf aus sind, zu töten und alle Menschen zu hassen, die anders sind als sie.»

Susan wollte nicht, daß Lyall von diesem Thema anfing, und klatschte in die Hände. «Lyall, wir haben uns Jims Geschenk noch gar nicht angesehen! Wir sind wirklich unhöflich.»

Von einem Tischchen nahm sie eine kleine Messingglocke, klingelte, und der dicke Diener kam herein. Sie sagte etwas auf chinesisch zu ihm, und Jinsuke sah, daß der Mann große Augen bekam und ihn interessiert musterte.

«Wie gut sprichst du noch Mandarin, Jim?» fragte Lyall.

«Nicht besonders gut, ich bin ein bißchen aus der Übung», antwortete Jinsuke auf englisch.

«Also: Susan hat ihm gesagt, daß du der Mann bist, der meinem Vater das Leben gerettet hat, und da sie alle die Geschichte kennen, werden sie dich bestimmt nicht mehr wie einen hergelaufenen Matrosen behandeln, der mich anpumpen will. Es gibt ein paar brutale Kerle in Yokohama, Ausländer und Japaner. Ich wünschte nur, es gäbe einen Weg, sie zu vertreiben, vor allem die Ausländer. Sie sind gefährlich und machen allen das Leben schwer, und die Japaner – verzeih, Jim, wenn ich das sage – sind empfindlich und schwierig.»

Jinsuke nickte grimmig und fragte dann, das Thema wechselnd: «Wie geht es eurer Familie? Sind alle gesund?»

«Mutter geht es gut. Meine Schwestern Marlyn und Evelyn haben in sehr gute chinesische Familien eingeheiratet. Vater ist nicht mehr so stark wie früher und muß sich schonen. Er trinkt nicht mehr so viel Rum, was Mutter glücklich macht, und er segelt noch immer mit der *Irene* und prahlt damit, wie ihr beide die Piraten niedergemacht habt.»

Der Diener brachte Jinsukes Bündel herein. Es war nach Seemannsart zugenäht, und während Susan sich nach etwas umsah, mit dem sie die Stiche auftrennen konnte, faßte Jinsuke sich in den Nacken und zauberte ein zweischneidiges Messer mit einer zwölf

Zentimeter langen Klinge und einem flachen verzierten Griff hervor. Er faßte das Messer an der Klinge und reichte es Lyall. «Sei vorsichtig», sagte er, «es ist sehr scharf.»

«Davon bin ich überzeugt, du blutrünstiger alter Pirat», erwiderte Lyall, nahm das Messer, kniete nieder und schlitzte das Bündel auf. Dann gab er das Messer zurück, und Jinsuke schob es wieder in die Scheide, die er unter dem Kragen trug. Lyall schlug das Segeltuch zurück, und Susan zog einen großen, glänzenden Seeotterpelz heraus, legte sich ihn über den Arm und streichelte ihn. Er war wunderschön. Außer dem Pelz enthielt das Bündel noch zwei riesengroße Walroßeckzähne. Lyall hob sie auf und sah sie bewundernd an.

«Danke, Jim», sagte er.

«Tut mir leid, daß ich den Pelz nicht richtig gerben lassen konnte.»

«Das macht nichts. Wir haben in der Nähe von Yokohama ausgezeichnete Gerber. Weißt du, Jim, daß ein solcher Pelz in China ein Vermögen wert ist?»

Der Diener kam wieder herein und fragte, wann das Essen serviert werden solle. Susan stand auf, um in die Küche zu gehen. «Du bleibst doch zum Abendessen, nicht wahr, Jim?» fragte sie im Vorbeigehen und lächelte ihm zu. «Wir haben ein paar sehr nette Leute eingeladen...» Sie sah ihren Bruder an.

«Danke, aber ich kann nicht bleiben, ich muß aufs Schiff zurück», antwortete Jinsuke. «Ich habe Pflichten.»

«Ich bin dir sehr böse, Jim, wenn du nicht bleibst. Außerdem sorgen wir uns um dich. In Edo hat es Mord und Totschlag gegeben. Sogar den *tairo* haben sie ermordet, und jeder umherziehende Samurai möchte uns den Kopf abschlagen. Die Lage ist gespannt, Jim. Dürfen wir unseren Gästen sagen, daß du Amerikaner bist?»

Jinsuke lachte. «Mit meinem Akzent? Wer würde euch wohl glauben? Sagt ihnen, ich sei ein Eskimo.»

«Jim», mischte Lyall sich ein, «es ist uns ernst. Du weißt, daß du gegen das Gesetz verstoßen hast, als du ins Ausland gingst, und du verstößt auch jetzt dagegen, weil du westliche Kleidung trägst. Wir wissen von einem Mann, einem Japaner, der auch ins Ausland ging und später zurückkam. Er war inzwischen britischer Staatsbürger geworden und arbeitete bei der britischen Gesandtschaft als Dolmetscher. Einmal spielte er mit ein paar Kindern, half ihnen beim Drachensteigen. Das beobachtete ein Samurai, schlich sich von hinten an ihn heran und stach ihn in den Rücken. Ein paar Minuten später war er tot. Du mußt vorsichtig sein und dir genau überlegen, was du den Leuten sagst.»

Susan blieb an der Tür stehen. «Vielleicht wäre es das klügste, den Leuten – den Ausländern vor allem – die Wahrheit zu sagen. Sie wissen, daß die Samurai ihn holen, wenn jemand ihn verrät. Vor Japanern kann Jim sich als Amerikaner ausgeben, aber nicht vor Amerikanern oder Briten. Martin ist ein anständiger Kerl, und Natalie wird schweigen, wenn sie weiß, wie ernst es ist. Ich sage es den Dienern, sie wissen auch, wie die Dinge liegen.» Sie verließ das Zimmer.

«Bitte bleib, Jim. Wir wären wirklich gekränkt, wenn du gingst, und Susan würde es mir nie verzeihen, wenn ich dich nicht festhielte. Wir werden es unseren Freunden erklären.»

Jinsuke stand auf. «Während ich mit dir und Susan hier saß, habe ich ganz vergessen, wie es in Japan ist. Ich war so lange fort, und hier ist alles so anders.» Er lächelte. «Ich habe dem Kapitän gesagt, daß es vielleicht später werden wird. Er wird jemand anders zum Dienst einteilen. Ich bleibe.»

«Gut...» Nach einer Pause fuhr Lyall fort. «Du trägst einen Revolver, Jim, nicht nur ein Wurfmesser. Es ist ein heißer Tag, aber du knöpfst deine Jacke nicht auf, und obwohl sie gut geschnitten ist, sieht man die Ausbuchtung.»

Der Revolver steckte in einem Schulterholster unter der linken Achselhöhle. Natürlich trug er die Waffe nie an Bord, außer wenn sie Walrosse, Seehunde oder Seeotter jagten. Aber in San Francisco oder draußen auf den Goldfeldern oder bei den Eisenbahnbautrupps hatte er sich mit einer Waffe sicherer gefühlt.

Als die *Perseus* in Yokohama vor Anker gegangen war, hatte Jinsuke durch ein Fernrohr das Gewirr neuer Gebäude betrachtet. Docks, Fabriken, Lagerhäuser, auf denen die Flaggen zahlreicher Nationen flatterten, Schiffe aus aller Welt, die an den Piers oder vor der Hafeneinfahrt lagen und warteten, bis sie an der Reihe waren. Jinsuke fand alles sehr aufregend, bis er mit dem Fernrohr einen Zollbeamten mit rasiertem Kopf und Scheitelknoten einfing. Die Scheide seines Langschwerts ragte aus der Schärpe heraus. Bei ihm standen ein paar Männer, wahrscheinlich seine Untergebenen. Sie alle trugen Schwerter und Knüppel. Im selben Augenblick wurde Jinsuke von Furcht gepackt wie von einem Krampf. Am liebsten wäre ihm gewesen, wenn die *Perseus* sofort wieder ausgelaufen wäre. Zugleich war er wütend, weil seine Furcht nicht grundlos war. Das war sein Land, warum also mußte er beim Anblick eines Mannes mit zwei Schwertern zittern?

Grimmig ging er in seine Kabine hinunter und überzeugte sich, daß der gravierte Revolver, den Lyalls Vater ihm geschenkt hatte, geladen war. Sollten sie nur kommen! Sollten sie doch versuchen ihn zu verhaften. Er hatte sechs Kugeln – fünf für sie, eine für sich.

Er sah Lyall fest an und nahm den Revolver aus dem Holster. «Dein Vater hat ihn mir gegeben, und dein Vater hat dafür gesorgt, daß ich lernte, mit ihm umzugehen. Ich bin jetzt ein sehr guter Schütze, aber ich habe nie einen Menschen damit getötet. ‹Trag ihn in Ehren› hat man mir damals gesagt, und das habe ich auch versucht.» Jinsuke fühlte leichten Groll, weil er sich verteidigen mußte, weil er in seinem eigenen Land in Gefahr war, während dieser Ausländer in Reichtum, Sicherheit und Luxus hier lebte.

«Du weißt, daß wir in Japan keine Waffen tragen dürfen. Aber weißt du auch, daß ein Samurai das Recht hat, jeden von uns niederzumetzeln, wenn er denkt, wir hätten ihn beleidigt? Wenn sie mich in dieser Kleidung von Bord eines ausländischen Schiffes gehen sehen, werfen sie mich ins Gefängnis. Vor langer Zeit, bevor ich nach China ging, haben die Samurai mich verhaftet. Es war schlimm. Bei deinem Vater, in Amerika und auf den Schiffen habe ich gelernt, andere Menschen zu respektieren, nicht aber zu fürchten. Man hat mich gelehrt, daß ich genausoviel wert bin wie jeder andere. Ich sage dir, Lyall, das ist die größte Wahrheit, die es gibt. Keine Religion der Welt ist so wahr – ein Mann ist so gut wie der andere, wenn er es sein will und den Mut dazu hat. Nun, die Samurai hier im Land glauben nicht an diese Wahrheit. Sollten sie versuchen mich zu fassen, werde ich mich wehren.»

Lyall nickte bedächtig. Als Kind war er wegen seines gemischten Blutes oft verspottet worden und weinend nach Hause gekommen. Dann hatte sein Vater ihn bei den Schultern genommen und geschüttelt. «Junge», hatte der rothaarige Riese gesagt, «du bist kein Mischling, du bist halb chinesisch, halb irisch und außerdem amerikanischer Staatsbürger. Du bist mehr als doppelt soviel wert wie einer von denen. Du mußt es ihnen nur beweisen. Aber heul mir nichts vor.»

Lyall packte Jinsukes Hand und schüttelte sie. «Du hast es begriffen, Jim, du hast es begriffen! Ich weiß noch, daß ich, als wir uns eines Tages nach dem Training wuschen, die Narben auf deinem Rücken sah. Ich erzählte meinem Vater davon, und was hat er mir geantwortet? Er sagte, um einem Mann das Gesicht mit Narben zu zeichnen, genüge ein Mann. Für die Narben auf dem Rücken eines Mannes seien viele Männer verantwortlich, Männer, die in der Regel weniger mutig und weniger ehrenhaft seien als derjenige, der die Narben davontrage. Das hat mich damals sehr bedrückt. Du warst für mich ein ganz besonderer großer Bruder. Doch es bedrückt mich jetzt noch mehr, daß dein Land dich nicht willkommen heißt, daß deine Familie und deine Freunde nicht mit Musik und flatternden Wimpeln in Yokohama am Pier stehen und rufen können: ‹Willkommen daheim, Jinsuke!›»

Lyall nannte Jinsuke nur selten bei seinem richtigen Namen, und Jinsuke hatte ihn seit Jahren nicht mehr gehört. Jetzt trieb der Klang dieses Namens ihm fast die Tränen in die Augen, und er wandte das Gesicht ab.

«Wenn sie mich holen wollen, werde ich kämpfen. Ich hasse sie.» Er tippte sich mit dem Zeigefinger auf die Brust. «Ich habe jetzt zwei Namen. Jim» – er machte eine Pause, um das nächste Wort besonders hervorzuheben – «Sky. Wie ich schon sagte, darf ein Samurai Jinsuke aus dem nichtigsten Grund töten – weil er unabsichtlich mit ihm zusammengestoßen ist, weil er keinen Kotau gemacht oder etwas Falsches gesagt hat. Jim Sky hingegen macht nur einen Kotau, wenn ihm danach zumute ist. Wenn ein Mann ein guter Mann ist und ich ihn respektiere, zeige ich ihm das auch. Einige Samurai sind gute Männer, aber die meisten bestehen praktisch nur aus zwei Schwertern und einem großen, großen Hochmut.» Er klopfte auf die Ausbuchtung unter seiner Jacke. «Jim Sky fürchtet kein Schwert.»

«Du haßt vielleicht die Samurai, Jim, aber nicht Japan...»

Jinsuke schüttelte ärgerlich den Kopf. «Japan ist das verdammt großartigste Land der Welt!» In einer bei ihm seltenen Gefühlsaufwallung bedeckte er das Gesicht mit der Hand. Lyall war mit zwei Schritten bei ihm und legte ihm die Hände auf die Schultern.

«O Gott, Jim, Jim, großer Bruder Jim Sky, dieses Land braucht Männer wie dich, Männer, die aufklärend wirken können. Aber, Jim, hasse nicht, es verkrüppelt dich nur innerlich. Ich bin wie du, Jim, gehöre halb in die eine und halb in die andere Welt. Und auch ich fing an zu hassen, aber ich hatte Mutter und Vater, und sie halfen mir. Ich sah, wie sehr sie sich liebten, und schwor mir, eine Brücke zwischen Ost und West zu werden. Wir sind deine Freunde, Jim, wir werden tun, was wir können. Unsere Zeit wird kommen – die Zeit für Menschen wie uns.» Eine Wolke der Trauer glitt über sein Gesicht. «Aber hasse nicht, Jim! Hat man dich in Amerika etwa hassen gelehrt, Jim?»

Jinsuke schüttelte den Kopf, blinzelte ein paarmal und grinste dann. «Ich bin ein paar miesen Schweinehunden begegnet, aber ich habe sie entweder ignoriert oder ihnen gezeigt, daß mit mir nicht gut Kirschen essen ist.» Er hob die große, schwielige Faust, die Lyall mit beiden Händen umfaßte.

«Ich gebe dir den Revolver, und du versteckst ihn für mich, Lyall», sagte Jinsuke.

«Nein, Jim, trag ihn ruhig. Ich trage selbst eine Waffe, wenn ich abends ausgehe. Weißt du nicht mehr? Ich habe die gleiche bekommen. Man hat so viele Menschen ermordet, hat sie auf der Straße niedergemetzelt oder ist in Häuser eingedrungen und hat Menschen umgebracht, die nie jemand etwas getan haben. Die Regierung ist machtlos. Wir müssen uns selbst schützen. Trag den Revolver, Jim. Es gibt Männer, die dich nur deshalb töten würden, weil du wie ein Ausländer angezogen bist, ganz zu schweigen von deinem Mut, sich nicht an ihre veralteten Gesetze zu halten. – Komm, gehen wir in den Salon, unsere Gäste werden bald hier sein. Ich mache dir etwas zum Trinken zurecht. Magst du Whisky?»

Jinsuke lachte. «Ich liebe Whisky, aber ich trinke möglicherweise zuviel und fange an, schmutzige Seemannslieder zu singen.»

Lachend nahm Lyall seinen Arm. «Ich wette, ich kenne genauso viele wie du. Hab sie von meinem Vater gelernt.»

Trotz der innerpolitischen Unruhen in Japan blühte Lyall Fogertys Geschäft. Er brauchte keinen Mittelsmann wie die meisten anderen Ausländer, denn er konnte chinesische Schriftzeichen lesen und schreiben und nahm auch täglich Unterricht in gesprochenem Japanisch. Seit seinem ersten Zusammentreffen mit Jinsuke hatte er sich für Japan interessiert und seine Kultur bewundert, und sein Vater und Mr. Rose hatten ihre ganze Überredungskunst aufwenden müssen, um ihn davon abzuhalten, sich in Japan niederzulassen, bevor die Verträge ratifiziert waren.

Jetzt importierte er Eisenwaren, Baumwollartikel und chinesische Arzneimittel; und er kaufte Rohseide, Tee und Kunsthandwerk. Wie viele Kaufleute, hatte er zu Beginn riesige Spekulationsgewinne durch den unterschiedlichen Wechselkurs von Gold und Silber gemacht. Da sein Vater und Mr. Rose Experten auf diesem Gebiet waren, war Lyalls Profit noch größer als der anderer.

Sein Handel mit Arzneimitteln hatte anfangs dazu geführt, daß man ihn sehr genau unter die Lupe nahm, denn die japanischen Behörden waren fest entschlossen, der Opiumsucht von vornherein einen Riegel vorzuschieben. Aber Lyall verabscheute den Opiumhandel genauso wie seine Eltern. Je strenger die japanischen Behörden darauf bestanden, die von ihm eingeführten Waren zu kontrollieren, um so entgegenkommender wurde er, um so offener redete er über seine Waren, von denen sie die meisten kannten. Er verglich die chinesischen Heilmittel mit modernen Medikamenten und erklärte, seiner Meinung nach seien die chinesischen viel besser. Ältere Beamte waren sehr erfreut, das zu hören, da man in Japan seit Jahrhunderten chinesische

Heilmethoden und einheimische Abarten davon anwendete. Einige Beamte begannen sich bei Lyall Rat zu holen und bezogen ihre Tränklein und Mixturen bald direkt von ihm – viel billiger als in Edo.

Als Halbchinese wußte Lyall instinktiv um den Unterschied zwischen einem zur rechten Zeit überreichten kleinen Geschenk und einem plumpen Bestechungsversuch. Die meisten anderen ausländischen Kaufleute begriffen diesen Unterschied nie. Lyall war seinem Wesen nach Orientale, äußerlich und seinem Benehmen nach jedoch Europäer. Die Beamten, obwohl Japaner und *bushi*, vertrauten ihm, dem Kaufmann und Barbaren, und das wirkte sich natürlich sehr günstig auf sein Geschäft aus.

Der Abend mit Jinsuke verlief sehr angenehm. Für die Gäste der Fogertys war die aufregende Anwesenheit des «abtrünnigen» Japaners ein Leckerbissen. In Japan lebende Ausländer hatten wenig Kontakt zu den Einheimischen, und viele bedauerten das aufrichtig.

Von gutem Wein und Whisky innerlich erwärmt, begann Jinsuke sein Seemannsgarn zu spinnen, berichtete von seiner Flucht aus Okinawa nach China, erzählte von San Francisco und seinem Leben an Bord eines Walfangschiffes, von der Arktis und den Küsten Rußlands, doch vor allem erzählte er ihnen von seinem Heimatort Taiji und seinem dortigen Leben.

Natürlich waren die für ihn alltäglichsten Dinge für die Ausländer die aufregendsten und interessantesten. Sie waren von Japan fasziniert und stellten Jinsuke viele Fragen, unter anderem politische, die zu beantworten er jedoch große Schwierigkeiten hatte. Er wußte viel mehr über das Legen des ersten Atlantikkabels und den Beginn des Bürgerkrieges in den Vereinigten Staaten. Als er jetzt von Ausländern vom Tod Ii Naosukes, den er einmal flüchtig gesehen hatte, und von dem Terror der fanatischen *ronin*, die sich *shishi* nannten, erfuhr, brachte ihn das dazu, an Sadayori und die Briefe zu denken, die er ihm aus Amerika geschickt hatte, die Sadayori wahrscheinlich aber nie erreicht hatten.

Als die Gäste gingen, die Wagen von schwerbewaffneten Wächtern begleitet, drängte Lyall Jinsuke, über Nacht zu bleiben, aber Jinsuke sagte, er müsse auf sein Schiff zurück. Lyall versprach, ihn am nächsten Morgen zu besuchen, und Susan bestand darauf, ihren Bruder zu begleiten. Jinsuke sah ihr in die Augen und konnte ihr den Wunsch nicht abschlagen.

Als er das Haus verließ, war er in so euphorischer Stimmung, daß er die Gestalten nicht sah, die im Kieferngehölz jenseits der Straße lauerten.

Da alle Fässer der *Perseus* mit Wal- und Walroßöl gefüllt waren, hatten sie die großen rauchgeschwärzten Eisenkessel gereinigt und verstaut und die Ziegel und Dreifüße der Feuerstellen über Bord geworfen. Die Decks waren geschrubbt, die Kabinen gescheuert und gelüftet, Mannschaftslogis und Kombüse gründlich gesäubert. Aber natürlich ließ sich der Geruch nach Wal und eine gewisse Stickigkeit der Luft nie ganz vertreiben.

Mit einem bemannten Boot wartete Jinsuke am nächsten Vormittag um halb elf am Dock auf Susan und Lyall. Als Susan ins Boot stieg und man einen Moment ihre Fußknöchel sah, glotzten die Männer, und Jinsuke konnte es ihnen nicht übelnehmen, obwohl es ihn ärgerte. Susan war einfach gekleidet, mit einer Jacke, einem breitkrempigen Hut und einem bequemen Reitrock.

«Welches Schiff ist die *Perseus*?» fragte sie, setzte sich neben ihren Bruder und hielt das Gesicht in den Wind. In ihren Augen spiegelte sich das funkelnde Wasser. Jinsuke zeigte ihr das Schiff.

«Dort drüben, siehst du es? Das dunkelblaue mit den grauen Booten.»

Edward MacNeil, der Kapitän, war auch Eigner des Schiffs, was bei Walfängern ungewöhnlich war, und da er die *Perseus* selbst führte, war sie sein Heim und seine Burg. Daher tat er alles, um sie nicht nur sicher und seetüchtig, sondern auch gemütlich zu machen.

Während sie hinausfuhren, erzählte Jinsuke Lyall einiges über das Schiff und die modernen Fangmethoden, die sie anwendeten. Als sie bei der *Perseus* ankamen, halfen eifrige Hände Susan an Bord. Jinsuke machte mit seinen Freunden einen Rundgang durch das Schiff und brachte sie dann in seine kleine Kabine, wo der Koch ihnen aromatischen heißen Kaffee und Biskuits mit Preiselbeermarmelade servierte.

«Das Essen scheint auf der *Perseus* sehr gut zu sein», sagte Lyall, der wußte, wie die Kost auf Segelschiffen normalerweise aussah.

«Sie ist eben das beste Schiff, in jeder Beziehung», antwortete Jinsuke stolz. «Auf dem ersten Schiff, auf dem ich fuhr, gab es schreckliches Essen. Verdorbenes Fleisch, das nur aus Salz und Fett bestand, mit einem widerwärtigen Geruch. Im Schiffszwieback waren Würmer. Unser Kapitän MacNeil ist jedoch der Meinung, gutes Essen, ein sicheres und sauberes Schiff und saubere Männer garantieren gute Arbeit, und es gibt keine Schwierigkeiten.»

«Was habt ihr als nächstes vor, Jim?» fragte Lyall.

«Ich nehme an, wir werden nach Seattle zurücksegeln, unsere Ladung verkaufen, und dann das Schiff für die nächste Reise ausrüsten.»

Nicht einmal Lyall konnte er sagen, welche Qual es für ihn war, die Heimat so nah und doch so unerreichbar zu wissen, und wie gern er die Menschen wiedergesehen hätte, die er liebte. Er durfte es aber nicht einmal versuchen, wollte er nicht ihr und sein Leben gefährden.

«Hör zu, Jim», sagte Lyall, beugte sich über das winzige Tischchen und schob den Teller mit den Krümeln und die leeren Tassen beiseite, «du hast Seeotter-, Pelzrobben- und Eisbärenfelle, und ich weiß, daß es entweder hier oder in China einen besseren Markt dafür gibt als in Amerika. Ich bin auch überzeugt, daß ich das Elfenbein brauchen kann, das hier sehr viel verarbeitet wird, und auch die Fuchsfelle. Ich habe eine Menge guter Ideen für Geschäfte, Jim. Hast du Feder und Papier?»

Jinsuke holte beides von seinem winzigen Schreibpult neben der Koje, über der ein Regal mit Büchern über Navigation und Nautik hing.

«Was hast du vor, Lyall?» fragte Susan und schaute dem Bruder über die Schulter.

«Ich möchte Jinsuke und Kapitän MacNeil für morgen zum Abendessen einladen. Wo Ping soll sie mit einem Wagen abholen. Ich würde mich nicht nur über ihre Gesellschaft freuen, sondern möchte auch über Geschäfte sprechen.»

In seiner wie gestochen wirkenden Schrift schrieb Lyall die Einladung und holte aus der Brusttasche eine Visitenkarte. Sie war auf einer Seite englisch, auf der anderen chinesisch bedruckt – eine Neuerung, die auf die Beamten, mit denen er es zu tun hatte, großen Eindruck machte. Jim nahm beides entgegen und versprach, Karte und Einladung Kapitän MacNeil zu geben, sobald er an Bord zurückkam.

«Vielen Dank, Jim, und danke auch dem Koch in unserem Namen. Wir müssen jetzt wohl aufbrechen.»

Die Ebbe setzte ein, Wind kam auf, und es wurde eine sehr feuchte Rückfahrt, aber Lyall war viel zu sehr mit seinen Gedanken beschäftigt, um das zu merken. Susan nahm seine Hand und drückte sie fest.

«Wäre es nicht wundervoll, wenn Jim in Japan bleiben und vielleicht sogar wieder mit uns arbeiten könnte?» fragte sie.

Er sah sie an und lächelte. «Susan, du kannst meine Gedanken lesen.»

«Sie sind dir ja ganz offen ins Gesicht geschrieben», sagte sie.

24

Kapitän MacNeil war nicht so groß wie sein Erster Offizier. Er hatte ein zerfurchtes, wettergegerbtes Gesicht, geziert von einem sauber gestutzten schwarz- und graumelierten Spitzbart und zeigte einen leichten Bauchansatz. Seine Rundlichkeit war jedoch kein Zeichen von Bequemlichkeit, sondern nur der Beweis dafür, daß er gutes Essen und einen guten Tropfen zu schätzen wußte. Wie aktiv er eigentlich war, verrieten seine lebhaften Augen und die schnellen Bewegungen seiner Hände.

Er spielte mit einem Blatt Papier, das neben seinem Teller lag und mit schwungvoll und kühn von Lyall Fogertys Hand geschriebenen Zahlen bedeckt war.

«Überlegen Sie, Kapitän MacNeil», sagte Lyall, «ich bezahle mit Gold zum üblichen Wechselkurs, und das allein garantiert Ihnen einen anständigen Profit, ohne daß ich dabei etwas verliere. Wenn es Ihnen lieber ist, kann ich auch in mexikanischen oder amerikanischen Dollar oder englischen Pfund bezahlen. Wie ich schon sagte, würde ich gern alle Felle, Pelze und das gesamte Elfenbein übernehmen. Ich ließe mich sogar darauf ein, Ihnen das Fischbein und das Walöl abzukaufen, obwohl das für mich ein viel größeres Risiko wäre, da ich mit dem Markt nicht sehr vertraut bin. Ich würde Ihnen auch gerne eine Sendung kunsthandwerklicher Gegenstände und Seiden für einen mir bekannten Agenten in Seattle anvertrauen.»

Kapitän MacNeil faltete das Blatt sehr sorgfältig zusammen, schob es in die Innentasche seiner Jacke und streckte die rechte Hand über den Tisch. «Ein faires Angebot, Mr. Fogerty, und ich nehme Ihre Waren gern an Bord, solange die Ladung nicht zu groß ist und gegen die Unbilden einer Ozeanreise und die zweifelhaften Düfte eines Walfangschiffes gut geschützt werden kann.»

Sie schüttelten sich die Hände. Jinsuke freute sich sehr, daß der Handel zustande gekommen war, nickte den beiden Männern zu und sah dann zu Susan hinüber, die am Kopfende des Tisches saß. Das Kerzenlicht zauberte Glanzlichter in ihr Haar.

«Darauf», sagte Lyall, «müssen wir wohl etwas trinken. Gehen wir ins Wohnzimmer? Dort herrscht zwar ein heilloses Durcheinander, aber es ist gemütlicher.»

Er stand auf und führte seine Gäste in das Zimmer, das Jinsuke schon kannte, und wo auf einem niedrigen, geschnitzten Tisch ein Tablett mit drei Kognakgläsern und einem winzigen Glas Cointreau für Susan vorbereitet war. Er schenkte den Männern einen edlen alten Kognak ein und hob sein Glas.

«Auf den freien Handel und die Rechte der Seeleute!»

«Darauf trinke ich sehr gern», sagte der Kapitän. «Und auf die charmanteste und schönste Gastgeberin zu beiden Seiten des Pazifiks.» Er stieß mit den anderen an und trank einen Schluck.

«Jim Sky, Sie haben es wieder mal geschafft. Wären Sie nicht gewesen, hätte ich mich mit diesem kleinen Pelzgetier gar nicht abgegeben. Sie haben mir zu einem ansehnlichen zusätzlichen Profit verholfen, und ich habe Ihnen sehr zu danken. Sie sollen mich auch nicht knausrig finden, Jim, obwohl ich ein hinterhältiger Schotte bin. Es war eine gute Reise.» Wieder hob er sein Glas. «Ich biete Ihnen fünf Prozent von diesem Handel, Jim.»

«Machen Sie sieben draus», sagte Lyall, der sich fragte, ob die Atmosphäre und der Alkohol den Kapitän nicht verleitet hatte, ein Versprechen zu geben, das er am nächsten Tag bereuen würde. «Jim bekommt von mir dreieinhalb Prozent, und Sie geben ihm die anderen dreieinhalb als Provision. Ich freue mich über unseren Handel genau wie Sie, Kapitän.»

«Abgemacht», sagte MacNeil lächelnd. Jinsuke sah von einem zum anderen, ahnte aber nicht, wieviel Geld das für ihn bedeutete.

Susan stand auf und ging hinaus, um in der Küche nach dem Rechten zu sehen.

«Wissen Sie, Mr. Fogerty», nahm MacNeil den Faden wieder auf, «ich habe Jim schon immer geraten, Kaufmann zu werden. Bei ihm wird alles, was er anfaßt, zu Gold, und er hat Mut zum Risiko. Obwohl er harmlos aussieht, ist er schlau wie ein Fuchs. Sie wären überrascht, mit was er alles Geld gemacht hat. In Kalifornien sogar als Ringer, wie mir der alte Tovey Jacks erzählte. Und immer gewonnen. Dem letzten, der ihn herausforderte, hat er den Kiefer gebrochen, die Rippen eingetreten und ihn für zwanzig Minuten zu Boden geschickt.

Der Kampf dauerte nicht einmal drei Runden.» MacNeil schlug sich aufs Knie. «Wieviel haben Sie dafür bekommen, Jim?»

«Zwölfhundert Dollar», antwortete Jinsuke. «Aber es ist eine dumme Art, Geld zu verdienen, und als sie an der ganzen Westküste Kämpfe für mich organisieren wollten, mußte ich meine Stellung aufgeben und nach San Francisco verschwinden.»

Lyall lachte. «Vater wäre stolz auf dich. Bist du sicher, daß in deinen Adern kein irisches Blut fließt? Aber laß dich warnen», fügte er ernsthaft hinzu. «Laß Susan nichts davon hören, sie würde dir die Hölle heiß machen.»

«Aber warum denn?» fragte Jinsuke verständnislos.

«Susan haßt Gewalt.»

Jinsuke zuckte die Achseln. Wie konnte er ihnen erklären, was es hieß, dort, wo er gelebt hatte, Japaner zu sein? Mit der Aufgabe, eine Horde Chinesen in Schach zu halten, von denen viele ihn mehr gehaßt hatten, als sie die Weißen haßten. An solchen Orten mußte ein Mann lernen, eine Rolle zu spielen, mußte freundlich, aber energisch sein, ein feines Gefühl für Stimmungen haben, nie einen Kampf provozieren, aber auch niemals – niemals! – vor jemanden weglaufen. Es war ein völlig anderes Leben als das, zu dem er erzogen worden war, doch er hatte sich darin getummelt wie ein Fisch im Wasser. Nie hatte er sein Geld an Alkohol verschwendet, denn eines Tages wollte er nach Taiji zurückkehren, und ...

«Wann kommst du eigentlich für immer nach Japan zurück, Jim?» Jinsuke zuckte zusammen, weil ihm die Frage genau in dem Moment gestellt wurde, als seine Gedanken anfingen nach Hause zu schweifen.

«Nie wieder», sagte der Kapitän ruhig. «Das ist unmöglich für ihn.»

«Ich habe gründlich darüber nachgedacht», entgegnete Lyall, «und ich glaube, es ist möglich. Aber er müßte eine Zeitlang in Yokohama leben und vorgeben, ein im Ausland geborener Japaner zu sein. Ich kenne einen neuen Beamten im amerikanischen Konsulat, einen wirklich netten Kerl, der bestimmt bereit wäre, einiges zu riskieren, um Jim die amerikanische Staatsbürgerschaft zu verschaffen. Er liebt Japan sehr und würde alles tun, was helfen könnte, die japanisch-amerikanischen Beziehungen zu festigen. Er ist übrigens mit Perry herübergekommen.»

MacNeil sah Jinsuke an. «Das wäre einer Überlegung wert, Jim.» Dann drohte er Lyall mit dem Finger. «Ich hab so das Gefühl, daß Sie versuchen mir meinen Ersten Offizier abspenstig zu machen, Sir.»

Wo Ping kam herein. «Ein Wagen ist vorgefahren, Master», sagte er auf chinesisch.

Lyall leerte sein Glas. «Ich habe mir die Freiheit genommen, einen Wagen für Sie zu bestellen, Kapitän MacNeil», sagte er, ließ jedoch unerwähnt, wie schwierig das in Yokohama war. «Ich selbst habe nicht den Wunsch, diesen erfolgreichen und vergnüglichen Abend zu beenden, aber Sie sagten, Sie wollten nicht allzuspät aufbrechen.»

Kapitän MacNeil dankte ihm, und sie gingen in die Halle hinaus, wo Susan sie erwartete.

«Ich möchte Sie um einen Gefallen bitten, Kapitän», sagte Lyall.

MacNeil nickte.

«Uns liegt sehr viel daran, Jim noch ein paarmal zu sehen, bevor Sie auslaufen. Er könnte mir Informationen geben, die ich sonst nirgendwo bekomme, und das wäre eine große Hilfe für mich. Ich weiß, daß das eine Zumutung ist, aber...»

«Er kann vierundzwanzig Stunden Landurlaub haben, bevor wir segeln, was in vier Tagen der Fall sein wird, wenn uns kein Taifun oder etwas anderes daran hindert. Ihr Kontor liegt dem Hafen direkt gegenüber, ich kann also signalisieren, wenn ich ihn an Bord brauche.»

Susan nahm den Arm des Kapitäns. «Das ist wirklich reizend von Ihnen, Kapitän MacNeil», sagte sie. «Doch was ist mit Ihnen? Können Sie nicht auch etwas bei uns bleiben? Wir haben viele Zimmer und wären glücklich, Sie hier zu haben.»

Er verneigte sich kurz. «Ich danke Ihnen herzlich für die Einladung, Madam, doch ein Kapitän gehört auf sein Schiff, auch wenn es längst nicht so schön ist wie Sie.»

Als sie im Wagen saßen und sich zum Hafen bringen ließen, gab der Kapitän Jinsuke einen leichten Rippenstoß. «Die junge Dame wäre eine großartige Ehefrau, Jim.»

Jinsuke zuckte sichtbar zusammen. Nicht wegen des Rippenstoßes, sondern weil MacNeil diesen Gedanken laut ausgesprochen hatte. Es war Jinsuke auch heute abend sehr schwer gefallen, Susan aus den Augen zu lassen. Sie hatte ein einfach geschnittenes blaugrünes Kleid getragen, das die Rundungen ihrer Brüste hervorhob und den schön geschwungenen Hals betonte.

Er saß in dem leicht schaukelnden Wagen, lauschte dem Klappern der Hufe, sah die glänzenden Pferderücken vor sich und versuchte sich abzulenken, nicht mehr an Susan zu denken, an die schöne, reizvolle, lebhafte und exotische Susan. Seine Liebe und Treue gehörten Oyoshi, und nur das zählte, aber Susan...

Natürlich hatte es andere Frauen gegeben, Bettgenossinnen, in Amerika und in China. In Amerika waren es meist weiße Frauen gewesen, Mädchen aus Saloons und Tanzhallen, mit rauhen Stimmen und derben Manieren. Er mochte große Frauen mit langen braunen oder blonden Haaren und üppigen Brüsten. Irgendwann hatte er dann aber plötzlich begriffen, daß dieser ganze traurige, gekaufte Sex mit einer Erinnerung zusammenhing – einem Bild, das ihn erschreckte, anwiderte und faszinierte: dem Bild der weißen Missionarsfrau, die sich gewehrt und verzweifelt geschrien hatte, als sie von den Piraten vergewaltigt worden war. Von diesem Moment an ging Jinsuke nie wieder zu einer Prostituierten.

Er liebte Oyoshi noch immer und war überzeugt, daß sie ihm gehörte. Sie hatte mit ihm geschlafen und geschworen zu warten. Aber er war so viele Jahre fort gewesen, und sie war inzwischen über das Heiratsalter hinaus. Der Gedanke hatte ihn oft so gequält, daß er sich vorgestellt hatte, nach Taiji zurückzukehren und denjenigen zu töten, der vielleicht seinen Platz eingenommen hatte, Oyoshi zu töten, Kinder zu töten, die sie vielleicht geboren hatte, und am Ende sich selbst. Er liebte sie noch, doch er benutzte sie nicht mehr für seine erotischen Phantasien. Wenn er jetzt solche Träume hatte, kamen meist Frauen darin vor, bei denen er nach Oyoshi gelegen hatte.

Aber die Worte des Kapitäns hatten ihn ehrlich erschreckt, denn seit einem oder zwei Tagen stand Susan vor der Tür seiner geheimen erotischen Traumwelt, und er empfand heftiges Verlangen, wünschte sich, sie möge eintreten, und verwehrte sich zugleich diesen Wunsch.

«Machen Sie sich keine Sorgen, Jim», sagte MacNeil, dem Jinsukes Schweigen auffiel. «Sie sind ein feiner Mann, das wird Ihnen jeder bestätigen, der eine Zeitlang mit Ihnen zusammen war – egal ob Mann oder Frau. Aber wie die großen Seehundbullen, Jim, müssen Männer wie Sie und ich uns unseren Platz erkämpfen. Sehen Sie mich an, den Sohn eines armseligen Kleinbauern auf der schottischen Insel Skye. Ich habe Ihnen noch nie davon erzählt, nicht wahr? Aber ich mußte schon mit sechs Jahren meinem Vater helfen – Männerarbeit leisten. Und hier stehe ich und habe ein eigenes Schiff. Ich weiß, wie es ist, wenn man sich seinen Platz erkämpfen muß, Jim. Sie werden siegen, das weiß ich.»

Er drehte sich um und schlug seinem Ersten Offizier Jim Sky auf die Schulter. «Aye, Mann, es ist höllisch schwer, im Exil zu leben, wenn die Heimat so nah und doch so weit entfernt ist. Aber Sie werden sehen, es kommt alles in Ordnung, nur – was Sie auch tun, suchen Sie sich die richtige Frau aus.»

Jinsuke war froh, daß der Kapitän die Tränen nicht sehen konnte, die ihm plötzlich in die Augen schossen. Nicht, was MacNeil sagte, berührte Jinsuke so stark, es waren die Güte und die Herzlichkeit seines Tons. Wie ist es möglich, dachte er, daß in den rauhbeinigsten Männern oft ein so tiefes Verstehen lebt? Wie war es möglich, daß die sogenannten ungehobelten Barbaren – wie oft hatte Sadayori sie so genannt! – oft viel sensibler waren als Japaner, die auf ihre Sensibilität so stolz waren? Jinsuke war plötzlich sehr dankbar, daß das Leben ihm die Chance gegeben hatte, die Rolle des Jim Sky zu spielen.

Gegen Mittag hatten sie alle Pelzballen und das Elfenbein umgeladen, und am Nachmittag erledigte Lyall die Zollformalitäten. Die Gebühren waren nicht hoch, und er schenkte einem Beamten ein Silberfuchsfell und einem anderen zwei Walroßzähne. Der Mann kannte das Tier nicht, und Lyall zeichnete ihm eine Skizze. Jinsuke hatte den Transport der Waren vom Schiff zum Lagerhaus beaufsichtigt, und während die letzten Lasten an Land gebracht wurden, erteilte er seinen Männern Befehle auf englisch, machte sich den einheimischen Arbeitern aber nur mit Gesten und ein paar Brocken Japanisch verständlich, um den Beamten zu täuschen, der dem ganzen Vorgang mit stählernen und geringschätzigen Blicken folgte.

Sobald das Boot entladen war, winkte der Beamte Jinsuke mit seinem Fächer zu sich. Jinsuke blickte von dem Beamten zu Lyall hinüber, der sich mit einem älteren und ranghöheren Beamten vor dem Lagerhaus mit Hilfe eines Notizblocks und Zeichenkohle, wie sie die Maler benutzten, unterhielt, weil das im Freien praktischer war als Tusche und Pinsel.

«Kimi!» rief der Samurai, eine formlose, herabsetzende Form von «du». Er war offenbar der Meinung, er habe einen Untergebenen vor sich. Die Hand unter seinen breiten Ledergürtel geschoben, schlenderte Jinsuke, nachdem er eine kurze Panik niedergekämpft hatte, mit dem lässigen Gang des amerikanischen Seemanns zu ihm hinüber.

«Ja?» sagte er und sah den Beamten – durch seine Größe bedingt – von oben herab an. Der Beamte musterte forschend Jinsukes Gesicht und Augen, und seine linke Hand wanderte langsam zur Scheide seines Schwerts.

«Burei nono!» stieß er hervor, Worte, die jeden, der im Rang unter den *bushi* stand, in Angst und Schrecken versetzten oder versetzen sollten, Worte, die einen einfachen Bürger, Bauern oder Kaufmann sofort auf die Knie zwingen und um Vergebung betteln lassen würden.

«Deine Augen sollen verdammt sein, du kahlköpfiger Halunke», antwortete Jinsuke mit einem Lächeln auf englisch und stützte die Hand in die Hüfte, nicht zur Faust geballt, aber in der Position für einen Aufwärtshaken über den Schwertarm hinweg und mitten ins Sonnengeflecht des Gegners. Er war also als Japaner erkannt worden und mußte versuchen, sich mit einem Bluff aus der prekären Lage hinauszumanövrieren. Der Samurai beschuldigte ihn, anmaßend und unverschämt zu sein, und sah ihm immer noch starr und kalt ins Gesicht. Dann zischte er: *«Omae wa Nipponjin darou!»*

Jinsuke riß die Augen auf. «Ich? *Nipponjin?* Nein, Sir, Amerikaner. Schon mal von Amerika gehört?»

«Nippon!» brüllte der Samurai. Da ging Jinsuke ein großes Risiko ein. Er zeigte auf die beiden Schwerter, auf das Gewand des Samurai, den rasierten Schädel und den Haarknoten, der gebunden und umgeschlagen in der Mitte des kahlen Kopfes lag.

«O-samurai-san», sagte er, nahm seine Seemannsmütze ab und zeigte auf sein volles Haar. Zeigte auf seinen Bart, sein Hemd, seine Hose, seine Stiefel und die Scheide des Messers, das in seinem Gürtel steckte. Er wünschte, er hätte den Revolver bei sich, doch der lag mit seinem Jackett in seiner Kabine. Das Wurfmesser steckte allerdings unter seinem Kragen, wie immer, und vielleicht würde er es jetzt brauchen. Vorher wollte er aber weiterhin versuchen, sich durchzubluffen.

«Amerika», sagte er, und dann mit einem gespreizt klingenden Akzent: «*Fune no otoko, kujira tori* – kapiert? Ich bin ein Seemann, ein Walfänger, und das ist mein Schiff.» Er drehte sich halb um und zeigte über das Wasser, dahin, wo die *Perseus* vor Anker lag.

«Onoda, was ist los? Gibt es Schwierigkeiten?»

Anstatt ihm zu antworten, verneigte sich der Samurai vor einem älteren Beamten, der jetzt mit Lyall näher kam. Sie hatten sich miteinander unterhalten und gelacht, und Jinsuke war erstaunt, als er seinen Freund tatsächlich ein paar kurze Sätze auf japanisch sagen hörte. Er hatte also wirklich fleißig gelernt.

«Ich denke, dieser Lümmel ist ein abtrünniger Japaner. Wäre es nicht ratsam, ihn festzunehmen und zu verhören?»

Der ältere Mann sah Jinsuke ins Gesicht, dann hinunter auf seine Stiefel und ließ schließlich die Blicke langsam wieder nach oben zu seinem Gesicht wandern. Jinsuke grinste ihn an.

Lyall schaute von einem zum anderen und sagte: «Onoda-san, Ihr habt Augen wie ein Falke.»

Onoda lenkte seinen arroganten Blick auf den Ausländer und Lyall fuhr langsam mit klaren, höflichen Sätzen fort:

«Dieser Mann ist ein berühmter amerikanischer Walfänger. Er ist einer der besten Harpunierer. Ihr habt recht und auch wieder nicht. Er ist Amerikaner, aber sein Großvater war Japaner.»

«Was?» fauchte der ältere Beamte.

Während er sprach, skizzierte Lyall mit einfachen, klaren Linien Japan, Kamtschatka, die Aleuten, die Westküste von Nordamerika. Er zeigte auf Britisch-Kolumbien.

«Hierher», sagte er. «Hierher kam sein Großvater.» Die beiden Beamten schauten die Karte an und nickten. Sie hatten verstanden.

«Warum?» fragte Onoda.

«Kuroshio», sagte Lyall und schrieb die Zeichen für starke Strömung, zeichnete auf der Karte ein, daß sie an der japanischen Küste ihren Ausgang genommen und die Küste von Britisch-Kolumbien hinuntergerast war. Dann schrieb er die Zeichen für «Strom» und «Boot», versuchte sich an das Wort für «abtreiben» zu erinnern, gab dann auf und schrieb das Zeichen für «Sturm». Er blätterte um und schrieb die Zeichen für «Gefangenschaft», dann «Eingeborene» und zum Schluß für «Rettung».

«Sein Großvater ging nach Amerika», sagte Lyall, die Worte sehr sorgfältig aussprechend, und zeigte auf seine Ideogramme – benutzte sie als Hilfsmittel, um die Aufmerksamkeit der beiden für eine Weile von Jinsukes Gesichtszügen abzulenken. Er wußte, daß die Japaner – ebenso wie die Chinesen – immer ungläubig reagierten, wenn ein Ausländer ihre Schriftzeichen beherrschte. «Sein Großvater heiratete eine Indianerin», fuhr er fort und zeigte auf das Ideogramm für «Eingeborene». «Sein Vater war zur Hälfte Japaner. Konnte nicht nach Japan kommen. Alte Gesetze. Großvater hier geboren, geht dann nach Amerika, Seattle. Dieser Mann und sein Vater in Amerika geboren, aber sein Großvater lehrt ihn bißchen Japanisch. Nur kleines bißchen.»

Lyalls Erfindungsgabe machte Jinsuke ganz benommen, obwohl es tatsächlich zutraf, daß früher einige japanische Schiffe von starken Stürmen bis an die Westküste von Nordamerika abgetrieben und in Britisch-Kolumbien mehrere Japaner von Indianern gefangengenommen, als Sklaven gehalten und später befreit worden waren.

«Dieser Mann», Lyall zeigte auf Jinsuke, «versteht nur kleines bißchen Japanisch. Er kann ein paar Zeichen schreiben und *hiragana*. Sein Großvater hat es ihm beigebracht. Er ist Amerikaner, guter Mann, guter Seemann, guter Harpunierer. Er hat Pelzrobben geschossen und auch ein paar weiße Bären. Er ist ein guter Mann, aber primitiv, und er versteht die japanischen Sitten nicht.»

Der ältere Beamte atmete hörbar ein. Was für eine interessante Geschichte. «Es war sehr scharfsinnig von Euch, trotz seines barbarischen Aussehens zu erkennen, daß er japanisches Blut hat», sagte er zu

Onoda. «Sehr, sehr scharfsinnig, das gebe ich gern zu.» Onoda verneigte sich mit einem halb versteckten, eitlen kleinen Lächeln. Der ältere wandte sich an Jinsuke, dessen Furcht verflogen war und der jetzt am liebsten laut gelacht hätte.

«Großvaters Name?»

Jinsuke nannte den erstbesten, der ihm einfiel. «Mori Taro.» Taro war der in Japan am häufigsten vorkommende Name, aber der Beamte zog die Brauen hoch. Zwei Namen? Aus der Kaste der *bushi*? Gewiß nicht. Er nahm Lyall die Kohle aus der Hand und schrieb das aus drei Bäumen bestehende Ideogramm für «Wald», das auch *mori* ausgesprochen wurde, aber Jinsuke schüttelte den Kopf, nahm höflich den Block und malte gewollt unbeholfen, als habe er bisher nur wenig geschrieben, das kombinierte Schriftzeichen mit dem Ideogramm für «Metall» auf der linken und «Zunge» auf der rechten Seite.

«*Mori*», sagte er. Er hielt es für einen guten Witz, erlaubte sich jedoch nicht das winzigste Lächeln. Er hatte das Zeichen für «Harpune» geschrieben.

«In der Tat, in der Tat», sagte der ältere Samurai und lächelte verständnisvoll und belustigt über Jinsukes schwerfällige Art zu schreiben. Er wandte sich an Onoda.

«Muß Fischer gewesen sein und konnte wahrscheinlich gut mit der Harpune umgehen. Sagen Sie, Fogerty-san, benutzen Indianer auch Harpunen?»

«O ja», antwortete Lyall. «Sie fangen sogar Wale.»

«Sehen Sie, Onoda, so ist er zu seinem Spitznamen gekommen. Mori Taro, in der Tat, in der Tat, wie faszinierend es gewesen wäre, mit dem Großvater dieses Burschen zu sprechen.»

Mit einem Nicken wies er auf den leeren hochgesteckten Ärmel.

«Peng!» sagte Jinsuke, der die Szene jetzt genoß. «*Senso* – Krieg.»

«Ach, tatsächlich?» Der ältere Beamte wandte sich an seinen Untergebenen. «In Amerika gibt es Bürgerkrieg, wegen der Sklaven oder so. Vielleicht ist dieser Mann sehr tapfer, und ich bin außerdem der Meinung, daß wir nichts erreichen würden, wenn wir ihn festnehmen und verhören. Wenn er und sein Vater in Amerika geboren sind, dann gilt er als Amerikaner, und wir schaffen uns nur unnötige Schwierigkeiten. Seid Ihr nicht meiner Meinung?»

Onoda verneigte sich abermals. «Verzeiht mir, Herr, ich war zu hastig und habe Euch belästigt.»

«Schon gut, schon gut.» Der ältere Samurai griff nach dem sauberen Seidenpapiertuch, das Lyall ihm reichte und wischte sich die Kohle von den Fingern. «Ihr wart sehr scharfsinnig und wachsam, und das muß ein Beamter sein. Ihr sollt dafür belobigt werden, und ich persönlich danke Euch dafür, daß Ihr meine Aufmerksamkeit auf ein seltsames historisches Detail gerichtet habt. Mori Taro, in der Tat. Jedenfalls bin ich der Meinung, daß wir den Burschen in Ruhe lassen können.»

Noch einmal verneigte sich Onoda. Dann wandte er sich mit einem kurzen Nicken Jinsuke zu, der seine Mütze wieder abnahm und eine tiefe, jedoch absichtlich linkische Verbeugung machte. Als er zum Boot ging, fing er ein belustigtes Blinzeln von Lyall auf und grinste zurück. Am Abend, im Fogerty-Haus, lachten sie herzlich über den Zwischenfall.

«Ich wußte gar nicht, daß du so gut Japanisch sprichst», sagte Jinsuke.

«Du weißt doch, daß ich Stunden nehme. Aber was ich den beiden weisgemacht habe, stimmt. Ich habe mehr als einmal gehört und gelesen, daß Japaner bis Britisch-Kolumbien abgetrieben wurden und dort gestrandet sind, und da ich diesen eingebildeten kleinen Onoda kenne, war mir klar, daß es seiner Eitelkeit und Selbstgerechtigkeit schmeicheln würde, wenn er sich einbilden durfte, wenigstens zum Teil recht zu haben. Der alte Miyabe ist ein feiner Kerl, aber Onoda ist ein ewiges Übel. Sollte man dich noch einmal behelligen, Jim, bleib bei deiner Geschichte.» Sein Ton änderte sich. «Doch eigentlich möchte ich mit dir über etwas anderes sprechen. Sag mal, wie würde es dir gefallen, dein eigenes Schiff zu befehligen?»

Während Lyall seinen Plan erläuterte, rutschte Jinsuke vor Aufregung bis auf die Stuhlkante vor. In England wurde ein Schiff gebaut, ein stabiler Dampfschoner, ähnlich den Zweimastern, die man jetzt im japanischen Kimizawa baute. Er würde in der Länge nicht ganz hundert Fuß messen und geräumiger sein als die Kimizawa-Schiffe. Unter Dampf sollte er von einer Schraube und nicht von Rudern angetrieben werden und eine Spitzengeschwindigkeit von sieben Knoten haben.

Lyall beabsichtigte, das Schiff zwischen den japanischen Vertragshäfen einzusetzen – Hakodate, Yokohama, Shimoda, Nagasaki und eines Tages auch Kobe. In der richtigen Jahreszeit sollte es auch nach China, Formosa und in andere asiatische Häfen fahren. Wenn Japan sich ganz öffnete, was Lyalls Meinung nach zwangsläufig geschehen würde, konnte das Schiff das Flaggschiff für einen ertragreichen Küstenhandel sein.

«Und bei flauem Geschäftsgang wäre es vielleicht gar keine so schlechte Idee, eine oder zwei Expeditionen zu unternehmen und

Robben zu jagen», sagte Lyall. «Für den Walfang möchte ich das Schiff allerdings nicht umrüsten. Aber überleg mal, Jim, wenn wir jetzt ins Geschäft kommen, können wir später einen Walfänger bauen und die Firma erweitern. In den nächsten Jahren müßtest du dich allerdings weiterhin als Amerikaner ausgeben oder amerikanischer Staatsbürger werden, zumindest für die japanischen Beamten, mit denen wir zu tun haben. Einmal, dessen bin ich sicher, kommt der Tag, an dem du die Wahrheit sagen kannst, und man wird dich willkommen heißen. Dann kannst du entweder Jinsuke oder Jim Sky oder beides sein. Auf alle Fälle einer der ersten und besten japanischen Dampferkapitäne. Mach mit, Jim. Überleg es dir. Ihr segelt in ein paar Tagen, also denk daran. Und jetzt zeige ich dir die Entwürfe.»

Er ging zum Bücherregal, wo auf einer Reihe ledergebundener Bände eine lange Papierrolle lag. Er brachte sie zu dem niedrigen Tisch, breitete sie aus und beschwerte die Ecken mit den Walroßzähnen, die Jinsuke mitgebracht hatte. Es waren schematische Zeichnungen des Dampfschoners, und als Jinsuke sich eifrig vorbeugte, um sie zu studieren, sah er, daß in den Bug in zweierlei Schrift ein Name eingezeichnet war. Einmal die Ideogramme für «groß» und «Himmel» und darunter dieselben Worte englisch geschrieben: *Big Sky*.

«Es ist ein ungewöhnlicher Name, Jim, aber sie wird auch nach einem ungewöhnlichen Menschen benannt, und wir können ein Schiff nicht gut *Jim* nennen, oder?»

Jinsuke wich die Farbe aus dem Gesicht, und diesmal konnte er die Tränen nicht zurückhalten. Ein Schiff! Ein Schiff, das nach ihm benannt wurde! Er holte tief Atem und faßte einen großen Entschluß. Mit dem Hemdsärmel fuhr er sich über die Augen.

«Lyall», sagte er, «es gibt so vieles, das du nicht weißt, und jetzt muß ich es dir sagen ...»

Jinsuke berichtete ihm, wie er, ein einfacher Harpunierer, von einem hochgestellten Herrn des Tokugawa-Lehens Kii nach Edo geholt worden war. Er berichtete, wie dieser Mann, ein Samurai, es ihm ermöglicht hatte, sich seinen Traum zu erfüllen und wieder Harpunierer zu werden, obwohl er den linken Arm verloren hatte. Er erzählte Lyall alles. Als er geendet hatte, stand Lyall auf, holte eine Karaffe Whisky und zwei Gläser und schenkte ein.

«Allein der Versuch, nach Edo hineinzukommen, ist heutzutage gefährlich, Jim, also tu es bitte nicht. Und wollten wir versuchen, mit Matsudaira-san Verbindung aufzunehmen, könnten wir ihn in ernsthafte Schwierigkeiten bringen.»

«Aber ich muß es ihm sagen.»

«Ja», stimmte Lyall zu. «Doch ich denke, daß das, was du tust, genau das ist, was er sich für dich und für Japan gewünscht hat, auch wenn er so konservativ ist, wie du sagst. Hör zu, Jim, schreib ihm einen Brief, und ich will tun, was ich kann, damit er ihn bekommt. Ganz diskret natürlich.» Er hob eine Hand. «Ich weiß nicht, wie lange es dauern wird, aber ich werde mich bemühen.»

Zum allererstenmal überhaupt verneigte Jinsuke sich tief vor seinem Freund. «Ja, tu das bitte.»

Lyall rollte den Schiffsplan zusammen und legte ihn in das Regal zurück. «Susan würde sich übrigens sehr freuen, wenn du als Kapitän der *Big Sky* zu uns kämst.»

Er sagte es ganz beiläufig, doch Jinsuke hatte das Gefühl, daß er das Terrain sondierte. Susan selbst war schon zu Bett gegangen. Jinsuke tat so, als lasse Lyalls Bemerkung ihn völlig kalt, und nickte nur.

Er sah das Schiff schon vor sich, schnittig, neu und schnell. Und auch die kleine, aber feine Kapitänskajüte, deren gemütliche Atmosphäre er schon jetzt um sich zu spüren glaubte. Solange er in Taiji lebte, hatte er nur die Küste zwischen Katsuura und Wakayama gekannt, und in Wakayama war er nur ein einziges Mal gewesen. Fremde Küsten kannte er viel besser, und das schien ihm jetzt falsch. Als Kapitän der *Big Sky* würde er alle Küsten und Häfen Japans kennenlernen. Eine tiefe schmerzliche Liebe zu seinem Land wallte in ihm auf, und ein paar Minuten lang fiel es ihm schwer zu atmen. Lyall reichte ihm das gefüllte Glas und sah ihm ins Gesicht. Tränen sickerten über Jinsukes wettergegerbte braune Wangen.

«Jim...»

Seine Schultern zuckten, so heftig schluchzte er, und seinen Dank konnte er nur stammeln. *«O-kini, o-kini yo!»*

Er griff nach dem Glas, leerte es, und als er aufblickte, sah er auch in Lyalls Augen Tränen. «Ich verstehe nicht, Jim, bedeutet das...»

Jinsukes Schluchzen verwandelte sich in ein Lachen, und er reichte Lyall sein Glas, um es wieder füllen zu lassen. «Eines Tages», sagte er, «bringe ich dich auf meinem Schiff nach Taiji, dem verdammt besten Walfangort der Welt, und wenn dir jemand etwas zu trinken gibt, sagst du *o-kini yo*, das heißt *arigato* im Dialekt der Leute von Taiji. Einverstanden?»

Lyall stellte sein Glas auf den Tisch und umarmte Jinsuke. «*O-kini-yo, o-kini-yo*», wiederholte er, fast verlegen wegen seines Gefühlsausbruchs. Er ließ Jinsuke los und schenkte die Gläser wieder voll. «Morgen schreibe ich meinem Vater und berichte ihm alles», sagte er. «Er wird einen Freudentanz aufführen, wenn er es erfährt. Hör zu, wir können dich nach England schicken, damit du das Schiff nach Japan holst, wir können aber auch einen Skipper auf Zeit anheuern, wenn du etwas anderes zu tun hast. Ich weiß auch schon den richtigen Mann. Die restliche Mannschaft sollte japanisch sein ...»

Wie zwei aufgeregte Jungen steigerten sie sich fast zwei Stunden lang in eine enorme Begeisterung hinein, sprachen über Frachten, Routen und andere Einzelheiten, bis ihre eifrige Unterhaltung plötzlich von einem erstickten Laut unterbrochen wurde. Er kam von draußen, aus nächster Nähe. Dem Laut folgten ein Schmerzensschrei und Gebrüll. Jinsuke sprang auf und stürzte zum Schreibtisch, wo er seine Jacke und das Holster mit dem Revolver abgelegt hatte. Man hörte das laute Krachen von berstendem Holz und splitterndem Glas und noch lauteres Gebrüll. Durch die verzierte Schiebetür aus Holz und Papier, durch die man in einen Flur gelangte, stürmten zwei *ronin* mit gezogenen Schwertern und weißen Stirnbändern, und ein dritter brach durch die Küchentür am Ende des Flurs. Die Füße fest in den Boden gestemmt, den Mund grimmig zusammengepreßt, den Revolver im Anschlag, stand Jinsuke da. Jedes Geräusch erstarb, als die Männer sich gegenseitig anstarrten, dann hörte man ein lautes Klicken, als Jinsuke den Hahn seiner Waffe spannte.

Mit einem Schlachtruf griff einer der Männer Lyall an, und erschrocken sah Jinsuke, daß sein Freund sich dem Banditen in den Weg stellte. Jinsuke brüllte ihm etwas zu, und der *ronin* stieß einen langgezogenen Schrei aus und schwang sein Schwert. Jinsuke war sicher, daß er Lyall töten würde, aber die Schwertklinge grub sich tief in einen niedrigen Deckenbalken. Lyall warf einen Walroßzahn nach dem Angreifer und traf ihn in die Brust. Ein zweiter Mann stürzte sich jetzt, das Schwert vorgestreckt, als wolle er ihn durchbohren, auf Jinsuke. Der Revolver krachte und die Kugel schlug dem Mann ein dunkles Loch in die Stirn. Jinsuke trat zur Seite, als er mit dem Gesicht nach unten, das Schwert noch in der Hand, zu Boden fiel.

Lyall hatte ein kleines Tischchen aufgehoben und benutzte es als Schild.

«Paß auf, Lyall, laß mich schießen!»

Lyall verstand und schleuderte den Tisch auf den Mann, der sein Schwert aus dem Balken gerissen hatte. Doch diesmal fing der Tisch den Hieb ab. Wieder feuerte Jinsuke, und der *ronin* sackte wie ein Bündel alter Lumpen zu Boden.

Jinsuke wandte sich dem dritten Mann zu, spannte den Hahn. «Halt!» befahl er auf japanisch. «Ich werde dich töten. Laß dein Schwert fallen.»

Der Mann, dem er jetzt gegenüberstand, war jung, ungefähr zwanzig. In seinen Augen glühten Todeswunsch und Todesfurcht. Er änderte die Fußstellung und hob das Schwert. Jinsuke sah ihn fest und ruhig an. Baumrinde hing an einem Ärmel, die bloßen Füße waren erdig. Er ist wie ein Dachs im Garten umhergeschlichen, dachte Jinsuke beinahe traurig. Der Kimono des jungen Mannes war schäbig, auf seiner Stirn stand Schweiß. Er ist zehn Jahre jünger als ich und hat noch nie einem Mann gegenübergestanden, der ihn töten wird.

«Laß dein Schwert fallen, Junge», sagte Jinsuke in seinem heimischen Dialekt.

Der *ronin* straffte sich wie eine sprungbereite Katze, und Jinsuke durchschoß ihm den rechten Ellenbogen. Der Mann wurde von der Gewalt des Schusses herumgewirbelt, und das Schwert rutschte ihm aus der rechten Hand, doch mit der linken hielt er es noch fest umklammert. Er taumelte und richtete sich wieder auf. Blutend und nutzlos hing sein Arm herab.

«Bitte laß dein Schwert fallen», wiederholte Jinsuke.

«*Burei mono, shinei!* Stirb, du unverschämter Halunke!» stieß der junge *ronin* hervor; es war die uralte Beleidigung und Todesdrohung der Samurai gegen einen Bauern.

«Unverschämt? Ich?» sagte Jinsuke, zielte sorgfältig und schoß wieder. Die Kugel zerschmetterte dem jungen Mann das linke Handgelenk und riß ihm das Schwert aus der Hand. Mit einem furchterregenden Lächeln ließ Jinsuke die Waffe sinken. Aus beiden Wunden stark blutend und mit einem Blick voller Entsetzen machte der *ronin* kehrt und floh.

Lyall hatte schon früher Gewalttätigkeiten gesehen, sich im Schießen und in den Kampfsportarten geübt, doch so wirklich gekämpft hatte er noch nie. Er schaute sich um, sah die beiden toten Männer, die zerbrochenen Türen und Möbel, die Blutspritzer überall. In der Luft hing noch der Pulverdampf.

Verstört sah er Jinsuke an, der über einem der beiden Banditen stand und den noch leicht zuckenden Körper mit der Schuhspitze anstieß. Wieder wurde die Stille durch einen Schrei zerrissen. Den Schrei einer Frau! Er schien aus der Küche zu kommen. Noch immer im Schock, hob Lyall, ohne recht zu wissen, was er tat, ein Schwert auf und lief hinter Jinsuke her.

Ein weiterer Angreifer war in die Küche eingedrungen, hatte ein chinesisches Hausmädchen gepackt und hielt ihm das Schwert an die Kehle. Mit dem anderen Arm umklammerte er es so fest von hinten, daß es sich nicht bewegen konnte. Jinsuke kam, den Revolver im

Anschlag, herein, als betrete er eine Bühne. Der *ronin* hatte die Schüsse gehört, wußte, was sie bedeuteten. Sein Blick wanderte von Jinsukes bärtigem Gesicht zu dem Revolver, und er kniff die Augen zusammen. Lyall stand rechts von Jinsuke, aber ein Stückchen hinter ihm. Auf einem Holzkohleofen kochte in einem großen Kupfertopf Suppe vor sich hin, und auf dem Tisch hatte das Mädchen Teig ausgerollt.

In Jinsuke wallte heftiger Zorn auf. Warum hatte der Mann den Frieden dieser Küche gestört? Schämte er sich nicht gegen unbewaffnete Frauen und Diener zu kämpfen? Durfte ein Japaner und ein Mann, der sich für einen Krieger hielt, so handeln?

«Sag ihr, sie soll still sein», sagte Jinsuke auf englisch zu Lyall, der leise auf chinesisch auf die Frau einsprach. Ihr Blick war noch immer starr vor Angst, man sah das Weiße ihrer Augen, und ihre Mundwinkel zuckten, aber sie wurde ein wenig ruhiger. Jinsuke wandte sich verächtlich und in beleidigendem Ton an den Japaner.

«Was für ein Held du bist! Kämpfst gegen Frauen! Wenn du sie verletzt, schlage ich dir den Kopf ab, lege ihn in Essig ein und verkaufe ihn als Kuriosität, um der Welt zu zeigen, wie ein sogenannter Samurai aussieht. Ihr Samurai seid alle Feiglinge, nutzlos im Kampf gegen ernstzunehmende Gegner. Hab ich nicht recht, *o-samurai-san*?»

Der *ronin* knurrte und packte das Mädchen noch fester. Auch er war noch ziemlich jung. An seiner Sonnenbräune erkannte Jinsuke, daß er praktisch ein Landstreicher war. Haß und Wut schüttelten ihn wie ein Krampf. Es würde nicht mehr lange dauern, dann schlitzte er dem Mädchen die Kehle auf und warf sich dem Revolver entgegen, denn er war bereit zu sterben. Jinsuke ließ den Revolver sinken.

«Warte», sagte er, «mein Gefährte ist nur mit einem Schwert bewaffnet, und er ist ein Mann. Hast du Angst, uns gegenüberzutreten, wenn ich den Revolver weglege? Mein Freund hat noch nie mit einem Schwert gekämpft, und ich habe nur einen Arm. Laß die Frau los, sie ist nur eine Dienerin. Wenn du sie gehen läßt, lasse ich den Revolver fallen. Ich schwöre es. Oder sind wir beide zuviel für dich?» Er hob die Stimme, der man jetzt anhörte, wie zornig er war. «Wir sind keine *bushi*, aber wir sind bessere Männer als ihr alle. Wir brechen nicht in Häuser ein und greifen unbewaffnete Frauen an. Feigling!» Langsam legte Jinsuke den Revolver auf den Boden und schob ihn mit der Fußspitze dem *ronin* vor die Füße.

Mit einem Fluch stieß der Mann das Mädchen grob zur Seite und hob sein Schwert. Er war überzeugt, diesen unverschämten Affen, der die Kleidung der Barbaren trug, enthaupten zu können. Die Küche war hoch, damit Kochdünste und Rauch abziehen konnten, und Jinsuke wußte, obwohl er nie mit dem Schwert gekämpft, aber gelernt hatte, sich mit dem *sai* zu verteidigen, daß der *ronin* in der Haltung, die er jetzt einnahm, sein Schwert in alle Richtungen wirbeln lassen und nichts die rasende Klinge aufhalten konnte.

Lyall stand neben Jinsuke, mit zitternden Knien und klappernden Zähnen, kalten Schweiß auf der Stirn.

«O mein Gott...»

«Bleib rechts von mir, und schwing das Schwert nicht zu wild», sagte Jinsuke auf englisch.

Der *ronin* schrie *yyyeeiii!*, doch sein Schlachtruf brach plötzlich ab, als Jinsuke, sich nach links werfend, *kiai* brüllte. Kurz und scharf wie ein Peitschenknall klang es, und zugleich riß er sein Wurfmesser unter dem Kragen heraus und schleuderte es mit blitzartiger Geschwindigkeit auf den Gegner. Das Messer bohrte sich bis zum Griff in die angespannten Muskeln des Sonnengeflechts des *ronin*, sein Schwertarm sank herab, er machte einen taumelnden Schritt vorwärts, röchelte. Jinsuke sprang ihn an, versetzte ihm mit der rechten Handkante einen Hieb unter das Kinn und mit dem rechten Fuß einen gewaltigen Tritt in die Kniekehlen. Der Mann fiel krachend zu Boden, Jinsuke bückte sich und zerschmetterte ihm mit einem Faustschlag das Nasenbein. Dann trat er ihm auf das Handgelenk und griff nach dem Schwert. Trotz seiner Verletzungen versuchte der Mann noch den Kopf zu heben, und Jinsuke stieß ihm das Schwert in die Halsschlagader.

«Dummer Teufel», sagte er mit einem kehlig klingenden japanischen Fluch.

Lyall ließ das Schwert fallen, das er in der Hand hatte, und umklammerte halb ohnmächtig die Kante des großen Küchentischs. Jinsuke sah ihn fast mitleidig an und bückte sich nach seinem Revolver. Im selben Moment hallten, rasch aufeinander folgend, zwei Schüsse durchs Haus. Schritte polterten die Treppe herunter, und dann krachte ein Körper durch Fenster und Regenjalousien.

«Susan!» schrie Jinsuke angstvoll. Er raste aus der Küche zur Treppe. Auf der obersten Stufe stand in einem weißen Nachthemd Susan mit einem doppelläufigen Gewehr in der Hand.

«Ich habe ihn verfehlt, er ist geflohen», sagte sie dumpf.

Jinsuke machte kehrt, sprang über die Trümmer von Fenstern und Jalousien, rannte durch den Garten und zur offenen Gartentür hinaus. Obwohl die Straße unbeleuchtet war, sah er vor sich undeutlich die

Gestalt eines fliehenden Mannes. Jinsuke blieb stehen, holte tief Atem, hob den Revolver und schoß. Der Mann war vierzig, vielleicht sogar fünfzig Schritt entfernt, aber Jinsuke hatte ihn offenbar getroffen, denn er taumelte. Jinsuke rannte auf ihn zu, wobei ihm plötzlich einfiel, daß er nur noch einen Schuß in der Trommel hatte.

Doch Susan hatte den *ronin* nicht ganz verfehlt. Er lief, als sei er betrunken, von ihrer Gewehrkugel ins Auge getroffen und vom Knall des Schusses aus Jinsukes Revolver taub. Dieser Schuß war ihm direkt unter dem Schulterblatt in den Rücken gedrungen. Jinsuke rief ihm etwas zu, aber der Mann konnte ihn nicht hören. Jinsuke überholte ihn, drehte ihn um, blieb vor ihm stehen und schoß ihn mitten ins Herz. Dann ging er langsam zum Haus zurück. Sein Puls hämmerte wie wild.

Als er das Haus betrat, sah Susan ihn und kam Schritt für Schritt wie ein Kind die Treppe herunter, das Gewehr immer noch in der Hand. Da sie beide Hähne zugleich abgezogen hatte, war der Rückstoß so heftig gewesen, daß ihre Hand davon verletzt worden war. Lyall nahm ihr das Gewehr ab, lehnte es an die Wand, zog sie in seine Arme und wiegte sie sanft. Jinsuke sah zu ihnen hinüber und versuchte zu lächeln.

«Das war der letzte, und er ist tot», sagte er. Lyall starrte ihn über Susans dunklen Kopf hinweg an, als habe er den größten Unsinn von sich gegeben. Jinsuke ging durch das zerstörte Wohnzimmer, wo er seinen Revolver auf einen Stuhl warf, in die Küche. Zwei Hausmädchen trösteten sich dort gegenseitig.

«Macht heißes Wasser», sagte er auf chinesisch. Sie reagierten nicht, also bellte er los, als sei er an Bord eines Schiffes. «Heißes Wasser, verdammt noch mal! Sofort!»

Er suchte sich saubere Geschirrtücher, tauchte eines in kaltes Wasser und riß ein anderes für einen Verband in Streifen. Wieder im Wohnzimmer, packte er die Whiskyflasche, trank einen gewaltigen Schluck und behielt einen zweiten im Mund. Er nahm Susans blutende Hand, blies den Alkohol darüber, wischte sie mit dem feuchten Tuch ab und umwickelte sie mit dem provisorischen Verband.

«Verdammter Ainu-Hund, taugt verdammt nichts», murmelte er vor sich hin und sagte dann zu den Fogertys: «Kommt!»

Er führte sie ins Speisezimmer, das unzerstört war, forderte sie auf, sich zu setzen, suchte herum und fand schließlich eine Flasche Rum und drei große Gläser.

«Honig?»

«In der Küche, ich hole ihn», sagte Susan, das Gesicht noch weiß vor

Schreck. Der *ronin* hatte das Schwert auf sie niedersausen lassen, als sie im Bett lag, sie im Dunkeln jedoch verfehlt. Sie hatte sich in das Zimmer ihres Bruders retten können, wo sich, wie sie wußte, ein geladenes Gewehr befand, und...

«Nein, Susan, bleib bitte!», sagte Jinsuke und drückte sie auf den Stuhl zurück.

«Im zweiten Regal», sagte sie und versuchte verzweifelt, ihre Gedanken auf ganz normale alltägliche Dinge zu richten.

Die beiden Mädchen in der Küche weinten und wimmerten noch, hatten jedoch das Feuer wieder angefacht und einen Kessel aufgesetzt, wobei sie von Zeit zu Zeit einen Blick auf den Toten warfen, der inmitten einer großen Blutlache auf dem Boden lag. Jinsuke bückte sich, zog sein Messer aus der Leiche und wischte die Klinge am Kimono des Toten ab. Dann schob er das Messer in die Scheide unter seinem Kragen, packte den Toten am Arm und zerrte ihn hinaus, wo er beinahe über Wo Pings Leiche stolperte. Aus dem Brunnen holte Jinsuke ein paar Eimer Wasser, schüttete es auf den Küchenboden, und dann war von dem Blut fast nichts mehr zu sehen.

«Kommt!» befahl er, nachdem er Honig und Löffel gefunden hatte. «Kommt! Speisezimmer! Bringt heißes Wasser!»

Die ältere Frau jammerte. «Wo Ping!» rief sie. Jinsuke legte ihr, freundlicher jetzt, die Hand auf die Schulter und nahm noch zwei Schalen vom Regal.

«Hör jetzt auf, kommt, kommt, beide Frauen, kommt!»

Sie folgten ihm ins Speisezimmer, und er sorgte dafür, daß auch sie sich setzten, während er aus Rum und Honig einen Toddy für alle mixte. Es war Kapitän MacNeils Allheilmittel für Männer, die eine harte Zeit hinter sich hatten. Die Mädchen fürchteten sich jetzt, weil sie im Speisezimmer mit ihren Brotherrn am selben Tisch sitzen und trinken sollten, aber Susan beruhigte sie lächelnd.

Lyall sah seinen Freund an und nahm die dampfende Schale dankbar entgegen. Jinsuke stürzte seinen Toddy hinunter, ging dann ins Wohnzimmer, zerrte die beiden Leichen hinaus und legte sie nebeneinander auf den Rasen vor der Haustür. Dann kehrte er zu der schweigenden Gruppe im Speisezimmer zurück und winkte Lyall von der Schwelle aus zu.

«Komm», rief er, und Lyall setzte die Schale ab und stand auf.

«Es ist zwar vorbei», sagte Jinsuke, «aber wir wollen die Waffen trotzdem wieder laden. Wo ist dein Revolver?»

«Jim, verzeih mir, ich bin absolut nutzlos, nicht wahr? In meinem Arbeitszimmer, in der Schreibtischschublade.»

Jinsuke schlug ihm auf die Schulter. «Du bist in Ordnung», sagte er. «Susan, komm ins Wohnzimmer und entspann dich. Du bist jetzt sicher. Die Mädchen auch. Lyall und ich sehen uns ein bißchen um.»

In Lyalls Arbeitszimmer luden sie die Revolver sehr sorgfältig, und Lyall befestigte seinen Marinecolt, das Gegenstück zu Jinsukes Waffe, an seinem Gürtel.

«Hast du schon einmal jemand damit erschossen, Jim?» fragte er.

«Nein», sagte Jinsuke und fügte hinzu: «Keine Menschen, aber viele Seehunde, Seeotter und sogar ein Walroß. Eine Flinte ist besser.»

Plötzlich hörten sie Lärm von draußen, und beide stürzten zur Tür, die Revolver im Anschlag. Männer mit Knüppeln und Laternen und ein englischer Nachbar mit einem Gewehr näherten sich dem Haus. Ihnen folgten mehrere japanische Beamte, fünf Samurai und ihre Gehilfen. Weiter unten in der Straße sammelten sich Mitglieder der ausländischen Gemeinde, um den Fogertys zu Hilfe zu eilen.

«Schnell, Jim, noch haben sie dich nicht gesehen, mach daß du hinaufkommst!» Lyall sprach jetzt wieder ganz ruhig und bestimmt. «Sie würden zu viele Fragen stellen. Geh rauf in mein Zimmer und versteck dich im Schrank. Die Rückwand läßt sich zur Seite schieben, und dahinter ist ein Hohlraum. Ich werde sagen, daß ich die Männer erschossen habe. Susan!» rief er seiner Schwester zu. «Zieh dir einen Morgenmantel an! Denk dran, ich habe sie erschossen. Schärf das auch den Mädchen ein.»

Fast zwei Stunden lang mußte Jinsuke im Dunkeln sitzen, während die Männer die Büsche und das Kiefernwäldchen dem Haus gegenüber durchkämmten. Die Leichen wurden weggeschafft und jedes Zimmer durchsucht. Die Beamten ließen einen Posten zurück, der das Haus bewachen sollte, und sagten unter zahlreichen Entschuldigungen, daß sie am nächsten Morgen wiederkommen würden. Es waren fünf Angreifer gewesen. Vier waren tot, einer schwerverletzt entkommen. Lyall sagte, er habe drei mit einem Revolver erschossen und den, der in der Küche lag, mit einem Schwert getötet. Einer der jüngeren Beamten musterte ihn mit kaltem Respekt.

Inzwischen bekam Jinsuke, im Dunkeln sitzend, die Nachwirkungen des Geschehenen zu spüren. Das Versteck war warm und stickig, doch ihn fröstelte. Er, ein Nichtadliger, hatte das Unvorstellbare getan. Er hatte *bushi* getötet. Jetzt, dachte er, kann ich kein Japaner mehr sein, denn so etwas fügt sich nicht in die alte Ordnung. Als er kämpfte, war sein Kampfgeist japanisch gewesen, das wußte er, doch die kühle Überlegung, mit der er gehandelt hatte, war die eines Amerikaners, eines Ersten Offiziers namens Jim Sky, für den Schwierigkeiten und Gefahren nichts Ungewöhnliches bedeuteten. Es war leichter gewesen, als ein Walroß vom Boot aus zu töten, und ganz bestimmt einfacher als das Töten eines Wals. Die *bushi* in ihrem arroganten, fremdenfeindlichen Dünkel waren also tatsächlich verwundbar, und Jinsuke fürchtete sie nicht mehr. Kühle Gelassenheit, ausreichend Platz und einen Revolver – mehr brauchte er nicht. Und trotzdem war er unglücklich und verzweifelt, denn sein Land, seine Nation verließen sich auf die *bushi*, die es im Ernstfall verteidigen sollten. Sadayoris ernstes, strenges Gesicht tauchte dort im Dunkeln vor seinem geistigen Auge auf. Ich kann ihm davon nichts schreiben, dachte Jinsuke. Er würde es nie verstehen...

Der Schrank wurde geöffnet, und die Geheimtür glitt zur Seite. Susan stand mit einer Lampe da. Als er geduckt herauskam, setzte sie die Lampe auf den Boden, warf ihm die Arme um den Hals und küßte ihn. Sie hatte wieder geweint, und ihre Wangen waren feucht.

«Wie schön, einen Schrank zu öffnen und dich darin zu finden!» flüsterte sie.

Sie nahm ihn bei der Hand und führte ihn hinunter. Lyall kam ihm mit einem vollen Whiskyglas in der Hand entgegen. Aus einem Sessel erhob sich ein vornehm aussehender Ausländer und reichte Jinsuke die Hand.

«Ich bin Fawcett-Smith, Mr. Sky», sagte er.

Jinsuke mußte zwischen ihm und Lyall Platz nehmen. «Colonel Fawcett-Smith ist von der britischen Legation, Jim, und ein guter Freund», sagte Lyall. «Ich habe ihm alles über dich erzählt und auch, was in Wahrheit hier passiert ist. Ebenso das von dir und Vater, einfach alles. Er und ich wollen mit jemand vom amerikanischen Konsulat sprechen, dem wir vertrauen können, doch falls es Schwierigkeiten gibt, und die Amerikaner...»

«Sie können uns vertrauen, Mr. Sky, wir stehen zu Ihnen. Die Männer, die Sie heute abend erledigt haben, waren üble Kerle, Choshu-Männer aller Wahrscheinlichkeit nach, dieselbe Horde, die auch schon die britische Legation überfallen hat. In den japanischen Protokollen wird es heißen, daß Mr. Fogerty die Männer getötet hat, um seine Schwester, sich selbst, seine Dienstboten und sein Heim zu verteidigen.»

«Ich habe Angst, daß die Samurai wiederkommen werden», sagte Jinsuke. «Ihr kennt sie nicht. Vielleicht Brüder, Onkel, sogar Schwestern oder auch nur jemand aus demselben *han* – sie werden die Toten rächen wollen. Die Gefahr ist groß.»

«Wir alle sind schon zu lange hier, um Ihre Warnung in den Wind zu schlagen, Mr. Sky», entgegnete der Colonel. «Wir müssen für bessere Sicherheitsmaßnahmen sorgen.» Seufzend schüttelte er den Kopf. «Die Fogertys sind mit den Japanern bisher so gut ausgekommen, daß ich nie vermutet hätte, sie würden auch sie überfallen. Und Lyall macht so ausgezeichnete Fortschritte in der Sprache.»

«Das hat Heuskin auch nichts geholfen, nicht wahr?» entgegnete Lyall.

«Tja, dann müssen diese Samurai eben Lehrgeld zahlen – wie sie es heute schon getan haben. Sie müssen lernen, daß ihr Fanatismus gewissermaßen mit Feuer und Schwert bekämpft werden wird. Und die Kultur wird siegen.»

Bei der Bemerkung über die Kultur bäumte sich etwas in Jinsuke auf, doch er war zu müde, um zu widersprechen. Lyall fühlte es.

«Sorg dich nicht um uns, Jim, es passiert bestimmt nichts mehr. Es ist meine Schuld. Wir waren so glücklich, und ich fühlte mich zu sicher, aber von nun an werde ich mich besser in acht nehmen. Die Regierung wird mit den Samurai nicht mehr fertig.» Er sah Jinsuke an, dem die Anstrengung allmählich anzumerken war. «Zum zweitenmal hast du einem Fogerty das Leben gerettet, und wir werden dir das nie vergessen. Unser Haus ist das deine, Jim, und wird es immer sein. Und vergiß nicht, was wir wegen des Schiffs besprochen haben...» Er zögerte. «Tut mir leid, daß ich kein Kämpfer bin wie du, sonst...»

Jinsuke hob abwehrend die Hand. «Ich bin kein Krieger, aber mein Leben lang mußte ich töten. Als Junge habe ich gelernt, Wale zu töten, und in Okinawa habe ich gelernt zu kämpfen. Ich habe schießen gelernt, habe gelernt, Robben zu jagen, und so manches Mal im Leben hat man mir einen Kampf aufgezwungen. Ich bin kein tapferer Mann, kein guter Mann. Ich weiß einfach mit diesen Dingen Bescheid. Der wirklich Tapfere bist du, Lyall, denn ich sah dich einem Samurai mit einem Schwert entgegentreten. Du bist mutig. Das habe ich schon immer gewußt. Und jetzt reden wir nicht mehr darüber, bitte. Schlimme, schlimme Dinge sind geschehen.» Er sah Susan an, die ihn beobachtete. «Es tut mir leid um Wo Ping.»

Sie nickte und schluchzte leicht auf. «Sie haben auch meinen Hund getötet.»

«Es tut mir so leid, *gomen nasai*...» Er flüsterte es fast, als müsse er, der Japaner, die Schuld für alles auf sich nehmen.

Sie stand auf und küßte ihn vor den beiden anderen Männern. «Gott segne dich, Jim.»

Fawcett-Smith griff nach dem Gewehr, das auf dem Tisch lag. «Sie gehören ins Bett, alle», sagte er. «Schlafen Sie unbesorgt, es ist jetzt sicher.» Wieder reichte er Jinsuke die Hand. «Die ganze Gemeinde steht in Ihrer Schuld, Mr. Sky.»

Lyall mischte noch einmal starke Drinks, und sogar Susan trank zwei Rum-Toddys. Bevor Fawcett-Smith ging, empfahl er ihr, die Tür ihres Schlafzimmers abzuschließen. Dann wünschte er allen eine gute Nacht.

Jinsuke lag lange wach im Bett des Gästezimmers. Trotz seiner Müdigkeit blieb das heiße Rumgetränk ohne Wirkung. Er dachte über sein Leben nach und fand keinen Schlaf.

Langsam wurde seine Schlafzimmertür geöffnet. Er setzte sich im Bett auf, griff nach dem Revolver. Dann sah er, daß es Susan war, im Nachthemd, das lange Haar offen über die Schultern hängend. Mondlicht schimmerte feucht auf ihrem Gesicht, und Jinsuke erkannte, daß sie wieder geweint hatte. Er schlug die Decke zurück, wurde verlegen, weil er nackt war, stand aber trotzdem auf und ging auf sie zu.

«Susan? Hast du Angst? Hast du ein Geräusch gehört?»

Sie legte die Arme um ihn und lehnte das Gesicht an seine Schulter. Ihr Atem duftete süß nach Honig und Rum.

«O Jim, ich habe geträumt, daß du nicht mehr da warst. Nein, da war kein Geräusch, überhaupt nichts. Es ist nur so, daß ich es nicht ertrage zu denken, du seist nicht mehr da. Verachte mich nicht, ich will nichts Unrechtes, ich möchte nur, daß du mich festhältst.»

Sie löste sich von Jinsuke und legte sich auf sein Bett. Er streckte sich neben ihr aus und zog die Decke über sie beide. Als sie sich an ihn schmiegte, fühlte er jeden Zentimeter ihres Körpers unter dem dünnen Nachthemd. Doch obschon er wußte, daß sie sich ihm nicht ernstlich widersetzen würde, nahm er sie jetzt nicht, nicht nach allem, was geschehen und nicht, ehe alles in Ordnung war. Er hielt sie fest, und eine fast unerträgliche Lust stieg in ihm auf, aber erstaunlicherweise war er imstande, sich zu beherrschen. Nach einiger Zeit rollte sie sich auf die Seite, sein Arm lag unter ihrem Kopf, und sie hielt den Arm fest. Er vergrub das Gesicht in ihrem dichten Haar, und seine Hand stahl sich unter das am Hals offene Nachthemd und umfing ihre volle, feste Brust. Susan stieß einen kleinen, zufriedenen Laut aus und fiel bald in einen tiefen Schlaf. Jinsuke hielt sie so, bis das Licht der Morgendämmerung durch das Fenster sickerte, und sagte sich immer wieder, er müsse sie wecken und in ihr Zimmer zurückschicken. In ein paar Minuten, in ein paar Minuten, in ein paar ... Als er erwachte, war sie nicht mehr da.

25

Es war eine für dieses Viertel typische Straße mit langen, schmalen Gebäuden aus Holz. Dünne Wände trennten die Bruchbuden voneinander, die sich von denen auf der anderen Seite der engen Gasse durch nichts unterschieden. Hier herrschte nicht nur Armut, sondern erschreckendes Elend, und Itoh und Sadayori waren sich bewußt, daß sie durch die Risse und Löcher in den Papierfenstern, von denen kein einziges ganz war, mißtrauisch und neugierig gemustert wurden. Die Atmosphäre in diesem Stadtviertel war so feindselig, daß sie auf der Hut waren.

Vor einem der Gebäude blieb Itoh stehen und rief höflich: «Entschuldigt, aber ist dies das Haus von Takamatsu Hirokata aus Hagi im Lehen Choshu?»

Sie hörten im Haus ein scharrendes Geräusch, bekamen jedoch keine Antwort. Vorsichtig schob Sadayori die Tür auf und sah sich einem jungen Mann gegenüber. Sein Gesicht war schmutzig, das Haar zerrauft wie das eines Bettlers, beide Hände mit vor Dreck starrenden Verbänden umwickelt, der Kimono zerrissen und fleckig. Aber in der Schärpe trug er ein kurzes Schwert. Sadayori sah sich im Zimmer nach dem langen Schwert um, entdeckte es jedoch nirgends.

«Wer seid Ihr?» fragte der Mann, der hier hauste.

Sadayori verneigte sich. «Matsudaira Sadayori, *ronin*.»

Itoh, der dicht hinter ihm stand, verneigte sich ebenfalls. «Itoh Hirosada, Vasall des Fürsten von Satsuma. Wir waren beide enge Freunde Eures inzwischen verstorbenen Lehrers Yoshida Shoin.»

Mit flackernden Blicken musterte der junge Mann ihre Gesichter, die gute Qualität ihrer Kleidung, die Wappenschilder auf Itohs Jacke. Er hatte weder für Kii noch für Satsuma besonders viel übrig, aber er wußte, wer Sadayori war.

«Matsudaira-*sensei* von Kii. Ich habe Euch als Junge gesehen, als ich im Haus des *sensei* in Hagi half.»

Sadayori nickte. «Dürfen wir eintreten?»

Der junge Mann ließ sich mit gekreuzten Beinen auf den schmutzigen Matten nieder und nickte schwach. In Edo hielten sich die ausländerfeindlichen Choshu-*ronin* während der letzten Tage versteckt, doch Itohs gut funktionierender Nachrichtendienst hatte sie hierhergeführt. Er und Sadayori hatten gewisse Gerüchte gehört, die sie bestätigt haben wollten.

«Warum seid Ihr hier?»

«Wir möchten etwas über den Ausländer erfahren, der Euch verwundet und Eure Kameraden getötet hat.» Itoh zählte die Namen der vier Männer auf, die kürzlich in Yokohama ums Leben gekommen waren. Der junge Mann starrte ihn gleichgültig an.

«Wir sind ebenfalls Patrioten», sagte Sadayori, «und bedauern den Tod Eurer Freunde. Wir wollen Euch nicht schaden. Könnt Ihr uns etwas sagen? Es ist wichtig.»

Hirokata blieb mürrisch und stumm. Als Sadayori ihn ansah, entdeckte er eine dicke graue Laus, die langsam über die Haarstoppeln auf seiner Stirn kroch. Sadayori und Itoh zogen ihre hölzernen *geta* aus, betraten die zerschlissenen, schmutzigen Matten, zogen die in ihren Scheiden steckenden Schwerter aus den Schärpen und setzten sich. Sie sahen sich gegenseitig an, entschlossen, so lange zu warten, bis der junge *ronin* nachgab und redete. Er hatte von niemand Hilfe zu erwarten, und sollte überhaupt jemand kommen, würden es Beamte sein, die ihn festnahmen, um ihn zum Verhör und zur Hinrichtung zu führen.

Das einst so gut funktionierende Polizeisystem des *bakufu* war zusammengebrochen, und in der Hauptstadt des Shogun wimmelte es von Schlägern, *ronin*, Agitatoren, Verbrechern, Dieben und rivalisierenden Parteien aller Art. Der Geheimdienst der Satsuma war wesentlich fähiger und erfolgreicher als der der Regierung.

Zwei Stunden lang warteten sie mit stoischer Geduld, ohne ein Wort zu sprechen. Dann erhob sich Itoh mit einer einzigen geschmeidigen Bewegung und streckte sich. «Mein Bauch ist leer», sagte er rauhbeinig wie immer zu Sadayori.

«Meiner auch», antwortete sein Freund.

Itoh ging zur Tür und rief einen Straßenjungen, der draußen mit anderen Kindern spielte. «He, Junge!» Er warf ihm eine Münze zu. «Hol uns einen Nudelmann her. Sag ihm, wir wollen drei Teller Nudeln und einen Krug Sake. Sobald du wieder da bist, bekommst du von mir die gleiche Summe, und die darfst du behalten. Kommst du nicht wieder, suche ich dich und schneide dir den Kopf ab.» Die Kinder quietschten, und der Junge hüpfte lächelnd auf und nieder, glaubte die Drohung halb und halb und war selig über das Abenteuer, das er erlebte. Mit den mageren, nackten Füßen Staubwolken aufwirbelnd, rannte er davon, und die anderen Kinder liefen johlend hinterher. Ein paar Minuten später kam er mit einem unterwürfigen alten Mann zurück, der drei bauchige Schüsseln mit Nudeln und einen großen Krug billigen Sake brachte. Sadayori sah sich in dem elenden Raum nach Trinkschalen um, fand sie und wischte sie mit seinen eigenen Papiertüchern gründlich aus. Nachdem sie auch noch die billigen Eßstäbchen gesäubert hatten, begannen sie zu essen. Itoh schlang gierig und spülte die in einer salzigen Soße schwimmenden heißen Nudeln mit süßem Sake herunter. Der *ronin* Hirokata saß nur da und starrte die Schüssel an, die vor ihm dampfte.

«Iß», sagte Itoh. «Es ist nicht vergiftet.»

Doch der junge Mann rührte sich nicht. Sadayori und Itoh aßen auf und tranken sogar die Soße aus. Die billigen Nudeln in der Unterstadt von Edo schmeckten sehr oft viel besser als alles, was man in vornehmeren Teehäusern oder Speiselokalen vorgesetzt bekam. Itoh und Sadayori schenkten sich gegenseitig Sake ein, dann ging Itoh zu dem gleichgültig dasitzenden *ronin* hinüber und wartete darauf, daß er seine Schale leerte, damit er sie ihm wieder füllen konnte. Der *ronin* rührte sich nicht.

«Trink», befahl Itoh, «oder lehnst du es ab, mit einem Satsuma-Mann zu trinken?» Seine Stimme hatte einen drohenden Unterton. Mit einem unnatürlichen Glitzern in den Augen und großer Bitterkeit erwiderte der *ronin* vorwurfsvoll:

«Nein, ich lehne es nicht ab, und ich fürchte Euch auch nicht, Satsuma-Mann.» Er hob den Arm, dessen Handgelenk dick mit einer dunkelfleckigen Bandage umwickelt war. Die Finger dieser Hand waren gekrümmt wie eine Klaue. Mit ihr berührte er jetzt seinen rechten Arm, der leblos und geschwollen herunterhing.

«Ich kann keine Trinkschale halten. Ich kann überhaupt nichts halten. Ich bin ein Krüppel, beide Arme sind durchschossen. Behaltet Euren Sake, und laßt mich in Ruhe! Ist es denn so lustig, einen Mann zu quälen, der sterben muß, sich aber nicht einmal eine Klinge in den Leib stoßen kann? Verschwindet.»

Itoh war aufrichtig betroffen, und Sadayori rückte näher an den jungen *ronin* heran, um sich Hand und Arm genauer anzusehen.

«Verzeiht», sagte Itoh, «wir haben uns wirklich schlecht benommen. Trinkt bitte. Tut uns den Gefallen und trinkt. Wir sind nicht als Feinde zu Euch gekommen. Früher haben unsere Clans von Zeit zu Zeit miteinander rivalisiert, doch wie können Patrioten sich gegenseitig an die Kehle fahren, wenn die Barbaren vor unseren Toren stehen? Wir sind Japaner, *bushi*, und wir wollen unseren Sake mit Euch teilen.»

Er nahm die Schale des jungen Mannes und hielt sie ihm an die Lippen. Der *ronin* preßte sie zuerst fest zusammen, aber Itoh redete so lange auf ihn ein, bis er schließlich gierig schluckte. Itoh füllte die Schale noch einmal und hielt sie ihm wieder an die Lippen. Sadayori griff nach den Eßstäbchen und der Schüssel mit den Nudeln und begann ihn zu füttern wie ein Kind. Er war am Verhungern.

«Also bitte, es ist doch wirklich keine Schande, von Kampfgenossen Speise und Trank anzunehmen? Verzeiht uns, aber nehmt beides von uns an, und dann gehen wir. Wir haben keinen Grund, Euch beim *bakufu* anzuzeigen.»

Hirokata begann zu sprechen. Seit seiner Flucht und dem langen Marsch nach Edo hatte er nur aus Teichen und Tümpeln und hier aus einer Regentonne neben der Hintertür trinken können. Er mußte wie ein Hund trinken. Essen konnte er überhaupt nicht, und seit jener Nacht hatte er sich an keinen Menschen wenden können. Ausgehungert, durstig und von Schmerzen gepeinigt, ließ er sich von Sadayori füttern, bis die Schüssel leer war, und trank mehrere Schalen Sake, die ihn trotz seiner Müdigkeit und des Fiebers munter und gesprächig machten.

«Wir waren fünf», sagte er, «und wir wollten den Barbarenkaufmann töten, der es verstanden hat, sich in die Gunst einiger *bakufu*-Beamter in Yokohama einzuschmeicheln. Unser Plan war es, ihn zu töten, ihm den Kopf abzuschneiden und einem Beamten namens Miyabe auf die Schwelle zu legen. Nach einiger Zeit wollten wir auch Miyabe töten, als Warnung für alle, die sich mit den Barbaren einlassen und mit ihnen Handel treiben. Vor ungefähr fünf Tagen schlichen wir uns am späten Abend zum Haus, nachdem zwei von uns es ein paar Tage lang beobachtet hatten. Wir töteten ohne Schwierigkeiten einen Diener und einen Hund, von dem sie glaubten, er werde sie beschützen. Dann stürmten wir ins Haus. In einem großen Zimmer fanden wir jedoch nicht einen, sondern zwei Männer. Einer war der Barbar, den wir töten wollten, den anderen kannten wir nicht. Wir hatten ihn schon gesehen, an diesem Abend jedoch nicht bemerkt, daß er das Haus betreten hatte. Er hatte nur einen Arm und einen Revolver. Ich habe noch nie jemand gesehen, der mit einem Revolver so umgehen konnte. Er erschoß zwei von uns, ehe wir ihm auch nur in die Nähe kamen. Er hatte keine Angst, wich keinen Schritt. Ein seltsamer barbarisch aussehender Kerl war das, trug westliche Kleidung und hatte einen Bart wie ein Ainu. Und groß war er. Aber er war Japaner, das weiß ich! Ich sah meine Freunde sterben und war bereit, ihn anzugreifen, obwohl ich überzeugt war, daß er auch mich töten würde. Er schoß mir in beide Arme, und die Kugeln rissen mir das Schwert aus der Hand.» Schluchzend unterbrach sich der junge *ronin*, und sie warteten. Schließlich biß er sich in die Unterlippe, bis sie blutete, und fuhr fort: «Mein Schwert – ich habe es von meinem Großvater, dem Bannerträger des früheren Fürsten von Choshu bekommen. Und ich habe es im Haus des Ausländers liegenlassen – habe es im Stich gelassen wie meine Kameraden, habe Mut und Ehre verloren, denn ich bin vor ihm davongelaufen. Ich wußte nicht, was aus den beiden anderen geworden war, doch das ist der Treffpunkt, an dem wir uns verabredet hatten. Sie sind nicht gekommen. Sie sind tot, sagtet Ihr?»

«Ja», sagte Itoh. «Einer wurde auf der Straße erschossen, als er zu fliehen versuchte. Der andere ...» Itoh machte eine Pause, als verstehe er sich selbst nicht. «Der andere hat einen Stich in den Leib abbekommen, und dann wurde ihm mit einer Klinge der Hals aufgeschlitzt. Eine sehr sachkundige – Arbeit.»

Sadayori sah ihn erstaunt an. Das hatte Itoh ihm nicht erzählt. «Nicht erschossen?»

«Nein, nicht erschossen», sagte Itoh. «Im Schwertkampf getötet. Die Behörden sagen, es war der Ausländer, und in ihren Protokollen wird kein bärtiger einarmiger Mann erwähnt, wie du selbst weißt. Doch einer von meinen Leuten hat die Leichen gesehen, nachdem man sie nach Edo zurückgebracht hatte, und er hat gesagt, der eine Mann sei unverkennbar im Schwertkampf gefallen, zweimal tödlich von einer Klinge getroffen. Du hättest es nicht besser können, alter Freund.» Er schenkte für alle Sake nach und gab zuerst dem weinenden *ronin* zu trinken, den Kummer und Scham überwältigt hatten.

«Ihr seid sicher, daß der Mann, der auf Euch schoß, der einarmige Mann in ausländischer Kleidung, Japaner war? Wirklich sicher? Erzählt uns mehr.»

«Ja, ich bin sicher. Er redete mit mir wie mit einem Dienstboten oder einem Kind – aber Japanisch. Den Akzent kannte ich nicht, er klang weder nach Kyushu noch nach Edo, noch nach Kyoto, aber ein bißchen wie die Leute in Kansai oder in Seto am Binnenmeer sprechen. Er war sehr groß, hatte breite Schultern und sah sehr stark aus. Er hatte sehr dunkle Haut, einen dichten Bart, ein langes, kräftiges Kinn und unter einem Auge eine Narbe. Ich habe noch nie einen Mann wie ihn gesehen. Er ist ein Teufel, ein Teufel. Großvater, Großvater, vergib mir, bitte vergib mir, das Schwert... Ich habe das Schwert verloren...»

Sadayori klopfte ihm sanft auf die Schulter, eine Geste, die unter *bushi* sehr selten war. «Wir holen das Schwert Eures Großvaters zurück, das schwöre ich», sagte er leise.

Mit einem Ausdruck der Hoffnung in den verweinten Augen blickte der junge *ronin* auf. «Das wollt Ihr? Versprecht Ihr es?»

«Ich schwöre es bei meinem Schwert», antwortete Sadayori grimmig.

«Tötet ihn, ich flehe Euch an, tötet ihn!» rief Hirokata.

Sadayori sah zu Itoh hinüber; sein Gesicht war völlig ausdruckslos, nur in einer Wange zuckte ein Muskel.

«Wir verstehen», sagte Sadayori.

Hirokata lehnte sich an die Wand. «Danke. Dann kann ich mit einem bißchen Frieden im Herzen gehen. Ich weiß, daß ich sterbe. Beide Wunden sind brandig geworden. Ein paar Tage noch vielleicht. Wenn ich nur in Ehren sterben könnte, anstatt mich so hinzuschleppen. Eine Schande für die Choshu, ein Samurai, der kein langes Schwert hat, ein Mann, der vor einem Feind floh.»

«Seppuku?» fragte Itoh. Sie wußten, daß der junge Mann sterben würde. Der widerlich süße Geruch des Wundbrands verpestete die Luft im Raum. Itoh sah Sadayori an. «Wir würden Euch helfen», sagte er, «obwohl wir nicht vom Clan der Choshu sind. Gibt es jemand, dem Ihr schreiben wollt? Ihr könnt Matsudaira den Brief diktieren. Wir können ihn mit Eurem Siegel versehen, damit alle wissen, daß er von Euch kommt. Wir können Euch auch ein paar Haare und Nägel abschneiden und an Eure Familie schicken. Ich schwöre Euch, daß sie den Brief bekommt.»

Hirokata schluchzte tief und verzweifelt auf. «Aber ich kann das kurze Schwert nicht halten, ich kann mir den Leib nicht aufschneiden. Kann nicht sterben wie ein Samurai. Oh, Ihr ahnt nicht, was das für eine Hölle ist, Wunden, Brand, Schmerz – sie sind nichts, verglichen mit der Schande.»

Itoh sah ihn ernst an und legte ihm die Hand auf die Schulter. «Mein Großvater hat mir immer gesagt, es sei ein Zeichen von Arroganz und schlechter Erziehung und reine Angeberei, wenn ein *bushi* sich tief in den Bauch schneidet. Es ist Mode unter den Männern, aber der Etikette des *seppuku* zufolge nicht nötig.»

Er hob das linke Handgelenk des jungen Mannes. «Ihr könnt diesen Arm bewegen, nicht wahr? Wir könnten Euch die Klinge an die Hand binden, und anstatt sie mit der rechten Hand über Euren Bauch zu ziehen, könnt Ihr sie mit der linken schieben. Es ist ungewöhnlich, doch wenn ein Samurai seine Rechte nicht benutzen kann, muß er eben seine Linke zu Hilfe nehmen. Was bleibt ihm sonst übrig? Alle ehrenhaften Männer aus guter Familie werden Verständnis dafür haben, und wir werden dafür sorgen, daß die Choshu-Männer erfahren, wie Ihr gestorben seid. Erlaubt mir, Euer *kaishaku* zu sein. Vielleicht wird das zum Symbol der Zusammenarbeit zwischen unseren Clans, denn nur wenn die Satsuma und die Choshu sich verbünden, können wir unter der geistigen Führung seiner Himmlischen Majestät die Barbaren aus dem Land jagen. Ihr habt die Wahl, Takamatsu Hirokata aus Hagi. Wir können Euch verlassen, oder wir können Euch helfen zu tun, was zu tun ist. Ja, Ihr werdet sterben, und selbst wenn ein geschickter Arzt Euer Leben retten könnte, würdet Ihr beide Arme verlieren, und das *bakufu* – wenn es Euch findet – wird Euch hinrichten.»

Hirokata fiel auf die Knie und legte die verkrüppelten, entzündeten Arme vor sich auf den Boden. «Gewährt mir bitte diese Gunst», sagte er sehr förmlich.

Itoh nickte. «Gut. Wie alt seid Ihr?»

«Zwanzig.»

«Zuerst mehr Sake. Sake macht das Blut dünnflüssiger. Sake ist Reis, und Reis ist die Essenz des Lebens, Reis ist Gott. Wie könntet Ihr den Tod besser begrüßen, als mit dem Geschmack von Sake auf den Lippen? Laßt uns ihm leichten Herzens entgegentreten, denn der Tod ist leicht wie eine Feder. Kommt, wir wollen Sake trinken und singen, und Matsudaira kann Eure Briefe schreiben.» Er schenkte ein und hielt Hirokata die Schale an die Lippen. Dann begann er leise zu singen. Sadayori kniete still dabei und betrachtete die zwei Südjapaner, Angehörige der beiden mächtigsten Clans im Kaiserreich. Ihre Sprache klang in Sadayoris Ohren unzivilisiert, doch im Herzen waren sie echte Japaner, wahre Krieger, und er war stolz darauf, diese Männer zu kennen.

Drei Stunden später mieteten sie eine schlichte Sänfte, ließen Hirokata auf den Hügel in Ueno bringen und suchten sich eine kleine grasbewachsene Lichtung unter hohen Bäumen. Ein Kuckuck schrie. Es wurde langsam Abend.

In seinem Kimono versteckt trug Sadayori drei mit Hirokatas Siegel versehene Briefe. Einer war für die Behörden bestimmt; er enthielt die

Erklärung für die Taten der fünf Choshu-Männer, den Aufruf, die Barbaren zu vertreiben, und einen ehrerbietigen letzten Gruß für den Kaiser. Der zweite Brief war weitschweifiger und richtete sich an den Ältestenrat des Choshu-Clans. Hirokata beschwor ihn, immer nach den Prinzipien und Lehren von Yoshida Shoin zu leben. Der dritte war schmerzlicher. In ihm bat Hirokata um Vergebung dafür, daß er kein gehorsamer Sohn gewesen war, und sagte seinem Vater, seiner Mutter und seinen Geschwistern Lebewohl. Der Umschlag dieses Briefes enthielt auch ein paar Haarsträhnen und abgeschnittene Fingernägel von Hirokata.

Nachdem die beiden Sänftenträger singend den Hügel hinuntergetrabt waren, breitete Sadayori ein weißes Tuch auf der Erde aus. Von dieser Stelle hatte man freie Sicht nach Westen auf den Gipfel eines sanft ansteigenden Hügels, denn der rote Ball der sinkenden Sonne sollte das letzte sein, das Hirokata auf dieser Welt zu sehen bekam. Dann band Sadayori ihm das kurze Schwert mit Stoffstreifen an der linken Hand fest, streifte ihm den Kimono und das Hemd, das er darunter trug, von den Schultern und machte seinen Oberkörper bis zum Bauch frei. Die Ärmel steckte er hoch, damit die Leiche frei nach vorn fallen konnte. Während Sadayori diese Dienste verrichtete, sprach Hirokata von der Schönheit seiner Heimat, dem Tor zum Binnenmeer und zu den uralten Domänen von Yamato.

Alles war bereit. Da sie kein Wasser zur Hand hatten, schüttete Sadayori aus einem Krug Sake auf die Klinge von Itohs Schwert. Itoh ging nach vorn, trat ein wenig zur Seite, kniete nieder und verneigte sich förmlich vor dem jungen Mann.

«Ich darf beginnen», sagte er.

Das Licht der untergehenden Sonne fing sich im Rauch der abendlichen Feuer über der großen, weitläufigen Stadt und malte Schatten und Muster auf die fernen Berge.

«Ah! Wie wunderschön!» rief Hirokata mit strahlendem Gesicht. «Seht doch den Berg Fuji!» Etwa vierzig Meilen entfernt, im Südwesten, ragte der Heilige Berg als tiefschwarzer Kegel inmitten orangefarbener Glut auf, und über seinem Gipfel schwebte eine Wolke wie eine Flamme. Kuckuck! Kuckuck! kam der Ruf, dann hörte man den Flügelschlag eines Ziegenmelkers, und tausend Insekten summten und sirrten.

Mit ungeschickten und schwerfälligen Bewegungen stieß sich Hirokata die Spitze der Klinge in die linke Bauchseite. Er konnte mit der rechten Hand nicht zupacken, drückte jedoch mit ihrem Gewicht auf das fest mit dem Kurzschwert verbundene Handgelenk und schob anstatt zu ziehen. Die Klinge glitt über seinen weißen Bauch, Blut sickerte aus dem dünnen Schnitt und bildete einen breiten Vorhang, als die Wunde sich öffnete. Sadayori sah teilnahmslos zu, und der *ronin* zog sich in seine private Welt des Todesschmerzes und der Sühne zurück und geriet in Ekstase, während der strahlende Glanz der sinkenden Sonne ihn ganz erfüllte, wurde eins mit dem Schmerz, eins mit der erstarrten Zeit, eins mit dem Stolz. Er atmete keuchend, hielt den Atem an, drehte mühsam die Klinge und riß sie nach oben ... Es war vollbracht, und er hatte Mut bewiesen. Für einen flüchtigen Augenblick wich aller Schmerz aus seinem Gesicht, seine Schultern entspannten sich, er öffnete die Augen weit und sah in die Sonne, auf den Lippen fast ein Lächeln. Itohs Blick kreuzte sich mit dem von Sadayori, der kaum merklich nickte.

Mit einem gepreßten Schrei, der sich aus seinem tiefsten Innern löste, beschrieb Itoh mit seinem blitzenden Schwert einen Bogen. Der Gnadenstoß eines Freundes, dem man vertraute, der für einen Sekundenbruchteil den stolz gestreckten Hals des jungen Mannes sah, bevor sein Kopf fiel, sein Leben endete. Mit einem kurzen, zuckenden Hieb schüttelte Itoh das Blut von der Klinge, wischte dann den Stahl mit einem dicken Bausch aus Seidenpapiertüchern ab und schob ihn in die Scheide zurück.

Still, mit gefalteten Händen, den Kopf gesenkt, sprachen die beiden Männer ein Gebet für den Toten.

«Gehen wir», sagte Itoh endlich.

Sie gingen den Hügel hinunter und trafen auf halbem Weg Männer in dunklen Gewändern und einen bewaffneten Wachposten, Gerichtsbeamte, die ihnen entgegenkamen. Itoh blieb stehen, verneigte sich und holte den Brief des Toten an die Behörden heraus.

«Itoh Hirosada», erklärte er, «Untertan des Fürsten von Satsuma. Wir waren Zeugen des *seppuku* von Takamatsu Hirokata, *ronin* aus dem Choshu-Clan. Ihr habt ihn gesucht, wie ich vermute?»

Der erste Beamte nickte.

«Ich werde dafür sorgen, daß unsere Männer ihn begraben, sollte niemand von seinem Clan hier sein, um es zu tun», sagte Itoh. «Es soll am frühen Morgen geschehen. Ich kann die Leiche auch bis zur Morgendämmerung von ein paar Satsuma-Posten bewachen lassen.» Er reichte dem Beamten den Brief, der ihn höflich entgegennahm.

«Wir danken Euch, daß Ihr uns verständigt habt. Wir wissen die Ehre der Zusammenarbeit mit dem Satsuma-Clan zu schätzen.» Das klang leicht ironisch, wenn nicht sogar sarkastisch. «Ich danke Euch für Eure Mühe und werde persönlich dafür sorgen, daß die Beerdigung würdig begangen wird. Dürfen wir, falls noch Fragen offen sein sollten, in der Satsuma-Residenz vorstellig werden?»

«Ihr seid immer willkommen», antwortete Itoh mit gleicher Ironie.

«Hat dieser Herr als *kaishaku* fungiert?» Der Beamte sah Sadayori, der an diesem Tag keine Kleidung trug, die auf seinen Clan schließen ließ, fragend an. Seit er *ronin* war, band er sich auch das volle Haar im Nacken zu einem Pferdeschwanz zusammen. Jetzt verneigte er sich.

«Verzeiht, ich bin Matsudaira Sadayori aus Kii. Nein, ich war nur Zeuge und Schreiber.»

Der Beamte verneigte sich abermals. Das also war der berühmte Schwertkämpfer und Gelehrte? Wurde genau in diesem Augenblick *ronin*, in dem Kii sein großes Ziel erreichte und sein junger Fürst zum Shogun gewählt wurde. Nach allem, was man über ihn hörte, war er ein Radikaler, aber ein intelligenter und gemäßigter Mann. Hätte er Schwert und Speer nicht so ausgezeichnet zu handhaben gewußt, hätten die Fanatiker ihn längst ermordet wie alle anderen Gemäßigten. Vielleicht lag es aber nicht nur an seinem Ruf, sondern auch an seinen ungewöhnlichen Beziehungen zu den Satsuma. Deckten sie ihn? Keiner dieser Gedanken, die dem Beamten durch den Kopf gingen, ließ sich von seinem Gesicht ablesen, als er und Sadayori sich voreinander verneigten.

Itoh und Sadayori traten zur Seite, als die kleine Prozession weiterzog, den Hügel hinauf. Es wurde schon dunkel, und in den Bäumen hinter ihnen krächzten die Krähen.

Am nächsten Tag nahm Sadayori ein Pferd und ritt nach Yokohama, um Nachforschungen anzustellen. Er erfuhr, daß ein Schiff mit einem einarmigen Harpunierer an Bord bereits nach Amerika ausgelaufen war. Er ritt am Haus der Fogertys vorbei, sah sich die Umgebung an und musterte kalt die Wachposten. Diese Hitzköpfe, dachte er, wären jämmerliche *ninja* – wie konnten sie nur eine so einfache Sache verpfuschen? Persönlich hatte Sadayori einen starken Widerwillen gegen Mord, und daß sein früherer Mentor, der Fürst Ii Naosuke, erschlagen worden war, konnte er nie ganz vergeben. Voller Grimm dachte er an Jinsuke, an die Gedanken, die er in seinen Briefen geäußert hatte, einem aus Shanghai und einem aus Amerika: über die Stärke Amerikas hatte er bewundernd geschrieben, über das Recht aller, Waffen zu tragen, über Freiheit und Gleichheit und seine Sympathie und seinen Respekt für die – wie er sie nannte – «gebildeteren Ausländer». Der Walfänger war also übergelaufen und hatte *bushi* getötet? Sadayori war fast geneigt, Rache zu schwören, doch andererseits hatte er diesen Mann gerade wegen seines Mutes gewählt und war immer der Meinung gewesen, Walfänger seien die geborenen Seekrieger. Diese Meinung hatte er sogar vor seinem *daimyo* vertreten. Daher hatte er jetzt das Gefühl, daß er den größten Teil der Schuld sich selbst anlasten müßte, denn er hatte den Walfänger gedrängt, ins Ausland zu gehen, er hatte ihn dazu gebracht, sich in den Kampfsportarten zu üben. Gedanken wie dunkle Wolken bedrängten ihn, als er sein Pferd antraben ließ und zu dem im Hochland gelegenen Haus eines *bakufu*-Beamten namens Miyabe lenkte, um das Versprechen einzulösen, das er dem sterbenden Hirokata gegeben hatte. Miyabe kannte den Ausländer gut, in dessen Haus der Walfänger vier *bushi* getötet und einen so schwer an Leib und Seele verwundet hatte, daß er *seppuku* begehen mußte. Daher war Miyabe auch der richtige Mann, die Schwerter wiederzubeschaffen, die im Haus des Ausländers zurückgeblieben waren. Sadayori war überzeugt, daß er ihn nicht vergeblich darum bitten würde.

Seine nächste Aufgabe war es dann, die Schwerter dem Clan der Choshu zurückzugeben, was sich als schwierigeres Unterfangen erweisen konnte. Itoh verstieg sich sogar zu der Behauptung, sie würden Sadayori in heißem Öl sieden, wenn er sich in ihrem Machtbereich zeigte. Darüber lächelte Sadayori zwar, doch daß sie ihm nicht eben freundlich entgegentreten würden, wußte auch er.

26

Sie saßen in Itohs Haus, und ihre Unterhaltung war fast zu einem Streit ausgeartet. Im Herbst des vergangenen Jahres war in Namamugi in der Nähe von Yokohama auf der Straße nach Edo ein englischer Reisender namens Richardson getötet worden. Sie waren beide der Meinung, er habe es nicht anders verdient, doch Sadayori warf Itoh vor, daß die Satsuma-Hitzköpfe mit dem Schwert dachten und sich nie die Folgen überlegten. Der Engländer war erst seit kurzer Zeit in Japan und wie die meisten Ausländer mit den japanischen Sitten nicht vertraut gewesen. Daher war er wohl auch nicht aus dem Sattel gestiegen und hatte sich nicht in den Staub geworfen, als der *daimyo* in seiner Sänfte vorübergetragen wurde. Er hatte es sogar gewagt, aus dem Sattel auf die Sänfte des hohen Würdenträgers hinabzublicken. Er hatte es mit dem Leben bezahlt, und zwei seiner Reisegefährten waren verwundet worden.

«Ah!» rief Sadayori verärgert. «Natürlich habe ich Verständnis dafür, Itoh-san, aber es war unklug – höchst unklug! Jeder hätte vorhersagen können, welche Folgen es haben würde. So viel kann euch die Befriedigung über die Tat nicht wert sein. Hättest du sie nicht verhindern können?»

«Nein, das konnte ich nicht», antwortete Itoh mürrisch. «Ich war zu weit hinten. Doch selbst wenn ich neben der Sänfte geritten wäre, hätte ich wahrscheinlich nichts tun können. Sie sollten die Barbaren von der Tokaido-Straße fernhalten. Er hat es durch sein Benehmen herausgefordert.»

«Ich weiß, daß er es herausgefordert hat, der ignorante Narr, und ich verstehe auch die Gefühle der Männer. Doch warum hat man ihnen erlaubt, ihn so weit zu verfolgen, als er verwundet war und floh? Und warum durften sie ihn vor so vielen Zeugen ins Jenseits befördern? Er war tödlich verwundet und unbewaffnet! Man muß uns ja für unzivilisierte Wilde halten. Sie haben sogar ausländische Frauen angegriffen.»

«Pah!» sagte Itoh verächtlich. «Derbe Knochen und häßliche Gesichter. Wie soll man sie von ihren häßlichen Männern unterscheiden? Sie waren hoch zu Roß und weigerten sich abzusteigen. Wir Satsuma-Männer sind nicht so weltgewandt und gebildet wie du. Wir begreifen nicht, daß ungebetene Ausländer in unserem Land tun und lassen können, was sie wollen. Was glaubst du, würde passieren, wenn ich, meine Frau und ein paar meiner Diener an der Kutsche der englischen Königin vorüberritten, ohne sie zu beachten? Glaubst du, die englische Königin würde aussteigen und sich freundlich mit uns unterhalten? Nie und nimmer. Ihre Gefolgsleute wären noch schlimmer als unsere Männer. Und du weißt wie wir alle verdammt genau, warum der *daimyo* als der Abgesandte des Kaisers in Edo gewesen war – um dem Shogun zu befehlen, alle Fremden des Landes zu verweisen. Ja. Und auf dem Rückweg wurden wir auf so unerhörte Weise beleidigt wie nie zuvor. Widerwärtige, arrogante Bestien!»

Itoh hieb so heftig mit der Faust auf die Matten neben sich, daß die kunstvoll verzierten Porzellankaraffen schwankten, und der Sake überschwappte. Er und Sadayori starrten einander eine Zeitlang wütend an und wandten sich dann ab. Es war ihr erster Streit, und er war um so trauriger, weil einer Verständnis für den Standpunkt des anderen hatte. Sadayori hatte gesagt, daß bewaffnete Krieger nie ihre Klingen gegen unbewaffnete Personen ziehen sollten, das sei weibisch und feige. Er meinte, man hätte die Ausländer aus dem Sattel zerren und ihre Gesichter in den Staub drücken sollen, bis der Zug des *daimyo* vorüber war, und dann sie mit Fußtritten davonjagen.

Fast war es über diesen Zwischenfall zum Krieg gekommen. Die empörten Ausländer in Yokohama, Zivilisten und Angehörige des Heeres und der Marine aller dort vertretenen Nationen, hatten ihre Kräfte vereint, um an den Satsuma Rache zu üben, die ihrerseits, wie viele andere Japaner, nichts lieber getan hätten, als endlich gegen die verhaßten Ausländer zu kämpfen.

Doch Sadayori und Itoh und andere kluge Köpfe des Landes wußten, daß zu diesem Zeitpunkt ein Krieg nur mit einer Katastrophe für Japan enden konnte. Sie hatten Glück gehabt, daß der oberste britische Beamte einen kühlen Kopf bewahrt und erklärt hatte, in dieser Sache müsse seine Regierung in London entscheiden. Die Ausländer warteten monatelang auf das Schiff, das ihnen diese Entscheidung bringen sollte.

Inzwischen hatte das *bakufu*, den Befehl des kaiserlichen Hofes befolgend, bestimmt, daß am 25. Juni 1863 nach westlichem Kalender, alle Ausländer aus Japan ausgewiesen werden sollten.

An diesem Nachmittag war Itoh mit der Nachricht über die Forderungen der britischen Regierung nach Kagoshima zurückgekehrt: Die Samurai, die ihre Schwerter gegen die Ausländer erhoben hatten, sollten sterben, Satsuma sich durch den *daimyo* persönlich offiziell entschuldigen und das Lehen horrende hunderttausend Pfund als Entschädigung zahlen. Gingen die Japaner nicht auf diese Bedingungen ein, gab es Krieg.

Itoh seufzte. «Wir wollen nicht streiten. Es ist geschehen. Das *bakufu* hat uns durch seine Schwäche und Wankelmütigkeit in diese Lage gebracht, das Tokugawa-Regime dafür gesorgt, daß Isolierung und Unwissenheit uns zu Schwächlingen machten. Und jetzt sollen wir uns entschuldigen? Weil wir einen dummdreisten haarigen Affen auf einem Pferd getötet haben? Lieber würden wir sterben.»

«Ja», sagte Sadayori, «das müssen wir wahrscheinlich sogar. Und vielleicht ist es ganz gut, die Dinge zu diesem Zeitpunkt auf die Spitze zu treiben. Aus solchen Ereignissen wird die Geschichte gewebt.»

Natürlich hatte das *bakufu* keine Möglichkeit, den kaiserlichen Erlaß zu befolgen und die Ausländer zu vertreiben. Der Juni 1863 kam und ging und der Juli ebenso. Choshu-Männer hatten in diesem Jahr die britische Legation niedergebrannt und ihre Geschütze in der Straße von Shimonoseki ausländische Schiffe beschossen, doch die Ausländer waren nur verärgert und wurden dadurch in ihrer Entschlossenheit bestärkt, das Land nicht zu verlassen.

Jetzt war es Hochsommer, ein heißer Kagoshima-August, und Sadayori befand sich inmitten des Geschehens, das er vorhergesehen und auf das er sich geistig und körperlich vorbereitet hatte. Jetzt war es Wirklichkeit geworden. Das Krachen und Pfeifen von Kanonen-, Musketen- und Gewehrkugeln, untermalt vom Heulen eines aufkommenden Sturms dröhnte einem unbarmherzig in die Ohren. Explodierende Granaten wirbelten Erdfontänen auf, zersplitterten Holz, das durch die Luft sauste, rissen Löcher in Mauern, Dächer, Gebäude. Draußen im Hafen näherten sich sieben britische Kriegsschiffe in Kampfformation, die hohen Masten in den Wind geneigt. Orangefarbene Blitze zuckten, und kleine Rauchwolken kräuselten sich in regelmäßigen Abständen ihre Flanken entlang. Blitze und Rauchwolken kamen und gingen völlig lautlos, dann kam das Pfeifen der Granaten und, mit dem Wind leiser und lauter werdend, der Donner der furchtbaren Breitseiten. Ein Alptraum, oft geträumt, und fast war Sadayori erleichtert, daß er endlich Wirklichkeit geworden war.

Ohne Rüstung stand er hinter einer Brustwehr und half ein paar jungen Männern, eine Kanone zu richten. Sie taten, als sei alles nur ein Spiel, ermutigten sich gegenseitig durch Zurufe und schienen keine Angst, nur Erregung zu spüren.

«Wartet... Wartet... Wartet bis sie das Ziel erfaßt hat – jetzt!»

Die Kanone bäumte sich auf, dröhnte, glitt zurück. Schwarzer Rauch hüllte sie ein. Die jungen Männer luden das Geschütz neu, richteten es aus. Ein zweites Schiff begann zu wenden, und Sadayori hob den Arm. «Feuer!» kommandierte er, und der Junge hielt die glimmende Zündschnur an das Zündloch. Wieder Blitzen und Krachen. Nur Sadayori trug weder Rüstung noch Helm. Links von ihnen wurden Brustwehr und zwei Kanonen durch einen Volltreffer zerstört, Fässer durch die Luft gewirbelt wie Spielzeug, Wagen splitterten, die Geschützbesatzungen waren entweder tot oder verstümmelt, aber die Jungen mit den vom Pulverdampf geschwärzten Gesichtern benahmen sich, als trainierten sie in einer *dojo* oder trügen einen *omikoshi* oder lieferten sich Schaukämpfe bei einem Fest.

«Seht ihr?» rief Sadayori triumphierend. «Wir haben den Mast getroffen. So muß man es machen! Muß das Schiff manövrierunfähig schießen. Feuert nicht zu bald, und nicht zu kurz, denkt an das, was ihr gelernt habt. Ruhig jetzt, eine Kerbe höher, ruhig, ruhig – Feuer!»

Die Schiffe waren gekommen, um den Tod des Engländers zu rächen, der nicht vom Pferd gestiegen war, als er dem Zug des *daimyo* begegnete. Sie forderten ihren Tribut. Im Hafen von Kagoshima brannten viele Dschunken, und viele waren versenkt worden. Die Stadt stand in Flammen, Frauen, Kinder und ältere Leute flüchteten, rannten und schrien sich durch Rauch und Feuerfunken, die im Wind wie Dämonenschwänze flatterten, Ratschläge, Fragen und Antworten zu. Unterbemannte Feuerwehren versuchten die Brände unter Kontrolle zu bringen, während die meisten Männer in den Festungen an den Geschützen standen und sich verzweifelt danach sehnten, dem Feind im Nahkampf entgegentreten zu können, statt dieses Bombardement aus der Ferne über sich ergehen zu lassen.

Sadayori wandte sich einem halbwüchsigen Kanonier zu, der neben ihm stand. Während er geschickt seine Arbeit verrichtete, beobachtete der Junge unablässig das feindliche Schiff.

«Wie heißt du?» fragte Sadayori in einer Feuerpause.

«Togo Heihachiro, Herr», antwortete der Junge, den Feind kaum aus den Augen lassend.

«Was denkst du?»

Der Junge war verlegen, antwortete jedoch tapfer: «Ich habe ein ganz merkwürdiges Gefühl. Während ich hier bei der Kanone stehe und zu ihnen hinüberblicke, ist mir, als stünde ich zugleich dort unten auf einem Schiff, an einem ihrer Geschütze und schaute zu uns herüber. Ich habe überhaupt keine Angst, es ist so unheimlich, als gebe es mich doppelt und an zwei Orten zur gleichen Zeit.» Er sah Sadayori an, um festzustellen, ob er verärgert war oder über ihn lachte – was noch schlimmer gewesen wäre. «Und ich dachte, daß diese Schiffe zwar dem Feind gehören, daß sie jedoch sehr stolz und würdevoll und diszipliniert aussehen. Sie sind großartig! Ich hasse und bewundere sie und finde, daß wir solche Schiffe haben sollten.»

Sadayori empfand plötzlich Zuneigung für diesen Jungen. «Eines Tages werden wir solche Schiffe haben, bessere sogar. Und wenn du mitten in der Schlacht solche Dinge sehen und denken kannst, wird später bestimmt ein hervorragender General oder vielleicht sogar ein Admiral aus dir, der stolze Schlachtschiffe befehligt.»

Der Junge errötete vor Freude über das Lob und schaute wieder zum Hafen hinunter. Wieder zuckte und kräuselte eine Breitseite an der Flanke eines Schiffes entlang, und sie strafften sich und richteten ihre Kanone, um das Feuer zu erwidern.

Eine explodierende Granate schleuderte Sadayori wie die Hand eines Riesen, die einen Käfer zerquetschte, zu Boden. Aus Nase und Ohren blutend, stand er taumelnd auf. Ihr Geschütz lag auf der Seite, und einer der Jungen war tot. Erschrocken sah Sadayori sich nach dem Jungen um, der neben ihm gestanden hatte, doch er konnte nichts klar erkennen. Er schüttelte den Kopf und hörte dann eine kraftvolle, hohe jugendliche Stimme, die ihm zurief, er solle doch beim Aufrichten der Kanone helfen. Sadayori zerrte den zerfetzten Leichnam des anderen Jungen zur Seite. Dann stellten sie die Kanone auf, richteten, luden und begannen wieder zu feuern.

Inzwischen wurde der Wind immer stärker, die Schiffe begannen sich aus der Bucht zurückzuziehen und nahmen Kurs auf das offene Meer.

«Ein göttlicher Wind ist zu unserer Rettung gekommen!» rief einer der Jungen triumphierend.

«Vielleicht», entgegnete Sadayori bitter, «aber der Wind wird die Stadt nicht retten. Seht doch das Flammenmeer! Kommt, helfen wir den Feuerwehrleuten, bevor ganz Kagoshima zerstört ist.»

Zum erstenmal seit Beginn der Kampfhandlungen wandten sich die Gedanken der jungen Kämpfer ihrem Heim und ihren Familien zu, und sie machten sich auf den Weg nach Hause. Einige liefen voraus und überließen es anderen, den verwundeten Kameraden zu helfen. Um die Toten konnte man sich später kümmern.

Erst am nächsten Tag gelang es Sadayori, sich durch die verwüstete Stadt in den unzerstörten Teil der Vorstadt durchzuschlagen, in der Itohs Haus stand. Sadayoris Gesicht glich einer Maske aus getrocknetem Blut, Pulver und Dreck, das Weiß der Augen blutunterlaufen und rot. Sein Kimono war von umherfliegenden brennenden Holzstücken durchlöchert, das Haar angesengt. Als Itohs Frau ihn erkannte, stürzte sie aus dem Haus und half ihm hinein. Sadayoris eigene Wohnung war zerstört. Er sei sehr froh, daß Itohs Haus, das mehr als zweihundert Jahre alt war, noch stehe, war das einzige, was er noch sagen konnte. Sie wuschen ihn, bestrichen die Brandwunden mit Bärenfett und einer Kräutersalbe und brachten ihn in ein Gästezimmer. Er war erschöpft, hatte eine leichte Gehirnerschütterung und schlief wie ein Toter.

Eine Woche später wurde ihm die große Ehre zuteil, zum Fürsten von Satsuma befohlen zu werden, der ihn für «seinen heldenhaften Einsatz und das heroische Beispiel» dankte, das er den jungen Männern während des Kampfes mit den englischen Schiffen gegeben hatte. Man überreichte ihm Seidenstoffe und eine komplette Rüstung. Im Lauf des Tages trug man ihm ein Offizierspatent in der Satsuma-Armee an. Seines Wissens war dies das erstemal, daß die Satsuma einen Außenseiter in ihre Streitkräfte aufnahmen. Die Entscheidung fiel ihm nicht schwer. Von allen Clans waren nur die Satsuma, Choshu und vielleicht noch die Tosa mächtig und unabhängig genug, um das Land zu retten. Er nahm das Angebot an und leistete noch am selben Tag den Treueschwur.

27

In diesem Sommer, gegen Ende der Fangzeit, beobachteten die Walfänger und Fischer von Taiji, wie mit einer besonderen Strömung des großen, warmen Flusses Kuroshio unzählige Blauhaie in die Fischgründe eingedrangen.

An einem trägen, heißen Sommertag schaukelte die Flotte auf einer sanften Dünung. Es war ganz windstill. Die jungen Männer kühlten sich im Wasser ab, die älteren hatten sich Handtücher auf die rasierten Köpfe gelegt, tranken Tee, dösten oder schwatzten. In jedem Boot saß nur ein Mann im Ausguck – ein Auge aufs Meer, das andere auf die Signalposten gerichtet.

«He», rief einer der jungen Männer und schirmte die Augen gegen die gleißende Sonne ab, «was ist denn das?»

Iwadaiyu blickte rasch zu den Posten auf den Klippen hinauf, und wandte sich, als er kein Signal sah, die Augen zukneifend, in die Richtung, in die der junge Mann zeigte. Etwas Großes, Längliches, das tief im Wasser lag, trieb mit der Strömung auf sie zu, und aus dem Wasser ragte etwas, das wie ein seitlich ausgestreckter Arm aussah. «Ein Wal ist es nicht», sagte Iwadaiyu, «aber wir wollen es uns einmal ansehen.»

Als sie näher kamen, stellten sie fest, daß es ein ihnen unbekannter riesiger Tropenbaum war, der vom Strom weither aus dem Süden hierhergetragen worden war. Darunter tummelten sich ein paar hundert seltsam aussehende Fische. Sie schwammen mit wellenförmigen Bewegungen ihrer langen Seiten- und Rückenflossen, große Fische mit einem deutlichen Muster von bläulicher Farbe. Sie hatten sich im Schatten des schwimmenden Baums versammelt und sahen sich mit großen, erstaunt blickenden Augen um. Iwadaiyu ließ sich ins Wasser gleiten, um sich die Fremdlinge näher anzusehen. Er schwamm unter dem Baumstamm durch und kletterte ins Boot zurück. Er war jetzt fast sechzig Jahre alt, doch wären die grauen Strähnen in seinem Haar nicht gewesen, hätte man ihn für vierzig oder für noch jünger halten können. Als er den Saum seines Lendentuchs auswrang, fragte einer der jungen Männer, was es für Fische seien.

«Wegen der großen Muster auf ihren Schuppen, die wie Fischnetze aussehen, werden sie *ami mon gara* genannt. Sie kommen manchmal aus den warmen südlichen Ländern herauf und immer unter einem großen Baumstamm wie diesem. Merkwürdig, daß sie in diesem Jahr so nah an den Strand kommen, meist bleiben sie viel weiter draußen.»

«Kann man sie essen?»

«Natürlich kann man sie essen, aber sie sind bei weitem nicht so gut wie unsere Fische. Sehr knochig. Doch gebraten schmecken sie ganz gut.»

«Wir könnten uns ja einen oder zwei mit dem Speer herausholen und braten», sagte der junge Mann zu seinem Kameraden am selben Ruder. Er und drei andere nahmen die Fischspeere, die sie für solche Gelegenheiten bei sich trugen, aus ihren Hüllen und tauchten unter den Baumstamm mitten zwischen die erschrockenen Fische. Iwadaiyu ließ sie gewähren, denn es waren keine Wale in Sicht. Plötzlich jedoch entdeckte er die Haie – vorwärtsschießende blaue Gespenster unter der glitzernden Wasseroberfläche. Nur einen Harpunenwurf weit entfernt tauchten die Rückenflossen auf und begannen das Boot zu umkreisen. Eisige Kälte im Herzen, mußte er an den jungen Jinsuke denken, dem das Blut aus dem Armstumpf sprudelte, und sein Magen zog sich wie ein Krampf zusammen. Er griff nach einem Hammer und begann auf einen Ruderholm zu schlagen, das Signal für alle, die im Wasser waren, sofort aufzutauchen und zum Boot zurückzukommen. Köpfe erschienen, und ein Mann hielt triumphierend einen aufgespießten Fisch in die Höhe.

«Schnell! Haie! Blut im Wasser!» schrie Iwadaiyu, der wußte, daß die blauen Teufel näher kommen würden.

Sie kletterten, von ihren Kameraden halb gezogen, ins Boot zurück.

«Seht doch! Diese Bestie ist so groß wie ein Pilotwal!»

Die Haie umkreisten Boot und Baum, und ein Mann beugte sich über die Schatten werfende Seite des Bootes, wölbte die Hände vor den Augen und versuchte durch den dicken Planktonteppich ins tiefe Wasser zu spähen. «Weiter unten sehe ich noch viel mehr von diesen Biestern. Also mich kriegt heute keiner ins Wasser.»

«Wir schließen uns wieder der Flotte an. Werft den Fisch zurück, vielleicht dienen er und die anderen den Bestien zur Belustigung und sie lassen uns in Ruhe. So viele Haie habe ich noch nie gesehen.»

Die Fischer lösten den Fisch vom Speer und warfen ihn ins Wasser. Er sank langsam, dann schien plötzlich das Meer um ihn herum zu kochen, und er war verschwunden. Die Haie sammelten sich jedoch von neuem.

«Verschwinden wir, aber schnell!»

Die Männer legten sich in die Ruder. Bei der Flotte angekommen, ging Iwadaiyu mit seinem Boot neben dem Phoenix-Boot längsseits. Tatsudaiyu stand auf und winkte.

«Das Wasser wimmelt von Haien! Es ist hoffnungslos! Schaut, einer hat sogar in ein Ruder gebissen.»

Das Ruder Nummer drei an Steuerbord wurde aus dem Wasser gehoben. Das Ruderblatt war durchgebissen, und in den Splittern steckte ein dreieckiger weißer Zahn. Die Männer sahen sich an.

«Das muß ein großer Kerl gewesen sein, wenn er ein Ruder als Zahnstocher benutzen wollte», sagte einer, und sie lachten und scherzten und bemäntelten so ihre Furcht.

Tatsudaiyu stand im Bug seines Bootes und blies in sein Muschelhorn, dann winkte er mit dem Signalstock, um dem Beobachter auf der Klippe die Nachricht zu übermitteln, daß die Flotte zurückkam. Unterwegs begegneten ihnen kleinere Fischerboote, und sie erfuhren, daß auch die Fischer viele Haie gesehen hatten. «Sie haben uns alle Fische abgenommen, die wir an den Haken hatten, und das Boot gerammt. Mir reicht es. Ich hänge Köder an die Haken, um Fische zu fangen, nicht um selbst als Köder zu enden. Ich fahre auch nach Hause, es ist das Klügste, was man machen kann.»

«Auch wenn wir heute einen Wal gefangen hätten», sagte Iwadaiyu zu seinem Helfer, «hätten wir wahrscheinlich nur das Gerippe mitgebracht, und die Haie würden in den Booten Freudentänze aufführen.»

Als sie nach dem Einlaufen die Boote hinauftrugen und die Ausrüstung verstauten, erschien Kakuemon und wandte sich an Tatsudaiyu. «Was ist passiert? Warum seid ihr schon wieder da?»

«Weil es draußen von Menschenfresserhaien nur so wimmelt. Es ist zu gefährlich.»

«Aber, aber, ein Hai ist ungefährlich, wenn man nah beim Boot bleibt und sich mit dem Nasenschnitt und dem Lanzenwerfen beeilt. Und wenn man die Augen offenhält.»

Tatsudaiyu sah ihm eine Weile wortlos ins Gesicht und verneigte sich dann leicht. «Entschuldigt, Herr, aber wart Ihr nicht am Strand, als der Hai aufgeschnitten wurde, den mein Sohn getötet hatte? Habt Ihr nicht gesehen, was im Bauch der Bestie war? Hätte es diesen Unfall nicht gegeben, wäre mein Sohn noch hier. Doch er ist fort, und was das

Ungeheuer im Bauch hatte, liegt in unserem Familiengrab. Entschuldigt, Herr, aber mir braucht man über Haie nichts zu erzählen. Natürlich werde ich langsam alt, und möglicherweise läßt mein Urteilsvermögen nach, vielleicht wollt Ihr deshalb lieber jemand anders zum obersten Harpunierer ernennen...»

Iwadaiyu, der zufällig mithörte, mischte sich hastig ein. «Entschuldigt, Kakuemon-sama, aber da draußen sind nicht nur ein oder zwei Haie, es sind Hunderte. Die Männer weigern sich, ins Wasser zu gehen, und sogar die Fischerboote kommen zurück.»

«Wenn Ihr es selbst gesehen hättet, würdet Ihr es verstehen», sagte Tatsudaiyu. «Das Meer hat heute irgend etwas sehr Merkwürdiges. Es sind andere Fische da, und das Plankton ist auch verändert, das Wasser ist wärmer als gewöhnlich und hat eine seltsame Färbung – als seien mehrere Farben zusammengelaufen.»

«Vielleicht hat etwas den Drachenkönig gestört», sagte ein zusammengeschrumpfter Netzflicker, der trotz seines hohen Alters noch so gut hörte wie ein junger Mann. «Man sagt, wenn er dort unten gestört wird, schickt er seine Tochter und ihre Gespielinnen aus dem Palast nach oben, und sie verwandeln sich in Haie. Ihr Burschen beherzigt die alten Regeln zuwenig, wißt ihr...»

«Ja, ja, in Ordnung», sagte Kakuemon gereizt. «Heute braucht ihr nicht mehr hinaus, aber morgen will ich von dem Unsinn nichts mehr hören.» Damit stampfte er in sein Büro zurück.

Doch am nächsten Tag und am Tag danach und wieder am Tag danach sammelten sich immer mehr Blauhaie in Küstennähe. Kakuemon fuhr – was nur sehr selten vorkam – selbst hinaus und mußte zugeben, daß es für die Männer zu gefährlich war, ins Wasser zu gehen, und außerdem würden die Haie sich in den Walnetzen verfangen und sie zerreißen.

Ein Mann namens Yatazaemon brachte die Rettung, weil er sich an etwas erinnerte, das ihm sein Großvater erzählt hatte. Er fertigte eine lebensgroße Puppe aus Stroh an, wozu er und ein Gehilfe länger als einen ganzen Tag brauchten, weil sie das Stroh fest mit Stricken umwickeln mußten, damit die Puppe im Wasser nicht zerfiel. Sie legten sie in ein Faß mit Walöl und ließen sie vollsaugen. Dann brachten sie sie in einem Lastenboot mit einer Mannschaft von Freiwilligen aufs Meer hinaus.

Draußen in den Fischgründen ließen sie die Puppe an den stärksten Tauen, die sie finden konnten, ins Wasser. Yatazaemon und drei weitere Männer standen mit gezückten Lanzen bereit. Saburo und Shusuke gehörten zu den Freiwilligen, Saburo stand am Ruder,

Shusuke war einer der Lanzenwerfer. Die beiden Brüder haßten Haie aus sehr verständlichen persönlichen Gründen.

Das Walöl überzog das Wasser mit einer dünnen Haut, und auf der Oberfläche tanzte und hüpfte die Puppe. Es dauerte nicht lange, und die gespenstischen dunklen Schatten tauchten unter den Wellen auf und begannen zu kreisen.

«Wartet noch», sagte Yatazaemon, «sie sind ein feiges Pack, und wenn wir sie erschrecken, nehmen sie vielleicht Reißaus. Wenn wir warten und sie anfangen, sich bereit zu machen, ist es ganz leicht, sie aufzuspießen. Wenn ihr sie genau beobachtet, werdet ihr sehen, daß sie sich herumrollen, um zuzuschlagen. Zielt auf den Bauch und die Kiemen, nicht auf den Rücken.»

Ein großer Hai setzte zu einem Scheinangriff auf die Puppe an, umkreiste sie wieder und begann merkwürdig drohende Bewegungen zu machen. Der obere Teil seines Rumpfes schwang von einer Seite auf die andere, als schüttle er den Kopf. Der Hai hatte mehr als doppelte Mannesgröße und einen viel stärkeren Leib als ein Mann. Dann geschah alles ganz schnell. Die Puppe wurde unter Wasser gerissen, und wütend mit dem Schwanz schlagend, zerrte der Hai an einem Arm. Mit Strohstückchen vermischtes Walöl überzog das Wasser mit Regenbogenfarben. Yatazaemon wartete, bis ein weiterer Hai dazukam und sich dicht unter der Wasseroberfläche herumrollte. Der erste Lanzenwurf schnitt tief in die Kiemen ein, Blut sprudelte aus der Wunde und erregte andere Haie, die jetzt näher kamen, um anzugreifen. Shusuke durchbohrte den zweiten Hai und riß ihm den Bauch auf. Die blassen Innereien quollen heraus und wurden sofort von seinen Artgenossen verschlungen. Bald herrschte ein unübersichtliches Gedränge, immer mehr Haie kamen, und immer schneller schleuderten die Harpunierer ihre schweren Lanzen. Die Haie gerieten in einen rasenden Blutrausch und drängten sich immer näher an das Boot heran.

«He, nimm das!» rief Yatazaemon und reichte seine Lanze mit dem fast drei Fuß langen zweischneidigen Blatt einem kräftigen jungen Ruderer. Er selbst holte die große Lanze, die man zum Töten des Wals benutzte. Jetzt blitzten fünf Lanzenblätter, und den Männern lief der Schweiß in Strömen über Brust und Rücken. Haie stießen gegen das Boot, und Saburo, der fasziniert und entsetzt zugleich ins Wasser schaute, sah, daß sie sogar versuchten am Boot herumzubeißen. Es waren inzwischen mindestens hundert dieser Bestien, die nach einander schnappten, aneinander zerrten und gegen die Flanken des Bootes stießen.

«Genug! Machen wir, daß wir wegkommen!» Die Strohpuppe war zerfetzt. Die Männer verstauten ihre Lanzen und gingen an die Ruder, konnten jedoch zuerst keine Fahrt aufnehmen, weil die Haie die breiten hölzernen Ruderblätter angriffen. Langsam setzte sich das Boot in Bewegung, und die Männer begannen zu singen.

«Wir überlassen sie jetzt sich selbst», sagte Yatazaemon und blickte zufrieden zurück. «Sie werden sich gegenseitig auffressen.»

Ob es an dem Gemetzel lag oder die Strömungen sich gedreht und eine andere Richtung eingeschlagen hatten, wußte niemand. Nach ein paar Tagen jedenfalls wurden keine Haie mehr gesichtet und der Walfang wiederaufgenommen. Aber niemand vergaß, was geschehen war, und es gehörte wirklich großer Mut dazu, ins Wasser zu tauchen, den in den Netzen verstrickten Wal zu erklettern und ihm die Nasenlöcher durchzuschneiden.

Saburo sah etwas Unheilvolles darin, daß die häßlichen Geschöpfe in solchen Massen so nah an die Küste gekommen waren, und ihn quälte die abergläubische Angst, daß sie nur die Vorboten eines viel schlimmeren Geschehens gewesen waren.

28

Man schrieb Januar 1864. Nach einer sehr erfolgreichen Saison auf der *Perseus* musterte Jinsuke wehen Herzens ab, denn er wußte, daß er den Kapitän, die Mannschaftskameraden und vor allem die Harpunierer sehr vermissen würde. Mit zwei Seeleuten, die ihm mit dem Gepäck halfen, nahm er ein Boot und ließ sich an Land bringen.

Lyall und Susan erwarteten ihn auf dem Kai, zusammen mit einem mageren, blonden Mann, der einen gewichsten Schnurrbart trug und ein gutaussehendes Raubvogelgesicht hatte. Er hielt sich sehr aufrecht. Bekleidet war er mit einem maßgeschneiderten, zweireihigen, hüftlangen marineblauen Jackett und makellos gebügelter Nadelstreifenhose. Seine schwarzen Stiefel waren auf Hochglanz poliert und trotz des Drecks auf den Kais völlig sauber.

Während die beiden Matrosen sich um das Gepäck kümmerten, kletterte Jinsuke gewandt die Kaileiter hinauf. Oben angekommen, blieb er einen Moment stehen und säuberte sich die Hand an einem großen roten Taschentuch. Er reichte Lyall die Hand, aber der Freund packte ihn und umarmte ihn mit der Kraft eines Bären.

«Willkommen daheim, Jim», sagte er.

Jinsukes Augen suchten Susan, die schöner war denn je. Auch sie umarmte ihn und küßte ihn dann über dem dichten Gestrüpp seines schwarzen Vollbarts leicht auf die Wange. Währenddessen fühlte Jinsuke sich von dem hochgewachsenen, gutgekleideten Fremden scharf beobachtet, und heftige Eifersucht regte sich in ihm.

«Jim», sagte Lyall, «das ist Charles Olderby, ein Freund von mir. Charles arbeitet am hiesigen amerikanischen Konsulat, und wir schulden ihm einige Gefallen. Stimmt's, Charles?»

«Aber nein, durchaus nicht», antwortete Charles und murmelte, als er Jinsuke die Hand schüttelte, ein paar Höflichkeiten.

Lyall warf den beiden Matrosen ein paar japanische Silber-*bu* zu und bat sie, Jinsukes Gepäck auf die bereitstehende Kutsche zu laden. Als sie damit fertig waren, kamen sie zu Jinsuke, schüttelten ihm die Hand und wünschten ihm Glück. Einer blinzelte ihm kurz zu und warf einen Blick auf Susan.

«Jetzt begreife ich, warum Sie uns und das beste Walfangschiff, das auf den sieben Meeren kreuzt, im Stich lassen, Mr. Sky, Sir. Viel Glück, und es war eine Ehre für uns, mit Ihnen zu segeln.»

Jinsuke wurde vor Verlegenheit rot. «Fort mit euch, John, und grüßt mir die anderen.»

Lyall wandte sich an Olderby. «Sein Englisch ist perfekt, wie Sie hören.

«Das ist es tatsächlich.»

«Nein, nein», sagte Jinsuke. «Ich habe noch immer einen Akzent, und ...»

Lyall grinste und legte einen Finger auf seine Lippen. «Was erwartest du denn mit deinen zur Hälfte japanischen und zur Hälfte indianischen Vorfahren? An der Geschichte mußt du eisern festhalten, Jim, in dieser Beziehung hat sich hier nichts verändert. Los, sehen wir zu, daß wir nach Hause kommen, ich habe eine Überraschung für dich.» Er reichte Susan die Hand, um ihr in den funkelnagelneuen Zweispänner zu helfen, der vor dem schönen, erst kürzlich gebauten Bürogebäude und Lagerhaus mit Blick auf die Docks wartete. Jinsuke betrachtete das große in Rot und Gold gehaltene Schild und las dann laut: «Fogerty und Söhne, Handelsunternehmer und Schiffsausrüster.» Er sah Lyall an. «Söhne?»

«Vielleicht war das etwas voreilig», antwortete Lyall zurückhaltend und fuhr fort: «Das Geschäft weitet sich aus, und Arzneimittel sind für mich fast zum Steckenpferd geworden. Das ist ein fabelhaftes Land, um Handel zu treiben, Jim.»

Jinsuke stellte keine Fragen mehr und stieg in die Kutsche. Der alte Fogerty hat doch nur einen Sohn, dachte er. Er saß neben Susan, spürte ihre Wärme und versuchte die Erinnerung an die Nacht zu verdrängen, in der sie neben ihm gelegen hatte.

Vor dem Lunch tranken sie ein Glas Sherry, und Lyall führte seine beiden Gäste ins Arbeitszimmer, wo auf dem Schreibtisch ein vier Fuß langes perfektes Modell des neuen Dampfschoners *Big Sky* stand. Jinsuke hielt vor Überraschung und Freude den Atem an und preßte das Gesicht fast an den Glaskasten, wie ein Kind vor dem Schaufenster eines Süßwarenladens.

«Sie ist hier, in Yokohama, Jim, du bekommst sie bald zu sehen.»

«Und sie ist wirklich ein feines Schiff, Kapitän Sky.» Jim wandte sich Olderby zu und hob sein Glas.

«Wann kann ich sie sehen?» fragte er.

Lyall grinste von einem Ohr zum anderen. «Nach dem Lunch.»

«Aber wann ist sie eingetroffen? Wer hat sie nach Japan gebracht?»

Im selben Moment wurde die Tür zum Arbeitszimmer aufgerissen, und eine Stimme rief dröhnend wie ein Nebelhorn: «Lyall, du Knirps, rück den Rum heraus, dieses Zeug ist nichts für Schiffskapitäne!»

Ein alter Bär mit einer Brust so breit wie ein Faß stand auf der Schwelle. Das rote Haar war dünner geworden und wurde allmählich grau. Sein Gesicht war zerfurchter und röter, als Jim es in Erinnerung hatte, doch die lebhaften Augen waren unverändert.

«Käpt'n Fogerty, Sir!» Jinsuke lief zu ihm, um ihn zu begrüßen, und wurde aufgehoben und durch die Luft geschwenkt wie ein kleiner Junge.

«Ah, Jim, wie sehr lange haben wir uns nicht gesehen! Und schau dich jetzt an, stellst fast schon genausoviel dar wie ich, und bald bist du auch Kapitän. Lyall sagt, du hast dein Patent bekommen. Ich bin stolz auf dich, mein Junge, wirklich stolz.»

Lyall grinste noch immer über Jinsukes fassungslos erstaunte Miene. «Siehst du, Jim, der alte Herr hätte keinen Fremden auf der Brücke der *Big Sky* geduldet. Er hat sie aus England geholt. Morgen kannst du mit den Probefahrten anfangen, sie hat Kohlen gebunkert, und Proviant ist auch an Bord.»

«Aye, und sie ist eine Schönheit», sagte Kapitän Fogerty. «Wenn du es nicht wärst, der sie mir wegnimmt, würde ich um sie kämpfen, darauf kannst du dich verlassen. Segel und Dampf sind hier eine glückliche Ehe eingegangen, und sie ist nicht halb so rußig wie meine alte *Irene*, diese alte Kuh.»

«So sollten Sie nicht von der *Irene* sprechen, Sir», sagte Jinsuke.

Fogerty schlug ihm auf den Rücken. «Du hast dich nicht verändert, mein Junge. Jim hat meinen alten Flußkahn immer so herausgeputzt, als sei sie eine Hure, die von der Königin zum Tee eingeladen worden war.»

«Vater!» Susan war hereingekommen, um die Männer zum Essen zu holen, Fogerty drehte sich um und drohte ihr mit dem riesigen Zeigefinger.

«Fang nicht an, mit mir herumzunörgeln, junge Dame, so reden Seeleute nun mal.» Er wandte sich an seinen Sohn. «Her mit dem Rum, Lyall, ich trinke deinen verdammten Fruchtsaft nicht, darauf kannst du Gift nehmen.»

«Aye, aye, Skipper», sagte Lyall, führte sie ins Speisezimmer, und stieg dann selbst in den Keller, um den Rum zu holen.

Während des Essens redeten Lyall, Jinsuke und der alte Kapitän sehr viel, aßen wenig, tranken dafür aber um so mehr, so daß der Pegelstand der Rumflasche alarmierend sank. Sie sprachen über Schiffe, Segel, Motoren, Robbenjagd, Walfang, Taifune, Handel – versuchten die zehn Jahre zu überbrücken, in denen Jinsuke und der Kapitän sich nicht gesehen hatten, und wollten alles über Lyalls Pläne erfahren. Gegen Ende der Mahlzeit wandte Kapitän Fogerty sich an seinen Gast.

«Sie müssen entschuldigen, Mr. Olderby, aber Jim und ich haben einander eine Ewigkeit nicht gesehen. Er ist nämlich schon bald, nachdem er im Alleingang die Hälfte aller Piraten in China massakriert hatte, nach Amerika gegangen.»

Olderby lächelte. «Da gibt es nichts zu entschuldigen, Sir. Ich war fasziniert. Ich bin nämlich selbst zur See gefahren, ehe ich zum diplomatischen Corps ging. Ich wäre bei der Marine geblieben, doch dann kam der Bürgerkrieg, und mir gefiel, offen gesagt, der Gedanke nicht, gegen amerikanische Mitbürger kämpfen zu müssen, gleichgültig wie edel die Sache auch sein mochte.»

«Charles ist anno '53 mit Kommodore Perry nach Japan gekommen», sagte Lyall.

Jinsuke und der alte Ire machten große Augen. «Ach, tatsächlich?» sagte Fogerty. «Mir ist schon aufgefallen, daß Sie sich flotter kleiden als die anderen Diplomaten. Nun, das macht es für mich leichter, Ihnen zu sagen, was ich sagen möchte, Mr. Olderby. Jim Sky ist wie ein Sohn für mich. Er hat nicht nur mir in China das Leben gerettet, sondern hier in Japan auch das meines Sohnes und meiner Tochter. Wir sind alle Amerikaner und stolz darauf, und ich möchte, daß auch Jim amerikanischer Staatsbürger wird.»

Jinsuke legte die Gabel aus der Hand und sah Olderby an. «Es hat nichts mit dem zu tun, was der Kapitän eben sagte, aber ich habe Sie schon früher mal gesehen, und eben ist mir auch eingefallen, wo. In Naha, als Perry an Land kam, um dem Palast einen Besuch abzustatten. Sie waren ein junger Offizier und befehligten ein Boot. Ihr Gesicht war feuerrot, und Ihnen schien sehr heiß zu sein. Sie haben mich direkt angesehen.»

Olderby dachte zurück, erinnerte sich, einen dunkelgebräunten einarmigen Einheimischen gesehen zu haben, der ihn anstarrte.

«Sie – aber der Bart, das Haar, Ihre Kleider ...»

«Gute Maske, in die ich da geschlüpft bin, wie?» antwortete Jinsuke lachend.

«Aber es ist keine Maske mehr, Jim, nicht wahr? Du bist jetzt einer von uns.»

«Und damit will Vater sagen», warf Susan ein, «daß du nie das Gefühl haben sollst, eine Maske zu tragen oder in einer Verkleidung zu stecken. Deshalb will er – wollen wir, daß du amerikanischer Staatsbürger wirst, denn dann können dir die japanischen Behörden nichts mehr anhaben, dann bist du sicher.»

«Sie sind ein ganz besonderer Fall, Kapitän Sky», sagte Olderby. «Darf ich Sie Jim nennen?»

Jinsuke nickte, und Olderby fuhr fort: «Ich habe alles über Sie gehört und mit dem Konsul über Sie gesprochen. Und obwohl es eigentlich erforderlich wäre, daß Sie die ganze Zeit in Amerika gelebt haben, erfüllen Sie unserer Ansicht nach trotzdem die Voraussetzungen, weil Sie jahrelang auf einem amerikanischen Walfänger fuhren, sich im Land selbst aufhielten, mit heldenhaftem Einsatz amerikanischen Bürgern das Leben retteten und nicht zuletzt wegen der delikaten Situation in diesem Land.» Susan klatschte in die Hände, und Olderby warf, ehe er fortfuhr, einen Blick zu ihr hinüber. «Aber wie stehen Sie selbst zu dem Vorschlag, Amerikaner zu werden?»

«Ich bin Japaner», sagte Jinsuke schlicht. Susan machte ein langes Gesicht, und Kapitän Fogerty sah ihn wütend an. «Wie mein alter Kapitän, Euer Vater, bin ich stolz auf meine Heimat. Euer Vater ist Ire, in Irland geboren, aber er wurde Amerikaner. Wenn ich japanischer Amerikaner sein kann wie Euer Vater irisch-amerikanisch ist, dann wäre ich sehr stolz darauf. Doch im Herzen werde ich auch immer Japaner bleiben, ein Japaner, der Amerika liebt.»

«Und wenn Japan und Amerika gegeneinander kämpften, Jim, was dann?» fragte Fogerty.

«Ich habe im Leben genug gekämpft, Käpt'n», antwortete Jinsuke, «aber um meine Freunde, mein Heim, mein Schiff oder mich selbst zu schützen, fürchte ich keinen Kampf und wehre mich gegen jeden Angreifer, egal wer das ist. Außerdem ist meiner Meinung nach das Meer groß genug für mich, um mich aus den Zwistigkeiten anderer herauszuhalten. Krieg ist etwas für Narren, wenn ihr mich fragt.»

«Würdest du für Amerika und gegen Japan kämpfen?» wiederholte Fogerty.

Jinsuke sah Lyall und Susan und dann wieder den Alten an. «Das habe ich schon getan, nicht wahr? Die Männer, die ich in diesem Haus tötete, waren Japaner.»

«Geht das in Ordnung?» wandte Lyall sich an Olderby. «Können wir die Papiere für Kapitän Jim Sky abholen?»

Olderby hob sein Glas und lächelte Jinsuke über den Tisch hinweg zu. «Darauf wollen wir anstoßen. *Kampai*, Jim! Es wird ein paar Monate dauern, doch wenn Sie Amerikaner werden wollen, sind Sie uns willkommen.»

Am Spätnachmittag fuhren sie zur *Big Sky* hinaus, und Jinsuke bestand darauf, an Bord zu schlafen. Susan war gekränkt, weil er sich fast ausschließlich mit Kapitän Fogerty und Nicholson, dem kleinen, drahtigen Ingenieur aus Glasgow, unterhielt, der mit dem Schiff herübergekommen war und beschlossen hatte zu bleiben.

Lyall hatte Jinsuke nicht erzählt, daß nach Ankunft des Schoners in Yokohama einer der ersten Besucher an Bord der Zolloffizier Miyabe gewesen war. Damals waren außer Lyall nur der Chefingenieur und ein Schiffsjunge an Bord gewesen. Lyall bat den Beamten an Bord, schenkte ihm ein Flaschenschiff, über das er sich sehr freute, und erzählte ihm dann von seinem ehrgeizigen Wunsch, eine ganze Flotte zu besitzen, Schiffe, die alle asiatischen Häfen anliefen, jedoch in Japan beheimatet waren und fast ausschließlich mit japanischen Besatzungen fuhren. Zwar galten die alten Gesetze immer noch, doch sie wurden allmählich untergraben und viel lockerer gehandhabt. Eine große, offizielle japanische Delegation war sogar auf einem neuen dampfbetriebenen Kriegsschiff, das in Holland für das *bakufu* gebaut worden war, nach Amerika gereist. Es war die *Kanrin Maru* mit ungefähr dreihundert Tonnen. Wenn das möglich war, mußte eine Handelsflotte doch erst recht Chancen haben.

Miyabe sagte, es sei schwierig, und man könne Veränderungen nur nach sorgfältiger Überlegung und mit größter Vorsicht durchsetzen. Jedoch...

Ein paar Wochen später erhielt Lyall eine Einladung in ein kleines Teehaus in Kanagawa, etwas abseits von der Tokaido-Straße. Dort machte Miyabe ihn mit zwei Männern bekannt. Der eine war Kapitän der *Kanrin Maru* gewesen, der andere Leiter der allzu kurzlebigen Marineakademie in Hyogo. Beide waren noch jung, hatten lebhafte Gesichter und geschmeidige, athletische Körper. Miyabe hatte ihnen erzählt, daß Lyall die Absicht hatte, seine Schiffe mit japanischen Seeleuten zu bemannen, und jetzt fragten sie ihn auf Herz und Nieren aus, weil sie sich nicht vorstellen konnten, warum er, ein Ausländer, sich so für die maritimen Angelegenheiten Japans interessierte. Lyall gelang es jedoch, alle Fragen so überzeugend zu beantworten, daß ihr Mißtrauen schwand.

Einen Monat später hatte die *Big Sky* die von Lyall gewünschte Mannschaft. Nur Nicholson, der chinesische Koch und – angeblich –

Jinsuke waren keine Japaner. Miyabe, Katsu Rintaro, der Kapitän der *Kanrin Maru*, und der Dritte im Bunde, Sakamoto Ryoma, hatten die offizielle Erlaubnis erhalten, passende junge Männer mit *bushi*-Status auszusuchen, die auf dem Schiff ausgebildet werden sollten. Tetsuro, ein junger Samurai und Miyabes Neffe, sollte unter Jinsukes Fittichen die Laufbahn des Ersten Offiziers einschlagen. Die übrigen Männer kamen aus Küstengemeinden im Gebiet der Tosa auf Shikoku. Das war zufällig die Heimat des Clans, in den Sakamoto hineingeboren worden war, und auch, vielleicht nicht ganz zufällig, die Heimat des Ex-Yankee-Walfängers und repatriierten Japaners Nakahama Manjiro, jetzt Ratgeber für Walfangangelegenheiten bei der *bakufu*-Regierung. Es waren insgesamt zwölf Japaner, eifrige junge Männer, die westliche Sprachen und Naturwissenschaften studiert hatten und von Kindesbeinen an mit Booten vertraut waren. Als sie an Bord kamen, straffte Kapitän Jim Sky unwillkürlich die Schultern. Ganz gleich, welchen Status sie an Land hatten, ganz gleich, mit wem sie vielleicht verwandt waren oder was für Beziehungen sie hatten, an Bord dieses Schiffes mußten sie lernen, daß er der Kapitän und als solcher fast ein Gott war. Befehle gab er auf englisch, und auch der Navigationsunterricht wurde in derselben Sprache abgehalten. Die jungen Männer bekamen eine Uniform im westlichen Stil, und sobald sie ihre Sachen verstaut hatten, mußten sie zur ersten Lektion antreten, in der ihnen beigebracht wurde, wie sie den Kapitän zu grüßen hatten. Er ließ sie sogar ihre kurzen Schwerter ablegen und rüstete sie mit Klappmessern aus, wie Seeleute sie trugen. Die jungen Männer bewunderten ihn vom ersten Tag an. Nur Tetsuro wußte, wer der Kapitän wirklich war.

29

Jinsuke benutzte nie einen Regenschirm. Er betrat die vorderen Büros von Lyall Fogertys Firma und schüttelte den Regen von seiner Mütze. Es waren ziemlich viele Leute da, einige in Geschäften, andere warteten, daß es aufhörte zu regnen: Männer aus dem Westen, die Anzüge trugen, zwei Japaner in Samurai-Kleidung, die Schwerter in den Schärpen, und drei Leute von Jinsukes Mannschaft in ihrer marineblauen Uniform mit weißem Matrosenkragen. Sie verneigten sich, als sie ihn sahen, und er winkte ihnen zu.

Draußen im Hafen lagen nicht weniger als siebzehn ausländische Kriegsschiffe, und sogar während des Regens hörte man die Marschschritte kleinerer Militäreinheiten, sah man Marinesoldaten, das Gewehr mit aufgepflanztem Bajonett über der Schulter, auf den Kais Patrouille gehen. Doch trotz des drohenden Krieges, der alle Verträge außer Kraft setzen und die Ausländer aus dem Land vertreiben sollte – eines Krieges, den das *bakufu* nicht wirklich wollte –, herrschte in und um Yokohama eine fröhliche Stimmung. Krieg schien fast ein Fest zu sein, wenigstens dann, wenn die Schlachtfelder wahrscheinlich weit weg in Kyushu oder Choshu liegen würden. Inzwischen fühlte sich die ausländische Gemeinde ausreichend beschützt. Und was das Gerücht anging, der Kaiser selbst habe die Vertreibung aller Ausländer befohlen – Japan war im Hinblick auf Gerüchte immer ein wahres Wespennest.

Jinsuke nickte seinen Leuten zu und ging zum vordersten Schreibpult. Ein Angestellter, frisch aus Schottland importiert, kam lächelnd hinter der hölzernen Barriere hervor.

«Einen schönen guten Tag, Sir, Kapitän Sky. Folgen Sie mir bitte.»

Mit einer für die Männer im vorderen Büro bestimmten kaum merklichen Verbeugung ging Jinsuke an allen vorbei in den ersten Stock hinauf, wo Lyalls Büro mit den großen Erkerfenstern lag, die auf den Hafen hinausblickten. Neben einem Fenster stand auf einem Dreifuß ein großes Messingteleskop. Lyall war allein und studierte eine Landkarte. Als Jinsuke eintrat, sah er auf und zeigte auf einen Stuhl.

«Da bist du also wieder, Jim. Das muß diesmal eine rauhe Fahrt gewesen sein, wie ich deinem Ersten Offizier schon sagte. Ich habe schon neue Segel für euch bestellt...»

«Gut.» Jinsuke setzte sich, streckte die Hand nach dem Glas aus, das Lyall für ihn einschenkte, und trank einen Schluck. Es war wieder Sherry. Lyall setzte sich ihm gegenüber und hob sein Glas. «Alles heil und sicher abgeliefert, nehme ich an?»

«Keine Schwierigkeiten, aber der junge Tetsuro weiß, daß sich irgendwas zusammenbraut.»

«Er würde mich enttäuschen, wenn er es nicht wüßte», sagte Lyall, trank und sah Jinsuke über den Rand seines Glases hinweg an.

Selbst wenn sie allein waren, sprachen sie immer Englisch miteinander, obwohl Lyall in Japanisch schnelle Fortschritte machte. Der Schoner hatte eine Ladung Kupferwaren, Rohseide und Tee nach Shanghai gebracht und war mit einer gemischten Ladung nach Nagasaki weitergesegelt. In Nagasaki hatte er zwei Männer aus Tosa an Bord genommen, die bis Susaki mitgefahren waren, wo sie bei Nacht und Nebel eine geheimnisvolle Ladung gelöscht hatten. Jinsuke war an Ort und Stelle mit Goldmünzen bezahlt worden. Moderne Gewehre waren in manchen Lehen jetzt sehr gefragt. Aber der Transport war eine riskante Sache, seit das *bakufu* ein Waffenembargo verhängt hatte.

«Jim, Vater möchte gern nach Shanghai zurück, und ich habe wieder eine Ladung für dich. Ich weiß, es ist eine schwierige Reise mit den vielen Taifuns. Außerdem heißt es, man müsse noch immer um die Südküste von Kyushu herumfahren. Die Choshu-Idioten feuern auch jetzt noch auf Schiffe, die durch die Straße von Shimonoseki segeln.» Lyall schaute aus dem Fenster auf die ausländische Armada. «Obwohl es so aussieht, als sollte Choshu bald ein für allemal eins auf die Rübe bekommen.»

Er sah Jinsuke an, der ein finsteres Gesicht machte. «Ach, komm schon, Jim, daß harmlose Handelsschiffe beschossen werden, kannst du doch nicht gutheißen, oder?»

Seit das *bakufu* sich dem kaiserlichen Befehl beugen und zustimmen mußte, alle Ausländer bis zum 25. Juni 1863 zu vertreiben, war über ein Jahr vergangen, und nichts war geschehen. Choshu war inzwischen zum ausländer- und *bakufu*-feindlichsten Lehen geworden. Gemäßigte Clan-Führer hatte man entweder beseitigt oder ihnen befohlen, *seppuku* zu begehen, oder sie durch Drohungen zum Schweigen gebracht. Jetzt hatte Choshu es auf sich genommen, die Befehle des Kaisers auszuführen, jedoch mit geringem Erfolg.

Schon hatte der französische Admiral Jaurés im Juli desselben Jahres Vergeltung geübt, indem er, von einem amerikanischen Kriegsschiff unterstützt, mit französischen Kriegsschiffen die Küstenbatterien in der Straße von Shimonoseki bombardiert hatte. Sie schickten sogar Landungskommandos aus, die die Choshu-Krieger vertrieben und ihre Geschütze vernagelten. Jetzt hatten auch Holland und England Kriegsschiffe entsandt, die die Choshu lehren sollten, Handelsleute in Ruhe zu lassen, und eine aus vier Nationen bestehende Armada brannte darauf, loszusegeln und Choshu eine Lektion zu erteilen. Es gab Leute, die hofften, die Schlacht werde die Choshu-Männer zur Vernunft bringen, ebenso wie der britische Vergeltungsangriff auf Kagoshima im vergangenen Jahr damit geendet hatte, daß die Briten und die Satsuma sich sehr nahegekommen waren. Zur größten Bestürzung des *bakufu* machten die Briten mit den Satsuma gemeinsame Sache, wodurch der südliche Clan immer mächtiger wurde. Jinsuke hatte das nicht nur von Lyall und dessen Freund Olderby, sondern auch von seinen jungen japanischen Offizieren gehört. Obwohl sie zu den Gemäßigten gehörten und westlichen Lebensstil lernten, waren sie unleugbar patriotisch und sehr bedrückt wegen des bevorstehenden Angriffs, auch wenn sie mit den Radikalen nicht einer Meinung waren. Lyall beobachtete Jinsuke, der in sein Glas starrte und schwieg.

«Nun, Jim?»

«Es sind Narren, und das wissen wir. Die Schiffe mit ihren Vierundsechzigpfündern werden sie in Stücke reißen.» Jinsuke stellte sein Glas auf die polierte Platte von Lyalls Schreibtisch. «Aber ich wünschte, all die Leute, die da draußen paradieren, würden es nicht so deutlich zeigen, wie sehr sie sich darüber freuen, daß es vielleicht Krieg gibt.» Leiser fügte er hinzu: «Und vergiß nicht, Lyall, das ist das Land, in dem ich geboren bin.»

«Ich vergesse es nicht, Jim, und ich empfinde genauso wie du. Aber sie können uns nicht vertreiben, und sie sollten es auch nicht. Doch mit all den Drohungen und der wankelmütigen Regierung, die die Fanatiker hofiert, dem Kaiser, seinen Höflingen, den zählebigen *daimyos* und weiß der Kuckuck mit wem oder was außerdem, kann in Edo niemand Entscheidungen treffen, gleichgültig, um was es geht. Und, was noch wichtiger ist, es ist schlecht für den Handel.» Er stand auf und sah zu den Schiffen hinüber. «Traurig, nicht wahr, Jim?»

Seit Jinsuke erfahren hatte, daß die Männer, die das Haus der Fogertys überfallen hatten, *ronin* aus Choshu gewesen waren, hatte er für ihresgleichen nicht mehr viel übrig. Die engstirnige Dummheit der Sonno-Joi-Politik hatte er schon lange verachtet. Und doch war er im Herzen Japaner. Wenn nur Männer wie Sadayori auf ihn hören wollten! Wo war der Samurai wohl jetzt? Tetsuro, sein Erster Offizier, hatte Jinsuke erzählt, Matsudaira Sadayori sei bei seinem Onkel Miyabe gewesen, um die Schwerter der Männer zurückzufordern, die bei dem Überfall auf das Fogerty-Haus getötet worden waren. Tetsuro hatte außerdem gesagt, sein Onkel befürchte, daß Sadayori Jinsuke nach dem Leben trachte. Das erfüllte Jinsuke mit Trauer und Zorn.

Lyall reichte ihm einen Briefumschlag. Jinsuke öffnete ihn und begann zu lesen. Dann sah er mit gefurchter Stirn zu Lyall auf. «Kagoshima? Nach allem, was die Briten dort angerichtet haben? Sie würden uns aus dem Wasser pusten. Die *Big Sky* ist kein Kriegsschiff. Du willst doch nicht wirklich dorthin, oder?»

Lyall lächelte. «Hast du denn noch nicht gehört, wie gut es – erstaunlicherweise, wie man zugeben muß – zwischen den Briten und dem Satsuma-Clan jetzt läuft? Abgesehen davon, ist deine Sorge überflüssig, denn wir werden einen jungen Satsuma-*hatamoto* als Passagier an Bord haben. Ich habe es direkt vom alten Miyabe, daß das *bakufu* den Satsuma das Geld leiht, das die Briten als Wiedergutmachung für die Richardson-Affäre verlangen. Der britische Angriff hat großen Eindruck auf sie gemacht. Sie sind ein sehr kriegerischer Clan und respektieren Stärke.»

Jinsuke sah ihn grimmig an. «Ja, darüber weiß ich eine ganze Menge. Und woraus besteht unsere Fracht? Sind es wieder Waffen?»

Lyall nickte. Jinsuke fluchte leise vor sich hin. «Muß das sein?»

«Ich glaube schon, Jim. Ich glaube, daß die derzeitige Regierung bald abtreten muß, und daß in Zukunft die Starken die Entscheidung treffen. Deshalb möchte ich mich so früh wie möglich auf die richtige Seite schlagen.»

«Aber wir haben doch auch noch anderes geladen, oder?» fragte Jinsuke fast sarkastisch.

«Ja natürlich, Farben, chinesischen Wein, Baumwollwaren, Tischbestecke, Kleinkram, ein paar Arzneimittel. In Kagoshima nimmst du eine Ladung Zucker und ein paar tausend Scheren an Bord. Und Gold, Jim. Gold!»

Jinsuke blätterte in den Seiten, die er in der Hand hielt, inspizierte die Liste. Scheren aus Tanegashima, Zucker, sogar Salz ... Seine Gedanken schweiften zurück nach Okinawa.

«Aber hör zu, Jim, auch wenn sie dich darum bitten, geh nicht an Land. Wir haben Tosa-Männer in unserer Mannschaft, daher vertraue ich darauf, daß dort alles gutgeht, aber es ist unser erstes Geschäft mit den Satsuma.»

«Nur keine Sorge. In Kagoshima lasse ich mich bestimmt nicht blicken. Ich bleibe an Bord, bis an die Zähne bewaffnet. Hab ich dir nicht erzählt, daß ich einmal einem Samurai aus Kagoshima eins auf den Schädel gegeben habe? Das hat ihm und seinen Freunden nicht gerade gefallen.»

«Doch, du hast es mir erzählt, ich erinnere mich. Die Narben auf deinem Rücken, stimmt's? Aber bleib ganz ruhig, Jim.»

Jinsuke nickte. Mochten die Satsuma-Samurai ihn auch gefoltert haben, er fühlte sich einem Mann namens Itoh, der ihn ins Meer geworfen hatte, damit er nach Shanghai fliehen konnte, noch immer verpflichtet.

«Du mußt auch Vater nach Shanghai bringen, Jim.»

«Du weißt, daß ich gern hinsegle, und du weißt, daß ich den alten Skipper gern an Bord habe, aber Lyall, ich muß dich wieder warnen, verlier hier kein Wort darüber – der japanischen Mannschaft ist es noch immer verboten, japanische Gewässer zu verlassen.»

«Wird einer deiner Leute reden?»

«Nein, natürlich nicht.»

«Dann werde ich's auch nicht tun, und Vater ebensowenig. Er kommt abends an Bord, und da er das Schiff häufig besucht, wird es nicht auffallen.»

«Aber es ist die zweite Reise nach Shanghai innerhalb von drei Monaten.»

«Das ist schon in Ordnung, Jim. Mach dir keine Sorgen. Ich schätze, daß viele Japaner ins Ausland gehen werden, nachdem die Choshu ihre Tracht Prügel bezogen haben.» Er musterte seinen Kapitän forschend. «Vater möchte Susan überreden, ihn zu begleiten, Jim. Mutter sagt, sie habe einen Heiratskandidaten für sie. Sie will nicht fahren und wird es wahrscheinlich auch nicht tun, aber die Eltern drängen darauf, Jim.»

Jinsukes Miene blieb unbewegt, als Lyall ihn eindringlich ansah. «Sie wehrt sich dagegen, nach China zurückzugehen. Sie sagt, sie heiratet keinen Mann, den man ihr ausgesucht hat. Ich denke, ich sollte dich auch warnen, daß Vater ein bißchen komisch zu dir sein wird.»

Jinsuke zuckte mit den Schultern. «Er ist Ire. Als ich bei der Eisenbahn arbeitete, bin ich ziemlich vielen Iren begegnet. Sie sind oft schwierig. Das macht mir nichts, und außerdem bin auf der *Big Sky ich* der Kapitän.»

Lyall grinste ihn an, dann veränderte sich jedoch sein Gesichtsausdruck. «Ich hätte dir viel zu sagen, Jim, aber du verrätst mir ja nie etwas über deine persönlichen Gefühle. Du sollst nur wissen, daß ich auf deiner Seite bin.»

Jinsuke verstand sehr gut, was Lyall damit sagen wollte. Wann immer er in den Hafen einlief, kam Susan an Bord, brachte ihm kleine Geschenke und versuchte eine Weile mit ihm allein zu sein. Er wiederum hatte ihr kleine Aufmerksamkeiten nach Hause geschickt, kunsthandwerkliche Gegenstände, Körbe mit Südfrüchten, frische Langusten, frische Fische und einmal sogar ein Riesenstück Walfleisch mit der genauen schriftlichen Anleitung, wie es zuzubereiten war.

Lyall sah Jinsuke immer noch an. Er wirkte viel sicherer, männlicher, hatte ein volleres Gesicht und breitere Schultern als früher.

«Jim, wenn du nicht weißt, daß sie auf dich wartet, sollte ich es dir nicht sagen. Aber spiel ja nicht mit ihr herum, sonst erschieße ich dich eigenhändig.»

Jinsuke erstarrte innerlich zu Eis und erwiderte Lyalls festen Blick. Lyall Fogertys Augen waren manchmal unverkennbar orientalisch, sein Gesicht eine merkwürdige, aber anziehende Mischung aus Ost und West. Hatte Lyall in jener Nacht gewußt, daß Susan bei ihm war? Es war nichts zwischen ihnen geschehen, doch welcher Mann würde ihm das glauben? Er stand langsam auf, zog den Revolver aus dem Schulterholster, spannte den Hahn und reichte die Waffe mit dem Griff nach vorn seinem Freund.

«Du willst schießen, bitte, drück ab. Ich will dir aber dennoch sagen, daß deine Schwester mir sehr viel bedeutet. Du begreifst nur nicht, daß ich so etwas wie ein Gefangener bin. In meinem Leben gibt es viele Dinge, die ich in Ordnung bringen möchte, aber aus diesem Grund nicht in Ordnung bringen kann. Zwischen Susan und mir gibt es nichts, dessen wir uns schämen müßten, nichts, was deinen oder deines Vaters Zorn rechtfertigt.»

Lyall richtete die Revolvermündung auf die Zimmerdecke und legte den Hahn ganz vorsichtig mit dem Daumen wieder um. «Wenn ich dich erschießen müßte, würde ich eine größere Waffe benutzen, Jim», sagte er. «Ich sage es dir doch nur. In allen anderen Dingen bist du so positiv und ausgerechnet in dieser Angelegenheit so – so verdammt – so verdammt japanisch. Geh und bring dein Leben in Ordnung, und dann mach es meiner Schwester sehr, sehr klar, wie die Dinge stehen.»

Jinsuke nickte, und sein Gesicht wurde wieder ausdruckslos.

«Verdammt, Mann, geh nach Taiji – denn das ist es doch, nicht wahr? Du hast dort jemand. Ich will alles tun, um dir zu helfen, aber du wirst meiner Schwester nicht länger das Herz schwermachen. In dieser Beziehung muß ich Vater recht geben. Es wird Zeit, daß sie heiratet. Dir ist es vielleicht nicht aufgefallen, Jim, doch es gibt mehrere Männer, die auch so denken und sich Hoffnungen machen.»

Jinsuke fragte sich noch immer, ob Lyall über jene bewußte Nacht informiert war. Er war verlegen und zerbrach sich den Kopf, ob er ihm alles erklären sollte oder nicht. «Lyall, mit Susan...»

Lyall hob abwehrend die Hand. «Ich habe gesagt, ich bin auf deiner Seite. Aber manchmal, Jinsuke, bist du so verdammt selbstsicher, daß ich dir am liebsten einen Tritt gäbe. Ich schätze, du wirst schon das Richtige tun. Und jetzt raus mit dir, ja?»

Jinsuke steckte die Waffe ein und wandte sich wortlos zum Gehen – tief gekränkt und zornig auf sich selbst, auf Lyall, auf die ganze Situation.

«Jinsuke», wieder nannte Lyall ihn bei seinem richtigen Namen und fuhr auf japanisch fort: «Meiner Mutter geht es nicht gut, und Vater macht sich Sorgen um sie, um Susan, um alle möglichen Dinge. Sei nett zu ihm, ja?»

Jinsuke blieb an der Tür stehen, verneigte sich und ging. Lyall sah ihm kopfschüttelnd nach. Es gab auf der ganzen Welt keinen Mann, den er mehr bewunderte als Jinsuke, doch die Erinnerung an jene furchtbare Nacht löste stets eine Furcht in ihm aus, die er nur schwer unterdrücken konnte. Jinsuke hatte ihn gerettet, doch gleichzeitig hatte Lyall begonnen, ihn zu fürchten. Er fürchtete ihn, war ihm dankbar, bewunderte ihn. Als die Gewalttätigkeiten zu Ende waren, war er gegen Morgen, weil er nicht schlafen konnte, in Susans Zimmer gegangen, um mit ihr zu reden, wie sie es als Kinder getan hatten, wenn über Shanghai ein Gewitter tobte. Aber Susan war nicht in ihrem Zimmer gewesen. Es gab nur einen Ort, wohin sie gegangen sein konnte, und wenn sie dort war, dann nur, weil sie es selbst gewollt hatte...

Als Jinsuke durch das vordere Büro kam, lief ein Schreiber auf ihn zu und reichte ihm eine kleine Tasche und einen Brief. Jinsuke las ihn in dem Boot, mit dem er sich zum Schiff übersetzen ließ.

Jim,
hin und wieder gehen Maschinen kaputt. In einem solchen Fall muß ein Schiff einen Hafen anlaufen. Ich schicke Dir zwei Flaschen Scotch, die Du vielleicht mit dem Ingenieur bei einem kleinen Schwätzchen leeren möchtest. Taiji liegt natürlich auf dem Rückweg nach Yokohama, nachdem Ihr in Kagoshima wart. Miyabe-san hat mir einmal

erzählt, Taiji sei ein ganz kleiner Ort, ganz ohne *bakufu*-Polizei. Susan segelt spätestens einen Monat nach Deiner Rückkehr von der nächsten Reise nach Shanghai.
Alles Gute, Lyall.

Die *Big Sky* segelte einen Tag, nachdem die großen Kriegsschiffe ausgelaufen waren, mit dem alten Kapitän Fogerty und einem sehr nachdenklichen Jinsuke an Bord.

Als die Insel Oshima in Sicht kam, erschien Kapitän Fogerty auf der Brücke. Der Erste Offizier Tetsuro zeigte auf die Insel und erzählte Jinsuke von ihrer Geschichte als Exilort für Gefangene des *bakufu*. Er drehte sich um und salutierte vor dem alten Kapitän.

«Guten Morgen, Sir.» Er sah seinen eigenen Kapitän an. «Nehmen wir diesmal Kurs auf Irland, Sir? Oder geht es wieder nur nach Shanghai?» Die beiden Männer sahen den jungen Offizier an.

«Wären Sie denn bereit, mit uns nach Irland zu segeln?» fragte Fogerty.

«Ja, Sir», antwortete Tetsuro.

«Und die anderen?» fragte Jinsuke.

«Alle Japaner wären dazu bereit... Die meisten möchten nach England oder Amerika.» Tetsuro grinste. «Auch wenn der Ingenieur sagt, daß Schottland der schönste Platz auf der Welt ist, Sir, und der Koch immer nur nach Shanghai zurückwill.»

«Diesmal ist es nur Shanghai», sagte Jinsuke schroff, war aber innerlich tief gerührt. «Auf dem Rückweg machen wir kurz halt in Nagasaki und nehmen einen Satsuma an Bord, einen Passagier. Anschließend umsegeln wir Kyushu und laufen Kagoshima an.»

«Ka...» Tetsuro biß sich auf die Unterlippe, in seinen Augen blitzte es eine Sekunde lang seltsam auf. Dann salutierte er. «Aye, aye, Sir!» Ohne noch etwas zu sagen, ging er, um auf den Karten den Kurs abzusetzen. Es würde von dieser Reise zwei Kartensätze geben – einen offiziellen für die Behörden und einen, auf dem der wirkliche Kurs der *Big Sky* verzeichnet war.

Fogerty warf einen Blick auf die geblähten Segel. «Einen schönen Tag haben wir heute erwischt, Jim», sagte er. «Da macht sie ihre sechs bis sieben Knoten, nicht wahr?»

«Fast acht, wir liegen gut im Wind.» Mehr sagte Jinsuke nicht, weil er das Gefühl hatte, daß Fogerty etwas mit ihm besprechen wollte. Endlich fügte er aber doch noch hinzu: «Lyall hat mir erzählt, daß es Mrs. Fogerty nicht gutgeht, Sir. Das tut mir leid.»

Der alte Kapitän seufzte. «Aye, nun ja, ich schätze, sie härmt sich auch meinetwegen ab, ich hab sie zu lange allein gelassen. Wir werden langsam alt, weißt du…»

Jinsuke sah seinen ehemaligen Kapitän an und merkte zum erstenmal, wie schwer das Alter auf ihm lastete, das Alter und alte Wunden. Er war jetzt viel dünner, fast hager, Gesicht und Hände stark verrunzelt, und das früher leuchtendrote Haar war spärlich geworden und mit grauen Strähnen durchsetzt. Da er wegen der starken Sommerhitze die Hemdsärmel aufgerollt hatte, sah man an den Armen die stark hervortretenden Muskel- und Venenstränge.

«Ich bin sicher, sie wird schnell gesund, wenn Sie wieder da sind, Sir, und» – Jinsuke zögerte scheu – «ich freue mich sehr, Sie an Bord zu haben. Es ist wie ein Traum.»

«Danke, Jim, und ich bin stolz, mit dir segeln zu dürfen.» Fogerty lachte kurz auf. «Wenn ich mir vorstelle, daß du kaum ein Wort Englisch konntest und von Navigation keine Ahnung hattest, als du zu mir auf die *Irene* kamst. Weißt du, ich hätte es gern gesehen, wenn du bei mir geblieben wärst, dann hätte ich mir ein anderes Schiff zugelegt, und wir wären richtig zur See gefahren, nicht nur den Fluß rauf und runter geschippert. Andererseits hätte ich wegen der Kinder und so nicht monatelang von daheim fortbleiben können. Den Frauen ist das nicht recht, Jim, wirklich und wahrhaftig nicht. Sie mögen es nicht, wenn man nicht da ist, und denken dann immer, daß der Mann sich auf seinem Schiff mehr zu Hause fühlt. Mit der Zeit gewöhnen sie sich daran, daß er immer abwesend ist, und wenn er dann nach Hause kommt, stellt er fest, daß er nicht mehr richtig hineinpaßt. Kommt man von einer langen Reise zurück, ist anfangs alles eitel Wonne, aber dann juckt es dich, du willst die kleinen Nörgeleien nicht mehr hören, die Kinder gehen dir auf die Nerven und die klatschsüchtigen Nachbarn noch mehr. Du sehnst dich wieder nach Wind und Meer. Deshalb habe ich mich dem Flußhandel zugewandt, obwohl er in gewisser Weise riskanter war.» Er seufzte wieder. «Und natürlich hatte China es mir angetan. China, aye, und eine wunderbare Frau…» Fogerty lehnte sich an die Reling und blinzelte in die gleißende Sonne.

«Wie lange fährst du jetzt zur See, Jim?»

«Seit ich denken kann, Sir. Ich bin schon mit den Fangbooten hinausgefahren, als ich gerade alt genug war, ein Ruder festzuhalten.»

«Nein, nein, ich meine keine Boote, ich meine, wie lange du richtig zur See fährst.»

«Über zehn Jahre, Sir.»

Der alte Kapitän wandte sich ihm lächelnd zu. «Zehn Jahre… Ich bin stolz auf dich, Jim, das weißt du.»

Der Koch rief zum Frühstück, und danach bekam Jinsuke Fogerty den ganzen Tag nicht mehr zu Gesicht. Doch nach dem Abendessen setzten sie sich zusammen in die Salonkabine und tranken einen starken, aromatischen Kartoffelschnaps, den Jinsuke auf seiner letzten Reise in Kyushu erstanden hatte. Die See war so ruhig, daß sie die Bullaugen öffnen konnten. Kühle Luft wehte herein, das Schiff rollte und ächzte, und Flasche und Gläser klirrten leicht in ihren Halterungen.

«Wir Japaner nennen dieses Getränk *shochu*», sagte Jinsuke. «Es ist aus süßen Kartoffeln gemacht. Die meisten Leute trinken es mit heißem Wasser, aber ich schätze, Sie werden es pur versuchen wollen.»

Er schenkte ein und hob sein Glas. Der alte Kapitän hob das seine ebenfalls, schnupfte auf, grinste und kippte den Schnaps hinunter.

«Hoppla! Das ist wahrhaftig kein schlechtes Gebräu! Du kennst wirklich den Weg zum Herzen eines alten Iren, Jim. Schenk nach, Sir, so gutes Zeug soll nicht in der Flasche verfaulen.» Er trank noch einmal, stützte sich dann mit den Unterarmen schwer auf die Tischplatte und sah Jinsuke direkt in die Augen.

«Du hast dich gut gemacht, Jim, und wie ich schon sagte – ich bin stolz auf dich. Und jetzt, Junge: Wann willst du endlich heiraten?»

Jinsuke murmelte etwas, die Worte blieben ihm im Hals stecken. Endlich sagte er, er könne nicht heiraten, solange er nicht mit seinem Vater gesprochen habe, und da das Gesetz gegen aus dem Ausland zurückkehrende Japaner noch existiere, habe er wohl kaum eine Chance. Fogerty griff nach der Flasche und schenkte nach.

«Jim, Junge, ein Seemann sollte sich mit dem Heiraten immer Zeit lassen, sollte auf jeden Fall warten, bis er dreißig ist. Aber wie alt bist du jetzt? Sechsunddreißig? Siebenunddreißig? Mit einem Mann, der in diesem Alter noch nicht verheiratet ist, stimmt etwas nicht. Du befehligst jetzt ein Schiff und hast einen schönen Batzen Geld auf der hohen Kante – klug investiert, wie mein Sohn mir erzählt hat –, also wird es Zeit, daß du dir eine Frau suchst. Ohne Frau hast du außer deinem Schiff kein Zuhause, und ein solcher Kapitän taugt nur ein paar Jahre etwas. Dann wird er wunderlich, verrückt, oder fängt an zu trinken. In Japan ist Lyall der Firmenchef, aber wir sind ein Familienunternehmen, und das Oberhaupt der Familie bin ich. Was ich sage, gilt. Daher sage ich jetzt ganz direkt und ohne Umschweife, was ich auf dem Herzen habe. Was geht zwischen dir und meiner Tochter vor?» Fogertys breite, knochige Schultern sanken nach vorn, und er schlang die mächtigen Hände ineinander.

«Nichts, Sir... Es ist nur so, daß...»

Fogerty hieb mit der Faust auf den Tisch. «Nichts? Lüg mich nicht an, Jim! Junge Männer, anständige Kerle aus respektablen Familien haben Susan umschwärmt wie die Fliegen. Sie hat in England und Irland, aber vor allem in China reihenweise gebrochene Herzen zurückgelassen. Sie war immer ein braves Mädchen, ein braves katholisches Mädchen, dafür lege ich meine Hand ins Feuer. Es gab viele junge Männer, die sie heiraten wollten. Zwei waren sogar bei mir und haben mich gefragt, ob ich einverstanden wäre. Dann ging sie nach Japan, höchstens für ein Jahr, sagte sie zu ihrer Mutter und zu mir. Jetzt weigert sie sich, nach Hause zu kommen. Einem Jungen, von dem wir glaubten, sie sei in ihn verliebt, hat sie geschrieben, das sei der allerletzte Brief, den er von ihr bekomme, sie hoffe aber, er werde trotzdem sein Glück finden. Der arme Kerl hätte sich um ein Haar eine Kugel durch den Kopf gejagt. Jetzt glaubt sie, sie könne etwas vor mir verbergen, aber ich weiß, was es ist, und ihre Mutter weiß, was es ist, und ihr Bruder weiß, was es ist, und verdammt noch mal, Kapitän Jim Sky, auch du weißt, was es ist!»

Er starrte Jinsuke finster an und schüttete dann zornig noch ein Glas von dem Feuerwasser aus Kyushu in sich hinein. Seine Augen begannen sich zu röten. Die Lippen fest zusammengepreßt, starrte Jinsuke zurück.

«Kapitän Fogerty», sagte er endlich, «Sie waren wie ein Vater zu mir. Ich habe Ihr Heim und Ihre Familie nie vergessen, und an Susan denke ich immer wie an eine jüngere Schwester. Ich schwöre Ihnen, daß ich nie etwas Unrechtes getan habe...»

Fogerty brachte ihn mit einer Handbewegung zum Schweigen. «Pah, das weiß ich. Glaubst du, ich wäre an Bord dieses Schiffes, säße hier mit dir zusammen, wenn es nicht so wäre? Aber sag mir ehrlich – du hast sie sehr gern, nicht wahr?»

«Ja. Sehr gern.»

«Du hast ein anderes Mädchen?»

Jinsuke wurde rot. «Vor vielen Jahren, ehe ich nach China kam, habe ich einem anderen Mädchen versprochen, es zu heiraten. Sie wissen nicht, wie es in einem kleinen japanischen Dorf zugeht.»

«Ha, ein kleines Dorf ist ein kleines Dorf, egal wohin du gehst. Du denkst also, sie wartet auf dich? Willst du, daß sie wartet?»

Jinsuke ließ den Kopf hängen und umklammerte sein Glas so fest, daß seine Fingerknöchel weiß hervortraten. «Ich weiß es nicht», antwortete er kaum hörbar.

«Dann geh und stell es fest, verdammt!» sagte Fogerty. «Und schau dich gründlich in deinem eigenen Herzen um. In ein paar Monaten lasse ich Susan holen und wenn nötig mit Gewalt nach Shanghai zurückschleppen. Von dort bringe ich sie höchstpersönlich nach Amerika, wahrscheinlich an die Ostküste, und sorge dafür, daß sie dich nie wieder sieht und nie wieder etwas von dir hört. Wenn du versuchst, sie zu finden, jage ich dich von diesem Schiff hinunter. Wenn du mit einem anderen Mädchen versprochen bist – in Ordnung, wir beide können ja immer Freunde bleiben. Aber sobald du von dieser Reise zurückkommst» – er unterbrach sich und stieß Jinsuke den Zeigefinger in die Brust, um seinen Worten größeren Nachdruck zu verleihen –, «dann gehst du gefälligst zu Susan und erklärst ihr in Gegenwart ihres Bruders klar und deutlich, wie die Dinge stehen. So, und nachdem ich gesagt habe, was zu sagen war, darfst du mir noch einen einschenken, Jim.»

Wieder kippte er den Schnaps hinunter, stand dann auf und schwankte, stärker als das Schaukeln des Schiffes es rechtfertigte, in seine Kabine. Jinsuke schüttete den Schnaps weg, der noch in seinem Glas war, und holte sich schwarzen Kaffee. Eine Weile starrte er in die Tasse, ging dann an Deck, betrachtete die Sterne und die ewig ruhelose See.

Was Fogerty ihm gesagt hatte, war fair und zutreffend. Er sollte Susan von Oyoshi erzählen, doch wenn er an Susans vertrauensvolle Augen, an ihr schönes, halb wehmütiges Lächeln dachte, mit dem sie ihn immer ansah, schnürte ihm etwas die Kehle zu. Nein, bevor er es ihr sagte, ging er lieber nach Taiji, und zum Teufel mit der Gefahr. Er wollte selbst sehen, ob Oyoshi sich an ihren Pakt gehalten hatte.

Auf dem Weg in seine Kabine holte er sich die *shochu*-Flasche aus dem Salon, weil er, seit er den Entschluß gefaßt hatte, nach Taiji zu fahren, unglaublich nervös und aufgeregt war. Vielleicht half der Schnaps ihm, sich zu entspannen, damit er einschlafen konnte.

Zuerst jedoch inspizierte er das Schiff, wobei er sich fast lautlos bewegte, was zu den Dingen gehörte, die seine Mannschaft an ihm störten. Obwohl er Lederstiefel trug, ging er so leise wie eine Katze. Vor seiner Kabinentür blieb er stehen, klemmte sich die Flasche zwischen die Knie und kramte in der Tasche nach seinem Schlüssel. Merkwürdig, er war nicht da. Er drückte die Messingklinke hinunter und stellte fest, daß die Tür unversperrt war. Jemand war in seiner Kabine, hatte seinen großen Colt aus dem Holster genommen und betrachtete ihn ungewöhnlich interessiert. Als Jinsuke die Tür aufstieß, fuhr der Eindringling mit dem Revolver in der Hand herum. Es war Tetsuro.

Jinsuke packte die Flasche am Hals, um sie ganz instinktiv auf

Tetsuro zu schleudern und dann mit der Faust auf ihn loszugehen. Er tat es nicht, wurde innerlich jedoch eiskalt. Finster und voller Verachtung musterte er den jungen Offizier, der, Mund und Augen vor Schreck weit aufgerissen, vor ihm stand.

«Wissen Sie nicht, Mister, daß Sie, um einen solchen Revolver abfeuern zu können, zuerst den Hahn spannen müssen?» fragte er höhnisch, betrat die Kabine und stellte die Flasche auf den Tisch. Dann schloß er mit einem Fußtritt die Tür, lehnte sich dagegen und schob die Hand in die Tasche, in der sein kleiner doppelläufiger Derringer steckte. Tetsuro war feuerrot geworden. Er ließ den Kopf hängen und stieß auf japanisch immer neue Entschuldigungen hervor.

«Sprechen Sie Englisch!» brüllte Jinsuke ihn an. Es war Vorschrift auf dem Schiff, daß sie auch untereinander, egal ob sie Dienst oder Freiwache hatten, Englisch sprechen mußten. Japanisch durften sie nur mit Passagieren sprechen, die kein Englisch konnten. Die Folge war, daß alle die englische Sprache inzwischen gut beherrschten. Tetsuros Gesichtsfarbe wechselte von Rot zu krankhafter Blässe, und er atmete fast keuchend.

«Jinsuke-sama», sagte er. «So heißen Sie doch, nicht wahr?»

Jinsuke antwortete in seinem heimatlichen Taiji-Dialekt, gab sich keine Mühe mehr, ihn zu verbergen. «Es war einmal ein Walfänger namens Jinsuke, doch er starb, als ein Hai ihm den Arm abriß. Dann versprach ein *bushi*, ein Mann deiner Klasse, diesem Mann viele Dinge und schickte ihn als Spion nach Okinawa. Er wurde gefangengenommen, ins Gefängnis geworfen, geschlagen, gefoltert, beleidigt – von anderen *bushi*. Er hatte nur den einen Wunsch – wieder auf Walfang zu gehen, deshalb floh er und ging nach China. Dort lernte er, daß ein Mann seine Untergebenen freundlich behandeln und dennoch tapfer sein kann. Dann ging er nach Amerika und befuhr alle sieben Meere. Ein Japaner, der das getan hat, wird nach den Gesetzen der *bushi* mit dem Tode bestraft, nicht wahr? Also gibt es keinen Jinsuke mehr. Es gibt nur noch den Kapitän dieses Schiffes, deinen Kapitän. Dein *bushi*-Status bedeutet mir nichts. Du bist nur ein Offiziersanwärter, der beim Herumschnüffeln in der Kapitänskabine ertappt wurde. Auf einem amerikanischen oder britischen Schiff ließe der Kapitän dich auspeitschen. Also, willst du jetzt versuchen, mich zu töten, oder soll ich dich erschießen? Oder soll ich dich lieber einsperren und morgen früh vor versammelter Mannschaft auspeitschen lassen?»

Jinsuke holte den kleinen Revolver heraus, der in seiner Hand wie ein Spielzeug aussah. Er streckte den Arm aus, zielte auf die Hand des jungen Mannes und machte einen Schritt nach vorn, um die Entfernung zu verkürzen. Tetsuro zuckte innerlich zusammen, straffte sich dann und wartete mit zusammengepreßten Lippen auf den Schuß, der sein Leben auslöschen würde. Der Colt rutschte ihm aus der Hand und landete mit einem dumpfen Geräusch auf dem Teppich. Mit einem verächtlichen Schnauben ließ Jinsuke die Waffe sinken.

«Geh und sag es ihnen», forderte er Tetsuro wieder auf japanisch auf. «Nur deshalb bist du ja an Bord gekommen, nicht wahr? Um den Bauern, den Emporkömmling zu entlarven, der auf einem ausländischen Schiff den Kapitän spielt. Geh und sag es ihnen.»

Zu Jinsukes Überraschung warf Tetsuro sich auf die Knie und berührte mit der Stirn den Boden. «Kapitän, bitte vergebt mir, bitte vergebt mir. Sie haben mir gesagt, ich sollte mir Gewißheit verschaffen, aber sie wollen Euch nichts antun, wollen sich auch nicht einmischen. Sie wollen es nur wissen. Ich würde nie zulassen, daß sie Euch etwas antun.»

Einen Augenblick sah sich Jinsuke zwischen zwei Welten hin und her gerissen. Als Kapitän eines Schiffes war er wütend und unversöhnlich, aber als Japaner von einem Mitglied einer stolzen Samurai-Familie so gebeten zu werden... Jinsukes Lippen verzogen sich zu einem halben Lächeln. Er bückte sich, zog Tetsuro sanft, aber energisch in die Höhe und sah, daß er weinte.

«Stehen Sie auf, Erster Offizier Miyabe», sagte er streng, wieder ins Englische verfallend, das ihm jetzt als Schutzschild diente, der ihm half, die Situation zu meistern.

«Käpt'n, Sir», sagte Tetsuro und atmete tief ein, um sich zu beruhigen. «Käpt'n, Sir, ich würde Sie nie betrügen, lieber würde ich sterben. Wenn Sie es wünschen, werde ich *seppuku* begehen, heute abend noch, sofort. Mein Onkel hat mich beauftragt, die Wahrheit über Sie herauszufinden, aber, Sir, er wollte Sie nur beschützen.»

«Ihr Onkel? Nur Ihr Onkel?»

«Nein Sir, auch Sakamoto Ryoma aus Tosa und Katsu Rintaro, der Kapitän der *Kanrin Maru*. Sie haben gesagt, sie müßten wissen, wer Sie sind, da ein *ronin* namens Matsudaira Sadayori Sie vielleicht sucht, um Sie zu töten, weil Sie bei dem Überfall auf das Haus der Fogertys ein paar Choshu-Männer getötet haben. Matsudaira ist angeblich Revolutionär, und wir wissen, daß er mit den Choshu-Kriegern und den Satsuma eng befreundet ist. Mein Onkel hat mir erzählt, daß er jetzt dem Satsuma-Clan dient, und da Sie von der Halbinsel Kii stammen, müssen Sie wissen, daß das sehr merkwürdig und gefährlich ist. Wir wissen...»

«Wir, wir, wir! Wer ist ‹wir›?» fragte Jinsuke scharf und legte die Revolver auf den Tisch.

«Patriotische Japaner wie mein Onkel und andere, die Japan gern groß und stolz sähen und nicht durch einen Bürgerkrieg entzweit.»

Jinsuke nickte. «Sprechen Sie weiter.»

«Wir wußten von Anfang an, daß Sie am Tag des Überfalls bei Mr. Fogerty gewesen waren. Wir wußten auch, daß Sie ein phantastischer Revolverschütze sind, vielleicht der beste in ganz Japan, und uns war daher klar, daß Sie es gewesen sein mußten, der die *ronin* getötet hat, denn Mr. Lyall ist Kaufmann und nicht aus echtem japanischen Stahl geschmiedet...»

Jinsuke lachte. Die Bewunderung dieses jungen Mannes war schon fast komisch. «Hören Sie», sagte er dann grollend, «Tapferkeit und Mut sind nicht ausschließlich japanische Eigenschaften. Mr. Lyall ist nicht zum Kämpfen ausgebildet, ich aber bin es.» Er zeigte auf das Waschbecken mit der kleinen Pumpe aus Holz und Messing. «Waschen Sie sich das Gesicht. Da hängt auch ein Handtuch. Und hinterher holen Sie zwei Gläser aus dem Schrank.»

Tetsuro verneigte sich, straffte sich dann, nahm die Schultern zurück und salutierte. Er wusch sich das Gesicht und holte die Gläser. Jinsuke entkorkte die Flasche und schenkte ein.

«Kampai», sagte er.

«Dann verzeihen Sie mir also, Sir?» fragte Tetsuro schüchtern.

Jinsuke lächelte. «Und jetzt sagen Sie mir, was Sie an meinem Revolver so interessiert hat. Die Gravierung?» Er nahm den Revolver vom Tisch und reichte ihn Tetsuro.

«Was steht auf der linken Seite über dem Griff?»

«Für Jim Sky in lebenslanger Dankbarkeit, Brian L. Fogerty.»

Tetsuro gab die Waffe zurück. «Ich habe noch eine Information, Sir. Der Passagier, der an Bord kommt, ist der Bruder von Itoh – demselben Itoh, der Sie auf Okinawa gefangengenommen hat.»

Jinsuke ließ sich nicht anmerken, wie erstaunt er war.

«Ah», sagte er, «ich bin nur ein einfacher Mann, der ein bißchen was von Walen, Schiffen, Robben und der See versteht. Um was geht es eigentlich?»

«Nun, Sir, die Clans der Choshu und der Satsuma sind die mächtigsten im Land. Mein Onkel befürchtet eine blutige Revolution. Er glaubt, das Shogunat müsse sich aus sich selbst heraus erneuern und dann die mächtigsten Clans aus ganz Japan in dem Bestreben vereinigen, dem Kaiser zu dienen. Viele Samurai möchten das Shogunat jedoch stürzen und alle Ausländer vertreiben.»

«Das weiß ich», sagte Jinsuke.

«Wir befürchten, daß Matsudaira-san zu ihnen gehört.»

Jinsuke erinnerte sich, wie fanatisch ausländerfeindlich Sadayori immer gewesen war, und fragte sich, ob die Briefe, die er ihm vor so langer Zeit geschrieben hatte, den konservativen Samurai irgendwie beeinflußt hatten.

«Tja», sagte er mit einem Seufzer und einem Blick auf die beiden Waffen «wenn irgend jemand, vielleicht sogar Matsudaira-san selbst kommt, um mich zu töten, dann muß er schnell und gut sein, sonst töte ich vielleicht ihn.»

Tetsuros Augen funkelten. «Käpt'n Sky, Sir, wenn jemand käme, um Sie zu töten, müßte er zuerst mich umbringen. Verzeihen Sie mir, was ich getan habe. Erlauben Sie mir, Ihnen und diesem Schiff zu dienen, weil ich weiß, daß ich auf diese Weise Japan diene. Ich glaube an Sie, Sir.»

Tetsuro stand auf, salutierte und verließ die Kabine. Jinsuke erhob sich ebenfalls, steckte den Derringer in die Tasche, zog das Jackett aus und hängte es an einen Haken. Den Colt schob er in das Holster, das neben dem Jackett hing. In seinem Inneren herrschte ein einziges Chaos aus Erinnerungen und Gefühlen.

30

Die Reise nach Shanghai war im großen und ganzen ereignislos gewesen, der Abschied vom alten Kapitän Fogerty kurz und schmerzlich. Jetzt brannte Jinsuke darauf, aus Nagasaki wieder auszulaufen. Die geheime Fracht, die sie in China an Bord genommen hatten, machte ihn nervös. Ein Boot ging längsseits, und der Passagier kam an Bord. Es war ein Samurai in einem Kimono aus feiner, moirierter brauner Seide. Das kurze Schwert steckte in der Schärpe, aber das große, ein ungewöhnlich langes Schwert, hatte er in der Hand. Tetsuro folgte ihm mit einem in ein Stück Stoff gewickelten Bündel. Der Samurai versuchte, das Unbehagen, das er in dieser ihm fremden Umgebung empfand, hinter einer besonders finsteren Miene zu verbergen. Jinsuke berührte flüchtig das Schild seiner Mütze, und der Samurai erwiderte den Gruß mit einer nur leicht angedeuteten Verneigung.

«Bringen Sie unseren Passagier in die Salonkabine, Erster», sagte Jinsuke auf englisch zu Tetsuro. «Übermitteln Sie ihm meine Empfehlung, und sagen Sie ihm, daß ich ihm später Gesellschaft leisten werde. Bringen Sie ihm japanischen Tee oder Limonade oder Wein oder Whisky, wenn er das vorzieht. Tun Sie alles, damit er sich wohl fühlt, und zeigen Sie ihm seine Kabine. Ich gehe auf die Brücke, um das Ablegmanöver zu überwachen. Sie sind entschuldigt, ich übernehme Ihre Wache.»

Bis Kagoshima waren es ungefähr hundert Seemeilen durch ein Gebiet, in dem es viele Buckelwale gab. Gejagt wurden sie von Männern, die auf den Goto-Inseln zu Hause waren und vor langer Zeit von Jinsukes Urgroßvater den Walfang mit Netzen gelernt hatten. Jinsuke blieb bis zum Sonnenuntergang auf der Brücke, machte mehrere Wale aus und beobachtete die Delphine, die zu Tausenden das

Wasser bevölkerten. Einige begleiteten das Schiff sogar und schwammen mit der Bugwelle um die Wette.

Das Abendessen war überaus reichhaltig und hervorragend zubereitet. Der Satsuma-Samurai nahm höflich ein Glas Portwein an, sagte dann jedoch, er ziehe Sake vor. Er kostete ein bißchen von allem, doch am besten schmeckte ihm der gegrillte Fisch und eine chinesische Gemüsepfanne mit Hühnerfleisch. Er sprach während des Essens sehr wenig, war aber untadelig höflich. Zu Jinsukes Erleichterung übernahm Chefingenieur Nicholson die Rolle des Gastgebers und unterhielt mit Hilfe von Tetsuro als Dolmetscher den Samurai mit Geschichten aus seiner schottischen Heimat, einem gebirgigen Land, in dem tapfere Krieger zu Hause waren – genauso wie in Satsuma. Er prahlte mit den großen Schwertern der Schotten. Und er erzählte von vielen Schlachten gegen die Engländer und sang sogar ein paar schottische Lieder. Als der Sake zu wirken begann, wurde der Samurai recht munter und kostete sogar vom «Lebenswasser» des Ingenieurs, einem im Gebirge gebrannten Schnaps. Er ließ sich auch dazu überreden, ein Lied zu singen, während alle anderen im Takt mitklatschten, ein schönes, trauriges Lied von einem Mädchen, dessen Tod auf dem Tannenhügel hinter dem Dorf von den Zikaden betrauert wird, von einem Mädchen, das sich einen feinen Kimono und Obi wünscht, und von einem Mädchen, das nach dem Sommerfest sterben wird...

Am nächsten Tag erreichten sie um die Mittagszeit Kagoshima, wo der Passagier von Bord ging und sie außerdem vierzig lange, schmale Lattenkisten ausluden, die in einem Geheimverschlag verstaut gewesen waren. Es gab keine Zwischenfälle, wenn sie auch die Kanonen nicht übersehen konnten, die sie vom Strand her bedrohten. Es waren mehrere neue Batterien mit modernen englischen Geschützen. Sie blieben nur zwei Stunden in Kagoshima, und in dieser Zeit zeigte Jinsuke sich nicht auf der Brücke.

Bevor der Passagier von Bord ging, verneigte er sich vor Tetsuro, dankte ihm für die angenehme Reise und bat ihn, dem Kapitän seine Grüße zu übermitteln. Der Chefingenieur war an Deck gekommen, um sich zu verabschieden. Der Satsuma reichte sein Bündel einem Matrosen und wandte sich noch einmal an Tetsuro.

«Richtet dem Kapitän bitte aus, daß mein älterer Bruder ihm ebenfalls alles Gute wünscht», sagte er. «Er hat mich außerdem gebeten, dem Kapitän zu berichten, daß ein Mann namens Kinjo vor einem Jahr gestorben ist. Er starb auf seiner Matte im Kreis seiner Familie. Doch vielleicht hat der Kapitän Kinjo ebenso vergessen wie er sein Japanisch vergessen zu haben scheint.»

Er sah Tetsuro direkt in die Augen, und der junge Offizier lächelte, weil im Blick des anderen keine Drohung lag.

«Ja, Herr, das will ich ihm gern sagen. Kann ich daraus schließen, daß er an Land willkommen wäre?»

«In ein paar Jahren vielleicht, ja.»

Der Samurai stieg die Leiter hinunter in das wartende Boot, das von Männern in roten Lendentüchern gerudert, einen breiten Wimpel am Heck, sofort ablegte und sich rasch entfernte. Der Samurai blickte nicht ein einziges Mal zurück.

Sie hatten Glück, so günstig im Wind zu liegen, daß sie bis zum Kap Shionomisaki an der Spitze der Halbinsel Kii, dicht bei der Bucht von Taiji, nur zweieinhalb Tage brauchten. Dann erschien Ingenieur Nicholson mit ernster Miene an Bord.

«Es gibt ein paar unbedeutende Schwierigkeiten mit der Maschine, Sir», meldete er. «Ich schlage vor, daß wir irgendwo vor Anker gehen, wo es hübsch ruhig ist, damit ich den Schaden beheben kann.»

So kam es, daß die *Big Sky* am dritten Tag, nachdem sie aus Kagoshima ausgelaufen war, nachmittags in der Bucht von Taiji den Anker fallen ließ – drei Stunden bevor die Fangboote zurückkehrten. Die gesamte Mannschaft – auch der Ingenieur, der eigentlich mit der Reparatur beschäftigt sein sollte – kam an Deck, um beim Einlaufen der farbenfrohen Walfangflotte zuzusehen. Die Ruderer sangen zwar, aber es stimmte Jinsuke traurig, daß die Harpunierer nicht im Bug tanzten. Sie hatten an diesem Tag keinen Wal gefangen.

«Das also sind Ihre Leute, Sir», sagte der Ingenieur zu Jinsuke.

«Ja, das sind sie», antwortete er mit übervollem Herzen und suchte mit den Blicken das Phoenix- und das Chrysanthemen-Boot nach den vertrauten Gesichtern seines Vaters und Iwadaiyus, nach Brüdern, Vettern, Onkeln, Freunden ab. Als die Boote nacheinander einliefen, zeigte Jinsuke auf jeden einzelnen, tat auch nicht mehr so, als spreche er kein Japanisch und wechselte ständig aufgeregt aus einer Sprache in die andere, je nachdem, ob er Tetsuro oder Nicholson etwas erklärte.

«Ein imponierender Anblick, es müssen tapfere Männer sein, Sir», sagte der Schotte. «Und wenn ich mir die Bemerkung erlauben darf, ich verstehe jetzt, wieso Sie so geworden sind.» Er betrachtete die felsige Küste, die Klippen, die dichtbewaldeten Hügel, das hübsche, saubere Fünftausend-Seelen-Dorf. «Und es ist die schönste Gegend, die ich je gesehen habe – außer Schottland natürlich, Sir.»

Darüber mußte Jinsuke nun doch lachen.

Das Dorf hatte sich sehr verändert, und ihm fiel auf, daß alle

Gebäude in Mukaijima neu waren. Eine Naturkatastrophe mußte die alten zerstört haben. Was war es gewesen? Taifun? *Tsunami?* Erdbeben? Feuer? Der Gedanke bedrückte ihn.

Als die Fangboote den Schoner umkreisten, zog sich Jinsuke die Mütze tief in die Stirn, doch die westliche Kleidung, der Bart und die Umstände seiner Rückkehr machten es wohl von vornherein unmöglich, daß man ihn erkannte.

«Hindern Sie die Leute daran, an Bord zu kommen, Erster», wandte er sich an Tetsuro. «Sehen Sie das Fangboot dort drüben? Das mit dem großen grauhaarigen Mann?» Er zeigte auf das Boot seines Vaters. «Rufen Sie ihn an, und erklären Sie ihm, daß wir wegen eines Motorschadens und rauher See über Nacht hier liegenbleiben. Wir werden das Dorf nicht belästigen.»

Tetsuro nahm ein trichterförmiges Sprachrohr und rief das Phoenix-Boot an, das längsseits ging. Neugierig und aufgeregt betrachteten die Walfänger den Schoner mit den beiden Masten und dem hohen Schornstein.

«Harpunierer, erschreckt nicht! Wir sind ein Handelsschoner mit Zielhafen Yokohama. Wir haben einen Maschinenschaden und würden gern über Nacht hier ankern. Wir fahren unter amerikanischer Flagge und sind daher laut Vertrag berechtigt, uns in japanischen Gewässern aufzuhalten. Bitte informiert Eure Behörden, daß ich, Miyabe Tetsuro, Erster Offizier, an Land kommen werde, um eventuelle fällige Hafengebühren zu entrichten. Unsere gesamte Mannschaft ist japanisch, Ihr braucht also keine Schwierigkeiten zu befürchten.»

Tatsudaiyu winkte. Er hatte verstanden. Dann wölbte er die Hände vor dem Mund und rief: «Wer ist Euer Kapitän?»

«Kapitän Sky aus Amerika!» antwortete Tetsuro wieder durch das Sprachrohr.

Tatsudaiyu ließ die Blicke über das Schiff schweifen, und Jinsuke winkte kurz, kaum imstande, seine Gefühle zu beherrschen. Wie sehr wünschte er sich, seinen Vater an Bord zu holen und ihm das Schiff zu zeigen.

Tatsudaiyu entdeckte die Gestalt mit Schirmmütze und blauem Jackett und winkte zurück. Dann rief er Befehle, und das Boot glitt rasch zum Strand, wo Kinemon, Kakuemon und viele Dorfbewohner sich in heller Aufregung versammelt hatten. Ein paar ängstliche Seelen hatten sich, durch den Anblick des Schiffes erschreckt, hinter das Dorf geflüchtet.

An Bord der *Big Sky* bedankte Jinsuke sich bei seinem Ersten. «Lassen Sie ein Boot zu Wasser, und sprechen Sie mit den beiden

Samurai am Strand. Versichern Sie ihnen noch einmal, daß wir morgen bei Tagesanbruch die Anker lichten und sie nichts zu befürchten haben. Landurlaub gibt's nicht...» Er lächelte schief. «Hier ist ohnehin nichts los, vor allem nicht in der Nacht.» In Taiji gab es kein Freudenhaus.

«Aye, aye, Sir.»

Der Chefingenieur war inzwischen hinuntergegangen, kam jetzt aber wieder. «In zwei, drei Stunden ist die Sache repariert», sagte er lächelnd und wischte sich die öligen Hände an einem Tuch ab. «Es fehlt nur eine Kleinigkeit an einem Ventil.»

Für alle Fälle hatte er eine kleine Münze in das Ventil gesteckt, obwohl in einem so kleinen Ort wohl kaum ein japanischer Beamter zu finden war, der etwas von Schiffsmotoren verstand.

Kakuemon kam mit Tetsuro im Beiboot zurück und brachte Eier und gekochtes und gesalzenes Walfleisch mit, das wie Speck aussah. Jinsuke spielte seine Rolle und bewirtete Kakuemon in der Salonkabine mit Kaffee, Biskuits und Sherry. Tetsuro dolmetschte und stellte Kakuemon viele Fragen, um von seinem wortkargen Kapitän abzulenken.

Der Abend kam. Die ziehenden Wolken färbten sich orange und rot. Kakuemon stand auf, um zu gehen, verneigte sich, dankte ihnen, sagte, sie hätten keine Hafengebühren zu bezahlen, und fragte, ob sie irgend etwas brauchten. Immer wieder sah er den Kapitän an, und Jinsuke grinste und blinzelte ihm zu – eine typisch amerikanische Geste. Kakuemon ahnte nicht, wen er vor sich hatte.

Sie nahmen ein ruhiges Abendessen ein, tranken nichts, und Jinsuke schien sich nicht von der Stelle rühren zu wollen. Er dachte daran, wie er gewesen war, als er aus Taiji fortging, ein von allen bemitleideter einarmiger Junge vom Land mit einfacher, derber Kleidung und einem schäbigen Bündel unter dem Arm, der dem Samurai grollte, sich auch vor ihm fürchtete, ein Mädchen namens Oyoshi liebte, jedoch zu allem bereit war, um wieder auf Walfang gehen und den Kopf hochtragen zu können. Und jetzt? Er war gut gekleidet und gut bewaffnet, doch vor allem war er ein angesehener Kapitän, hatte mehr Geld, als sein Vater sich im Traum vorstellen konnte; und er befehligte ein schönes, modernes Schiff und eine feine Mannschaft. Wäre es sinnvoll, wenn er zurückginge? Konnte er überhaupt zurück?

Tetsuro saß bei ihm in der Salonkabine und spielte mit einer halbvollen Tasse Kaffee. «Sie möchten gern an Land, Käpt'n?» Es war eher eine Feststellung als eine Frage.

«Ja.»

«Bitte lassen Sie sich von mir hinüberbringen. Sie dürfen uns vertrauen, uns allen. Wir bringen Sie an Land, kommen um Mitternacht wieder und warten am Strand vor dem Schrein auf Sie.» Er senkte die Stimme. «Ich habe einen Kimono, eine Schärpe und hölzerne *geta* in Ihre Kabine gebracht. Wenn Sie sich ein Tuch um den Kopf binden, wird es keinem auffallen, daß er nicht rasiert ist.»

Jinsuke grinste. «Und der Bart?»

«Ich glaube nicht, daß die Straßen nach Einbruch der Dunkelheit sehr gut beleuchtet sind, oder irre ich mich da, Sir?»

«Nein, abends und nachts war Taiji immer ein ruhiges, verschlafenes Nest. Das einzige echte Leben gab es hier wahrscheinlich nur draußen auf See, mit den Walen. Trotzdem hab ich es vermißt...» Plötzlich wurde ihm klar, daß sich solche Dinge auf englisch viel leichter sagen ließen als auf japanisch.

«Das wissen wir, Sir.»

Jinsuke stand auf. «Ich habe meine Heimat schon so viele Jahre nicht mehr gesehen...»

Eine halbe Stunde später war er an Land, ging durch die engen Gassen und versuchte, sich zurechtzufinden. Der Grundriß des Dorfes war im wesentlichen unverändert, doch mehr als die Hälfte aller Häuser neu. Ein paar Leute musterten ihn, doch wenn er sie im Taiji-Dialekt grüßte, gingen sie vorbei und fragten sich, wer er sein mochte. In der Dunkelheit sahen sie nicht, daß ihm der linke Arm fehlte.

Er fand die Abzweigung zum Haus seines Vaters, obwohl es anders aussah, ebenfalls neu gebaut war, mit einem geräumigen Holzschuppen an der Seite. Er blieb stehen und fragte sich, ob es auch das richtige Haus war, doch von drinnen hörte er die Stimme seines Vaters, und er legte das Ohr an einen Spalt im Fensterladen. Ja, es war Tatsudaiyu. Mit wild hämmerndem Herzen klopfte Jinsuke an die Tür, schob sie auf und rief den Abendgruß. Die Zwischenwand gegenüber der Haustür glitt zurück, und Jinsuke wurde von gelbweißem Licht übergossen. Die Augen seiner Mutter weiteten sich beim Anblick der großen, bärtigen Gestalt vor Schreck.

«Hab keine Angst, Mutter. Ich bin es, Jinsuke, dein Sohn. Ich bin zurückgekommen.»

Onui verstand zuerst nicht, begriff nicht den Sinn seiner Worte, starrte ihn nur an, sah zu dem Fremden auf, der Taiji-Dialekt sprach und ihren Blick aus traurigen Augen erwiderte.

«Ich bin es wirklich, Mutter – Jinsuke, dein Sohn. Ich bin zurückgekommen. Willst du mich nicht hineinlassen?»

«Was ist los? Wer ist da?» Die Zwischenwand wurde weiter

zurückgeschoben, und da stand Tatsudaiyu, nackt bis zur Taille, aber mit einer breiten Schärpe um die Mitte. Er mußte erst vor kurzem aus dem Bad gekommen sein, denn sein Haarknoten war noch zusammengebunden, und er schwitzte stark. Jinsuke kniete auf dem harten äußeren Boden nieder und verneigte sich tief.

«Verzeih mir, Vater, es ist so lange her.»

Der alte Harpunierer stand im ersten Augenblick wie festgewurzelt da. «Jinsuke!»

«Ja.» Jinsuke war sekundenlang nicht imstande, den Kopf zu heben, dann aber tat er es doch, langsam, ganz langsam. Sein Vater blickte starr auf ihn herunter.

«Du bist es wirklich, nicht wahr?»

«Ja, ich bin es.»

Tatsudaiyu wandte sich von der Tür ab. «Sag ihm, er soll eintreten, Onui.» Er ging ans Ende des Raumes zu dem kleinen Alkoven mit einem schlichten Blumenarrangement, neben dem die Bildrolle einer schönen Frau und Tatsudaiyus beste Lanze und Harpune hingen. Mit gekreuzten Beinen setzte er sich auf ein dünnes Kissen und schaute finster über den Tisch, auf dem noch die Reste eines Abendessens standen.

Jinsuke stand auf, klopfte sich den Staub von seinem Kimono, schlüpfte aus den Sandalen und trat über die hohe Stufe, doch seine Mutter schlang weinend und schluchzend die Arme um seine Beine, und Jinsuke, der jetzt auch nasse Augen hatte, streichelte ihr Haar. Als er zu seinem Vater hinübersah, regte sich Stolz in ihm. Obwohl das Haus klein war, sah Tatsudaiyu wie ein antiker Seekönig aus, wie er so dasaß, Arme und Beine gekreuzt, aufrecht und gerade der Rücken, die Züge streng. Sanft löste Jinsuke sich aus der Umarmung seiner Mutter, betrat das Zimmer, kniete wieder vor seinem Vater nieder und verneigte sich förmlich vor ihm.

«Es ist viel zu lange her, Vater...»

«Du bist mit diesem Schiff gekommen?» fragte Tatsudaiyu.

«Ja.»

«Wo hast du dich all die Jahre versteckt? Warum hast du dich heute auf dem Schiff versteckt? Hast du mich nicht gesehen? Ich war es, mit dem sie gesprochen haben.»

Onui, die völlig verwirrt war und nicht wußte, was tun, lief in die Küche, fragte sich, ob Jinsuke etwas zu essen wollte, aber nein, Tee zuerst und oh, auf dem Tisch standen schmutzige Teller, Tee... Sie weinte lautlos vor sich hin, biß sich jedoch auf die Lippen, um ihre Gefühle zu unterdrücken.

«Ich habe mich auf dem Schiff nicht versteckt, Vater. Ich habe dir zugewinkt, und du hast zurückgewinkt. Du hast mich nur nicht erkannt, das ist alles.»

«Nein, du warst nicht dort. Ich habe dich nicht gesehen.» Er hat so viele Falten um die Augen, dachte Jinsuke, seine Haut ist die Haut eines alten Mannes, und sein Haar ist so grau...

«Du hast mich gesehen, Vater. Das ist mein Schiff. Ich bin der Kapitän. Meine Geschichte ist lang, Vater. Ich habe viele Jahre in fremden Ländern verbracht, in China, in Amerika, in Gewässern um Südamerika, auf den heißen Inseln im tiefen Süden und auf den kalten und eisigen Meeren des Nordens.»

Der Blick seines Vaters hieß ihn nicht willkommen. Zorn schwelte jetzt darin. Jinsuke ließ den losen Kimono von den Schultern gleiten und zeigte auf den Stumpf seines linken Armes.

«War ich nicht zum Harpunierer geboren?» fragte er. «Doch nachdem das geschehen war, verboten mir eure Sitten, hier in Taiji zu sein, wozu ich bestimmt war. Du vor allen anderen müßtest einsehen, daß ich so nicht leben konnte.» Die mächtigen Muskeln von Jinsukes rechtem Arm, die Schulter- und Brustmuskeln spannten sich, als er den Arm hob und so tat, als halte er eine Harpune. «Aber ich, Jinsuke, Sohn des Tatsudaiyu, habe mit diesem einen Arm mehr Wale getötet als die meisten Harpunierer dieses Dorfes. Deshalb bin ich fortgegangen, dafür habe ich die Gesetze gebrochen – damit ich Walfänger sein konnte. Jetzt bin ich zurückgekommen, aber nicht in Schande oder Armut, sondern als Kapitän eines schönen Schiffes. Warum also mußt du mich so ansehen? Kann dein Herz mich nicht willkommen heißen?»

Tatsudaiyu stand vor einer ganzen Reihe von Hindernissen, die er überwinden mußte – die lange Zeit, die Fremdartigkeit, den Schmerz, die Erinnerung an die Sorgen und Kümmernisse, die seine Familie durchleben mußte, seit dieser Mann fortgegangen war. Er betrachtete jetzt die Falten im gutaussehenden Gesicht seines Sohnes, sah die Narbe unter einem Auge, den dichten Bart, wie ihn die behaarten Ainu aus dem Norden trugen, und die ausländische Haartracht. Dann blickte er wieder auf den Armstumpf und zuckte zusammen, so lebendig war noch die Erinnerung an jenen furchtbaren Tag.

«Wale?» brummte er. «Du sagst, du hast Wale gejagt?»

«Ja, Vater. Viele Wale. Nordwale, Pottwale, Buckelwale und Grauwale und auch noch andere Meerestiere – riesige Walrosse mit Stoßzähnen, viele hundert Robben und Seeotter, deren Pelz unbezahlbar ist. Dazu bin ich geboren, und wenn unsere dummen Gesetze es mir verboten, mußte ich sie eben brechen. Ich bin Walfänger und dein Sohn. Sieh mich an, Vater!»

Mit einem leisen, kehligen Schrei warf der stolze alte Mann sich auf die Knie, zog seinen Sohn an sich, schluchzte, hieß ihn willkommen, und Onui kam und versuchte ihre beiden Männer mit ihren mageren Armen zu umschlingen. Zusammen weinten sie um die vielen gemeinsamen Jahre, die sie verloren hatten.

«Wir müssen Shusuke und seine Frau rufen», sagte Onui und fuhr sich mit dem Ärmel über die Augen.

«O ja», sagte Jinsuke, «und Saburo auch.»

Onui und Tatsudaiyu wechselten einen Blick, dann begannen Tatsudaiyus Augen zu flackern. «Ja, hol sie, aber mach kein Aufhebens. Die Nachbarn dürfen nichts wissen. Hol Shusuke und seine Frau, und hol Saburo und – Oyoshi.»

Jinsuke zuckte innerlich zusammen, verstand es aber sehr gut zu verbergen. Seine Mutter stand auf, ging zur Tür und schlüpfte in ihre Sandalen. Sie war aufgeregt, wußte jedoch, daß sie es sich nicht anmerken lassen und auch nicht rennen durfte. Sie hatte Tatsudaiyus Signal verstanden. Sie mußte ihm Zeit lassen, Jinsuke von Saburo und Oyoshi zu erzählen.

«Dein Bruder Saburo ist verheiratet. Er heiratete, kurz nachdem du fortgingst.»

Eiseskälte und Dunkelheit schienen sich in Jinsukes Herz zu senken. «Oh? Aber ich vergesse immer wieder – wie alt ist er jetzt? Neunundzwanzig? Hat er Kinder?»

«Einen Sohn», sagte Tatsudaiyu. «Er ist elf.»

Aber das ist unmöglich! dachte Jinsuke. Vor elf Jahren bin ich fortgegangen, und damals hatte Saburo kein Mädchen...

Tatsudaiyu machte ein sehr ernstes Gesicht. «Hör mir zu», sagte er. «Du warst sehr lange fort. Wir wußten nicht, wo du bist. Du hast deiner Mutter, deiner Familie und anderen viel Kummer bereitet. Wir können ihn jetzt vergessen, weil er vorüber ist, aber hör zu und denk nach.» Seine Stimme zitterte leicht, gewann aber wieder an Festigkeit, nachdem er tief Atem geholt hatte. «Saburo ist mit Oyoshi verheiratet. Es ist eine gute Ehe. Sie haben einen Sohn, ihren einzigen.»

Zorn und Eifersucht flammten aus Dunkelheit und Eiseskälte empor. «Dieser kleine Lump! Ich bringe ihn um! Oyoshi ist meine...»

Die schwere Hand seines Vaters holte aus und schlug Jinsuke so hart ins Gesicht, daß er seitlich zu Boden stürzte. «Wage es ja nie wieder, so von deinem Bruder zu sprechen! Ein Lump, sagst du? Wer war hier der

Lump? Saburo war gehorsam, blieb hier, um uns allen über unzählige Schwierigkeiten hinwegzuhelfen.» Tatsudaiyu atmete schwer. «Oyoshis Vater bestand darauf, Saburo zu adoptieren, und er verlangte auch, daß Saburo Oyoshi heiratete. Saburo wollte nicht. Wir haben ihn dazu überredet, ihn gezwungen. Oyoshi wäre sonst von der Klippe gesprungen, und das wäre für beide Familien eine unerträgliche Schande gewesen. Von allen Männern, die ich kenne, ist Saburo der sanfteste, und dennoch ist er stärker als du oder ich, stärker als wir alle. Bist du dumm und taub? Ich habe dir gesagt, sie haben einen elfjährigen Sohn. Überleg einmal, was das für uns alle bedeutet hat.»

Jinsuke wurde kalkweiß und verbarg das Gesicht in der Hand.

«Takigawa, ihr Vater, wollte Oyoshi töten», fuhr Tatsudaiyu fort, «wenn ich auch glaube, daß sie es wahrscheinlich selbst getan hätte. Es war Saburo, der uns allen das Gesicht zurückgab, als er sie heiratete, auch wenn er keine Kinder mit ihr hat. Du, Jinsuke, bist in meinem Haus willkommen, aber wage es ja nicht, die alten Geschichten wieder aufzurühren oder neue Schwierigkeiten zu verursachen, sonst töte ich dich mit eigener Hand, so groß und stark du auch sein magst. Hast du gehört?»

Jinsuke verstand und verneigte sich. Aus seinem Ärmel holte er einen schweren Lederbeutel, der so viel Geld enthielt, daß eine Walfängerfamilie in Taiji vier Jahre davon leben konnte.

«Nimm das, Vater», sagte er. «Nimm es, bevor die anderen kommen, und mach damit, was du willst. Ich schicke noch mehr, viel mehr.»

Fast mit Abscheu betrachtete Tatsudaiyu den Beutel, der zwischen ihm und Jinsuke auf der Matte lag, und einen Moment sah es so aus, als werde er sich weigern, ihn zu nehmen.

«Ich hätte euch früher geschrieben oder auch Geld geschickt, Vater, doch die Behörden hätten die Familie bestraft, weil ich für sie unerreichbar war. Es tut mir leid, Vater, aber bitte nimm es.»

Tatsudaiyu schob den Beutel mit dem Gold unter seine Schärpe. «Wir werden die Sache nicht mehr erwähnen. Nie wieder. Verstanden?»

Jinsuke glaubte zu ersticken. Hatte er wirklich gedacht, sie werde auf ihn warten? Aber Saburo zu heiraten ... Er warf in seinem Innern eine eiserne Tür zu. Oyoshi war also seines Bruders Frau. Er ließ den Kopf hängen.

Sein Vater sah ihn an. «Du hast demnach nicht geheiratet?»

Jinsuke schwieg lange und sagte dann: «Vater, ich gehe, bevor sie kommen. Ich kann ihnen jetzt nicht gegenübertreten.»

Tatsudaiyu zwang sich zu einem Lachen. «Wenn du Seeungeheuer mit Stoßzähnen gejagt und bei den Barbaren gelebt hast, bist du allem gewachsen. Komm jetzt, sei so, wie ein älterer Bruder sein sollte. Vergiß Oyoshi, wie sie war, und sieh sie nur, wie sie heute ist. Sie werden überglücklich sein, dich zu sehen, auch wenn du dich bei Nacht und Nebel herschleichen mußtest.»

Jinsuke blickte auf und zwang sich zu einem Lächeln. «Der große Zweimaster hat sich nicht gerade sehr heimlich in die Bucht geschlichen, oder? Ich dachte, er habe riesiges Aufsehen erregt.»

Tatsudaiyu lachte. «Gut die Hälfte unserer Idioten hier hat gedacht, daß die Schwarzen Schiffe kommen. Die Großmutter vom alten Kurachachi war so verängstigt, daß sie sich unter einem Misofaß versteckte. Wahrscheinlich hockt sie noch immer drunter.»

Jetzt lachten Vater und Sohn, wie sie seit so vielen Jahren nicht mehr zusammen gelacht hatten. Dann redeten sie, während sie auf die übrige Familie warteten, vom Walfang, und Jinsuke berichtete, daß ihn ausgerechnet einer der ausländischen Walfänger, denen sie vor so vielen Jahren draußen auf dem Meer zufällig begegnet waren, nach Amerika mitgenommen hatte. Er erzählte von dem Überfluß an Walen, den es in manchen Teilen der Welt gab, und Tatsudaiyu sagte, er wünschte, Taiji gehörte auch dazu, denn hier waren die Wale sehr selten geworden. Doch obwohl sein Vater sich geduldig von seinen Abenteuern berichten ließ, merkte Jinsuke, daß er sich unbehaglich fühlte. Alles, worüber Jinsuke sprach, lag außerhalb der normalen Dinge – die fernen Meere, die Wale, die mit einem einzigen Boot gejagt und getötet wurden, die fremden Länder mit ihren seltsamen Sitten. Tatsudaiyu war zeitlebens nicht einmal bis Edo gekommen. Jinsuke verstummte. Vielleicht war es nicht richtig, sein Leben so begeistert zu schildern. Es wurde still zwischen Vater und Sohn.

«Wir haben es heutzutage nicht leicht», sagte Tatsudaiyu nach einem langen Schweigen. «Noch nie waren die Preise für Reis oder Gemüse so hoch. Was wir nicht selbst ziehen können, kaufen wir auch nicht. Auch Wale gibt es nur sehr, sehr wenige.»

Er versank wieder in Schweigen.

Beide waren froh, als Shusuke und seine Frau kamen, die sich darüber ereiferten, wie Jinsuke sich verändert hatte, von ihren drei Kindern erzählten, die bald zu viert sein würden, und über Jinsukes alte Freunde schwatzten, wer wen geheiratet und wie viele Sprößlinge jeder hatte. Ihr Gerede machte Jinsuke entsetzlich nervös, doch sie merkten es nicht.

«Mutter hat gesagt, du seist in fremden Ländern gewesen?»

«Ja, in China, Amerika, Alaska und an vielen anderen Orten in Nord und Süd. Das Schiff im Hafen ist das meine. Es ist kein

Walfänger, aber wir gehen bald wieder auf Pelzrobben- und Seeotterjagd.»

«Oh, ich möchte irgendwann einmal auf deinem Schiff mitfahren. Es hat eine Dampfmaschine, nicht wahr?»

Jinsuke lächelte.

«Für die Burg in Wakayama wird ein noch viel größeres Dampfschiff gebaut, das hat mir Kakuemon-sama selbst erzählt», berichtete Shusuke voller Stolz. «Es wird eine Dampfmaschine und eine große Kanone haben. Hat dein Schiff Kanonen?»

«Ja, kleine, aber in japanischen Gewässern sind sie abgedeckt und festgezurrt. Meine ganze Mannschaft ist japanisch, außer dem Ingenieur und dem Koch. Der Ingenieur kommt aus Schottland, der Koch aus China.»

Shusuke hatte keine Ahnung, wo Schottland lag, und es interessierte ihn auch nicht, er redete weiter über Dampfschiffe, von denen er gehört oder die er von ferne gesehen hatte. Seine kleine, rundliche Frau schwatzte inzwischen mit Onui über einen völlig unwichtigen Dorfstreit.

Sie fühlen sich in meiner Gegenwart unbehaglich, dachte Jinsuke. Sie freuen sich vielleicht, mich wiederzusehen, aber ich mache sie verlegen, und wir haben einander nichts zu sagen.

«Entschuldigt, wenn wir stören. Guten Abend.» Es war Saburos Stimme, und Jinsuke zog sich in eine dunklere Ecke des Raums zurück. Saburo trat ein und verneigte sich sehr förmlich. Wie alt er geworden war. Jinsuke erwiderte die Verbeugung, hielt die Augen gesenkt und murmelte die üblichen Floskeln. Sie waren sich fremd. Als Jinsuke aufblickte, stand Oyoshi neben Saburo, und für einen Sekundenbruchteil trafen sich ihre Augen. Auch sie hatte sich verändert, war natürlich reifer geworden, ein bißchen fülliger, aber noch anziehender als früher, obwohl der Schmelz der Jugend, das Mädchenhafte fast verschwunden waren. Sie hatte leichte Ringe unter den Augen, und ihre Augen waren dunkel, dunkelbraun und kalt.

«Bist du mit diesem Schiff gekommen, älterer Bruder Jinsuke?» fragte sie mit unnatürlich hoher, übertrieben süßlich klingender Stimme. So sprechen Frauen, wenn ihnen Bosheiten auf der Zunge brennen.

«Ja.»

«Es ist ein schönes Schiff», sagte Saburo. Er erwähnte nicht, daß er, ohne zu ahnen, wer sich an Bord dieses Schiffes befand, schon eine Stunde damit verbracht hatte, es zu zeichnen.

«Jinsuke ist der Kapitän, und sie kommen aus Nagasaki und sind unterwegs nach Yokohama, das in der Nähe von Edo liegt», sagte Tatsudaiyu fast prahlerisch. «Und dein Bruder hat Wale gefangen, in Amerika und an vielen fernen Orten.»

Unbewegten Gesichts sah Jinsuke zu seinem jüngsten Bruder hinüber. «Ich habe gegen das Gesetz verstoßen, als ich das Land verließ, aber ich wollte Wale jagen. Jetzt wohne ich in Yokohama, hauptsächlich an Bord meines Schiffes. Die Behörden denken, ich sei Amerikaner. Wenn sie die Wahrheit wüßten, würden sie mich vielleicht hinrichten lassen, deshalb mußte ich mich von Taiji fernhalten, auch um euretwillen.»

Onui preßte entsetzt die Hand auf den Mund, aber Oyoshi sah ihn fest an, ihre Augen bohrten sich förmlich in ihn hinein, und Jinsuke versuchte zu enträtseln, was in diesem Blick lag. Zorn? Groll? Keinesfalls war es das sanfte Leuchten, an das er sich erinnert und von dem er geträumt hatte.

«Sprichst du jetzt Englisch, älterer Bruder?» fragte sie.

«Wenn man dort lebt oder auf einem ihrer Schiffe fährt, lernt man es. Ja, ich spreche Englisch, aber ich habe einen Akzent.»

«Das ist großartig, da könntest du sogar Lehrer sein», sagte Saburo.

Jinsuke lachte bei dem Gedanken, doch innerlich war er völlig verkrampft. Er wollte nach dem Jungen fragen – nach seinem Sohn –, aber er unterdrückte den Wunsch, denn eine solche Frage konnte nur schmerzlich sein. Ein großer Abgrund schien sich vor ihm zu öffnen, dunkel und einsam.

«Du siehst wie ein Ausländer aus», sagte Oyoshi mit unverkennbar gehässigem Unterton.

«Und das bin ich auch», antwortete er herausfordernd. «Ich bin Amerikaner – japanischer Amerikaner. Japaner kann ich ja nicht sein, sie würden mich töten.»

«Ich mag keine Ausländer», sagte Oyoshi. «Sie haben schlechte Manieren und üble Sitten, und sie haben unserem Land viel Leid gebracht. Warum mußtest du ausgerechnet zu den Barbaren gehen?»

Fast wäre Jinsuke aufgebraust wie früher, doch er verbiß seinen Zorn und die Antwort, die er am liebsten gegeben hätte. Dummes Geschöpf vom Land, was weißt du denn? Du würdest es nicht einmal verstehen, wenn ich es dir erklärte. Er setzte sein finsteres Kapitänsgesicht auf, dann merkte er, wie unglücklich Saburo dreinsah. Er würde sich von ihr nicht herausfordern lassen, es war alles vorbei. Für immer.

«Yoshi!» sagte Onui schneidend. «Du bist unhöflich. Wie kannst du so mit deinem älteren Bruder sprechen!» Oyoshi entschuldigte sich mit einem leichten Neigen des Kopfes, stand auf und ging in die Küche.

«Älterer Bruder», sagte Saburo, «ich – wir haben dich vermißt. Ich habe dein Gesicht nie vergessen und mir oft gewünscht, du kämst nach Hause.» Er lächelte wehmütig. «Ich bin nie weiter gekommen als bis Shingu. Es wäre wunderbar, all das sehen zu können, was du gesehen hast.»

«Ich habe dich auch nie vergessen, Saburo.» Wie konnte ich je daran denken, einen so sanften Mann zu verletzen? dachte Jinsuke, während er Saburo ansah. Nur Saburo konnte trotz allem, was geschehen war, allen Ernstes so etwas sagen. Er hat gelitten, dachte Jinsuke. Um Oyoshis Augen hatte er Linien der Enttäuschung, der Ungeduld, ja sogar der Bosheit entdeckt, aber die Falten in Saburos Gesicht waren tiefer. Bilder aus seinem eigenen Leben kamen und gingen vor seinem geistigen Auge wie Ebbe und Flut. Er hatte viel gesehen und viel getan, und er hatte auch gelitten, aber er hatte immer Träume gehabt, an die er sich klammern, denen er nachjagen, auf deren Erfüllung er hoffen konnte. Ich habe sie wirklich geliebt, dachte er, würde es jedoch nie wieder denken, und sollten sich die alten Träume je wieder in seine Phantasien schleichen, würde er sie abschütteln.

Oyoshi brachte frischen Tee und eine Platte mit eingemachten Rettichscheiben. «Älterer Bruder Jinsuke», sagte sie mit derselben hohen, übertrieben süßlichen Stimme wie vorher, «ich nehme an, du bist verheiratet, nicht wahr?» Jinsuke sah sie an und wandte das Gesicht ab.

«Ach du meine Güte, und ich, seine Mutter, habe vergessen, ihn zu fragen», sagte Onui. «Nun, Jinsuke, hast du eine Frau?»

«Nein», antwortete er. «Ich war immer auf See und habe nie daran gedacht, zu heiraten.»

«Was?» fragte Shusuke, der trotz seines aktiven Lebens sehr häuslich war, herzhafte Hausmannskost liebte und schon einen kleinen Bauch vor sich hertrug. «Dann haben Saburo und ich also vor unserem älteren Bruder geheiratet. Schlimm, schlimm! Aber ich kann es nicht mehr rückgängig machen, wie du siehst.» Er tätschelte den Leib seiner Frau, und sie gab ihm einen Klaps auf die Hand.

«Ich bin nicht verheiratet», sagte Jinsuke und sah Saburo, der ihn nicht aus den Augen gelassen hatte, fest an. «Ich bin nicht verheiratet, habe aber vor zu heiraten.»

«Wer ist sie?» fragte Tatsudaiyu. «Kommt sie aus einer guten Familie?»

«Aus der besten, die ich außer der unseren kenne. Sie ist Ausländerin, spricht aber recht gut Japanisch, und beherrscht die chinesische Schrift sehr gut. Sie ist halb Chinesin und halb Europäerin, und ihr

Vater ist ein großer Kapitän, ihr Bruder ein sehr reicher Mann. Er ist mein bester Freund.»

Jinsuke hätte ihre Reaktion vorhersehen müssen. Sie verstummten alle, außer Tatsudaiyu, der verächtlich abwinkte.

«Schlecht, sehr schlecht, ausländische Frauen taugen nichts.»

Die meisten anderen nickten und murmelten beifällig, und Jinsuke kniff die Augen zusammen. Er merkte, daß Saburo ihn noch immer ansah, und sich nicht beteiligte, als die anderen sein Leben und sein künftiges Glück zerpflückten. Er saß da und hörte zu, wie sie seine Susan ablehnten, ohne sie zu kennen, und dachte, daß keiner von ihnen sich auch nur annähernd vorstellen konnte, wie schön und fein und intelligent Susan Fogerty war. Sie redeten über sie, als sei sie ein Stück von einem drei Tage alten Fisch, das auf dem Markt übriggeblieben war.

«Sie muß schön sein», mischte Saburo sich ein. «In alter Zeit haben die Kumano-Piraten oft fremde Schiffe überfallen und viele Frauen genommen, auch Chinesinnen waren darunter. Durch die Blutmischung sind die Taiji-Frauen schöner als in den meisten anderen Orten. Und ich denke, daß ihr alle sehr engherzig seid. Unser älterer Bruder hat viele Länder und viele Frauen gesehen. Wenn er sie wählt, muß sie etwas Besonderes sein. Meinen Glückwunsch, Bruder.»

Jinsuke erwiderte Saburos Lächeln. «Ja, sie ist schön – wie meine Schwägerin Oyoshi. Eines Tages wirst du sie kennenlernen. Und du mußt einmal auf meinem Schiff fahren, zu mir nach Yokohama kommen. Bring auch deinen kleinen Jungen mit, damit er sieht, wie eine Dampfmaschine arbeitet.»

Saburo hörte nicht auf zu lächeln, senkte den Kopf und tat so, als greife er nach einem Stück Rettich, aber seine Augen waren feucht. Die beiden Brüder hatten mit ein paar Sätzen eine elf Jahre alte Wunde geheilt, und jetzt war alles wieder gut zwischen ihnen.

«Ich würde sehr gern mit deinem Schiff fahren», erwiderte Saburo schließlich; beide wußten jedoch, wie unwahrscheinlich es war, daß er je einen Fuß auf das Deck des Schoners setzen würde.

Tatsudaiyu wedelte wieder mit der Hand vor seiner Nase herum. «Ausländische Frauen. Pah! Sie taugen nichts», wiederholte er immer wieder voller Verachtung, obwohl er noch nie eine Ausländerin zu Gesicht bekommen hatte. «Komm nach Taiji zurück, hier finden wir bestimmt eine gute Frau für dich. Taiji-Frauen sind die besten.»

Dabei wissen sie ganz genau, daß ich nicht zurückkommen kann, dachte Jinsuke. Auf diese Weise wollen sie nur versuchen, die Vergangenheit zu leugnen, zu ignorieren, was aus mir geworden ist. Ich bin anders als alle Menschen, die Vater kennt, und das beunruhigt ihn. Tatsudaiyu wedelte weiterhin aufreizend mit der Hand vor seiner Nase herum. Taugen nichts. Taugen nichts. Jinsuke neigte leicht den Kopf.

«Ich will darüber nachdenken, Vater.»

Tatsudaiyu brummte etwas.

«Ich muß jetzt zurück auf mein Schiff», sagte Jinsuke. «Ich wage es nicht, mich sehen zu lassen, ihr wißt ja, wie schwatzhaft die Leute hier sind. Sobald sich die Gesetze ändern, komme ich ganz offen bei Tag wieder.» Nach einer Pause fuhr er fort: «Es sind dumme, engstirnige Gesetze. Dieses Land wird ...» Er unterdrückte Tetsuros Lieblingswendung: «eines Tages eine mächtige seefahrende Nation sein ...» Er sah den Blick seines Vaters und sprach nicht weiter. Tatsudaiyu schürzte mißbilligend die Lippen, weil er es nicht ertrug, wenn man Japan kritisierte.

Jinsuke wandte sich an Shusuke. «Komm morgen bei Tagesanbruch mit einem Boot zu meinem Schiff. Ich habe ein Geschenk für euch alle, ein modernes Gerät, das amerikanische Walfänger benutzen. Ich würde euch gern selbst zeigen, wie es funktioniert, aber da das nicht möglich ist, gebe ich euch eine genaue schriftliche Gebrauchsanweisung. Ich muß jetzt gehen.»

Er verneigte sich tief vor jedem einzelnen und stand dann auf. Onui, die sich ebenfalls erhob, nahm er in die Arme und drückte sie fest an sich. Sie begann wieder zu weinen.

«Weine doch nicht, Mutter. Ich komme wieder.»

«Bitte sei nicht traurig, Mutter», sagte Saburo. «Älterer Bruder Jinsuke ist jetzt Kapitän eines feinen Schiffes, das jeden Hafen der Welt anlaufen kann. Wenn er will, kann er wiederkommen.»

Onui schluchzte. «Ich komme morgen früh an den Strand, um dir zum Abschied zu winken. Du wirst zurückwinken, Jinsuke, nicht wahr?» Wieder brach sie in lautes Schluchzen aus.

«Er ist der Kapitän», sagte Tatsudaiyu verdrießlich, «er wird zu tun haben.»

«Natürlich werde ich winken, Mutter, das verspreche ich dir.»

«Ich möchte dich jetzt zum Boot begleiten», sagte Onui.

«Nein, es ist zu spät, eine Frau hat jetzt auf der Straße nichts mehr zu suchen. Ich begleite ihn.» Tatsudaiyu sah seine Familie der Reihe nach an, seine Stimme klang so befehlend wie früher. «Ihr anderen bleibt hier. Ihr könnt morgen früh zum Strand gehen.»

Als sie durch die engen Gassen den Hügel zur Bucht und zum Asuka-Schrein hinuntergingen, bat Jinsuke den Vater noch einmal um Verzeihung, weil er Taiji verlassen hatte. Tatsudaiyu seufzte.

«Ich weiß, daß es nicht deine Schuld war. Dieser Samurai aus Wakayama steckte dahinter, ich weiß. Doch du bist auf die dir einzig mögliche Art Harpunierer geworden, und ich bin stolz auf dich.» Sie schlenderten weiter, sprachen mit leisen Stimmen, und dann sagte Tatsudaiyu plötzlich: «Aber ich möchte, daß du dir die Heirat mit der Ausländerin noch einmal gut überlegst.»

Am Strand warteten drei Männer mit dem Boot. Einer kam Vater und Sohn in der Dunkelheit entgegen. Es war Tetsuro im traditionellen Gewand eines Samurai mit zwei Schwertern unter der Schärpe.

«*Sencho?*» rief er leise, das japanische Wort für Kapitän benutzend.

«Das ist mein Erster Offizier Miyabe Tetsuro», sagte Jinsuke. Er war stolz auf den jungen Mann und verstand, warum er die westliche Marineuniform nicht trug. Auf Grund der beiden Schwerter, der Kleidung des Mannes, des vornehmen Namens Miyabe, des Namens einer alten Tottori-Familie, erkannte Tatsudaiyu nicht nur, daß er einen *bushi* vor sich hatte, sondern auch, daß er aus einer hochanständigen, ehrenwerten Familie stammte. Tatsudaiyu verneigte sich.

«Das ist mein Vater Tatsudaiyu, Chefharpunierer von Taiji», sagte Jinsuke, und Tetsuro verneigte sich sehr tief.

«Es ist eine Ehre für uns, unter Eurem Sohn, unserem Kapitän, dienen zu dürfen, Herr.»

Für Tatsudaiyu war es ein Schock, als er plötzlich begriff, wie weit sein Sohn es gebracht haben mußte, daß ein junger Samurai so sprach, sich so tief vor einem alten Harpunierer verneigte und «unter ihm dienen» sagte, wenn er seinen Sohn meinte. Er konnte nur mit einigen steifen Förmlichkeiten antworten. Jinsuke verneigte sich vor seinem Vater.

«Paß auf dich auf, Vater. Entschuldige, aber wir müssen jetzt gehen.»

Sie verabschiedeten sich steif und zurückhaltend voneinander, denn es war die einzige Möglichkeit, sich ihrer Gefühle zu erwehren. Jinsuke half, das Boot zu Wasser zu bringen, und setzte sich dann ins Heck, während die beiden Matrosen die Ruder einlegten. Im selben Moment kam Saburo angelaufen. Er watete bis zur Taille ins Wasser, hielt sich mit einer Hand am Bootsrand fest und reichte mit der anderen etwas zu Jinsuke hinauf.

«Nimm das, älterer Bruder, damit du uns nicht vergißt.»

Jinsuke nahm es, schob es unter seinen Armstumpf und packte Saburos Hand, die den Bootsrand umklammerte. «Ich danke dir, Saburo. Paß auf dich und den Jungen auf.»

«Es ist etwas, das ich gemacht habe, es ist nicht sehr gut», sagte

Saburo, und zugleich glitt das Boot in tieferes Wasser. Saburo ging unter, tauchte auf, hustete, schlug mit den Armen um sich, schwamm an Land zurück und stand dort neben dem ernsten würdevollen alten Mann.

«Sir?» fragte Tetsuro auf englisch.

«Zum Schiff», sagte der Kapitän, und die beiden Matrosen legten sich in die Riemen. Aus den großen Bullaugen der *Big Sky* fiel gelbes Licht auf das Wasser. Tetsuro überließ es den beiden Matrosen, das Boot hereinzuholen, und kletterte hinter Jinsuke die Leiter hinauf.

Bevor er schlafen ging, packte Jinsuke Saburos Geschenk aus. Es war eine schöne Bildrolle, auf dem das Phoenix-Boot mit Tatsudaiyu im Bug dargestellt war. Es verfolgte einen Nordwal, und Tatsudaiyu hatte den Arm erhoben, um die Harpune zu schleudern, während sein Helfer die Leine hielt. Rechts war eine kleinere Zeichnung – das Chrysanthemen-Boot mit Iwadaiyu, der seine Männer anfeuerte.

«Und ich war einer von ihnen», sagte Jinsuke leise vor sich hin, ein Gedanke, der ihn stolz und traurig machte. Er betrachtete das Bild sehr lange. Noch nie hatte er den Walfang in seiner althergebrachten Art so fein und bis in die kleinste Einzelheit lebendig dargestellt gesehen. Er kniff die Augen zusammen und spähte in die rechte Ecke, wo neben Saburos rotem Namenssiegel mehrere winzigkleine, stark stilisierte Schriftzeichen zu sehen waren. Jinsuke gab sich große Mühe, sie zu entziffern.

Stirbt der tapfere Fisch
für den Wohlstand von sieben Dörfern
oder für das Lied des Mannes, der aufrecht steht?

Jinsuke entging nicht der Doppelsinn des Wortes «aufrecht», denn der Name Tatsudaiyu bedeutete «aufrecht». Er bewunderte Saburos Talent und erinnerte sich, daß der jüngere Bruder schon immer gern beim alten Takigawa gesessen und mit Farben herumgekleckst hatte. Am Ende war es am besten so, wie es gekommen war. Er rollte das Bild zusammen und legte es in die oberste Schublade seines Schreibtischs.

Die Kiste war an Tatsudaiyu adressiert. Er versuchte nicht, sie zu öffnen, ehe die Boote zurückkamen. Am Abend zerbrachen sich dann die Zimmerleute und der Schmied die Köpfe, wie sie die Messingschrauben lösen sollten. In der Kiste lagen auf den Strohhüllen mehrere Seiten mit Zeichnungen und schriftlichen Anleitungen. Die anderen Männer umdrängten die Kiste. Tatsudaiyu holte zwanzig lange Messingrohre mit spitzen Enden heraus. Als nächstes kam ein sehr seltsames Ding – ein dicker Eichenschaft, an dem etwas befestigt war, das wie ein kurzes Gewehr aussah, ebenfalls aus Messing. Außerdem enthielt die Kiste noch eine kurze eiserne Harpune mit einer Gelenkspitze, eine starke Leine, ein Faß mit Schwarzpulver, ein Pulvermaß und mehrere kleine Werkzeuge.

«Ji ...» Shusuke unterbrach sich noch rechtzeitig genug. «Hm – der Kapitän auf diesem Schiff hat gesagt, daß man damit einen Wal mit einem einzigen Stoß töten kann. Er nannte es ein ‹Lanzengewehr› und behauptete, daß ein Mann es schafft, einen Wal mit einem einzigen Eisen zu töten, wenn er mit der Waffe gut umgehen kann. Sehr ihr? Wenn die Harpune trifft, berührt zugleich dieser Stab den Wal und feuert das Gewehr ab. Die spitze Patrone dringt tief in den Wal ein und tötet ihn.»

Tatsudaiyu wog die Lanze in der Hand und gab sie dann weiter. Er warf einen Blick auf die Gebrauchsanweisung, die sein Sohn geschrieben hatte.

«Damit einen Wal töten? Das ist die unwahrscheinlichste Geschichte, die ich je gehört habe. Laßt mich einmal sehen!» Iwadaiyu wog das Ding ebenfalls in der Hand. «Es ist kopflastig. Wenn man versuchen wollte, es zu schleudern, würde es sich überschlagen und abstürzen.»

Shusuke nahm ihm das Gerät aus der Hand. «So darf man es nicht halten. Man muß ganz dicht an den Wal heran und schleudert es dann nach unten.» Shusuke tat so, als ob er werfe.

«So geht man doch nicht mit einer Harpune um!» spottete einer der Männer.

Kakuemon drängte sich durch die Reihen der lebhaft diskutierenden Männer. «Was ist los? Was ist das?»

Tatsudaiyu reichte ihm die Gebrauchsanweisung und zeigte auf die Überschrift. *«Bombu ransu ju»*, las Kakuemon. Die beiden ersten Worte waren in *katakana* geschrieben, das dritte war das Zeichen für Gewehr. «Gewehr?» Kakuemon zog die Brauen hoch. «Habt ihr ein Gewehr? Wo? Hier? Zeigt es mir.»

Sie reichten es ihm. Er drehte es nach allen Seiten und legte es in die Kiste zurück, untersuchte dann die anderen Dinge, betrachtete bestürzt die Patronenbehälter.

«Es sind mit Pulver gefüllte Patronen», erklärte Shusuke. «Man steckt sie in das Gewehr, und wenn es abgefeuert wird, dringt die Patrone tief in den Wal ein und tötet ihn ganz schnell.»

Kakuemon räusperte sich lange und gewichtig. «Das», sagte er endlich, «kommt mir sehr gefährlich vor.» Er warf Tatsudaiyu einen scharfen Blick zu. «Warum hat der ausländische Kapitän dir das gegeben?»

«Es waren fast ausschließlich Japaner an Bord», antwortete Tatsudaiyu würdevoll, «und sie hatten gehört, daß ich der Chefharpunierer bin. Sie haben uns dieses Geschenk gemacht, weil sie hier ankern durften. Der Kapitän war selbst Walfänger und hat in der ganzen Welt Wale gejagt. Vielleicht hatte er das Gefühl, irgendwie zu uns zu gehören, und wollte uns etwas geben, das mit dem Walfang zu tun hat. Ich glaube, so ein Ding kostet eine Menge Geld. Ich finde, es war eine freundliche und wohldurchdachte Geste von ihm.»

Kakuemon spitzte die Lippen und schob die Hände in die weiten Ärmel seines Kimonos. «Er mag es gut gemeint haben, doch es ist höchst ungewöhnlich. Packt das Ding wieder ordentlich ein, damit nichts verlorengeht, und dann bringt es in mein Büro. Ich werde mir diese Notizen durchlesen und die Sache mit Kinemon-sama besprechen. Es war wirklich eine nette Geste von dem ausländischen Kapitän. Walfänger verstehen Walfänger eben immer am besten, und es ist gut, daß er begriffen hat, wie entgegenkommend es von uns war, ihn hier ankern zu lassen. Früher hätten wir ihn aus der Bucht verjagt. Die Zeiten haben sich geändert.»

Das Gerät wurde wieder in seiner Kiste verstaut, und dort blieb es. Kakuemon und Kinemon studierten die Gebrauchsanweisung und kamen zu dem Schluß, es sei besser, das Zeug zu vergessen. In Taiji handhabte man die Dinge anders, und wollte man ein solches Gerät benutzen, handelte man sich nur böse Kritik und Schwierigkeiten ein. Nach einiger Zeit wurde die Kiste aus dem Büro ins Lagerhaus gebracht und irgendwo verstaut.

Viele, viele Jahre vergingen, ehe sie wieder herausgeholt wurde.

31

Sadayori ging in Hirakata, einem Ort, der auf halbem Weg zwischen Osaka und Kyoto lag, an Bord eines der Flußboote, die Frachten und Passagiere beförderten.

Sadayori hatte einen leichten Kater. Am Abend vorher war er mit Freunden ausgegangen, von denen er viele jahrelang nicht gesehen hatte. Sie benahmen sich rüpelhaft und ausgelassen, prahlten damit, wie sie aus der Asche des untergegangenen *bakufu* ein neues Japan erstehen lassen würden, obwohl sich ein paar wegen der gefährlichen, neuen paramilitärischen Polizeitruppen des *bakufu*, der *shinsen gumi*, Sorgen machten. Deren Mitglieder, die sich aus den Reihen der *ronin* rekrutierten, waren gewalttätig, verhafteten und mordeten wahllos, und ihre Spione saßen überall. Sadayori hatte alles, was er hörte, in seinem Gedächtnis gespeichert und die Gesellschaft verlassen, bevor die anderen mit Lärm und Geschrei in eines der vielen Bordelle von Hirakata einbrachen wie eine Schar bunter Vögel. Er zog es vor, allein in einem kleinen Gasthof in der Nähe des Landeplatzes zu schlafen.

Er nahm das Boot am frühen Morgen, pflegte seinen schmerzenden Kopf, ließ sich von der vom Wasser zurückstrahlenden Sonne das Gesicht wärmen, lauschte dem sanften Gurgeln des Flusses und dem brummelnden Singsang der beiden Bootsleute.

In einem Ort namens Fushimi außerhalb von Kyoto legten sie an. Sadayori ging von Bord und stieg die breiten Steinstufen zwischen Gestellen mit zum Trocknen und Flicken aufgehängten feinmaschigen Fischernetzen hinauf. Er wollte zu Fuß von Fushimi nach Kyoto und dort in seinem gewohnten Gasthof am Fluß absteigen. Er machte sich auf den Weg. Er sah zwar, daß ein Mann ihn beobachtete, der bei einem Boot stand, und dann mit einem anderen Mann flüsterte. Aber er dachte sich nichts dabei.

Nach einem Bad und einer leichten Mahlzeit saß Sadayori dann am offenen Fenster des Gasthofs, blickte hinunter in den von Mondlicht erhellten kleinen Garten und auf den Fluß. Vor langer, langer Zeit hatte er mit seiner jungen Frau ein Ebenbild dieser Landschaft betrachtet. Wie lange war es jetzt her, daß sie ihn verlassen hatte? Zwanzig Jahre? Wenn er die Augen schloß, sah er noch immer das von silbernem Mondlicht glänzende Schwarz ihres langen Haares vor sich. Er hatte es nie bereut, sich nie wieder verheiratet und sich auch nie eine Geliebte genommen zu haben, denn ihr Andenken war ihm zu kostbar. Die Straßen der Stadt waren still und dunkel, nur vor ein paar Kneipen brannten Laternen, und jenseits des Flusses war in einem oberen Stockwerk ein Fenster erleuchtet.

Sadayoris Gedanken wandten sich anderen Dingen zu – Dingen, die ihm große Sorge bereiteten. Er kam sich selbst vor wie eine *shogi*-Figur, die auf dem Spielbrett des Schicksals umhergeschoben wurde. Fürst Ii hatte ihn gedrängt, dem Tokugawa-Clan den Dienst aufzukündigen, weil er geglaubt hatte, er könne ihm besser dienen, wenn er ganz frei war. Sein junger *daimyo* war jetzt Shogun und mit der jüngeren Schwester des Kaisers verheiratet. Doch derselbe Shogun forderte Ausländer, Franzosen, auf, ihm beim Aufbau und der Neuorganisation seiner Armee zu helfen. Sadayori diente jetzt dem Satsuma-Clan, auch wenn viele Angehörige des Clans darüber verärgert waren und mit ihrer Meinung nicht hinter dem Berg gehalten hätten, wenn er nicht unter dem persönlichen Schutz von Itoh stünde. Im ganzen Land rekrutierten Clans – aber vor allem die Choshu – Bauern und Stadtfräcke für ihre Milizen und bildeten sie an importierten Gewehren aus. Als Sadayori vor vielen Jahren dafür eingetreten war, die Walfänger zu bewaffnen und auszubilden, hatte der Rat seines Clans ihn ausgelacht. So viel hatte sich verändert, so viel änderte sich noch.

Plötzlich wurde es vor dem Gasthof laut, Stimmen lärmten, und Fäuste hämmerten an das schon geschlossene und verriegelte Tor. Sadayori, der sofort Gefahr witterte, nahm seine Schwerter vom Ständer im Alkoven und schob sie unter seine Schärpe. Er blies die Öllampe in seinem Zimmer aus und öffnete sehr leise die Tür. Unten wurde immer noch geschrien und gelärmt. Osome, die Besitzerin des Gasthofs, kam mit einer Laterne an die Tür. Kaum hatte sie den Riegel zurückgeschoben, flog die Tür auf und mehrere bewaffnete Männer stürmten herein.

«Was soll das, wer seid ihr?» fragte Osome, eine anziehende, vornehme Frau aus der *bushi*-Klasse.

«Wo steckt der Verräter Matsudaira?» fragte ein untersetzter Kerl zurück, der die Bande anführte. Sadayori, auf seinem dunklen Beobachtungsposten am oberen Ende der Treppe erkannte ihn, einen ehemaligen *ronin* und Raufbold, den jetzt das *bakufu* angeheuert hatte, damit er jede Opposition, tatsächliche oder eingebildete, niedermachte. Also ist die *shinsen gumi* hinter mir her, dachte Sadayori. Das Schicksal schob ihn auf seinem Spielbrett auf das nächste Feld.

«Matsudaira-*sensei* ist nicht hier», antwortete Osome mit höflicher Würde. Im nächsten Moment streckte ein Faustschlag sie zu Boden, und das Blut strömte ihr aus der gebrochenen Nase. Hinter ihr schrie ein Hausmädchen laut auf. Sadayori wurde von einer unmenschlichen Wut geschüttelt.

«Sucht ihn!» schrie der Anführer der Bande und stapfte mit seinen schmutzigen Straßensandalen ins Haus. Die Männer hatten alle das Schwert gezogen. Sie begannen gegen die zarten hölzernen *shoji*-Zwischenwände zu treten, zerstachen die in Gold und Schwarz gehaltenen Zeichnungen auf dem Papier der Türen und verteilten sich im Erdgeschoß. Sadayori zog sein kurzes Schwert, das große hob er sich für später auf. Er kam so schnell und so leise die Treppe herunter, daß die Angreifer ihn nicht bemerkten und er den ersten sehr schnell erledigen konnte, indem er ihm von hinten das Schwert ins Herz stieß. Als Sadayori ihn losließ, plumpste er wie ein Sack zu Boden. Wie ein Schatten an die Wand gepreßt, glitt Sadayori weiter. Dem nächsten Gegner schlitzte er den Hals auf. Als er mit einem heftigen Ruck die Klinge wieder herauszog, kam aus der klaffenden Wunde ein widerwärtiges Gurgeln.

«Hierher! Hierher!» schrie ein dritter Mann, der Sadayori entdeckt hatte, und auf ihn eindringen wollte. Angesichts des blutigen Schwertes begannen seine Augen jedoch unsicher zu flackern. Sadayori zog sich in den großen Saal zurück, in dem sonst Feste und Feiern abgehalten wurden. Er war fast so groß wie eine *dojo*, und Sadayori brauchte Platz. Wenn er es mit vielen Gegnern aufnehmen wollte, mußte er sich flink bewegen und immer wieder seine Taktik ändern, etwas tun, was die anderen nicht erwarteten. Der andere Mann schrie noch immer nach seinen Spießgesellen, und bald kamen sie von zwei Seiten auf ihn zu.

«Jetzt haben wir dich, du Verräter! Wir wissen, daß du eine Verschwörung angezettelt hast! Leg deine Schwerter ab, uns entkommst du nicht!»

Doch erst als er fünf Gegner getötet hatte, geriet Sadayori wirklich in Bedrängnis. Zum Glück hatte er sich inzwischen zu dem großen Familienspeer durchgekämpft, der an der Wand des Saales hing. Als er ihn aus der Halterung riß, fiel ihm ein, daß er und Itoh vor vielen Jahren einmal über diesen Speer gesprochen hatten, als sie sich zum erstenmal in diesem Gasthof trafen.

Die Gegner schienen immer zahlreicher zu werden, und Sadayori hieb und stach, ohne darauf zu achten, wohin er traf. Das Chaos wurde von Minute zu Minute größer. Draußen auf dem schmalen Heckenweg hörte man einen Schuß und dann noch zwei.

So werden sie mich also kriegen, dachte Sadayori und durchbohrte mit einem gellenden Schrei dem nächsten Gegner das Auge. Wieder krachte ein Schuß, und diesmal fiel einer der Angreifer tödlich getroffen zu Boden. Die Kugel hatte ihm den Hinterkopf weggerissen. Eine nächste pfiff dicht über Sadayoris Kopf hinweg, und wieder brach ein Gegner zusammen. Ein gräßlicher Schrei ertönte, der einem wie ein Messer in die Eingeweide drang – Itoh war gekommen. Jetzt völlig verängstigt, ließ einer der *ronin* sich für den Bruchteil einer Sekunde ablenken, doch eben dieser Bruchteil genügte Sadayori, ihm den Speer durch den Hals zu jagen. Seine Augen quollen heraus, er gurgelte, zischend drang die Luft aus der Wunde, und er starb in dem Augenblick, in dem Itoh wie ein wilder Stier heranstürmte.

Auf der Straße vertrieben die von einem Hausmädchen herbeigerufenen Satsuma-Samurai die restlichen *bakufu*-Söldner. Die Angreifer, die ins Haus eingedrungen waren, wurden alle getötet.

Itoh wischte seine Klinge an einem dicken Bausch feiner Seidentücher ab und schob sie in die Scheide zurück. Dann holte er unter seinem Kimono einen Revolver hervor.

«Ich hab so ein Ding noch nie benutzt – es funktioniert, nicht wahr?» Er versteckte den Revolver wieder, schleuderte die Sandalen von den Füßen, ging von Raum zu Raum und zählte die toten Feinde.

«Sie haben sich den falschen Mann ausgesucht, wie man sieht. Was für ein Kampf! Bist du in Ordnung?»

«Ja, aber die Dame des Hauses ist verletzt.»

«Wir kümmern uns darum, und dann bringen wir die Leichen hinaus. Das Durcheinander muß vorläufig so bleiben, wie es ist. Vielleicht rücken sie mit Verstärkung an, daher ist es wohl am besten, wir bringen dich und die Frau in die Residenz. Dort werden sie es nicht wagen, uns anzugreifen.»

Itoh ging zum Hauseingang und brüllte nach einer Sänfte für Osome.

«Komm, wir beide gehen zu Fuß.»

«Warte», sagte Sadayori, «ich muß den Speer wieder zurückhängen.»

«Weißt du», sagte Itoh, «als wir uns das erstemal hier trafen und den Speer sahen, da wußte ich schon, daß du ihn eines Tages benutzen würdest.» Er versetzte einem Toten, der auf der Schwelle der Eingangstür lag, einen Tritt und rollte ihn mit dem Fuß herum. «Hm», sagte er, «du mußt viel trainiert haben.»

Die obersten *bakufu*-Behörden wurden informiert, daß die Satsuma sich durch jeden weiteren Angriff auf Matsudaira Sadayori in ihrer Ehre schwer gekränkt fühlen würden. Zwei Wochen später durfte Sadayori Kyoto in Begleitung von Itoh verlassen.

32

Saburo war auf dem Heimweg, Arme, Schultern und Rücken taten ihm noch immer weh, wenn er einen Tag am Ruder gestanden hatte, doch er war zäher und kräftiger geworden, und es war nicht mehr so schlimm wie früher. Er wünschte jedoch, es würden wieder Boote gebaut, die er bemalen könnte, so daß es eine andere Arbeit für ihn gäbe, als mit der Flotte hinauszufahren, was ihm nach wie vor verhaßt war. Der alte Takigawa war in seinem ganzen Leben vielleicht zweimal hinausgefahren. Saburo verabscheute es, er wollte nur malen.

Vor der Tür seines Hauses blieb er stehen. Seit Jinsuke auf so dramatische Weise zurückgekehrt war, befürchtete Saburo, daß Oyoshi ihn plötzlich verlassen würde. Und während er so dastand, wurde die Tür zurückgeschoben, und Oyoshi schaute heraus.

«Mann», sagte sie, die vertrautere Anrede gebrauchend – sonst nannte sie ihn stets beim Namen und hängte einen Ehrentitel daran –, «Mann, warum stehst du hier herum? Ich habe auf dich gewartet. Willkommen zu Hause.»

Saburo trat ein und ließ sich mit gekreuzten Beinen auf seinen Lieblingsplatz links neben dem Haushaltsschrein sinken. Es duftete nach frisch verbranntem Weihrauch, und als Saburo sich umblickte, sah er, daß auf dem kleinen Altar Schälchen mit frischem Gemüse, Reis und Sake standen. Er kniete nieder und sprach ein Gebet für Takigawa.

«Es gibt Zeiten, in denen ich ihm sehr dankbar bin», sagte Oyoshi hinter ihm. Sie war dabei, den Tisch zu decken und trug Tee und – als besondere Überraschung – kleine Reiskuchen auf. Saburo drehte sich um und sah sie an. Sie schien ihm verändert. Lächelnd hielt sie seinem Blick stand und schlug dann die Augen nieder, als sei sie ein scheues junges Mädchen, nicht eine Frau von neunundzwanzig Jahren.

«Wo ist Yoichi? Spielt er draußen?»

«Ich habe ihm gesagt, er dürfe drüben bei dem älteren Bruder Shusuke schlafen. Du weißt, wie gern er bei seinen Vettern schläft und im Dunkeln mit ihnen schwatzt. Er ist manchmal ein sehr einsamer kleiner Junge.»

Saburos Miene umwölkte sich. «Er kommt also nicht nach Hause?»

«Nicht heute abend und vielleicht auch morgen nicht.» Oyoshi sah Saburo fest an. «Wir müssen miteinander reden, nur du und ich.»

Saburo stellte die Teeschale auf den Tisch, atmete hastig ein und verzog das Gesicht vor Anstrengung, um zu sagen, was er am Abend vorher nicht über die Lippen gebracht hatte, als sie beide, von dem Wiedersehen mit Jinsuke erschüttert, schweigend nach Hause gegangen waren.

«Yoshi, du kannst gehen, wenn du willst. Ich halte dich nicht, und wenn du willst, bringe ich dich nach Shingu. Wir können uns eine Geschichte ausdenken. Yokohama ist nicht so schrecklich weit weg.»

«Willst du, daß ich gehe?» unterbrach sie ihn mit schriller Stimme.

«Nein.» Er wollte es herausschreien, doch es wurde nur ein Flüstern.

«Du willst es nicht?»

«Niemals. Aber ich habe ein Versprechen gegeben ...»

Sie stand auf, holte seine Waschbecken und sein Handtuch und drückte ihm beides in die Hand. «Geh und nimm dein Bad. Du siehst so müde aus. Reden können wir auch noch später.»

Waschbecken und Handtuch in den Händen, blieb Saburo stirnrunzelnd sitzen.

«Das ist mein Heim», sagte Oyoshi. «Warum sollte ich fortgehen? Wenn du willst, daß ich gehe, werde ich es tun, aber können wir das nicht später besprechen? Ich habe heute etwas ganz Besonderes für dich gekocht, und wenn du nicht schnell baden gehst und bald zurückkommst, verdirbt es vielleicht.»

Sie ging also nicht. Vor Erleichterung ganz benommen, stand Saburo auf und hielt an der Tür noch einmal inne, als sie ihm nachrief: «Beeil dich, Mann, komm schnell wieder!» Ihre Stimme klang wieder so hell wie die eines jungen Mädchens.

Das Essen, das sie zubereitet hatte, bestand fast ausschließlich aus seinen Lieblingsspeisen. Sie war nie verschwenderisch, hatte jedoch in aller Frühe auf dem Fischmarkt eingekauft, außerdem frisches Gemüse besorgt und anschließend in den Hügeln wilde Kräuter und Wurzeln gesammelt. Als Saburo den liebevoll und reich gedeckten Tisch sah, gingen ihm fast die Augen über. Er blickte Oyoshi verwundert an.

«Bitte!» Mit einem angewärmten Sakekrug in der Hand kniete

Oyoshi an seiner linken Seite nieder. Noch mehr überrascht hielt er ihr seine Schale hin, die sie füllte, und während er trank, wartete sie darauf, sie ihm von neuem zu füllen. Er stellte die Schale ab, nahm die Eßstäbchen und kostete von den verschiedenen Leckerbissen.

«Schmeckt es dir?» fragte sie.

«Köstlich», murmelte er kauend. Wieder schenkte sie ihm Sake ein, er trank, reichte dann ihr die Schale, nahm den Krug und schenkte ihr ein. Sie sah ihn unverwandt an, während sie trank, und reichte ihm dann die Schale zurück. Hatte sie das je zuvor getan?

«Du mußt auch etwas essen, Yoshi.»

Er konnte sie keinen Moment aus den Augen lassen. Sie war schöner als sonst, doch er wußte nicht, woran es lag, denn sie war weder geschminkt noch hatte sie sich besonders geschmückt. Sie lächelte ihm zu, und wie schon oft war er froh darüber, daß sie es energisch abgelehnt hatte, sich die Zähne zu schwärzen, wie es bei verheirateten Frauen Sitte war, und sie statt dessen dreimal täglich mit einem Spezialstift polierte, so daß sie noch so weiß waren wie die eines jungen Mädchens. Wie oft hatten ihr Vater und Saburos Mutter sie deshalb getadelt! Jetzt lächelte sie ihn strahlend an, und er konnte nicht anders, er mußte dieses Lächeln erwidern. Gewöhnlich verzog Oyoshi wegen ihrer «unschicklichen» Zähne beim Lächeln nur den fest zusammengepreßten Mund, doch jetzt schenkte sie sich noch Sake ein, lächelte wieder, fuhr sich mit der Zungenspitze über die Lippen und schaute ihm herausfordernd in die Augen. In Saburos Kopf begann sich alles zu drehen, denn obwohl er mit ihr verheiratet war, hatte er sich längst damit abgefunden, daß Oyoshi als Frau für ihn unerreichbar war.

Sie stand auf und ging in die Küche, um den Tee zu bereiten, während er zu Ende aß.

«Ich gehe jetzt baden!» rief sie dann und ließ ihn allein mit seinen Gedanken an ihren Vater, an Jinsuke, an die seltsamen, aber glücklichen Jahre, die er mit ihr erlebt hatte, nach außenhin ihr Ehemann, in Wahrheit aber nur ihr Bruder.

Als sie aus dem Bad kam, trug sie einen leichten Sommerkimono mit fest gebundener, hoher Schärpe. Obwohl das Haus nicht groß war, besaß sie einen kleinen Toilettentisch mit Faltspiegel, vor dem sie jetzt niederkniete, um sich das lange, glänzende jettschwarze Haar auszukämmen. Ihrem aufrechten Rücken und den geraden Schultern hatten auch die elf Jahre nichts anhaben können, in denen sie unzählige schwere Wassereimer an einer Stange vom Brunnen heraufgetragen hatte.

Sie sah Saburo durch den Spiegel an. «Hast du es eigentlich nie bedauert, daß du mir dieses Versprechen gegeben hast?» fragte sie.

Oyoshi hatte auch gründlich nachgedacht und fragte sich jetzt, warum sie ihn bisher nie so gesehen hatte, wie er wirklich war – ein sanfter, empfindsamer, künstlerisch veranlagter Mann, zu tiefen Gefühlen fähig. Warum hatte sie sich so lange an einen törichten Mädchentraum geklammert, obwohl Saburo dagewesen war – der gütige, liebevolle, zuverlässige Saburo.

«Nein», antwortete er. «Wenn ein Mann ein Versprechen bereut, sollte er es nicht geben. Ich habe es gegeben.»

Sie drehte sich um und sah ihn direkt an. «Du ahnst nicht, wieviel Hochachtung du mir damit abgerungen hast. Oft habe ich mir gewünscht, ich hätte dir das Versprechen nicht abgenommen», fuhr sie fort, «und ebensooft wünschte ich, du würdest es zurücknehmen. Hast du nie daran gedacht?»

«Wie hätte ich vergessen können, was du mir, als wir heirateten, über meinen Bruder, über dich und ihn gesagt hast?»

Oyoshi ließ den Sandelholzkamm sinken und wandte sich halb ab. «Es gibt ihn nicht mehr. Und eigentlich gibt es ihn schon seit über elf Jahren nicht mehr. Es gibt nur noch einen Ausländer auf einem ausländischen Schiff, und nur wir sind geblieben, du, ich und Yoichi. Vergiß, wie alles angefangen hat, Saburo. Ich bin kein Mädchen mehr, kannst du mir also verzeihen? Wir haben einen Sohn, der dich bewundert. Wärst du nicht so gütig gewesen, mich zu heiraten, hätte ich mich selbst getötet, und das wußtest du, denn sonst hättest du nie eingewilligt. Du warst so gut und liebevoll. Ich war die einzige Tochter meines Vaters und verwöhnt. Jetzt möchte ich an dich und mich denken. Wolltest du nie...»

Die Worte blieben ihr in der Kehle stecken, obwohl sie im allgemeinen noch freimütiger sprach als die meisten Taiji-Frauen, die wegen ihres starken Willens berühmt waren.

Saburo wurde rot. Einmal, ein einziges Mal war er mit einer Frau gegangen, damals, als er in Shingu gearbeitet hatte. Sie kam aus einem Freudenhaus, war aber noch jung und hatte die Werkstatt aufgesucht, um einen kunstvollen Wandschirm zu bestellen. Er ging zu ihr, und sie flirtete mit ihm und verführte ihn. Als er sich zu ihr legte, war seine Erregung unerträglich. Ich werde ihren Körper sehen, dachte er, und seine Geheimnisse kennenlernen. Aber die Dirne hatte nicht einmal den Kimono ausgezogen, und ihre Gier war ihm plötzlich so widerwärtig gewesen wie die dicke weiße Puderschicht auf ihrem Gesicht und Hals. Er hatte nie wieder bei einer Frau gelegen.

Aber trotz seiner Zurückhaltung und Selbstbeherrschung war Saburo ein sinnlicher Mann. Der Anblick einer schönen Blüte oder der Krümmungen in den Ästen eines Baumes, die Farben eines Schmetterlings oder eines frisch gefangenen Fisches konnten ebenso wie die Nähe einer reizvollen Frau in seinen Lenden ein Gefühl ziehender Schwäche hervorrufen.

Oyoshi war immer dagewesen, kühl, fern und unerreichbar. Er nährte seine Liebe zu ihr, er liebte sie tief, und diese Liebe wuchs auf ganz verschiedene Weise.

Plötzlich fragte sie, als ob sie seine Gedanken erraten habe: «Hast du schon einmal mit einer Frau das Kopfkissen geteilt, Saburo?»

Sollte er ihr von der Dirne aus Shingu erzählen? Von dieser einen kurzen Begegnung? Nein, das zählte nicht.

«Nein, Yoshi, noch nie, obwohl ich ein Mann mit allen Wünschen und Sehnsüchten eines Mannes bin, aber ich weiß, daß auch du, seit wir verheiratet sind, mit keinem anderen das Kopfkissen geteilt hast. Wir sind wie Nonne und Mönch, die unter einem Dach leben.» Er lachte. «Wie viele Nonnen und Mönche brächten das wohl fertig?»

Sie legte den Kamm aus der Hand und wandte sich ihm wieder zu. «Ich bin keine Nonne und habe mir schon seit ein paar Jahren gewünscht, du würdest deinen Schwur brechen, aber ich war zu stolz, und ich hatte Angst.» Ihre braunen Augen sahen ihn fast herausfordernd an. Was wußte er von den Qualen, die eine Frau manchmal durchmachte, wenn ihre Brustwarzen schwollen, sobald sie sich am Stoff ihres Kimonos rieben, wenn Phantasien sich ihres Geistes und ihres Körpers bemächtigten und sie sich in ein paar Minuten des Alleinseins selbst erlösen mußte – und was für eine jämmerliche Erlösung es war! Oyoshi hatte sich oft gefragt, ob Saburo tat – nun ja, was Männer eben taten. Sie kam jedoch nie dahinter. Wie oft hatte sie in der Dunkelheit wach gelegen, und Zorn hatte sich in ihr aufgestaut, weil er, ein Mann, von ihrem Verlangen nichts ahnte, nicht ahnte, daß sie nur darauf wartete, eine Schlacht zu verlieren.

«Sei so lieb, Saburo, und kämm mir das Haar auf dem Rücken. Ich muß mir immer halb den Arm ausrenken ...»

Noch nie hatte sie ihn gebeten, das zu tun. Bisher hatte er nur ab und zu ihren Obi auf dem Rücken festhalten dürfen, während sie ihn band. Er ging zu ihr und kniete hinter ihr nieder. Als sie ihm den Kamm reichte, berührten ihre Finger die seinen.

Ihr Haar war glatt und seidig und ließ sich leicht kämmen. Sie hatte sich ein paar Tropfen Kamelienöl auf den Scheitel getupft, und das Parfüm vermischte sich mit ihrem eigenen Duft. Wie glatt die Linien von Hals und Schultern waren, die Haut wie Seide – und im Spiegel sah er ihr Gesicht, ihre Augen, die ihn fragend beobachteten, und er blickte über ihre Schulter in die sanfte Mulde zwischen den vollen Brüsten.

«Verachtest du mich, Saburo?»

«Du weißt, daß ich das nicht tue», sagte er rauh.

«Ist es zu spät? Ist die Mauer zwischen uns zu hoch geworden? Yoichi braucht einen Bruder und eine Schwester. Mein Körper ist noch jung.»

Er ließ den Kamm ruhen und sah sie aus großen Augen starr an. Seine linke Hand ruhte leicht auf ihrer Schulter, sie faßte mit beiden Händen danach und legte die Wange darauf.

«Spiel nicht mit mir», sagte er mit wild klopfendem Herzen.

Sie schüttelte den Kopf und drehte sich zu ihm um. «Ich spiele nicht. Es ist spät geworden. Ich räume schnell auf und lege dann die Schlafdecken heraus.»

Saburo ging in die Küche und schenkte sich kalten Sake ein. Als er die Schale an die Lippen hob, bemerkte er, daß seine Hände zitterten. Während Oyoshi die Schlafdecken aus dem Schrank nahm, nebeneinander ausbreitete – zum erstenmal nebeneinander, nachdem sie immer weit entfernt voneinander gelegen hatten – und zurückschlug, hielt Saburo das Gesicht abgewandt. Als er sich wieder umdrehte, löste sie langsam die Schärpe und ließ ihren Kimono zu Boden fallen.

Nackt stand Oyoshi vor Saburo und streckte die Arme nach ihm aus. «Nimm mich, Saburo», sagte sie. «Nimm mich jetzt ...»

Es war wie ein Traum.

Warum haben wir so lange gewartet? fragte sich Saburo immer wieder. Das also ist die Ehe. Ist sie für alle so, oder erleben nur wir dieses Glück, das atemlos macht? Wie wunderbar ist doch die Welt.

Zwei Tage und zwei Nächte verließen sie nicht das Haus, nachdem Oyoshi ihn im Walfangbüro entschuldigt und erklärt hatte, ihr Mann habe hohes Fieber. Am dritten Morgen stand er auf und fuhr mit der Flotte hinaus. Meer und Himmel, Mensch und Tier, die ganze Welt schien hundertmal schöner und heiterer zu sein, und plötzlich fand er es gar nicht mehr so schlimm, daß er aufs Meer hinaus mußte.

Zwei Monate verflogen. Es war eine Zeit vollkommenen Glücks. Er bekam von Kakuemon die Erlaubnis, an weiteren Bildrollen über den Walfang zu arbeiten, und malte auch für sich selbst. Es verging kaum eine Nacht, in der Oyoshi und er sich nicht wenigstens zweimal liebten.

Und am Ende des dritten Monats wußte Oyoshi, daß ihr und Saburos sehnlichster Wunsch in Erfüllung gegangen war – sie erwartete ein Kind.

33

Saburos Sohn Jiro wurde nach dem westlichen Kalender im Sommer 1865 geboren. Zur gleichen Zeit bereitete der Shogun Iemochi eine Strafexpedition gegen die Choshu vor, die einen Staatsstreich geplant und es tatsächlich gewagt hatten, Kyoto anzugreifen. Sie waren von den Satsuma zwar jämmerlich geschlagen worden, doch Iemochis Ziel war es, sie völlig zu vernichten, da sie geschworen hatten, das Tokugawa-Regime zu stürzen. In der Schlacht um Kyoto hatten sich Itoh und Sadayori heldenhaft hervorgetan, aber Itohs Bruder war durch eine Kugel gefallen. Doch wenn Itoh auch zu Sadayori gesagt hatte, er finde es noch immer unwürdig, mit Revolvern und Gewehren zu kämpfen, ließ sich das Rad der Zeit nicht zurückdrehen. Krieg wurde jetzt auf moderne Art geführt.

Es war ein hartes Jahr, die Wale in Taiji spärlich, die Arbeit mühsam. Die Zahlungsmoral war schlecht, und manchmal blieb die Bezahlung für Fleisch, Öl und Fischbein ganz aus, was die Behörden jedoch nicht daran hinderte, die Steuern einzutreiben.

Oyoshi stillte das Baby sechs Monate und versuchte dann, es zu entwöhnen, obwohl sie noch genug Milch hatte. Sie wurde deshalb oft getadelt, und Ziegenmilch war rar. Das Kind verabscheute den Ersatz und schrie oft, bis sein Gesichtchen sich blau verfärbte. Schließlich wurde sogar Saburo ärgerlich und fragte Oyoshi, warum sie das tue.

«Ihr Männer seid wirklich ahnungslose Geschöpfe, nicht wahr?» antwortete sie und legte ihm die Hand auf den Unterarm. «Je länger ich einen Säugling stille, um so länger kann es dauern, bevor wir ein anderes Kind haben können, und ich möchte ein ganzes Haus voll von deinen Kindern.»

Er war glücklich.

Yoichi betete den kleinen Bruder an, trug ihn, in eine von Saburos

Schärpen geschlungen, auf dem Rücken und nahm ihn zu allen möglichen abenteuerlichen Unternehmungen mit.

In Taiji wurde geklatscht wie eh und je, und deshalb gab es auch über Oyoshi und Saburo viel zu sagen. Sogar alte Geschichten wurden wieder aufgewärmt. Nicht selten waren da Eifersucht und Neid mit im Spiel, denn obwohl sie schon länger als zehn Jahre verheiratet waren, benahmen sie sich wie ein frisch verliebtes junges Paar, und auch eine zweite Schwangerschaft hatte Oyoshis Schönheit nichts anhaben können. Die Männer neckten Saburo auch, weil er um seine Frau so besorgt war und seine Gefühle für sie offen zur Schau trug, was andere Männer nie getan hätten, weil sie es für unmännlich hielten.

Vor einiger Zeit hatten sie die Nachricht bekommen, daß Jinsuke geheiratet hatte. Onui war glücklich, daß ihr Sohn eine Frau genommen hatte, glücklich auch, weil es hieß, Jinsuke sei reich und besitze in Yokohama ein schönes Haus. Tatsudaiyu weigerte sich, darüber zu sprechen. Jinsuke hatte eine Ausländerin zur Frau genommen.

Zu Beginn dieses Jahres kam Nakahama Manjiro nach Yokohama, der Mann, der zehn Jahre in Amerika gelebt hatte. Mit gemischten Gefühlen machte er sich auf den Weg zu Kapitän Jim Skys Haus, das auf einem Hügel lag. Einerseits war es ihm peinlich und ungewohnt, uneingeladen das Haus eines Mannes aufzusuchen, der sich als Amerikaner ausgab und eine ausländische Frau hatte. Oh, Manjiro hatte die Angelegenheit nachgeprüft, dieser Jim Sky hatte tatsächlich die amerikanische Staatsbürgerschaft erworben, aber es war trotzdem merkwürdig. Andererseits brannte Manjiro vor Neugier, weil er wissen wollte, wie der einarmige Walfänger aus Taiji es geschafft hatte, auf den weiten Meeren so viel Erfolg zu haben. Noch immer war es – von Militär- und Marineuniformen abgesehen – für Japaner verboten, sich westlich zu kleiden, und Manjiro trug Kimono, Rock und Schwerter. Den Kopf hatte er sich nicht mehr rasiert, doch sein Haar war auf dem Scheitel zu einem Knoten gebunden.

Vor der Gartentür blieb Manjiro stehen und zog an der Glocke. Ein Diener kam, und Manjiro reichte ihm einen kurzen, höflichen englisch geschriebenen Brief, in dem er sich entschuldigte, daß er uneingeladen erschien, und bat, den Kapitän für ein paar Minuten sprechen zu dürfen.

Jinsuke kam selbst an die Gartentür, blieb stehen und musterte sekundenlang verblüfft den Mann, der sein Leben so stark beeinflußt hatte. Verblüfft war er, weil Manjiro wie ein japanisch gekleideter, schwerttragender Regierungsbeamter aussah.

Manjiro verneigte sich, richtete sich dann lachend auf und blinzelte Jinsuke zu. «Nun, Skipper», sagte er auf englisch, «darf ich an Bord kommen?»

Jinsuke öffnete die Tür, streckte die Hand aus und umfing die des unerwarteten Gastes mit einem herzlichen Willkommensgruß.

«Ich habe studiert und spreche mit meiner Frau daheim vorwiegend Englisch, spreche es aber noch immer nicht so gut wie Sie, Nakahama-san. Sie reden wie ein Amerikaner, aber ich habe noch immer einen Akzent.»

«Das macht nichts», antwortete Manjiro. «Ich spreche so gut, weil ich als Vierzehnjähriger nach Amerika kam und in einer amerikanischen Familie aufwuchs. Komme, was mag, Sie und ich haben viel gemeinsam. Ich hoffe, Sie verzeihen mir, daß ich einfach so bei Ihnen hereinplatze.»

Jinsuke führte ihn zur Haustür, wo Susan wartete. Jinsuke hatte ihr erzählt, wie er diesen Mann kennengelernt und was es ihm damals bedeutet hatte. Sie verneigte sich förmlich und reichte ihm dann mit einem strahlenden Lächeln die Hand. Manjiro war ganz offensichtlich ein Herr, ganz gleich auf welcher Seite des Ozeans er lebte. Susan führte ihn in den Salon und rief nach Tee. Manjiro saß eine Zeitlang still da und bewunderte den Raum, in dem kein Stildurcheinander herrschte wie in Lyall Fogertys Haus, hier waren Ost und West eine überaus harmonische Verbindung eingegangen.

«Darf ich offen sprechen, Kapitän Sky?»

«Aber selbstverständlich.»

«Dann will ich vorausschicken, daß ich jetzt zwar der Regierung angehöre, Sie aber von mir nichts zu befürchten haben. Die Zeiten ändern sich ohnehin. Aber zuerst müssen Sie mir sagen, was Sie von amerikanischen Walfangschiffen halten, nachdem Sie sie jetzt selbst gesehen haben.»

«Als Segel- und Fangschiffe sind sie die besten», antwortete Jinsuke. «Aber jedesmal, wenn wir einen Wal längsseits nahmen und nur den Blubber, das Fischbein und die Zähne behielten, mußte ich daran denken, wie kostbar der Rest des Wals für Taiji gewesen wäre, und ich bekam Gewissensbisse. Ich dachte stets, wie gut es doch wäre, wenn wir zusammenarbeiteten. Das Problem hat mich immer bedrückt.»

«Mich auch», sagte Manjiro, «und seit Jahren besuche ich eine Walfangstation nach der anderen – Taiji inbegriffen – und versuche die Leute über amerikanische Techniken aufzuklären. Aber glauben Sie, man hört auf mich? Sie denken nicht daran. Es ist hoffnungslos.

Doch bald kommt die Zeit der jungen Leute, und sie werden Veränderungen und Erleichterungen begrüßen.»

Er sah Susan an. «Ihr Mann ist ein sehr bedeutender Mann, eine Schlüsselfigur in der Geschichte dieses Landes. Oh, nicht wie ein Politiker oder ein General, er ist viel bedeutender. Eines Tages muß und wird die Nation das begreifen.»

«Vielleicht, und ich würde es ja gern glauben, aber ich habe immer Angst um ihn. Dieses Land und das Heimatland meiner Mutter, China, sind so sprunghaft.»

«Sprunghaft», wiederholte Manjiro. «Nun – wenn Sie das im Sinn von unbeständig und ‹sich leicht verflüchtigend› meinen, müßte ich Ihnen widersprechen, Mrs. Sky, doch wenn Sie dem Wort den Sinn von ‹wie ein Adler sich erheben› unterlegen, dann bin ich Ihrer Meinung. Die alten Nationen Asiens werden sich wie Adler in die Lüfte erheben.»

Susan wollte keines jener freundschaftlichen Streitgespräche beginnen, die sie, Jinsuke und Lyall so oft führten. Sie stand lächelnd auf und fragte Manjiro, ob er zum Abendessen bleibe.

«Es gibt nichts Besonderes, aber wir würden uns sehr freuen, Sie noch länger bei uns zu haben.»

Manjiro war entzückt. Hätte Susan ihm in derselben Situation die Frage auf japanisch gestellt, hätte er abgelehnt, aber Jinsukes Laufbahn und Erfolg faszinierten ihn ebenso wie seine schöne Frau, daher antwortete er wie ein Amerikaner und nahm die Einladung an.

Susan ging hinaus, um in der Küche Bescheid zu sagen, und die beiden Männer blieben allein. Ein Diener brachte Tee, und Jinsuke holte ein Kästchen mit Pfeifen und einen Beutel mit feinem Tabak. Er rauchte die kleinen japanischen Pfeifen noch immer am liebsten. Als Manjiro sich suchend umsah, reichte er ihm eine kleine silberne Streichholzschachtel.

«Kapitän», sagte Manjiro paffend, während er die Pfeife ansteckte, «ich glaube, Sie haben Waffen nach Satsuma transportiert.»

«Warum sagen Sie das?» fragte Jinsuke, plötzlich sehr zurückhaltend. Obwohl das *bakufu* in vielen Dingen die Zügel lockerte, existierte noch immer das strenge Waffenembargo. Waffen durften nur an den Tokugawa-Clan und kein anderes Lehen geliefert werden. Das Verbot wurde natürlich umgangen, doch hier in Yokohama lag die Macht noch immer in den Händen des *bakufu*.

«Ich bin ein Tosa-Mann und mit Sakamoto Ryoma befreundet. Er war es, der mir erzählt hat, daß Sie zurückgekehrt sind, und er erzählte mir auch von Ihrem Schiff und Ihren – eh – amerikanischen Papieren.

Ich versichere Ihnen, daß ich mit niemand sonst darüber gesprochen habe. Ich bin zu Ihnen gekommen, weil der Tosa-Clan Waffen kaufen möchte...»

«Da wäre es für Sie doch einfacher, in Nagasaki mit Thomas Glover, dem Engländer, zu sprechen. Es gibt dort auch eine preußische Firma, L. Kniffler und Co.»

«Ja, ich weiß, und wir haben auch schon mit ihnen verhandelt», sagte Manjiro, «aber aus verschiedenen Gründen möchten wir das Geschäft lieber im Ausland abwickeln. Ich und Sakamoto oder jemand, dem wir vertrauen, soll versuchen, einen Kontrakt für schwere Waffen, viele Gewehre und ein modernes Kanonenboot zu bekommen. Shanghai scheint uns der passende Ort dafür zu sein. Wir haben gehört, daß Mr. Rose, der Amerikaner, Ihnen bei einigen Handelsgeschäften geholfen hat.»

«Das stimmt», antwortete Jinsuke, «aber Mr. Rose hat sich von den Geschäften zurückgezogen und ist nach Amerika zurückgekehrt.» Er stand auf, ging zu einem kleinen Schreibtisch und schrieb den Namen einer englischen Firma auf einen Zettel, den er Manjiro reichte.

«Jardine Mathieson und Co.», las Manjiro. «Die kenne ich natürlich.»

«Sie sind wahrscheinlich die Besten für Sie, sie verkaufen alles», sagte Jinsuke mit mehr als nur einer Spur von Zynismus in der Stimme. «Auf der anderen Seite steht die Shanghaier Adresse meines Schwiegervaters. Wenn Sie Schwierigkeiten haben, den Kontakt herzustellen, gehen Sie zu ihm. Er kennt Gott und die Welt. Sie müssen verstehen, daß ich nicht mit Waffen handle. Meine Fracht mag hin und wieder aus Kisten und Lattenkisten bestanden haben, aber was drin war, hat mich nie interessiert. Sogar das ist gefährlich.» Er setzte sich wieder. «Ich gehe lieber auf Robbenjagd.»

Manjiro lächelte. «Ja, und auch dazu suchen Sie ziemlich gefährliche Gegenden auf, nicht wahr? Aber ich verstehe natürlich. Genug von Geschäften, wenigstens für den Augenblick. Ich hoffe, wir werden uns dennoch einigen...»

«Verhandeln Sie bitte mit meinem Schwager. Ich bin nur der Kapitän des Schiffs. Sie müssen ihn kennen, Lyall Fogerty. Darf ich Ihnen jetzt etwas Besseres anbieten als Tee?»

Jinsuke sagte nicht ganz die Wahrheit. Er war zur Hälfte Eigner der *Big Sky*, es war das Hochzeitsgeschenk von Susans Vater gewesen.

Später, nach einem ausgezeichneten Essen und einer ausgedehnten Unterhaltung, schmiegte sich Susan in ihrem großen Messingdoppelbett eng an ihren Mann und legte ihm leicht die Hand auf die Brust. «Was wollte Nakahama-san wirklich?»

«Der Tosa-Clan möchte in Shanghai Waffen kaufen, und wir sollen die Verhandlungen führen und den Transport übernehmen.»

«Das hast du doch schon ein paarmal gemacht, nicht wahr?»

Jinsuke antwortete nicht. Susan rollte sich auf die Seite, lag eine Weile schweigend da, drehte sich dann wieder zu ihm um und schüttelte ihn an der Schulter. «Ich finde es schrecklich, wenn du das tust, Jim, das weißt du.»

Er schob den Arm unter ihre Schultern und drückte sie an sich. «Ich weiß, aber es hat uns geholfen, dieses Haus zu bauen.»

Wieder schwieg sie eine Zeitlang, und ihre Finger spielten mit seiner Brustwarze. «Hast du Kapitän MacNeils Brief gelesen, der heute gekommen ist?» fragte sie endlich.

«Ich hatte keine Zeit.»

Sie küßte ihn, eine Gewohnheit, die ihm allmählich unentbehrlich wurde.

«Jim, ich liebe Japan, aber ich habe Angst. Immer und überall wird gekämpft und getötet, du trägst ständig eine Waffe, und Lyall denkt, daß es einen Bürgerkrieg geben wird. Das macht mir angst.»

«Mach dir keine Sorgen.»

«Ich kann nichts dafür. Ich möchte Kinder haben, und ich möchte, daß unsere Kinder ein richtiges Zuhause haben, ein Land, in das sie gehören. Ich möchte nicht, daß es ihnen so geht wie Lyall und mir. Oh, Lyall ist hier glücklich und wird nie fortgehen, weil er leidenschaftlich gern lernt und gern etwas Neues anfängt. Doch ich bin anders. Ich möchte nicht für immer und ewig die Ausländerin bleiben, und das wäre ich hier. Bitte lies doch Kapitän MacNeils Brief. Er lebt jetzt im Norden, in Kanada.»

«Willst du wirklich, daß ich jetzt aufstehe, die Lampen anzünde und den Brief lese?»

Sie küßte ihn wieder. «Untersteh dich, du! Ich sage dir, was drinsteht. Er schreibt, es ist wunderschön dort, und er möchte, daß du hinübergehst und sein Partner wirst. Seehandel und Robbenfang. Außerdem handelt er mit Holz für den Schiffsbau. Er sagt, daß der Ort, wo er jetzt lebt, eine kleine Stadt namens Vancouver, der wunderbarste in der ganzen zivilisierten Welt ist – seine Worte –, friedlich und mit unbegrenzten Möglichkeiten. Er denkt, es wäre ein großartiger Ort, um Kinder aufzuziehen, und» – sie machte eine Pause – «ich will Kinder.»

«Laß dir Zeit, sie werden schon kommen.»

«Ich glaube nicht, daß du dich ausreichend bemühst.»

«Wie bitte?» sagte Jinsuke mit gespieltem Zorn.

«Nun, wir haben uns seit gestern abend nicht mehr geliebt, nicht wahr?»

«Eine böse Unterlassung», murmelte er und begann sie zu küssen. Susan zu küssen wurde ihm nie langweilig. Und vielleicht war dies auch die Nacht, in der Susan schwanger wurde.

Zwei Tage später ging Jinsuke ins Büro, um sich die Anweisungen für die nächste Fahrt zu holen. Lyall bat ihn, sich zu setzen, und schloß die Tür hinter ihm.

«Tut mir leid, Jim, aber nach dieser Fahrt nach Nagasaki wirst du drei von deinen Männern verlieren.» Lyall schob ein Blatt Papier über den Schreibtisch. Darauf standen die Namen seines Zweiten Offiziers, eines Mechanikers und eines jungen Dritten Offiziers mit einer ungewöhnlichen Begabung für Navigation.

«Um ein Haar hätten wir auch Tetsuro verloren, aber ich habe gebeten, ihn wenigstens noch für ein Jahr behalten zu dürfen. Bis dahin müßte er sein Patent in der Tasche haben. Die anderen gehen zu einer japanischen Gesellschaft. Erinnerst du dich an Sakamoto? Aus Tosa? Er kauft Schiffe für seinen Clan und stellt eine Marinekompanie auf, fünfzig handverlesene Männer, das Beste vom Besten. Es tut mir genauso leid wie dir, aber ich halte es für ein Kompliment, daß er auch ein paar von unseren Leuten nimmt.»

Jinsuke zuckte mit den Schultern. «Wir haben es nicht anders erwartet, oder? Sie lassen sie von uns ausbilden, und sind sie endlich soweit, daß wir uns auf sie verlassen können, nehmen sie sie uns weg. Tetsuro hatte mir schon Bescheid gesagt, und ich weiß, daß zumindest zwei sehr ungern gehen. Du weißt es von Miyabe, stimmt's?»

«Es stimmt.»

«Sicherlich wird er uns wieder drei passende Männer bringen, die wir an Bord nehmen und auf unseren ‹Lehrfahrten› kostenlos ausbilden sollen», sagte Jinsuke ironisch. Er haßte es, auch nur einen Mann von seiner Mannschaft hergeben zu müssen. Lyall nickte und wechselte das Thema.

«Ich möchte dir auch noch etwas anderes sagen, Jim – ich will heiraten.»

Jinsuke sprang strahlend auf und streckte die Hand aus. «Herzlichen Glückwunsch! Wann? Wer ist sie?»

Lyall war verlegen, denn er hatte die Angelegenheit vor seiner Familie geheimgehalten.

«Sie heißt Onami. Die ganze Sache wurde arrangiert, und Miyabe hat als *nakodo* fungiert. Sie kam eines Tages mit ihrem Vater ins Büro und, nun ja, ich habe mich in sie verliebt, Jim. Sie ist die fünfte Tochter eines Kaufmanns aus Edo, der in Yokohama eine Filiale hat. Eines Ölhändlers. Vor zwei Monaten hat er fast seinen gesamten Besitz durch ein Feuer verloren, und jetzt ist die Familie ziemlich arm. Seine Töchter haben jedoch eine gute Erziehung genossen. Er macht schwere Zeiten durch, und ich helfe ihm ein bißchen.» Lyall sah seinem Schwager in die Augen. «Ich bin sehr gern in Japan und möchte hier seßhaft werden. Ich mag ein Fremder sein, habe jedoch das Gefühl, hier besser akzeptiert zu werden als in China und auf jeden Fall besser als in England. Sie ist ein feines Mädchen, intelligent, lebhaft und hübsch. Du wirst sie mögen, Jim, und Susan auch.»

Jim beugte sich über den Schreibtisch und schlug Lyall auf die Schulter. «Du bist mehr Japaner als ich, Lyall. Es wird gutgehen, das weiß ich. Wann ist die Heiratszeremonie?»

«Nächsten Monat. Ich wollte es dir und Susan erst sagen, nachdem ich von ihrem Vater eine verbindliche Antwort bekommen hatte. Er ist einverstanden. Aber da ist noch etwas, Jim...»

Jinsuke zog die Brauen in die Höhe.

«Ich kann es meinem Vater nicht sagen, er wird es mir nie verzeihen, aber Onamis Vater besteht darauf, mich zu adoptieren. Ich werde einen japanischen Namen tragen. Solange Vater lebt, werde ich ihn in der ausländischen Gemeinde nicht benutzen, aber im tiefsten Innern fühle ich mich als Asiate, Jim.»

Jinsuke verstand. Ein Mann war stets der, als der er sich fühlte. Er selbst fühlte sich immer mehr als Amerikaner – oder wenigstens Ozeanier. Es war, als habe der Name Jim Sky allmählich eine Metamorphose in ihm bewirkt, eine Veränderung, die durch seinen Status als Kapitän eines Schiffes, sein Leben, sein Land, Heim und seine kosmopolitische Frau gefördert wurde. Genausogut konnte Lyall sich in die andere Richtung verändern und Japaner werden. War das wichtig? Sie waren dennoch Brüder, Familie, zwei Seiten desselben Bildes. Lyall ging zum Aktenschrank und holte eine Flasche Whisky und zwei Gläser heraus. Jinsuke nahm ihm eins ab.

«Eigentlich sollten wir mit Sake auf dich anstoßen, aber dazu werden wir noch oft Gelegenheit haben. Meinen Glückwunsch, Lyall. Und wie wirst du mit deinem japanischen Namen heißen?»

«Shimizu, das ist der Familienname, der Name eines alten Samuraigeschlechts. Vor drei Generationen wandte sich ein jüngerer Sohn dem Handel zu – das gab es hin und wieder.»

Jinsuke hob sein Glas. «Auf eine neue Ehefrau, ein neues Leben und einen neuen Namen – *kampai*!»

«Danke, älterer Bruder», erwiderte Lyall auf japanisch.

Eine Neuigkeit von großer Tragweite mit einer zweiten zu übertrumpfen, war unhöflich, daher erzählte Jinsuke Lyall nichts von seinem eigenen Entschluß. Einen Tag und eine Nacht hatte er über Kapitän MacNeils Angebot nachgedacht, und er hatte sich erinnert, wie hingerissen auch er von der Schönheit der Nordwestküste Nordamerikas gewesen war, als er die Gewässer vor dieser Küste zum erstenmal befahren hatte. Jinsuke hatte beschlossen, mit seiner Frau nach Kanada auszuwandern und nur noch eine Waffe zu tragen, wenn er auf die Jagd ging. Er wollte sich ein neues Haus in einem neuen Land bauen und den Alptraum der blitzenden Schwerter vergessen, der ihn nachts allzuoft peinigte.

Nein, er würde warten und es Lyall erst nach seiner nächsten Reise erzählen...

34

Alles in allem war es ein faszinierender Abend. Der Engländer war ein guter Gastgeber. Hochklassige Geishas spielten und sangen für Itoh und Sadayori. Ein nach westlicher Art zubereitetes üppiges Mahl wurde serviert, und Kellner in dunklen Anzügen und weißen Hemden reichten ein Dutzend verschiedener Weine. Flinke Dolmetscher schlugen die Unterhaltung wie Federbälle hin und her.

Ihr Geschäft war schnell abgewickelt, aber das war kein Wunder. Allein in diesem Jahr waren der Kriegskasse der Satsuma für den Ankauf ausländischer Waffen fast vierhunderttausend englische Pfund entnommen worden, und mehr als die Hälfte dieses Betrags war in die Taschen dieses weißhaarigen Ausländers mit dem krausen Backenbart geflossen. Nach dem Bürgerkrieg gab es in Amerika Waffen im Überfluß, die nicht mehr gebraucht wurden, daher hatte Satsuma für sein Geld sehr viel bekommen, und zumindest Itoh war sehr zufrieden.

Sadayori war höflich, aber wortkarg, denn er verachtete ihren Gastgeber und seinesgleichen, nicht, weil er ein Barbar war, sondern weil er sich an dem inneren Konflikt bereicherte, der Japan zerriß. In seiner Sänfte auf dem Heimweg versuchte Sadayori ein Gedicht zu machen, das die Ironie des Ganzen aufzeigte. Satsuma pflanzte und raffinierte süßen Zucker, um die Waffen zu bezahlen, die nach dem Bürgerkrieg jener Nation übrig waren, die mit ihrem Schwarzen Schiff alles aufgerührt hatte. Aber das Thema war für ein Gedicht wirklich nicht geeignet, und angeekelt gab er auf.

Dieser Thomas Blake Glover, der Engländer, war sehr großzügig gewesen und hatte ihnen angeboten, sie nicht nur mit Waffen zu versorgen, sondern ihnen auch Kredite zu beschaffen wie ihren früheren Feinden, den Choshu. Jetzt waren sie ja keine Feinde mehr.

Ein Vertrag war ausgehandelt worden, der sie zu Verbündeten machte. Nachdem Sadayori gründlich über das Problem nachgedacht hatte, kam er zu dem Schluß, daß hinter diesem Glover mehr steckte als Profitgier, trotz seines prächtigen Landhauses auf dem Hügel. Die britische Regierung stand hinter ihm, und da die Briten so schlau waren wie die Füchse, wußten sie bestimmt genau, wem sie den Rücken stärken mußten.

Ich hasse ihn, hatte Sadayori gedacht. Doch sein Haß auf Glover und andere Ausländer, die sich ungebeten einmischten, nagte nicht mehr halb so verheerend an seinem Innern wie in seiner Jugend.

In Kyushu hatte der immer Intrigen spinnende Itoh ihn in Affären hineinziehen wollen, die ihn noch mehr anwiderten. General Saigo von Satsuma hatte einen Plan, der das *bakufu* zu übereilten und überstürzten Handlungen reizen und zugleich seine Aufmerksamkeit von Itohs Intrigenspiel in Kyoto ablenken sollte. Er heuerte *ronin* und *yakuza*-Strolche an, die in Edo für Unruhe sorgten. Raubüberfälle, Straßenkämpfe, Brandstiftung sollten beweisen, daß der Shogun nicht einmal imstande war, in seiner Hauptstadt Ordnung zu halten. Itoh hatte Sadayori gebeten, ihm bei der heimlichen Vorbereitung dieser kleinen Störfälle zu helfen, denn er kannte Edo besser als sonst jemand in Kagoshima, aber Sadayori hatte zornig abgelehnt. Itoh lächelte nur.

«Na ja, ich habe General Saigo gesagt, daß du da nicht mitmachen würdest, aber er meinte, ich solle dich trotzdem fragen.»

«Die Antwort kann er auch von mir direkt bekommen. Es ist entwürdigend und nicht *bushi*-Art.»

«Sag ihm das lieber nicht, du kennst sein Temperament, und übrigens, dasselbe haben wir beide einmal über den Gebrauch ausländischer Waffen gesagt.» Sie verloren kein Wort mehr darüber, aber eine Zeitlang geriet Sadayoris Loyalität zu den Satsuma gefährlich ins Wanken, und er überlegte, ob er nicht wieder *ronin* oder sogar Mönch werden sollte. Als er sich Itoh anvertraute, musterte der Freund ihn mit einem amüsierten Lächeln.

«Du reitest ein Pferd, das dem Schicksal entgegengaloppiert. Männer wie du müssen sich an die Zügel klammern und dem Tier die Knie in die Flanken bohren, sonst stolpern Roß und Reiter und brechen sich den Hals. Mir gefällt die Sache in Edo auch nicht, aber ich glaube an General Saigos Ziele, die unsere Nation einen, sie stark und stolz machen sollen. Ich glaube, daß das auch deine Ziele sind. Außerdem – du als Mönch? Das wäre die reinste Karikatur. Du bist unmusikalisch wie ein Stein. Wenn du das erstemal zu singen anfingst, würde der gütige Gott Buddha fliehen und sich in seinem Lotus verbergen.» Itoh wollte sich ausschütten vor Lachen und rief nach Sake.

Nach Kagoshima zurückgekehrt, wurde Sadayori zu einem Fest eingeladen, das Itoh in seinem Haus für Sakamoto Ryoma gab, der mit seiner jungen Frau, dem hübschen jungen Hausmädchen aus dem Teradaya-Gasthof, Kyushu besuchte. Seine rechte Hand war noch bandagiert, denn wie Sadayori, war auch er während der letzten Phase der Verhandlungen über den Satsuma-Choshu-Pakt in Kyoto von der *shinsen gumi* überfallen worden. Er war nur entkommen, weil das Mädchen Oryo nackt aus dem Bad zu ihm gelaufen war, um ihn zu warnen. Nach einem fürchterlichen Kampf, bei dem er verwundet worden war, seinerseits jedoch mehrere Angreifer getötet hatte, gelang es Sakamoto, sich in der Residenz in Sicherheit zu bringen.

General Saigo persönlich hatte bei der Heirat von Sakamoto und Oryo den *nakodo* gemacht und ihn nach Kyushu eingeladen, «um hier die Flitterwochen zu verbringen und sich auszuruhen». Wie ganz Satsuma wußte, war er jetzt ein Gezeichneter und ein verhaßter Gegner des *bakufu*.

An diesem Abend war Saigo zu beschäftigt, um zu Itoh zu kommen, aber auch ohne ihn drehten sich die Gespräche ausschließlich um Revolution, Krieg und Politik. Zur gleichen Zeit bereitete der Shogun Iemochi, allem Rat zum Trotz, eine Invasion gegen das Lehen Choshu vor. Anfang 1866 wurden in Hiroshima *bakufu*-Truppen zusammengezogen und Vorräte gestapelt. In diesem Kampf hatten sie von den Satsuma keine Unterstützung mehr zu erwarten. Der Choshu-Clan bildete Truppen aus, rekrutierte, bereitete sich vor. Man war entschlossen, sich diesmal nicht geschlagen zu geben, und das Wissen um den bevorstehenden Angriff des *bakufu* hatte die konservative Opposition gegen die jungen Revolutionäre des Lehens zum Schweigen gebracht.

In Kagoshima hatte Saigo dem britischen Minister, Sir Henry Parks, einen Prunkempfang bereitet und ihn überredet, Satsuma in jedem Konflikt mit dem Tokugawa-Regime noch stärker zu unterstützen als bisher. Satsuma-Männer, darunter der junge Krieger Togo, wurden zur Ausbildung nach England geschickt. Britannien sagte den Satsuma sogar zu, sie gegen die Franzosen zu unterstützen, sollten die sich entschließen, auf Seiten des *bakufu* zu kämpfen, das mit ihrer Hilfe versuchte, seine Armee zu modernisieren.

Sadayori war niedergeschlagen und beschloß, sich zu betrinken. Schießlich warf er eine Sakeflasche an die Wand und schrie: «Wir benehmen uns wie eine Hundemeute in einem zu engen Zwinger!

Kämpfen gegeneinander, weil wir zu feige sind, auszubrechen und die Eindringlinge zu beißen!»

Alle Gespräche waren schlagartig verstummt, so geschockt war man über Sadayoris schlechtes Benehmen. Doch Sakamoto Ryoma brach das Schweigen, kniete vor dem schwankenden und aus blutunterlaufenen Augen ziellos stierenden Sadayori nieder und sagte: «Wir mögen Hunde gewesen sein, Matsudaira-san, doch jetzt werdet Ihr erleben, wie wir zu Tigern werden, stark genug, um dem britischen Löwen den Schwanz abzubeißen.»

Itoh brüllte seinen Beifall laut heraus, packte Sadayori, schleuderte ihn auf die Matten und schüttete ihm *shochu* in den Hals. Später warf er sich den kleineren Freund über die Schulter und trug ihn in sein Zimmer hinauf.

Im Juli 1866 begann Shogun Iemochi seinen Krieg gegen die Choshu. Es war ein Debakel, und die Satsuma standen an den Seitenlinien und sahen zu. Die Choshu-Miliz – Männer vom Land und Männer aus den Städten –, die, mit modernen Gewehren ausgerüstet, von Samurai ausgebildet worden war und von Samurai angeführt wurde, mähte die Gegner einfach nieder.

Shogun Iemochi zog sich nach Osaka zurück, wo er im September 1866 starb, nicht an einer Verwundung, sondern an einer Diät aus salzigen und süßen Leckerbissen, zu wenig Gemüse, und einem akuten Mangel an Sonnenlicht, das er ängstlich mied. Er hatte nur zwanzig volle Jahre und einen Teil seines einundzwanzigsten Jahres erlebt, und er hatte seiner Prinzessin keinen Erben gezeugt.

Keiki, der Sohn des ultrakonservativen Fürsten von Mito, der ermordet worden war, wurde zum nächsten Shogun gewählt. Eine seiner ersten Handlungen war es, Katsu Yoshikuni als seinen Abgesandten nach Hiroshima zu schicken, um den Krieg mit den Choshu zu beenden.

In Yokohama, wo im ersten Stock des Hauses Jinsukes Sohn in seiner Wiege lag, packte Susan. Der Wohnzimmerteppich war mit alten Zeitungen, Porzellan, Nippes und unzähligen persönlichen Kleinigkeiten übersät.

Charles Olderby, der den diplomatischen Dienst quittiert hatte und jetzt als freier Künstler lebte, saß in einem Lehnsessel und nippte an einem Glas Sherry.

«Tja, meine liebe Susan, wenn Sie und Jim fest entschlossen sind, kann weder ich noch sonst jemand euch davon abbringen, oder? Ihr beide seid so unerschütterlich wie grönländische Eisberge. Aber ich muß trotzdem sagen, ihr werdet mir fehlen. Ihr werdet uns doch ab und zu besuchen, oder?»

«Aber selbstverständlich, Charles. Lyall ist hier, und das Haus wird uns auch fehlen.»

«Soweit es mich betrifft, wird es immer das eure sein.»

Olderby hatte das Sky-Haus und die meisten Möbel gekauft, die es enthielt. Er hatte, was bei einem Künstler ungewöhnlich war, ein feines Fingerspitzengefühl für Investitionen und Geschäfte, und Lyall unterstützte diese Begabung nach Kräften.

In dem einem japanischen *tokonoma* nachempfundenen Alkoven stand ein Kirschbaumschränkchen, das in seinen vier Schubladen eine Sammlung von Bildrollen enthielt. Sie waren regelmäßig und zur Jahreszeit passend mit der jeweils im Alkoven hängenden Rolle ausgetauscht worden, bis Jinsuke vor etwa zwei Monaten vom Schiff eine Bildrolle mitgebracht und selbst in den Alkoven gehängt hatte. Susan begann die Rollen zu verpacken, und Olderby holte sich noch ein Glas Sherry, setzte sich wieder und sah ihr zu.

«Meine liebe Susan, Sie ließen sich wohl nicht überreden, die Bildrolle mit den Walfängern hierzulassen, die jetzt im Alkoven hängt?» fragte er. «Es ist, offen gesagt, eine der besten, die ich bei euch oder in irgendeinem anderen ausländischen Haus je gesehen habe. Und sie stammt nicht einmal von einem berühmten Künstler, nicht wahr?»

«Nein, sie kommt aus Taiji, hat Jim gesagt. Aber gefällt sie Ihnen wirklich? Ich bin mir nicht ganz sicher.»

In Wahrheit haßte Susan das Bild. Nicht, daß sie die Herkunft ihres Mannes verleugnen wollte, doch schienen diese Darstellungen sie und ihr gemeinsames Leben auszuschließen. Jim hatte früher einmal zu diesen Männern gehört, das wußte sie; nackt bis zur Taille, in einem roten Lendentuch, mit bei jeder Bewegung entblößten Hinterbacken, eine Jacke lose über die Schultern geworfen, das wilde Haar mit einem roten Tuch zusammengebunden, den Scheitel rasiert, Körper wie Ringer, Schulter an Schulter mit anderen halbnackten Männern in einem schreiend bunt bemalten Boot stehend. Hätte er sie lieben oder heiraten können, wenn er einer dieser Männer geblieben wäre? Nein, nie und nimmer. Ihr war er lieber, wie er heute war, in gutsitzenden maßgeschneiderten Jacketts und Hemden, das dichte schwarze Haar ziemlich kurz geschnitten und an den Spitzen gelockt, ein wenig grau an den Schläfen, mit einem stets gepflegten Bart und Fältchen um Augen und Mund, die tiefer wurden, wenn er lachte.

«Es ist eine der besten Bildrollen, die ich je gesehen habe, meine Liebe, ich sage es noch einmal. Die Farben sind kräftiger, der Strich kühner. Da ist Bewegung drin, Gesang. Diese Männer müssen ein phantastischer Anblick sein.»

«Ja, davon bin ich überzeugt», sagte Susan heiter, «schließlich war Jim einer von ihnen.»

Olderby sah sie an. «Ja, das war er», bestätigte er.

«Dann verlor er seinen Arm», fuhr sie fort, «und sie wollten ihn nicht mehr. Und so habe ich ihn bekommen, nicht wahr?»

Aus einer Schublade nahm sie den kleinen Bambusstab mit dem Haken an einem Ende, den sie zum Auswechseln der Rollen benutzten, holte die Walfänger-Bildrolle herunter, rollte sie zusammen, verknotete die Bänder und reichte sie Olderby.

«Hier, Charles, behalten Sie sie.»

Er zog die Brauen hoch. «Wollen Sie nicht zuerst Jim fragen?»

«Was sein ist, ist mein, und was mein ist, ist sein, in guten und in schlechten Tagen. Behalten Sie sie, Charles. Er hat bestimmt nichts dagegen.»

Sie wußte nicht, daß diese Bildrolle von Jinsukes jüngstem Bruder gemalt worden war.

Bevor sie im Jahr 1867 nach Kanada absegelten, starb im Februar siebenunddreißigjährig Kaiser Komei, angeblich an den Pocken, doch vermutlich an Gift. Denn es war unwahrscheinlich, daß der Sohn des Himmels auch nur im entferntesten mit einem Pockenkranken in Berührung gekommen war, und die Hygienevorschriften wurden am kaiserlichen Hof peinlich genau eingehalten. Mutsuhito, sein Sohn und Nachfolger auf dem Thron des Himmels, war erst vierzehn Jahre alt.

Während Lyall Fogerty 1867 in Yokohama sein zweites Weihnachtsfest mit seiner japanischen Frau und mit seiner inzwischen einjährigen Tochter feierte, griffen in Edo *bakufu*-Einheiten, über die subversiven Aktionen der Satsuma in der Hauptstadt des Shogun ergrimmt, die offizielle Residenz des Fürsten von Satsuma in Edo an und brannten sie vollständig nieder. Jetzt war der Krieg mit dem *bakufu* unvermeidlich. Sadayori reihte sich in die vereinigten Satsuma- und Choshu-Armeen ein, die aufbrachen, um sich den Streitkräften des Shogun zur größten und entscheidendsten Schlacht der Revolution zu stellen. Die *bakufu*-Samurai waren ihnen zahlenmäßig überlegen, und zwar im Verhältnis drei zu eins, aber die Satsuma- und Choshu-Männer waren besser ausgebildet und bewaffnet. Als die *bakufu*-Krieger, von denen die meisten keine anderen Waffen trugen als ihre eigenen Schwerter und Speere, auf sie eindrangen, wurden sie von den Gewehren der Satsuma und Choshu niedergemäht. Das war am 27. Januar 1868 in Fushimi vor den Toren von Kyoto. Sadayori weigerte sich, eine Rüstung oder Uniform zu tragen, und band für die Schlacht nur seine Kimonoärmel zurück. Auf dem Kopf trug er einen leichten schwarzlackierten Helm mit dem Kreuz-und-Kreis-Emblem von Fürst Shimazu von Satsuma. Allen Ratschlägen zum Trotz, band er sich eine Kriegsfahne auf den Rücken. Wie durch ein Wunder blieb er unversehrt.

Zwei Tage später fiel bei Toba der junge Issukei, der Adoptivsohn der Besitzerin des Teradaya-Gasthofs. Er hatte auf Seiten der Satsuma und Choshu gekämpft. Am 5. Februar wurde die Armee des Shogun in Osaka erneut geschlagen. Die lange Regierungszeit der Tokugawa gehörte endgültig der Vergangenheit an. Der Shogun floh per Schiff. Der Kaiser wurde wieder in seine alten Rechte eingesetzt, und ihm standen Staatsmänner zur Seite, die die Revolution herbeigeführt hatten. Nur ewig Gestrige weigerten sich, die neue Ordnung anzuerkennen.

Sadayori gehörte zu den zahlreichen Patrioten, die den Leichnam des jungen Issukei nach Fushimi zurückbrachten. Als er, von den Nachwirkungen der Schlacht noch leicht benommen, dahinschritt, sah er sich nach dem vertrauten Gesicht von Ryoma um. Dann wandte er sich an den Mann an seiner Seite.

«Wo ist Sakamoto Ryoma?» fragte er. «Er müßte eigentlich hier sein, er hatte den Jungen sehr gern.»

Der Mann sah ihn überrascht an. «Ja, wißt Ihr denn nicht? Sakamoto-*sensei* wurde vor fast zwei Monaten ermordet, er und sein Freund Nakaoka.»

«Wo ist das passiert?»

«Im ersten Stock eines Sojasoße-Ladens in Kyoto.»

Also hatten sie ihn doch erwischt.

Vier Samurai trugen den aufrecht in einem faßähnlichen Holzsarg sitzenden Leichnam von Issukei. Widerlich süßer Weihrauchduft wehte zu Sadayori zurück. Doch er empfand keine Trauer mehr.

«Wahnsinn!» flüsterte er vor sich hin, und der Mann an seiner Seite glaubte, daß er bete.

35

Sadayori saß in der Rikscha, hielt etwas, das wie ein dicker Spazierstock aussah, zwischen seinen Knien fest und blickte mürrisch über den Hut des keuchenden Läufers hinweg. Das galoppierende Pferd des Schicksals hatte ihn durch Ereignisse getragen, die er noch vor zehn Jahren auch in seinen wildesten Träumen für unmöglich gehalten hätte. Das Tokugawa-Regime war gestürzt, und es gab keinen Shogun und auch kein *bakufu* mehr. Der junge Kaiser Meiji regierte im ehemaligen Palast des Shogun, und Edo hieß jetzt Tokyo. Es gab auch keine *daimyos* und keine Lehen mehr, die alten Gebiete waren dem Kaiser zurückgegeben worden, und die alten *daimyos* waren Teil einer neuen Aristokratie. Die Samurai nannte man jetzt *shizoku*, und man hatte ihnen die kostenlosen Reiszuteilungen aberkannt, die einem Gehalt gleichgekommen waren. Aber schlimmer noch – seit 1876 durften sie keine Schwerter mehr tragen. Der Gipfel dieser Misere war jedoch, daß im vergangenen Jahr die bürokratische Zentralregierung beschlossen hatte, die Pensionen der Samurai zu kürzen, die ohnehin nur noch einen Bruchteil ihres ursprünglichen Einkommens ausmachten. Für viele bedeutete diese neue Schikane unglaubliche Armut und Entbehrungen. Das alte Klassensystem war dahin.

Ja, Japan wurde mit Windeseile modernisiert und dadurch auch stark, das war nicht zu leugnen, aber für Matsudaira Sadayori entwikkelten sich die Dinge nicht erfreulich. Seine Hand schloß sich fester um den leicht gebogenen Kirschholzstock. In einer letzten Schlacht um die Burg Wakamatsu hatte er eine Kugel ins rechte Bein bekommen, und jetzt hinkte er und ging am Stock, der jedoch nur Tarnung war und als Versteck für Sadayoris Schwertklinge diente, von der er sich nicht trennte, egal, was die Regierung vorschrieb.

Die Meiji-Restauration hatte 1867 stattgefunden. Seither waren zehn Jahre vergangen, und alles war verändert. Jetzt drängten sich Rikschas und Pferdewagen in den Straßen, Japaner – und manchmal sogar Frauen – trugen westliche Kleidung, es gab Banken, neue Schulen, ausländische Gebäude und ausländische Sitten. Sogar die Frisuren hatten sich verändert, wobei der Scheitelknoten sehr rasch verschwand, da er nicht mehr vorgeschrieben war. Sie hatten sich eingebildet, dem Fortschritt Zügel anlegen zu können, doch er hatte sie überrollt. Der Strom der Veränderungen glich einem Dammbruch, der so viele Dinge mitriß, die sie für zeitlos gehalten hatten. Doch die meisten, die damals leidenschaftlich dafür gekämpft hatten, alles zu bewahren, was sie an ihrem Land liebten, waren fest überzeugt, daß Japan immer Japan bleiben werde, aber ein stärkeres, entschiedener auftretendes Japan, das weiterhin Geschichte machen würde.

Der Rikschamann blieb vor einem exklusiven Restaurant stehen und legte die langen Holme des Gefährts auf den Boden. Sadayori stieg aus, holte aus den Falten seines Kimonos einen Geldbeutel und gab dem Mann ein paar Münzen. Dann betrachtete er das breite, ernste junge Gesicht, das jetzt schweißbedeckt war.

«Das war eine harte Arbeit», sagte er.

«Es sind die Hügel, Herr. Bergauf zu laufen ist immer schwer, aber es macht auch stark.»

«Das ist richtig. Bist du aus Tokyo?»

«Nein, Herr, ich bin hergekommen, um zu arbeiten, damit ich an die Universität gehen kann.»

«Das ist ausgezeichnet. Ich danke dir, und gib nicht auf.»

Der junge Mann verneigte sich kurz, band sich das Tuch fester um die Stirn und nahm die langen Holme wieder auf. Sadayori blieb noch eine Weile stehen und betrachtete die ins Auge fallenden schwarzen Ideogramme des Restaurantschildes. Es war an den Torpfosten des Hauses genagelt, das früher einem hochrangigen *bushi* gehört hatte. Eine Laterne aus Ölpapier, die darüberhing, warf ein schwaches Licht darauf. Sadayoris Augen schweiften zum Portal, zu dem hohen Dach über dem Tor, das jetzt weit geöffnet wurde und den Blick freigab auf geharkten Kies, große, runde Trittsteine und eine steinerne Laterne, die von Nachtschmetterlingen umschwärmt wurde. Neben dem Gebäude wuchs ein alter Pflaumenbaum, der jetzt in Blüte stand. Eine Frau im Kimono kam heraus und musterte Sadayori neugierig. Als sie seinen Blick auffing, verneigte er sich.

«Seid Ihr Itoh-samas Gast, Herr?»

Er nickte.

«Dann folgt mir bitte, der Herr wartet schon.»

Im Restaurant knieten andere Frauen vor ihm nieder und verneigten sich. Er schlüpfte aus seinen hölzernen *geta* und betrat den polierten Fußboden. Es war ein sehr altes Haus mit riesigen Säulen und altersdunklen Deckenbalken, mit geschmackvollem Zierat und schönen Bildrollen an den Wänden. Er ging hinter der Frau her, die eine Schiebetür öffnete, zugleich niederkniete und seine Ankunft meldete.

Itoh war allein und pickte mit den Eßstäbchen in einer Schüssel mit Seeigelrogen herum, vor sich ein flaches Lacktablett, den linken Arm auf einer gelackten Armstütze. Auf dem Tisch standen ein Krug Sake und Trinkschalen. Anders als Sadayori, kleidete er sich westlich, trug einen dreiteiligen dunklen Anzug, ein weißes Hemd und eine schöne wasserblaue Seidenkrawatte. Auch das Haar trug er nach ausländischer Art, kurz und gescheitelt. Es war noch rabenschwarz, ohne eine Spur von Grau. Außerdem hatte er sich ein feines, gezwirbeltes und gewichstes Bärtchen zugelegt.

«Matsudaira! Willkommen! Entschuldige, aber ich habe schon ohne dich angefangen. Mädchen, bring uns noch mehr Sake.»

Sadayori musterte seinen Freund, und obwohl er nicht billigte, wie er sich anzog, mußte er ihn wegen seiner scheinbar alterslosen Vitalität bewundern. Itoh war jetzt ein hoher Beamter im Ministerium für Innere Angelegenheiten und unterstand einem Mann namens Kawaji, der später als Vater des japanischen Polizeisystems bekannt wurde. Und Itoh kniete nicht, wie es die guten Sitten verlangten, sondern saß mit gekreuzten Beinen da wie ein Bauer.

Am Eingang hatten sie Sadayori den Umhang abgenommen und versucht, sich auch seines Stockes zu bemächtigen, doch er hatte den Kopf geschüttelt und ihn festgehalten. Jetzt legte er den Stock mit der darin verborgenen unschätzbaren Klinge in den Alkoven unter eine kleine Bildrolle vor ein Blumenarrangement. Itoh beobachtete ihn.

Es gab in Tokyo nur wenige, die diesen furchteinflößenden Mann nicht kannten, der in seiner eigenen Fechtschule unterrichtete und mehrere philosophische und historische Bücher geschrieben hatte. Sadayori ließ sich auf die Knie nieder, und das Mädchen reichte ihm eine Sakeschale. Er nahm sie entgegen und sah, während das Mädchen einschenkte, seinen Freund an.

«Bring uns zuerst Kugelfisch-*sashimi* und dann zwei Portionen *tempura*», sagte Itoh. Das Mädchen spürte, daß die beiden Männer allein sein wollten, verneigte sich und verschwand diskret.

«Oberst Tani hält die Festung in Kumamoto noch immer», sagte Itoh. «Es war ein schwerer Fehler von General Saigo, so weit nach Norden zu marschieren, um die Burg einzunehmen. Du erinnerst dich doch an sie, nicht wahr?» Sadayori nickte. Das zweihundert Jahre alte Gemäuer war eine der wehrhaftesten Festungen in ganz Japan, hatte einen Burggraben und massive Festungsmauern, die auf einen steilen Hang hinunterblickten. Sie sympathisierten beide mit Saigos Rebellion, mit seinem Versuch, die Samurai wieder in ihre alten, angestammten Rechte und Privilegien einzusetzen, doch daß Saigo in der eitlen Überzeugung, diese Festung leicht einnehmen zu können, so weit nach Norden marschiert war, war falsch gewesen. Oberst Tani, der Kommandant der Festung, hatte viertausend Mann, die auf die rebellierenden Samurai wie auf Zielscheiben schossen, wenn sie wieder einmal zu einem ihrer selbstmörderischen Angriffe antraten.

«Die Regierung bringt auf Dampfschiffen vierzigtausend Mann nach Kumamoto. Wenn Tani nur noch ein paar Tage durchhält, verliert Saigo nicht nur die Burg, er verliert auch Kagoshima.»

Sadayori seufzte. «Also schließt sich der Kreis wieder einmal, und wir kämpfen gegeneinander.»

Seit die neuen Einberufungsgesetze in Kraft getreten waren, bestand die Armee zu achtzig Prozent aus Landbewohnern, und die Klasse der *bushi* verlor immer mehr an Existenzberechtigung, wurde immer verbitterter, verarmte immer mehr. Saigos Rebellion war die letzte einer ganzen Reihe von Samurai-Revolten gegen die neue bürokratische Zentralregierung. Alle anderen Revolten waren niedergeschlagen worden. Weder Itoh noch Sadayori glaubten noch daran, daß Samurai aus allen Teilen des Landes zu Saigo stoßen würden, aber es war ein Traum...

«Was wirst du tun?» fragte Sadayori.

Itoh senkte die Stimme. «Als Saigo Kagoshima einnahm und nordwärts nach Kumamato marschierte, hatte er ungefähr fünfzehntausend Mann. Heute hat er eine Armee von ungefähr dreißigtausend unzufriedenen Samurai. Samurai-Aufstände wurden bisher im ganzen Land niedergeworfen. Jetzt ist es Frühling, und ich prophezeie dir, daß Saigos Armeen, wenn Tani in Kumamoto durchhält, im Sommer eingekesselt sein, daß der Belagerer zum Belagerten werden wird. Er wird weder auf dem Land- noch auf dem Seeweg Nachschub bekommen. Selbst wenn es ihm gelingen sollte, sich nach Süden und wieder bis Kagoshima durchzukämpfen, ist sein Aufstand zum Scheitern verurteilt. Ich kann nur darum beten, daß die Bürokraten und diese verdammte Regierung in Tokyo etwas daraus lernen.»

«Du hast meine Frage nicht beantwortet», sagte Sadayori. «Ich habe gefragt, was du, Itoh, tun wirst?»

Itoh faltete die Arme über der Brust und sah seinen alten Freund fragend an. Er war hager geworden, und die Jahre hatten ihn gezeichnet, doch er war immer noch hart und scharf wie die Klinge, die er, was jeder wußte, immer noch trug.

«Matsudaira, mein alter Freund, ich trage diese Kleidung, weil sie zu dem paßt, was ich zu tun habe. Aber im Herzen bin ich noch genauso Samurai wie du. Wir haben zusammen viele Kämpfe ausgefochten, du und ich, und ich bin dankbar, daß wir nie Gegner sein mußten, denn dann wäre einer von uns nicht hier. Komm und trink...»

Sadayori hielt ihm seine Trinkschale hin und sah ihn dabei mit dem festen, unerschütterlichen Blick des Schwertkämpfers an. Itoh stellte den Krug auf den Tisch zurück.

«Saigo braucht eine Schiffsladung Medikamente, Verbände, ärztliche Instrumente und so weiter. Ich habe sie heimlich besorgt. Und ich habe auch eine Kiste Gold für ihn. Das ist nicht zu unterschätzen, nachdem die Regierung sich so verausgabt hat, daß sie diese verdammten Geldscheine drucken lassen muß. Saigo war mein *sempai*, ich kenne ihn von Kindesbeinen an. Er wurde mein Führer, mein General, und ohne ihn wäre der Kaiser nicht in Tokyo. Wie könnte ich ihn da im Stich lassen? Selbstverständlich kehre ich nach Kyushu zurück, packe diese Kleider weg und stecke mir wieder die Schwerter unter die Schärpe. Aber es muß bald geschehen, die Blockade wird immer enger.»

«Ich verstehe», sagte Sadayori. «Das bedeutet, daß du alles verlieren wirst, dein Haus, deine Stellung...»

Itoh schnitt eine Grimasse. «Glaubst du denn, ich bin wie unser kostbarer Innenminister Okubo und versuche so zu leben wie ein europäisches Prinzlein? Pah! Ja, natürlich habe ich ein großes Haus und Diener, aber sie sind nichts, wenn es um Ehre, Pflicht und die Verpflichtung geht, die ich gegen Saigo – gegen unsere ganze Klasse habe. Nein, der Samurai Itoh kehrt zurück und wird an Saigos Seite kämpfen.»

«Dann gehe auch ich», sagte Sadayori, legte beide Hände auf die *tatami* und verneigte sich tief. «Erlaube mir bitte, dich zu begleiten.»

Itoh gab seine lässige Stellung auf, kniete ebenfalls nieder und verneigte sich. «Darauf laß uns trinken, Matsudaira-san! Dein Gesicht dort zu sehen, wird den Gefährten den Mut und die Stärke des Löwen verleihen. Wer weiß, vielleicht siegen wir dann sogar.»

Die beiden Männer saßen nebeneinander in einem Waggon der Eisenbahn Tokyo–Yokohama. Itoh, der den Fensterplatz hatte, blickte hinaus auf die vorüberfliegende Landschaft, während Sadayori, den Schwertstock zwischen den Knien, starr vor sich hinsah. Er dachte an die letzte verzweifelte Schlacht gegen die extremen *bakufu*-Konservativen auf dem Ueno-Hügel, an der er während der Restauration teilgenommen hatte. Damals – im April 1868 – hatte Edo sich schon den kaiserlichen Truppen ergeben, und Keiki, der letzte Shogun, stand unter Hausarrest.

Sadayori erinnerte sich, daß er, als er seine Einheit zu einem der letzten Angriffe gegen die Reste von Fürst Oguris Truppen führte, von Bewunderung für die Tapferkeit des Feindes erfüllt war, von Bewunderung für seinen hartnäckigen Widerstand, seine Loyalität. Im Kugelhagel kurz Atem holend, hatte er gedacht: Warum bin ich hier? Warum helfe ich, die letzten tapferen Männer zu bezwingen, die ein System verteidigen, in das ich hineingeboren wurde und dem ich verschworen bin? In dieser Schlacht war Sadayori auf eine andere Bewußtseinsebene und zu einem anderen Verständnis gelangt: «Ich will in allem, was ich tue, stets aufrichtig sein – in dem Augenblick, in dem ich es tue. Und das ist genug.»

Jetzt saß er in diesem von Ausländern gebauten Zug, der auf stählernen Schienen fuhr, die sich wie entstellende Narben in den Garten Japan gruben, und fragte sich wieder, was er eigentlich hier tat. Er und Itoh waren unterwegs, um einer verlorenen Sache zu dienen, und dennoch war es kein Verrat, Saigo zu Hilfe zu eilen, dem ehemaligen Marschall der kaiserlichen Armee, der verzweifelten Widerstand gegen eine Regierung leistete, die die Samurai verraten hatte, obwohl sie nur ihnen verdankte, daß sie an der Macht war. Ja, jetzt würde er zu den Rebellen gehören, sah sich jedoch nicht als Verräter. Den wahren Verrat beging die Regierung an den Samurai, an der ganzen Gesellschaft. Vielleicht war das ursprünglich ein Kampf der Satsuma gewesen, doch jetzt kämpften sie für die gesamte *bushi*-Klasse, für jene Männer, die, von Armut gezwungen, *seppuku* begehen mußten, für jene Krieger, deren Töchter als Prostituierte verkauft worden waren, für die Männer, die gezwungen waren, ganz unvorstellbare Dinge zu tun.

Er lehnte sich zurück. Tiefe Ruhe überkam ihn. Er erfüllte seine Pflicht, und das war genug.

Vom Bahnhof nahmen sie Rikschas zu dem weitläufigen, dreistöckigen Bürogebäude der Shimizu-Dampfschiffahrts- und Handelsgesellschaft. Dort wurden sie umgehend in das Büro des Firmenpräsidenten geführt. Er erhob sich, als sie eintraten, kam hinter dem Schreibtisch vor, verneigte sich höflich und reichte Itoh die Hand. «Ich freue mich sehr, Sie wiederzusehen, Oberst Itoh.»

Itoh schüttelte ihm die Hand und wandte sich dann an Sadayori.

«Ich möchte Ihnen Matsudaira Sadayori-san vorstellen. Matsudaira-san, das ist der bekannte Shimizu Ryo, von dem ich dir erzählt habe.»

Sie verneigten sich gegenseitig voreinander. Vor Jahren wären sie vielleicht Gegner gewesen, denn Shimizu war kein geborener Japaner, und sein Schwager, ein einfacher Walfänger, hatte etwas Unerhörtes, Verwerfliches getan: er hatte Samurai getötet.

Shimizu war viel größer als Itoh und Sadayori, hatte kastanienbraunes, an den Schläfen leicht ergrautes Haar und einen großen Schnurrbart. Er war breit in den Schultern, und sein Körperbau verriet, daß er früher kräftig gewesen sein mußte, doch jetzt hatte er die blühende Gesichtsfarbe und den leichten Bauchansatz eines gut genährten Kaufmanns, der auch einen guten Tropfen liebte.

«Nehmen Sie Platz, meine Herren.»

In einer Ecke des Büros stand ein runder Rosenholztisch, und dahinter hing eine Karte von Asien und dem Pazifik, die fast die ganze Wand einnahm. Vor dem Fenster lag der Hafen von Yokohama, und man sah die Schiffe kommen und gehen. Ein Mädchen erschien, brachte duftenden Tee und kleine süße Kuchen, und eine Zeitlang plätscherte die Unterhaltung oberflächlich dahin. Die drei Männer ließen sich gegenseitig Zeit.

Freunde nannten Shimizu noch immer Lyall, obwohl er ganz offiziell den Namen seines Schwiegervaters angenommen und diesen sehr großzügig an seiner Firma beteiligt hatte. Er gehörte zu den wenigen Ausländern, denen die japanische Staatsbürgerschaft zuerkannt worden war – ein Jahr nach dem Tod seines Vaters und ein paar Jahre, nachdem Kaiser Meiji den Thron bestiegen hatte. Sein Patriotismus für sein neues Vaterland war nicht in Zweifel zu ziehen, wenn auch einige seiner Ideen über die Zukunft Japans als geistiger Führer Asiens vielen Japanern ziemlich abenteuerlich und der ausländischen Gemeinde absolut skandalös erschien.

Ein Genie in Geldangelegenheiten, häufte er Erfolg auf Erfolg. Er besaß eine Flotte von zehn Schiffen, die ausschließlich mit Japanern bemannt waren und alle Fracht- und Passagierrouten des Ostens bis Australien und Afrika befuhren. Er besaß auch eine Ladenkette, in der Parfüms und Arzneimittel östlicher und westlicher Provenienz verkauft wurden, und investierte hohe Summen in die neue, aufstrebende japanische Industrie.

Itoh fühlte, daß dies der einzige Mann war, dem er sich anvertrauen konnte. Vielleicht lehnte er ab, doch verraten würde er sie nicht. Seltsam, doch er war in seiner Ehrauffassung japanischer als viele Japaner heutzutage.

«Lyall-san», begann Itoh, den ihm vertrauteren Namen benutzend, unter dem er ihn fast zehn Jahre lang gekannt hatte, «Ihr könnt wohl erraten, um was ich Euch bitten werde.»

Lyall lächelte. «Ich werde nicht zum erstenmal ersucht, Waffen nach Kagoshima zu transportieren.»

Itoh hob die Hand. «Keine Waffen, medizinische Ausrüstungen, nichts sonst.»

Lyall wußte Bescheid. Er hatte die Kisten in seinem Lagerhaus persönlich geöffnet und den Inhalt überprüft. Er stützte den Kopf in die Hände und starrte lange auf den Teppich. Die beiden Samurai warteten.

«Ich kann es nicht tun, Itoh-san, es ist zu riskant. Ich könnte mich nicht darauf verlassen, daß die Mannschaften schweigen. Keiner meiner Kapitäne würde den Auftrag übernehmen, und selbst wenn sich einer bereit fände, Ihr wißt, daß es sich um einen Aufstand gegen die kaiserliche Regierung handel. Nein, Itoh-san, ich bedaure.»

«Aber die Hälfte Eurer Leute stammt aus Kyushu», wandte Itoh ein.

«Ich weiß, aber ich habe, nun ja, ich habe vorgefühlt. Wir würden das Schiff verlieren.» Er sah seine beiden Besucher fast flehend an. «Ihr wißt doch, Itoh-san, daß General Saigo unterliegen wird, nicht wahr? Das kann man sogar von hier aus unschwer erkennen.»

Ihre Gesichter blieben ausdruckslos, und Lyall bedauerte, daß er das gesagt hatte. Allzu oft sprach er Dinge aus, die ein gebürtiger Japaner ungesagt gelassen hätte. Und trotzdem hätte man ihn verstanden. Gleichgültig wie gut er mit der Sprache selbst zurechtkam, die Technik, ohne Worte zu sprechen, würde er nie beherrschen.

«Verzeiht mir! Ich bewundere General Saigo. Er war einer der wirklich großen und ehrlichen Männer in der Regierung. Ich wünschte nur ...»

«Ich verstehe. Sorgt euch nicht. Es tut uns leid, daß wir Euch behelligt haben.» Itoh warf Sadayori einen Blick zu und sie standen beide auf. Lyall blieb sitzen und winkte mit beiden Händen.

«Wartet bitte. Da ist noch etwas anderes.»

Sie sahen sich gegenseitig an und nahmen wieder Platz.

«Im Hafen liegt zur Zeit ein Schiff, dessen Kapitän mir gesagt hat, er stehe seit langem in Eurer Schuld, Matsudaira-san, und sei auch Euch verpflichtet, Itoh-san. Er ist bereit, die Blockade zu durchbrechen.»

«Könnt Ihr ihm vertrauen? Ich kenne keinen Schiffskapitän, der uns verpflichtet wäre.»

«Es ist mein Schwager, und ich kann mich für ihn mit meinem Leben verbürgen. Wenn einer es schafft, dann er. Er fährt nicht nur unter ausländischer Flagge, er kennt auch die Küste gut und ist der beste Kapitän, den ich kenne.»

«Er kennt die japanischen Gewässer?» fragte Sadayori, dem der Unterton von Sorge in Lyalls Stimme nicht entgangen war. Was fürchtet er? fragte er sich.

«Ja, sein Schiff hat sie jahrelang unter amerikanischer Flagge befahren. Jetzt ist er in Britannien registriert, und sein Heimathafen liegt in Britisch-Kolumbien.» Lyall stand auf und zog auf der großen Wandkarte mit dem Zeigefinger eine Route nach. «Er hat mir auf diesem Weg eine Ladung Pelze gebracht und hat jetzt die Absicht, nordwärts zu segeln, um auf den russischen Inseln – eh – Robben zu jagen.»

«Dieser Kapitän wildert also auf den russischen Inseln? Dann muß er wirklich ein unerschrockener Mann sein.»

«Er tut es seit fast zwanzig Jahren ab und zu», sagte Lyall lachend. «Die Russen werden ihn nie erwischen. Ich habe mir die Freiheit genommen, Euer Problem mit ihm zu besprechen, weil ich dachte, er kenne vielleicht jemand, der bereit wäre, Eure Fracht nach Kagoshima zu bringen. Er sagte sofort, er werde es selbst tun, obwohl ich ihm, offen gesagt, sehr davon abriet. Jedoch...» Er wandte sich Sadayori zu, dem jetzt klar wurde, wer dieser Kapitän sein mußte, und sah ihn eindringlich an. «Wenn ich diesen Mann holen soll, muß Matsudaira-san mir vorher sein Wort geben, daß er nicht versuchen wird, ihn zu töten, weil er vor langer Zeit etwas getan hat, um das Leben anderer zu verteidigen.»

Sadayori verneigte sich leicht. «Sagt dem Walfänger, er habe von mir nie wirklich etwas zu befürchten gehabt. Andere haben es mißverstanden, aber ich weiß, und Itoh-san weiß, daß es Zeiten gibt, in denen ein Mann kämpfen muß.»

Sadayori stand auf, denn er ahnte, daß der Mann hier war, wahrscheinlich sogar vor der Tür wartete. «Es ist lange her», sagte er leise.

Lyall rief Jinsuke herein, und Sadayori ging lächelnd auf ihn zu, verneigte sich vor ihm, als sei er ihm gleichgestellt. Auch Itoh erhob sich, breit grinsend und aufrichtig entzückt. Er hatte das Gefühl, daß Schicksal und Ereignisse sich über Jahrzehnte hinweg einen Scherz mit ihnen erlaubt hatten.

«Nun, Walfänger, der Sand der Zeit ist weitergeflossen. In letzter Zeit irgendwelche Schädel eingeschlagen?»

«Nicht in letzter Zeit», antwortete Jinsuke, «aber ich bin sehr vorsichtig, wenn ich *awamori* trinke. Es ist wirklich lange her, Itoh-san, und wie Ihr seht, hat mich, obwohl Ihr mich ins Meer geworfen habt, der Wal wieder ausgespien.»

Itoh brach in lautes Gelächter aus und wandte sich an Sadayori. «Wir hätten ihn nie gefaßt, wenn wir ihm kein Betäubungsmittel in den Schnaps getan hätten.»

«Es stimmt mich traurig zu denken, daß so viele Jahre vergangen sind und so viel geschehen ist, und wir keine Zeit hatten, miteinander zu sprechen», sagte Sadayori. «Wir hätten vielleicht viel mehr über uns selbst erfahren und die Welt besser verstanden. Wir stehen in Eurer Schuld, Jinsuke-san. Oder soll ich Euch Jim Sky nennen?»

«Wir Ihr wollt. Aber ich habe jetzt auch einen japanischen Namen. Moriichi. Jinsuke Moriichi, obwohl das in Kanada kaum jemand weiß.»

Sadayori legte fragend den Kopf schief. Seit der Restauration war es auch den Bürgerlichen gestattet, einen Familiennamen zu tragen. Doch warum «Wald» und «ein»?

«Aber der Name ist nicht das, was Ihr denkt», sagte Jinsuke. «*Mori* wird mit ‹Eisen› und ‹Zunge› geschrieben, den Ideogrammen für – Harpune.»

Sadayori schlug sich auf den Schenkel. «Ja natürlich! Das ist ausgezeichnet! Laßt mich aber folgendes ganz deutlich sagen: Schon vor sehr langer Zeit habe ich beschlossen, daß ich diesen Mann, sollte ich ihn je wiedersehen, nicht nur um Verzeihung bitten würde, weil ich so entscheidend in sein Leben eingegriffen habe und er meinetwegen bestimmt viel Schweres durchgemacht hat, ich wollte ihm auch sagen, wie sehr ich bewundere, was er aus seinem Leben gemacht hat. Manchmal kommt die Notwendigkeit zu kämpfen wie ein Fluch über einen Mann, und eine Zeit des Todes bricht an. Das ist sehr traurig.»

Sadayori streckte die Hand aus. «Ich habe gehört, daß dies eine Sitte ist, die aus der europäischen Ritterzeit stammt. Man wollte damit zeigen, daß man kein Schwert und keine andere Waffe in der Hand hatte. Eine gute Sitte zwischen aufrechten Männern, denke ich.» Zum erstenmal nahm Jinsuke Sadayoris Hand und schüttelte sie, und der alte Krieger Itoh legte seine Hand auf die beiden ineinander ruhenden und drückte sie fest.

«Wir haben viel zu besprechen, nicht wahr?» sagte er.

Später, als die beiden Samurai gegangen waren, tranken Lyall und Jinsuke noch ein Glas zusammen.

«Paß um Himmels willen auf dich auf, Jim!» sagte Lyall, ins Englische zurückfallend, beschwörend. «Ich könnte Susan und den Kindern nie wieder ins Gesicht sehen, wenn dir etwas passierte.» Er beugte sich vor und tippte mit dem Zeigefinger auf die Ausbuchtung unter Jinsukes Jackett. «Aber wie ich sehe, bist du vorsichtig, du alter Pirat», fügte er lachend hinzu und füllte die Gläser wieder. «Du hättest ihn auf der Stelle hier in meinem Büro erschossen, nicht wahr?»

Jinsuke sah Lyall tiefernst an. «Ich würde diesen Mann aus keinem noch so gewichtigen Grund erschießen. Er ist es, dem ich dieses Leben zu verdanken habe. Ich trage die Waffe, weil wir riskante Dinge vorhaben. Wir haben es jetzt mit der kaiserlichen Regierung, nicht mit dem *bakufu* zu tun, Lyall. Wenn sie uns erwischen, werde ich um mein Leben kämpfen.»

«Noch kannst du dich zurückziehen, Jim, wenn du willst, niemand wird es dir übelnehmen.»

«Du bist Japaner genug, um zu wissen, daß ich in dieser Sache nicht zurück kann, auch wenn ich sie nicht gutheiße.»

Sie überlisteten die Blockade bei der Insel Amakusa Nada und ankerten dort in einer winzigen Bucht. Die *Big Sky* war überholt worden und gehörte jetzt Jinsuke allein. Er hatte Lyall nach Kapitän Fogertys Tod seinen Anteil abgekauft. Ihre Maschinen liefen so leise wie möglich, doch die meiste Zeit fuhr sie unter Segel. Sie war blaugrau getakelt, was einer Tarnfarbe gleichkam. Die Mannschaft setzte sich aus allen möglichen Nationalitäten zusammen, und die Männer waren nächtliche Unternehmungen gewohnt. Als Jinsuke zwei bis an den Rand beladene Boote an Land schickte, ging es ganz ohne Nervosität und fast lautlos vor sich.

Jinsuke steuerte das erste Boot, lockerte, als Sand unter dem Bug knirschte, seinen Revolver im Holster, sprang an Land und sah sich um. Dann signalisierte er «alles klar», und das zweite Boot kam herein. Die Männer begannen Lattenkisten auszuladen, darunter eine extrem schwere Truhe. Itoh, der jetzt Kimono, Rock und seine beiden Schwerter trug, sprang an Land und ging den Strand hinauf. Bald darauf tauchten dunkle Gestalten mit Packpferden auf, die auf alte Art mit Hufeisen aus Stroh beschlagen waren. Der Bootsmann hob sein schweres doppelläufiges Gewehr, aber Jinsuke erklärte ihm, es sei alles in Ordnung.

Das Beladen der Pferde ging ebenso schnell vor sich wie das Ausladen der Boote, und als die letzte Kiste festgezurrt war, kam Sadayori, einen Lederbeutel mit Gold in der Hand, auf Jinsuke zu.

«Ich danke Euch, Kapitän, und wünsche Euch eine sichere Rückreise. Das ist bei weitem nicht genug für das, was Ihr für uns getan habt, aber nehmt es bitte dennoch an.»

Jinsuke schüttelte den Kopf. «Nein, für diese Reise möchte ich nicht bezahlt werden.» Er sah Sadayori an. «Ich wollte damit nur eine alte Schuld begleichen.» Er zog die Bänder seines Schulterholsters auf und reichte es Sadayori samt dem Revolver. «Nehmt ihn, Matsudaira-san», sagte er. «Er hat mir das Leben gerettet, vielleicht rettet er auch das Eure.»

Sadayori sah ihn mit einem traurigen Lächeln an. Wie hatten sich ihre Positionen doch verändert! Jetzt war er ein verarmter Rebell, der auszog, um für eine verlorene Sache zu kämpfen, und der Walfänger, der einfache Junge aus Taiji, bot ihm eine Waffe als Geschenk an.

«Danke, Kapitän, behaltet ihn nur. Ich bin ein altmodischer Kerl und bleibe bei meinen Schwertern.»

Ein junger Samurai kam den Strand heruntergelaufen. «Wir müssen aufbrechen, Herr!»

Sie verneigten sich voreinander und trennten sich. Das leise Trappeln der Hufe entfernte sich in eine Richtung, der ebenso leise Ruderschlag in die andere.

Saigos Rebellenarmee hielt dem Druck der kaiserlichen Truppen noch sechs Monate stand, dann mußte sie sich geschlagen geben. Zwar war es Saigo gelungen, nach Süden durchzubrechen und Kagoshima zurückzuerobern, doch dann war das Ende da. Die letzte Schlacht wurde auf einem Hügel namens Shiroyama geschlagen. Saigo wurde von einer Kugel getroffen und ließ sich dann an einen Ort bringen, wo er seinem Leben auf die einzige für einen Samurai ehrenhafte Weise ein Ende setzte.

Itoh, Zeuge des Endes des Führers, weinte bitterlich und kehrte dann zu den letzten paar hundert Kämpfern zurück, die sich einer Armee von dreißigtausend Mann gegenübersahen.

Er ließ einen mit starkem Schnaps gefüllten Krug unter seinen Männern kreisen, teilte die letzten Tropfen mit Sadayori, der müde und zerschlagen aussah und eine blutbefleckte Binde um den Kopf trug. Itoh deutete den Abhang hinab auf die Armee der kaiserlichen Soldaten, die man gegen sie ausgesandt hatte.

«Für eine Horde von Bauern und Stadtfräcken haben sie gut gekämpft. Ich denke, wir können jetzt abtreten und darauf vertrauen, daß Japan sicher sein wird – auch wenn wir tapferen Burschen gegangen sind.»

Er stellte sich weithin sichtbar hin, was sofort eine Feuersalve hervorrief. Hinter ihm und um ihn herum war der Hügel übersät von Kratern, nutzlos gewordenen Gewehren, Verwundeten und Toten, erschöpften Samurai. Saigo Takamori, der Held der Restauration, Idol einer verarmten Kriegerkaste, war nicht mehr. Die Zeit, daß auch sie ging, war gekommen. Itoh brüllte mit einer Stimme, die selbst bei dem Feuerlärm die Trommelfelle erschütterte, den Hügel hinunter.

«Hey! Haltet ein! Verschwendet nicht das Blei des Kaisers. Wir kommen hinunter!»

Mit einem Grinsen zu seinen Männern und Sadayori warf Itoh die Scheide seines Schwerts beiseite. «Ich brauche sie nicht mehr.»

Sadayori stand auf und tat es ihm gleich. Die Scheide fiel klappernd auf ein paar Felsbrocken, und die Sonne glitzerte auf der kühlen, alten Klinge. Mit trotzigen Schreien folgten die anderen Männer seinem Beispiel, warfen die Schwertscheiden weg, schlossen mit dem Leben ab.

«Greifst du an?» fragte Sadayori sanft.

«Natürlich, was denn sonst.»

Sadayori richtete sich auf und sagte so laut, daß alle es hören konnten: «Ihr jungen Burschen, macht, daß ihr runterkommt, und erteilt diesen Bauern eine Lektion! Ich bin ein alter Mann, ich brauche Zeit und komme hinter euch her. Sagt ihnen, sie sollen mich erwarten.»

Dann wandte er sich an Itoh. «Paß auf dich auf, alter Freund, und stolpere nicht über einen Stein. Du bist auch nicht mehr der Jüngste.»

Die anderen lachten, und mit erhobenen Schwertern rannten sie brüllend den Abhang hinunter, auf die Reihen der Regierungstruppen zu.

Sadayori ging hinter ihnen, das Schwert in der rechten Hand. Er schwang es nicht, noch hielt er es drohend, er schrie nicht und war völlig ohne Furcht. Er sah seine Kameraden einen nach dem anderen fallen, obwohl ein paar die Reihen durchbrachen und eine grauenvolle Schlachterei anrichteten, ehe auch sie fielen.

Itoh starb, die Brust von einem Dutzend Kugeln durchbohrt, zwanzig Meter vor dem Feind.

Die Regierungstruppen luden erneut ihre Gewehre und brachten ihre Verwundeten hinter die Linien, als sie einen einzelnen grauhaarigen Mann mit einer blutgetränkten Binde um den Kopf den Hügel herunter auf sich zuhinken sahen.

«Feuer einstellen!» befahl der Offizier, und als die Gestalt auf fünfzig Schritt herangekommen war: «Halt! Wenn Ihr gekommen seid, um Euch zu ergeben, werft Euer Schwert weg!»

Langsam hob der Mann sein Schwert in Kampfposition, als ob er die Bewegungen in einer *dojo* demonstrieren würde. Kraft schien seinen

Körper zu durchströmen, und selbst auf diese Entfernung und hinter der Sicherheit so vieler Gewehre fürchteten sie ihn.

«Ich bin», rief er den Regierungssoldaten zu, «Matsudaira Sadayori von Kii, Gefolgsmann des Patrioten Saigo Takamori. Ich fordere euch heraus! Lang lebe der Kaiser!» Obwohl der Mann hinkte, stürzte er auf die Soldaten zu, die ihrem Offizier erschrockene Blicke zuwarfen. Während des Massenangriffs hatte kein einziger auch nur mit einer Wimper gezuckt, doch dieser einsame Krieger jagte ihnen Angst ein. War er wirklich menschlich? Der junge Offizier senkte sein Schwert, und eine ganze Salve krachte.

Kugeln prallten auf sein Schwert, so daß es ihm aus der Hand flog, und getroffen fiel Sadayori auf den Rücken. Er lag eine Weile still und sah zum unendlich weiten Himmel hinauf. Dann drehte er sich mit größter Anstrengung um. Zu seiner Rechten, ganz in seiner Nähe, doch außerhalb seiner Reichweite, war ein grünes Fleckchen, ein Stückchen Wiese, das wie durch ein Wunder nicht zertrampelt worden war. Über dem Gras schwebte ein Schmetterling, ein gelb, weiß und schwarz gezeichneter Schwalbenschwanz. Er wiegte sich und tanzte mit zarten, spitzen Flügeln. Alles war schön, das Gras, die Vielfalt von verschiedenem Grün, die Schmetterlingsflügel, die sich anmutig bewegten wie die langen Ärmel eines Mädchenkimonos. Die Schönheit wurde dunkler, verblaßte, und er versuchte aufzuschreien. Nein, nein, noch nicht, nicht ehe der Tanz zu Ende ist...

Und sie wirbelte im Rhythmus der Musik auf ihn zu, und Sadayori begriff, daß sie auf ihn gewartet hatte, die ganze lange Zeit gewartet und gewartet...

Sie schritten über das Schlachtfeld, und der Offizier kniete neben der Leiche des letzten Samurai nieder. Um ihn herum standen seine Soldaten mit ihren modernen Gewehren, Bajonetten, Uniformen.

«Ihr alle habt gesehen, wie dieser Mann starb. Vergeßt es nie. Begrabt ihn mit allen Ehren, und legt sein Schwert neben ihn.»

Ein Sergeant salutierte. Behutsam und darauf bedacht, ihre Uniformen nicht mit Blut zu besudeln, hoben sie ihn auf. Er war erstaunlich klein und leicht.

36

«Es ist nur ein Traum», sagte Saburo, «laß dich davon nicht beunruhigen. Wirf es weg, wenn du willst, es ist nicht wichtig.» Aber Oyoshi konnte nie etwas wegwerfen, das er gemalt hatte. Doch es quälte sie trotzdem, und sie trug schwer an der Bedrohung, als sie auf Mukaijima die hundertachtundachtzig Stufen zu dem kleinen Schrein auf dem Gipfel des Hügels hinaufstieg. Ihr zweiter Sohn Jiro, der jetzt dreizehn war, ihre elfjährige Tochter Otama und ihr fast achtjähriger Sohn Rikizo folgten ihr. Die Kinder nahmen die Stufen leichtfüßig, zählten mit, trugen ein paar Blumen, ein bißchen Sake und etwas gekochten Reis. Sie wußten nichts von Oyoshis Ängsten.

Es war also nur ein Traum, den Saburo gemalt hatte, aber das Bild war so seltsam lebendig, daß sie das Gefühl hatte, denselben Traum geträumt zu haben, als sie nachts Seite an Seite gelegen hatten.

In dem Traum kam ein Fangboot mit einem Drachen und scharlachroten Hibiskusblüten auf einem Hintergrund von breiten schwarzen und gelben Querstreifen vor. Weder in Taiji noch in Koza gab es ein solches traditionelles Muster. Die fünfzehn Mann Besatzung ruderten es einer riesigen sinkenden Sonne entgegen, und unter dem Boot, tief im durchsichtig klaren Wasser, sah man die geschwungenen gefliesten Dächer eines Palastes.

Der Bootsführer feuerte die Männer an. Er und alle anderen hatten rasierte Köpfe, wie Priester, und trugen orangefarbene Gewänder, hatten jedoch die Oberteile abgestreift und ihre muskulösen Arme und Oberkörper entblößt. Das Bild war eine beunruhigende Mischung flüchtiger Phantasien – ein Fangboot, das der sinkenden Sonne entgegenfuhr, über den Palast des Drachenkönigs hinweg, ein Fangboot ohne Harpunen oder Leinen, und aus den Gesichtern der Männer leuchteten Freude, Ekstase und Angst...

Ein paar Tage blieb es fest zusammengerollt liegen, dann ging Oyoshi und betete zu Kannon, der Göttin der Barmherzigkeit, und zeigte das Bild dem mildherzigen alten Priester. Er betrachtete es lange. Für ihn war ganz klar, was es darstellen sollte. Es war gewiß ein Schiff von Fudara, wie es in der Vorstellung eines Walfängers lebte, ein Schiff, wie einsame Priester oder Asketen es besteigen würden, die das Nirwana suchten, sich auf dem endlosen Ozean treiben ließen und in die Ewigkeit segelten. Aber das konnte er ihr nicht sagen. Diese Aneinanderreihung von Bildern beunruhigte ihn tief, obwohl weder Muster noch Farben Böses ausstrahlten. Besaß Takigawa Saburo die Gaben des Sehers? Wäre es seine wahre Berufung gewesen, Priester zu werden? Er war immer ein nach innen gekehrter Mensch gewesen, gütiger und tiefer veranlagt und nicht so ausgelassen und prahlerisch wie die meisten Männer

«Erlaube mir, das Bild eine Woche zu behalten», sagte der Priester, «ich möchte darüber nachdenken. Dir kann ich nur raten – bete! Ich glaube, ein heiliger Geist hat den Pinsel dieses Mannes geführt.»

Oyoshi betete jeden Tag zu Kannon, der Göttin der Barmherzigkeit, und zu Buddha, doch um ganz sicherzugehen, vergaß sie auch nicht die Shinto-Götter, von denen einer auf Mukaijima aufs Meer hinausblickte.

«Warum sind wir hergekommen, Mutter?» fragte Jiro.

«Um vor dem Schrein zu beten.»

Jiro wollte fragen, wofür, doch er verbiß sich die Frage. Es war auf jeden Fall schön, mit der Mutter spazierenzugehen, auch wenn er das mit seinen dreizehn Jahren nie und nimmer zugegeben hätte.

Meilenweit entfernt, über dem Hügel, auf dem der große Schrein von Nachi mit seinem berühmten Wasserfall stand, sammelten sich häßliche, linsenförmige graue Wolken, schwammen am Himmel wie fette, kopflose Fische. Es sah nach Regen aus, doch er kam nicht.

Oyoshi befahl den Kindern, mit den Besen, die zu diesem Zweck dort aufbewahrt wurden, den Platz um den Schrein sauberzufegen, während sie die welken, toten Blumen wegwarf und die Gefäße für Speisen und Getränke ausspülte. Als sie fertig waren, falteten sie alle die Hände und beteten. Oyoshi betete darum, noch viele, viele Jahre mit ihrem liebevollen und gütigen Ehemann erleben zu dürfen, der sie auch jetzt noch behandelte wie eine Braut.

Oyoshi war schon zu Hause, als auf dem Tomyosaki das langerwartete Signal gegeben wurde. Das Muschelhorn tönte, ihm folgte ein Winken mit den Signalstöcken und schließlich leckte der schwarze Wimpel mit dem weißen Mittelstreifen am Wind. Nordlandwal!

Taiji Kakuemon und Wada Kinemon eilten aufgeregt und hoffnungsvoll an den Strand, denn die Zeiten waren schlecht, und sie hatten seit Wochen keinen Wal mehr zu Gesicht bekommen. Kinemon blickte durch das Fernrohr, schüttelte den Kopf und preßte grimmig die Lippen zusammen. Das Signal war geändert worden. Was sie draußen auf dem Meer gesehen hatte, war eine Kuh mit einem Kalb, für die Walfänger von Taiji eine seit langem verbotene Beute.

«Macht nichts», sagte er, das Fernrohr wieder zusammenschiebend, «wir haben ohnehin nur noch zwei Stunden Tageslicht, und das Wetter ist nicht besonders vielversprechend.»

«Kalb oder nicht, wir haben schon viel zu lange keinen Wal mehr gehabt. Wir stehen am Rand eines Zusammenbruchs, das weißt du. Ich gebe die Jagd frei.»

Kinemon widersprach seinem älteren Verwandten heftig. *«Semi no komochi wa, yume nimo miru na!»* – Nicht einmal im Traum sollst du eine Nordlandwalkuh mit ihrem Jungen ansehen. – «Wir sind mit diesem alten Sprichwort aufgewachsen. Wir haben noch nie eine Nordlandwalkuh gejagt, die Kälber hatte, es ist unrecht! Nichts Gutes wird daraus entstehen.»

«Wir träumen jetzt nicht, oder? Und dieser Wal ist dreihundert *ryo* wert. Für das Kalbfleisch werden wir Spitzenpreise erzielen. Wenn wir die Wale da draußen nicht erlegen, werden wir alle ein mageres und hungriges Neujahrsfest feiern. Ich sage, wir jagen!»

«Ich rate dir ganz energisch davon ab, Kakuemon!» rief Kinemon jetzt mit erhobener Stimme, und ein paar Umstehende wurden aufmerksam und hörten zu. Sie alle wußten, daß es Unglück brachte, eine Nordlandwalkuh zu töten, die Junge hatte. Ein paar glaubten, daß es die Seele des Wals tief verletzte und er deshalb nie wiederkam, andere dachten, daß man den Meeresgott erzürnte, und wieder andere waren der Meinung, daß die gewöhnlich gutmütige Walkuh wie eine Rasende kämpfen würde, wenn sie ein Kalb bei sich hatte. Sie wußten jedoch alle, daß in Taiji niemand eine Walkuh mit Kälbern jagte, und das Boot, das auch nur ein Kalb tötete, mit einer hohen Strafe belegt wurde.

Kakuemon sah seinen Vetter an. «Ich nehme die Verantwortung auf mich. Wir brauchen diesen Wal.»

«Wenn du die Verantwortung übernimmst, tu, was du willst. Ich bin nicht einverstanden. Wir haben in Taiji schon früher schwere Zeiten durchgemacht, und ich glaube nicht, daß wir so tief gesunken sind.»

Er machte auf dem Absatz kehrt und ging. Kakuemon gab mit verärgertem Gesicht das Signal. Auf dem Klippenrand des Tomyosaki wurde der rote Jagdwimpel gehißt, und die Fangboote schossen, nachdem sie ihre Ungläubigkeit überwunden hatten, nach vorn, um die Wale, Mutter und Kind, den Netzen entgegenzutreiben, die schon ausgelegt wurden.

Es war eine große, fette Walkuh, und sie kämpfte verzweifelt. Sie richtete sich im Wasser kerzengerade auf, drehte sich herum, peitschte mit ihren riesigen Flossen das Wasser, schob sich zwischen die Boote und ihr Kalb. Mehrere Boote schlugen voll Wasser und mußten sich zurückziehen, um es herauszuschöpfen. Sie warfen eine Harpune nach der anderen nach ihr, doch sie machte ein Hohlkreuz, spannte die großen Muskeln und verkrampfte den zähen, faserigen Blubber, so daß die Eisen nicht tief eindringen konnten. Viele der älteren Walfänger wünschten, sie hätten das Jagdsignal nicht beachtet, denn die Geschicklichkeit und die Wut, mit der die Kuh sich wehrte und ihr Kalb verteidigte, bewies nur die Richtigkeit und Weisheit des alten Sprichworts.

Als der Tag sich seinem Ende zuneigte, und der bleierne Himmel noch dunkler wurde, gelang es einem Harpunierer, sie so zu treffen, daß sie in ihren Bewegungen stark behindert war, und erst dann war es ihnen möglich, sie und das Kalb in die Netze zu treiben.

Sie brauchten lange, um sie zu töten, und inzwischen kam Wind auf, ein wütender, kalter, feuchter Wind. Ein paar von den Männern blickten ängstlich landwärts, denn das war der Wind, vor dem sie sich am meisten fürchteten, der *yamade*, der Bergwind, ein Wind, der vom Land her kam, nicht die süß duftende Sommerbrise, sondern ein starker Wind, auf dem Festland geboren, von den Bergen im Landesinnern aufgepeitscht, wild und rasend, mit starken Turbulenzen.

Der Wal hing im Netz. Sie wußten alle, daß es stundenlang dauern würde, ihn nach Hause zu bringen.

Die Späher auf dem Tomyosaki und dem Kandorisaki verfolgten den Kampf. Auch sie machten sich Sorgen wegen des Windes und schauten immer wieder zu den Wimpeln hin, die laut flatterten und mit den Spitzen seewärts zeigten, als wollten sie sagen: «Dort! Dort! Dort draußen! Seht doch!»

Ein heftiger Windstoß kam. Wütend peitschte der Regen das Binsendach des Ausgucks und drang durch die langen Fensterschlitze herein. Der Wind nahm an Stärke zu. Die Späher sahen einander an. Als sie wieder hinausblickten, war die Flotte verschwunden.

«Sie sind weg!» schrie Toumi Kakichi auf. «Ich sehe sie nicht mehr!»

Sein Onkel griff nach dem Fernrohr. Im schwachen Licht und im strömenden Regen war die Sicht gleich Null. Kakichi hatte recht. Sie signalisierten nach Kandori und bekamen die Antwort, daß man auch dort die Boote nicht sehen konnte. Als sie den Ausguck verließen, herrschte rabenschwarze Finsternis und der Weg nach Taiji hinunter war lebensgefährlich. Der Sturm wütete die ganze Nacht.

Draußen auf dem Meer waren die Männer nach ihrem langen Kampf erschöpft, doch jetzt waren die Wale fest zwischen den Lastbooten vertäut, die von den drei Fangbooten in Schlepp genommen worden waren. Sie sangen, als sie an den Rudern standen, doch es war keine Fröhlichkeit in ihrem Gesang. Der Wind hatte sie weit hinausgetrieben, und jetzt mußten sie gegen Wind, Wellen und Kälte ankämpfen, um ihren Wal nach Hause zu bringen. Regen schlug wie mit eisigen Peitschen auf sie ein, und sie waren alle hungrig.

Bei Tagesanbruch waren ihre Hände wund und voller Blasen, und ihre Körper schmerzten von der Kälte und Muskelkrämpfen. Und noch immer war Taiji nicht in Sicht. Ein Mann, der sich das Blut von den Händen wusch, schrie plötzlich auf: «Es ist warm! Das Wasser ist warm!»

Sein Kapitän prüfte das Wasser und blickte dann mit gefurchter Stirn in die Richtung, in der das Land liegen mußte. Warmes Wasser im Winter konnte nur bedeuten, daß sie in den schnellen, großen, warmen Strom abgetrieben worden waren, einen Strom, der mit der halben Geschwindigkeit eines unbeladenen Fangboots mit einer frischen Mannschaft dahinschoß.

Der Tag verging, und von den toten Walen stieg fauliger Gestank auf. Mit Tränen der Scham und der Enttäuschung, denn noch nie hatten Taiji-Männer so etwas getan, schnitten sie die kostbaren Wale ab und ließen sie treiben. Die Flotte hatte sich zerstreut, kaum ein Boot sichtete jetzt noch ein anderes. Sie versuchten die Küste zu erreichen, aber singen konnte keiner mehr. Nach Tagen erst wurden an der ganzen Küste Leichen angespült. An ihren Haaren, den roten Lendentüchern und den kräftigen Muskeln erkannten die Leute aus anderen Dörfern, daß die Toten Walfänger waren und daß eine furchtbare Katastrophe über sie hereingebrochen sein mußte.

Es war, nach dem neuen Kalender, das elfte Jahr der Regierungszeit von Kaiser Meiji, und man schrieb den 24. Dezember 1878.

Einige Taiji-Boote wurden bis zu den Inseln von Izu abgetrieben und strandeten dort, und am dritten Tag konnten ein paar Männer sogar den hohen Kegel des Fudschijama sehen, aber sie schafften es nicht, die Küste zu erreichen. Sie hatten die kostbaren, aber leichteren

Fangboote aufgegeben und waren auf die breiteren, stabileren Lastboote umgestiegen.

Die Männer, die nicht mehr fähig waren, am Ruder zu stehen, wurden von ihren Kameraden getröstet und ermutigt. Saburos ältester Sohn, jetzt fünfundzwanzig und selbst schon Vater von zwei Kindern, hielt den Vater in den Armen und schirmte ihn, so gut er konnte, mit dem eigenen Körper gegen den eisigen Wind ab. Plötzlich sprang einer auf und zeigte nach vorn.

«Hey! Eine Insel! Eine Insel voraus! Kommt, nehmt eure Ruder!»

Yoichi lehnte seinen Vater an die Bootswand und schlug ihn leicht auf die Wange. «Vater! Schau doch, Land!»

Saburo versuchte zu sprechen. Es gab etwas schrecklich Wichtiges, das er Yoichi sagen mußte, aber kein Wort kam über seine Lippen. Unter halb geschlossenen Lidern hervor erhaschte er einen flüchtigen Blick auf hohe, von weißer Brandung umspülte Klippen. Ja, es war ein Land, ein Land von einem Heiligenschein herrlicher und lebhafter Farben umgeben, Farben von zitterndem Licht durchwirkt, Farben voller Duft. Es waren all jene Farben, die er sein Leben lang gesucht hatte. O ja, er wußte jetzt, daß ihm ein Leben voller Farben geschenkt worden war, und jetzt ging er ein in das Land der Farben, das er Oyoshi und den Kindern immer zeigen wollte... Jetzt würden sie verstehen...

Saburo starb, kurz bevor das Boot auf die Klippen der Insel auflief und zerschmettert wurde. Entsetzt und hilflos mußten die Inselbewohner, die sich oben auf der Klippe versammelt hatten, zusehen.

Von der ganzen Flotte kehrte kein einziges Boot zurück, und nur wenige Männer wurden gerettet. Einige kamen erst nach Monaten und manche sogar erst nach Jahren von den einsamen Inseln wieder, auf denen sie gestrandet waren. Hundertelf Männer starben. Die Boote der Walfängerflotte, die von unschätzbarem Wert gewesen waren, und das ganze Gerät waren verlorengegangen, die Walfängerindustrie von Taiji war vernichtet.

In den Wochen, die auf die Katastrophe folgten, in den Wochen, in denen die Toten an den Strand gespült und von anderen Küstengemeinden, Fischern und Seeleuten aus dem Wasser geholt und in runden Särgen nach Taiji gebracht wurden, wehte Kakuemon aus jedem Haus und sogar in den engen Gassen Weihrauchduft entgegen. Es gab für ihn kein Entkommen. Überall hörte man die Priester Sutras singen, Glöckchen bimmeln, Frauen und Kinder weinen. Und während eine schreckliche Woche nach der anderen verging, mußten sie begreifen, daß sie fast die gesamte Walfangflotte verloren hatten.

Taiji Kakuemon war ein gebrochener Mann. Er verkaufte seinen ganzen Besitz, alles, was er hatte, und verteilte den Erlös an die Betroffenen. Dann nahm er Abschied von dem Dorf, in dem seine Familie seit Jahrhunderten gelebt hatte, ging fort und kehrte nie wieder.

Oyoshi ging langsam nach Hause. Ihr Mann und ihr ältester Sohn wurden vermißt. Fast beneidete sie die Familien, deren Männer gefunden worden waren und jetzt in ihren Särgen ruhten. Ihre Augen blieben trocken, denn sie hatte gewußt, was geschehen würde. Hatte es vielleicht schon an jenem Morgen gewußt, an dem Saburo seinen Traum gemalt hatte.

Ihr Saburo, der es wie kein anderer verdient hatte, ins Paradies einzugehen.

Aber was sollte sie jetzt tun? Zwar gab es keine Arbeit in Taiji, doch hatte sie wenigstens ihre eigenen Gemüsebeete, und sie konnte Onui, ihrer verwitweten Schwiegermutter helfen. Tatsudaiyu war vor fünf Jahren friedlich im Schlaf gestorben. Sie konnte ein paar von den Bildrollen verkaufen, die Saburo in den letzten zehn Jahren gemalt hatte. Man erinnerte sich in Shingu noch an ihn, und sie hatte gehört, daß ein reicher Amerikaner für Saburos Arbeiten gutes Geld bezahlen wollte. O ja, trotz der Härten des neuen Steuersystems, gab es immer noch Leute, die genug Geld für schöne Dinge hatten.

Einige von den Bildern konnte sie jedoch nie und nimmer verkaufen.

Oyoshi betrat das Haus. Die Kinder waren weinend in die Schule gegangen, und es war bedrückend leer. Sie bereitete den Tee und tat so, als sei Saburo bei ihr im Zimmer und warte darauf, ihr zu berichten, was er während des Tages gesehen und gedacht hatte. Wie jammerschade, daß er nie ein Selbstporträt gemalt hat, dachte sie, und während sie das dachte, sah sie sein Gesicht vor sich, stellte den heißen grünen Tee auf den Tisch und weinte.

Auf dem Tomyosaki verstaute ein Späher traurig die Flaggen, Wimpel und Signalstöcke. Das kostbare Fernrohr legte er in eine Tasche, um es ins Büro zurückzubringen. Aus alter Gewohnheit sah er auf und suchte das Meer ab. Dann lachte er sich selbst aus. Was sollte er tun, wenn er tatsächlich einen Wal sah?

Er stieg nach Taiji hinunter und wußte im tiefsten Innern, daß sich hier jetzt alles ebenso verändern würde, wie es sich im ganzen Land verändert hatte. Dort draußen gab es Wale, das wußte er, und weil es sie gab, würden andere Walfänger geboren werden. Er und andere würden weitermachen, denn wie schon das alte Sprichwort sagte: «Ein Wal am Strand bedeutet Wohlstand für sieben Dörfer.»

Am Wegrand raschelten ein paar trockene Pampasgrashalme, die noch vom vergangenen Herbst übrig waren, im Wind. In den steil abfallenden Tälern hinter dem Dorf und an den Gräbern, den alten und den neuen, blühten fröhliche gelbe Narzissen, frische kleine Trompeten, die stolz auf langen leuchtendgrünen Stengeln wippten. In zwei Monaten kamen die ersten Schwalben wieder. Der Winter war hier kurz und mild und das Land immer grün.

Und blies nicht, wenn es auch keiner sah, irgendwo seewärts ein Wal? Eine gefiederte Nebelwolke auf dem wintergrauen Meer?

37

Jinsuke war draußen im Holzschuppen und hackte, die eigens gekürzte und besonders ausbalancierte Axt schwingend, Feuerholz. Er hätte Joe, ihren indianischen Helfer, irgendeinen Mann vom Schiff oder sogar Brian damit beauftragen können, doch auch noch Anfang der Fünfzig erledigte er einfache manuelle Arbeiten gern selbst.

Joe und Brian, Jinsukes ältester, jetzt dreizehnjähriger Sohn, waren eben damit fertig geworden, die Haut eines Schwarzbären abzuschaben und einzusalzen, den Jinsuke am Tag vorher geschossen hatte. Ein einziger Schuß aus einer Winchester, aus einer Entfernung von vierzig Metern mit einer Hand abgefeuert, hatte den Bären erledigt. Jinsuke ging nicht mehr oft auf die Jagd, aber der Bär hatte Susans Hintergarten umgegraben.

Vancouver war nur zehn Seemeilen entfernt. Jinsuke hatte der Stadt jedoch die unverfälschte Wildnis, die großen Wälder und die Stille der Bucht vorgezogen, die Indian Arm hieß. Die Firma in Vancouver wurde noch immer von Kapitän MacNeil geleitet, der jetzt fast achtzig war, aber Jinsuke hatte ihm versprochen, Brian mit fünfzehn Jahren zu ihm in die Lehre zu schicken. Bis dahin besuchten er und sein zehnjähriger Bruder Sean eine Schule, die in der Nähe für Familien im Holzgeschäft gebaut worden war. Einmal wöchentlich hatten die beiden Jungen Japanisch- und Chinesischunterricht bei ihrer Mutter, und ihr Vater brachte ihnen alles über die Schiffahrt bei. Die achtjährige Kathleen lernte bei Susan Klavierspielen.

Ihr Haus war groß, zwei Stock hoch und hatte ein festes Fundament. Unter der äußeren Küche führten Steinstufen in einen tiefen, kühlen Keller mit Steinwänden und Steinfußboden. Er war immer voller Vorräte, Wurzelgemüsen und selbstgebrautem Bier. Vor dem Haus gab eine breite Veranda den Blick auf Indian Arm und die Berge dahinter frei. Ein offener Kamin und der Schornstein waren ebenfalls aus Stein mit einer Fassung aus dunkelgrüner Jade, die Jinsuke aus dem Norden mitgebracht hatte. Die Feuerstelle war so groß, daß man darin ein ganzes Schwein am Spieß braten konnte. In der Küche stand ein gußeiserner Herd, der mit Holz geheizt wurde und das heiße Wasser für das japanische Bad lieferte.

Jinsuke hob das nächste Holzscheit auf, stellte es auf den Hackstock, hob die Axt.

«Jim! Jim!»

Susan hatte gerufen, und die Axt stockte mitten in der Bewegung.

«Jim!»

Nie könne ein Mann in Ruhe seine Arbeit erledigen, murmelte Jinsuke vor sich hin, hieb die Axt durch den Holzklotz in den Hackstock und griff nach seiner Jacke. Susan stand mit zwei jungen Orientalen auf der Veranda. Einer war noch ein halbes Kind, und beide waren mager und steckten in billigen, viel zu großen Jacken und Hosen, die an ihnen herumschlotterten. Die Tuchmützen, die sie trugen, sahen auf ihren Köpfen wie übergroße Pilze aus. Als Jinsuke um das Haus herumkam, verneigten sie sich vor ihm, nahmen jedoch nicht die Mützen ab.

«Diese beiden sind mit dem Boot von Steveston gekommen, um mit dir zu sprechen, Jim», sagte Susan. Jinsuke blickte zur Anlegestelle seines Schoners hinüber und sah dort ein kleines, einmastiges Fischerboot.

«Damit seid ihr gekommen?» fragte er.

«Ja, Sir.»

Jinsuke lachte. Sie sprachen englisch, aber dem Akzent nach waren sie Japaner. Er und Susan hatten mit der japanischen Gemeinde nicht viel zu tun, die sogar noch mehr Sippenstolz bewies als die meisten und es vorzog, sich nicht mit jemand abzugeben, der eine halb irische, halb chinesische Frau hatte. Trotzdem kannte und respektierte man Jim Sky an der ganzen Westküste, und ein paar Leute wußten sogar, daß der große, bärtige, einarmige Seekapitän in Japan geboren und aufgewachsen war. Die beiden Jungen hatten offensichtlich keine Ahnung davon, warum also waren sie gekommen?

«Wer seid ihr?»fragte er.

«Ich bin Kakuzo Seko», antwortete der ältere und verneigte sich wieder. «Das ist mein Vetter Jiro Takigawa. Viele Männer uns bitten, zu Euch gehen. Sie sagen, Kapitän Sky helfen. Acht neue Japaner wollen gehen Skeena River für Lachse. Weißer Boss, er bringen japanisch Männer auf Charlotte Islands für Fisch, und jetzt Haida wollen erschießen japanisch Männer. Bitte, Kapitän, Sir, Ihr sprechen? Sie uns mitnehmen und sprechen mit Indianer?»

Jinsuke musterte sie eine Zeitlang. Seit einigen Jahren kamen immer mehr japanische und chinesische Einwanderer ins Land, und für viele Japaner war es eine ganz natürliche Sache, sich dem Fischfang zuzuwenden, besonders der Lachsfischerei.

«Yappari kimi tachi wa Nipponjin da na ...»

Sie bekamen große Augen, als sie ihn das rauhe, mundartlich gefärbte Japanisch sprechen hörten, mit dem er ihnen zu verstehen gab, daß ihm klar war, woher sie kamen. Man hatte ihnen gesagt, seine Frau sei Halbchinesin und er habe lange in Yokohama gelebt. Doch am hartnäckigsten hielt sich das Gerücht, er sei früher Pirat gewesen.

«Hai, Nipponjin desu», sagte Kakuzo stolz.

Jinsuke stieg die breiten Stufen hinauf und winkte ihnen, ihm zu folgen. Sie zögerten, aber Susan schob sie vor sich her ins Haus. Sie stellte mit Vergnügen fest, daß, anders als ihr Mann, der «zum Barbaren» geworden war, die beiden japanischen Jungen die Stiefel auszogen, bevor sie den gewachsten, mit Bärenfellen belegten Fußboden des Wohnzimmers betraten.

Jinsuke setzte sich in einen Lehnsessel am offenen Kamin und warf ein Scheit in die Glut. Die beiden jungen Japaner hockten nervös auf der äußersten Kante des Sofas und hielten sich an ihren Mützen fest, die sie abgenommen hatten.

«Woher kommt ihr?» fragte Jinsuke, jetzt in eine akzentlose, höfliche Form des Japanischen übergehend.

«Wir stammen aus Wakayama.»

Jinsuke spitzte die Ohren. «Aus der Stadt?»

«Nein, aus einem kleinen Dorf namens Taiji.»

Jinsuke und Susan, die ihm gegenüber auf der anderen Seite des Kamins saß, wechselten einen Blick. «Sagt mir bitte noch einmal eure Namen», bat sie, ebenfalls auf japanisch.

Der ältere der beiden lächelte. «Ich bin so glücklich, daß ich Japanisch sprechen kann, mein Englisch ist sehr schlecht. Ich bin Kakuzo Seko, und das ist mein Vetter Jiro Takigawa. Jiro ist fünfzehn und vor ein paar Monaten herübergekommen. Ich bin schon seit dem vergangenen Jahr hier.»

«Mit euren Eltern?»

Kakuzo schüttelte den Kopf. «Nein, unsere Väter sind tot, und Jiros großer Bruder auch. Vor zwei Jahren hat es auf See ein furchtbares Unglück gegeben. Die meisten Männer unserer Familie waren Walfänger. Sie hatten einen großen Nordwal gefangen, der sie in den

Schwarzen Strom hinauszog, und dann kam ein Sturm auf. Es war Winter, und fast alle Männer sind ertrunken.»

Jinsukes Herz setzte ein paar Schläge aus, und er wurde aschfahl. Lyall hatte in seinen Briefen nichts davon erwähnt, aber sein Schwager hatte ja auch keinen Grund, mit Taiji Kontakte zu pflegen.

«Und wieviel Überlebende hat es gegeben?» fragte er.

«Nicht einmal zehn», sagte Kakuzo. «Und als sie ins Dorf zurückkamen, wurden sie von den meisten Leuten verachtet, weil sie es geschafft hatten, am Leben zu bleiben, als die anderen starben. Es war unfair, aber sie konnten nicht bleiben, und die Regierung riet armen Leuten, besonders denen aus Wakayama, auszuwandern. Fast alle Männer, die überlebt haben, sind nach Kanada gegangen, und als sie Arbeit gefunden hatten, ließen sie uns jüngere nachkommen.»

«Wie haben eure Väter geheißen?» fragte Jinsuke jetzt kaum hörbar.

«Mein Vater war Shusuke Seko, der Vater meines Vetters Saburo Takigawa. Und sein Bruder hieß Yoichi.»

Jinsuke wollte es nicht glauben. Seine Familie hatte ihm nie geschrieben. Nur von Saburo hatte er, nachdem er und Susan geheiratet hatten, einen Brief bekommen. Er kannte auch den Namen Seko nicht, offensichtlich ein zweiter Name, den sie nach der Meiji-Restauration angenommen hatten.

«Und wer war euer Großvater?» fragte er, das Gesicht eine ausdruckslose Maske.

«Er war der berühmte Harpunierer Tatsudaiyu, der vor sieben Jahren starb.»

Susan stand auf und legte ihrem Mann die Arme um die Schultern. «Ich mache uns einen guten, starken Tee mit einem Schuß Brandy, Jim, mein Herz.» Sie küßte ihn auf die Wange und verließ das Zimmer.

«Man hat euch also zu mir geschickt, damit ihr mich überredet, euch und noch ein paar Fischer nach Skeena zu bringen, wahrscheinlich mit einem Haufen kleiner Boote im Schlepp und mit Hunden, Schweinen und Hühnern auf meinen Decks, von Frauen und Babys ganz zu schweigen. Dann verlangt ihr von mir, daß ich hinüberfahre und mit den Haida spreche, in deren Fischgründen ihr ganz offensichtlich gewildert habt. Sehe ich das richtig?»

Kakuzo versuchte eine Erklärung zu stammeln, daß die Japaner nicht Bescheid gewußt hatten und den Haida das nicht erklären konnten und daß die Leute in Vancouver gesagt hatten, die Haida vertrauten nur Kapitän Jim Sky. Der kleine Jiro sah so verängstigt aus, als wolle er im nächsten Moment die Flucht ergreifen. Es traf zu, daß Jinsuke die Haida gut kannte. Sie waren ausgezeichnete Walfänger und

Hochseefischer, starke, furchtlose Männer, geschickt mit Booten und viel zurückhaltender mit dem Alkohol als die anderen Stämme. Unbeschwerte, freundliche Männer im Grunde, doch Gott mochte jenen helfen, die ihnen in die Quere kamen. Seit Jahren hatte Jinsuke die Charlotte-Inseln besucht, ein bißchen Handel getrieben, ein paar Robben gejagt und die Haida per Schiff an die Küste von Alaska gebracht, dann hinüber auf die Pribilofs, die Aleuten und die Commander-Inseln.

«Ich bringe euch hinauf», unterbrach er Kakuzos Gestammel, «und ich spreche mit den Haida. Aber ihr müßt euch von ihren Fischgründen fernhalten. Im Skeena und bei den anderen Inseln in der Straße von Hecta gibt es genug Lachse. Laßt die Haida in Ruhe. Noch vor ein paar Jahren hätten sie euch entweder die Köpfe abgehackt oder euch zu Sklaven gemacht.»

Susan brachte Tee und süße Kuchen herein.

«Susan», sagte er auf englisch, «sie wissen nicht, wer ich bin, und ich muß es ihnen sagen.»

Sie sah ihm in das von Wind und Wetter faltig gewordene Gesicht, sah, daß seine Augen feucht schimmerten, und begriff plötzlich selbst mit Schmerzen, wie sehr er Jahr um Jahr unter der Trennung von seiner Familie und seinem Heimatort gelitten haben mußte. Oh, er war glücklich, davon war sie überzeugt. Er liebte sie und die Kinder und ihr gemeinsames Leben, doch er war auch stolz auf seine Herkunft. Sie setzte das Tablett ab, umarmte und küßte ihn ganz ohne Verlegenheit noch einmal, und sah dann ihre überaus peinlich berührten Besucher an, die es nicht gewohnt waren mit anzusehen, daß eine Frau ihren Mann in Gegenwart anderer küßte. Langsam stand Jinsuke auf und stützte die Hand in die Hüfte.

«Seit Jahren nennt man mich Jim Sky», sagte er. «Aber ich heiße Jinsuke und bin der älteste Sohn von Tatsudaiyu, der Bruder von Shusuke und Saburo. Onui war meine Mutter. Kakuzo! Jiro! Ich bin euer Onkel.»

Hätte er das nicht im Dialekt von Taiji gesagt, sie hätten ihm nie geglaubt.

Wort- und Begriffserklärungen

Amimoto	Netzmeister oder Anführer eines Fischzugs, z. B. beim Walfang.
Ashigaru	ein Samurai vom niedrigsten Rang, ein Fußsoldat.
Bakufu	Die feudale Militärregierung Japans während der Edo- oder Tokugawa-Periode. Die ursprüngliche Bedeutung bezog sich auf ein Zelt als Sitz der Regierung, womit darauf hingewiesen werden sollte, daß Soldaten keinen festen Wohnsitz hatten. Das Oberhaupt des *bakufu* war der Shogun, dessen Titel dem Wortsinn nach bedeutet «gegen die Barbaren geschickt». Der Titel sollte eigentlich vom Kaiser verliehen werden, doch später wählten die mächtigen Tokugawa-Clans ihren eigenen Shogun, gewöhnlich durch Erbnachfolge, und der Kaiser wurde nur ersucht, die Wahl zu bestätigen.
Bu	Silbergeld.
Bushi	ein Samurai der erblichen Kriegerklasse.
Bushido	strenger Moralkodex und geistige Regeln, nach denen die Samurai leben sollten.
Daimyo	Feudalherr.
Doburoku	unverfeinerter Sake.
Dojo	Halle oder Raum, in dem einer der japanischen «Wege» geistig-praktischer Schulung geübt wird.
Dono	Ehrentitel, der dem Namen eines Mannes angefügt wurde, um ihm Respekt zu beweisen; vor allem in Kyushu gebräuchlich.
Edo	Der alte Name von Tokyo. Edo war die Hauptstadt des Shogun, während der Kaiser in Kyoto lebte. Daher ist «Edo-Periode» (1603–1867) gleich «Tokugawa-Periode».
Geisha	Unterhaltungskünstlerin, in Tanz, Musik und Konversation ausgebildet.
Geta	hölzerne Riemensandalen.
Habu	eine tödliche Schlange auf Okinawa.
Han	ein Lehen. Auch als Bezeichnung für die Treue eines Samurai zu seinem Lehen oder Clan gebräuchlich.

Hatamoto	ein Bannermann oder hochrangiger Samurai. Die *hatamoto* waren dem Shogun direkt unterstellt, hatten aber einen niedrigeren Rang als die *daimyo*. Hier ist der Titel auch für hohe Beamte des Lehens außerhalb des Tokugawa-Clans gebräuchlich. Das Wort im eigentlichen Sinn bedeutet: «am Fuß des Banners stehen».
Hiragana	eine der beiden zweisilbigen Schreibformen, die in Japan benutzt werden.
Isana	der «tapfere Fisch» oder Wal.
Itadakimasu	«guten Appetit!»
Jujitsu	eine Kampfart ohne Waffen.
Kaishaku	jemand, der einer Person beim rituellen Selbstmord hilft, indem er ihr den Kopf abschlägt, um die Todesqualen zu beenden.
Kampai	ein Toast.
Kan	eine Gewichtseinheit, 3750 Gramm.
Kata	rituelle, tanzähnliche Formen, die zur Beherrschung der Kampfsportarten notwendig sind.
Katakana	eine der beiden zweisilbigen Schreibformen, die man in Japan benutzt.
Kohai	ein junger Schüler, der eine Stufe unter seinem *sempai* steht.
Koku	ein Hohlmaß.
Kun	ein vertraulicher Ehrentitel, meist von älteren Personen gegenüber jüngeren verwendet, drückt gewöhnlich Zuneigung aus.
Mikado	der Kaiser.
Miso	eine salzige Bohnenpaste, die zum Würzen und zur Suppe verwendet wird.
Nagaya	ein langes, schmales, gewöhnlich ärmliches Stadthaus, war in Edo sehr häufig zu finden.
Naginata	eine Hellebarde mit einer schwertähnlichen Klinge.
Nakodo	ein Mittelsmann.
Nata	eine japanische Machete.
Ninja	jemand, der die Kunst der «Unsichtbarkeit» ebenso beherrscht wie verschiedene Kampfsportarten, listig und verschlagen ist, meist in Spionagedienst oder verdeckter Kriegführung eingesetzt.
Nitten Ichi Ryu	ein Kampfsportstil, besonders für Schwertkämpfer.

Omikoshi	der «Sitz Gottes», ein tragbarer Schrein, oft üppig vergoldet und geschnitzt, der von der singenden Menge während eines Festes durch die Straßen getragen wird.
Ri	ein japanisches Längenmaß, etwa drei Meilen. Auf See ungefähr eine Meile.
Ronin	ein herrenloser Samurai.
Ryo	Geldeinheit, gewöhnlich eine längliche Goldmünze von erheblichem Wert. In der Edo-Periode das Äquivalent für einen Ballen Reis.
Sabani	das kanuähnliche seetüchtige Boot von Okinawa.
Sai	ein stählerner Schlagstock, das «tötende Eisen» von Okinawa. Man findet diese Waffe in unterschiedlicher Form im ganzen Orient.
Sake	der japanische Reiswein. In Japan ist das Wort häufig für jede Art von Alkohol gebräuchlich.
Sama	ein extrem höflicher Ehrentitel.
Samisen	ein Saiteninstrument, einem Banjo ähnlich, wird mit einem Elfenbeinfächer gespielt.
Samurai	ein Krieger der erblichen Kriegerklasse, hat das Recht, zwei Schwerter zu tragen.
San	der gebräuchlichste Ehrentitel, für Männer und Frauen gleich.
Sashimi	dünn geschnittener roher Fisch oder Wal, wird in Sojasoße, geriebenen grünen japanischen Meerrettich oder Ingwer und manchmal auch in Knoblauch getaucht.
Sempai	ein Ehrentitel, der einem Namen hinzugefügt wird und «älter als ich» bedeutet.
Sensei	ein Lehrer.
Seppuku	der in Japan gebräuchliche Ausdruck für Harakiri.
Shaku	ein Längenmaß, ca. 33 Zentimeter (ein Fuß).
Shishi	ein «edelgesinnter Patriot» aus der Zeit der Restauration. Gewöhnlich ein nationalistischer *ronin*.
Shizoku	der Name, den man der neu gebildeten Klasse gab, als die Samurai-Klasse abgeschafft und das Tragen von Schwertern verboten wurde.
Sho	ein Hohlmaß, nicht ganz zwei Liter.
Shogi	ein japanisches Brettspiel, dem Schach ähnlich.
Shogun	der oberste Führer oder General des feudalistischen Japan.

Shoji	Holz- und Papierwände und Wandschirme.
Sushi	roher Fisch auf Reisbällchen.
Tairo	ein älterer hochrangiger Berater der Regierung des Shogun und des Shogun selbst.
Tatami	dick geflochtene Strohmatten von Standardgröße, die in traditionellen japanischen Räumen den Boden bedecken.
Tempura	fritierte Happen, meist Fisch und Gemüse in Mehl gewendet.
Tokonoma	ein Alkoven in einem japanischen Zimmer, in dem kostbare Gegenstände oder Blumenarrangements ausgestellt werden.
Tozama	die Fürsten, die nicht zum Haus der Tokugawa, dem Erb-Clan des Shogun gehörten.
Tsunami	eine riesige Meereswelle, durch Seebeben oder seismische Aktivitäten verursacht.
Yakuza	Angehörige der Unterwelt oder einer Gangsterbande.
Yamade	ein Wind, der aus den Bergen kommt.
Yukata	ein leichter Sommerkimono oder leichtes Sommergewand.

Blubber	die zähe Fettschicht des Wals.
Finne	Rückenflosse des Wals.
Flensmesser, flensen	wuchtige Messer zum Zerlegen des Wals, den Wal zerlegen und verarbeiten.
Fluke	Schwanzflosse des Wals.
Stoßspaten	Werkzeug zum Zerteilen des Wals.